GUÍAS *VISUALES*  PEUGEOT

# FLORIDA

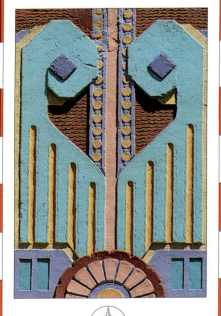

GUÍAS *VISUALES*  PEUGEOT

# FLORIDA

**EL PAIS
AGUILAR**

**VIAJES Y TURISMO**

Traducción: Servicios Lingüísticos Integrales, S.L.
Edición: Catalina Iglesias
Adaptación: Guillermo Esain

Mapas
EMS Ltd, East Grinstead (EE UU)

Fotografías
Max Alexander, Dave King, Stephen Whitehorne,
Linda Whitwam

Ilustraciones
Richard Bonson, Richard Draper, Chris Orr & Assocs,
Pat Thorne, John Woodcock

•

Título original: **Eyewitness Travel Guide, Florida**
© 1997 Dorling Kindersley Limited, Londres
© Ediciones El País, S.A./ Santillana, S.A.
1998 para la presente edición
C/ Torrelaguna, 60. 28043 Madrid
Tel. 744 90 60

ISBN español: 84-03-59451-8

• Aguilar, Altea, Taurus, Alfaguara S. A.
Beazley 3860.1437 Buenos Aires

ISBN argentino: 950-511-355-2

• Aguilar, Altea, Taurus, Alfaguara S. A. de C. V.
Avda. Universidad, 767, Col. del Valle, México, D. F. CP 03100

ISBN español: 84-03-59451-8

Impreso en Italia
por G. Canales & C. Sp. 1, Turín

Todos los derechos reservados.
Esta publicación no puede ser reproducida,
ni en todo ni en parte, ni registrada en, o transmitida por,
un sistema de recuperación de información,
en ninguna forma ni por ningún medio, sea mecánico,
fotoquímico, electrónico, magnético, electroóptico,
por fotocopia, o cualquier otro,
sin permiso previo por escrito de la editorial.

Páginas anteriores: montaña rusa en Busch Gardens, cerca de Tampa

# CONTENIDO

## CÓMO UTILIZAR ESTA GUÍA 6

Vidriera de St. Augustine
*(ver p. 199)*

## APROXIMACIÓN A FLORIDA

### FLORIDA EN EL MAPA 10

### RETRATOS DE FLORIDA 16

### FLORIDA MES A MES 32

### HISTORIA DE FLORIDA 36

## ITINERARIOS POR MIAMI

### MIAMI DE UN VISTAZO 54

Patinadores, muy habituales en las playas de Florida

Espectáculo de delfines en Sea World *(ver pp. 164-167)*

## DISTRACCIONES EN FLORIDA *336*

## DEPORTES Y AIRE LIBRE *340*

Gambas cocidas, un plato típico

# MANUAL DE SUPERVIVENCIA

INFORMACIÓN PRÁCTICA *346*

LLEGADA Y DESPLAZAMIENTOS *354*

Contemplando la tradicional puesta de sol de Key West *(ver p. 286)*

ÍNDICE *364*

AGRADECIMIENTOS *382*

---

MIAMI BEACH *56*

EL CENTRO Y LITTLE HAVANA *68*

CORAL GABLES Y COCONUT GROVE *76*

Disfrutando de las playas de arena blanca de Florida

LAS AFUERAS *86*

DE COMPRAS POR MIAMI *92*

DISTRACCIONES EN MIAMI *94*

CALLEJERO DE MIAMI *96*

## ITINERARIOS POR FLORIDA

FLORIDA DE UN VISTAZO *104*

GOLD COAST Y TREASURE COAST *106*

ORLANDO Y LA COSTA ESPACIAL *134*

EL NORESTE *188*

EL PANHANDLE *210*

LA COSTA DEL GOLFO *232*

LOS EVERGLADES Y LOS CAYOS *266*

## NECESIDADES DEL VIAJERO

ALOJAMIENTO *292*

RESTAURANTES Y BARES *312*

DE COMPRAS POR FLORIDA *332*

Villa Vizcaya, en Miami

# Cómo Utilizar Esta Guía

ESTA GUÍA VISUAL LE AYUDARÁ a aprovechar al máximo su visita a Florida, pues contiene recomendaciones útiles y una detallada información práctica. El capítulo *Aproximación a Florida* sitúa al Estado en su contexto histórico y cultural. *Itinerarios por Miami* y los apartados dedicados a sus seis zonas describen todos los lugares de interés con la ayuda de mapas, fotografías e ilustraciones. En *Necesidades del viajero* encontrará información sobre los hoteles y restaurantes, mientras que el *Manual de supervivencia* le ofrece consejos sobre los aspectos más variopintos, desde el transporte hasta la seguridad.

**ITINERARIOS POR MIAMI**
Miami aparece dividida en tres zonas. Cada una tiene su propio capítulo, que comienza con una lista de los lugares descritos. *Las afueras* se ocupa de las zonas colindantes. Todos los puntos de interés aparecen numerados y señalados en un *Plano del sector*. Las descripciones siguen el orden numérico del plano, lo que facilita su localización.

**Los lugares de interés** están agrupados por categorías: museos y galerías, calles y barrios o edificios históricos.

**2 Plano en 3 dimensiones**
*Ofrece una visión panorámica del núcleo de cada zona de interés.*

**Los itinerarios sugeridos** aparecen trazados en rojo.

**Todas las páginas** referentes a Miami están marcadas en rojo.

**1 Plano del sector**
*Para facilitar las referencias, los lugares de interés se numeran y se sitúan en un plano. También figuran en el Callejero de Miami, en las páginas 96-101.*

**El plano de situación** le muestra su ubicación con respecto a otras zonas del centro urbano.

En *Recomendamos* figuran los lugares de visita obligada.

**3 Información práctica**
*Todos los lugares de interés son objeto de una descripción individualizada que recoge su dirección, horario y demás datos útiles. La explicación de los símbolos empleados figura en la solapa posterior.*

# CÓMO UTILIZAR ESTA GUÍA

**1 Introducción**
Describe el paisaje, la historia y el carácter de cada zona, ahondando en su evolución a lo largo de los siglos y en los atractivos que ofrece al visitante actual.

## ITINERARIOS POR FLORIDA

Dejando aparte Miami, se ha dividido Florida en seis zonas, a cada una de las cuales se le ha dedicado un capítulo diferente. Las ciudades y los lugares más interesantes aparecen numerados en un *Mapa de la región*.

**Las zonas** de Florida se pueden identificar con rapidez por su código de color, que figura en la solapa de portada.

**2 Mapa de la región**
Le proporciona la red de carreteras y una perspectiva ilustrada de toda la zona. Los lugares aparecen numerados; además, encontrará consejos útiles para desplazarse en coche y transporte público.

**3 Información detallada**
Los puntos de interés se describen pormenorizadamente en cada capítulo. Aparecen ordenados según el número con que figuran en el *Mapa* de la región. Se facilitan direcciones e información práctica.

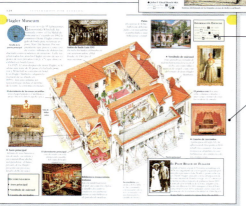

**La información esencial** recoge los datos prácticos necesarios para programar la visita a los principales lugares de interés.

**4 Las mejores visitas**
Ocupan dos o más páginas. Los edificios históricos se presentan en cortes para mostrar su interior; en los planos de los museos, los códigos de color facilitan la localización de las obras de mayor interés; de los parques temáticos se ofrece una visión panorámica en la que destacan las principales atracciones.

# Aproximación a Florida

Florida en el Mapa 10-15
Retratos de Florida 16-35
Florida Mes a Mes 32-35
Historia de Florida 36-51

# Florida en el mapa

**F**LORIDA, CUYA POBLACIÓN asciende a unos 14 millones de personas, es el Estado más meridional de EE UU en su parte continental, y se adentra en el Caribe entre el océano Atlántico y el golfo de México. La península de Florida mide unos 690 km de norte a sur y el Estado, en su conjunto, ocupa una superficie de 151.714 km². La capital, Tallahassee, es una ciudad relativamente pequeña que se encuentra en el Panhandle, la estrecha franja de terreno que se extiende hacia el oeste siguiendo la costa del golfo de México. No obstante, las principales puertas de entrada a Florida son Miami y Orlando.

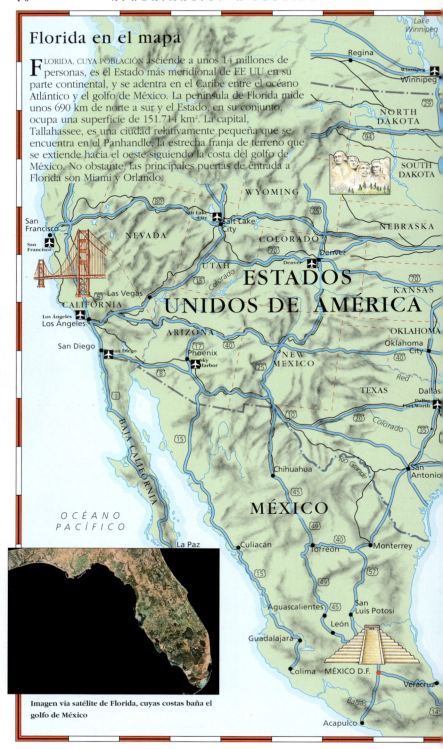

Imagen vía satélite de Florida, cuyas costas baña el golfo de México

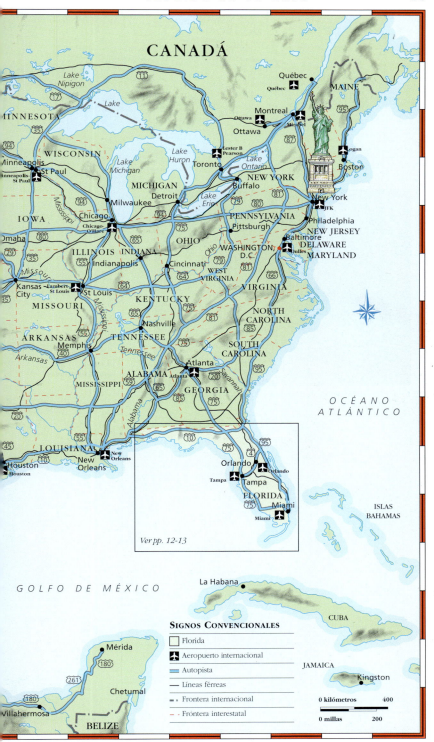

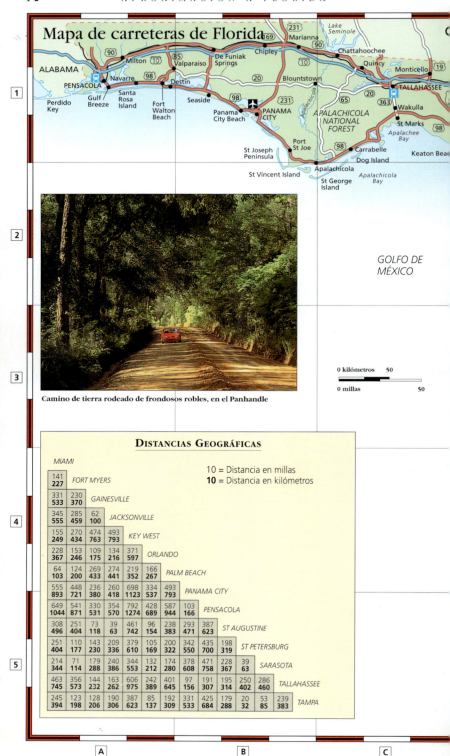

Camino de tierra rodeado de frondosos robles, en el Panhandle

# Miami

La metrópoli, que con frecuencia recibe sencillamente el nombre de Miami, o Gran Miami, se llama en realidad Dade County. Tiene una superficie de 3.220 km² y se compone de numerosos distritos y varias ciudades. En este libro se ha dividido Miami en tres zonas de interés: Miami Beach, que incluye la turística South Beach; el centro y Little Havana, las zonas tradicionalmente más urbanas, y los verdes barrios residenciales de Coral Gables y Coconut Grove.

**Coral Gables: la zona residencial de Miami, construida a orillas de un grupo de canales**

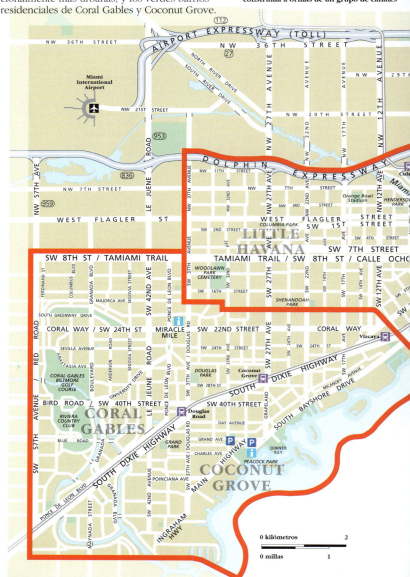

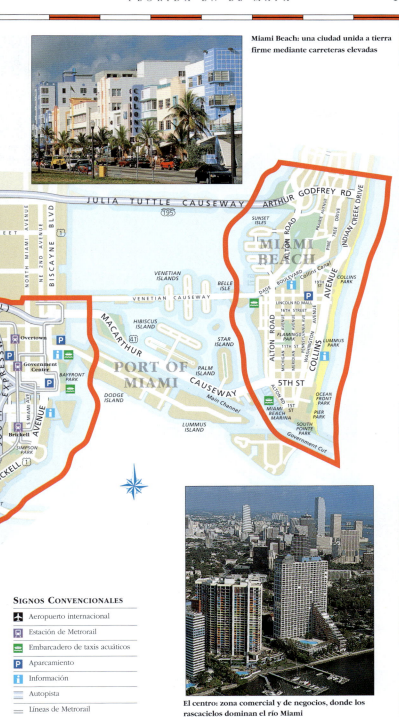

**Miami Beach: una ciudad unida a tierra firme mediante carreteras elevadas**

**El centro: zona comercial y de negocios, donde los rascacielos dominan el río Miami**

**SIGNOS CONVENCIONALES**

- ✈ Aeropuerto internacional
- Estación de Metrorail
- Embarcadero de taxis acuáticos
- P Aparcamiento
- Información
- Autopista
- Líneas de Metrorail

# Retratos de Florida

Para los más de 40 millones *de personas que visitan Florida cada año, las imágenes de los carteles turísticos –sol, mar, arena y el ratón Mickey– son motivo más que suficiente para subirse al primer avión. El* Estado del Sol *hace honor a su reputación de perfecto destino vacacional. Pero Florida es mucho más rica en cultura, paisaje y carácter de lo que sugiere su imagen estereotipada.*

La zona interior de Florida suele pasar desapercibida para la mayor parte de los visitantes, que acuden atraídos por las numerosas playas del Estado y por su cielo siempre azul. No obstante, a quienes se decidan a aventurarse por el interior les aguardan grandes sorpresas.

**Buggie** en Daytona Beach

Los frondosos bosques, las suaves colinas del norte y el colorido de las buganvillas y las azaleas en primavera echan por tierra el mito de la monotonía paisajística de Florida. Desde cualquier lugar del Estado es corta la distancia entre la civilización y las zonas agrestes como los Everglades, que albergan una extraordinaria diversidad de flora y fauna, y donde los caimanes y las serpientes constituyen un recuerdo vivo del carácter inhóspito de estas tierras hasta hace poco más de 100 años. Aunque este Estado se urbanizó muy tarde (la mayoría de sus "zonas históricas" tan sólo datan de principios de este siglo), cuenta con la ciudad más antigua del país, St. Augustine, cuyo inusual conjunto de bien conservados edificios proyecta una fugaz visión de la vida en el siglo XVIII.

Tanto climática como culturalmente hablando, Florida sirve de puente entre la *templada* Norteamérica, el Caribe y la Latinoamérica tropical.

En el norte, los majestuosos robles bordean las carreteras y la gente habla con acento sureño, mientras que, en el sur, las palmeras protegen del

Paisaje virgen cerca de Flamingo, en Everglades National Park

◁ Escena típica de South Beach (Miami), donde son habituales los patinadores ligeros de ropa

**Vecino de Naples disfrutando de la pesca en la costa del golfo de México**

sol tropical y se oye hablar indistintamente en ingles y en español.

## POBLACIÓN Y SOCIEDAD

Florida siempre ha sido un crisol cultural. Los indios semínolas, que llegaron en el siglo XVII, son el grupo que más tiempo lleva en la región. Viven, en su mayoría, en reservas, y en algunas zonas del sur se les puede ver en las márgenes de las carreteras vendiendo objetos de artesanía. Los mejores candidatos al título de "nativos de Florida" son los granjeros *cracker*, cuyos antepasados se asentaron en el Estado a principios del siglo XIX. Al parecer, su nombre procede del sonido producido por los látigos para el ganado *(crack)* o del ruido del maíz al triturarlo para elaborar sémola.

**Ropa confeccionada por los indios semínolas**

Salvo que explore el interior, no es probable que se tropiece con ellos; entre la adinerada y densísima población costera se codeará generalmente con personas que tienen sus raíces en estados más septentrionales.

Los norteamericanos llevan veraneando en Florida desde la II Guerra Mundial. En 1950 era el vigésimo Estado más poblado del país, mientras que en la actualidad ocupa el cuarto puesto. El grupo más numeroso de cuantos se han mudado al sur es el de los jubilados, que

**Cubanos de Miami y el dominó**

encuentran en el clima y la relajada vida de Florida, además de sus ventajas fiscales, las condiciones perfectas para disfrutar tras toda una vida trabajando. Aunque algunas zonas acaudaladas como Palm Beach se corresponden con la imagen conservadora y seria que muchos siguen teniendo de Florida, la realidad es bien diferente. Cada vez más, los recién llegados son jóvenes para quienes ésta es la tierra de la oportunidad, el lugar para divertirse y disfrutar de la vida. Precisamente es esa joven generación la que ha contribuido a transformar South Beach (Miami) en uno de los lugares turísticos más de moda de Estados Unidos.

Florida también ha sido el destino de una considerable inmigración procedente de Nicaragua, Haití y otros países cercanos, y Miami cuenta con una numerosa población cubana. Aquí, los ritmos de la salsa y el merengue impregnan el aire, y el calendario está repleto de animadas fiestas. La diversidad étnica también se refleja en la comida: además de las recreaciones genuinamente caribeñas y de otros platos étnicos, podrá disfrutar de las especialidades que ha traído la locura por la cocina intercultural.

Atracción de uno de los parques acuáticos de Florida

### ECONOMÍA Y TURISMO

En términos económicos, Florida está bien situada, en comparación con otros estados. Durante la mayor parte de su historia, la principal fuente de ingresos ha sido el ganado y la agricultura, en particular, los cítricos y las verduras. La industria tecnológica también es de destacar,

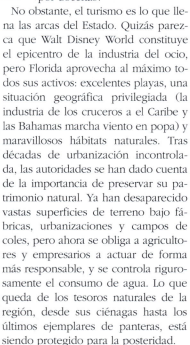

La naranja, producto típico de Florida

mientras que la proximidad de Miami con Latinoamérica y el Caribe ha convertido a esta ciudad en ruta natural del comercio de Estados Unidos con toda esa zona. El buen clima también ha originado lucrativos y exclusivos negocios: los entrenamientos de primavera de los equipos de béisbol atraen al sur tanto a los jugadores como a sus seguidores, y el mundo de la moda hace que las modelos lleguen a Miami por docenas.

No obstante, el turismo es lo que llena las arcas del Estado. Quizás parezca que Walt Disney World constituye el epicentro de la industria del ocio, pero Florida aprovecha al máximo todos sus activos: excelentes playas, una situación geográfica privilegiada (la industria de los cruceros a el Caribe y las Bahamas marcha viento en popa) y maravillosos hábitats naturales. Tras décadas de urbanización incontrolada, las autoridades se han dado cuenta de la importancia de preservar su patrimonio natural. Ya han desaparecido vastas superficies de terreno bajo fábricas, urbanizaciones y campos de coles, pero ahora se obliga a agricultores y empresarios a actuar de forma más responsable, y se controla rigurosamente el consumo de agua. Lo que queda de los tesoros naturales de la región, desde sus ciénagas hasta los últimos ejemplares de panteras, está siendo protegido para la posteridad.

**Los flamencos son todo un símbolo del Estado**

# El paisaje de Florida

**E**L PAISAJE DE FLORIDA es, por lo general, llano. El punto más alto del Estado alcanza tan sólo 105 m sobre el nivel del mar. Son excepción las suaves colinas del Panhandle, que ofrecen algunos de los entornos más hermosos del Estado, en cuya península, por el contrario, predominan los prados y las ciénagas, salpicadas de bosques y miles de lagos. Grandes extensiones naturales han tenido que rendirse a las agresiones del desarrollo urbanístico y la agricultura (el segundo recurso económico después del turismo). Sin embargo, todavía se pueden encontrar zonas agrestes y despobladas.

***Los humedales*** son ciénagas cubiertas de árboles (como ésta de cipreses) y zonas pantanosas repletas de hierba.

***Las playas*** cubren más de 1.600 km de la costa de Florida. A diferencia de la arena coralina del Atlántico, la fina arena de cuarzo del Panhandle es tan blanca que, según cuenta la leyenda, comerciantes sin escrúpulos la vendían como azúcar durante la II Guerra Mundial.

## LAS DOLINAS DE FLORIDA

Muchos de los 30.000 lagos y charcas de Florida comenzaron siendo dolinas o depresiones. Este fenómeno, característico del norte de Florida, es el resultado de la erosión natural de la piedra caliza que forma el subsuelo de gran parte del Estado. La mayoría de las dolinas se forma gradualmente con un lento hundimiento del suelo, que se convierte en depresión. Otras aparecen de forma mucho más repentina, al desplomarse el techo de una cueva subterránea por el peso del terreno. La mayor dolina que se conoce tuvo lugar en Winter Park en 1981; se tragó seis coches y una casa, y abrió un cráter de más de 90 m de diámetro. No existe ningún medio fiable de anticipar su aparición, por lo que muchas personas aseguran sus viviendas contra este siniestro.

**Operarios municipales examinando una dolina o socavón en la carretera**

**Una barrera de islas** costeras, formadas por la acumulación de arena arrastrada por la corriente, rodea gran parte del litoral de Florida.

### SIGNOS CONVENCIONALES

- Principales zonas urbanas
- Principales humedales
- Principales zonas boscosas
- – – Intracoastal Waterway
- Ganado
- Pescado y marisco
- Cítricos
- Caña de azúcar
- Tabaco
- Cacahuetes

**La Intracoastal Waterway** es un canal natural cuyo tramo principal, que recorre la costa oriental, es la continuación de una ruta que comienza más al norte, en el Estado de Maryland; algunos de los trechos de Florida se dragaron en el siglo XIX. Es un concurrido itinerario de las embarcaciones de recreo (ver p. 342).

**Los bosques**, principalmente pinares, cubren el 50% de la tierra firme del Estado, pero más de la mitad se cultivan para uso comercial.

***El ganado***, *durante la dominación española, se comercializaba en Cuba. Actualmente, Florida es el segundo de los estados sureños, después de Kentucky, en la cría de vacuno. La base de esta actividad son las reses de raza* brahma, *unos robustos ejemplares oriundos de la India. La principal zona ganadera se sitúa en las márgenes del río Kissimmee. La ciudad del mismo nombre se conoce como la "capital ganadera de Florida"* (ver p. 177).

***La industria cítrica*** *produce más del 70% de las piezas consumidas en EE UU. Las naranjas se cultivan principalmente por su zumo, por el cual es famoso este Estado.*

***La caña de azúcar*** *crece en el rico suelo del sur del lago Okeechobee* (ver p. 124). *Esta industria, que antaño empleaba a trabajadores emigrantes del Caribe, está ahora muy mecanizada.*

***El crecimiento urbanístico*** *es el resultado inevitable de la constante afluencia de inmigrantes extranjeros y de otros estados, así como de la emigración general de la población rural a las ciudades. La costa suroriental de Florida está edificada casi en su totalidad, como se observa en Delray Beach, que recorre la Intracoastal Waterway en la Gold Coast.*

**Los cayos de Florida** son una cadena de islas coralinas, la mayoría de ellas diminutas y prácticamente despobladas.

# Flora, fauna y hábitats naturales

LA GRAN VARIEDAD DE hábitats de Florida se debe a la confluencia del templado norte con el subtropical sur. También influyen la humedad, los suelos arenosos, la escasa elevación del terreno y la proximidad del mar. Algunas plantas y animales pueden vivir en varias zonas, pero otras especies sólo sobreviven en una. Las aves son numerosas en invierno, cuando huyen del frío de los estados más septentrionales.

*Hammock* de árboles tropicales en el sur de Florida

## ZONAS COSTERAS

Las costas de Florida poseen una gran riqueza vegetal y animal. Aparte de las zancudas, hay muchos animales que permanecen ocultos durante el día. Algunos se entierran en la arena mientras otros, como las tortugas, sólo salen del mar por la noche. Las lagunas y zonas lacustres salobres, protegidas del mar por dunas, constituyen un hábitat especialmente rico.

**En las lagunas saladas** abundan los peces y crustáceos.

***Los cangrejos xifosuros*** *salen del mar en grupos, normalmente en primavera, y se acercan a las playas para desovar.*

Océano

Los **arbustos** de las dunas son *podados* por el rocío salado del mar y arqueados por el viento.

**El águila de cabeza blanca**, *que vive junto al mar y en algunas zonas del interior, tiene una envergadura de 2 m.*

**Las dunas**, moldeadas por el viento y las olas, se desplazan constantemente, pero las raíces de la maleza y otras plantas les dan estabilidad.

Subsuelo de caliza

Arcilla, arena y conchas

***La uva de mar,*** *que crece en las dunas del sureste de Florida, debe su nombre a la fruta ovalada que nace de ella en racimos.*

## PINARES DE LA LLANURA

Estos bosques cubren alrededor de la mitad de Florida, entremezclándose con frecuencia con ciénagas y otros hábitats. Los incendios periódicos sirven para fortalecerlos, y tanto los animales como las plantas que en ellos subsisten se han adaptado a las difíciles condiciones.

**El palmito** y otros arbustos, como el árbol de la cera, crecen en los bosques abiertos.

**El pino ellioti** es el árbol más común de este hábitat natural.

Arcilla y arena

Arena

***Los ciervos de Virginia*** *son animales solitarios. Los ejemplares de Florida son más pequeños que los de las zonas más septentrionales de EE UU.*

***El pico cebrado*** *habita en árboles secos y puede utilizar el mismo nido varios años seguidos.*

**Las serpientes de cascabel enanas** *se camuflan fácilmente entre la hierba y la maleza.*

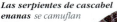

## CIÉNAGAS DE AGUA DULCE

Aunque muchas han sido drenadas en favor de la agricultura y la construcción, en Florida todavía quedan ciénagas. A menudo predominan en ellas los cipreses, que se adaptan bien a la humedad y necesitan poca tierra para crecer. El ciprés enano es la especie más común, mientras que el grandioso ciprés meridional o rojo escasea cada vez más.

*La ibis blanca encuentra alimento en los pantanos y ciénagas de agua dulce. Anida en grandes colonias, en árboles altos o entre los juncos.*

Turba

*El lince rojo se diferencia por su corta cola y su pelaje moteado.*

**Los cipreses** suelen formar una bóveda con sus copas, pues los árboles del perímetro son más bajos que los centrales.

Juncia

**Los neumatóforos** proporcionan oxígeno al ciprés para evitar que muera en el terreno encharcado.

Agua y materia orgánica

*Los lagartos anolis son verdes, pero pueden adquirir un tono marrón según la temperatura corporal o la tensión que tengan.*

*Los nenúfares son las flores más espectaculares de agua dulce. En sus hojas descansan las ranas.*

## BOSQUES FRONDOSOS

Los *hammocks*, bosques en los que abundan las especies frondosas, constituyen uno de los hábitats más verdes del Estado. A diferencia de los *hammocks* tropicales del sur de Florida, en los del norte predomina el espléndido roble, entremezclado con otras especies como el nogal americano y el magnolio.

*El liquen*, al igual que otras epífitas, crece sobre los árboles sin dañarlos.

*Los pavos silvestres se reconocen fácilmente por su barba y por el colorido de su plumaje.*

*El magnolio*, una de las plantas más antiguas que se conoce, se caracteriza por sus llamativas flores y su corteza aromática.

Arena y arcilla

Palma real

Roble

**Los *hammocks*** suelen formar islas o estrechas franjas a lo largo de los ríos.

*La zarigüeya* utiliza las manos, los pies y la cola para agarrarse a las ramas más finas.

*El armadillo* es un animal nocturno. Cuando se siente en peligro, se hace una bola y su caparazón le protege de los depredadores.

# Los huracanes en Florida

Logotipo de los *cazahuracanes*

U N HURACÁN ES UN ciclón tropical en el que el viento alcanza una velocidad mínima de 119 km/h. Uno de cada 10 huracanes del norte del Atlántico azota Florida, lo que significa una media de uno cada dos años. Suelen producirse entre el 1 de junio y el 30 de noviembre, aunque los meses más peligrosos son de agosto a octubre. La escala Saffir-Simpson, que mide los vientos y el movimiento del mar, divide los huracanes en cinco categorías; la quinta es la peor, pues los vientos alcanzan más de 249 km/h. Los nombres de los huracanes proceden de una lista alfabética oficial que cambia cada seis años. En principio sólo se empleaban nombres de mujer pero, desde 1979, se alternan con los de hombre.

Monumento al huracán de 1935 *(ver p. 280)*

**Las zonas** de Florida con más probabilidades de verse azotadas por un huracán son la costa suroriental, incluidos los cayos, la costa occidental de los Everglades y la parte occidental del Panhandle.

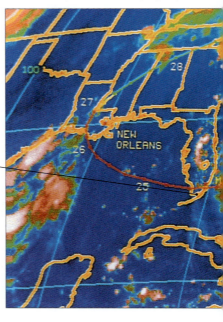

### LA VIDA DE UN HURACÁN

En el nacimiento de un huracán influyen diversos factores, principalmente el calor y el viento. El sol debe calentar lo suficiente la superficie del mar como para que el agua se evapore, se eleve y se condense hasta crear nubes de tormenta, que giran debido a la rotación de la Tierra. El avance del huracán se puede seguir con imágenes de satélite como ésta. Al llegar a tierra firme, la tempestad pierde fuerza porque queda aislada de su fuente de energía: el mar.

**Barco depositado en la Rickenbacker Causeway de Miami por la fuerza de un huracán**

**Los fortísimos vientos del huracán *Andrew* arrancaron la fachada de este edificio de viviendas**

**Campamento instalado para acoger a las personas que perdieron sus casas tras el paso de *Andrew***

### EL HURACÁN 'ANDREW'

El 24 de agosto de 1992 el huracán *Andrew* devastó el sur de Florida. Alcanzó el número cuatro en la escala de Saffir-Simpson (menos que el huracán de 1935 que azotó los cayos de Florida), pero causó daños por valor de 25.000 millones de dólares. Sorprendentemente, en Florida sólo murieron 15 personas –y 23 en todo el país– por los efectos directos de *Andrew*.

### El ojo del huracán

*Aunque rodeado de intensos vientos, el ojo del huracán es una zona de calma. Una vez que ha pasado, el viento recupera su fuerza.*

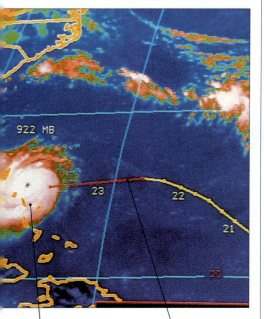

**Un huracán** normalmente mide 480 km de ancho, se eleva entre 15.250 y 18.300 m sobre el nivel del mar y avanza a una velocidad de entre 15 y 70 km/h.

**Muchos huracanes,** incluido *Andrew,* se forman junto a la costa africana y se desplazan hacia el oeste por el Atlántico.

## LA OLA CICLÓNICA

La mayoría de los destrozos y las muertes que produce un huracán se deben a las inundaciones que causa la ola ciclónica, una masa de agua levantada por los fuertes vientos próximos al ojo de la tormenta y lanzada contra la costa. Puede medir hasta 80 km y alcanzar una altura de más de 6 m.

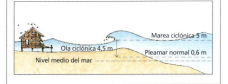

## CÓMO CONTROLAR UN HURACÁN

Con la ayuda de satélites, reproducciones a escala por ordenador y radares, el National Hurricane Center de Miami puede detectar un huracán mucho antes de que llegue a Florida. Sin embargo, la información más concreta la facilitan los pilotos denominados *cazahuracanes,* que con su avión se introducen en la tormenta para recoger datos.

Los daños que origina un huracán se reducen enormemente si se está preparado para recibirlo: la radio y la televisión mantienen informados a los habitantes.

**Fuertes vientos huracanados**

### 1. Alerta: huracanes

*La emisión de un aviso de huracán a través de los medios informativos indica que éste puede llegar en un plazo de 36-48 horas. En cambio, la alerta de huracán anuncia su llegada en 24 horas. Los aeropuertos suelen permanecer cerrados mientras dura la situación de alerta.*

**Bandera de alerta de huracanes**

### 2. Evacuación

*Las autoridades pueden dar órdenes de evacuación a través de los medios informativos locales antes de que llegue el huracán. Las personas que viven en rascacielos, caravanas y zonas bajas son especialmente vulnerables. Las señales de evacuación conducen a la gente por las carreteras más seguras.*

**Señal de evacuación**

### 3. Fin de la alerta

*Cuando el huracán se disipa se pone fin a la situación de alerta. No obstante, continúa habiendo peligro debido a la caída de tendidos eléctricos, inundaciones y accidentes durante las labores de limpieza.*

# Naufragios y búsqueda de tesoros

Las aguas de Florida albergan miles de barcos hundidos hace cientos de años. Muchos naufragaron durante una tormenta; otros se estrellaron contra los arrecifes de los cayos. Los navíos rescatados que figuran en el mapa son aquellos cuyo cargamento se ha recuperado en su mayor parte. Los buques españoles son los más valorados por los *buscatesoros*. En los museos del Estado de Florida, los objetos de uso diario encontrados en los barcos ofrecen una visión de la vida y la riqueza de los españoles en aquella época.

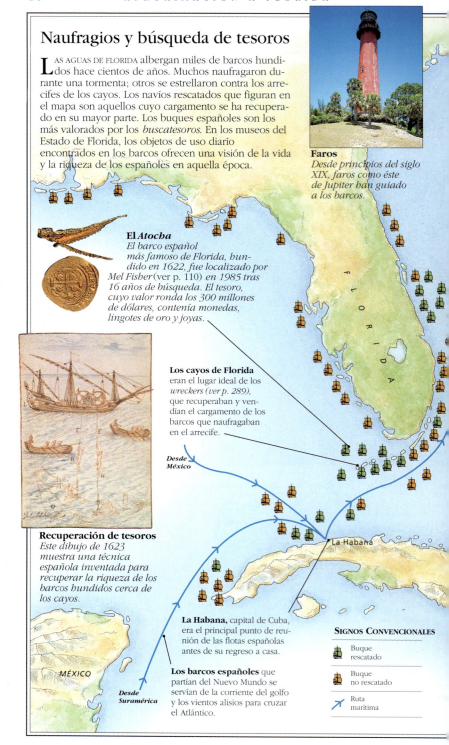

**Faros**
Desde principios del siglo XIX, faros como éste de Jupiter han guiado a los barcos.

**El *Atocha***
El barco español más famoso de Florida, hundido en 1622, fue localizado por Mel Fisher (ver p. 110) en 1985 tras 16 años de búsqueda. El tesoro, cuyo valor ronda los 300 millones de dólares, contenía monedas, lingotes de oro y joyas.

**Los cayos de Florida**
eran el lugar ideal de los *wreckers* (ver p. 289), que recuperaban y vendían el cargamento de los barcos que naufragaban en el arrecife.

**Recuperación de tesoros**
Este dibujo de 1623 muestra una técnica española inventada para recuperar la riqueza de los barcos hundidos cerca de los cayos.

**La Habana**, capital de Cuba, era el principal punto de reunión de las flotas españolas antes de su regreso a casa.

**Los barcos españoles** que partían del Nuevo Mundo se servían de la corriente del golfo y los vientos alisios para cruzar el Atlántico.

## Signos Convencionales

- Buque rescatado
- Buque no rescatado
- Ruta marítima

## BUSCADORES DE TESOROS

Fisher asistió a más de 100 vistas judiciales para establecer su derecho a conservar los tesoros del *Atocha*. La ley estipula que los barcos hundidos que distan hasta 5 km de la costa pertenecen al Estado en cuyas aguas se encuentran, pero no deja claro lo que ocurre con los situados más allá de ese límite. Los aficionados que encuentren monedas en tierra firme pueden conservarlas, pero Florida exige un permiso para llevarse cualquier objeto de un barco hundido situado dentro de su jurisdicción.

**Buscador de tesoros**

## DÓNDE VER LOS TESOROS ESPAÑOLES EN FLORIDA

**Maritime Museum of the Florida Keys** ver p. 278

**McLarty Treasure Museum** ver p. 110

**Mel Fisher's Maritime Museum** ver p. 228

**Mel Fisher's Treasure Museum** ver p. 110

**Museum of Man in the Sea** ver p. 224

**St Lucie County Historical Museum** ver p. 111

**Los tesoros** de la flota española que se hundió aquí en 1715 (ver p. 110) todavía se están recuperando. Los aficionados rastrean las playas en busca de las monedas que, a veces, salen a la superficie.

A España

### Barcos españoles
Las carabelas y galeones que transportaban los tesoros a España tenían capacidad para una tripulación de 200 hombres. Normalmente, los cofres de oro y plata se custodiaban en una habitación situada bajo la cubierta inferior.

### Barbanegra
Famoso por su crueldad y por la costumbre de prender fuego a unas cuerdas de cáñamo que ataba a su sombrero para intimidar a las víctimas, Barbanegra se dedicó a abordar barcos españoles hasta principios del siglo XVIII. La Armada británica acabó con él en 1718.

BAHAMAS

CUBA

**La Española** y Tortuga eran la guarida preferida de los piratas franceses e ingleses, que atacaban desde aquí a los buques españoles.

TORTUGA

MAR CARIBE

LA ESPAÑOLA

0 kilómetros 200
0 millas 200

# La arquitectura de Florida

LOS EDIFICIOS DE FLORIDA constituyen un reflejo de la forma en que se pobló este Estado. Los primeros colonos construyeron casas sencillas, pero sus aspiraciones aumentaron con la aparición del ferrocarril. Los empresarios, ansiosos de atraer a la gente al sur, imitaban unos estilos que resultaban familiares a los norteños, lo que sumado a la rápida colonización del territorio supuso que Florida nunca desarrollara un estilo propio. Sin embargo, posee algunos ejemplos arquitectónicos peculiares, inspirados en la necesidad de adaptación al clima cálido.

**Rascacielos en el centro de Jacksonville**

## ESTILO ORIGINAL DE FLORIDA

Los primeros colonos del siglo XIX construyeron casas cuyo diseño respondía a los dictados del clima y la situación geográfica: los elementos comunes eran los mecanismos destinados a aprovechar al máximo la ventilación natural. Se empleaban materiales de la zona, generalmente madera. Apenas quedan viviendas *crackers* originales *(ver p. 18)*, pero este estilo vernáculo nunca ha dejado de influir en la arquitectura de Florida.

**Un *chickee*, la morada tradicional de los indios de Florida**

**La chimenea de ladrillo** sustituyó a la original, que era de barro y tablones de madera.

**Se añadía un *dog trot*,** o pasillo abierto, cuando se ampliaba la casa original.

**El tejado,** que en este caso es de madera de ciprés, solía ser bastante inclinado.

**La McMullen Log House,** *una cabaña de madera de pino construida en 1852, es un ejemplo de vivienda* cracker. *Se conserva en el Pinellas County Heritage Village* (ver p. 238).

**Los aleros** resguardan del sol tanto el porche como las ventanas.

## LA ÉPOCA DORADA

Desde finales del siglo XIX, el ferrocarril y el turismo trajeron de fuera riqueza y nuevas ideas. En esa época comenzó la historia de amor con el estilo mediterráneo, que ha dejado su impronta en los hoteles de ladrillo de Flagler, en St. Augustine. Sin embargo, la madera continuaba siendo el material preferido y se utilizaba de forma más ornamental; el ejemplo más famoso es Key West. Otras concentraciones de casas victorianas son las de Fernandina Beach *(ver p. 192)* y Mount Dora *(ver p. 206)*.

**La torre** desempeñaba una función más decorativa que práctica.

**Los tejados a dos aguas** eran muy comunes y normalmente albergaban un desván.

**La ventilación** continuaba siendo prioritaria, de ahí el gran número de ventanas.

**Las galerías** que rodeaban la casa eran bastante habituales.

**Torre morisca en Tampa Bay Hotel**

**La McCreary House,** *que data de principios de este siglo, muestra el refinamiento de los estilos vernáculos durante la época victoriana* (ver p. 217).

## La Fantasía de los Años de Prosperidad

Los edificios del periodo 1920-1950 inspiran románticas imágenes de lugares lejanos, por lo que Florida está salpicada de estilos arquitectónicos que van desde el morisco hasta el *art déco*, este último en el distrito de South Beach, de Miami *(ver pp. 58-63)*. No obstante, predominaba el estilo mediterráneo, cuyos máximos exponentes fueron Addison Mizner, en Palm Beach *(ver pp. 114-117)*, y George Merrick, en Coral Gables *(ver pp. 78-81)*.

El Greystone Hotel, de estilo *art déco*, en South Beach

**Las tejas de barro cocido** evocan los colores del Mediterráneo.

**La ornamentación** a base de piedra, terracota y otros materiales suele concentrarse alrededor de las puertas y ventanas.

**Los balcones,** torreones y tejados a varias alturas son rasgos recurrentes de este estilo.

**Las mansiones de Palm Beach** pertenecen fundamentalmente al estilo español. Ésta de South Ocean Boulevard fue construida por Julius Jacobs, uno de los diseñadores de Mizner, en 1929.

## Arquitectura de la Posguerra

Muchas de las construcciones modernas más sorprendentes de Florida son centros comerciales o edificios públicos, que a menudo impresionan por sus dimensiones y su diseño. Más curiosas resultan las nuevas ciudades de Seaside y Disney's Celebration *(ver p. 150)*, que responden a la nostalgia por las pequeñas localidades y a una reacción contra la naturaleza impersonal de la gran ciudad moderna.

Van Wezel Performing Arts Hall, en Sarasota *(ver p. 254)*

**Las ventanas de guillotina** dejan pasar la luz del sol y la brisa marina a raudales.

*Seaside, una hermosa urbanización del Panhandle, tiene casas con vallas de estacas y otras pintorescas características pseudovictorianas* (ver p. 222).

**La galería** del primer piso es un lugar ideal para disfrutar de la vista marítima.

**La madera,** característica de la arquitectura de Florida, es el material más usado en Seaside.

## Las Autopistas

La oleada de vehículos que recorren las autopistas de Florida ha originado la aparición de unos edificios típicos de carretera. Junto a los bancos y restaurantes donde uno puede ser atendido sin salir del coche, se alzan construcciones diseñadas para llamar la atención del conductor. Esta extravagancia, acompañada por carteles de neón, rompe la monotonía en la hilera de moteles y restaurantes de comida rápida que inundan las autopistas.

Luces de neón en la International Drive, Orlando

# Espectáculos deportivos en Florida

FLORIDA OFRECE UNA EXCELENTE variedad de espectáculos deportivos. Miami *(ver p. 94)* y el sureste cuentan con la oferta más amplia y variada, pero en cualquier lugar del Estado se pueden presenciar partidos. La primavera es la época más activa en la mayoría de los deportes. Los equipos profesionales son relativamente nuevos en Florida y, con frecuencia, se ven superados en popularidad por los equipos universitarios, cuyas competiciones pueden atraer con facilidad a más de 80.000 seguidores. La práctica de deportes aparece descrita en las páginas 340-343.

Partido de fútbol americano en la Gator Bowl de Jacksonville

## FÚTBOL AMERICANO

FLORIDA CUENTA CON tres equipos en la Liga Nacional de Fútbol Americano (NFL): el Miami Dolphins, el Tampa Bay Buccaneers y el Jacksonville Jaguars. El Miami Dolphins, el equipo de mayor éxito, ha participado cinco veces en la Super Bowl, competición en la que se alzó victorioso en 1973 tras finalizar la temporada sin derrotas ni empates. La temporada deportiva abarca de septiembre a diciembre *(ver p. 94)*.

Florida celebra más competiciones universitarias que ningún otro Estado. Los mejores equipos son el Seminoles de Tallahassee, el Hurricanes de Miami y el Gators de Gainesville.

En torno a Año Nuevo se celebran innumerables competiciones universitarias. Las tres preferidas son la Citrus Bowl de Orlando, la Orange Bowl Classic de Miami y el encuentro anual Gator Bowl, en Jacksonville.

## BÉISBOL

DESDE LA I GUERRA MUNDIAL, el clima cálido de Florida la ha convertido en el lugar de entrenamiento favorito de los principales equipos de béisbol de primera división, que acuden todos los años a la misma ciudad, dándole prestigio y aportando millones de dólares a la economía local.

Los entrenamientos comienzan a finales de febrero, y en marzo los equipos participan en partidos amistosos de la denominada **Grapefruit League**. Estos encuentros, que se desarrollan durante toda la semana, atraen a miles de seguidores que, con frecuencia, llegan de otros estados. Si desea información sobre las fechas y la venta de entradas, póngase en contacto con el estadio.

El Florida Merlins, creado en 1993, fue el primer equipo profesional de béisbol de este Estado. El segundo fue el Tampa Bay Devil Rays, que tiene su sede en el estadio Tropicana Field de St. Petersburg *(ver p. 339)*. La temporada de béisbol va de abril a agosto.

### GRAPEFRUIT LEAGUE: QUIÉN JUEGA Y DÓNDE

**Atlanta Braves**
Walt Disney World.
(407) 939-2044.

**Baltimore Orioles**
Fort Lauderdale.
(954) 776-1921.

**Boston Red Sox**
Fort Myers. (941) 334-4700.

**Chicago White Sox**
Sarasota. (941) 954-7699.

**Houston Astros**
Kissimmee. (407) 933-2520.

**LA Dodgers**
Vero Beach. (407) 569-6858.

**Minnesota Twins**
Fort Myers. (800) 338-9467.

**New York Yankees**
Tampa. (813) 879-2244.

**Philadelphia Phillies**
Clearwater. (813) 442-8496.

**St Louis Cardinals**
St Petersburg.
(813) 894-4773.

*Puede solicitar una lista completa en Florida Sports Foundation (ver p. 343).*

## HÍPICA Y POLO

FLORIDA SE CONGRATULA de tener la segunda mayor explotación de purasangres de EE UU, cuyo centro neurálgico es Ocala *(ver p. 208)*. La zona de Miami acoge la mayoría de las carreras famosas como el Derby de Florida, en marzo, y la Breeder's Cup, en noviembre, que

Entrenamiento del equipo de béisbol L.A. Dodgers, en Vero Beach

se celebran en Gulfstream Park, en Hallandale. En primavera se pueden ver los entrenamientos de caballos en Hialeah Park *(ver p. 48)*, en Miami. Durante los meses de invierno, también se celebran carreras en Tampa Bay Downs.

El polo es popular en la Gold Coast, cuyo gran torneo, la Challenge Cup, se celebra en West Palm Beach en enero *(ver p. 122)*. Los partidos, en los que los jugadores golpean la pelota a una velocidad de hasta 176 km/h, son muy emocionantes. En el descanso, los espectadores participan en el ritual de aplastar con los pies la hierba que han levantado los cascos de los caballos.

El *jai alai* es, según su público, el juego más antiguo y rápido del mundo

**Carrera en Gulfstream Park, el principal hipódromo de Florida**

## RODEOS

Arcadia es, con sus dos grandes rodeos anuales *(ver p. 261)*, el centro de la competición profesional, pero en febrero y julio el público acude a Kissimmee para presenciar el Great Silver Spurs Rodeo, donde los participantes compiten por los premios y por alzarse a los primeros puestos nacionales de monta de potros y otros concursos. En Davie *(ver p. 133)* y Kissimmee *(ver p. 177)* se celebran numerosos rodeos de aficionados.

## 'JAI ALAI'

El *JAI ALAI*, un juego de pelota originario de Europa, es prácticamente exclusivo de Florida *(ver p. 133)*.

Los partidos se disputan en una cancha con tres paredes, donde los jugadores recogen y lanzan la pelota con una cesta curva de mimbre, llegando a alcanzar velocidades superiores a 240 km/h.

Las competiciones suelen enfrentar a ocho equipos de uno o dos jugadores. Tras ganar el primer punto, los vencedores permanecen en la cancha para recibir al siguiente contrincante. Este procedimiento se repite hasta que uno de los equipos alcanza siete puntos.

El *jai alai* se practica en canchas cerradas, denominadas frontones. Las apuestas mueven todos los años millones de dólares.

## CARRERAS DE MOTOR

El automovilismo y el motociclismo son todo un acontecimiento en Florida. La temporada comienza en febrero en el Daytona International Speedway *(ver p. 204)*, uno de los circuitos más rápidos del mundo. En la Rolex 24, al igual que en Le Mans, se corre durante todo el día y toda la noche, y la Daytona 500 es uno de los platos fuertes de la National Association of Stock Car Auto Racing (NASCAR).

**La primera Daytona 500 se celebró en 1959**

También se celebran importantes competiciones en Hialeah (Miami), Homestead, Pensacola y Sebring (cerca de Orlando). En marzo, los pilotos acuden a Gainesville para participar en la Gatornationals, la principal carrera de velocidad.

## BALONCESTO

El baloncesto profesional es bastante nuevo en Florida, cuyos únicos equipos son el Orlando Magic y el Miami Heat. El primero es famoso por haber contratado en 1992 a Shaquille O'Neal, a quien vendió más tarde por 120 millones de dólares. La temporada va de octubre a abril. Los partidos universitarios despiertan gran expectación.

**Orlando en acción**

## GOLF Y TENIS

Los torneos de golf abundan en Florida, cuna del rey del golf Jack Nicklaus. Cabe destacar el Bay Hill Invitational de Orlando y el PGA Tournament Players Championship de Ponte Vedra Beach, cerca de Jacksonville; ambos se celebran a finales de marzo.

El tenis también goza de gran popularidad. Crandon Park, en Key Biscane, es famoso por el torneo anual Lipton International Players Championship, que se celebra en marzo.

# Florida mes a mes

El cálido clima de Florida convierte a este Estado en destino turístico durante todo el año, pero la diferencia entre el norte y el sur da lugar a dos temporadas bien diferenciadas. Desde octubre hasta abril, muchos estadounidenses acuden al sur (Orlando incluido) a disfrutar de sus inviernos suaves. La mayoría se marcha antes de que llegue el verano, que puede resultar demasiado caluroso.

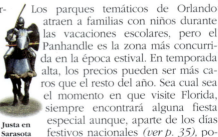

Justa en Sarasota

Los parques temáticos de Orlando atraen a familias con niños durante las vacaciones escolares, pero el Panhandle es la zona más concurrida en la época estival. En temporada alta, los precios pueden ser más caros que el resto del año. Sea cual sea el momento en que visite Florida, siempre encontrará alguna fiesta especial aunque, aparte de los días festivos nacionales *(ver p. 35)*, pocas más se celebran en el Estado.

## Primavera

A finales de febrero, los universitarios invaden Florida para disfrutar de sus vacaciones de primavera. Llegan desde todos los puntos del país y, durante las seis semanas siguientes, las poblaciones costeras son un hervidero de estudiantes, lo que hace subir los precios del alojamiento, especialmente en Daytona Beach y Panama City Beach.

Los entrenamientos de béisbol *(ver p. 30)* también constituyen una gran atracción.

## Marzo

**Sanibel Shell Fair** *(1ª semana)*. Los coleccionistas de conchas se reúnen en Sanibel Island *(ver pp. 264-5)* para mostrar e intercambiar ejemplares y recoger premios.
**Florida Strawberry Festival** *(1ª semana)*, Plant City, cerca de Tampa. Fiesta del pastel de fresas y la música *country*.

La calle Ocho, en Little Havana, eje del carnaval de Miami

Daytona Beach, un hervidero durante las vacaciones de primavera

**Medieval Fair** *(1er fin de semana)*, Sarasota. Magos y actores disfrazados sirven de entretenimiento en esta recreación de la Edad Media.
**Carreras de motocicletas** *(principios mar)*, Daytona Beach *(ver pp. 204-205)*. Aquí se dan cita los *moteros* de todo el país.
**Carnaval de Miami** *(2º do)*. 9 días de diversión en el barrio latino de Miami *(ver pp. 74-75)*.
**St. Augustine Arts and Crafts Festival** *(último fin de semana)*. Los artesanos exponen sus objetos en los lugares históricos de la ciudad.
**Festival of the States** *(fin mar-principios abr)*, St. Petersburg. Tres semanas de diversión con desfiles, bailes de coronación y fuegos artificiales.

## Abril

**Antique Boat Festival** *(1er fin de semana)*, Mount Dora *(ver p. 206)*. Regata de barcos antiguos por el lago; los visitantes acuden a los museos de esta bella ciudad.
**Springtime Tallahassee** *(todo el mes)*. Uno de los mayores festivales del sur, con desfiles, carreras de globos, excelente comida y música en directo.
**Pascua** *(abr)*. Asista al amanecer a los oficios religiosos del castillo de San Marcos *(ver pp. 200-201)* y pasee en carruaje por St. Augustine.
**Conch Republic Celebration** *(fin abr-principios may)*, Key West. Toda una semana de desfiles, bailes y actos en honor de los padres fundadores de la ciudad.

## Mayo

**SunFest** *(1ª semana)*, West Palm Beach. Siete días de acontecimientos culturales y deportivos.

Emblema de la República de la Concha

**Isle of Eight Flags Shrimp Festival** *(1er fin de semana)*, Fernandina Beach. Deguste las exquisitas gambas y otros mariscos mientras recorre los puestos de artesanía.
**Destin Mayfest** *(3er fin de semana)*. Los visitantes se agolpan en el Destin Harborwalk para escuchar jazz en directo.

FLORIDA MES A MES

**Días de sol**
*Este gráfico recoge las cifras de todo el Estado. La costa occidental, cerca de St. Petersburg, disfruta de un promedio de 361 días de sol anuales, pero los cielos azules son una constante generalizada. Incluso en los meses estivales del sur de Florida, más húmedos, las nubes suelen dispersarse con rapidez.*

**Niño ataviado para la celebración del 4 de julio**

## Verano

A MEDIDA QUE avanza el verano, las temperaturas y la humedad se elevan y sólo son mitigadas por la brisa del Atlántico y las tormentas vespertinas diarias. La época de huracanes *(ver pp. 224-225)* también se aproxima. Las personas con un presupuesto ajustado que viajen al sur de Florida pueden aprovechar los precios de temporada baja.

La gran fiesta del verano es el 4 de julio, Día de la Independencia, que se celebra con cabalgatas y fuegos artificiales.

## Junio

**Monticello Watermelon Festival** *(todo el mes)*, Monticello *(ver p. 229)*. Celebración de la cosecha de melones.
**Festival de Goombay** *(1er fin de semana)*, Coconut Grove, Miami *(ver p. 82)*. Los inmigrantes de las Bahamas celebran su festividad con un desfile, comida y música caribeña.
**Fiesta of Five Flags** *(principios jun)*, Pensacola. Dos semanas de festejos, con desfiles, maratones, concursos de pesca y una representación del desembarco de Tristán de Luna en 1559.
**Festival de artesanía de Venice Street** *(mediados jun)*. La traquila y romántica Venice adorna sus calles más céntricas para acoger este popular bazar de artesanía.

## Julio

**America Birthday Bash** *(4 jul)*, Miami. A medianoche, los fuegos artificiales inundan la ciudad en la mayor celebración del Día de la Independencia al sur de Florida.
**Silver Spurs Rodeo** *(principios jul)*, Kissimmee *(ver p. 177)*. Asómbrese ante la destreza de los jinetes en el rodeo más antiguo del Estado (también en febrero).
**Hemingway Days Festival** *(mediados jul)*, Key West. Durante una semana los autores firman sus libros y se celebran certámenes de cuentos, producciones teatrales y un divertido concurso de dobles de Hemingway.
**Florida International Festival** *(fin jul-principios ago)*, Daytona Beach. Festival de pop, jazz y música clásica.

## Agosto

**Boca Festival Days** *(todo el mes)*, Boca Raton. Feria de artesanía, interpretaciones de cuartetos masculinos que cantan *a capella* y un concurso de castillos de arena.
**Annual Wasau Possum Festival** *(1er do)*, Wausau. Esta ciudad, situada al norte de Panama Beach City, rinde homenaje a la zarigüeya, con cucañas, elaboración de pan de maíz y la oportunidad de degustar platos a base de este marsupial.
**Carrollwood Twilight Arts and Crafts Festival** *(1er fin de semana)*, Tampa. El ritmo de la ciudad se ralentiza durante esta gran exposición artística.

**Participantes en el concurso de dobles de Hemingway**

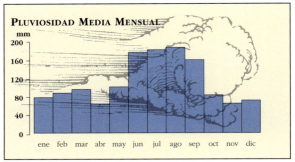

### Índice de precipitaciones

*La diferencia climática entre el norte y el sur del Estado implica, por ejemplo, que octubre sea el mes más seco del Panhandle pero el más húmedo de los cayos. Por lo general, en verano, el sur de Florida es más húmedo que el norte, mientras que en invierno sucede lo contrario.*

## Otoño

Las temperaturas comienzan a suavizarse y, aunque persiste el riesgo de tormentas, el tiempo es agradable. Los meses de otoño suelen ser tranquilos: las playas, atracciones y autopistas están mucho menos concurridas.

El Día de Acción de Gracias, cuarto jueves de noviembre, es para muchos el más destacado de esta estación, pues es cuando las familias se reúnen para comer pavo y tarta de calabaza.

### Septiembre

**Las Olas Art Fair** *(principios sep)*, Fort Lauderdale. Las Olas Boulevard constituye el eje de esta feria callejera que ofrece exposiciones de arte, comida y música.

**Aniversario de la fundación de St. Augustine** *(sá más próximo al 8 sep)*. Cerca del lugar donde desembarcaron los primeros colonos, se celebra la llegada de los españoles en 1565.

**Exposición de embarcaciones, en Fort Lauderdale**

### Octubre

**Destin Fishing Rodeo** *(todo el mes)*. Destin recibe a miles de visitantes que participan en esta competición de pesca con caña, en cuya primera semana se celebra un festival del marisco.

**Jacksonville Jazz Festival** *(mediados oct)*. Inusual combinación de exposiciones artísticas con tres días de concursos e interpretaciones de estrellas internacionales del jazz.

**Boggy Bayou Mullet Festival** *(mediados oct)*, Valparaiso y Niceville. Estas ciudades celebran la pesca local con comida, arte y espectáculos.

**Fort Lauderdale Boat Show** *(fin oct)*. El mayor salón náutico del mundo (que se celebra en las aguas) atrae a los aficionados a esta ciudad.

**Fantasy Fest** *(última semana)*, Key West. Excéntrica celebración de Halloween con una semana de fiestas *gays*, bailes, concursos de disfraces y procesiones callejeras.

**Johns Pass Seafood Festival** *(último fin de semana)*, Madeira Beach. Este festival atrae a los amantes del marisco a Johns Pass Village (ver p. 238).

**Guavaween** *(último sá)*, Tampa. Desfile de Halloween que ridiculiza la vida y la historia de la ciudad, especialmente su antiguo intento de cultivar guayabas en la zona.

### Noviembre

**Apalachicola Seafood Festival** *(1er fin de semana)*. En la más grande y antigua festividad del marisco se bendice la flota pesquera, se imparten clases de confección de redes y se celebran concursos de abrir e ingerir ostras.

**Orange Bowl Festival** *(principios nov-finales feb)*, Miami. Festival que presenta más de 20 actos deportivos y culturales.

**Festival of the Masters** *(2º fin de semana)*, Walt Disney World. Artistas de todo el país muestran su obra en Downtown Disney (ver p. 162).

**Miami Book Fair International** *(mediados nov)*. Editores, autores y lectores habituales se congregan en Miami para esta gran feria del libro.

**Disfraces en las calles durante la Fiesta de la Fantasía de Key West**

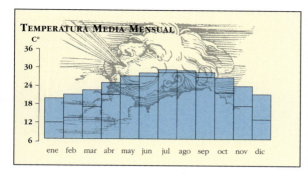

**Temperaturas**
*Aquí se indica la temperatura media de Miami y Jacksonville; el nivel superior corresponde a Miami. En el norte, incluso en invierno, las tardes son frescas y la nieve es muy poco frecuente, si bien hace demasiado frío para bañarse. En el sur, las altas temperaturas estivales se ven exacerbadas por la enorme humedad.*

## INVIERNO

Durante los meses de invierno, la afluencia de visitantes procedentes del norte se intensifica. También van llegando las celebridades, unas para descansar y otras para actuar durante la más intensa temporada de espectáculos del Estado. El público se multiplica en Walt Disney World, y el Reino Mágico muestra todo su colorido.

## DICIEMBRE

**Winterfest Boat Parade** *(principio dic)*, Fort Lauderdale. Los barcos iluminados navegan por la Intracoastal Waterway creando un mágico escaparate nocturno.
**King Orange Jamboree Parade** *(31 dic)*, Miami. Formidable acto que anuncia el Año Nuevo.

Santa Claus en la Intracoastal Waterway durante la Navidad

## ENERO

**Orange Bowl** *(Día de Año Nuevo)*, Miami. Gran partido de fútbol americano que cierra la temporada *(ver p. 95)*.
**Día de la Epifanía griega** *(6 ene)*, Tarpon Springs. En la catedral ortodoxa griega *(ver p. 237)* se celebran ceremonias y fiestas religiosas.

Recreación de una invasión pirata en el Festival anual de Gasparilla

**Art Deco Weekend** *(mediados ene)*, Miami Beach. Música de los años 30 en esta fiesta callejera del barrio *art déco* *(ver pp. 58-65)*.

## FEBRERO

**Gasparilla Festival** *(2º lu)*, Tampa. Bullicioso festejo en memoria de los piratas que saquearon la costa *(ver p. 249)*.
**Carreras de coches** *(tres primeras semanas)*, Daytona Beach. Estas competiciones automovilísticas culminan el último domingo con la carrera Daytona 500 *(ver pp. 204-205)*.
**Florida Citrus Festival** *(mediados feb)*, Winter Haven, cerca de Orlando. En esta feria rural se rinde homenaje a la cosecha de cítricos.
**Coconut Grove Arts Festival** *(mediados feb)*, Miami *(ver p. 82)*. Una de las mayores exposiciones de arte de vanguardia del país.
**Florida State Fair** *(mediados feb)*, Tampa. Aquí podrá disfrutar de los desfiles de carnaval y las peleas de caimanes.

**Miami Film Festival** *(mediados feb)*. La Film Society of America programa un amplio abanico de películas durante 10 días *(ver p. 337)*.
**Swamp Cabagge Festival** *(último fin de semana)*, La Belle, al este de Fort Myers. Rodeos, bailes y degustaciones de palmito, el fruto comestible del árbol más venerado del Estado.

### DÍAS FESTIVOS

**Año Nuevo** (1 ene)
**Día de Martin Luther King** (3er lu, ene)
**Día del Presidente** (3er lu, feb)
**Memorial Day** (último lu, may)
**Día de la Independencia** (4 jul)
**Día del Trabajo** (1er lu, sep)
**Día de Colón** (2º lu, oct)
**Elecciones** (1º ma, nov)
**Veterans Day** (11 nov)
**Acción de Gracias** (4º ju, nov)
**Navidad** (25 dic)

# Historia de Florida

**H**ASTA EL SIGLO XVI, Florida contaba con una numerosa población indígena. Muchas tribus poseían complejos sistemas políticos y religiosos que demostraban un alto grado de organización social. En 1513, fecha en que Ponce de León avistó por primera vez "la Florida", se inició un proceso de colonización que vino a diezmar a los indios como consecuencia de la guerra y de enfermedades hasta entonces por ellos desconocidas.

Durante los 250 años siguientes la región no fue más que un puesto fronterizo para otras colonias españolas del Caribe, además de refugio de los esclavos e indios semínolas *(ver p. 271)* que huían del yugo británico del norte. Con el tratado de París de 1763 España cedió Florida a Inglaterra, hasta que, tras 60 años de disputas, se convirtió en territorio norteamericano en 1821.

Los intentos por expulsar a los semínolas originaron graves conflictos que se prolongaron durante más de 65 años. Poco después de las luchas con los indios estalló la guerra civil. Al finalizar ésta, en 1865, el Estado se encontraba prácticamente en ruinas. Sin embargo, pronto se iniciaría su recuperación: empresarios como Henry Flagler llevaron el ferrocarril a la región y edificaron lujosos hoteles que atrajeron a los adinerados visitantes del norte. El turismo despegó durante el primer tercio del siglo XX para convertirse en los años 50 en la principal fuente de ingresos del Estado. Con esta prosperidad económica, la agricultura también empezó a desarrollarse, llegando oleadas de inmigrantes para trabajar en el sector. La recesión de los años 20 y 30 no fue más que una breve interrupción en su crecimiento y, entre 1940 y 1990, la población se multiplicó por seis.

**Henry Flagler**

Hoy en día, Florida acoge a una numerosa comunidad hispana, en la que destaca la presencia cubana. Pese a que las desigualdades económicas han originado problemas sociales y la imparable urbanización del Estado ha supuesto una amenaza para el medio ambiente, Florida vive actualmente una época de prosperidad.

Mapa de Florida de Theodore de Brys del siglo XVI, uno de los más antiguos que existen

◁ Antigua postal de Florida, afamado destino turístico de los años 20

# La Florida prehistórica

Útil de piedra

FLORIDA FORMABA parte de la cadena volcánica que originó las islas del Caribe y que, tras millones de años de erosión, quedó sumergida bajo las aguas. Cuando volvió a emerger, estaba comunicada con Norteamérica. Los primeros humanos que llegaron aquí formaron diversas tribus. Algunas abandonaron la vida nómada para convertirse en grupos sedentarios con asentamientos permanentes en las riberas de los ríos y en el rico litoral de Florida. Antes del año 1000 d.C., muchos grupos contaban con una compleja organización religiosa y política que se manifestaba en la construcción de túmulos funerarios y de culto.

**PRIMEROS CONTACTOS TRIBALES**
— Zonas en contacto

**Vasija con efigie humana**
*Urna funeraria de cerámica pintada del año 400-600 d.C. Estas vasijas solían estar decoradas y representaban aves y animales. Con frecuencia se practicaba en ellas un orificio para que el alma de la figura pudiera acompañar a la del difunto.*

**Las vasijas** solían tallarse para aumentar tanto su resistencia al calor como su valor decorativo.

**Los tocados** se confeccionaban con cobre forjado procedente de lugares tan lejanos como los Grandes Lagos.

**TRIBUS PREHISTÓRICAS DE FLORIDA**
La agricultura y los túmulos funerarios eran rasgos típicos de los timucua y otras tribus del norte de Florida. Las comunidades del sur, como los calusa y los tequesta, dejaron un legado de tallas de madera y túmulos con restos orgánicos, que sugieren una dieta a base de pescado y marisco.

**EL SECRETO DE MARCO ISLAND**
En 1896 se produjo un descubrimiento único en Marco Island *(ver p. 270)*: en un terreno pantanoso se hallaron, en perfecto estado de conservación, numerosos objetos elaborados con materia orgánica perecedera pertenecientes a los indios calusa. Por desgracia, una vez fuera del lodo de mangle que los protegía, los objetos se desintegraron con rapidez.

Talla de madera calusa

**Cuenco cocido**
*Esta cerámica del año 800 d.C. tenía un uso ceremonial. Los trazos ayudan a los arqueólogos a identificar a sus creadores.*

## CRONOLOGÍA

| 10000 a.C. | 9000 a.C. | 8000 a.C. | 7000 a.C. | 6000 a.C. | 5000 a.C. |
|---|---|---|---|---|---|
| **c. 10000** Los primeros habitantes de Florida fabrican herramientas paleoindias de piedra | | | | *Los atlatls, o bastones arrojadizos, son herramientas posteriores al 6000 a.C.* | |
| *Mastodonte, animal de la glaciación que habitó en Florida* | | **c. 7500** Sube la temperatura, se empiezan a cazar animales más pequeños, como el ciervo, y se incluyen alimentos vegetales en la dieta humana | | **c. 5000** Se construyen los primeros asentamientos semipermanentes junto al río St. Johns, que crean grandes túmulos de restos orgánicos | |

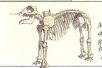

# HISTORIA DE FLORIDA

### India timucua
*Las primeras representaciones de los indios de Florida muestran su profusión de tatuajes. Los pendientes de madera y las joyas de concha tenían un uso generalizado, y las vestiduras eran mínimas.*

### Pipa de arcilla
*Los antiguos habitantes de Florida consumían un fortísimo tabaco en sus rituales, que bebido en infusión, mascado o fumado en pipas de arcilla o piedra producía fuertes alucinaciones.*

## DÓNDE VER LA FLORIDA PREHISTÓRICA

Los museos de historia contienen objetos prehistóricos hallados en el Estado de Florida. Cabe destacar el Natural History Museum de Gainesville *(ver p. 209)*. Los túmulos de Crystal River y Fort Walton Beach cuentan con sendos museos; el primero *(ver p. 236)* reviste un atractivo especial.

**En Crystal River** *hay túmulos indios con restos orgánicos muy bien conservados.*

**Esta cabeza de ave de cerámica** tiene más de 1.600 años y fue hallada en la tumba de un sacerdote.

**Tótem de un búho astado,** en madera de pino, extraído del río St. Johns. Data aproximadamente del año 1350 d.C.

**Este colgante de concha** fue descubierto en un túmulo de restos orgánicos. El tipo de decoración tallada sugiere una conexión con las tribus caribeñas.

### Objetos de cobre
*Este peto de cobre, descubierto en el norte de Florida, data del 1300 d.C. y se asemeja mucho a uno de Georgia. Florida no tenía reservas de cobre, por lo que la presencia de estos objetos parece indicar que se vendían como artículos de prestigio.*

**La decoración de las vasijas** es común a todo el sureste de EE UU.

**Las máscaras de Marco Island** eran de madera tallada y se pintaban con vivos colores.

| 4000 a.C. | 3000 a.C. | 2000 a.C. | 1000 a.C. | 1 d.C. | 1000 d.C. |
|---|---|---|---|---|---|
| | | | **c. 1000** En el norte de Florida, la economía pasa de la caza y la recolección al cultivo. Los grupos sedentarios desarrollan sociedades más complejas y se construyen los primeros túmulos funerarios | **c. 1000** Surgen los sistemas políticos y la práctica religiosa, y se construyen túmulos para templos. Mayor contacto con tribus de fuera de Florida | |
| **c. 3000** A partir de esa fecha, Florida disfruta de un clima semejante al actual | | **c. 2000** Aparece la primera cerámica de Florida | *Templo construido sobre un túmulo funerario* | | **c. 800** Primeros indicios del cultivo del maíz en el norte de Florida |

# La Florida española

DESPUÉS DE QUE JUAN PONCE DE LEÓN avistara Florida en 1513, diversos conquistadores trataron de colonizar la región. En 1564, los franceses fueron los primeros en erigir un fuerte, que no tardaría en ser destruido por los españoles: la corriente del golfo obligaba a costear Florida a los barcos cargados de tesoros que habían partido de otras colonias del Nuevo Mundo, por lo que resultaba fundamental que Florida no cayera en manos enemigas. Los españoles introdujeron el cristianismo, los caballos y el ganado. Las enfermedades europeas y las brutales confrontaciones mermaron la población india. Gran Bretaña realizó diversas incursiones en Florida a principios del siglo XVIII tratando de tomar el relevo de los españoles.

**Crucifijo español**

**RUTAS DE LAS FLOTAS ESPAÑOLAS**
— Rutas marítimas

**La columna de Ribault,** de 1562 *(ver p. 193),* marcaba las pretensiones francesas sobre el norte de Florida.

**Juan Ponce de León**
*En su búsqueda de oro, Ponce de León descubrió una tierra a la que bautizó como* Pascua Florida.

**El maíz** era el alimento básico de los indios de Florida.

## FORT MOSE

Los esclavos que huían de las duras condiciones de las Carolinas británicas se dirigían a Florida, donde disfrutaban de ciertos derechos. Los españoles creyeron ventajoso ayudar a los enemigos de los británicos y, en 1738, crearon para ellos Fort Mose, cerca de la guarnición de St. Augustine. El fuerte, que contaba con milicia y economía propias, se considera el primer enclave independiente de la población negra norteamericana.

**Miliciano negro de las colonias españolas**

## PRIMER ASENTAMIENTO DE FLORIDA

En 1564, René de Laudonnière fundó La Carolina, el primer asentamiento europeo en Florida. Le Moyne pintó a los indios saludando a los colonizadores.

## CRONOLOGÍA

**1513** Ponce de León descubre Florida. Ocho años después fracasa en su intento de establecer una colonia española

*Firma de Hernando de Soto*

**1622** Los barcos españoles *Atocha* y *Santa Margarita* naufragan durante un huracán

**c. 1609** El inca Garcilaso de la Vega publica *La Florida del Inca*

| 1520 | 1540 | 1560 | 1580 | 1600 | 1620 |

**1528** Pánfilo de Narváez desembarca en Tampa Bay en busca de El Dorado, la tierra del oro

**1539** Hernando de Soto llega a Tampa Bay con 600 hombres, pero muere junto al río Misisipí tres años después

**1566** Los jesuitas llegan a Florida

**1565** Pedro Menéndez de Avilés funda San Agustín (St. Augustine) tras derrotar a los franceses

*Corte transversal del* Atocha

# HISTORIA DE FLORIDA

### Hernando de Soto
*De Soto fue el más implacable de los conquistadores y provocó la matanza de numerosos indios. Asimismo, sólo sobrevivió un tercio de sus hombres.*

### DÓNDE VER LA FLORIDA ESPAÑOLA

En St. Petersburg, el De Soto National Memorial marca el lugar de desembarco del colonizador *(ver p. 253)*. A las afueras de Jacksonville hay una reproducción de Fort Caroline *(p. 193)*. Con todo, el mejor lugar para ver el legado español es St. Augustine *(pp. 196-199)* y su imponente castillo de San Marcos *(pp. 200-201)*.

***Nuestra Señora de la Leche*** *es una ermita de St. Augustine fundada por Avilés en 1565.*

### Adorno de oro y plata para el cabello
*Los valiosos objetos indios alimentaron el mito de El Dorado. En realidad, los materiales procedían de los naufragios españoles.*

**René de Laudonnière** observa las ofrendas de los indios.

### Sir Francis Drake
*El poder español en el Nuevo Mundo estuvo amenazado por la piratería inglesa. Drake incendió St. Augustine en 1586.*

### Códice Osuna
*Manuscrito del siglo XVI que representa la expedición de Tristán de Luna a Florida. En 1559, un huracán destruyó su campamento de Pensacola Bay, acabando con sus intentos de colonización.*

**Athore,** jefe timucua, muestra a los colonizadores franceses la veneración de su tribu ante la columna de Ribault.

| | | | | | | |
|---|---|---|---|---|---|---|
| **c. 1670** El tratado de Madrid recoge la reivindicación española del Nuevo Mundo | *Bandera del pirata Barbanegra* | | **1718** Barbanegra, terror de la costa oriental de Florida, muere en el mar de Carolina del Norte | **1740** Desde su base en Georgia, los británicos asedian el castillo de San Marcos | | **1763** En virtud del tratado de París, Gran Bretaña consigue Florida y devuelve Cuba a España |
| 1640 | 1660 | 1680 | 1700 | 1720 | 1740 | 1760 |
| | **1687** Llegan a Florida los primeros ocho esclavos huídos de las plantaciones británicas de las Carolinas | | **1702** Los británicos arrasan St. Augustine | | **1756** Concluye la construcción del castillo de San Marcos | |
| | **1693** Los españoles se establecen en Pensacola, que cinco años después se convertirá en una colonia permanente | | *Castillo de San Marcos (St. Augustine)* | | | |

# La lucha por Florida

Bota de cuero

LA ABUNDANCIA de piel y cuero y la oportunidad de extender la superficie de plantaciones atrajeron a los británicos a esta zona. Tras hacerse con el poder en 1763, dividieron en dos la colonia y, gracias a las subvenciones que proporcionaban a este Estado, se aseguraron su lealtad durante la guerra de la independencia. Sin embargo, en 1781, España recuperó la parte occidental y en 1783 le fue devuelta la oriental. Los esclavos negros refugiados en Florida provocaron el antagonismo entre España y EE UU, rivalidad que proporcionó a EE UU un pretexto para invadir la colonia. El general Andrew Jackson ocupó la parte occidental, provocando la primera guerra semínola.

**FLORIDA BRITÁNICA 1764-1783**
☐ Florida oriental
☐ Florida occidental

**Sistema español de castas**
*La escasez de mujeres en las colonias empujó a los hombres a casarse con negras o indias, lo que originó un sistema jerárquico de castas coronado por quienes eran de sangre puramente española.*

**Fort George** era la principal fortificación británica de Pensacola.

**El tamborilero** marcaba el ritmo de la marcha, empujando a los soldados a la batalla.

**Brasero**
*El brasero mitigaba los fríos inviernos del norte de Florida y espantaba a los mosquitos en verano.*

## LA TOMA DE PENSACOLA
En 1781, tras un mes de asedio, el español Bernardo de Gálvez derrotó a los británicos y tomó Pensacola. Sin duda su victoria contribuyó a la apuesta de independencia de las colonias norteamericanas.

## CRONOLOGÍA

**1776** La guerra de la independencia mermó fuertemente las reservas británicas y muchos ingleses abandonaron Florida

**1783** En virtud del segundo tratado de París, el Reino Unido reconoce la independencia norteamericana, obtiene las Bahamas y Gibraltar y devuelve Florida a España

**1785-1821** Disputas fronterizas entre norteamericanos y españoles

1765 — 1770 — 1775 — 1780 — 1785

*Soldado británico de la guerra de la independencia*

**1781** Al mando de Gálvez, los españoles desembarcan en Pensacola y ocupan la Florida occidental

**1782** El Congreso estadounidense elige el águila de cabeza blanca como emblema nacional

*Emblema de EE UU*

## HISTORIA DE FLORIDA

### General Jackson
*El ambicioso Andrew Jackson dirigió incursiones no autorizadas a Florida y acabó conquistándola. Sus triunfos le valieron el cargo de primer gobernador de Florida en 1821 y, posteriormente, el de séptimo presidente de EE UU.*

### Ilustraciones de William Bartram
*El botánico británico William Bartram estudió y documentó la flora y fauna de Florida, así como la vida de los pueblos indígenas.*

### DÓNDE VER LA LUCHA POR FLORIDA

La plantación Kingsley *(ver p. 193)*, próxima a Jacksonville, es la más antigua que se conserva en el Estado. El histórico Seville District de Pensacola *(p. 216)* fue diseñado por los británicos durante su ocupación, y St. Augustine *(pp. 196-199)* contiene varios edificios de la época, como la British Government House y la encantadora casa Ximénez-Fatio, de la segunda época de dominio español.

***La plantación de Kingsley** disfruta de un bello entorno en la desembocadura del río St. Johns.*

### Bernardo de Gálvez,
gobernador español de Luisiana, resultó herido en la batalla de Pensacola cuando contaba 27 años de edad.

### Cartel político
*Esta ilustración muestra al caballo* América *derribando a su amo. Los británicos, consternados por la pérdida de las colonias en 1783, abandonaron la Florida oriental.*

### Comercio de esclavos
*La esclavitud abastecía de mano de obra a las plantaciones. El viaje de África a América duraba meses y muchos esclavos, hacinados en los barcos, morían por el camino.*

| | | | | |
|---|---|---|---|---|
| **1803** EE UU compra Luisiana, avanza hacia el este creando la actual frontera occidental de Florida, y reclama la Florida occidental | **1808** El Congreso estadounidense prohíbe el comercio de esclavos a través de una ley que apenas es acatada | *Esposas para esclavos* | **1817** Comienza la primera guerra seminola | |
| España cede a Francia los territorios de la Florida occidental (Luisiana) | | | | |
| **1795** | **1800** | **1805** | **1810** | **1815** |
| **1795** España cede a EE UU los territorios situados al norte del paralelo 31 <br> *Bandera de los patriotas de la Florida oriental*  | | **1812** Los estadounidenses ocupan Amelia Island y reclaman la anexión de la Florida oriental. Fracasan en su intento pero propagan el sentimiento de que este Estado no debe pertenecer a los españoles | | **1819** Para zanjar su deuda de 5 millones de dólares con EE UU, España cede todos los territorios situados al este del Misisipí (incluido Florida) |

# Florida antes de la guerra de secesión

*Pelícano*, de J.J. Audubon

TRAS LA INCORPORACIÓN de Florida a EE UU en 1821, la colonización del territorio se desarrolló con rapidez, consolidándose en el norte del Estado el sistema de plantaciones. Los colonos reclamaban las mejores tierras, lo que impulsó al Gobierno federal a desplazar a los indios hacia el oeste del Misisipí. Los conflictos resultantes desembocaron en la segunda y la tercera guerra semínola. En 1860, tras la elección del abolicionista Abraham Licoln como presidente, Florida se segregó de la Unión. Su participación en la guerra de secesión consistió en abastecer de alimentos a los confederados.

**TERRITORIOS INDIOS 1823-1832**
☐ *Territorio de reservas indias*

**Las cabañas** de los esclavos se construían lejos de la residencia principal.

**Cabaña del capataz**

**Granero y establos**

**Pozo**

**Osceola**
*El jefe indio Osceola se negó a marcharse de Florida con su tribu. En 1835 inició la segunda guerra semínola, durante la cual muchas plantaciones quedaron destruidas.*

### 'LA CABAÑA DEL TÍO TOM'

En 1852, Harriet Beecher Stowe publicó una novela que contribuyó a cambiar el rostro de América. *La cabaña del tío Tom* narra la historia de un esclavo que, después de rescatar a un niño blanco, es vendido a un amo sádico y termina muriendo azotado. Su éxito fue arrollador y dio alas a la causa del abolicionismo. Durante la guerra de secesión, Lincoln afirmó entre bromas que la señora Stowe era la "mujercita que había comenzado esta gran guerra".

Cartel de *La cabaña del tío Tom*

**Algodón**
*Éste era el cultivo más lucrativo de las plantaciones. Requería numerosa mano de obra y el trabajo era penoso, especialmente la recogida del algodón de las matas espinosas.*

## CRONOLOGÍA

**1821** Jackson es nombrado gobernador del territorio de Florida

**1823** El tratado de Moultrie Creek exige que los semínolas se trasladen del norte al centro de Florida

**1832** En virtud del tratado de Payne's Creek, 15 jefes semínolas acuerdan ceder su territorio a EE UU y trasladarse hacia el oeste

**1835** Comienza la segunda guerra semínola

*Tren tirado por caballos*

| 1820 | 1825 | 1830 | 1835 | 1840 |

*Osceola se niega a firmar el tratado de 1832*

**c. 1824** La nueva capital del Estado se instala en el poblado indio de Talasi, rebautizado con el nombre de Tallahassee

**1829** El general Jackson es nombrado presidente de EE UU

**1832** El naturalista J.J. Audubon visita Key West

**1842** Finaliza la segunda guerra semínola

**1836** Comienzan a funcionar los primeros ferrocarriles de Florida

### Barcos de vapor

*Durante las guerras semínolas y de secesión se utilizaban para transportar tropas y provisiones al interior.*

### Jefe Billy Bowlegs

*En 1855, un grupo de avistadores saqueó un territorio indio. Las represalias de Billy Bowlegs originaron la tercera guerra seminola. Aunque él se rindió en 1858, otros indios se replegaron hacia los Everglades.*

**Goodwood House** fue construida en un estilo grandioso, acorde con su opulencia e importancia en la zona.

## DÓNDE VER LA FLORIDA ANTERIOR A LA GUERRA DE SECESIÓN

Gamble Plantation *(ver p. 252)* da a conocer la vida en una plantación, mientras que en Bulow Plantation *(p. 202)* e Indian Key *(p. 280)* se conservan las ruinas de los pueblos destruidos por los semínolas. El Museum of Science and Discovery *(p. 194)* de Jacksonville alberga artefactos de la guerra de secesión, algunos procedentes del barco del ejército norteamericano *Maple Leaf*. East Martello Tower *(p. 286)*, Fort Zachary *(p. 288)* y Fort Clinch *(p. 192)* son fuertes construidos durante el siglo XIX.

La **East Martello Tower** *fue construida por el ejército de la Unión para defender la costa.*

Lavadero
Retrete
Casa de invitados
Casa de verano
**La cocina** se instalaba en un edificio aparte para evitar incendios.

### Batalla de Olustee

*En febrero de 1864, el ejército de la Unión fue derrotado por las tropas confederadas. En seis horas de batalla lucharon unos 10.000 hombres: 2.000 resultaron heridos y 300 muertos.*

## LA VIDA EN UNA PLANTACIÓN

Las plantaciones anteriores a la guerra de secesión, como ésta de Goodwood *(ver p. 229)*, eran casi autónomas. Tenían sus propias leyes y algunas albergaban a más de 200 esclavos, que cultivaban algodón.

---

**1845** El 4 de julio, Florida se incorpora a los Estados Unidos de América. Concluye la construcción del Capitolio de Tallahassee

**1848** John Gorrie inventa la máquina de fabricar hielo

**1855** Comienza la tercera guerra seminola; tres años después, 163 indios se rinden (incluido Billy Bowlegs) y son obligados a abandonar Florida

**1861** Estalla la guerra de secesión

**1865** El ejército norteño es derrotado en la batalla de Natural Bridge. Este mismo año finaliza la guerra de secesión

| 1845 | 1850 | 1855 | 1860 | 1865 |

*Primer sello del Estado de Florida*

**1852** Harriet Beecher Stowe publica la novela abolicionista *La cabaña del tío Tom*

**1860** Comerciantes escoceses descubren Dunedin, en la costa occidental de Florida

*Billete confederado de la guerra de secesión*

# La época dorada de Florida

**A**L TERMINAR LA GUERRA DE SECESIÓN, Florida estaba sumida en la devastación, pero su clima y su baja densidad demográfica hacían de ella una tierra perfecta para invertir. Los magnates del ferrocarril Henry Flagler y Henry Plant tendieron vías férreas durante la última década del siglo XIX, abriendo las puertas al creciente número de turistas que estimularía la economía. Además, la diversificación agrícola protegió a Florida de la depresión de fin de siglo. Se amasaron grandes fortunas y se construyeron elegantes mansiones. Los negros perdieron el derecho a voto, se desató la violencia del Ku Klux Klan y se implantó la segregación.

José Martí, héroe cubano

**EXPANSIÓN DEL FERROCARRIL**
— Líneas férreas de 1860
— Líneas férreas de 1890
— Ferrocarril marítimo de 1912

**Turismo en barcos de vapor**
*Antes de la llegada del ferrocarril, los turistas exploraban el interior de Florida en barcos de vapor, que navegaban por bellos ríos como el Oklawaha y el St. Johns.*

**Jacob Summerlin**
*Tras la guerra de secesión, el "rey de los crackers" (ver p. 18) hizo fortuna vendiendo carne a Cuba. Irónicamente, su ganado descendía del que había sido introducido en Florida por los conquistadores españoles.*

**Las vitolas** eran obras de arte en miniatura, cuyo diseño ilustraba a menudo un lugar geográfico. La industria de los puros prosperó en Florida durante el siglo XIX.

## GRANDES HOTELES
Tanto Plant como Flagler construyeron palacios para los turistas adinerados que, huyendo del frío del norte, se desplazaban en ferrocarril hasta Tampa o St. Augustine, donde pasaban el invierno.

## CRONOLOGÍA

**1868** Derecho a voto para todos los varones mayores de 21 años, incluidos los negros

**1869** El primer ministro de color de la historia es nombrado secretario del Estado de Florida

**1870** El Ku Klux Klan asesina a más de 100 negros en County Jackson

**1870** Los vapores comienzan a llevar turistas y mercancías al interior de Florida

*Número del circo Ringling*

**1884** Los hermanos Ringling inauguran su circo ambulante

**1885** Vincente Ybor traslada su industria tabaquera a Tampa

**1886** Flagler inicia la construcción del ferrocarril de la costa oriental de Florida

**1891** El cubano José Martí pronuncia un discurso en Tampa con el fin de conseguir apoyo para el movimiento independentista

**1892** En las elecciones, sólo el 11% de los negros figura en las listas de votantes

# HISTORIA DE FLORIDA

**El ferrocarril**
*Los turistas más ricos poseían un vagón privado. El de Henry Flagler se conserva aún en su casa de Palm Beach (ver p. 120).*

## DÓNDE VER LA ÉPOCA DORADA

St. Augustine *(ver pp. 196-199)* alberga varios edificios de Flagler, como el Lightner Museum y el Henry B. Plant Museum *(p. 244)*, y Fernandina contiene ejemplos de la arquitectura de la época *(p. 192)*. En Pigeon Key *(p. 282)*, podrá visitar la base de operaciones desde la que Flagler construyó el ferrocarril marítimo.

**Guerra de Cuba**
*Cuando EE UU se unió a Cuba en su lucha contra España en 1898, Florida experimentó un gran auge. Las tropas se daban cita en Tampa, Miami y Key West, y el dinero de las arcas del país viajaba hasta aquí para apoyar el esfuerzo bélico.*

***Flagler College**, en St. Augustine, fue el magnífico hotel Ponce de León de Henry Flagler.*

**El Tampa Bay Hotel,** construido por Henry Plant en 1891, funcionó hasta 1932. Con sus 511 habitaciones, fue residencia de oficiales durante la guerra de Cuba.

**Mecedora dorada**
*Exponente de la recargada ornamentación del siglo XIX, esta mecedora del Lightner Museum (ver p. 199) está decorada con volutas y cisnes.*

**El río Hillsborough** y la bahía de Tampa contribuyeron a hacer de Tampa una de las tres ciudades más importantes del golfo de México hacia 1900.

***El nacimiento de una nación***
*Estrenada en 1915, esta película provocó el resurgimiento del Ku Klux Klan.*

*Automovilismo en las playas de Daytona Beach*

| 1895 | 1900 | 1905 | 1910 | 1915 |
|---|---|---|---|---|

**1895** Una gran helada sacude los campos de cítricos recién florecidos. Julia Tuttle envía flores de naranjo a Flagler para instarle a continuar el ferrocarril hasta Miami

**1905** Se inaugura la Universidad de Florida en Gainsville

**1918** Entra en vigor la ley seca

*Flor de naranjo*

**1898** Teddy Roosevelt y su regimiento de voluntarios hacen escala en Tampa en su camino hacia la guerra de Cuba

**1903** Alexander Winton establece un récord de velocidad terrestre de 109 km/h en la dura arena de Daytona Beach

**1912** Flagler tiende una línea férrea hasta Key West

**1915** Las dragas duplican el tamaño de Miami Beach

**1916** El gorgojo arrasa la cosecha de algodón de Florida

# Auge, declive y recuperación

AL IGUAL QUE OTROS estados, en la primera mitad del siglo XX Florida tuvo épocas tanto de rápido crecimiento como de depresión económica. Estimulados por el frenesí del auge urbanístico de los años 20, los norteños llegaban a Florida en tropel. Sin embargo, en 1926, tres años antes del *crack* de Wall Street, la crisis inmobiliaria arruinó a medio Estado. Pero la recuperación económica llegó gracias al crecimiento del turismo y a la implantación de planes federales. Muchos parados de los estados del norte emigraron a Florida en busca de trabajo. Durante los años 50, el lanzamiento del programa espacial de la NASA dio un nuevo impulso a la economía del Estado.

**Cartel antiguo de Pan Am**

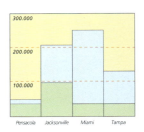

**CIFRAS DEMOGRÁFICAS**
☐ 1920   ☐ 1950

**Auge urbanístico**
*Durante la época de esplendor, los mejores terrenos se llegaron a valorar en 11.600 dólares por hectárea. Numerosos inversores de otros estados se arruinaron tras invertir inconscientemente en cenagales.*

**El huracán de 1926**
*El 18 de septiembre, un huracán azotó el sur de Florida y destruyó 5.000 viviendas.*

## EL 'SUEÑO AMERICANO' EN FLORIDA

Los inviernos benignos y la pujanza económica atrajeron a Florida a oleadas de norteños. Muchos de los que antes habían ido como turistas regresaron para quedarse, y los inmigrantes extranjeros también contribuyeron al despegue de la economía del Estado. Era una tierra de oportunidades y de rápido crecimiento urbanístico.

## CRONOLOGÍA

**1928** Se inaugura la línea férrea Tamiami Trail entre Tampa y Miami

**1929** La compañía Pan American realiza el primer vuelo comercial entre Miami y La Habana

**1931** Ernest Hemingway adquiere una casa en Key West

**1935** Un huracán destruye el ferrocarril marítimo de Flagler

**1926** Caen los precios del terreno en Florida, quiebran dos bancos y un huracán azota el sureste y los Everglades, devastando Miami

**1931** Se inaugura el hipódromo Hialeah Park tras la legalización de las apuestas mutuas (ver p. 133)

*Carrera de caballos en Hialeah Park*

**1939** El gánster Al Capone se retira a su mansión de Palm Island, en Miami

# HISTORIA DE FLORIDA

**Turistas de *lata de conservas***
*Todos los inviernos, los turistas se dirigían en sus coches al sur, donde se agolpaban en los cámpings, compartían la comida enlatada y disfrutaban del sol de Florida.*

## DÓNDE VER LA FLORIDA DEL AUGE ECONÓMICO

De obligada visita son el Wolfsonian Museum (*ver p. 65*) y los edificios *art déco* de Miami Beach (*pp. 56-65*). También el legado de Mizner en Palm Beach (*pp. 114-119*); la Universidad de Frank Lloyd Wright en Lakeland (*p. 252*) y, en Fort Myers, la residencia de invierno de Henry Ford (*p. 262*).

**Miami Beach** *posee una asombrosa colección de edificios* art déco *recién restaurados.*

### Zora Neale Hurston
*Zora escribió sobre la vida de los negros en la Florida rural. Su novela más conocida,* Their Eyes Were Watching God, *data de 1937.*

### El *New Deal* de Roosevelt
*Los préstamos concedidos a los agricultores gracias a las medidas adoptadas por Roosevelt facilitaron que Florida se recuperase de la gran depresión.*

### II Guerra Mundial
*De 1941 a 1945, Florida fue campo de instrucción de las tropas. Se redujo el turismo, pero la presencia militar sostuvo la economía.*

### Los cítricos
*Florida era el mayor productor de cítricos del país, lo que le ayudó a sobrevivir a la depresión.*

---

**1947** El presidente Truman inaugura el Everglades National Park

*Automóvil de la carrera Daytona 200*

**1959** Lee Perry gana la primera carrera Daytona 200 en el Daytona Speedway

**1954** Se inaugura el primer tramo del puente Sunshine Skyway en Tampa Bay

| 1945 | 1950 | 1955 | 1960 |

**1945** El 5 de diciembre, la desaparición del *Vuelo 19* da origen al mito del Triángulo de las Bermudas

**1958** Se lanza desde Florida el primer satélite terrestre, el *Explorer I*, tras elegir la NASA a Cabo Cañaveral como sede de sus programas de lanzamiento de satélites y cohetes

**1942** En febrero, y ante las miradas de los bañistas, los submarinos alemanes torpedean un petrolero junto a las costas de Florida

*Logotipo de la NASA*

# De los años 60 hasta nuestros días

Delfín de un parque temático

DESDE 1960, FLORIDA no ha dejado de prosperar. Los parques temáticos, como Walt Disney World, y el Kennedy Space Center, sede del programa espacial de la NASA, le han valido al *Estado del sol* su fama mundial y los miles de visitantes que acuden cada año. La población también ha crecido con rapidez gracias a la inmigración, procedente tanto de otros estados como del extranjero. La Florida moderna presenta una gran variedad étnica. La situación de los afroamericanos mejoró gracias al movimiento pro derechos humanos de los años 60, pero actualmente tienen grandes tensiones con la numerosa comunidad hispana, que contiene la mayor población de cubanos fuera de Cuba. Los daños causados por el desarrollo urbanístico han multiplicado las medidas de protección del medio ambiente, cuya conservación es la máxima prioridad.

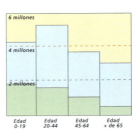

**POBLACIÓN DEL ESTADO**

☐ 1960   ☐ 2000

**Conservación**
*Los habitantes de Florida pueden apoyar al movimiento de conservación de la naturaleza adquiriendo chapas de matrículas especiales.*

**El éxodo cubano**
*Desde que Fidel Castro subió al poder en 1959, más de 300.000 cubanos han huido a Florida. Los primeros llegaron en los llamados "vuelos a la libertad".*

**El vapor** se forma cuando el agua anega la plataforma de lanzamiento en el despegue.

**Martin Luther King**
*El movimiento a favor de los derechos humanos llegó a Florida en los años 60. Martin Luther King Jr fue detenido en una marcha celebrada en St. Augustine en 1964.*

## TRANSBORDADOR ESPACIAL
Para sustituir a los cohetes empleados en las misiones del *Apollo*, la NASA diseñó un transbordador termoprotegido que no se incendiaba al entrar en la atmósfera terrestre. El primero fue lanzado en 1981 *(ver pp. 186-187).*

## CRONOLOGÍA

**1961** Alan Shephard, primer norteamericano en el espacio

**1962** Crisis de los misiles cubanos

*Alan Shephard, astronauta de la NASA*

**1964** Martin Luther King Jr. es detenido y encarcelado en St. Augustine

**1967** El zumo de naranja se convierte en la bebida del Estado de Florida

**1969** Se lanza el *Apollo II* desde Cabo Cañaveral. Buzz Aldrin y Neil Armstrong son los primeros hombres que pisan la luna

**1971** Se inaugura en Orlando el Reino Mágico, la primera aventura de Walt Disney en Florida, con un coste de 700 millones de dólares

**1973** Dade County se declara oficialmente bilingüe y se instalan señales viales en inglés y español

**1976** Florida es primer Estado del país que reinsta la pena de mue

**1977** Nieva en Miami en el mes de enero

*Castillo de Cenicienta, en el Reino Mágico*

**El tanque externo** es la única parte del transbordador que no se reutiliza.

**Corrupción en Miami**
*En Miami hay un alto índice de delincuencia y criminalidad, tal como recreaba la serie televisiva de los años 80* Corrupción en Miami.

**Nacionalización**
Ser ciudadano estadounidense es el sueño de muchos inmigrantes. En los actos de nacionalización, miles de ellos juran su lealtad al unísono.

**Al despegar,** el transbordador entra en órbita. Se produce un empuje de 3,3 millones de kilogramos.

**Ancianos de Florida**
*Algo menos del 20% de la población de Florida es mayor de 65 años. A muchos jubilados les atrae la escasa presión fiscal y la sencillez de la vida al aire libre.*

### Dónde Ver la Florida Moderna

Florida posee bellos ejemplos de arquitectura moderna, desde los rascacielos de Miami *(ver pp. 68-73)* y Jacksonville *(ver p. 194)* hasta el Florida Aquarium de Tampa *(ver p. 248)*. Si desea un enfoque más nostálgico, visite Seaside, en el Panhandle *(ver p. 222)*.

**En el centro de Miami,** *los modernos rascacielos configuran el perfil urbano.*

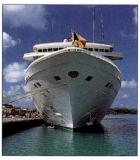

**Cruceros por el Caribe**
*El turismo es el gran negocio de Florida y los modernísimos cruceros son el destino vacacional con más aceptación.*

---

**1980** 125.000 cubanos llegan a Florida durante los cinco meses de apertura de las fronteras estadounidenses a la inmigración cubana

**1981** Primer lanzamiento del transbordador espacial

**1990** El general Noriega, anterior dirigente de Panamá, es acusado de narcotráfico en Miami

**1992** El huracán *Andrew* causa estragos en el sur de Florida

*Refugiados cubanos*

| 1980 | 1985 | 1990 | 1995 |

**'82** Key West se declara la República de la Concha durante una semana

*Símbolo de la República de la Concha*

**1986** Explota el transbordador espacial *Challenger* y mueren sus siete tripulantes

**1993** Se crea la comisión para la seguridad del turista

**1994** Llega a Florida otra oleada de cubanos

**1995** Florida celebra sus 150 años como Estado

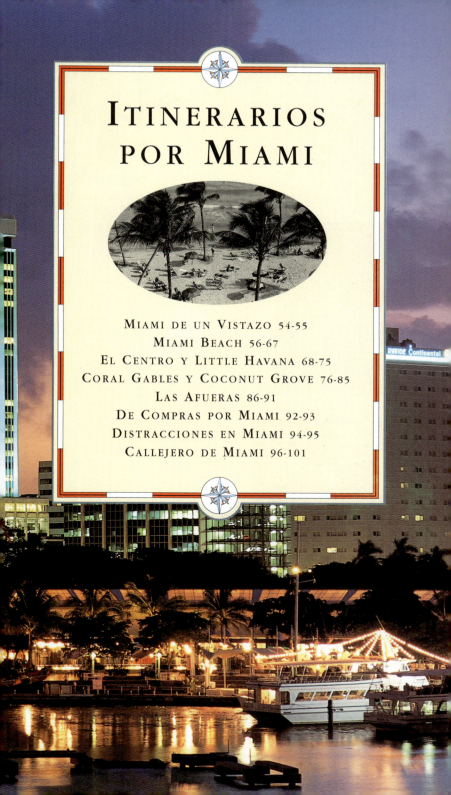

# ITINERARIOS POR MIAMI

MIAMI DE UN VISTAZO 54-55
MIAMI BEACH 56-67
EL CENTRO Y LITTLE HAVANA 68-75
CORAL GABLES Y COCONUT GROVE 76-85
LAS AFUERAS 86-91
DE COMPRAS POR MIAMI 92-93
DISTRACCIONES EN MIAMI 94-95
CALLEJERO DE MIAMI 96-101

# Miami de un vistazo

A MIAMI SE LE HA LLAMADO *ciudad mágica* porque lo que antes era un destacamento comercial tiene en la actualidad una superficie de 5.200 km² y una población de dos millones de personas. Los visitantes acuden a Miami por su alegre South Beach, sus bellas playas y la cultura latina y caribeña que impregna la vida diaria. La mayor parte de la ciudad no presenta la imagen de delincuencia y drogadicción que muchos se imaginan. Con todo, no olvide adoptar las medidas de seguridad que dicta el sentido común (ver p. 348).

*Little Havana*, el corazón del barrio cubano, es el vecindario más hospitalario de Miami. Sus calles están llenas de vida y abundan las partidas de dominó y los bulliciosos cafés (ver pp. 74-75).

*El hotel Biltmore* es el símbolo de Coral Gables, la exclusiva miniciudad construida durante el auge inmobiliario de los años 20. Los relatos sobre clientes célebres y asesinatos de la mafia alimentan el misterio de este lujoso hotel (ver pp. 78-81).

*Los "pueblos internacionales"* son conjuntos arquitectónicos de diversas procedencias difuminados entre las sombreadas calles de Coral Gables. Recorrerlos permitirá contemplar la zona residencial más bella de Miami (ver pp. 78-79).

**CORAL GABLES Y COCONUT GROVE**
*(ver pp. 76-85)*

*Coconut Grove Village* es una pequeña zona dedicada al ocio. Durante el día se puede disfrutar de las compras o de un relajante paseo, y dirigirse después a los bares y restaurantes, que cobran vida al atardecer (ver p. 82).

# MIAMI DE UN VISTAZO

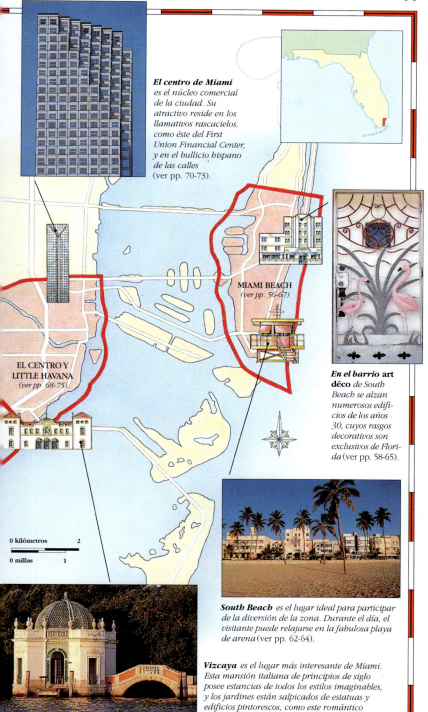

**El centro de Miami** es el núcleo comercial de la ciudad. Su atractivo reside en los llamativos rascacielos, como éste del First Union Financial Center, y en el bullicio hispano de las calles (ver pp. 70-73).

MIAMI BEACH
*(ver pp. 56-67)*

EL CENTRO Y LITTLE HAVANA
*(ver pp. 68-75)*

**En el barrio art déco** de South Beach se alzan numerosos edificios de los años 30, cuyos rasgos decorativos son exclusivos de Florida (ver pp. 58-65).

**South Beach** es el lugar ideal para participar de la diversión de la zona. Durante el día, el visitante puede relajarse en la fabulosa playa de arena (ver pp. 62-64).

**Vizcaya** es el lugar más interesante de Miami. Esta mansión italiana de principios de siglo posee estancias de todos los estilos imaginables, y los jardines están salpicados de estatuas y edificios pintorescos, como este romántico salón de té (ver pp. 84-85).

# Miami Beach

MIAMI BEACH, denominada con frecuencia la Riviera norteamericana, era hace un siglo un banco de arena al que sólo se podía acceder por barco. La construcción, en 1913, de un puente que la unía a tierra firme, permitió urbanizar la isla a los inversores inmobiliarios, como el millonario Carl Fisher. El complejo turístico que crearon de la nada tuvo su apogeo en los años 20, época en la que se puso de moda entre la gente adinerada para pasar el invierno. El devastador huracán de 1926 y el *crack* de Wall Street marcaron el fin de su apogeo, pero la zona resurgió en los años 30 con la construcción de cientos de edificios *art déco,* para volver a decaer tras la II Guerra Mundial. Actualmente, Miami Beach vuelve a estar en la brecha. Como resultado de una ardiente campaña de conservación, South Beach (la parte meridional de Miami Beach) está reapareciendo con fuerzas renovadas. Posee la mayor concentración mundial de edificios *art déco,* cuyos colores son tan llamativos como la fauna de culturistas, modelos y *drag queens* que habitan en la zona. Todo vale en South Beach, donde el ambiente oscila entre lo elegante y lo bohemio; de ahí su apodo de SoBe, tomado a imagen del Soho neoyorquino. Los hoteles *art déco* que se alzan en Ocean Drive son los más frecuentados, y el visitante podrá encontrar aquí desde tiendas elegantes hasta los más trascendentes museos de arte.

*Caballito de mar en la fachada del hotel Surfcomber*

## Lugares de Interés

**Museos y galerías**
Bass Museum of Art ⑨
Museo Judío Sanford L Ziff ③
Wolfsonian Foundation ⑤

**Calles y barrios**
Central Miami Beach ⑩
Avenidas Collins y Washington ④
Española Way ⑥
Lincoln Road Mall ⑦
Ocean Drive ①

**Playas**
La playa ②

**Monumentos**
Holocaust Memorial ⑧

### Signos Convencionales

- Plano en 3 dimensiones Ver pp. 62-63
- Embarcadero de taxis acuáticos
- Aparcamiento
- Oficina de información
- Calle peatonal

◁ **El Marlin Hotel, un clásico de South Beach, bajo el colorido de las luces de neón**

# Ocean Drive: 'art déco'

**Detalle *déco*, South Beach**

L O MÁS DESTACADO DEL estilo *art déco* de South Beach está en Ocean Drive, una zona que consta de unos 800 edificios bien conservados, que ilustra la exclusiva interpretación que Miami ha dado de esta tendencia estética que conquistó el mundo en los años 20 y 30. La versión de Florida, denominada a veces *déco tropical,* resulta alegre y desenfadada. Abundan los motivos como flamencos y soles, y la condición costera de South Beach inspiró rasgos más apropiados de un transatlántico que de una vivienda. Con materiales asequibles, los arquitectos se las ingeniaron para dar la sensación de elegancia en lo que no eran más que modestos hoteles. Los mejores edificios de Ocean Drive figuran aquí y en las páginas 60-61.

**OCEAN DRIVE: CALLES 6 A 9**

**El blanco, el azul y el verde,** muy en boga en los años 30 y 40, rememoran la vegetación tropical y el mar de Miami.

**Imagen de Ocean Drive**

**Las ventanas,** con frecuencia, hacen esquina.

① **Park Central** (1937)
*Este hotel, diseñado por Henry Hohauser, destaca por sus ventanas grabadas al aguafuerte.*

**Los remates angulares** reflejan la influencia del cubismo.

**Las hileras de ventanas** proporcionan mucha luz y, abiertas, permiten la entrada de la refrescante brisa marina.

**Flamenco** grabado en las puertas del vestíbulo del hotel Beacon.

④ **Avalon** (1941)
El Avalon constituye un buen ejemplo de estilo streamline moderne. *Son típicas la ausencia de ornamentación y la asimetría, al igual que la preferencia por las líneas horizontales.*

⑤ **Beacon** (1936)
*La tradicional decoración abstracta que recorre la parte superior de las ventanas de la planta baja contrasta con la moderna combinación de colores, un ejemplo del déco dazzle de Leonard Horowitz (ver p. 65).*

## EL 'ART DÉCO': DE PARÍS A MIAMI

El estilo *art déco* nació en París en 1925. Aunaba toda clase de influencias, desde las formas florales del *art nouveau* y la imaginería egipcia hasta las pautas geométricas del cubismo. En la Norteamérica de los años 30, los edificios *art déco*, reflejo de la creencia de que la tecnología era el futuro, adoptaron rasgos que personificaban la nueva era industrial y las fantasías de la ciencia-ficción, lo que dio lugar al estilo denominado *streamline moderne,* que es el predominante en Ocean Drive. Con todo, casi ningún edificio de South Beach se ajusta a un sólo estilo. Precisamente es la mezcla creativa de detalles del *art déco* clásico con motivos *streamline* o tropicales lo que convierte en única la arquitectura de Ocean Drive.

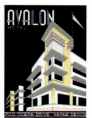

**Postal *art déco* del Avalon Hotel**

**Berkley Shore,** en Collins Avenue, detrás de Ocean Drive, posee rasgos típicos del *streamline moderne,* como este elemento escalonado.

**El color** se ha utilizado para dar la sensación de acanalamiento.

**Los círculos** decorativos o conformando ventanas fueron inspirados por los ojos de buey de los barcos.

**El vestíbulo** del Majestic posee unas espléndidas puertas de latón en los ascensores.

**Los bajorrelieves** se repiten en la decoración de las fachadas de Ocean Drive.

② ***Imperial*** *(1939)*
*El diseño del hotel Imperial imita al del contiguo Park Central, de construcción anterior.*

③ ***Majestic*** *(1940)*
*Este hotel es obra de Albert Anis, el arquitecto responsable de los cercanos hoteles Avalon y Waldorf.*

**Las franjas de colores** son típicas del *streamline moderne.*

**Los repechos planos,** situados sobre las ventanas, servían para proteger del implacable sol de Miami.

**Este faro decorativo** es uno de los ejemplos más gráficos de la arquitectura marítima de Ocean Drive.

**Las luces de neón** se solían utilizar para destacar los carteles de los hoteles y sus rasgos arquitectónicos.

**Ojo de buey**

⑥ ***Colony*** *(1935)*
*Uno de los mejores hoteles de Henry Hohauser posee el cartel de neón más famoso de Ocean Drive y un interesante mural en el vestíbulo.*

⑦ ***Waldorf Towers*** *(1937)*
*La influencia marítima, patente en el diseño del Waldorf y otros hoteles, dio pie al nacimiento de la expresión* nautical moderne.

# Ocean Drive: 'art déco'

En SOUTH BEACH se observan tres tipos fundamentales de *art déco:* el tradicional, el más futurista *streamline moderne* y el estilo mediterráneo, derivado de la arquitectura francesa, italiana y española. La poco habitual mezcla de influencias mediterráneas de Ocean Drive se observa fundamentalmente entre las calles 9 y 13. Con todo, también encontrará aquí algunos de los edificios *art déco* más clásicos de South Beach.

**OCEAN DRIVE: CALLES 9 A 13**

**La torre central** recuerda tanto la chimenea de un barco como los tótems de los indios norteamericanos.

**La barandilla** que corona el tejado imita la cubierta de un barco.

**Las franjas de colores** dan la sensación de velocidad y movimiento.

**Los arcos de las ventanas** y el porche porticado evocan la arquitectura mediterránea.

⑧ *Breakwater (1939)*
Este hotel de Anton Skislewicz es un clásico del *streamline moderne*, como demuestran sus franjas de colores y su asombrosa torre central. También posee uno de los mejores interiores de Ocean Drive.

⑨ *Edison (1935)*
Sirvió a Hohauser (ver p. 58) *para experimentar con el estilo mediterráneo*, aunque ya se le había adelantado el arquitecto del Adrian.

**El cartel** del hotel Leslie es igual de sencillo que el edificio, a diferencia del colindante Carlyle.

**Ventanas de esquina**

**Las cubiertas planas**, generalizadas en Ocean Drive, quedan rotas a veces por una torre u otro elemento vertical.

⑫ *Leslie (1937)*
El color amarillo que decora este clásico hotel art déco *es típico de las combinaciones cromáticas de moda en Ocean Drive* (ver p. 64).

⑬ *Carlyle (1941)*
Con tres plantas y tres columnas verticales, el Carlyle hace suyas las divisiones del art déco clásico. La mayoría de los hoteles de Ocean Drive son de tres pisos.

**La salamandra** de estuco situada sobre la puerta principal del Abbey Hotel, en la calle 21, da un toque de color a la fachada del edificio.

## LA CONSERVACIÓN DE SOUTH BEACH

La campaña para preservar la arquitectura *art déco* de South Beach se inició en 1976, cuando Barbara Capitman (1920-1990) fundó la Miami Design Preservation League, en un momento en que la mayor parte de la zona estaba destinada a desaparecer por diversos motivos. Tres años después, unos 2,5 km² de South Beach se convirtieron en el primer lugar construido en el siglo XX que fue declarado monumento histórico de EE UU. La campaña por la conservación del patrimonio sigue hoy vigente.

**Barbara Capitman en 1981**

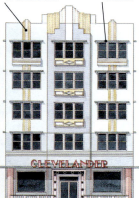

**Las acanaladuras verticales** son frecuentes en Ocean Drive.

**Las cejas** proporcionan sombra a las ventanas.

**Tejas de terracota**

**El hormigón armado** era el material más utilizado en Ocean Drive, donde las paredes solían recubrirse de estuco.

**La terraza** es un requisito ineludible en la mayoría de los hoteles de Ocean Drive.

⑩ **Clevelander** *(1938)*
Albert Anis empleó materiales del art déco *clásico* en el bar de este hotel, hoy uno de los principales locales nocturnos.

⑪ **Adrian** *(1934)*
Sus pálidos colores y su inspiración mediterránea logran que el Adrian destaque entre los edificios colindantes.

**Las esquinas** del edificio aparecen estéticamente redondeadas.

**El suelo de terrazo** del bar es una mezcla de argamasa y esquirlas de piedra, una versión barata del mármol, que confiere elegancia con un coste mínimo.

**El friso** recuerda los diseños abstractos de los aztecas.

⑭ **Cardozo** *(1939)*
Este hotel de la última época de Hohauser es una obra de arte del *streamline*, donde los detalles del art déco *tradicional* son sustituidos por laterales curvos, franjas aerodinámicas y otras expresiones de la modernidad.

⑮ **Cavalier** *(1936)*
Las esquinas angulosas de este hotel art déco *contrastan* con las líneas más modernas del vecino Cardozo.

# South Beach en 3 dimensiones

**Detalle del Netherlands Hotel**

EL BARRIO *ART DÉCO* de South Beach, situado entre las calles 6 y 23, entre Lenox Avenue y Ocean Drive, lleva atrayendo a innumerables visitantes desde los años 80. Gracias al interés mostrado por celebridades como Gloria Estefan o Michael Caine, esta zona se ha convertido en uno de los lugares más de moda de Estados Unidos. Para muchas personas, los edificios *art déco* no son más que el telón de fondo de un barrio hedonista, donde los días son para dormir, estar en la playa o acudir al gimnasio, y las noches para bailar hasta altas horas de la madrugada. Sean sus pasiones sociales o culturales, podrá disfrutar de esta ruta tanto de día como de noche, cuando las luces de neón avivan el ambiente.

**El Old City Hall,** edificio de estilo mediterráneo de los años 20, dejó de albergar el Ayuntamiento en 1977, aunque continúa siendo uno de los puntos de referencia de South Beach al destacar sobre los edificios colindantes.

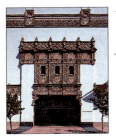

**Wolfsonian Foundation**
*Con un asombroso relieve barroco sobre la puerta principal, la fundación Wolfsonian alberga una excelente colección de obras artísticas y artes decorativas* ❺

*Diner de la calle 11 (ver p. 316)*

**El Essex House Hotel** de Henry Hohauser *(ver p. 58)* posee rasgos típicos del *art déco*, como las esquinas redondeadas de la puerta de entrada.

**El News Café,** uno de los preferidos de los habitantes de South Beach *(ver p. 330),* abre las 24 horas y siempre está animado. Su terraza lo hace perfecto para observar a los transeúntes.

---

### RECORRIDOS 'ART DÉCO'

*Miami Design Preservation League organiza paseos a pie, que parten del Art Deco Welcome Center (1001 Ocean Drive) los jueves y los sábados; los domingos por la mañana, cada dos semanas, hay también recorridos en bicicleta. Además, ofrece el "Fin de semana del* **art déco**" *(ver p. 35). Para más información, llame al Art Deco Welcome Center: (305) 672-2014.*

0 metros 75

**SIGNOS CONVENCIONALES**
- - - Itinerario sugerido

**Beach Patrol Station**

**Art Deco Welcome Center**

# MIAMI BEACH

### ★ Bares y discotecas de South Beach
*La visita a South Beach no será completa hasta que no entre en uno de sus bares o discotecas de moda, como el Marlin Hotel, en Collins Avenue.*

**PLANO DE SITUACIÓN**
*Ver* Callejero, plano 2

### ★ Ocean Drive
*Ocean Drive es la principal atracción de South Beach por sus numerosos hoteles elegantes y por el animado desfile de patinadores y demás transeúntes que salen para ser vistos* ❶

**El Netherlands Hotel** (1935), en el extremo más tranquilo de Ocean Drive, posee bellos estucos llenos de color.

**Amsterdam Palace** es una curiosa mansión privada de Ocean Drive *(ver p. 64)*.

**Lummus Park**

**El Cardozo Hotel,** uno de los máximos exponentes del *art déco* de Ocean Drive, marcó el comienzo del resurgimiento de South Beach cuando volvió a abrir sus puertas en 1982.

### ★ La playa
*La arena se extiende durante más de 16 km de costa, y el ambiente cambia en función de la zona, siendo el tramo de South Beach el punto más animado* ❷

---

**RECOMENDAMOS**

★ **Bares y discotecas de South Beach**

★ **Ocean Drive**

★ **La playa**

## South Beach

OCEAN DRIVE posee los edificios *art déco* más conocidos de South Beach, pero en las avenidas Collins y Washington también podrá descubrir auténticas maravillas, al igual que en Lenox Avenue, donde encontrará puertas de cristal grabadas con flamencos y otros detalles *art déco*.

Lo mejor es explorar la zona a pie, pues resulta difícil aparcar. Si no desea andar, siga el ejemplo local y alquile unos patines o una bicicleta.

El Amsterdam Palace, un edificio de Ocean Drive que no es *art déco*

### Ocean Drive ❶

**Plano** 2 F3, F4. *C, H, K.* 1001 Ocean Drive, (305) 672-2014.

SIN LUGAR A DUDAS, lo mejor de Ocean Drive es sentarse un rato en uno de los bares o cafés que dan al mar y observar la constante procesión de cuerpos esculpidos y atuendos vanguardistas; incluso los barrenderos sorprenden con sus salacots y sus blancos uniformes, mientras los policías patrullan en bicicleta de montaña vestidos con pantalones de ciclista. Sin embargo, basta con darse un paseo para apreciar los mejores exponentes del diseño *art déco*; no dude en pasar a los vestíbulos de los hoteles para admirar su decoración interior.

Uno de los edificios donde no se puede entrar, situado en el nº 1114, es el Amsterdam Palace, construido en 1930 y adquirido en 1993 por el diseñador Gianni Versace por la cifra de 3,7 millones de dólares. Cerca de allí, detrás del Art Deco Welcome Center, se alza la Beach Patrol Station, un clásico del estilo *nautical moderne* (ver p. 59), con sus barandillas de cubierta de barco y sus ojos de buey, que continúa albergando la sede de los socorristas de la localidad.

Al sur de la calle 6 no hay mucho que ver, pero desde South Pointe Park a veces se obtiene una buena visión de los cruceros que entran en Government Cut *(ver p. 73)*.

### La playa ❷

**Plano** 2. *FM, L, H, S.*

GRAN PARTE DE LA ARENA que rodea Miami Beach fue importada hace varias décadas y continúa siendo repuesta para contrarrestar los efectos del mar. Aún así, en temporada alta esta playa se convierte en un hervidero de gente que acude a bañarse y tomar el sol.

Hasta la calle 5, la zona está rebosante de surfistas. El resto del inmenso arenal es una prolongación de South Beach por el colorido de los puestos de socorro y los numerosos bañistas que acuden a ser vistos. A lo largo de este tramo discurre Lummus Park, donde aún encontrará ancianos judíos charlando en *yiddish*.

Puesto de socorro en South Beach, cuyos colores y estilo son una continuación de Ocean Drive

## Museo Judío Sanford L. Ziff de Florida ❸

301 Washington Ave. **Plano** 2 E4.
(305) 672-5044. *H, W.*
10.00-17.00 ma-do. festivos judíos.

Este museo ocupa la primera sinagoga, que se construyó en Miami Beach en 1936. Cuando los primeros grupos de judíos llegaron en los años 30 se encontraron con un fuerte antisemitismo; los hoteles colgaban carteles como "Prohibida la entrada a judíos y perros". Sin embargo, esta comunidad es hoy una parte fundamental, del vecindario de Miami Beach.

La sinagoga volvió a abrir sus puertas en 1995 como museo y centro de investigación de la vida judía en Florida. Este edificio *art déco* es casi tan memorable como las exposiciones que alberga.

### Cambio de colores en South Beach

Los edificios *art déco* originales eran muy sencillos, normalmente blancos, con tan sólo los remates pintados en colores vivos; la pintura jamás llegaba a la parte posterior de los edificios, pues los presupuestos de los años 30 sólo alcanzaban para decorar la fachada. En los 80, el diseñador Leonard Horowitz creó el *déco dazzle* al cubrir de color unos 150 edificios. Los puristas se escandalizaron ante esta reinvención del aspecto de South Beach, pero sus defensores aducen que los detalles *art déco* resaltan ahora más que antes.

**Retoque cromático del hotel Cardozo, en Ocean Drive**

**La inconfundible torre del hotel Delano, en Collins Avenue**

## Avenidas Collins y Washington ❹

**Plano** 2. *W, C, H, L.* 1920 Meridian Ave, (305) 672-1270.

Estas calles están mucho menos cuidadas que Ocean Drive: las tiendas venden ropa extravagante y hacen tatuajes, y el sabor es, en general, más hispano. Sin embargo, aquí están algunas de las mejores discotecas de South Beach (*ver p. 95*) y son abundantes las construcciones *art déco* que merece la pena ver. El Marlin Hotel, en 1200 Collins Avenue, es uno de los mejores ejemplos del estilo *streamline* de la zona. Ha sido remodelado por Christopher Blackwell, fundador de Island Records y propietario de varios de los más famosos edificios de Ocean Drive. Detrás, en 1300 Washington Avenue, está la Oficina de Correos de Miami Beach, una de las creaciones más puramente *déco* de South Beach; en el interior, un mural muestra la llegada de Ponce de León (*ver p. 40*) y su batalla con los aborígenes.

Más al norte de Collins, pasada Lincoln Road, los edificios son interesantes pero no muy llamativos. Los altísimos hoteles de los años 40, como el Delano y el Ritz Plaza, todavía presentan rasgos *art déco*, especialmente en sus torres, inspiradas en las fantasías futuristas de cómics como *Flash Gordon*. Merece la pena ver el sorprendente interior del lujoso Delano Hotel (*ver p. 297*), con sus cortinajes blancos y su mobiliario original de Gaudí y Dalí. Junto a Collins, en la calle 21, hay un pequeño conjunto de hoteles entre los que destaca el Governor, una preciosidad cromada de Henry Hohauser (*ver p. 58*).

## Wolfsonian Foundation ❺

1001 Washington Ave. **Plano** 2 E3.
(305) 531-1001. *C, H, K, W.*
11.00-18.00 ma-sá, 12.00-17.00 do. gratis 18.00-21.00 en ma.

Este sólido edificio de los años 20 (*ver p. 62*) fue sede de la Washington Storage Company, donde los ricos de Miami guardaban sus objetos de valor cuando viajaban al norte. Ahora alberga una excelente colección de obras artísticas y decorativas norteamericanas y europeas del periodo 1885-1945. Entre los 70.000 objetos que muestra se encuentran muebles, carteles y esculturas. Las exposiciones se centran en la significación social, política y estética del diseño en aquella época.

**Tetera eléctrica (1909) de la fundación Wolfsonian**

Española Way, una calle comercial de estilo mediterráneo

## Española Way ❻

Plano 2 E2. 🚌 C, K, H, W.

Entre las avenidas Washington y Drexel se alza este bello enclave de edificios de estilo mediterráneo, donde los arcos, capiteles y balcones adornan las fachadas de estuco de color salmón. Construido en 1922-1925, se dice que en él se inspiró Addison Mizner para diseñar la Worth Avenue de Palm Beach (ver pp. 114-115).

Española Way fue concebida como una colonia para artistas, pero se convirtió en un barrio de mala fama. No obstante, durante las dos últimas décadas, la concepción inicial ha resucitado en sus numerosas boutiques y excéntricas galerías de arte (ver p. 93).

## Lincoln Road Mall ❼

Plano 2 E2. 🚌 H, S, C.
South Florida Art Center 📞 (305) 674-8278. 🕐 17.00-22.00 mi-sá. ⬤ Día de Acción de Gracias, 25 dic, 1 ene. ♿

La que en la actualidad es la esquina cultural más prometedora de South Beach ha tenido una historia repleta de altibajos. Cuando Carl Fisher (ver p. 57) la proyectó en los años 20, la ideó como la "Quinta Avenida del sur"; de hecho, sus tiendas se convirtieron en el centro de la moda. Cuatro décadas después, Morris Lapidus (diseñador del hotel Fontainebleau) convirtió la calle en uno de los primeros centros comerciales peatonales del país, lo que no evitó el declive de Lincoln Road en los años 60.

El resurgimiento de la calle se inició en 1984 con la construcción del South Florida Art Center (SFAC). Además de otras galerías independientes (ver p. 93), entre las avenidas Lenox y Meridian hay tres zonas de exposiciones y unos doce estudios que cumplen una doble función como lugares de trabajo y puntos de venta. Puede que para muchos el arte sea demasiado experimental para el entorno.

Las galerías suelen abrir por las tardes, momento en que el centro comercial se anima con los espectadores que acuden a los restaurados teatros *art déco* Lincoln y Colony (ver p. 94). Quienes buscan una alternativa menos concurrida a Ocean Drive pueden dejarse caer por los restaurantes y cafés de moda, como el Van Dyke del nº 846, respuesta de Lincoln Road al News Café (ver p. 62) y el Sterling Building del nº 927, de estilo *streamline moderne*.

## Holocaust Memorial ❽

1933–45 Meridian Ave. Plano 2 E1.
📞 (305) 538-1663. 🚌 A, FM, G, L.
🕐 9.00-21.00 todos los días. ♿

Miami Beach cuenta con una de las mayores poblaciones del mundo de supervivientes del holocausto, de ahí lo apropiado del monumento conmemorativo de Kenneth Treister, terminado en 1990. La pieza central es una enorme mano de bronce extendida hacia el cielo, que representa el último grito de socorro de un moribundo. Lleva grabado un número de Auschwitz y está cubierta por casi 100 estatuas de bronce, de tamaño real, que representan a hombres, mujeres y niños embargados por el dolor. A su alrededor discurre una galería revestida en su interior con el nombre de los campos de concentración europeos, una representación pictórica del holocausto y un muro de granito con los nombres de miles de víctimas grabados.

The Holocaust Memorial

Terraza del Van Dyke Café, en Lincoln Road Mall

# MIAMI BEACH

*Coronación de la Virgen* (c. 1492), de Domenico Ghirlandaio

## Bass Museum of Art ❾

2121 Park Ave. **Plano** 2 F1. 📞 (305) 673-7530. 🚌 K, G, L, S. 🕙 10.00-17.00 ma-sá (13.00-21.00 el 2º y 4º mi de mes) y 13.00-17.00 do. ⬤ festivos. 🚫 ♿

Este edificio *art déco* de influencia maya fue construido en 1930 para albergar la librería municipal y un centro artístico. Su condición de museo la adquirió en 1964, cuando los filántropos John y Johanna Bass donaron su colección de arte, compuesta principalmente por pinturas, esculturas y tapices europeos de los siglos XV-XVII.

El interior del museo lo comparten las obras permanentes y las exposiciones temporales. Lo más destacado del Bass son las pinturas de las escuelas del norte de Europa, con obras de Rubens y Durero, y los tapices flamencos del siglo XVI. Entre las obras modernas se cuentan las litografías de Fernand Léger y Toulouse-Lautrec.

### Reportajes de Moda en Miami Beach

Gracias a su combinación de edificios *art déco*, palmeras, playas y buen clima, South Beach es uno de los lugares más fotografiados del mundo en los reportajes del ámbito de la moda. En South Beach viven unas 1.500 modelos, sin contar las miles que acuden en tropel durante la temporada para lucir su palmito por los bares y la playa en busca de un contrato. La temporada va de octubre a marzo, cuando en Europa y el norte de América el tiempo no acompaña para las tomas de exteriores.

Paseando por SoBe a primeras horas de la mañana es imposible no ver a los equipos de directores, fotógrafos, maquilladoras y ayudantes y, por supuesto, a las modelos. En Ocean Drive puede encontrarse con un equipo de fotógrafos incluso en las tranquilas calles secundarias.

Un fotógrafo dirige su cámara hacia una modelo en Miami Beach

## Central Miami Beach ❿

**Plano** 2 F1. 🚌 G, J, L, S, T, FM, C. **Lady Lucille Cruise** (305) 534-7000.

La zona de Miami Beach situada al norte de la calle 23, denominada a veces Central Miami Beach, es en general poco atractiva, y sus interminables rascacielos de apartamentos de los años 50 y 60 separan el Atlántico de la bulliciosa Collins Avenue. El paseo marítimo comprendido entre las calles 23 y 46 recorre una estrecha playa frecuentada principalmente por familias.

El lugar más interesante de la zona es el **hotel Fontainebleau**. Si va por Collins Avenue hasta la calle 44, verá un muro que tiene pintado en trampantojo un arco y una imagen del Fontainebleau, que en realidad se oculta detrás.

Este curvilíneo hotel, terminado en 1954, fue, al parecer, todo lo que el arquitecto Morris Lapidus (n. 1903) logró aproximarse a los deseos de su cliente, que quería un edificio al estilo de los *château* franceses. Su anticuada grandeza aún impresiona, en particular el vestíbulo, con la firma de Lapidus sobre las baldosas, y la piscina, decorada con una cascada. En los años 60, el hotel sirvió de escenario para la película de James Bond *Goldfinger*.

Del Fontainebleau parte el *Lady Lucille* en su recorrido marítimo por las mansiones de los millonarios de la bahía Biscayne *(ver p. 71)*. La embarcación se dirige en primer lugar hacia Indian Creek, cuyas elegantes mansiones resultan menos extravagantes que las de la bahía.

Trampantojo del hotel Fontainebleau, en Central Miami Beach

# El Centro y Little Havana

Sello de latón del Estado

Cuando, en 1896, la construcción del ferrocarril de la costa oriental desató el desarrollo urbanístico de Miami, la ciudad primitiva se concentraba en 2,5 km² a orillas del río Miami, sede del actual centro urbano. Los ricos industriales del norte de EE UU abrieron bancos y edificaron mansiones de invierno a lo largo de Brickell Avenue, actual eje del distrito financiero de Miami, que se vio espoleado por el auge de la banca en los años 80. Los rascacielos futuristas del centro demuestran que la ciudad es uno de los principales centros financieros y comerciales del mundo.

Hasta después de la II Guerra Mundial, Miami era poco más que una población turística. En gran medida, lo que la convirtió en una metrópoli fue la llegada de los exiliados cubanos desde 1959 en adelante (ver p. 50). Los efectos de esa afluencia resultan especialmente patentes en las calles del centro y de Little Havana, al otro lado del río. La cháchara, los rostros, los carteles de las tiendas y la comida hacen que estos barrios se asemejen más a una ciudad hispana con sabor norteamericano que al revés.

En el centro se encuentra el Metro-Dade Cultural Center, sede de uno de los mejores museos históricos de Florida, pero el gran atractivo para los turistas es el centro comercial y de ocio Bayside Marketplace, que constituye también el punto de partida de las travesías por la bahía Biscayne.

## Lugares de Interés

**Museos y galerías**
Metro-Dade Cultural Center ❷

**Edificios históricos**
US Federal Courthouse ❶

**Arquitectura moderna**
Brickell Avenue ❺

**Barrios**
Little Havana ❻

**Tiendas y restaurantes**
Bayside Marketplace ❸

**Paseos en barco**
Excursiones en barco por la bahía Biscayne ❹

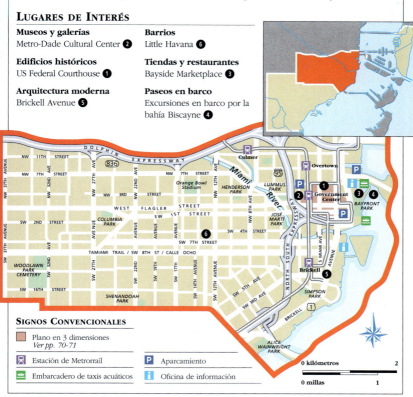

### Signos Convencionales

- Plano en 3 dimensiones *Ver pp. 70-71*
- Estación de Metrorraíl
- Embarcadero de taxis acuáticos
- Aparcamiento
- Oficina de información

◁ Formidable edificio del NationsBank sobre el río Miami, en el centro

# El centro en 3 dimensiones

EL PERFIL URBANO DEL CENTRO es sublime. Se ve mejor desde la lejanía, especialmente por la noche, pero su arquitectura también se puede disfrutar de cerca. La vía elevada del Metromover ofrece una buena visión de los edificios, aunque explorar el barrio a pie permite curiosear los bellos interiores de algunos edificios públicos.

La zona comercial sorprende por la total ausencia de productos de lujo y la abundancia de tiendas baratas. Pero en las calles reina la animación; la especialidad de los bares es el café cubano y los vendedores ambulantes ofrecen naranjas recién peladas al estilo caribeño. Flagler Street, la principal arteria del centro, es el sitio ideal para conocer el bullicio hispano, aunque de noche puede resultar peligroso.

**El perfil urbano del centro** es un homenaje al *boom* de la banca en los años 80. Desde MacArthur Causeway se obtiene una vista excelente.

**US Federal Courthouse**
*Detalle de un mural del interior del edificio, que representa la transformación de Miami en una ciudad moderna* ❶

**El Dade County Courthouse** posee un impresionante vestíbulo; en el mosaico del techo aparece esta reproducción de la primera versión del sello del Estado de Florida.

0 metros      150

### SIGNOS CONVENCIONALES

– – – Itinerario sugerido

---

### RECOMENDAMOS

★ Metro-Dade Cultural Center

★ NationsBank Tower

---

★ **Metro-Dade Cultural Center**
*Este vasto complejo, con un patio central y fuentes de estilo mediterráneo, contiene el único museo del centro de Miami* ❷

# EL CENTRO Y LITTLE HAVANA

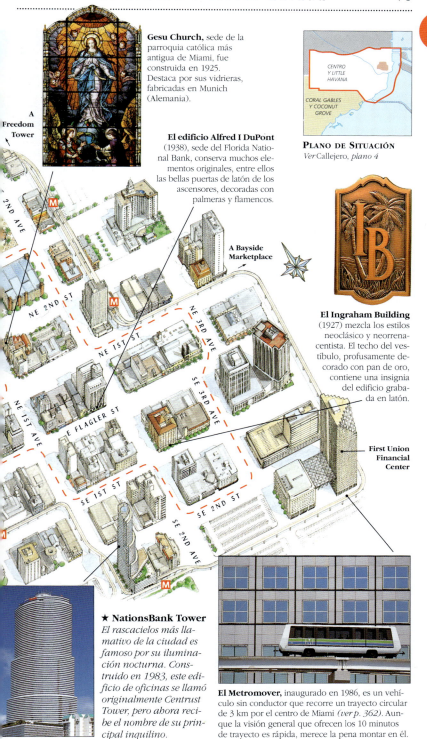

**Gesu Church,** sede de la parroquia católica más antigua de Miami, fue construida en 1925. Destaca por sus vidrieras, fabricadas en Munich (Alemania).

**A Freedom Tower**

**El edificio Alfred I DuPont** (1938), sede del Florida National Bank, conserva muchos elementos originales, entre ellos las bellas puertas de latón de los ascensores, decoradas con palmeras y flamencos.

**PLANO DE SITUACIÓN**
Ver Callejero, plano 4

**A Bayside Marketplace**

**El Ingraham Building** (1927) mezcla los estilos neoclásico y neorrenacentista. El techo del vestíbulo, profusamente decorado con pan de oro, contiene una insignia del edificio grabada en latón.

**First Union Financial Center**

★ **NationsBank Tower**
*El rascacielos más llamativo de la ciudad es famoso por su iluminación nocturna. Construido en 1983, este edificio de oficinas se llamó originalmente Centrust Tower, pero ahora recibe el nombre de su principal inquilino.*

**El Metromover,** inaugurado en 1986, es un vehículo sin conductor que recorre un trayecto circular de 3 km por el centro de Miami *(ver p. 362)*. Aunque la visión general que ofrecen los 10 minutos de trayecto es rápida, merece la pena montar en él.

# El centro

DOS GRANDIOSOS EDIFICIOS de principios del siglo XX evocan con nitidez la confianza de los años de auge económico. Los estilos de moda eran el mediterráneo y el neoclásico. Un buen ejemplo de este último es la Freedom Tower (1925) de Biscayne Boulevard, inspirada en la Giralda de Sevilla. Originariamente sede del desaparecido periódico *Miami News*, cambió de función y de nombre en los años 60 al convertirse en centro de acogida de los cubanos que huían de la revolución castrista (ver p. 50).

La zona centro también acoge algunos edificios *art déco*, como los almacenes Burdines, en Flagler Street (ver p. 92).

**Freedom Tower (1925)**

## US Federal Courthouse ❶

301 N Miami Ave. **Plano** 4 E1.
(305) 536-4548. Arena/State Plaza. 8.00-17.00 lu-vi. festivos.

ESTE IMPONENTE EDIFICIO neoclásico de 1931 ha sido sede de numerosos y célebres juicios, entre ellos el del expresidente panameño Manuel Noriega, celebrado en 1990. Posee un agradable patio al más puro estilo mediterráneo, pero su principal atractivo es el mural titulado *La ley guía el progreso de Florida* (ver p. 70). Situado en el segundo piso, fue diseñado por Denman Fink, famoso por su obra de Coral Gables (ver p. 80). Con frecuencia está prohibido el acceso del público al edificio, especialmente durante los casos importantes.

## Metro-Dade Cultural Center ❷

101 West Flagler St. **Plano** 4 E1.
(305) 375-3000. Government Center. 21, 77. 10.00-17.00 lu-vi (hasta 21.00 los jueves), 12.00-17.00 sá y do.

DISEÑADO POR Philip Johnson en 1982, el Metro-Dade Cultural Center es galería de arte, museo y librería en uno.

A los visitantes de fuera seguramente les resultará interesantísimo el Historical Museum of Southern Florida, que se centra en el Miami anterior a 1945. Contiene murales informativos sobre la colonización española y cultura seminola, pero lo que realmente da vida a la historia de Miami son las fotografías antiguas, que captan desde las dificultades atravesadas por los primeros colonos hasta la diversión y los juegos de los locos años 20.

El Miami Art Museum of Dade County, situado frente al Museo Histórico, proyecta reunir una colección permanente pero, por el momento, sólo ofrece exposiciones breves, generalmente de arte norteamericano posterior a 1945, que bien merecen una visita.

**Bañistas en el Miami de los años 20, en el Museo Histórico**

## Bayside Marketplace ❸

401 Biscayne Blvd. **Plano** 4 F1.
(305) 577-3344. College/Bayside. C, S, 16, 48, 95. 10.00-22.00 lu-ju, 10.00-23.00 vi-sá, 11.00-20.00 do. Día de Acción de Gracias, 25 dic.

EL LUGAR DEL CENTRO MÁS visitado por los turistas, Bayside Marketplace, es un complejo lleno de animación. Bordea Miamarina, un puerto con infinidad de barcos amarrados, de donde parten las excursiones por la bahía Biscayne.

Con sus numerosos bares y restaurantes –entre ellos, el sorprendente Hard Rock Café (ver p. 330), de cuyo tejado emerge una guitarra–, Bayside constituye un buen lugar para comer y comprar. La zona de restaurantes del primer piso no ofrece alta cocina, pero resulta cómoda para tomar algo sobre la marcha. En el patio delantero, junto al puerto, con frecuencia actúa una orquesta.

El vecino Bayfront Park presenta en su parte central la Antorcha de la Amistad –que conmemora al presidente John F. Kennedy– rodeada por los escudos de armas de los países de Centroamérica y Suramérica; una placa de la comunidad de exiliados cubanos de la ciudad agradece a los Estados Unidos su acogida.

**Barcos atracados en Miamarina, ante el Bayside Marketplace**

## Excursiones en barco por la bahía Biscayne ❹

Bayside Marketplace. **Plano** 4 F1.
Ⓜ *College/Bayside*. 🚌 *C, S, 16, 48, 95.* **Island Queen Cruises** *(305) 379-5119.* **Taxi acuático** *(954) 467-6677.*

L A BAHÍA BISCAYNE, entre el centro y Miami Beach, alberga el puerto de cruceros más concurrido del mundo y un reducido número de exclusivas urbanizaciones particulares. Aunque la velocidad con que se circula por MacArthur Causeway sólo permite echar una rápida ojeada a la zona, los cruceros que parten de Bayside Marketplace permiten disfrutar más y mejor de la vista. Las excursiones por las mansiones de los ricos y famosos, que ofrecen Island Queen Cruises y otras empresas, tienen salidas programadas durante todo el día, y duran unos 90 minutos.

El puerto, situado en las islas Dodge y Lummus, ingresa más de 5.000 millones de dólares anuales en la economía local y por él pasan todos los años más de tres millones de pasajeros.

Cerca del extremo oriental de MacArthur Causeway, los barcos pasan junto a la flota de lanchas rápidas de la guardia costera de EE UU, empleadas para interceptar narcotraficantes e inmigrantes ilegales. Enfrente se alza Fisher Island, una isla separada de South Beach por Government Cut, un profundo canal de agua dragado en 1905. Esta isla, la playa de los negros en los años 20, paradójicamente se ha convertido en un exclusivo enclave residencial cuyas viviendas rara vez cuestan menos de 500.000 dólares. La travesía continúa hacia el norte, bordeando las islas Star, Palm e Hibiscus. Tras la frondosa vegetación tropical se ocultan mansiones de todos los estilos arquitectónicos imaginables, entre ellas las antiguas casas de Frank Sinatra y Al Capone, así como las actuales moradas de celebridades como Gloria Estefan y Julio Iglesias.

Bayside Marketplace es el punto de partida de cruceros nocturnos, excursiones de pesca en alta mar e, incluso, paseos en góndola. La empresa de taxis acuáticos también tiene una línea regular que une Bayside Marketplace con diversos hoteles, así como un servicio de transporte preconcertado entre Bayside y Miami Beach Marina, en el extremo oriental de la MacArthur Causeway.

**El Atlantis, el edificio más famoso de Brickell Avenue**

**Cartel de barco turístico de Biscayne**

## Brickell Avenue ❺

**Plano** 4 E2– E4. Ⓜ *varias estaciones.* 🚆 *Metrorail (Brickell).* 🚌 *6, 8, 24, 48, B.* ℹ *701 Brickell Ave, Suite 2700, (800) 283-2707.*

A PRINCIPIOS del siglo XX, la edificación de mansiones palaciegas a lo largo de sus aceras le valió a Brickell Avenue el nombre de "la calle de los millonarios". Hoy en día, su tramo septentrional es la versión de la neoyorquina Wall Street en Miami, por los numerosos bancos internacionales cuyos relucientes edificios de cristal reflejan la imagen de los inmuebles contiguos y el azul del cielo. Al sur de la curva que traza Brickell a la altura de Southwest 15th Road comienza el conjunto de increíbles viviendas que se vislumbra en los títulos de crédito iniciales de la serie televisiva *Corrupción en Miami*. Los edificios, creados a principios de los años 80 por un iconoclasta estudio de arquitectura llamado Arquitectonica, quizás ya no estén de moda, pero siguen resultando impresionantes.

El más notable, el Atlantis (en el nº 2025), destaca por el hueco de su fachada, que contiene una palmera y un *jacuzzi*. Arquitectonica también diseñó el Palace, en el nº 1541, y el Imperial, en el nº 1627. Descritas como "arquitectura para ver a 90 km/h", estas exclusivas residencias fueron diseñadas para ser admiradas desde lejos.

**Una de las lujosas mansiones que se ven desde la bahía Biscayne**

# Little Havana ❻

**Plano** 3. 🚌 *11 desde el centro, 8, 24 desde Coral Gables.* **El Crédito Cigar Factory** *1106 SW 8th St.* 📞 *(305) 858-4162.* ⏰ *8.00-18.00 lu-vi, 9.00-16.00 sá.* ⊘ *festivos.* **Cuban Museum of the Americas** *1300 SW 12th Ave.* 📞 *(305) 858-8006.* ⏰ *1200-18.00 ma-mi.* ⊘ *festivos.* ♿

Aunque los cubanos habitan en diferentes partes de la ciudad, son los 9 km² de Little Havana los que constituyen su hogar de adopción desde que comenzaron a salir de su país en los años 60 *(ver p. 50)*. En este barrio también se han instalado ya otros grupos de hispanos.

Lo mejor de Little Havana es pasear por sus calles para empaparse del bullicioso ambiente de la vida cotidiana. De todas las tiendas brotan ritmos de salsa, algunos carteles abogan por la lucha armada contra Castro, en las bodegas se preparan especialidades cubanas como los *moros y cristianos (ver p. 315)*, mientras que los ancianos beben de un trago tacitas de café cubano.

La principal arteria comercial de Little Havana, y su corazón sentimental, es la Southwest 8th Street, más conocida como la **calle Ocho.** Su tramo más animado, entre las avenidas 11 y 17, se disfruta mejor recorriéndolo a pie, pero otros lugares de interés resultan más fáciles de explorar en coche.

Cerca de la confluencia entre la calle Ocho y la 11ª Avenida se alza la fábrica de puros **El Crédito Cigar Factory,** fundada en La Habana en 1907 y trasladada a Miami en 1968, donde le invitarán a observar a los empleados liando los cigarros. Las hojas se cultivan en la República Dominicana con semillas de tabaco cubano, el mejor del mundo. Esta fábrica tiene venta al público y ofrece gran variedad de puros *(ver p. 93)*.

Al sur de la calle Ocho, la Southwest 13th Avenue se denomina **Cuban Memorial Boulevard** y es el corazón nacionalista del barrio. La llama eterna del Brigade 2506 Memorial recuerda a los caídos en la invasión de bahía de Cochinos en 1961, promovida por EE UU. Todos los años, los cubanos se reúnen aquí para rememorar el desastroso intento de derrocar el régimen castrista. Más allá, otros monumentos recuerdan a los héroes Antonio Maceo y José Martí, que lucharon por la independencia de su país a principios del siglo XIX *(ver pp. 46-47)*. A lo largo de la calle Ocho, entre las avenidas 12 y 17, unas estrellas grabadas en la acera rinden homenaje a otros personajes populares entre los hispanos, como Julio Iglesias y Gloria Estefan, en remedo del Paseo de la Fama de Hollywood.

En la esquina de la 14ª Avenida, los cubanos de más edad juegan al dominó en el diminuto **Máximo Gómez Park.** Los jugadores pueden ser expulsados por escupir, gritar o emplear palabras malsonantes.

**Camarera del Versailles**

**La llama perenne conmemora la invasión de bahía de Cochinos**

Al norte de la calle Ocho, en la esquina de West Flagler Street y Southwest 17th Avenue, la **plaza de la Cubanidad** exhibe un mapa de Cuba esculpido en bronce; al lado, las enigmáticas palabras de José Martí: "Las palmeras son novias que esperan". Detrás, el ondear de banderas y estandartes anuncia la sede del Alpha 66, el grupo anticastrista más radical de Miami, cuyos militantes participan en ejercicios militares en los Everglades, aunque la mayoría sabe que nunca se volverá a producir un intento de invasión armada en Cuba.

El **Cuban Museum of the Americas,** al sur de la calle Ocho, muestra una colección de obras de artistas cubanos afincados en Miami y celebra también exposiciones periódicas que abordan aspectos de su cultura, como la música y la religión.

Más hacia el oeste, en el 3260 de la calle Ocho, se encuentra el **Woodlawn Cemetery.** Pregunte por los monumentos al combatiente desconocido de la libertad cubana, en la parcela 31, bordeados de banderas cubanas y estadounidenses, o por la discreta tumba de Gerardo Machado, dictador cubano de los años 30.

Concluya el recorrido por Little Havana con un aperitivo o un almuerzo en el cercano restaurante **Versailles** *(ver p. 318)*. Siempre animado, constituye el bastión cultural y culinario de la comunidad cubana de Miami.

**Cubanos jugando al dominó en Máximo Gómez Park**

## La comunidad cubana de Miami

Gloria Estefan

Gracias a la pasión compartida por su tierra natal y al odio común por Fidel Castro y su dictadura, la comunidad cubana de Miami se encuentra sorprendentemente unida. Los exiliados proceden de las más diversas capas sociales. Los primeros inmigrantes eran en su mayoría profesionales de raza blanca que ahora ocupan altos cargos en algunas de las grandes empresas de Miami y residen en los barrios acomodados de la ciudad. Los llamados *marielitos* (ver p. 50) pertenecían a la clase trabajadora, al igual que muchos de los que han ido llegando después. Algunos cubanos de segunda generación, como la cantante Gloria Estefan, han cosechado un gran éxito en su trabajo. Con frecuencia, estos profesionales son apodados *yucas*, que significa "jóvenes cubanoamericanos prometedores". La presencia cubana se respira en todos los estratos de la sociedad de Miami y se observa por doquier, desde la comida hasta el español que se habla en las calles.

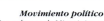

**Imágenes de la antigua Cuba**
*Murales como éste, que representa la turística localidad de Varadero, simbolizan la nostalgia y el amor por la patria que sienten los cubanos de todas las generaciones. Muchos esperan regresar algún día a la isla.*

**Movimiento político**
*Los cubanos de Miami siguen muy de cerca los acontecimientos de su tierra. A menudo salen a la calle para manifestarse contra el régimen castrista y protestar por la política del gobierno norteamericano.*

**La salsa es la música de mayor aceptación en Miami**

### La Cultura Cubana en Miami
Los cubanos han llevado a Miami su música, su religión y su forma de vida. Se declaran católicos, pero muchos se adhieren a la santería, una extraña mezcla de creencias católicas y cultos animistas introducidos en Cuba por los esclavos africanos durante el periodo colonial.

**Bar de estilo cubano, donde el café, los aperitivos y la conversación se disfrutan de pie**

**Tienda religiosa, o *botánica*, donde se vende toda la parafernalia de la santería**

# Coral Gables y Coconut Grove

Coral Gables, una de las zonas más acaudaladas de EE UU, es una auténtica población independiente dentro de Miami. Denominada la "ciudad de la belleza", muchas de sus elegantes viviendas dan a canales ocultos, donde fondean embarcaciones privadas. Las estrictas normativas exigen que las nuevas edificaciones respeten los rasgos arquitectónicos defendidos por George Merrick cuando proyectó Coral Gables en los años 20 *(ver p. 80)*. Coconut Grove es el barrio más antiguo. Los *wreckers (ver p. 289)* llegaron aquí a principios del siglo XIX, pero la zona se mantuvo poco poblada hasta finales de ese siglo, cuando Ralph Munroe *(ver p. 82)* persuadió a unos amigos para inaugurar un hotel que, atendido por nativos de las Bahamas, sería frecuentado por intelectuales. Desde entonces, el barrio ha tenido un sabor mixto, pues las distinguidas mansiones se alzan a un paso de la deprimida zona denominada "el Coconut Grove negro". La presencia de restaurantes y comercios asequibles atrae a una gran multitud por la noche y los fines de semana, lo que convierte a Coconut Grove en el barrio más animado de Miami después de South Beach.

**Busto de bombero, Salzedo Street**

## Lugares de Interés

**Museos y galerías**
Lowe Art Museum ❻
Museum of Science and Space Transit Planetarium ⓫

**Calles y barrios**
Coconut Grove Village ❼
Miracle Mile ❶

**Edificios históricos**
Biltmore Hotel ❺
Coral Gables City Hall ❷
Coral Gables Merrick House ❸
El Barnacle ❽
Venetian Pool ❹
*Vizcaya, pp. 84-85* ⓬

**Iglesias**
Ermita de la Caridad ❿

**Puertos deportivos**
Dinner Key ❾

### Signos Convencionales

- Plano del itinerario en coche. *Ver pp. 78-79*
- Estación de Metrorraíl
- Aparcamiento
- Oficina de información

◁ **Torre del hotel Biltmore, de visita obligada en Coral Gables**

# Ruta en coche por Coral Gables

Esta RUTA recorre las tranquilas calles de Coral Gables que unen los principales puntos de la ciudad proyectada por George Merrick en los años 20 *(ver pp. 80-81)*. Además de los conocidos edificios públicos como el Biltmore Hotel, este trayecto visita dos de las cuatro grandiosas entradas originales y seis de los pueblos internacionales de Merrick.

Si se aprovecha el tiempo, se pueden ver todos los lugares del recorrido en un día. Es fácil perderse: el trazado de Coral Gables resulta bastante complicado. Los nombres de las calles, que rememoran lugares españoles, al parecer fueron sacados por Merrick de un diccionario.

**Depósito de agua Alhambra** ③
*Esta extravagancia de 1925 es obra de Denman Fink (ver p. 80).*

**Coral Gables Congregational Church** ⑦
*La primera iglesia de Coral Gables, construida por Merrick en estilo barroco español, posee un campanario y un pórtico elaborados.*

**La Venetian Pool** ⑥ es una bella piscina pública rodeada de edificaciones de estilo veneciano.

**Biltmore Hotel** ⑧
*Es uno de los hoteles más sorprendentes del país; su restauración le ha devuelto la grandiosidad de los años 20.*

**El Lowe Art Museum** ⑩ alberga una excelente colección de arte europeo y autóctono.

**Ciudad francesa** ⑪
*Es uno de los siete pueblos internacionales construidos para aportar pluralidad a esta ciudad de estilo mediterráneo.*

0 metros   500

# CORAL GABLES Y COCONUT GROVE

**La entrada de Granada** ① es una copia de la puerta de Granada, en España.

**La entrada Country Club Prado** ② es, con sus pilares ornamentales, el más elegante de todos los accesos.

**PLANO DE SITUACIÓN**
Ver Callejero, plano 5

**Coral Way** ④
*Los robles y las casas de estilo español bordean una de las calles con más encanto de Coral Gables.*

**Coral Gables Merrick House** ⑤, la antigua morada de George Merrick, es ahora un museo.

**El Ayuntamiento de Coral Gables** ⑯ guarda en su interior murales pintados en los años 20 y 50.

**Miracle Mile** ⑰
*Establecimientos clásicos como éste marcan el carácter de la calle comercial más importante de la zona.*

**SIGNOS CONVENCIONALES**

▬ Autopista
▬ Itinerario
— Línea de Metrorraíl

## ALGUNOS CONSEJOS

**Longitud del itinerario:** 23 km.
**Punto de partida:** cualquiera.
**Paradas:** junto a Miracle Mile hay algunos restaurantes de categoría (ver p. 80), y en el Biltmore se puede disfrutar de un té al estilo inglés. Otra posibilidad es darse un chapuzón en la Venetian Pool.
**Cuándo ir:** los mejores días son los miércoles y domingos, por el horario de la Coral Gables Merrick House, el Lowe Art Museum y las visitas del Biltmore (ver pp. 80-81). Evite las horas punta (7.00-9.30, 16.30-18.30).

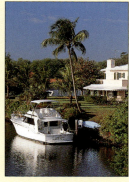

**Embarcación atracada en uno de los canales de Coral Gables**

## LUGARES DE INTERÉS

① Entrada de Granada
② Entrada de Country Club Prado
③ Depósito de agua Alhambra
④ Coral Way
⑤ Coral Gables Merrick House
⑥ Venetian Pool
⑦ Coral Gables Congregational Church
⑧ Biltmore Hotel
⑨ Pueblo colonial
⑩ Lowe Art Museum
⑪ Ciudad francesa
⑫ Pueblo surafricano holandés
⑬ Pueblo rural francés
⑭ Pueblo chino
⑮ Pueblo de Normandía
⑯ Ayuntamiento de Coral Gables
⑰ Miracle Mile

Rotonda porticada del edificio Colonnade, en Miracle Mile

## Miracle Mile ❶

Coral Way entre Douglas Rd y Le Jeune Road. **Plano** 5 C1. Metrorrail (Douglas Rd) y luego bus J 40.

En 1940, un promotor urbanístico bautizó la principal calle comercial de Coral Gables con el nombre de Miracle Mile ("la milla milagro"). En sus aceras, el colorido de los toldos adorna unas tiendas tan estiradas como su clientela *(ver p. 92)*. Debido a los elevados precios y a la competencia de los centros comerciales del extrarradio, la calle rara vez está concurrida.

El edificio Colonnade, en el nº 169, fue construido en 1926 por George Merrick para las oficinas de ventas de su negocio inmobiliario. Su excepcional rotonda es ahora el vestíbulo del impresionante Colonnade Hotel. El Doc Dammers' Saloon *(ver p. 330)* exhibe fotografías de la época dorada de Coral Gables. Cerca, en la esquina de la calle Salzedo y la avenida de Aragón, el antiguo edificio de la policía y los bomberos, de 1939, contiene una maravillosa escultura.

## Coral Gables City Hall ❷

405 Biltmore Way. **Plano** 5 C1. (305) 446-6800. Metrorrail (Douglas Rd). 24. 8.00-17.00 lu-vi. festivos.

Construido en 1928, el Ayuntamiento de Coral Gables simboliza el estilo renacentista español promulgado por Merrick y sus colegas. Su fachada semicircular exhibe un escudo de armas diseñado para la nueva ciudad de Coral Gables por el tío de George Merrick, Denman Fink, autor del mural de las cuatro estaciones que decora la bóveda del campanario: el invierno lo encarna un anciano, mientras que las demás estaciones son jóvenes mujeres. Sobre las escaleras, el mural que ilustra la primera época de Coral Gables, *Hitos de los años veinte*, fue creado en los años 50 por John St. John, que lo envejeció artificialmente exhalando humo de cigarrillos sobre la pintura mientras se secaba.

Escudo de armas del Coral Gables City Hall

## Coral Gables Merrick House ❸

907 Coral Way. **Plano** 5 B1. (305) 460-5361. 24. 13.00-16.00 mi y do.

Merece la pena adaptarse al limitado horario de la casa de los Merrick para apreciar la morada del creador de Coral Gables.

Cuando el reverendo Solomon Merrick y su familia se trasladaron a Florida desde Nueva Inglaterra en 1899, se instalaron en una cabaña de madera situada al sur de la ciudad de Miami. Posteriormente realizaron una gran ampliación de la casa y la bautizaron como Coral Gables, creyendo que la piedra caliza que emplearon para construirla era coral, debido a los fósiles marinos que contenía. Ahora es un museo cuyo tema central es tanto la familia como el famoso hijo de Solomon, George. Parte del mobiliario era propiedad de los Merrick, y hay retratos y cuadros de la familia pintados por la madre y el tío de George. El pequeño jardín, muy inferior en tamaño al original, está lleno de árboles y plantas tropicales.

### La Ciudad Soñada por George Merrick

El sueño de George Merrick era construir una ciudad nueva. Con la ayuda de Denman Fink como asesor artístico, de Frank Button como paisajista y de Phineas Paist como director de arquitectura, ideó esta maravilla estética cuya arquitectura debía ser en parte española y en parte italiana; en palabras de Merrick, "una combinación de lo mejor de ambas, con un toque de alegría que refleje el espíritu de Florida". El sueño se convirtió en la mayor empresa inmobiliaria de los años 20, con un coste cercano a los 100 millones de dólares. Sólo en publicidad se invirtieron tres millones anuales. Los carteles mostraban idílicos paisajes de canales que aún estaban sobre el papel. El huracán de 1926 *(ver p. 48)* y el *crack* de Wall Street dejaron incompleta la ciudad de Merrick, pero lo que queda –junto con sus imitaciones posteriores– es testimonio de su gran imaginación.

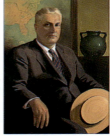
Retrato de George Merrick expuesto en la casa familiar

# CORAL GABLES Y COCONUT GROVE

La Venetian Pool, creada en los años 20 a partir de una antigua cantera de coral

## Venetian Pool ❹

2701 De Soto Blvd. **Plano** 5 B2.
📞 *(305) 460-5356.* 🚇 *Metrorrail (S Miami) y luego bus 72.* ⏰ *mediados jun-mediados ago: 11.00-19.30 lu-vi; abr-may y sep-oct: 11.00-17.30; nov-mar: 10.00-16.30; todo el año: 10.00-16.30 sá y do.* ⊗ *lu sep-may, Día de Acción de Gracias, 24-25 dic, 1 ene.*

La afirmación de que ésta es la piscina más bella del mundo es cierta. Fue creada a partir de una cantera de coral por Denman Fink y Phineas Paist en 1923. Torres y galerías rosas de estuco, postes venecianos, un puente adoquinado, cuevas y cascadas rodean las aguas claras. Esta piscina fue originalmente uno de los lugares de moda de la vida social de Coral Gables: en el recibidor, eche un vistazo a las fotografías de los concursos de belleza que se celebraron aquí durante los años 20.

## Biltmore Hotel ❺

1200 Anastasia Ave. **Plano** 5 A2.
📞 *(305) 445-1926.* 🚇 *Metrorrail (S Miami) y luego bus 72.* *do tardes.*

El edificio más sobresaliente de Coral Gables data de 1926. En su época dorada, cuando en él se alojaban personajes como Al Capone (que tenía allí un despacho de bebidas clandestino), Judy Garland y los duques de Windsor, los huéspedes cazaban zorros en los extensos terrenos (ahora un campo de golf) y paseaban en góndola por los canales. Durante la II Guerra Mundial, el Biltmore fue un hospital militar que cubrió de linóleo sus suelos de mármol y, hasta 1968, siguió siendo un sanatorio de excombatientes. Tras su restauración en 1986, con un coste de 55 millones de dólares, el hotel quebró en 1990 para volver a abrir sus puestas en 1992.

En su imponente fachada se eleva una fiel réplica de la Giralda de Sevilla, que también sirvió de modelo para la Freedom Tower de Miami *(ver p. 72)*. En el interior, las columnas hercúleas rodean el grandioso vestíbulo, mientras que desde la terraza posterior se domina la mayor piscina de todos los hoteles del país. El más famoso instructor de natación del Biltmore, Johnny Weismuller, alma de *Tarzán*, estableció aquí un récord mundial en los años 30.

Las visitas semanales del hotel salen de recepción.

**Caballo de la dinastía Han**

## Lowe Art Museum ❻

1301 Stanford Drive. **Plano** 5 A5.
📞 *(305) 284-3535.* 🚇 *Metrorrail (University).* 🚌 *52, 56, 72.* ⏰ *10.00-17.00 ma-sá, 12.00-17.00 do, 12.00-19.00 ju.* ⊗ *Día de Acción de Gracias, 25 dic, 1 ene.*

Este museo se encuentra situado en el centro del campus de la Universidad de Miami, fundada en 1925 gracias a una donación de cinco millones de dólares realizada por George Merrick. Entre las 8.000 obras del Lowe figuran impresionantes cuadros renacentistas y barrocos, así como una de las mejores colecciones de arte aborigen de Estados Unidos, que incluye exquisitos tejidos y cerámicas. El museo también exhibe un excelente conjunto de obras hispanoamericanas y asiáticas, fundamentalmente chinas. Las exposiciones temporales abordan numerosos temas, desde la cerámica precolombina hasta la fotografía del siglo XX.

Vista sur del hotel Biltmore, el edificio más famoso de Coral Gables

## Coconut Grove Village ❼

**Plano** 6 E4, F4. 🚇 *Metrorrail (Coconut Grove).* 🚌 *42 desde Coral Gables, 48 desde el centro.*

El legendario lugar de reunión de los *hippies* de los años 60 presenta hoy en día un ambiente más cultivado. Las parejas jóvenes y los elegantes ejecutivos que cenan a la luz de las antiguas farolas son ahora el símbolo de lo que a menudo se conoce como el *village*. Sólo el estrafalario encantador de serpientes, además de algunas tiendas *new age*, dejan vislumbrar una forma de vida alternativa. Para apreciar el ambiente en plena efervescencia, conviene ir por la noche o durante el fin de semana.

El punto central del *village* es la confluencia de Grand Avenue, McFarlane Avenue y Main Highway, donde se encuentran Johnny Rockets, una hamburguesería decorada al estilo de los años 50, y el sobrevalorado **Coco Walk,** un centro comercial al aire libre *(ver p. 92)* que es el lugar más animado de Coconut Grove. Tiene un patio repleto de cafés y puestos de recuerdos; en las plantas superiores suelen actuar orquestas y también hay restaurantes *(ver p. 318),* un cine y una discoteca.

No muy lejos, hacia el este en dirección a Grand Avenue, vale la pena visitar el recoleto centro comercial **Streets of Mayfair**

Centro comercial CocoWalk, en Coconut Grove Village

tanto por su asombroso conjunto de azulejos españoles, cascadas y vegetación, como por sus tiendas. Pero para apreciar mejor el pausado ritmo de vida de Coconut Grove, hay que visitar los cafés de Commodore Plaza o Fuller Street.

Si busca un ambiente distinto, recorra los puestos de comida del **Farmers' Market,** que se celebra los sábados en el cruce de McDonald Street y Grand Avenue, donde se alzan las sencillas casas de los inmigrantes de las Bahamas. Este barrio se llena de vida durante el Festival de Goombay *(ver p. 33),* pero el resto del tiempo conviene tener cuidado.

Paseando hacia el sur por Main Highway se llega a un adinerado vecindario donde las palmeras, las buganvillas y los hibiscos ocultan bellos chalets de tablillas. En el 3400 de Devon Road se encuentra la pintoresca **iglesia Congregacional de Plymouth,** cuyo principal atractivo es su entorno y su fachada tapizada de hiedra.

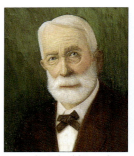

Monroe, diseñador del Barnacle, retratado por Lewis Benton en 1931

## El Barnacle ❽

3485 Main Highway, Coconut Grove. **Plano** 6 E4. 📞 *(305) 448-9445.* 🚌 *42, 48.* 🕘 *9.00-16.00 vi-sá.* ⊘ *Día de Acción de Gracias, 25 dic, 1 ene.*

Oculta tras los árboles tropicales, el Barnacle es la casa más antigua de Dade County. Fue diseñada y habitada por Ralph Monroe, un hombre que vivió de la construcción de barcos y de la venta de restos de naufragios *(ver p. 289).* Además de botánico y fotógrafo, fue un gran defensor del medio ambiente.

En 1891, la casa era un *bungalow* construido con la madera recuperada de los naufragios, e ingeniosamente dispuesto para permitir la circulación del aire (fundamental

---

### Miami: la Realidad Supera la Ficción

En los años 80, los norteamericanos pensaban que Miami era la capital de la delincuencia y las drogas. A esa reputación contribuyó la popular serie *Corrupción en Miami (ver p. 51)*. Las mejores novelas sobre la ciudad escritas en los años 90 también se han inspirado en su cara más sórdida. Los dos autores más famosos son Edna Buchanan, ganadora del premio Pulitzer por sus noticias en el *Miami Herald*, y Carl Hiaasen, columnista de ese mismo periódico. Por muy imaginativas que parezcan sus tramas (inspectores de obra que practican el vudú o presentadores televisivos que se hacen la cirugía estética en directo), Carl Hiaasen afirma que las ideas proceden de las páginas de sucesos del *Herald*. La primera de sus novelas llevada al cine fue *Striptease*.

Bestsellers de Hiaasen

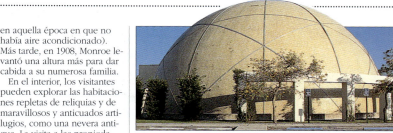

**El Space Transit Planetarium, sede de espectáculos estelares y de láser**

en aquella época en que no había aire acondicionado). Más tarde, en 1908, Monroe levantó una altura más para dar cabida a su numerosa familia.

En el interior, los visitantes pueden explorar las habitaciones repletas de reliquias y de maravillosos y anticuados artilugios, como una nevera antigua. La visita a las propiedades, que dura una hora, también comprende el cobertizo de Monroe, donde se conservan sus herramientas y bancos de trabajo. Al lado se pueden ver las vías que Monroe utilizaba para sacar los barcos del mar.

## Dinner Key ❾

S Bayshore Drive. **Plano** 6 F4.
🚇 Metrorrail (Coconut Grove). 🚌 48.

En los años 30, la compañía Pan American convirtió Dinner Key en la base de hidroaviones con más actividad de EE UU. También fue el punto de partida del funesto vuelo de Amelia Earhart alrededor del mundo en 1937. Todavía se conserva la impecable terminal de la compañía aérea, de estilo *streamline moderne* (ver p. 59), que actualmente alberga el Ayuntamiento de Miami, mientras que los hangares donde antaño se guardaban los hidroaviones son ahora un astillero de pequeñas embarcaciones.

**Detalle de la fachada del Ayuntamiento de Miami**

## Ermita de la Caridad ❿

3609 S Miami Ave. **Plano** 3 C5.
📞 (305) 854-2404. 🚇 Metrorrail (Vizcaya). 🚌 12, 48. ⏰ 9.00-21.00 todos los días. ♿

Este peculiar templo cónico, erigido en 1966, es para los exiliados cubanos un lugar sagrado: el santuario de su patrona, la Virgen de la Caridad. El mural situado sobre el altar (orientado hacia Cuba más que hacia el este) ilustra la historia de la iglesia católica y representa a la Virgen y su santuario en la isla. No es fácil encontrar la ermita: gire a la derecha por la primera calle al norte del Mercy Hospital.

## Museum of Science and Space Transit Planetarium ⓫

3280 S Miami Ave. **Plano** 3 C5.
📞 (305) 854-4247. 🚇 Metrorrail (Vizcaya). 🚌 48. ⏰ 10.00-18.00 todos los días. ⬤ Día de Acción de Gracias, 25 dic. ♿

Puede que los niños no observen que el Museo de la Ciencia necesita un arreglo, espléndidos como son sus numerosos y divertidos juegos interactivos, que muestran aspectos de los cinco sentidos, la gravedad, la densidad, etcétera. A los adultos quizás les interesen más las emotivas cartas escritas en 1992 por las víctimas del huracán *Andrew* (ver p. 24), o los ordenadores instalados para que los visitantes naveguen por Internet.

Se puede adquirir una entrada conjunta para el museo y el contiguo planetario de Tránsito Espacial, que proyecta todos los días un impresionante espectáculo estelar.

**La Ermita de la Caridad, en un extremo de la bahía Biscayne, atrae a muchos cubanos devotos**

# Vizcaya ⑫

LA MANSIÓN MÁS GRANDIOSA de Florida, terminada en 1916, era el refugio invernal del millonario industrial James Deering, cuyo deseo fue construir una réplica de una mansión italiana del siglo XVI. Por ello, Vizcaya y sus estancias opulentas presentan una mezcla de estilos que van desde el renacentista hasta el neoclásico, cuyo mobiliario fue fruto de las compras que Deering realizó por Europa. Los jardines aúnan a la perfección los rasgos de los jardines italianos y franceses con la vegetación tropical de Florida.

Deering siempre interpelaba a su ambicioso arquitecto: "¿Tiene que ser tan grandiosa?", temiendo que Vizcaya resultara demasiado cara de mantener. Y así fue tras su muerte en 1925, hasta que en 1952 fue adquirida por el Dade County. La casa y los jardines fueron abiertos al público poco después.

**Farol**

★ **Cuarto de baño de Deering**
*El cuarto de aseo presenta las paredes de mármol con remates de plata, y su techo entoldado recuerda una tienda de campaña napoleónica.*

**Veleta con caballo**

**Pulcinella**
*Esta estatua británica del siglo XVIII es una de las numerosas esculturas europeas que salpican los jardines de la mansión.*

**El comedor,** con tapices y una mesa de refectorio del siglo XVI, recuerda un salón de banquetes renacentista.

**La galería este,** utilizada para las reuniones informales, contiene una carabela en miniatura, uno de los motivos preferidos de Deering.

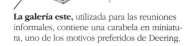

★ **Sala de música**
*Esta estancia rococó, indiscutiblemente la más deliciosa de la casa, está iluminada por una llamativa araña de flores multicolores de cristal.*

---

### RECOMENDAMOS

★ **Sala de música**

★ **Cuarto de baño de Deering**

★ **Jardines**

## ★ Jardines

*Jardines tan cuidados como el de Vizcaya no abundan en Florida. Desde el montículo, la vista de la simétrica isla central y la terraza sur de la casa resulta formidable.*

### INFORMACIÓN ESENCIAL

3251 S Miami Ave. **Plano** 3 C5.
(305) 250-9133. Metrorail (Vizcaya). 48.
9.30-17.00, jardines hasta 17.30 todos los días. 25 dic.
limitado.

**El patio,** protegido ahora por un cristal, fue antaño un espacio descubierto.

**El tejado** está cubierto de tejas árabes traídas de edificios de Cuba.

**Entrada**

**Dormitorio Cathay**
*Presidido por una lujosa cama con dosel, este cuarto está decorado con motivos chinescos, tan populares en la Europa del siglo XVIII.*

**La sala de estar** es un grandioso salón renacentista para el que se encargó un órgano.

**La piscina** da al exterior, aunque se entra desde una cueva situada bajo la casa.

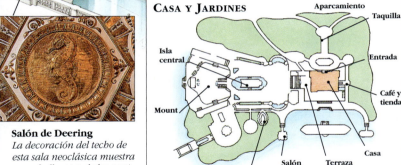

**Salón de Deering**
*La decoración del techo de esta sala neoclásica muestra un caballo, otro de los motivos recurrentes de Vizcaya.*

### CASA Y JARDINES

Aparcamiento · Taquilla · Isla central · Entrada · Café y tienda · Mount · Theater Garden · Salón de té · Terraza sur · Casa

# Las Afueras

LAS ZONAS situadas al norte de Miami Beach y del centro, y al sur de Coral Gables, no ofrecen un paisaje muy espectacular, si bien merece la pena explorarlas por sus grandes playas y sus diversiones para la familia.

Palmeras del Fairchild Tropical Garden

Gran parte del norte de Miami tiene fama de pobre y peligroso, especialmente Liberty City y Overtown. Evite estas zonas y observe las normas de seguridad de la página 362. Tenga cuidado también si viaja en coche por Hialeah o si visita Opa-Locka o Little Haiti, unos barrios con ambiente pero que quizás sólo resulten atractivos a los turistas más audaces.

El monótono y anodino extrarradio del sur de Miami no es más que una interminable sucesión de viveros y huertos de cítricos. En esta llanura se situó el epicentro del huracán *Andrew* en 1992 *(ver p. 24)*, cuyo paso ha dejado huella en algunos lugares del paisaje. Muchos de los atractivos de esta zona, principalmente zoos, parques y jardines, sufrieron graves desperfectos. La mayoría de ellos han vuelto a abrir sus puertas, aunque en muchos casos continúan las tareas de restauración.

## Lugares de Interés

**Edificios históricos**
Ancient Spanish Monastery ❷
Coral Castle ⓴

**Museos y galerías**
American Police Hall of Fame ❺
Weeks Air Museum ⓫

**Parques, jardines y zoos**
Charles Deering Estate ❿
Fairchild Tropical Garden ❽
Miami Metrozoo ⓬
Miami Seaquarium ❻
Monkey Jungle ⓭
Parrot Jungle ❾

**Playas**
Key Biscayne ❼
Playas del norte ❶

**Barrios**
Little Haiti ❹
Opa-Locka ❸

10 millas = 16 km

### Signos Convencionales

- Principales zonas turísticas
- Zona urbana
- Autopista
- Carretera principal
- Carretera secundaria
- Líneas férreas
- Estación de Amtrak
- Aeropuerto

◁ Claustros del siglo XII del Ancient Spanish Monastery, al norte de Miami

## Playas del norte ❶

Collins Avenue. 🚌 *K o S desde South Beach o el centro.*

EL CORDÓN LITORAL situado al norte de Miami Beach se caracteriza en general por las lujosas y poco atractivas zonas residenciales y complejos turísticos que se extienden a lo largo de Collins Avenue. Las agencias de viajes mandan allí a muchos turistas que, probablemente, preferirían ir a South Beach. Con todo, cuenta con cientos de alojamientos baratos y una larga playa.

Una franja de arena entre las calles 79 y 87 separa Miami Beach de **Surfside,** una sencilla población muy visitada por canadienses francófonos. En la calle 96, Surfside se funde con **Bal Harbour,** un enclave de moda conocido por un par de afamados hoteles y uno de los centros comerciales más ostentosos del lugar *(ver p. 92).* Más al norte, el agradable **Haulover Park** posee un puerto deportivo y una playa con dunas.

Playa de Haulover Park, bajo la atenta mirada de un socorrista

## Ancient Spanish Monastery ❷

16711 W Dixie Hwy, N Miami Beach.
📞 *(305) 945-1462.* 🚌 *H desde South Beach, 3 desde el centro.*
⏰ *10.00-16.00 todos los días, 12.00-16.00 do.* ● *festivos.*

LOS CLAUSTROS de este monasterio tienen una historia poco común. Construidos entre 1133 y 1141 en España, en 1925 fueron adquiridos por el magnate de la prensa William Randolph Hearst, quien hizo embalar en cajas sus 35.000 piedras. Una epidemia de fiebre aftosa obligó a abrir las cajas (para comprobar la paja del embalaje) y las piedras fueron guardadas incorrectamente. Una vez en Nueva York, permanecieron almacenadas hasta que, en 1952, se decidió montar "el mayor y más caro rompecabezas del mundo" en Florida. Los claustros, rodeados de pintorescos jardines, se asemejan a la versión original, pero en una esquina sigue habiendo una pila de piedras sin identificar.

**Sala capitular**

**La capilla,** antaño un refectorio, aún se emplea para el culto.

**Estatua de Alfonso VII, patrono del monasterio**

**La entrada a los claustros** es un arco gótico tallado.

**Los tranquilos jardines** son escenario habitual de las fotografías de boda.

**Campana en la puerta de la capilla**

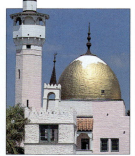

Cúpula arabesca del
Ayuntamiento de Opa-Locka

## Opa-Locka ❸

Cruce de NW 27th Ave y NW 135th
St, 16 km al NO del centro.
🚌 E desde Sunny Isles Blvd.

Apodada la "Bagdad de Dade County", Opa-Locka fue ideada por el aviador Glenn Curtiss. Inspirándose en los cuentos de *Las mil y una noches*, creó la ciudad de sus sueños financiando la construcción de más de 90 edificios moriscos durante el auge de los años 20 *(ver pp. 48-49)*.

Hoy en día, Opa-Locka es una zona deprimida en la que no conviene alejarse del restaurado Ayuntamiento *(city hall)*, en el cruce de Opa-Locka y Sharasad Boulevard. Este edificio rosa es, con sus minaretes, cúpulas y arcos de herradura, el mejor ejemplo de arquitectura morisca que se conserva. Por lo demás, la fantasía de Opa-Locka sólo pervive en tiendas con nombres como Electrodomésticos Alí Babá o en calles denominadas Califa o Sultán.

## Little Haiti ❹

Calles 46 a 79, al E de I-95.
🚌 9 o 10 desde el centro.

Desde los años 80 son muchos los refugiados haitianos que se han instalado en este barrio de Miami, visiblemente depauperado pero lleno de color, en el que no conviene alejarse de las vías principales, la calle 54 y la NE 2nd Avenue.

El **mercado caribeño,** en el cruce de NE 2nd Avenue y la calle 60, contiene algunos puestos de artesanía, pero resultan más interesantes las tiendas circundantes, pintadas de vivos colores. En algunas resuena a todo volumen la música haitiana, otras son *botánicas* que venden pócimas de hierbas y reliquias de santos *(ver p. 75)*, y la mayoría ofrecen pollo y plátanos al estilo caribeño.

## American Police Hall of Fame ❺

3801 Biscayne Blvd. ☎ (305) 573-0070. 🚌 3, 16. 🕐 10.00-17.30 todos los días. ⬤ 25 dic.

Resulta impresionante el gran monumento conmemorativo de mármol que tiene inscritos los nombres de más de 5.000 policías norteamericanos muertos en acto de servicio. Otros objetos expuestos son sensacionalistas. Inocuos resultan el maniquí de *Robocop* y las armas ocultas en barras de labios y paraguas.

Coche patrulla de los años 30

No obstante, puede que a algunos visitantes no les haga mucha gracia sentarse en una silla eléctrica o inspeccionar la cámara de gas.

## Miami Seaquarium ❻

4400 Rickenbacker Cswy, Virginia Key. ☎ (305) 361-5705. 🚌 B desde Brickell Ave. 🕐 9.30-18.00 todos los días.

Si va a visitar el Sea World de Orlando *(ver pp. 164-167)*, quizás no le interese el Miami Seaquarium, que se queda pequeño a su lado. No obstante, las piruetas del león marino, la orca y los dos delfines no suelen defraudar; para ver los cuatro espectáculos, que se exhiben continuamente, necesitará una mañana o una tarde entera. Otras de las atracciones son los hábitats de los manatíes o los tiburones, el manglar repleto de pelícanos y el arrecife de coral.

## Key Biscayne ❼

11 km al SE del centro.
🚌 B. **Bill Baggs Cape Florida SRA**
☎ (305) 361-5811. 🕐 todos los días.

La vista del centro desde la Rickenbacker Causeway, que enlaza el continente con Virginia Key y Key Biscayne, es una de las más espectaculares de Miami. Key Biscayne cuenta con algunas de las mejores playas de la ciudad. La más impresionante es **Crandon Park,** en la mitad superior del cayo, de 5 km de longitud, bordeada de palmeras. En el extremo meridional de Key Biscayne, la **Bill Baggs Cape Florida State Recreational Area** posee una playa más corta, con pasillos de madera que atraviesan las dunas. El faro próximo a la punta del cayo, construido en 1825, está siendo restaurado.

Entre ambos parques, una mezcolanza de pequeños centros comerciales y apartamentos bordea Crandon Boulevard. Más atractivas resultan las elegantes casas que rodean Harbour Drive.

Mural que anuncia una *botánica* (tienda religiosa) de Little Haití

## Fairchild Tropical Garden ❽

10901 Old Cutler Rd. ☎ (305) 667-1651. 🚌 65 desde Coconut Grove. ◻ 9.30-16.30 todos los días. ● 25 dic. 🅿 ♿ **Mattheson Hammock Park** ☎ (305) 665-5475. ◻ del amanecer al anochecer todos los días.

Este inmenso jardín tropical, fundado en 1938, es también un importante centro de investigación botánica. Alrededor de una serie de lagos artificiales se eleva uno de los mayores conjuntos de palmeras del mundo (550 ejemplares de las 2.500 especies conocidas) y un impresionante grupo de cicadinas (parientes de las palmeras y los helechos) que dan unas gigantescas piñas rojas. Otra de las innumerables y maravillosas especies es la divertida *kigelia pinnata* (popularmente, el "árbol de las salchichas").

Durante la visita en tranvía, que dura unos 40 minutos, el guía explica la utilización de las plantas para la fabricación de medicinas, perfumes (las flores del ylang-ylang, por ejemplo, se emplean en el Chanel nº 5) e, incluso, bolas de golf. Cuente con dos horas más para explorar por su cuenta.

Junto al Fairchild Tropical Garden está el Mattheson Hammock Park, que se recupera de los destrozos del huracán *Andrew*. Bellos son los recorridos a pie o en bicicleta por los manglares, pero la mayoría de los visitantes se decantan por el Atoll Pool, una piscina artificial de agua salada, rodeada de arena y palmeras, y situada junto a la bahía Biscayne.

## Parrot Jungle ❾

11000 SW 57th Ave. ☎ (305) 666-7834. 🚇 Metrorrail (South Miami) y luego el bus 57. ◻ 9.30-18.00 todos los días. 🅿 ♿

Más de 1.100 aves pueblan este magnífico jardín tropical, unas enjauladas, otras en libertad y algunas actuando en el popular espectáculo de aves amaestradas. Otra de las atracciones es el sendero selvático que atraviesa charcas infestadas de caimanes y tortugas.

El nuevo Parrot Jungle que se está creando en Watson Island, en la bahía Biscayne, acabará sustituyendo al actual.

## Charles Deering Estate ❿

16701 SW 72nd Ave. ☎ (305) 235-1668. ◻ 9.00-17.00 todos los días. 🅿 ♿

Mientras su hermano James disfrutaba del esplendor de Vizcaya *(ver pp. 84-85)*, entre 1916 y 1927 Charles Deering se retiraba con frecuencia a su elegante refugio invernal de la bahía Biscayne. Esta finca de 162 hectáreas, en la que se alza

**La propiedad de Charles Deering, devastada por el huracán *Andrew***

una mansión de estilo mediterráneo, fue adquirida por el Estado de Florida en 1985.

Varias de las edificaciones de la finca, incluida la casa principal y una posada del siglo XIX denominada Richmond Cottage, quedaron gravemente deterioradas tras el paso del huracán *Andrew*, si bien han sido restauradas y abiertas al público.

No obstante, el principal atractivo son los terrenos en los que crecen manglares y pinares rocosos, una marisma salada y el que se supone último *hammock* costero de árboles tropicales que queda virgen en la parte continental de Estados Unidos. Los fines de semana se pueden realizar interesantes recorridos en canoa con guía.

Los tranquilos lagos rodeados de palmeras del Fairchild Tropical Garden

Tigre de bengala ante la réplica de un templo jemer en el Miami Metrozoo

## Weeks Air Museum ⓫

14710 SW 128th ST, junto al aeropuerto Tamiami. (305) 233-5197.
10.00-17.00 todos los días.
Día de Acción de Gracias, 25 dic.

El HURACÁN *Andrew* destrozó todos los aviones de este museo, algunos de cuyos bombarderos fueron encontrados a más de kilómetro y medio de distancia. Pero la mayoría quedaron restaurados antes de 1997. Un nuevo hangar exhibe con orgullo los cazas norteamericanos, alemanes y rusos de la II Guerra Mundial, con sus asientos eyectores y sus ametralladoras.

Fascinante resulta la sección dedicada al escuadrón de pilotos de color creado en 1941, cuando se presuponía que los afroamericanos eran incapaces de dirigir un avión de combate.

En 1997 se inauguró una recreación de un campamento militar norteamericano en el Pacífico sur durante la II Guerra Mundial.

## Miami Metrozoo ⓬

12400 SW 152nd St, Perrine.
(305) 251-0400. Metrorrail (Dadeland North) y luego el Zoo Bus.
9.30-17.30 todos los días.

ESTE GIGANTESCO y magnífico zoológico es uno de los mejores del país. Los animales viven en espaciosos hábitats naturales, separados del hombre por fosos en lugar de rejas. Además de los ejemplares tradicionales, sus platos fuertes son los gorilas de las tierras bajas, los osos malayos y, como remate, los tigres de bengala blancos. El Petting Zoo ofrece paseos en elefante, mientras que en el Wildlife Show se muestra la agilidad de los felinos.

Lo mejor es obtener primero una visión general del recinto desde el monorraíl, cuyo trayecto dura 20 minutos. El huracán *Andrew* arrebató al zoo gran parte de su vegetación, por lo que el calor puede ser sofocante: en verano, visítelo a primera o a última hora del día.

## Monkey Jungle ⓭

14805 SW 216th St, Cutler Ridge.
(305) 235-1611. Metrorrail (Dadeland South) y luego bus 1, 52 o Busway Max hasta Cutler Ridge Mall, y luego en taxi. 9.30-17.00 todos los días.

ESTA SIMPÁTICA atracción continúa a cargo de la familia que la fundó en 1933 para estudiar la conducta de los primates. Las labores de cría e investigación siguen siendo una de sus funciones. Lo exclusivo de Monkey Jungle es que los humanos son encerrados, mientras que los animales deambulan en libertad. Los visitantes caminan por una zona enjaulada por la que trepan los macacos de Java y desde donde se puede observar de cerca a los monos de Suramérica, que habitan en una selva simulada. Otros primates, como los gorilas, orangutanes, monos araña y gibones viven en jaulas convencionales.

Durante todo el día se celebran demostraciones de las habilidades de los macacos, chimpancés y otras especies.

Medialuna, esculpida en roca, en Coral Castle

## Coral Castle ⓮

28655 S Dixie Hwy, Homestead.
(305) 248-6344. Metrorrail (Dadeland South) y luego bus Busway Max. 9.00-18.00 todos los días.
25 dic.

QUIZÁS NO SEA UN castillo, pero sí uno de los lugares más fascinantes de Miami. Entre 1920 y 1940, un letón llamado Edward Leedskalnin talló, sin ninguna clase de ayuda, un grupo de esculturas gigantes de roca coralina, sirviéndose para ello de herramientas confeccionadas con piezas de automóvil. La mayoría las esculpió a 16 km de distancia, en Florida City, y las trasladó él solo hasta su ubicación actual. Algunas, como un telescopio que funciona, indican la pasión de su autor por la astrología.

El macaco, uno de los primates más activos de Monkey Jungle

# DE COMPRAS POR MIAMI

EN LAS TIENDAS DE MIAMI se puede encontrar de todo, como fiel reflejo de la naturaleza de la ciudad, cuyos numerosos barrios ofrecen un amplio abanico de zonas comerciales. Los grandes compradores probablemente acudirán a los centros comerciales, que atraen a los visitantes de Hispanoamérica y el Caribe. Algunos también hacen las veces de lugares de ocio (ver p. 332), permaneciendo abiertos hasta las 23.00. Si sus gustos son más excéntricos, puede ir a Coconut Grove o a South Beach, donde las tiendas tienen un público muy diferente. Aquí podrá encontrar monopatines motorizados, prendas de cuero y diseños en cartón, además de divertidos *souvenirs*. En Coconut Grove, la mayoría de las tiendas abren hasta muy tarde, sobre todo los fines de semana. Las de South Beach tienen un horario irregular; muchas suelen abrir tarde por la mañana, y algunas incluso no se ponen en marcha hasta las 11.00 o las 12.00.

Logotipo de Gucci

## DÓNDE COMPRAR

SOUTH BEACH resulta divertido para ir de compras, aunque la zona comercial más relajada es Coconut Grove, que cuenta con numerosas boutiques y dos centros comerciales (ver p. 82): el **Coco Walk,** con veintitantas tiendas de joyas, regalos y ropa, y el **Streets of Mayfair.**

**Bayside Marketplace** (ver p. 72) es un centro de ocio, aunque también posee un amplio surtido de tiendas de regalos y moda. Otra opción es ir al centro, pero sólo si se buscan aparatos electrónicos o joyas a buen precio, aunque los grandes almacenes **Burdines,** fundados en 1898, son de interés general. El **Omni International Mall,** situado al norte, ha quedado desplazado por Bayside Marketplace, aunque alberga buenos establecimientos comerciales y su propia sala de cine.

Coral Gables, con sus remilgados comercios de Miracle Mile (ver p. 80) y sus elegantes galerías de arte, se ajusta a un estilo completamente diferente.

Los compradores impulsivos deben apostar por los famosos centros comerciales (*malls*) de Miami. El entorno del fascinantemente esnob **Bal Harbour Shops** es un jardín tropical que se caracteriza por la presencia de ancianas adineradas y guardias de seguridad uniformados. **Aventura Mall,** también en North Miami, da cabida a más de 200 establecimientos, incluidos cuatro grandes almacenes, uno de los cuales es Macy's.

Decoración típica de un escaparate de South Beach

## MODA Y JOYAS

MIAMI TIENE DE todo en moda, desde grandes diseñadores hasta rastrillos. En Bal Harbour Shops, joyerías y establecimientos con nombres como Tiffany & Co, Gucci y Cartier se codean con tiendas como J.W. Cooper, especializada en artículos del oeste. **Loehmann's Fashion Island,** en el cercano Aventura, se dedica a las prendas de marca rebajadas. También se encuentran chollos en las más de 100 tiendas-descuento del barrio de la moda, en la 5ª Avenida, entre las calles 24 y 29. El **Seybold Building** es famoso por los buenos precios del oro, los diamantes y los relojes.

En South Beach, los establecimientos de Lincoln Road y Washington Avenue se dedican sobre todo al cuero y la ropa moderna, pero también hay tiendas más elegantes. Las boutiques de Miracle Mile, en Coral Gables, son en general más distinguidas; es típica **J. Bolado,** de confección a medida.

## OBSEQUIOS Y RECUERDOS

BAYSIDE MARKETPLACE es el lugar perfecto para comprar regalos, con tiendas como **Warner Brothers Studio** o **Disney,** además de un sinfín de puestos repletos de alpargatas, corbatas y otros artícu-

La tienda de Warner Brothers Studio, donde los niños son los reyes

# DE COMPRAS EN MIAMI

**Cigarrero de El Crédito Factory**

los. En Coconut Grove, junto a los numerosos comercios de camisetas y gafas de sol, hay tiendas con una oferta de lo más variopinta, desde artesanía oriental hasta preservativos. No se pierda **Easyriders** y su magnífica colección de artículos Harley Davidson.

Aunque no es un clásico de los *souvenirs*, en Burdines se descubren a veces cosas insólitas, como objetos procedentes del naufragio del *Atocha*, recuperados por Mel Fisher (ver p. 26).

Probablemente, el mejor sitio para buscar recuerdos y obsequios es South Beach. El **Art Deco Welcome Center,** en Ocean Drive, ofrece un surtido reducido pero muy completo, que incluye camisetas, pósters y maquetas de edificios de Ocean Drive, además de algunas antigüedades *art déco*. Impresionante es su selección de libros sobre este estilo.

**Ba-Balú,** en Española Way, vende tazas, puros (algunos de ellos liados en la tienda) y otros recuerdos del Miami cubano, aunque nada está fabricado en Cuba. Sin embargo, el mejor lugar para comprar puros es **El Crédito Cigar Factory,** en Little Havana (ver p. 74). Turistas y elegantes ejecutivos acuden allí a comprar los puros elaborados a mano en la propia fábrica; la mejor marca es La Gloria Cubana.

Un buen lugar para comprar artículos de alimentación como las gelatinas y las salsas de Florida es el supermercado para *gourmets* **Epicure,** en South Beach, aunque no sea especialmente turístico.

En Española Way (ver p. 66) instalan los fines de semana puestos de artesanía, si bien Miami no destaca por este tipo de objetos. El arte es otra cosa. En la propia Española Way hay algunas galerías

**Hotel *art déco* de cerámica**

de vanguardia, aunque la mayor concentración de arte de calidad la encontrará en Lincoln Road. La mayoría de sus veintitantas galerías, entre ellas el South Florida Art Center (ver p. 66), exponen pintura contemporánea, escultura, cerámica y muebles de estilo provocativo o *pop art*.

## LIBROS Y MÚSICA

SI MIAMI le despierta el interés por la música latina, en **Casino Records,** en Little Havana, tienen un buen surtido. Más amplia es la oferta de **Revolution Records,** en South Beach, donde además ofrecen discos compactos y cassettes de segunda mano.

**Books & Books,** en Coral Gables, es la mejor librería. Las estanterías que tapizan sus paredes contienen un buen surtido de títulos de arte y viajes. Si busca libros sobre Florida, no se pierda la tienda de regalos Indies Company, en el Historical Museum of Southern Florida (ver p. 72), cuya oferta comprende todos los temas imaginables referentes a este Estado.

---

| **INFORMACIÓN GENERAL** | |
|---|---|

**CENTROS COMERCIALES Y GRANDES ALMACENES**

**Aventura Mall**
Biscayne Blvd esq. 197th St. ☎ *(305) 935-1110.*

**Bal Harbour Shops**
9700 Collins Ave.
☎ *(305) 866-0311.*

**Bayside Marketplace**
401 Biscayne Blvd. **Plano** 4 F1. ☎ *(305) 577-3344.*

**Burdines**
22 E Flagler St. **Plano** 4 E1.
☎ *(305) 577-2311.*

**CocoWalk**
3015 Grand Ave. **Plano** 6 E4. ☎ *(305) 444-0777.*

**Omni International Mall**
1601 Biscayne Blvd.
☎ *(305) 374-6664.*

**Streets of Mayfair**
2911 Grand Ave.
**Plano** 6 F4.
☎ *(305) 448-1700.*

**MODA Y JOYAS**

**J Bolado**
336 Miracle Mile.
**Plano** 5 C1.
☎ *(305) 448-5905.*

**Loehmann's Fashion Island**
18755 Biscayne Blvd.
☎ *(305) 932-0520.*

**Seybold Building**
36 NE 1st St.
**Plano** 4 E1.
☎ *(305) 374-7922.*

**OBSEQUIOS Y RECUERDOS**

**Art Deco Welcome Center**
1001 Ocean Drive.
**Plano** 2 F3.
☎ *(305) 672-2014.*

**Ba-Balú**
432 Española Way.
**Plano** 2 E2.
☎ *(305) 538-0679.*

**Disney Store**
Bayside Marketplace.
**Plano** 4 F1.
☎ *(305) 371-7621.*

**Easyriders**
2996 McFarlane Ave.
**Plano** 2 E3.
☎ *(305) 567-9299.*

**El Crédito Cigar Factory**
1106 SW 8th St. **Plano** 3 B2. ☎ *(305) 858-4162.*

**Epicure**
1656 Alton Rd.
**Plano** 2 D2.
☎ *(305) 672-1861.*

**Warner Brothers Studios Store**
Bayside Marketplace.
**Plano** 4 F1.
☎ *(305) 373-2312.*

**LIBROS Y MÚSICA**

**Books & Books**
296 Aragon Ave.
**Plano** 5 C1.
☎ *(305) 442-4408.*

**Casino Records**
1210 SW 8th St.
**Plano** 3 B2.
☎ *(305) 856-6888.*

**Revolution Records**
1620a Alton Rd.
**Plano** 2 D2.
☎ *(305) 673-6464.*

# Distracciones en Miami

La hilera de limusinas aparcadas ante las discotecas de moda atestigua el hecho de que South Beach es uno de los lugares más en boga del planeta: para muchos, el lujo en la diversión es uno de los principales atractivos de la ciudad. La mayoría de la gente acude a las salas de fiesta que, aunque quizás sorprendan por su informalidad, ofrecen en muchos casos buena música en directo. Para quienes no tengan un especial interés en codearse con los famosos o bailar, Miami tiene una amplia oferta de espectáculos culturales y deportivos. La ciudad, considerada antaño una especie de desierto cultural, presenta ahora un boyante panorama artístico e interpretativo. La temporada de invierno es la de mayor actividad. Si tiene suerte, puede que su visita coincida con uno de los excelsos festivales de la ciudad *(ver pp. 32-35)*.

Jugador del Miami Dolphins en acción

La manera más sencilla de adquirir entradas es llamar a Ticketmaster *(ver p. 39)*, o bien acudir directamente al estadio deportivo o al teatro en cuestión.

## Información

Las dos fuentes de información principales son las secciones sobre el fin de semana *(Weekend)* que incluye la edición de los viernes del *Miami Herald* y el *New Times*, una publicación gratuita que sale todos los miércoles. Si desea conocer los lugares de moda más actuales, lea la columna de Tara Solomon en el *Miami Herald*. La animada vida nocturna *gay* de South Beach aparece comentada en diversas revistas gratuitas de gran difusión.

## Teatros y Conciertos

Las giras de la mayoría de las compañías teatrales hacen escala en el **Dade County Auditorium** y el **Jackie Gleason Theater of the Performing Arts**, ambos en South Beach, y, en el centro, en el **Gusman Center for the Performing Arts**, un cine de los años 20 con un fabuloso interior morisco. El gran acontecimiento escénico de Miami es la Broadway Series (de noviembre a abril) del Jackie Gleason Theater. Otros teatros más íntimos son el **Coconut Grove Playhouse**, que combina los éxitos *Off-Broadway* (teatros secundarios de Nueva York) con obras locales más vanguardistas, y el **Actors' Playhouse** de Coral Gables, que pone en escena nuevas obras y antiguos éxitos.

El **Miami City Ballet** interpreta obras clásicas y contemporáneas; a veces se puede ver a los bailarines ensayando en la sede de la compañía en Lincoln Road. En esa misma calle merece la pena ver el ballet flamenco La Rosa, perteneciente al grupo de compañías de danza **Performing Arts Network**, que actúa con frecuencia en el **Colony Theatre**.

La orquesta clásica más aplaudida de Miami es la New World Symphony de Michael Tilson Thomas. Actúa en el **Lincoln Theater** de octubre a mayo. La Concert Association of Florida *(ver p. 336)* organiza los grandes conciertos de Miami; interésese también por los de la Florida Philharmonic *(ver p. 336)*.

Hialeah Park, famoso por sus carreras hípicas y sus flamencos

## Espectáculos Deportivos

Tanto el equipo de fútbol americano Miami Dolphins como el de béisbol Florida Marlins compiten en el **Pro Player Stadium**. El Hurricanes de la Universidad de Miami, uno de los grandes equipos universitarios de Florida, también levanta pasiones en el **Orange Bowl Stadium**. El Miami Heat de baloncesto y el Florida Panthers de hockey sobre hielo juegan en el **Miami Arena**, en el centro.

Si busca un escenario más típico de Florida, asista a un partido de *jai alai (ver p. 31)* en el **Miami Jai Alai Fronton**. Tanto allí como en el hipódromo **Hialeah Park,** las apuestas son de rigor *(ver pp. 30-31)*.

## Música en Directo

La mayoría de los bares de Ocean Drive ofrecen música en vivo, normalmente jazz latino, *reggae* o salsa, pero hay sitios mejores. El MoJazz Café,

El Coconut Grove Playhouse es sede de obras de teatro neoyorquinas

# DIVERSIONES EN MIAMI

Espectáculo del Club Tropigala, con reminiscencias de los años 50

en North Miami Beach (ver p. 316), es la meca de los amantes del jazz. Otra buen escenario es **Tobacco Road**, la sala más antigua de Miami, que programa a diario toda clase de música, desde rock hasta jazz latino.

Las dos salas de baile más famosas de Miami ponen en escena fantasías al estilo de Las Vegas, con atractivas coristas, una orquesta en directo y parejas de todas las edades bailando salsa. El **Club Tropigala**, en el Fontainebleau Hotel, es el más conocido, pero **Les Violins**, en el centro, es más *kitsch* y evocador de los años 50. En ambos se puede cenar.

## DISCOTECAS

AL ANOCHECER, dos zonas de Miami rebosan actividad: Coconut Grove y South Beach, donde los locales están atestados todo el día y las discotecas no se animan hasta después de medianoche.

Como constantemente se abren nuevos locales, pregunte en la zona cuáles son los lugares de moda en "SoBe" (abreviatura de South Beach). Los favoritos son: **Bash**, inaugurado por Sean Penn y Mick Hucknall, lugar frecuentado por famosos; **Rezurrection Hall**, lleno de modelos y jóvenes de formada musculatura; el modernísimo **Liquid**, donde la *gente guapa* se luce al ritmo de la música *house, funky, soul* y *hip-hop;* y **Amnesia**, un inmenso local que los domingos ofrece bailes vespertinos.

Muchas discotecas celebran una noche *gay*. Otras se anuncian como exclusivamente homosexuales, aunque la clientela suele ser mixta. La **Warsaw Ballroom**, de la época *art déco*, es la discoteca más antigua y conocida de Miami, donde la mayoría de las noches hay *streaptease*. Con su terraza al estilo Key West, **Twist** es un bar concurrido por homosexuales.

Una de las cuatro barras del Clevelander, en Ocean Drive

## INFORMACIÓN GENERAL

### TEATROS Y CONCIERTOS

**Actors' Playhouse**
280 Miracle Mile. **Plano** 5 1C. (305) 444-9293.

**Coconut Grove Playhouse**
3500 Main Highway. **Plano** 6 E4. (305) 442-2662.

**Colony Theatre**
1040 Lincoln Rd. **Plano** 2 D2. (305) 674-1026.

**Dade County Auditorium**
2901 W Flagler St. (305) 545-3395.

**Gusman Center for the Performing Arts**
174 E Flagler St. **Plano** 4 E1. (305) 372-0925.

**Jackie Gleason Theater of the Performing Arts**
1700 Washington Ave. **Plano** 2 E2. (305) 673-7300.

**Lincoln Theatre**
555 Lincoln Rd. **Plano** 2 E2. (305) 673-3330.

**Miami City Ballet**
905 Lincoln Rd. **Plano** 2 E2. (305) 532-4880.

**Performing Arts Network**
555 17th St. **Plano** 2 E2. (305) 672-0552.

### ESPECTÁCULOS DEPORTIVOS

**Hialeah Park**
2200 E 4th Ave, Hialeah. (305) 885-8000.

**Miami Arena**
721 NW 1st Ave. (305) 530-4400.

**Miami Jai Alai Fronton**
3500 NW 37th Ave. (305) 633-6400.

**Orange Bowl Stadium**
1501 NW 3rd St. **Plano** 3 1B. (305) 643-7100.

**Pro Player Stadium**
2269 NW 199th St. (305) 620-2578.

### MÚSICA EN DIRECTO

**Club Tropigala**
Fontainebleau Hilton, 4441 Collins Ave. (305) 672-7469.

**Tobacco Road**
626 S Miami Ave. **Plano** 4. E2. (305) 374-1198.

**Les Violins**
1751 Biscayne Blvd. (305) 371-8668.

### DISCOTECAS

**Amnesia**
136 Collins Ave. **Plano** 2 E5. (305) 531-5535.

**Bash**
655 Washington Ave. **Plano** 2 E4. (305) 538-2274.

**Liquid**
1439 Washington Ave. **Plano** 2 F3. (305) 532-9154.

**Rezurrection Hall**
245 22nd St. **Plano** 2 F1. (305) 534-1235.

**Twist**
1057 Washington Ave. **Plano** 2 E3. (305) 538-9478.

**Warsaw Ballroom**
1450 Collins Ave. **Plano** 2 E3. (305) 531-4555.

# Callejero de Miami

Los mapas de referencia que aparecen junto a los lugares de interés de Miami remiten a los planos de esta sección. El mapa adjunto indica el área de la ciudad que cubren las cinco páginas de este callejero; las tres principales zonas turísticas aparecen coloreadas. En los planos están marcadas las visitas mencionadas en el libro, además de las paradas de los transportes públicos, las oficinas de información y las estafetas de correos. También aparecen situados los hoteles recomendados *(ver pp. 296-299)*, restaurantes *(ver pp. 316-319)*, bares y cafés *(ver pp. 330)* de Miami que recoge la sección *Necesidades del viajero*.

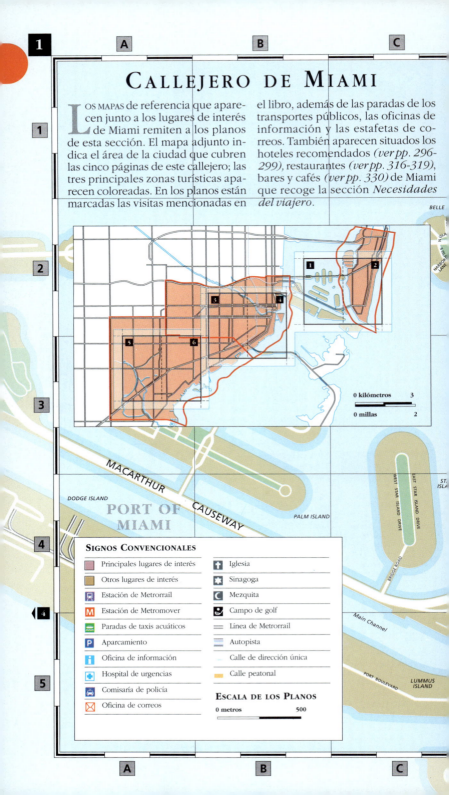

### Signos Convencionales

- Principales lugares de interés
- Otros lugares de interés
- Estación de Metrorrail
- Estación de Metromover
- Paradas de taxis acuáticos
- Aparcamiento
- Oficina de información
- Hospital de urgencias
- Comisaría de policía
- Oficina de correos
- Iglesia
- Sinagoga
- Mezquita
- Campo de golf
- Línea de Metrorrail
- Autopista
- Calle de dirección única
- Calle peatonal

**Escala de los Planos**
0 metros — 500

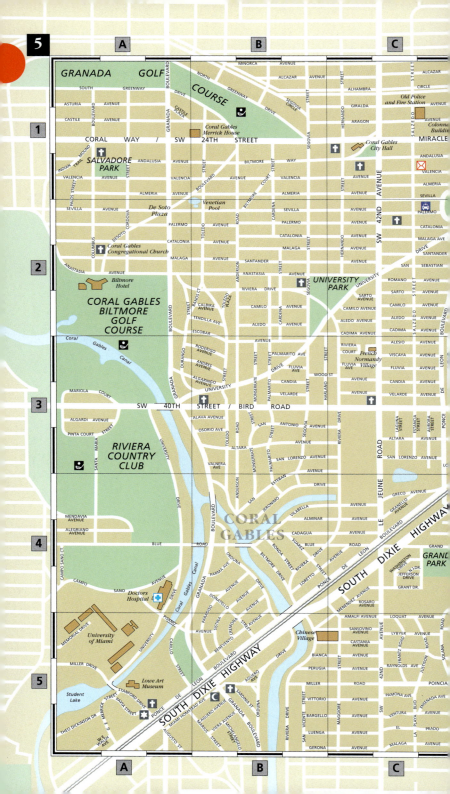

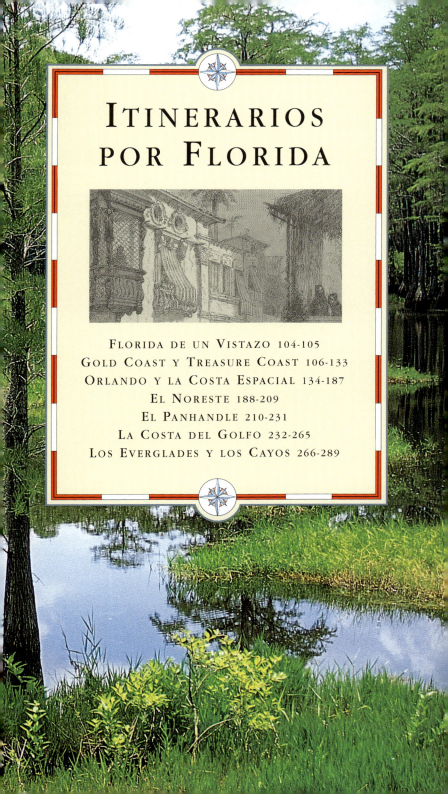

# Itinerarios por Florida

Florida de un Vistazo 104-105
Gold Coast y Treasure Coast 106-133
Orlando y la Costa Espacial 134-187
El Noreste 188-209
El Panhandle 210-231
La Costa del Golfo 232-265
Los Everglades y los Cayos 266-289

# Florida de un vistazo

APARTE DE WALT DISNEY WORLD, lo que más distingue a Florida son sus playas, variadas y para todos los gustos. La costa ofrece todas las atracciones turísticas de rigor, desde museos modernos hasta ciudades históricas. Sin embargo, lo bueno de Florida es que la proximidad de los destinos del interior hace que valga la pena alejarse de la algarabía de la costa para explorar algunos de los paisajes más ricos del Estado y empaparse de todo su sabor.

**Los paseos en canoa** son picos del Panhandle, donde ríos como el Suwannee hacen gala de una frondosa vegetación (ver p. 230).

EL PANHANDLE
*(ver pp. 210-231)*

EL NORESTE
*(ver pp. 188-)*

**Las playas** del Panhandle, bañadas por las cálidas aguas del golfo de México, tienen la mejor arena de Florida. En verano, las localidades turísticas como Panama City Beach son un hervidero de gente (ver pp. 222-223).

LA COSTA DEL GOLFO
*(ver pp. 232-)*

**Busch Gardens,** que combina un safari park con montañas rusas y otras atracciones, es el centro de diversión familiar fuera de Orlando (ver pp. 250-251).

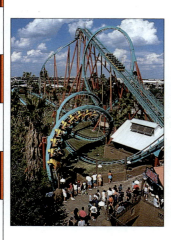

0 kilómetros 75
0 millas 75

**El Ringling Museum of Art** alberga una de las mejores colecciones de arte del Estado; el patio acoge réplicas de esculturas clásicas, como ésta de Ligia y el toro (ver pp. 256-259).

# FLORIDA DE UN VISTAZO

*El castillo de San Marcos* es una fortificación española del siglo XVII situada en St. Augustine, la ciudad más antigua de Florida. Su excelente estado de conservación se debe a su diseño y al grosor de sus muros (ver pp. 200-201).

*Los parques temáticos de Orlando,* principal atractivo del interior de Florida, son mundos de fantasía creados por el hombre, donde la diversión corre a cargo de numerosos espectáculos y atracciones. El más famoso es *Walt Disney World* (ver pp. 138-163), aunque *Universal Studios* (ver pp. 168-173), en la imagen, y *Sea World* (ver pp. 164-167) no le quedan a la zaga.

**Daytona Beach**
*(ver pp. 203-205)*

**Kennedy Space Center**
*(ver pp. 182-187)*

**ORLANDO Y LA COSTA ESPACIAL**
*(ver pp. 134-187)*

*La Gold Coast* rebosa de edificaciones opulentas. En Palm Beach puede visitar la casa de Henry Flagler, de los años 20, y maravillarse ante las mansiones y los yates de la Intracoastal Waterway (ver pp. 114-121).

**GOLD COAST Y TREASURE COAST**
*(ver pp. 106-133)*

**LOS EVERGLADES Y LOS CAYOS**
*(ver pp. 266-289)*

**John Pennekamp Coral Reef State Park**
*(ver pp. 278-279)*

*Everglades National Park,* una vasta extensión de praderas, ciénagas y manglares repletos de vida, se encuentra a corta distancia de Miami (ver pp. 272-277).

# Gold Coast y Treasure Coast

Estas dos zonas *deben su nombre a las riquezas rescatadas de los galeones españoles naufragados en el litoral. Los cálidos inviernos, que antaño disfrutaban sólo los más pudientes, atraen hoy a millones de visitantes.*

El turismo se concentra en el estrecho cordón de islas que recorren la costa entre las excelentes playas de arena y la Intracoastal Waterway *(ver p. 28)*. Treasure Coast, que se extiende desde Sebastian Inlet hasta Jupiter Inlet, afortunadamente no está demasiado urbanizada, y en ella se alternan grandes zonas de playas salvajes con discretas poblaciones.

Entre el Atlántico y los Everglades, los 97 kilómetros de la Gold Coast se extienden desde el norte de West Palm Beach hasta Miami.

Hasta que Flagler construyó el ferrocarril de la costa oriental, éste era un territorio salvaje, sólo habitado por indios y por un escaso número de colonos de raza blanca. Hoy en día, exceptuando los parques y los cientos de campos de golf, se encuentra construido en su totalidad.

La Gold Coast está dividida en dos condados: en Palm Beach County, los norteños ricos disfrutan de su privilegiada forma de vida en carísimas mansiones y en los campos de críquet o polo. Las localidades de Palm Beach y Boca Ratón resultan perfectas para ver cómo invierten su tiempo y su dinero los norteamericanos acaudalados. Broward County es una inmensa metrópoli, cuya imparable urbanización se ve aligerada por canales y playas. De ella forma parte Fort Lauderdale, una de las localidades cuya saturación es aún mayor que la de las ciudades de Palm Beach County.

**Vista del Atlántico desde el faro de Jupiter Inlet**

◁ **Uno de los callejones de Worth Avenue, la exclusiva calle comercial de Palm Beach**

# Explorando Gold Coast y Treasure Coast

AL NORTE DE Palm Beach se extiende un litoral virgen y solitario, mientras que en el sur abundan las urbanizaciones y las aglomeraciones de gente, especialmente en temporada alta. Los parques costeros, ricos en aves, constituyen un recuerdo vivo del estado original de este territorio. El turismo cultural apenas existe, pero el excelente Norton Museum of Art y la exclusiva ciudad de Palm Beach son visitas obligadas. Los más activos pueden jugar al golf, ir de compras o pescar en el lago Okeechobee. A lo largo de la costa, de diciembre a abril, resulta difícil encontrar alojamiento y los precios se duplican; en cambio, en pleno verano la mayoría de los lugares turísticos suelen estar muy tranquilos.

**El antiguo Ayuntamiento de Boca Ratón, obra de Addison Mizner** *(ver p. 116)*

## LUGARES DE INTERÉS

- Boca Raton ⓲
- Butterfly World ⓱
- Dania ㉑
- Davie ㉓
- Delray Beach ⓯
- Flamingo Gardens ㉔
- *Fort Lauderdale pp. 128-131* ⓴
- Fort Pierce ❹
- Hollywood ㉒
- Hutchinson Island ❺
- Juno Beach ❾
- Jupiter ❽
- Jupiter Island ❼
- Lago Okeechobee ⓭
- Lake Worth ⓮
- Lion Country Safari ⓬
- Loxahatchee Wildlife Refuge ⓰
- Mel Fisher's Treasure Museum ❷
- Morikami Museum and Japanese Gardens ⓱
- *Palm Beach (114 -121)* ❿
- Sebastian Inlet ❶
- Stuart ❻
- Vero Beach ❸
- West Palm Beach ⓫

### SIGNOS CONVENCIONALES

- Autopista
- Carretera principal
- Carretera secundaria
- Carretera panorámica
- Río
- Punto panorámico

# GOLD COAST Y TREASURE COAST

**Establecimientos y coches de marca en Palm Beach**

## Cómo Desplazarse

El coche es imprescindible, pues el transporte público es limitado y a veces inexistente. Amtrak sólo ofrece formas de llegar a esta zona (no de moverse por ella), aunque algunas líneas de TriRail *(ver p. 360)* paran en ciudades y aeropuertos de la ruta Fort Lauderdale-West Palm Beach. Tres autopistas recorren la costa. Para distancias largas, la mejor es la I-95, rápida y de varios carriles. Evite la US1 siempre que pueda: es lenta y atraviesa todo tipo de núcleos urbanos carentes de atractivo. La A1A puede resultar más lenta, pero suele tener menos tráfico y, con frecuencia, las vistas son pintorescas. Evite viajar en horas punta (días laborables de 7.30 a 9.30 y de 16.30 a 19.00) por las principales carreteras que recorren la Gold Coast y por las que rodean los grandes centros urbanos de Treasure Coast.

### Ver También

- ***Alojamiento*** pp. 299-301
- ***Restaurantes y bares*** pp. 319-321 y 330

**La playa de Fort Lauderdale es ideal para practicar los deportes náuticos**

## Sebastian Inlet ❶

**Mapa de carreteras** F3. Indian River Co. 🚍 *Sebastian*. 🛈 *1302 US 1, (561) 589-5969.*

EN SEBASTIAN INLET, el Atlántico se funde con las salobres aguas del tramo del río Indian que coincide con la Intracoastal Waterway *(ver p. 21)*. La **Sebastian Inlet State Recreational Area,** que bordea este canal, es, con sus 5 km de playas salvajes, uno de los parques más populares de Florida.

El lugar perfecto para bañarse es una tranquila cueva situada en su extremo norte y resguardada de las olas que convierten las playas del sur en uno de los enclaves surfistas de la costa oriental de Florida. El parque también es famoso por la pesca, y la entrada de mar siempre está atestada de barcos. Los dos malecones, que se adentran en el Atlántico, suelen estar llenos de pescadores, que tampoco faltan en las limpias aguas del río Indian.

En el extremo sur del parque, el **McLarty Treasure Museum** ahonda en la historia que rodea al naufragio de una flota española en 1715. El 31 de julio, un huracán hundió 11 galeones en los arrecifes de la costa, entre Sebastian Inlet y Fort Pierce. Los barcos, procedentes de La Habana y cargados de riquezas de las colonias españolas en el Nuevo Mundo, se dirigían hacia España siguiendo la corriente del golfo. En el naufragio pereció la tercera parte de los 2.100 marineros que componían la tripulación, mientras que los supervivientes instalaron un campamento en el lugar que ahora ocupa el museo.

Después de la tragedia, el 80% del cargamento fue recuperado por los sobrevivientes con la ayuda de los indios ais. Posteriormente, nadie profanó los navíos hundidos hasta que fueron descubiertos en 1928. La recuperación de los restos se reinició a principios de los años 60; desde entonces, se han rescatado tesoros por valor de millones de dólares. El museo tiene expuestos algunos objetos, como monedas de oro y plata, pero la mayoría son artículos domésticos: anillos, botones y cubiertos.

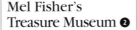
Plato español, McLarty Museum

🌴 **Sebastian Inlet SRA**
9700 S A1A, Melbourne Beach. 📞 *(407) 984-4852.* ⏰ *todos los días.* 🎥♿

🏛 **McLarty Treasure Museum**
1380 N Route A1A. 📞 *(561) 589-2147.* ⏰ *todos los días.* 🎥♿

## Mel Fisher's Treasure Museum ❷

**Mapa de carreteras** F3. Indian River Co. 1322 US 1, Sebastian. 📞 *(561) 589-9875.* 🚍 *Sebastian.* ⏰ *todos los días.* 🚫 *Día de Acción de Gracias, 25 dic, 1 ene.* 🎥♿

RETRATADO EN numerosas ocasiones mostrando con orgullo sus tesoros, Mel Fisher parece más el ganador de un concurso de televisión que al-

Mel Fisher, empresario y buscador de tesoros

guien que se jacta de ser el mayor buscador de tesoros del mundo.

Su museo, situado en el centro de Sebastian, contiene riquezas procedentes de diversos naufragios, incluido el de la flota de 1715 (que su equipo lleva años recuperando), así como artículos del *Atocha (ver p. 26)*, entre ellos relucientes joyas, un lingote de oro y otros objetos de uso cotidiano. En la sala Bounty se pueden comprar reales españoles originales o réplicas de joyas históricas.

## Vero Beach ❸

**Mapa de carreteras** F3. Indian River Co. 🚶 *18.000.* 🚍 🛈 *1216 21st St, (561) 567-3491.*

LA CIUDAD PRINCIPAL de Indian River County, Vero Beach, y, en particular, la zona turística de Orchid Island, es un lugar atractivo. Los robles recorren las calles residenciales y los edificios tienen una altura máxima de cuatro pisos. Las bellas casas de Ocean Drive albergan galerías, boutiques y anticuarios.

El **Center for the Arts,** en el Riverside Park de Orchid Island, celebra grandes exposiciones, pero la ciudad es más famosa por sus playas y sus dos hoteles. El Driftwood Resort, en pleno paseo marítimo de Vero Beach, fue construido en 1935 como residencia de verano de un excéntrico vecino que empleó para ello madera recuperada del mar y de derribo. Llenó la casa de un sinfín de sorprendentes baratijas que todavía hoy se pueden contemplar. 11 km al norte, en

Surf en Sebastian Inlet

Wabasso Beach, una de las mejores playas de conchas que bordean Orchid Island, se encuentra el Vero Beach Resort *(ver p. 301)*, el primer hotel construido por Disney fuera de Orlando.

El **Indian River Citrus Museum**, dedicado al típico producto agrícola de la zona, muestra todos los objetos imaginables relacionados con los cítricos, desde antiguas fotografías hasta cosechadoras, pasando por etiquetas de marcas.

🏛 **Center for the Arts**
3001 Riverside Park Drive. ☏ *(561) 231-0707.* ● *Día de Acción de Gracias, 25 dic, 1 ene.* ♿
🏛 **Indian River Citrus Museum**
2140 14th Ave. ☏ *(561) 770-2263.* ○ *ma-vi.* ● *festivos.* 📷 ♿

## Fort Pierce ❹

**Mapa de carreteras** F3. St Lucie Co. 👥 *37.000.* ✈ 🚂 ℹ *2300 Virginia Ave, (561) 462-1535.*

El Driftwood Resort de Vero Beach, construido con madera de derribo

El PRINCIPAL atractivo de esta localidad, que toma su nombre de un destacamento militar construido durante la segunda guerra semínola *(ver pp. 44-45)*, es su barrera de islas, a la que se llega por dos carreteras elevadas que cruzan la Intracoastal Waterway.

Si toma la North Beach Causeway, llegará a North Hutchinson Island, cuyo extremo meridional lo ocupa la **Fort Pierce Inlet State Recreational Area**, donde se encuentra la mejor playa de la ciudad. Justo al norte, en un antiguo centro de instrucción de la II Guerra Mundial, se alza el **UDT-SEAL Museum**. Entre 1943 y 1946 pasaron por aquí más de 3.000 hombres rana de la marina norteamericana pertenecientes a los Equipos de Demolición Submarina (UDT), que aprendían a desactivar minas y a realizar defensas antidesembarco y que, en los años 60, se habían convertido en una fuerza de élite denominada SEAL (comandos de tierra, mar y aire). El museo explica la función de los hombres rana en la II Guerra Mundial, así como en Corea, Vietnam y Kuwait. En el exterior se exhiben diversos submarinos, semejantes a torpedos, que se utilizaban para transportar efectivos militares.

A 0,8 km de distancia se encuentra Jack Island, una península que se adentra en el río Indian. Un corto sendero que lleva a una torre de observación cruza esta reserva, tapizada de manglares y paraíso de las aves. En la carretera elevada del sur, que une Fort Pierce con Hutchinson Island, se encuentra el **St. Lucie County Historical Museum**, cuya ecléctica exposición contiene desde objetos de los naufragios de 1715 hasta reproducciones de un campamento semínola y de un almacén de suministros de principios de siglo. También se puede visitar la contigua casa *cracker (ver p. 28)*, construida en 1907 y transportada a su actual ubicación en 1985.

**Hombre rana**

🚗 **Fort Pierce Inlet SRA**
905 Shorewinds Drive, N Hutchinson Island. ☏ *(561) 468-3985.* 📷 ♿ *limitada.*
🏛 **UDT-SEAL Museum**
3300 N Route A1A. ☏ *(561) 595-5845.* ○ *todos los días.* ● *festivos.* 📷 ♿
🏛 **St Lucie County Historical Museum**
414 Seaway Drive. ☏ *(561) 462-1795.* ○ *ma-do.* ● *festivos.* 📷 ♿

---

**Etiqueta de 1937 de los cítricos de Indian River**

### La Industria Cítrica de Indian River

Los españoles trajeron los cítricos a este Estado en el siglo XVI. Cada barco debía salir de España con 100 semillas, que se plantaban en las nuevas colonias. Las condiciones de Florida resultaron perfectas para los árboles frutales, especialmente a lo largo del río Indian, entre Daytona y West Palm Beach, región que se convertiría en la más importante del cultivo de cítricos de todo el Estado. En 1931, los agricultores de la zona crearon la Asociación de Cítricos de Indian River para impedir que la fruta de otras regiones pudiera recibir la denominación de "Indian River". Una tercera parte de los cítricos y el 75% de la producción de pomelos de Florida salen de aquí. Las naranjas, dulces y jugosas por el clima cálido, la riqueza del suelo y la adecuada pluviosidad, se emplean para zumo.

Gilbert's Bar House of Refuge Museum, en la costa atlántica de Hutchinson Island

## Hutchinson Island ❺

**Mapa de carreteras** F3. St Lucie Co/Martin Co. 👥 5.000. 🛈 1910 NE Jensen Beach Blvd, (561) 334-3444.

Lo más famoso de esta isla de 32 km de longitud son sus impresionantes playas. En el sur, los bañistas acuden a Sea Turtle Beach y al vecino Jensen Beach Park, próximo a la confluencia de las carreteras 707 y A1A.

Al lado de Stuart Beach se alza el **Elliott Museum**, creado en 1961 en honor del inventor Sterling Elliott. El museo exhibe algunas de sus extrañas invenciones, aunque dedica más espacio a una sorprendente colección de coches antiguos, reproducciones de habitaciones del siglo XIX y principios del XX, y motivos de la historia local.

A 1,6 km hacia el sur se encuentra el **Gilbert's Bar House of Refuge Museum**, construido en 1875. Se trata de uno de los 10 refugios colocados a lo largo de la costa oriental por el Lifesaving Service (antecesores de los guardacostas norteamericanos) para acoger a las víctimas de los naufragios. Las estancias de esta preciosa casa de madera muestran la dureza de la vida de los antiguos vigilantes, que solían permanecer en ella sólo un año. En el exterior se muestra una réplica del barco empleado en las misiones de rescate. En las proximidades se encuentra **Bathtub Beach**, una de las mejores playas de la isla. La piscina natural que forma el arrecife de arenisca la convierte en un lugar seguro para el baño.

**🏛 Elliott Museum**
825 NE Ocean Blvd. ☎ (561) 225-1961. ⬜ todos los días. ⬛ Semana Santa, Día de Acción de Gracias, 25 dic, 1 ene. 🎟 ♿

**🏛 Gilbert's Bar House of Refuge Museum**
301 SE MacArthur Blvd. ☎ (561) 225-1875. ⬜ ma-do. ⬛ Semana Santa, Día de Acción de Gracias, 25 dic, 1 ene. 🎟 ♿

## Stuart ❻

**Mapa de carreteras** F3. Martin Co. 👥 17.000. 🛈 1650 S Kanner Highway, (561) 287-1088.

La carretera elevada que cruza el río Indian desde Hutchinson Island es una bella puerta de entrada a la principal localidad de Martin County. Rodeado de urbanizaciones que se asoman al mar y a los campos de golf, el atractivo y moderno casco urbano de Stuart es circunvalado por el tráfico de las autopistas costeras. Al sur del Roosevelt Bridge, a lo largo de la avenida Flagler y la calle Osceola, hay un paseo fluvial de madera, un pequeño conjunto de bellas edificaciones de ladrillo y estuco de los años 20 y numerosas galerías de arte. Por las tardes, los bares y restaurantes ofrecen música en directo.

El arrendajo de Florida se avista frecuentemente en Jupiter Island

## Jupiter Island ❼

**Mapa de carreteras** F4. Martin Co. 👥 200. 🛈 800 N US 1, (561) 746-7111.

Gran parte de esta isla larga y estrecha la ocupa una acomodada zona residencial.

En el extremo septentrional, el **Hobe Sound National Wildlife Refuge** destaca por sus más de 5 km de playas, manglares y magníficas dunas vírgenes. La otra mitad del parque, una franja de arena donde crecen árboles y arbustos, es un paraíso de las aves, entre ellas el arrendajo de Florida. En el cruce de la US1 y la A1A hay un centro de la naturaleza.

**Blowing Rock Preserve**, un poco más hacia el sur, posee una pintoresca playa de arena. Durante las tormentas, sale despedido un chorro de agua de los orificios existentes en la piedra caliza de la orilla; de ahí el nombre de esta reserva.

**🌿 Hobe Sound National Wildlife Refuge**
13640 SE Federal Hwy. ☎ (561) 546-6141. 🎟 para la playa. ♿ limitado. **Playa** ⬜ todos los días. **Centro de la naturaleza** ⬜ lu-vi. ⬛ festivos.

El Riverwalk Café, en St. Lucie Street, en el centro de Stuart

# GOLD COAST Y TREASURE COAST

**ALREDEDORES:** el **Jonathan Dickinson State Park**, bautizado así en honor de un hombre que naufragó en 1696 en las proximidades, comprende ciénagas de manglares, llanuras de pinares y un tramo del río Loxahatchee cubierto de cipreses. Además de pasear a pie y a caballo, se puede alquilar una canoa o hacer una excursión en barco por el río; en el trayecto es fácil ver manatíes, caimanes, quebrantahuesos y garzas.

El faro de Jupiter Inlet, visto desde Jupiter Beach Park

**✣ Jonathan Dickinson State Park**
16450 SE Federal Hwy. **(** (561) 546-2771. **○** todos los días. **❑**
**♿** limitada.

## Jupiter ❽

**Mapa de carreteras** F4. Palm Beach Co. **♞** 31.000. **ℹ** 800 N US 1, (561) 746-7111.

LA LOCALIDAD DE Jupiter es famosa por ser la cuna del actor Burt Reynolds. Pocos resisten la tentación de visitar su rancho, además del **Florida History Center and Museum**, que exhibe objetos tanto de los primitivos habitantes del condado, los indios hobe, como de los colonizadores ingleses del siglo XVIII.

El actor Burt Reynolds

**🏛 Florida History Center and Museum**
805 N US 1. **(** (561) 747-6639.
**○** ma-do. **●** festivos. **❑ ♿**

**ALREDEDORES:** al sur de Jupiter Inlet se extiende **Jupiter Beach Park,** una formidable playa de arena marrón que es la meca de pescadores y pelícanos. Si desea obtener una perspectiva más amplia de la zona, suba al **faro de Jupiter Inlet,** la estructura más antigua de este condado, que data de 1860. El pequeño almacén de fuel situado a su lado es ahora un museo. El **Burt Reynold's Ranch,** a 14,5 km hacia el interior, es el gran atractivo turístico de Jupiter. Su museo, un santuario virtual dedicado al actor, exhibe ejemplares de la revista *The Reynolds Reporter,* recortes de periódicos, fotografías del actor posando con presidentes, y retratos de artistas. La excursión de 90 minutos en autobús por el rancho, que ha sido convertido en un modesto estudio cinematográfico, permite contemplar además el tranquilo deambular de emús y ciervos. En los estudios se pueden ver cortos de Burt Reynolds en acción, además de escenarios como los de la película *Smokey and the Bandit*. También se visita la capilla que mandó construir para su boda.

**🏛 Faro de Jupiter Inlet**
Beach Rd at US 1. **(** (561) 747-8380.
**○** do-mi. **●** festivos.
**🏛 Burt Reynolds' Ranch**
16133 Jupiter Farms Rd. **(** (561) 746-0393. **○** todos los días.
**●** festivos. **❑ ♿ 🅿**

## Juno Beach ❾

**Mapa de carreteras** F4. Palm Beach Co. **♞** 2.700. **ℹ** 1555 Palm Beach Lakes Blvd, (561) 471-3995.

LAS ARENAS VÍRGENES de Juno Beach, una pequeña población de elevados edificios de apartamentos, y la playa que se extiende al norte de Jupiter Inlet conforman uno de los lugares de desove de las tortugas marinas más prolíficas del mundo. En Loggerhead Park, entre la US1 y la Route A1A, el fascinante **Marinelife Center** exhibe caparazones de tortugas e incluso frascos con crías deformes.

Además, aquí se recuperan los ejemplares heridos por las hélices de los barcos y por los anzuelos de los pescadores.

**✣ Marinelife Center**
14200 US 1. **(** (561) 627-8280.
**○** ma-do. **●** 25 dic. **♿**

---

### LAS TORTUGAS MARINAS DE FLORIDA

El centro de la costa oriental de Florida es la principal zona de desove de tortugas en Estados Unidos. De mayo a septiembre, las hembras salen a la playa al anochecer para poner alrededor de 100 huevos cada una. Dos meses después nacen las crías, que se precipitan hacia el mar protegidas por la oscuridad de la noche; pero las luces de los edificios pueden desorientarlas.
Para ver a las tortugas desovando, lo mejor es unirse a una de las numerosas expediciones de observación que se organizan por toda la costa: solicite información en las cámaras de comercio de la zona, como la de Juno Beach.

Primer encuentro con el mar de una cría de tortuga

## Palm Beach ⑩

**Reloj de Tiffany & Co.**

Esta localidad ha acogido desde siempre a las grandes fortunas norteamericanas. Henry Flagler, pionero en la urbanización del sur de Florida *(ver p. 121)*, creó este retiro invernal para ricos a finales del siglo XIX. En los años 20, el arquitecto Addison Mizner *(ver p. 116)* dio un nuevo impulso a la ciudad con la construcción de ostentosas mansiones de estilo español para sus residentes estacionales. Hasta los años 60, la población prácticamente cerraba en verano; incluso se desmontaban los semáforos. Hoy en día, Palm Beach permanece abierta todo el año, pero su gran temporada turística son los meses de invierno. En la que se supone la ciudad más rica de Estados Unidos, los visitantes pueden observar a la *gente guapa* pasando el tiempo en algunas de las tiendas y restaurantes más elegantes del Estado o acudiendo a clubes privados y distinguidas fiestas benéficas.

**La puerta de Via Roma precede a este bello callejón**

**Worth Avenue, meca de las compras de los ricos**

### Worth Avenue

Para comprender el estilo de vida de Palm Beach es necesario visitar Worth Avenue, donde los chóferes mantienen encendido el aire acondicionado de los Rolls Royce mientras sus propietarios adquieren un vestido de Armani o un icono ruso antiguo. La arteria más famosa de la ciudad se extiende desde Lake Worth hasta el Atlántico.

Worth Avenue y la arquitectura de Addison Mizner se pusieron de moda tras la construcción, en 1918, del exclusivo Everglades Club, que fue el resultado de la colaboración de Mizner con Paris Singer, heredero de la fortuna de las máquinas de coser y anfitrión del arquitecto en su primera visita a Florida. Diseñado originalmente como hospital militar de oficiales durante la I Guerra Mundial, jamás acogió un sólo paciente, sino que se convirtió en centro de la vida social de la ciudad. Hoy en día, las galerías y los patios de estilo español de este edificio continúan siendo un punto de reunión de sus socios de alcurnia.

Al otro lado de la calle, y en claro contraste con el sobrio exterior del club, Via Mizner y Via Parigi exhiben el colorido de sus tiendas y restaurantes. Estos callejones peatonales, comunicados entre sí, fueron creados en los años 20 por Mizner y constituyen el núcleo estético de Worth Avenue. Inspirados en las callejuelas de los pueblos españoles, son una amalgama de arcos, serpenteantes escaleras, buganvillas, fuentes y patios. Su entrada la dominan la torre de oficinas y la mansión que Mizner diseñó para sí mismo. La planta baja de la torre, que albergaba la exposición de su negocio de cerámica, fue el primer local comercial de esta calle. Ambos edificios están conectados por una pasarela que conforma la puerta de entrada de la zona comercial de Via Mizner. Las otras callejuelas que parten de Worth Avenue son más modernas pero, al ser del mismo estilo y estar decoradas con flores y llamativos escaparates, también tienen encanto. No se pierda Via Roma ni los patios que unen Via de Lela con Via Flora.

**Fuente de Via Mizner**

**Worth Avenue en 1939, fotografiada por Bert Morgan**

# De compras por Worth Avenue

El símbolo de Palm Beach, Worth Avenue, contiene unas 250 tiendas de moda, galerías de arte y anticuarios. Sus fachadas, cuyos estilos van desde el español propugnado por Mizner hasta el *art déco*, conforman un conjunto ecléctico, aunque homogéneo y agradable. La iluminación nocturna confiere su mejor momento a los artísticos escaparates de la vía comercial más famosa de Florida. Algunos exhiben símbolos de riqueza, como falsas tostadas de caviar o un mayordomo de cartón de tamaño natural. En 1979, un Rolls Royce provisto de una pala excavadora inauguró las obras de The Esplanade, un centro comercial al aire libre situado en el extremo oriental de la avenida. Este tipo de espectáculos, típicos de Worth Avenue, es lo que la distinguen de otras prestigiosas zonas comerciales.

**Gargantilla de Lindsay Brattan**

### LAS TIENDAS DE WORTH AVENUE

La variedad de establecimientos resulta espectacular en Worth Avenue, donde abundan las joyerías, incluso las especializadas en bisutería de calidad. También encontrará elegantes casas de moda, tiendas de regalos y boutiques de marca.

***Cartier*** *ofrece lo último en regalos y recuerdos. Puede elegir entre joyas de oro, plumas y, por supuesto, relojes.*

***Tiffany & Co.*** *es una de las tiendas más famosas de Worth Avenue. Más conocida por sus joyas (entre ellas los exclusivos diseños de Paloma Picasso), también vende perfumes y artículos de piel.*

***Saks Fifth Avenue*** *consta de dos plantas en las que se vende desde lencería hasta prendas masculinas de marca.*

***La joyería Greenleaf and Crosby*** *fue inaugurada en 1896.*

***Ungaro's*** *es una de las boutiques de marca de Worth Avenue. Sus prendas femeninas suelen ser atrevidas y con clase. Durante la temporada de invierno cambian los escaparates todas las semanas.*

***The Meissen Shop*** *posee la mayor colección de porcelana antigua Meissen del mundo.*

# Explorando Palm Beach

El espíritu y la imaginación de Addison Mizner se respira en todo Palm Beach. Su arquitectura, descrita por un biógrafo como un "estilo español-morisco-románico-gótico-renacentista del mercado alcista donde el coste importa un comino", proporcionó a sus coetáneos infinidad de ideas con las que trabajar. Palm Beach está repleta de espléndidas creaciones de hombres como Marion Wyeth, Maurice Fatio y Howard Major, todos ellos de los años 20, así como de otras imitaciones más recientes. Recrearse viendo las lujosas mansiones de los ricos y famosos es una de las principales actividades de Palm Beach.

**Mural de la biblioteca Society of the Four Arts**

### Excursiones por la ciudad de Palm Beach

Tras la opulencia de Worth Avenue, el ambiente de las calles residenciales situadas al norte resulta más discreto. Cocoanut Row tiene algunas viviendas particulares lujosas pero la influencia de Mizner es más visible en la ecléctica arquitectura de la paralela South County Road, en ejemplos como el Ayuntamiento, construido en 1926. En las proximidades se encuentra el Mizner Memorial Park, cuyos elementos centrales son una fuente y un estanque rodeado de palmeras, y la Phipps Plaza, un recinto tranquilo y sombreado al que se asoman deliciosos edificios con alféizares de azulejo y portalones engalanados con flores. La casa de coral del nº 264 es obra del propio Mizner. También memorable es el chalet tropical de Howard Major (1939).

Si dispone de tiempo, merece la pena pasear por las calles situadas al oeste de South County Road, donde hallará una mezcla de casas de estilo Mizner y bungalós de principios de siglo rodeados de jardines. La calle más imponente de esta zona es Royal Palm Way, cuya hilera de palmeras constituye una buena preparación para el Royal Palm Bridge, un excelente punto para contemplar los lujosos yates de Lake Worth. Merece la pena especialmente en diciembre, cuando los engalanan con bombillas de colores para el desfile marítimo anual.

**Fuente del Mizner Memorial**

### 🏛 Society of the Four Arts

Four Arts Plaza. 📞 (561) 655-7226. **Biblioteca y jardines** ⬜ mediados abr-oct: lu-vi; nov-abr: lu-sá. **Galerías** ⬜ dic-abr: todos los días (do sólo tardes). ⬛ festivos. ♿

Fundada en 1936, la Society of the Four Arts está formada por dos bibliotecas, una sala de exposiciones y un auditorio.

Las galerías y el auditorio pertenecieron originalmente a un club privado diseñado por Mizner, pero la biblioteca Four Arts Library, de Maurice Fatio, resulta mucho más sorprendente. Los murales clásicos de su galería representan escenas de arte, música, teatro y literatura. Los deliciosos jardines posteriores contienen un jardín chino y una pradera salpicada de escrituras de bronce modernas.

---

## La Fantasía Española de Mizner

En 1918, Addison Mizner (1872-1933) llegó a Palm Beach desde Nueva York para recuperarse de un accidente. Arquitecto de profesión, pronto comenzó a diseñar casas y, en ese proceso, cambió la imagen de Florida (ver p. 29). Adaptando al entorno el diseño de los edificios españoles antiguos, creó un nuevo estilo arquitectónico en el que introdujo galerías y escalinatas exteriores, muy apropiadas para las elevadas temperaturas de la región. Sus albañiles cubrían los muros de leche condensada y los frotaban con estropajo para recrear la suciedad acumulada a lo largo de los siglos.

**Mizner a mediados de los años 20**

Mizner amasó una gran fortuna y triunfó tanto por su visión arquitectónica como por su capacidad de entrar en el círculo de amistades de sus posibles clientes. Más tarde volvió la vista a Boca Ratón (ver pp. 126-127), pero la crisis inmobiliaria que sufrió Florida a finales de los años 20 le atestó un duro golpe y, en sus últimos años, tuvo que acudir a sus amigos para poder hacer frente a sus gastos.

**Via Mizner (ver p. 114), ejemplo típico de la obra de Mizner**

## 🏛 Hibel Museum of Art

150 Royal Poinciana Plaza. ☎ (561) 833-6870. ◻ ma-do. ⬤ Día de Acción de Gracias, 25 dic, 1 ene. ♿

La obra de Edna Hibel, nacida en Boston en 1917 y residente de la vecina Singer Island *(ver p. 123)*, se compone de retratos de madres de todo el mundo con sus hijos. Pinta sobre diversas superficies, desde madera y seda hasta cristal y porcelana.

Este museo, fundado en 1977 por dos grandes coleccionistas de Hibel, conserva más de 1.000 creaciones de la artista.

*Britanny and Child* (1994), de Edna Hibel (óleo, yeso y oro sobre seda)

## 🏨 The Breakers

1 South County Rd. ☎ (561) 655-6611. ◻ mi tardes. ♿

Este hotel de estilo renacentista italiano, que se eleva sobre el campo de golf más antiguo de Florida, es el tercero que se construye: el primer Breakers, edificado en 1895, fue pasto de las llamas en 1903. Su sustituto siguió el mismo camino en 1925, destruido en un incendio originado por las tenacillas de rizar el cabello de una huésped.

El actual Breakers fue levantado en menos de un año. Ha sido siempre el centro de atención de la vida social de la ciudad y ha celebrado numerosas fiestas en sus magníficos salones.

Aunque no se aloje en él, no dude en contemplar un partido de críquet, saborear un batido en el bar o husmear por el vestíbulo (fíjese en el techo pintado a mano) y por los salones palaciegos. Si no le basta con eso, apúntese a la visita semanal guiada.

**Limusinas a la espera de clientes en la puerta del Breakers Hotel**

Al sur del hotel se alzan tres magníficas mansiones de madera del siglo XIX, todo lo que queda del **Breakers Row**, unos chalets con vistas al mar que se alquilaban a los huéspedes más adinerados durante la temporada de invierno.

## 🏨 Alrededores de Palm Beach

La alta sociedad de Palm Beach suele ocultar tras altos setos sus carísimas mansiones, algunas de las cuales fueron construidas por Mizner y sus imitadores en los años 20. Desde entonces, han proliferado las edificaciones de todos los estilos, desde el neoclásico hasta el *art déco*.

Las más fáciles de ver se pueden observar desde la loma de South Ocean Boulevard. La vivienda georgiana del nº 125 pertenece a Estée Lauder. Construida por Mizner para sí mismo en 1919, fue durante un tiempo propiedad de John Lennon. Ocho manzanas más abajo está Mar-a-Lago (nº 1100), la residencia más grandiosa de Palm Beach, que cuenta con 58 dormitorios, 33 cuartos de baño y 3 refugios antinucleares.

Construida por Joseph Urban y Marion Wyeth en 1927, fue adquirida en 1985 por el millonario Donald Trump, quien la convirtió en un club privado cuya cuota de entrada ascendía a 50.000 dólares.

La North County Road pasa por la mayor vivienda de Palm Beach, en el nº 513, y del nº 548 se dice que se vendía recientemente por 75 millones de dólares. Detrás, la mansión del nº 1095 de North Ocean Boulevard fue utilizada por la familia Kennedy como retiro invernal hasta 1995.

El límite mínimo de velocidad, 40 km/h, impide ver cómo viven estas familias privilegiadas, por lo que la bicicleta constituye una atractiva posibilidad. Alquilarlas resulta fácil *(ver p. 119)* y el mejor recorrido, de 5 km, es el Lake Trail, empleado también por los habitantes de la zona para hacer deporte. Va desde Worth Avenue hasta prácticamente el extremo norte de la isla, bordeando el lago Worth y rozando la espalda de las mansiones; el tramo más bonito es el de Dubar Road.

**Mar-a-Lago, la vivienda más grande de Palm Beach**

# Un paseo por Palm Beach

CIRCUNSCRITO POR LAS GRANDES arterias South County Road y Cocoanut Row, este recorrido une los principales puntos del centro de Palm Beach, incluida la impresionante casa de Henry Flagler, Whitehall. El tramo del itinerario que bordea Lake Drive South forma parte del sendero panorámico de Palm Beach *(ver p. 117)*. Aunque está pensado para recorrerlo en coche, también se puede atravesar en bicicleta, a pie o, incluso, patinando. Estas alternativas evitan el problema de los guardas de tráfico, a veces con cierto exceso de celo, que patrullan las calles en carritos de golf motorizados.

**Flagler Museum** ①
*Whitehall, antigua residencia de invierno de Flagler, abrió sus puertas al público en 1959. Perfectamente restaurada, conserva la mayor parte del mobiliario original.*

**Sea Gull Cottage** ②
*Esta edificación de 1816 es la más antigua de Palm Beach. Fue la primera casa de invierno de Flagler.*

**Royal Poinciana Chapel** ③ fue construida por Flagler en 1896.

**Casa de Leoni** ⑤
*El nº 450 de Worth Avenue, uno de los edificios más encantadores de Mizner, marcó la tendencia del estilo gótico veneciano.*

0 metros 250

**SIGNOS CONVENCIONALES**
— Itinerario sugerido

**Public Beach** ⑦
*Esta playa no es nada espectacular, pero está abierta a todo el mundo.*

**El Ayuntamiento** diseñado en 1926 es uno de los puntos destacados de Palm Beach.

# PALM BEACH

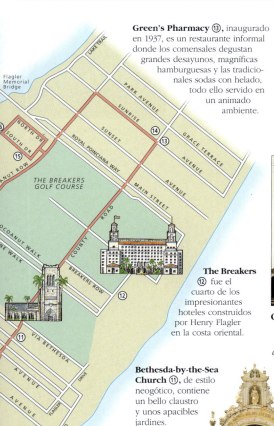

**Green's Pharmacy** ⑬, inaugurado en 1937, es un restaurante informal donde los comensales degustan grandes desayunos, magníficas hamburguesas y las tradicionales sodas con helado, todo ello servido en un animado ambiente.

**The Breakers** ⑫ fue el cuarto de los impresionantes hoteles construidos por Henry Flagler en la costa oriental.

**Bethesda-by-the-Sea Church** ⑪, de estilo neogótico, contiene un bello claustro y unos apacibles jardines.

**Phipps Plaza** ⑩ posee algunos edificios de imaginativo diseño, la mayoría de estilo mediterráneo y del suroeste de España.

### INFORMACIÓN ESENCIAL

**Mapa de carreteras** F4. Palm Beach Co. 10.000. 5 km al oeste. Amtrak y Tri-Rail, 201 S Tamarind Ave, West Palm Beach, (800) 231-2222. 100 Banyan Blvd, West Palm Beach, (800) 231-2222. 4C, 5 desde West Palm Beach. 45 Cocoanut Row, (561) 655-3282. Artigras (feb).

**Old Royal Poinciana Hotel** ⑮
*Este lujoso hotel de madera, de 2.000 habitaciones, fue retiro de invierno de personajes acaudalados. En 1935 sufrió un incendio al que sólo sobrevivió la cúpula del invernadero.*

**St Edward's Church** ⑭
*Construida en 1927 al estilo mediterráneo, el campanario y la portada, de piedra esculpida, son barrocos.*

### ALGUNOS CONSEJOS

*Recorrido:* 7 km.
*Punto de partida:* cualquiera. Es mejor seguir el sentido de las agujas del reloj, pues Worth Avenue es de dirección única. La Palm Beach Bicycle Trail Shop, en 223 Sunrise Ave, Tel. (561) 659-4583, es un buen punto de partida si quiere alquilar una bicicleta, un tándem, o unos patines.
*Aparcamiento:* haga acopio de quarters (monedas de 25 centavos) para los parquímetros. También hay aparcamientos gratis durante una hora, pero no rebase ese tiempo.

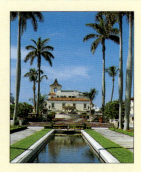

**La fuente del Memorial Park, en el centro de Palm Beach** ⑨

### LUGARES DE INTERÉS

① Flager Museum (ver pp. 120-121)
② Sea Gull Cottage
③ Royal Poinciana Chapel
④ Society of Four Arts (ver p. 116)
⑤ Casa de Leoni
⑥ Worth Avenue (ver pp. 114-115)
⑦ Public Beach
⑧ Ayuntamiento (ver p. 116)
⑨ Memorial Park (ver p. 116)
⑩ Phipps Plaza (ver p. 116)
⑪ Bethesda-by-the-Sea Church
⑫ The Breakers (ver p. 117)
⑬ Green's Pharmacy
⑭ St Edward's Church
⑮ Old Royal Poinciana Hotel
⑯ Hibel Museum of Art (ver p. 117)

# Flagler Museum

**Detalle de la puerta principal**

Esta mansión de 55 habitaciones, denominada Whitehall, fue bautizada como "el Taj Mahal de Norteamérica" cuando en 1902 la construyó Henry Flagler como regalo de boda para su tercera esposa, Mary Lily Kenan. Por sorprendente que parezca, esta casa de cuatro millones de dólares fue diseñada como residencia de invierno. A ella viajaban todos los años los Flagler en uno de sus vagones de tren privados *(ver p. 47)*, que ahora se exhiben en South Lawn.

En 1925, 12 años después de morir Flagler, se le adosó una torre de 10 pisos a la fachada posterior y Whitehall se convirtió en hotel. Jean Flagler Matthews adquirió la mansión de su abuelo en 1959 y, tras una carísima restauración que incluía el derribo de la torre, la convirtió en museo.

**Salón de baile Luis XVI**
*De todos los bailes celebrados en este suntuoso salón, el* Bal Poudré *de 1903 fue el más ostentoso.*

**El dormitorio de las rosas amarillas**
tenía el papel pintado y el mobiliario a juego: una novedad en aquella época.

**Sala de billar suiza**

★ **Aseo principal**
*Además de una bañera a ras de suelo, un retrete y una maravillosa ducha independiente, el baño privado de los Flagler presenta este precioso lavabo doble de ónice.*

**El dormitorio principal**
está decorado con seda adamascada amarilla, fiel copia del tejido original rococó.

**Biblioteca renacentista italiana**
*Las encuadernaciones de piel, así como los obje y detalles decorativos, confieren un ambiente íntimo a esta biblioteca de paredes de madera.*

---

**RECOMENDAMOS**

★ Aseo principal

★ Vestíbulo de mármol

★ Cuarto de invitados

### Patio
*El corazón de Whitehall es este delicioso patio, con una galería a ambos lados y una bella fuente central.*

**INFORMACIÓN ESENCIAL**

Whitehall Way. (561) 655-2833. 10.00-17.00 ma-sá, 12.00-17.00 do. Acción de Gracias, 25 dic, 1 ene. limitada. habitualmente.

### ★ Vestíbulo de mármol
*Esta grandiosa entrada de mármol presenta frescos en el techo, así como sillas y marcos de oropel, como éste del retrato de Jean Flagler Matthews.*

**El pórtico este** descansa sobre columnas estriadas, y unas vasijas enormes decoran las escaleras de entrada.

### ★ Cuarto de invitados
*A principios del siglo XX, la afluencia de huéspedes a Whitehall era constante. Los más insignes se alojaban en esta habitación, decorada en colores crema y rojo.*

**Salón Luis XVI**

**Puerta principal**

**La escalera**, que arranca del vestíbulo, fue construida con mármoles diversos y rematada con una historiada barandilla de bronce.

## El Palm Beach de Flagler

Cuando el navío español *Providencia* naufragó en 1878, su cargamento de cocos quedó esparcido por una playa próxima a Lake Worth, y pronto echó raíces. Henry Flagler, atareado con la urbanización de la costa oriental de Florida *(ver pp. 46-47)*, divisó esta hermosa playa rodeada de palmeras hacia 1890. Cautivado por la belleza de la zona, adquirió el terreno sin dilación. En 1894 inauguró el Royal Poinciana Hotel *(ver p. 119)*, sentando así las bases del nacimiento de la exclusiva localidad de Palm Beach.

**Henry Flagler y su tercera esposa, Mary Lily, en 1910**

Los rascacielos se ciernen sobre las apacibles aguas de Lake Worth, en West Palm Beach

## West Palm Beach ⓫

**Mapa de carreteras** F4. Palm Beach Co. 🚗 78.000. ✈ 🚆 Amtrak y Tri-Rail. 🚌 ℹ 1555 Palm Beach Lakes Blvd, (561) 471-3995.

A FINALES del siglo XIX, Henry Flagler *(ver p. 121)* decidió trasladar las antiestéticas viviendas de los trabajadores y las empresas de servicios de Palm Beach lejos de la vista de los turistas, lo que dio origen a West Palm Beach que, a partir de entonces, se convirtió en el núcleo comercial de Palm Beach County.

La localidad ha logrado forjarse una sólida identidad durante las últimas décadas, pero continúa desempeñando un papel secundario frente a su vecina, infinitamente más elegante y bastante más pequeña. Los impecables rascacielos del centro de West Palm Beach sólo atraen a hombres de negocios y, más al norte, se extiende el histórico pero deprimido barrio del noroeste; las afueras de la ciudad se componen, en general, de urbanizaciones residenciales y campos de golf sin mucho carácter.

West Palm Beach disfruta del bello entorno de Lake Worth y ofrece un puñado de atracciones que merece la pena ver, en particular el excelente Norton Museum of Art, calificado como el mejor museo del sureste de EE UU por el *New York Times*.

### 🏛 South Florida Science Museum
4801 Dreher Trail N. 📞 (561) 832-1988. ⏰ todos los días. ● Día de Acción de Gracias, 25 dic. 📷 ♿

El Museo de Ciencias Naturales, como muchos otros de Florida, está pensado para que los niños adquieran conocimientos sobre la luz, el sonido, el color y el tiempo de una manera práctica. En él podrán crear sus propias nubes o, incluso, tocar un tornado en miniatura. El mejor momento para visitarlo es el viernes por la tarde, cuando también se puede mirar por el telescopio gigante del observatorio y contemplar los espectáculos de rayos láser en el planetario.

### 🏛 Norton Museum of Art
1451 South Olive Ave. 📞 (561) 832-5196. ⏰ lu-sá (do sólo tardes). ● festivos. 📷 ♿

La colección de arte de este museo es, probablemente, la mejor del Estado.

Fue fundado en 1941 con unos 100 lienzos propiedad de Ralph Norton, un magnate del acero de Chicago que se había retirado a West Palm Beach dos años antes.

La colección abarca tres campos principales. El más sorprendente de todos es el del impresionismo y el posimpresionismo francés, que contiene pinturas de Cézanne, Braque, Picasso, Matisse y Gaughin, cuyo cuadro *Agonía en el jardín* es el más famoso

### DEPORTE REY

El polo goza de una extraordinaria popularidad en el selecto condado de Palm Beach. La temporada va de diciembre a abril y tiene lugar en los clubes de West Palm Beach (el mejor de todos), Boca Raton y Lake Worth. Las entradas para asistir a las competiciones son bastante asequibles, y durante los partidos el ambiente es amistoso y desenfadado, como lo demuestra el champán que con frecuencia suele degustarse en las gradas.

Si desea conseguir más información puede dirigirse a West Palm Beach (561) 793-1113; Boca Raton (561) 994-1876 o Lake Worth (561) 965-2057.

Partido de polo, deporte muy popular en la Gold Coast

del museo. Otra de las joyas expuestas es la obra de Jackson Pollock titulada *Night Mist* (1945), perteneciente a una impresionante muestra de arte norteamericano del siglo XX, de la que también forman parte algunas obras de Winslow Homer, Georgia O'Keeffe, Edward Hopper y Andy Warhol.

El tercer grupo lo compone una excelente colección de objetos chinos, entre ellos unos jades funerarios que datan de alrededor del 1500 a.C. y unas cerámicas de animales y cortesanos de la dinastía Tang (siglos IV-IX d.C.).

El museo también exhibe numerosas tallas budistas y otras esculturas, más modernas, de Brancusi, Degas y Rodin.

*Agonía en el jardín,* de Paul Gaughin (1889)

**Una de las pocas panteras de Florida, en el Dreher Park Zoo**

### 🐾 Dreher Park Zoo
1301 Summit Blvd. ☏ *(561) 547-9453.* ○ *todos los días.* ● *Día de Acción de Gracias.* 🎫 ♿

Este pequeño zoo también está pensado para los niños, como el cercano Museo de Ciencias. De las más de 100 especies representadas, las más interesantes son la pantera de Florida, en peligro de extinción, y las tortugas gigantes, que llegan a vivir hasta 200 años. En el zoo se puede visitar la recreación de una llanura suramericana, donde las llamas, ñandúes y tapires deambulan bajo una plataforma de observación; recorrer un sendero rodeado de vegetación exótica o navegar por un lago repleto de pelícanos.

**ALREDEDORES:** una alternativa más agradable y económica que permanecer en West Palm Beach es buscar alojamiento más al norte, en las tranquilas poblaciones de **Singer Island** o **Palm Beach Shores**.

La navegación y la pesca son actividades muy típicas de esta zona. En Palm Beach Shores se alquilan numerosas embarcaciones deportivas, además de ofrecer paseos por el lago Worth en un barco de vapor, el *Star of Palm Beach* (ver p. 338), que atraca junto a Riviera Bridge.

En el extremo norte de Singer Island se encuentra **John D. MacArthur Beach State Park**, donde un bello puente de madera cruza un lago rodeado de manglares, para desembocar en un *hammock* de árboles frondosos y una hermosa playa. Los folletos del centro de la naturaleza destacan las principales plantas y aves zancudas y, en verano, se organizan paseos nocturnos con guía para ver el desove de las tortugas marinas (ver p. 113).

Otra opción es visitar el centro comercial **The Gardens,** a 3 km hacia el interior, en Palm Beach Gardens, donde las pasarelas y ascensores de cristal unen las casi 200 tiendas con un patio de restaurantes.

### 🐾 John D MacArthur Beach State Park
A1A, 3 km al N de Riviera Bridge. ☏ *(561) 624-6950.* ○ *todos los días.* 🎫 ♿

### 🏛 The Gardens
3101 PGA Blvd. ☏ *(561) 622-2115.* ○ *todos los días.* ● *do de Resurrección, Día de Acción de Gracias, 25 dic.* ♿

## Lion Country Safari ⑫

Mapa de carreteras F4. Palm Beach Co. Southern Blvd W, Loxahatchee. ☏ *(561) 793-1084.* 🚉 *West Palm Beach.* 🚌 *West Palm Beach.* ○ *todos los días.* 🎫 ♿

A 32 KM DE West Palm Beach hacia el interior, junto a la US 441, se encuentra este parque, principal entretenimiento familiar de la zona.

Consta de dos partes: primero se recorre en coche un recinto de 200 hectáreas para observar de cerca a los leones, jirafas, rinocerontes y otros animales salvajes. Después se visita una mezcla de zoológico y parque de atracciones que, además de jaulas de aves, zonas de contacto directo con los animales e islas habitadas por monos, ofrece atracciones de feria, paseos en barco y un parque poblado por dinosaurios de plástico.

Ambas zonas se abarrotan de gente los fines de semana y durante las vacaciones.

**Antílopes en el Lion Country Safari**

Pescador disfrutando de una tarde de pesca en el lago Okeechobee

## Lago Okeechobee ⓭

**Mapa de carreteras** E4, F4. 🚌 *Bus de Palm Trans hasta Pahokee y Clewiston, (561) 233-1166.* ℹ️ *115 E Main St, Pahokee, (561) 924-5579.* **Captain JP Boat Cruises** 📞 *(561) 924-2100.*

El OKEECHOBEE, que en la lengua semínola significa "agua grande", es el segundo lago de agua dulce más grande de Estados Unidos, con una superficie de 1.942 km². El *Big O*, como a veces se le denomina, es famoso por su abundante y variada pesca, sobre todo de percas. Los numerosos puertos cuentan con tiendas de aparejos y barcos de alquiler con guía.

**Clewiston**, con sus tres puertos y diversos moteles de calidad aceptable, ofrece las mejores instalaciones.

**Pahokee** es uno de los pocos lugares desde donde se accede fácilmente a las riberas del lago, además de disfrutar de las mejores puestas de sol después de la costa del golfo de México. También es el punto de partida de los paseos, de cinco o seis horas de duración, que ofrece Captain JP Boat Cruises.

Las poblaciones situadas en el extremo sur del lago viven del azúcar. La mitad de la caña de azúcar que produce Estados Unidos se cultiva en las planicies que rodean Belle Glade y Clewiston ("el pueblo más dulce de Norteamérica").

Población azucarera de Lake Okeechobee

El Estado de Florida proyecta volver a convertir en zona pantanosa 40.500 hectáreas de terreno de caña de azúcar situadas al sur del lago Okeechobee, con el fin de limpiar y aumentar el volumen de agua de las zonas pantanosas.

Lógicamente, el proyecto no ha sido bien acogido en la zona.

## Lake Worth ⓮

**Mapa de carreteras** F4. Palm Beach Co. 👥 *28.000.* 🚉 ℹ️ *1702 Lake Worth Rd, (561) 582-4401.*

LAKE WORTH es una sencilla y apacible población, en cuya parte continental más de una decena de anticuarios marcan la pauta de las avenidas Lake y Lucerne, el corazón de su discreto centro urbano. En esta misma zona el visitante podrá encontrar un cine *art déco* transformado en sala de exposiciones y el **Museum of the City of Lake Worth**, un museo repleto de fotografías antiguas y objetos de uso cotidiano que van desde tostadores hasta cámaras fotográficas, además de otras exposiciones sobre Polonia y Finlandia, reflejo de la cultura de algunos inmigrantes locales.

🏛️ **Museum of the City of Lake Worth**
414 Lake Ave. 📞 *(561) 586-1700.* ⭕ *lu-vi.* ⬤ *festivos.*

## Delray Beach ⓯

**Mapa de carreteras** F4. Palm Beach Co. 👥 *50.000.* 🚉 *Amtrak y Tri-Rail.* ℹ️ *64 SE 5th Ave, (561) 278-0424.* **Ramblin' Rose** 📞 *(561) 243-0686.*

DELRAY BEACH, situado entre Palm Beach y Boca Ratón, es un pueblo acogedor. Las banderas norteamericanas que ondean por doquier celebran su galardón nacional al civismo.

La extensa playa, que cuenta con accesos directos y buenas instalaciones, es espléndida y, entre noviembre y abril, la embarcación fluvial *Ramblin' Rose* ofrece excursiones diarias por la Intracoastal Waterway.

El centro de Delray está en el interior, en Atlantic Avenue, una calle seductora bordeada de palmeras, con elegantes cafés, anticuarios y galerías de arte. Junto a ella se alzan los bellos edificios de los años 20 de la Old School Square. No muy lejos, la agradable **Cason Cottage** ha sido restaurada meticulosamente para devolverle el aspecto que tenía cuando fue construida en el año 1915.

🏛️ **Cason Cottage**
5 NE 1st St. 📞 *(561) 243-0223.* ⭕ *ma-vi.* ⬤ *festivos.* ♿

Apacible imagen de Delray Beach en primavera

## Loxahatchee National Wildlife Refuge ⓰

**Mapa de carreteras** F4. Palm Beach Co. 10216 Lee Rd. 📞 *(561) 734-8303*. 🚆 *Delray Beach.* 🚌 *Delray Beach.* **Reserva** ⭕ *todos los días.* ⚫ *25 dic.* 📷 ♿ 🅿️ **Visitor's Center** ⭕ *nov-abr: todos los días; may-oct: mi-do.* ⚫ *25 dic.*

LOS 572 KM² DE esta reserva, que abarca la parte más septentrional de los Everglades, poseen una riquísima flora y fauna. El mejor momento para visitarla es al principio o al final del día y, a ser posible, en invierno, cuando muchas aves

**Garza azul en la reserva natural de Loxahatchee**

migratorias procedentes del norte se instalan aquí durante un tiempo.

El centro de recepción de visitantes, situado junto a la Route 441, en la parte oriental de la reserva y 16 km al oeste de Delray Beach, ofrece información sobre la ecología de los Everglades, además de ser el punto de partida de dos magníficos senderos. El Cypress Swamp Boardwalk, de 800 m de longitud, muestra un mágico mundo natural donde los guayabos, los árboles de la cera y numerosas epifitas *(ver p. 276)* crecen bajo una bóveda de cipreses. El recorrido llamado Marsh Trail, de mayor longitud, atraviesa una zona pantanosa cuyo nivel de agua ha sido manipulado con el fin de crear un entorno óptimo para las zancudas y aves acuáticas y que, las tardes de invierno, se convierte en el paraíso de los ornitólogos con la estridencia de garzas, colimbos, ibis y otras aves. También se pueden ver tortugas y caimanes.

**Dormitorio de un escolar japonés en el Museo Morikami**

## Morikami Museum and Japanese Gardens ⓱

**Mapa de carreteras** F4. Palm Beach Co. 4000 Morikami Park Rd. 📞 *(561) 495-0233.* 🚆 *Delray Beach.* 🚌 *Delray Beach.* ⭕ *ma-do.* ⚫ *festivos.* 📷 ♿

EL ÚNICO MUSEO del país dedicado a la cultura japonesa se encuentra situado en unos terrenos donados por un agricultor llamado George Morikami, que fue uno de los pioneros nipones que fundaron la colonia Yamato (nombre del antiguo Japón) en el extremo septentrional de Boca Ratón en 1905. Con ayuda del dinero que les facilitó una promotora propiedad de Henry Flagler *(ver pp. 120-121)* esperaban cultivar arroz, té y seda. Sin embargo, el proyecto jamás se llevó a cabo y la colonia desapareció gradualmente en los años 20.

Los objetos expuestos en la casa Yamato-kan, construida sobre una isla rodeada por un lago, relatan con nitidez la historia de los colonos y ahondan en la cultura japonesa del pasado y el presente. La casa contiene curiosas reconstrucciones de un cuarto de baño y el dormitorio de un escolar actual, así como bellas maquetas de restaurantes de anguila y sake.

En la otra orilla del lago, un nuevo edificio alberga sorprendentes exposiciones sobre temas nipones, un restaurante de comida japonesa y un salón de té tradicional donde todos los meses se celebra la ceremonia del té. También contiene aulas para talleres de *origami*.

## Butterfly World ⓲

**Mapa de carreteras** F4. Broward Co. 3600 W Sample Rd, Coconut Creek. 📞 *(954) 977-4400.* 🚆 *Deerfield Beach (Amtrak y Tri-Rail).* 🚌 *Pompano Beach.* ⭕ *todos los días (do sólo tardes).* ⚫ *Día de Acción de Gracias, 25 dic.* 📷 ♿

EN EL INTERIOR de un recinto rebosante de flores tropicales revolotean miles de mariposas de todo el mundo que a menudo se posan sobre los hombros de los visitantes. Como reciben energía del sol, muestran más actividad los días de calor, por lo que es conveniente proyectar la visita en consecuencia. También podrá contemplar la eclosión de las crisálidas y la colección de insec-

**Mariposa azul de Butterfly World**

tos más fascinante que jamás haya visto, como las mariposas de alas de color azul metálico o los escarabajos y saltamontes del tamaño de la mano de un adulto. En el exterior, se puede pasear por los jardines.

# Boca Ratón ⑲

EN 1925, UN ANUNCIO DE Boca Ratón rezaba: "Soy el mayor centro turístico del mundo". Aunque el arquitecto Addison Mizner *(ver p. 116)* no viera materializarse la ciudad que ideó, Boca Ratón se ha convertido hoy en una de las localidades con más dinero de Florida. Acoge sedes de empresas y compañías de tecnología avanzada y, en una encuesta nacional, los directivos la han juzgado el lugar más atractivo de Florida para vivir. Lo que debe atraerles son los clubes de campo, los lujosos centros comerciales y los bellos parques situados frente a las playas, sin olvidar las casas inspiradas, si no construidas, por Mizner.

**Representación de Spiderman en el Museum of Cartoon Art**

**Mizner Park, centro comercial de Boca Ratón**

### Explorando Boca Ratón

Tras emprender la urbanización de Palm Beach, Mizner fijó su atención en una adormecida población del sur dedicada al cultivo de la piña. Pero de la obra maestra del urbanismo que él proyectó sólo se habían construido unos cuantos edificios cuando, en 1926, se desató la crisis inmobiliaria *(ver p. 48)*. Boca, como hoy se la denomina, continuó siendo poco más que una aldea hasta finales de los años 40.

El núcleo del proyecto de Mizner era el lujosísimo Cloister Inn, terminado en 1926. De estilo marcadamente hispánico, se alza junto al extremo oriental de Camino Real, una calle proyectada como arteria principal de la ciudad y que, incluso, contaba con un canal central para góndolas. El hotel pertenece ahora a la urbanización **Boca Raton Resort and Club** *(ver p. 299)*. Los no residentes sólo pueden admirarla en una visita semanal organizada por Boca Raton Historical Society, con sede en el **Ayuntamiento,** en Palmetto Park Road, donde un par de salas albergan una sencilla exposición sobre la historia local.

Justo enfrente se encuentra **Mizner Park,** una galería comercial construida al estilo de Mizner y que quizás sea el centro comercial más impresionante de Boca y el que mejor ilustra el refinado estilo de vida de la ciudad. En el cercano **Royal Palm Plaza,** las elegantes boutiques se ocultan en recónditos patios.

El distrito histórico de **Old Floresta,** situado 1,6 km al oeste del Ayuntamiento, contiene 29 casas de estilo mediterráneo construidas por Mizner para los consejeros de su empresa.

### 🏛 Boca Raton Museum of Art

801 W Palmetto Park Rd. ☎ *(561) 392-2500.* ☐ *ma-do.* ⬤ *festivos.* 📷 ♿

El eje de esta galería es la pequeña colección Mayers, de arte de finales del siglo XIX y principios del siglo XX, en la que destacan obras de Modigliani, Léger, Giacometti y Degas, además de algunos carboncillos de Picasso y Matisse.

### 🏛 International Museum of Cartoon Art

201 Plaza Real. ☎ *(561) 391-2200.* ☐ *ma-do.* ⬤ *25 dic, 1 ene.* 📷 ♿

Este moderno edificio de Mizner Park fue inaugurado en 1996 como sede del Museo Internacional de Arte del Cómic. La colección, creada en 1974, consta de unas 160.000 obras, procedentes de todo el mundo, que datan del siglo XVIII hasta nuestros días y abarcan desde viñetas políticas hasta héroes del cómic como Carlitos o Spiderman.

El edificio también alberga un cine y salas temáticas como el centro de la risa, que demuestra por qué el humor es bueno para la salud.

### 🏛 Sports Immortals Museum

6830 N Federal Hwy. ☎ *(561) 997-2575.* ☐ *lu-sá.* ⬤ *25 dic, 1 ene.* 📷 ♿

Entre los recuerdos de este museo figuran un bate de béisbol de Babe Ruth y unos guantes de boxeo de Muham-

**El Ayuntamiento, diseñado por Addison Mizner y construido en 1927**

# GOLD COAST Y TREASURE COAST

Deerfield Beach, tranquila población turística cercana a Boca Ratón

### INFORMACIÓN ESENCIAL

**Mapa de carreteras** F4. Palm Beach Co. 67.000. Tri-Rail, Yamato Rd, (800) 874-7245; Amtrak, 1300 W Hillsboro Blvd, Deerfield Beach, (800) 872-7245. 2190 NE 4th St, Pompano Beach, (800) 231-2222. 1555 Palm Beach Lakes Blvd, (561) 471-3995.
**Boca Raton Historical Society** (561) 395-6766 para concertar visita. Boca Festival (ago).

mad Ali, además de un cromo cuyo valor asciende a 600.000 dólares. Fue retirado del mercado porque el jugador representado en él se negó a que le asociaran con el tabaco.

### Las playas

Al norte de Boca Ratón se extiende una playa virgen bordeada de dunas a la que se llega desde los parques colindantes. El más septentrional de ellos, el **Spanish River Park**, es también el más atractivo gracias a sus zonas de *picnic* protegidas del sol por pinos y palmeras. El lugar más bello es una laguna de la Intracoastal Waterway, situada junto a una torre de observación. En el **Red Reef Park** se puede pasear por el sendero de madera que recorre las dunas o bucear en un arrecife artificial *(ver p. 340)*.

### Gumbo Limbo Nature Center

1801 North Ocean Blvd. (561) 338-1473. todos los días. 25 dic.

Este magnífico centro de información se encuentra junto a la Intracoastal Waterway, en el interior de Red Reef Park. Un sendero hecho de tablas atraviesa los manglares y un *hammock* de árboles tropicales hasta llegar a una torre que ofrece unas vistas formidables.

**ALREDEDORES:** hacia el sur, por la Route A1A, las construcciones elevadas se suceden sin interrupción. **Deerfield Beach** es la población más seductora de la zona, gracias a su muelle de pesca y a su bonita playa salpicada de conchas y dominada por un paseo bordeado de palmeras. A 8 km al sur, **Pompano** corrobora su condición de "capital mundial del pez espada" con fotografías de capturas gigantes expuestas en el muelle.

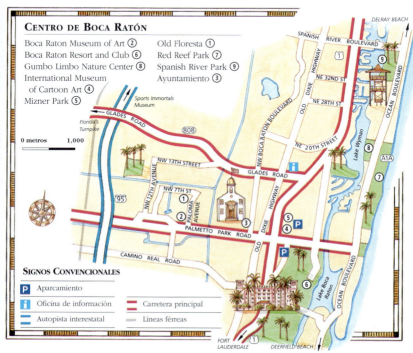

# Fort Lauderdale ⓴

*Big bird with child*, de Appel, en el Museum of Art

Durante la segunda guerra semínola *(ver p. 44)*, Fort Lauderdale apenas constaba de tres fuertes. En 1900 se había convertido ya en un bullicioso núcleo comercial situado a orillas del New River.

Actualmente es un importante centro comercial y cultural, un conocido núcleo turístico y un gigantesco puerto de cruceros. Pero sus canales siguen siendo lo que marca el carácter único de esta localidad *(ver p. 131)*.

### Explorando el centro de Fort Lauderdale

Con sus modernos edificios de oficinas, el centro de Fort Lauderdale es la zona comercial de la localidad. **Riverwalk**, que recorre 2,4 km la orilla norte del New River, enlaza los principales lugares históricos e instituciones culturales de la ciudad. Este pantalán arranca de un lugar próximo a la Stranahan House y atraviesa un parque para desembocar junto al Broward Center for the Performing Arts *(ver p. 336)*.

El antiguo Fort Lauderdale se extiende por Southwest 2nd Avenue. Es un conjunto de edificios de principios del siglo XIX, administrados por la Fort Lauderdale Historical Society, que tiene su sede en el Fort Lauderdale Historical Museum. La King-Cromartie House, construida en 1907 en la orilla meridional del río, fue transportada en barcaza hasta su ubicación actual en 1971. Su modesto mobiliario refleja la austeridad con que vivían los primeros habitantes de Florida. Detrás de la casa se alza una réplica de la primera escuela de la ciudad, inaugurada en 1899.

Los cafés y restaurantes que recorren la cercana Southwest 2nd Street suelen estar a rebosar a la hora del almuerzo y por las tardes.

Para conocer el corazón de la ciudad, lo mejor es realizar un recorrido comentado en tranvía, que enlaza el centro de Fort Lauderdale con la playa, deteniéndose en los principales lugares de interés.

### 🏛 Fort Lauderdale Historical Museum

219 SW 2nd Ave. ☏ (954) 463-4431. ◷ ma-vi. ● 4 jul, 25 dic, 1 ene. 📷 ♿ New River Inn, en el antiguo Fort Lauderdale, fue construido en 1905. Ahora alberga el Museo Histórico, cuyas salas recorren la historia de la zona y el crecimiento de la ciudad hasta los años 40. Un pequeño cine proyecta divertidas películas mudas que fueron rodadas durante la época dorada de la industria cinematográfica del sur de Florida, en los años 20.

*Riverwalk recorre la orilla septentrional del New River*

### Lugares de Interés

Bonnet House ⑦
Broward Center for the Performing Arts ②
Fort Lauderdale Historical Museum ③
Hugh Taylor Birch SRA ⑧
International Swimming Hall of Fame ⑥
Museum of Art ④
Museum of Discovery and Science ①
Stranahan House ⑤

# FORT LAUDERDALE

### 🏛 Museum of Art
1 E Las Olas Blvd. ( *(954) 763-6464.* ma-do. festivos.
Este museo, situado en un impresionante edificio posmoderno, es famoso por su gran colección de obras de arte CoBrA. El nombre procede de las iniciales de Copenhague, Bruselas y Amsterdam, capitales de los países de origen de un grupo de expresionistas que experimentó con una fantástica imaginería entre 1948 y 1951. El museo tiene expuestas obras de Karel Appel, Pierre Alechinsky y Asger Jorn, los principales exponentes del movimiento, y muestra, además, obras de arte africano y del sur del Pacífico.

### 🏛 Museum of Discovery and Science
401 SW 2nd St. ( *(954) 467-6637.* todos los días. 25 dic.
Recoge la mayor cifra de afluencia de visitantes de todo el Estado, y es uno de los mayores y mejores museos de Florida en su categoría. En él, animales de todo tipo aparecen representados en *ecopaisajes*, y se puede hacer un viaje simulado a la luna, o contemplar cómo las ratas amaestradas juegan al baloncesto.

En el teatro IMAX se proyectan filmes como *La vida marina* en una pantalla de 18 m de altura. Se trata de uno de los pocos lugares del mundo donde muestran películas en tres dimensiones, en las que el público se coloca unas gafas especiales y unos auriculares de casco. Los fines de semana también hay proyecciones de tarde; llame al museo para conocer los horarios y hacer su reserva.

### 🏨 Stranahan House
335 SE 6th Ave. ( *(954) 524-4736.* mi-do. jul-ago; festivos. limitada
La casa más antigua de la ciudad es un bello edificio de pino y roble, construido por el pionero Frank Stranahan en 1901. En su época fue el centro de la vida de Fort Lauderdale, pues hacía las veces de mercado, salón de actos, oficina de correos y banco. Aún más evocadoras que el mobiliario son las antiguas fotos de Stranahan comerciando con los semínolas de la zona *(ver p. 271)*. Desde los cercanos Everglades, los indios llevaban en sus canoas pieles de caimán o nutria y plumas de garceta, artículos de gran demanda en aquella época.

### Las Olas Boulevard
A pesar de su continuo tráfico, el tramo de Las Olas situado entre las avenidas 6 y 11 es la zona más pintoresca de Fort Lauderdale. Una mezcolanza de boutiques elegantes, informales y de última moda, así como restaurantes y bares, se asoman a esta arteria donde se puede comprar de todo, desde un abrigo de piel hasta arte haitiano moderno.

Si no le atraen las compras, visite esta zona por la noche para cenar o tomar una copa, o bien dése un paseo en coche de caballos.

En su camino hacia la playa, esta calle atraviesa islas donde se puede observar más de cerca la ostentosa forma de vida de Fort Lauderdale *(ver p. 131)*.

---

### INFORMACIÓN ESENCIAL
**Mapa de carreteras** F4. Broward Co. 150.000. 8 km S. 200 SW 21st Terrace, *(800) 872-7245.* 515 NE 3rd St, *(800) 231-2222.* 1850 Eller Drive, *(954) 523-3404.* 1850 Eller Drive *(954) 765-4466.* **Paseos en tranvía** ( *(954) 429-3100.* Winterfest Boat Parade *(dic).*

---

### SIGNOS CONVENCIONALES

| | |
|---|---|
| 🚌 | Estación de autobuses Greyhound |
| ⛴ | Embarcadero |
| P | Aparcamiento |
| ▬ | Carretera principal |

**Stranahan House, la casa más antigua de Broward County**

# Explorando otras zonas de Lauderdale

Aunque no vea los carteles de "Bienvenido a Fort Lauderdale, la capital mundial de los yates", no tardará en averiguar cuál es el verdadero núcleo de la ciudad. Tanto para los turistas como para los vecinos de la localidad, el atractivo de Fort Lauderdale reside sobre todo en sus animadas playas y en los canales que arrancan del New River.

**Ciclistas y transeúntes en el paseo marítimo**

### La playa

Hasta mediados de los años 80, fecha en que las autoridades locales comenzaron a desanimarles, los estudiantes acudían en tropel a Fort Lauderdale para pasar sus vacaciones de primavera. Hoy en día, la ciudad ha recuperado su imagen, y su excelente playa sigue siendo la más animada de la Gold Coast, especialmente al final de Las Olas Boulevard, donde los patinadores desfilan ante algunos bares y tiendas de *souvenirs*.

Por lo demás, el Fort Lauderdale costero se asemeja más al centro turístico familiar que anuncia la publicidad, cuya franja más agradable es la de South Beach Park.

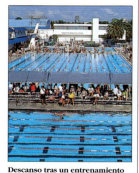

**Descanso tras un entrenamiento en el Swimming Hall of Fame**

### 🏛 International Swimming Hall of Fame

1 Hall of Fame Drive. (954) 462-6536. todos los días.
Si le interesa la historia de los deportes acuáticos, no deje de visitar este museo y su extraña pero divertida mezcolanza de objetos, que van de antiguos trajes de baño de algodón a curiosos maniquíes de estrellas como Johnny Weismuller, *Tarzán,* que ostenta 57 récords mundiales de natación.

En sus famosas piscinas, los entrenadores obligan a las promesas olímpicas a nadar largas distancias atados a un extremo de la piscina por una goma gigante. Los visitantes pueden acudir a presenciar las sesiones de entrenamiento y las competiciones acuáticas.

### 🏛 Bonnet House

900 N Birch Rd. (954) 563-5393. mi-do. 4 jul, Día de Acción de Gracias, 25 dic. obligatoria, dos veces al día (llamar antes).
Esta casa, situada cerca del mar, es la más atractiva del antiguo Fort Lauderdale. Se encuentra rodeada de idílicos jardines tropicales donde antaño crecía el nenúfar (*bonnet water lily*) del que la casa tomó su nombre.

En 1920, el artista Frederic Bartlett edificó personalmente esta acogedora mansión de invierno al estilo de las viviendas de las plantaciones; de sus paredes cuelgan ejemplos de su obra, especialmente murales. Bartlett y su esposa Evelyn Lilly, también pintora, compartían la pasión por la naturaleza, de ahí los cisnes y monos que pueblan los jardines, el tiovivo de animales del patio de palmeras, el invernadero repleto de orquídeas y la colección de conchas.

### ♣ Hugh Taylor Birch State Recreation Area

3109 E Sunrise Blvd. (954) 564-4521. todos los días.
Estas 73 hectáreas, pertenecientes a los 5 km de la isla que el abogado de Chicago Hugh Taylor Birch adquirió en 1894, constituyen uno de los pocos oasis verdes que quedan sin urbanizar en la Gold Coast. Los visitantes pueden alquilar canoas en el lago, pasear por un sendero que recorre un *hammock* tropical y, sobre todo, hacer deporte en un bello itinerario circular.

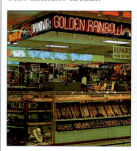

**Puesto de joyas en la Swap Shop de Fort Lauderdale**

**Alrededores:** a los amantes de las rebajas les encantará la **Swap Shop of Fort Lauderdale,** que cubre 30 hectáreas de terreno. Esta versión de un bazar oriental ofrece gran cantidad de puestos de joyas, gafas de sol y otras baratijas. Muchos de los 12 millones de visitantes anuales acuden atraídos por la feria y el circo gratuito, que tiene hasta payasos y elefantes. Por las tardes, el aparcamiento se convierte en un inmenso cine al aire libre.

### 🎬 Swap Shop of Fort Lauderdale

3291 W Sunrise Blvd. (954) 791-7927. todos los días.

# FORT LAUDERDALE

El *Jungle Queen*, el barco de paseo más famoso de Fort Lauderdale

### Los canales

De la desembocadura del New River arrancan decenas de estrechos canales paralelos. La zona recibe el nombre de **The Isles,** debido a las hileras de estrechas islas peninsulares originadas por el barro dragado de los canales en los años 20. Se trata del mejor sitio de la ciudad para vivir: tras la frondosa vegetación y los lujosos yates se ocultan mansiones de precios astronómicos. Sus moradores, como Wayne Huzienga, propietario del imperio Blockbuster Video y de varios equipos de fútbol y béisbol, son en general empresarios adinerados.

Las islas flanquean la Intracoastal Waterway, que también atraviesa el **Port Everglades.** Este fascinante puerto deportivo es el segundo más grande del mundo, después del de Miami, además de ser destino de buques de carga, petroleros, destructores y submarinos.

En tierra, la mejor vista de los canales se obtiene desde el bar giratorio situado en la cúspide de la torre del Hyatt Regency Pier 66 Hotel, en South East 17th Street. Pero las mansiones, los yates y el puerto sólo se ven bien desde el agua. El *Jungle Queen* es un antiguo barco fluvial que navega por el New River hasta una isla privada en la que se ha recreado un poblado indio; se puede optar por una excursión de tres horas a la luz del día o por un paseo nocturno que incluye un espectáculo de variedades y una cena.

La excursión fluvial del *Carrie B,* de 90 minutos de duración, zarpa de Riverwalk, pasa ante varias mansiones, curiosea por el puerto y visita las cálidas aguas que emana una central eléctrica, donde se reúnen numerosos manatíes *(ver p. 236).*

Los **taxis acuáticos** ascienden por el New River hasta el centro urbano o cualquier punto situado entre el puerto norte y Commercial Boulevard. Debe llamar con 10 minutos de antelación y puede utilizar billetes de un viaje o bonos de un día, más económicos. En el Bahia Mar Yatching Center y en Pier 66 Marina se pueden alquilar embarcaciones sin patrón.

Por último, compañías como **SeaEscape** organizan excursiones de un día a las Bahamas por la mañana o al atardecer *(ver pp. 338-339).* Las principales distracciones a bordo suelen ser los casinos y los espectáculos de cabaré.

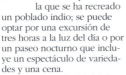

Taxi acuático en el New River

### DIRECCIONES ÚTILES

*Carrie B*
The Riverwalk at SE 5th Avenue.
*(954) 768-9920.*

*Jungle Queen*
Bahia Mar Yachting Center,
A1A, Fort Lauderdale Beach.
*(954) 462-5596.*

*SeaEscape*
Port Everglades Terminal 1.
*(954) 925-9700.*

*Water Taxi*
651 Seabreeze Boulevard,
A1A, Fort Lauderdale Beach.
*(954) 467-6677.*

Vista de los canales de Fort Lauderdale desde el Hyatt Regency Pier 66 Hotel

**Estatua balinesa, en el Graves Museum de Dania**

## Dania ㉑

**Mapa de carreteras** F4. Broward Co.
🚻 *13.000.* 🚉 *Hollywood.* 🚌 *Hollywood.* 🛈 *Dania, (954) 926-2323.*

Algunos residentes de la zona sólo visitan esta ciudad para asistir a un partido de *jai alai,* pero también resulta interesante la **John U. Lloyd Beach State Recreation Area,** un área virgen que contrasta fuertemente con el cercano Port Everglades *(ver p. 131).* Desde el extremo septentrional del parque se contempla el ir y venir de los barcos, mientras que por el sur se extiende una de las playas más maravillosas de la Gold Coast: más de 3 km de arena bordeados de pinares. Se puede alquilar una canoa para explorar el riachuelo rodeado de manglares que fluye por el corazón del parque.

En el interior, el **Graves Museum of Archaeology and Natural History** combina exposiciones marcadamente educativas que explican, por ejemplo, la formación de los cayos, con entretenidos objetos como maquetas de dinosaurios y réplicas de los tesoros de Tutankamon.

Unas cuantas manzanas más al norte se agrupan unas 150 tiendas de antigüedades a las que, a pesar de su anodina ubicación junto a la autopista US 1, resulta interesante echar un vistazo.

### ♣ John U Lloyd Beach SRA
*6503 N Ocean Drive.* 📞 *(954) 923-2833.* ⏰ *todos los días.*

### 🏛 Graves Museum of Archaeology and Natural History
*481 S Federal Highway.* 📞 *(954) 925-7770.* ⏰ *ma-do.* ⦿ *Semana Santa, Día de Acción de Gracias, 25 dic, 1 ene.*

## Hollywood ㉒

**Mapa de carreteras** F4. Broward Co.
🚻 *135.000.* 🚉 *Amtrak y Tri-Rail.* 🚌 🛈 *330 N Federal Highway, (954) 923-4000.*

Fundada por un californiano en los años 20, esta vasta y modesta población turística es el destino de la mayoría de los 300.000 canadienses francófonos que todos los inviernos emigran a Fort Lauderdale. En los restaurantes y cafés de estilo galo sirven *pommes frites* y *crêpes* a los comensales, que leen periódicos de Québec en el Broadwalk.

El paseo marítimo convierte a Hollywood en un lugar agradable para los peatones pues, en él, el tráfico se reduce a una riada constante de patinadores y ciclistas. Junto al paseo se extienden kilómetros de playas meticulosamente cuidadas y muy concurridas.

Todas las mañanas, decenas de turistas se congregan en el Theater Under the Stars, un recinto al aire libre situado junto al mar, para practicar el aeróbic, y regresan por las tardes a los conciertos que allí se celebran.

**Alrededores:** en el cruce de las Routes 7 y 448, en el extremo occidental de Hollywood, se encuentra la **Seminole Indian Hollywood Reservation,** la reserva india más pequeña de Florida (194 hectáreas) que, como otras de este Estado, disfruta de bastante autonomía *(ver p. 271).* Las vallas publicitarias que anuncian cigarrillos a bajo precio son un ejemplo claro de la exención del impuesto estatal sobre el tabaco.

Quizás prefiera dejar de lado el **poblado indio** con sus puestos de artesanía para turistas y visitar el gran **Seminole**

**Bañistas disfrutando de las límpidas arenas de Hollywood Beach**

# GOLD COAST Y TREASURE COAST

**En el bingo de la reserva semínola se amasan fortunas**

**Indian Bingo and Poker Casino,** abierta las 24 horas, que se halla al otro lado de la carretera. En las reservas tampoco se aplican las leyes del juego y, en el bingo, hasta 1.400 jugadores compiten por unos premios en metálico de cinco cifras. Asómese también a la frenética *sala del rayo,* donde los profanos en el bingo rápido pierden cientos de dólares.

No muy lejos, el pequeño **Ah-Tha-Thi-Ki Museum** explica la vida y costumbres de los semínolas. Merece la pena visitarlo, sobre todo si no tiene tiempo para explorar el otro museo sobre este tema que se encuentra en los Everglades *(ver p. 271).*

**Poblado indio**
3551 N State Rd 7. (954) 961-4519. todos los días. Día de Acción de Gracias, 25 dic. limitada

**Seminole Indian Bingo and Poker Casino**
4150 N State Rd 7. (954) 961-3220. todos los días. Semana Santa, 25 dic.

**Ah-Tha-Thi-Ki Museum**
5991 S State Rd 7. (954) 792-0745. mi-do. Día de Acción de Gracias, 25 dic, 1 ene.

## Davie ㉓

**Mapa de carreteras** F4. Broward Co. 58.000. Fort Lauderdale. Fort Lauderdale. 4185 Davie Rd, (954) 581-0790.

EN EL CRUCE DE Orange Drive y Davie Road, rodeada de picaderos y establos, la extraña ciudad de Davie parece un auténtico pueblo del antiguo oeste. Delante de las cabañas de madera que albergan el Ayuntamiento crecen los cactus. Entre en Grif's Western Wear, el supermercado para *cowboys* situado en el nº 6211 de South West 45th Street, para aprovisionarse de sillas de montar, sombreros de vaquero y botas. Sin embargo, la única manera de probar el auténtico sabor de esta localidad es asistir a las domas de potros,

**Sombreros tejanos de Grif's, la tienda del oeste de Davie**

montas de toros y derribo de reses en **Davie Rodeo Arena.** Estas exhibiciones de destreza suelen celebrarse los miércoles por la tarde a eso de las 19.30; también se celebran rodeos profesionales todos los meses.

**Davie Rodeo Arena**
6591 Orange Drive. (954) 797-1163. sólo para los rodeos.

## Flamingo Gardens ㉔

**Mapa de carreteras** F4. Broward Co. 3750 Flamingo Rd, Davie. (954) 473-2955. Fort Lauderdale. Fort Lauderdale. todos los días. Día de Acción de Gracias, 25 dic.

ESTOS BELLOS jardines nacieron en 1927 como retiro de fin de semana de los Wray, una familia de cultivadores de cítricos. Se puede visitar la bella casa de los años 30, y un tranvía realiza un recorrido por los huertos de limoneros, naranjos, robles, higueras bengalíes y otras especies exóticas.

Los jardines acogen también un sinfín de aves de Florida, entre ellas el águila de cabeza blanca *(ver p. 22)* y, cómo no, los flamencos. Numerosas especies de ánades, gaviotas, palomas y zancudas, incluida la curiosa espátula rosada *(ver p. 275),* residen en un espléndido recinto que se encuentra dividido en hábitats, con bosques de cipreses y una ciénaga de manglares.

---

### JAI ALAI: UN DEPORTE VASCO

Este juego se originó hace unos 300 años en el País Vasco *(jai alai* significa en vascuence "fiesta alegre") y fue importado a EE UU a principios de siglo a través de Cuba. Florida cuenta con ocho de los diez frontones de todo el país.
Un partido de *jai alai* permite disfrutar de una velada barata, si no se apuesta. El programa explica tanto la puntuación como los entresijos de las apuestas mutuas. La gente grita y anima con fuerza a los jugadores, pues está en juego su dinero. En Dania se celebran competiciones cinco días a la semana: solicite información en el (954) 927-2841. Las reglas del juego se explican en la página 31 de este libro.

**Jugador de *jai alai* preparando un golpe**

# Orlando y la Costa Espacial

**E**N ORLANDO HALLARÁ DE TODO, *desde montañas rusas hasta espectáculos de delfines y orcas, pasando por un famoso ratón de grandes orejas, lo que convierte a esta ciudad en un mundo de fantasía, indiscutible capital mundial de los parques temáticos.*

Orlando fue originalmente Fort Gatlin, un destacamento militar creado durante las guerras semínolas *(ver pp. 44-45)*. Cuenta la historia que el fuerte fue rebautizado más tarde en honor de un soldado llamado Orlando Reeves, que había sido alcanzado por una flecha semínola en 1835. La zona que ocupaba la fortificación se fue urbanizando pero, incluso durante la primera mitad del siglo XX, Orlando y otras localidades próximas, como Kissimmee, no eran más que pequeños pueblos que vivían del ganado y los cítricos.

En los años 60 todo cambió. Primero llegaron las oportunidades laborales que brindaba el programa espacial de Cabo Cañaveral. Luego empezó a tomar forma Walt Disney World: en 1971 se inauguraba su primer parque temático, el Reino Mágico. Desde entonces, unos 500 millones de visitantes han peregrinado hasta lo que se considera uno de los destinos vacacionales más populares del mundo. Su éxito ha originado una próspera industria del ocio en Orlando y sus alrededores, donde cada vez aparecen más atracciones. La región, exceptuando sus numerosos lagos, ofrece un paisaje bastante llano, donde el extrarradio de Orlando va ocupando lo que antes eran tierras de cultivo. A lo largo de la denominada "Costa Espacial", las poblaciones presentan escaso atractivo. Sin embargo, el cordón litoral situado al otro lado del río Indian posee 116 km de formidables playas de arena, además de dos grandes reservas naturales con abundancia de aves. Junto a todo esto, en una enorme zona pantanosa se alza el Kennedy Space Center, desde donde se lanzan los transbordadores espaciales que atraviesan la atmósfera terrestre.

**Paisaje virgen de Merritt Island, en la Costa Espacial**

◁ **Imponente entrada de los Estudios Universal, uno de los grandes parques temáticos de Orlando**

# Explorando Orlando y la Costa Espacial

El motivo por el que Orlando atrae a tantos turistas son sus parques temáticos, especialmente Walt Disney World, Sea World y los Estudios Universal. Se dice que en los alrededores, entre Walt Disney World, la zona de International Drive y Kissimmee, hay más de 80.000 plazas hoteleras, más que en toda Nueva York. Si dispone de tiempo, visite Cypress Gardens o Splendid China. Por la noche, participe del colorido de los complejos de ocio de Church Street Station y Pleasure Island. Si desea conocer la cara más elegante de Orlando, dedique algún tiempo al barrio de Winter Park.

A tan sólo 80 km de distancia de Orlando se encuentra la Costa Espacial, donde podrá encontrar desde desiertas playas vírgenes hasta la bulliciosa meca del surf, Cocoa Beach, además del Kennedy Space Center, que compite fuertemente con los parques temáticos de Orlando por ofrecer lo máximo en diversión.

**Signos Convencionales**

- Autopista interestatal
- Carretera de peaje
- Carretera principal
- Carretera secundaria
- Carretera panorámica
- Río
- Punto panorámico

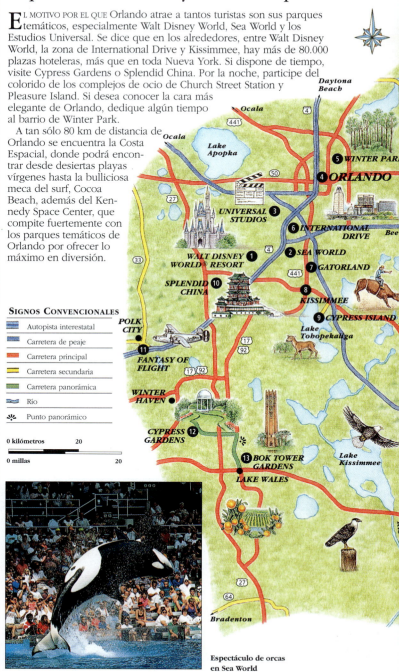

Espectáculo de orcas en Sea World

Cohetes de los inicios de la exploración espacial, en el Kennedy Space Center

## Cómo Desplazarse

Gracias a la extensa red de carreteras de doble calzada, la conducción es relajada y rápida: desde Walt Disney World al centro de Orlando se tardan 30 minutos, y a Cypress Gardens, una hora. Si no se va a mover de Disney, consulte en la página 139 las posibilidades de transporte. Muchos hoteles ofrecen un servicio gratuito de autocares a los parques temáticos, y los autobuses Lynx *(ver p. 363)* tienen líneas a la mayoría de los puntos turísticos. La Costa Espacial se encuentra a una hora de Orlando hacia el este por la Route 528 (Bee Line Expressway). La I-95 es la principal vía que recorre la costa de norte a sur, mientras que la Route A1A conduce a las playas del litoral.

## Lugares de Interés

Bok Tower Gardens ⑬
Canaveral National Seashore y Merritt Island ⑭
Cocoa ⑱
Cocoa Beach ⑲
Cypress Gardens ⑫
Cypress Island ⑨
Fantasy of Flight ⑪
Gatorland ⑦
International Drive ⑥
Kennedy Space Center pp. 182-187 ⑮
Kissimmee ⑧
Orlando ④
*Sea World pp. 164-167* ②
Splendid China ⑩
*Estudios Universal pp. 168-173* ③
US Astronaut Hall of Fame ⑯
Valiant Air Command Warbird Air Museum ⑰
*Walt Disney World pp. 138-163* ①
Winter Park ⑤

## Ver También

- **Alojamiento** pp. 302-304
- **Restaurantes y bares** pp. 321-323 y 330

# Walt Disney World® ❶

Con sus 69 km², Walt Disney World es el mayor complejo de ocio del planeta. Su principal atractivo son sus parques temáticos: Epcot, Reino Mágico y los Estudios Disney-MGM. Pero también constituye un destino vacacional en sí mismo, pues cuenta con todo lo necesario, desde hoteles hasta campos de golf. Hasta ahora sólo tiene construida una cuarta parte del terreno, por lo que todos los años hay novedades; la última ha sido el Reino Animal.

Inigualable en cuanto a imaginación, cuidado de los detalles y, sobre todo, en tecnología de *audio-animatronics* (que da vida a animales y seres humanos con extraordinario realismo), Walt Disney World es también una burbuja hermética aislada del mundo real. Todo funciona como un reloj y no se permite que nada rompa la ilusión de los parques temáticos: incluso la maquinaria está oculta en túneles subterráneos. No es preciso ser niño para disfrutar de Walt Disney World: casi la mitad de los visitantes son adultos y éste es el destino más popular de los norteamericanos recién casados.

### MÁS INFORMACIÓN

*Busque en la página 163 más información sobre:*
- *tipos de entradas*
- *días punta*
- *horario*
- *programa ideal*
- *las colas*
- *las comidas en WDW*
- *dinero*
- *WDW con niños pequeños*
- *conocer a Mickey*

## CUÁNDO IR

Durante las vacaciones escolares y, en particular, en Navidad, Año Nuevo, Semana Santa, el 4 de julio y el Día de Acción de Gracias, los parques temáticos suelen estar abarrotados, con colas de más de 90 minutos en las grandes atracciones. Sin embargo, la recompensa por acudir en esas fechas es la amplitud de horarios y la mayor frecuencia de desfiles y fuegos artificiales. La Navidad, periodo en el que Walt Disney World se viste de gala, es la época más festiva, pero también la de mayor afluencia de visitantes.

Durante la temporada de menor bullicio, de septiembre a Navidad y de Año Nuevo a mediados de febrero, los parques se muestran maravillosamente vacíos. Otra ventaja del invierno es que la temperatura es mucho más apropiada para visitarlos a fondo. Sin embargo, hay menos acontecimientos y, además, puede haber atracciones cerradas por mantenimiento.

## DURACIÓN DE LA VISITA

Walt disney world ofrece como poco una semana de diversión, e incluso más con la apertura del Reino Animal *(ver p. 160)*. Para disfrutar de todo, asigne dos días al Reino Mágico y otros dos a Epcot, dejando uno para Estudios Disney-MGM. Es aconsejable que intercale las visitas con días de descanso.

## COMPLEJOS DE WALT DISNEY WORLD

① All-Star Music
② All-Star Sports
③ Beach Club
④ Caribbean Beach
⑤ Contemporary
⑥ Coronado Springs
⑦ Disney Institute
⑧ Disney's BoardWalk
⑨ Dixie Landings
⑩ Fort Wilderness
⑪ Grand Floridian Beach
⑫ Old Key West
⑬ Polynesian
⑭ Port Orleans
⑮ WDW Dolphin
⑯ WDW Swan
⑰ Wilderness Lodge
⑱ Yacht Club

### SIGNOS CONVENCIONALES

- 🅿 Aparcamiento
- ⛽ Gasolinera
- ⛳ Campo de golf
- — Monorraíl
- ━ Carretera principal
- ═ Autopista interestatal
- ═ Carretera secundaria
- 🚩 Entrada al parque temático

## Entradas y Pases

Una vez abonada la entrada a los parques temáticos, no se paga nada por disfrutar de las atracciones.

Si la visita va a ser prolongada, no compensa comprar entradas de un día y para un solo parque. Más económicos resultan los diversos tipos de pases *(ver p. 163)*, que además ofrecen a sus propietarios una mayor libertad.

Tanto las entradas como los pases se pueden adquirir en los mismos parques, pero comprándolos de antemano se ahorra tiempo. Los venden en la tienda Disney del aeropuerto internacional de Orlando, en los *resorts* Disney, en muchos hoteles y en el centro de información turística de International Drive *(ver p. 176)*. Además, también están a la venta en las tiendas Disney de todo el mundo, y las agencias de viajes a veces los incluyen en sus paquetes turísticos.

## Cómo Desplazarse

El coche no es imprescindible en Walt Disney World, aunque no hay duda de que se trata de la forma más rápida y sencilla de moverse.

La amplia red de transportes acoge todos los días un promedio de 200.000 visitantes y la mayoría de los hoteles tienen un servicio de desplazamiento gratuito a los parques temáticos. El sistema de transportes de Walt Disney World es el **Ticket and Transportation Center**, o TTC, que está comunicado con el Reino Mágico por dos líneas de monorraíl: una, en la que se circula en el sentido de las agujas del reloj, hace los *resorts*, y otra, en dirección contraria, ofrece un servicio rápido, pero a menudo más abarrotado. Un tercer monorraíl une el TTC con Epcot. Los transbordadores van también desde el TCC hasta el Reino Mágico atravesando el Lago de los Siete Mares; otros enlazan el Reino Mágico y Epcot con sus respectivos *resorts*.

En Walt Disney World hay autobuses para ir de unas atracciones a otras. Algunos enlazan directamente con el Reino Mágico, lo que evita tener que tomar el monorraíl o el *ferry*.

Quienes se alojen en Walt Disney World o posean un pase pueden utilizar gratis toda la red de transportes, mientras que las entradas de un día a un solo parque temático permiten usar los monorraíles y los transbordadores entre el TTC y el Reino Mágico.

## Aparcamiento

Los visitantes del Reino Mágico deben dejar su coche en el TTC y utilizar el transporte público para desplazarse hasta el parque temático; en cambio, Epcot y los Estudios Disney-MGM cuentan con sendos aparcamientos.

Los que se alojen en un *resort* Disney aparcan gratis; los demás deben pagar, pero sólo una vez al día, independientemente de cuántas veces muevan el vehículo.

## Ventajas de Alojarse en los Hoteles de Walt Disney World

Todas las noches se alojan en Walt Disney World alrededor de 50.000 visitantes. En los *resorts*, como se denomina en inglés a los complejos de hoteles y chalets de turismo, así como en los hoteles Swan y Dolphin (explotados por entidades independientes), el alojamiento es impecable. Sin embargo, resultan más caros que muchos establecimientos situados fuera de Walt Disney World. Además de la calidad Disney, también se paga:

• la proximidad a las atracciones y el uso gratuito de la red de transportes de Disney; los *resorts* del Reino Mágico situados junto al monorraíl son los más céntricos.

• la entrada anticipada a los parques temáticos. Todos los días, uno de ellos abre 90 minutos antes para los residentes.

• la oportunidad de adquirir pases para disfrutar ilimitadamente de las atracciones; tienen una validez de entre dos y nueve días.

• la entrada garantizada a los parques temáticos, aunque estén llenos.

• la posibilidad de cenar con el personaje preferido de Disney en el propio hotel.

• el envío de las compras realizadas en cualquier punto de Walt Disney World.

En las páginas 303-304 figura una relación de los complejos Disney recomendados. Tenga presente que los hoteles próximos a Disney Village Marketplace, que no pertenecen a esta cadena, no ofrecen todos los privilegios antes mencionados.

---

0 metros 500

- Zona del Reino Mágico
- Zona del Pueblo Disney
- Zona de Epcot
- Zona de los estudios

# El Reino Mágico

CON UNA CONFIGURACIÓN semejante a la de California, Japón y Francia, el Reino Mágico es el parque temático central de Disney. Anunciado como el lugar donde los sueños se hacen realidad, en él los niños se encuentran en el séptimo cielo y los adultos reviven su infancia. Los personajes de dibujos animados y las visiones nostálgicas de cómo era antes el mundo y, especialmente, EE UU, llenan sus 40 hectáreas de incansable animación. Compuesto de siete *lands* o países (que evocan un tema o una época determinada, como el salvaje oeste, la América colonial o el futuro), en realidad se trata de siete miniparques temáticos en uno. Por todo el parque abundan los desfiles, hay músicos callejeros como las bandas de Dixieland, y los personajes tridimensionales de Disney saludan a sus invitados.

**Cohete de astronautas en la cima de Space Mountain**

## Cómo Organizar la Visita

LLEGUE AL TICKET and Transportation Center (TTC) con una hora de antelación. Main Street suele abrir unos 30 minutos antes que el resto del parque.

En la entrada le darán un plano detallado del recinto, cuya configuración resulta fácil de comprender, ya que los siete países se sitúan alrededor de la plaza Central; además, las torres del castillo de Cenicienta sirven de punto de referencia. En el folleto figuran los horarios de los espectáculos y desfiles, al igual que en el Guest Information Board (tablón informativo) situado al final de Main Street, USA, que también indica el tiempo de espera de cada atracción.

Si llega temprano, vaya directamente a las atracciones más visitadas antes de que se formen colas. Los más jóvenes querrán ver al ratón Mickey por encima de todo. No dedique demasiado tiempo a Main Street, ya que permanece abierta una hora más que el resto. Por último, no se pierda el parque de noche, cuando el Reino Mágico resulta más cautivador que ningún otro parque temático de Orlando.

La forma más rápida de desplazarse es a pie, pero hay medios de transporte más divertidos: un tren de vapor realiza un recorrido de 20 minutos, con paradas en Main Street, Mickey's Toontown Fair y Frontierland; por Main Street circulan vehículos antiguos, y los teleféricos Skyway, que unen Tomorrowland con Fantasyland, ofrecen magníficas vistas pero, generalmente, también largas colas.

### Espectáculos y Desfiles

No se marche de Walt Disney World sin presenciar alguno de los desfiles del Reino Mágico, cuyas dimensiones, energía y complejidad resultan asombrosas. En el denominado *Recuerda la Magia* participan un sinfín de personajes de Disney, algunos de ellos de proporciones gigantescas. SpectroMagic, un magnífico espectáculo nocturno en el que unas 600.000 bombillas en miniatura iluminan las carrozas, hadas, sirenas, hipocampos y avestruces, sólo se celebra si el parque permanece abierto hasta tarde. El punto menos concurrido para presenciarlo suele ser Frontierland.

Lo mejor son los fuegos artificiales *Fantasía en el cielo,* que dan comienzo cuando Campanilla, el hada de Peter Pan, sale volando del castillo de Cenicienta. Algunas noches de diciembre, la Mickey's Very Merry Christmas Party llena el parque de adornos navideños y espectáculos especiales. Conviene reservar con antelación las entradas para este desfile.

◁ **Mickey Mouse y sus amigos ante el castillo de Cenicienta**

# Main Street, USA

Romántica versión de la calle principal y la plaza mayor de una pequeña población norteamericana de principios de siglo.

Los toldos ribetean las fachadas de las tiendas, cuyos propietarios son los personajes más importantes de Disney, mientras que la bandera estadounidense ondea en los tejados; el ambiente lo rematan los antiguos faroles, los cuartetos de color que cantan *a capela* y un cine que proyecta los clásicos dibujos animados de Disney.

## Adventureland

La frondosa vegetación, los tambores, los edificios coloniales y las bellas plazas de Adventureland evocan zonas tan diferentes como África, Polinesia y el Caribe.

### Jungle Cruise
Los visitantes hacen un recorrido en barco por ríos tropicales que recrean a la perfección cascadas, vegetación e, incluso, un templo perdido. Los barqueros cuentan chistes mientras muestran a los tripulantes los tigres, cocodrilos y elefantes que abundan en la jungla.

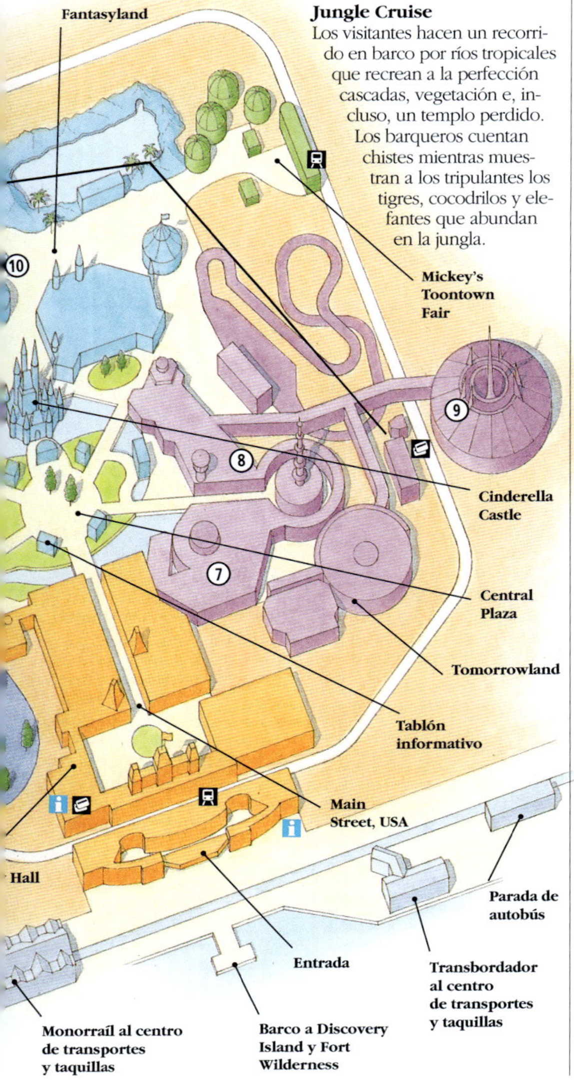

## Las 10 Atracciones Principales

1. **It's A Small World**
2. **Haunted Mansion**
3. **Big Thunder Mountain Railroad**
4. **Splash Mountain**
5. **Pirates of the Caribbean**
6. **Jungle Cruise**
7. **The Timekeeper**
8. **ExtraTERRORestrial Alien Encounter**
9. **Space Mountain**
10. **Dumbo the Flying Elephant**

### Pirates of the Caribbean
Las dimensiones y el detalle de las figuras animadas de este paseo de 10 minutos sobrepasan a cualquier otra atracción. En él un barco abre fuego contra el castillo, mientras los piratas beben y se divierten en el puerto. De cerca, se ve la suciedad de los pies y el vello de las piernas de los bucaneros.

### Tropical Serenade
Un animado coro de más de 200 pájaros trinan, pían y cantan. Ésta fue la primera atracción con figuras animadas de Disney, inaugurada en Disneylandia (California) en 1963. Hoy ha quedado un tanto anticuada, y resulta un espectáculo algo estático, pero entretenido a su manera.

## Signos Convencionales

- Main Street, USA
- Adventureland
- Frontierland
- Liberty Square
- Fantasyland
- Mickey's Toontown Fair
- Tomorrowland
- Zona perimetral
- Teleférico
- Paradas de tren
- Banco/cajero automático
- Oficina de información

*Map labels:* Fantasyland, Mickey's Toontown Fair, Cinderella Castle, Central Plaza, Tomorrowland, Tablón informativo, Main Street, USA, Hall, Entrada, Parada de autobús, Monorraíl al centro de transportes y taquillas, Barco a Discovery Island y Fort Wilderness, Transbordador al centro de transportes y taquillas

## FRONTIERLAND

SE TRATA DEL salvaje oeste americano visto por Disney, con un salón, un núcleo comercial fronterizo donde se venden corbatas de cordones y placas de *sheriff*, una galería de tiro y numerosos vaqueros. Pásese en cualquier momento a ver el **Diamond Horseshoe Saloon Revue**, un espectáculo en el que los actores realizan enérgicas piruetas y bailes de cabaret en un bello salón. El **Country Bear Jamboree** es una reunión de cabezas parlantes de ciervos, búfalos y ratones, además de una adorable *troupe* de osos cantores.

Si necesita huir de las multitudes, puede navegar en balsa hasta la **Tom Sawyer's Island**, que cierra al atardecer. Con un fuerte, túneles, puentes giratorios, un molino de viento y otro de agua, hace las delicias de los más pequeños.

Frontierland también posee dos de las atracciones más visitadas y emocionantes del parque: el Big Thunder Mountain Railroad y la Splash Mountain.

### Splash Mountain

No todos los visitantes se atreven a subirse en esta atracción, que consiste en una caída, a 65 km/h, por una cascada que se precipita montaña abajo. Los más osados realizan primero una serie de minidescensos de prueba, entretenidos en todo momento por el conejo Brer y sus amigos, personajes de la película de Walt Disney *Song of the South,* de 1946.

### Big Thunder Mountain Railroad

Por esta divertida montaña rusa circula un tren minero sin frenos, que pasa junto a estalactitas y estalagmitas, caídas de rocas, cascadas y una ciudad minera inundada.

## LIBERTY SQUARE

LAS CASAS DE madera, un grandioso roble y la réplica de un templo cuáquero de Boston son los elementos más representativos. También está aquí el objeto más bello del parque: el **Liberty Square Riverboat**, un barco de vapor que recorre los ríos de EE UU, encontrándose en el trayecto con ciervos, un poblado indio y un incendio en la cabaña de madera de un colono.

### Hall of Presidents

Este espectáculo es el más emotivo para muchos norteamericanos, ya que ahonda en el tema patriótico que caracteriza a Liberty Square. Están representados los 42 presidentes de EE UU, cuyos movimientos y aspecto son tan reales que resulta difícil creer que no sean humanos.

### Haunted Mansion

La mansión encantada es uno de los grandes atractivos del parque. El batir de las puertas, las estatuas que miran, los espectros que bailan y el vuelo de los fantasmas más que asustar, divierten.

## FANTASYLAND

ES EL CORAZÓN del Reino Mágico. Su punto central, el castillo de Cenicienta, es una sorprendente creación de acero y fibra de vidrio que parece sacada de un cuento de hadas.

La mayoría de los entretenimientos están pensados para los más pequeños. Los tiovivos, entre ellos el popular **Dumbo, el elefante volador,** y el carrusel de 1917, no necesitan explicación. Hay otras tres atracciones con complejas figuras animadas de cuentos infantiles clásicos. La mejor es **El vuelo de Peter Pan**, en la que se navega desde Londres hasta el país de Nunca Jamás; la bruja de las **Aventuras de Blancanieves** puede asustar a algunos niños, mientras que el surrealista **Toad's Wild Ride** no se entiende bien a menos que se haya leído *The Wind in the Willows*, de Kenneth Grahame.

El único espectáculo de Fantasyland es la **Leyenda del rey León**, una sencilla representación con marionetas manuales de algunas escenas de la película.

---

### COMPRAS

Las tiendas de Main Street están especializadas en artículos de Disney, desde calculadoras hasta pasta alimenticia con forma de Mickey. El mayor surtido es el de Emporium, con prendas de vestir, peluches, libros de autógrafos y demás objetos de Disney. Disneyana Collectibles ofrece pósters y cuentos. Los establecimientos de los demás países (*lands*) venden, además, otros artículos característicos del motivo de cada uno de ellos, desde las botas de vaquero de Frontierland hasta las chocolatinas Milky Way (vía láctea) de Tomorrowland. Especial interés revisten Traders of Timbuktu (en Adventureland), que ofrece instrumentos musicales y tallas de animales africanos, y Heritage House (en Liberty Square), con libros sobre la guerra de secesión e insignias.

---

### BARES Y RESTAURANTES

Muchos restaurantes del Reino Mágico sirven los típicos platos norteamericanos y la mayoría son establecimientos de comida rápida. Si desea algo mejor, o quiere tomar una cerveza (en el parque no se sirve alcohol), tome el monorraíl hasta los restaurantes de los complejos más próximos (*ver pp. 322-323*).

Dentro del parque, el más famoso es el Liberty Tree Tavern, recreación de una posada colonial, mientras que el King Stefan's Banquet Hall del castillo de Cenicienta resulta muy alegre, con sus vidrieras y sus estandartes medievales. En ambos, reserve llamando al WDW-DINE o a los propios restaurantes. De los establecimientos de comida rápida, el más tranquilo es Aunt Polly's, en la isla de Tom Sawyer, aunque su carta sólo ofrece bocadillos y pollo frío. El Crystal Palace sirve asados, pasta y ensaladas.

## It's A Small World

No debe perderse la principal atracción de Fantasyland. Un barco lleva al visitante hasta el lugar donde se hallan unos coros de muñecas que, en escenarios estereotipados de decenas de países, cantan una canción a favor de la paz y la armonía mundial.

## MICKEY'S TOONTOWN FAIR

Este parque está dirigido principalmente a los más pequeños. Es el lugar de residencia de Mickey y su pandilla. La casa de Mickey es de tamaño real y en el interior hay una lista de la compra con siete tipos distintos de queso; fuera se encuentran el coche de Mickey y la caseta de Pluto. Minnie Mouse tiene su propia mansión en miniatura. La emoción la pone el **Goofy's Barnstormer,** un biplano que vuela raudo alrededor de una montaña rusa.

Además, se representa una pantomima infantil con diversos personajes de Disney, y los niños tendrán la oportunidad de conocerlos personalmente en el Hall of Fame, o ser recibidos por Mickey Mouse en su camerino del Mickey's Hollywood Theatre.

## TOMORROWLAND

Tomorrowland ya no pretende ser una representación seria del futuro, sino que se ha convertido en algo menos didáctico y más fantástico. Aunque sus edificios metalizados la convierten en la zona con menos encanto del parque, alberga algunas de las grandes atracciones del Reino Mágico.

### Space Mountain

En la atracción más emocionante del Reino Mágico se vuela en un cohete desde la plataforma de lanzamiento hasta una total oscuridad, rota tan sólo por las estrellas fugaces; los cohetes sólo alcanzan los 45 km/h, pero la velocidad parece mucho mayor y se pierde la noción de que se viaja sobre una vía.

### ExtraTERRORestrial Alien Encounter

Aquí averiguará lo que se siente dentro de una película de terror. Sólo divertirá a los que disfrutan con las emociones fuertes, ya que quedarse encerrado con un extraterrestre hostil puede resultar una experiencia demasiado fuerte para muchos niños.

### Walt Disney's Carousel of Progress

Las cuatro escenas hogareñas de una típica familia norteamericana de figuras animadas en diversos momentos del siglo XX demuestran el progreso tecnológico a escala doméstica.

### The Timekeeper

Es el mejor espectáculo visual de Walt Disney World. Las imágenes proyectadas le transportarán primero a la época de los dinosaurios y luego, tras recoger a Julio Verne (autor de *La vuelta al mundo en 80 días*) en la Exposición de París de 1900, viajará con él por el presente y el futuro.

## ATRACCIONES Y ESPECTÁCULOS

Este cuadro le ayudará a organizar su visita al Reino Mágico. Las atracciones y los espectáculos figuran ordenados alfabéticamente y por países.
Ⓐ Atracción  Ⓔ Espectáculo

| | Cola de más de 30 minutos | Cola de menos de 15 minutos | Puede producir mareo | Puede asustar | Figuras animadas de calidad | Bueno para niños de preescolar | Educativo |
|---|---|---|---|---|---|---|---|
| **Jungle Cruise** Ⓐ | | ■ | ● | | | ■ | ● |
| **Pirates of the Caribbean** Ⓐ | | ■ | ● | | | ■ | |
| **Tropical Serenade** Ⓐ | | | | | | ■ | |
| **Big Thunder Mountain Railroad** Ⓐ | | ■ | ● | ■ | | ■ | |
| **Country Bear Jamboree** Ⓔ | | | | | | ■ | ● |
| **Diamond Horseshoe Saloon Revue** Ⓔ | | | | | | ■ | |
| **Splash Mountain** Ⓐ | | ■ | ● | ■ | | | |
| **Hall of Presidents** Ⓐ | | | | | | ■ | ■ |
| **Haunted Mansion** Ⓐ | | ■ | ● | | | | |
| **Liberty Square Riverboat** Ⓐ | | | | | | ■ | |
| **Dumbo the Flying Elephant** Ⓐ | | ■ | ● | | | | ● |
| **It's A Small World** Ⓐ | | ■ | ● | | | | ● |
| **Legend of The Lion King** Ⓔ | | | | | | | ● |
| **Mr Toad's Wild Ride** Ⓐ | | | ● | | | | |
| **Peter Pan's Flight** Ⓐ | | | ● | | | | |
| **Snow White's Adventures** Ⓐ | | | ● | | | | |
| **Goofy's Barnstormer** Ⓐ | | ■ | ● | ■ | | | ● |
| **ExtraTERRORestrial Alien Encounter** Ⓐ | | ■ | ● | | ● | | |
| **The Timekeeper** Ⓔ | | | | | | ■ | ● |
| **Space Mountain** Ⓐ | | ■ | ● | ■ | ● | | |
| **Walt Disney's Carousel of Progress** Ⓔ | | | | | | ■ | |

# Epcot

EPCOT ES EL ACRÓNIMO de un sintagma inglés que significa "prototipo experimental de una población del mañana", pues Walt Disney la ideó como una ciudad para unos 20.000 habitantes, que funcionaría con la tecnología más avanzada. Sin embargo, el resultado fue bien diferente y, en 1982, abría sus puertas como el parque temático para adultos más serio de Walt Disney World.

Future World es una muestra didáctica de los logros humanos en el campo de la ciencia y la tecnología, y World Showcase es como una exposición mundial, un pastiche arquitectónico, cultural y culinario de 11 países, donde se puede dar la vuelta al mundo sin preocuparse de husos horarios, visados ni pasaportes.

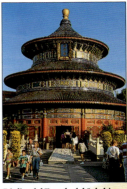

Réplica del Templo del Sol chino, en World Showcase

## CÓMO ORGANIZAR LA VISITA

EPCOT ES ENORME. Su superficie es dos veces y media más grande que la del Reino Mágico. Para verlo todo se necesitan dos días: cuente con una hora para cada uno de los nueve pabellones de Future World y para los seis países de World Showcase que tienen atracciones; con media hora bastará para el resto de las naciones.

Si sólo dispone de un día, concéntrese en los 10 lugares principales que aparecen en el recuadro de la página siguiente; asómese a todos los países de World Showcase y cene en alguno de sus restaurantes.

En temporada alta es mejor organizar el día para evitar las colas. Llegue temprano, ya que hay zonas de Future World que abren 30 minutos antes de la hora oficial de apertura del parque.

A continuación acuda a algunas de las atracciones más visitadas de Future World, como Body Wars y Honey, I Shrunk the Audience, y deje para más tarde Spaceship Earth y las exposiciones de los pabellones. World Showcase abre aproximadamente una hora más tarde que Future World. A media mañana, es preferible dirigirse a las dos atracciones de México y Noruega, para pasear a continuación por otros países. Por la tarde, la aglomeración de Future World debería ser menor. La mayoría de sus pabellones cierran dos horas antes que World Showcase, donde puede de regresar para cenar y disfrutar del espectáculo IllumiNations.

Los adultos disfrutan más que los pequeños en Epcot. Future World presenta un gran atractivo para los adolescentes; World Showcase, no tanto. Los niños pueden entretenerse comprando un pasaporte para que se lo sellen en cada país.

En el tablón informativo (Guest Information Board), situado entre los edificios de Innoventions, se indica el tiempo de espera de cada atracción. Consulte también las pantallas del WorldKey Information Satellite, que ofrecen una información actualizada de todo cuanto sucede en Epcot.

### ILLUMINATIONS

Esta atracción tiene lugar a la hora oficial de cierre del parque, junto al lago de World Showcase. Se trata de un formidable espectáculo de luz y sonido, de unas proporciones descomunales, donde el láser, los fuegos artificiales, los juegos de agua y las luces que delimitan los 11 países se mueven al son del himno nacional. Vaya con tiempo para elegir un buen sitio; la gente suele aglomerarse en la zona de Future World próxima a la entrada del parque para poder salir con rapidez al concluir el espectáculo.

◁ El inconfundible globo terráqueo de Spaceship Earth, eje central de Future World

## Future World

Toda la actividad se desarrolla en el interior de unos enormes edificios abstractos denominados pabellones, que son actualizados constantemente. Cada uno aborda un tema de la vida en nuestro planeta: la energía, el transporte, las comunicaciones y el medio ambiente, y son producto de la colaboración entre Walt Disney World y grandes empresas como General Motors, Exxon, AT&T, Kodak o Nestlé.

Algunos pabellones reúnen diversas atracciones bajo el mismo techo, mientras que otros albergan un único espectáculo.

### Spaceship Earth

A menudo se compara a este edificio de 6.800 toneladas con una pelota de golf. El revestimiento exterior de la gigantesca esfera plateada consta de más de 14.000 triángulos de aleación de aluminio y plástico, y la superficie de la bola posee un ingenioso sistema que le permite absorber el agua de lluvia para conducirla después a la laguna de World Showcase.

En una máquina del tiempo, Spaceship Earth lleva al visitante a dar un paseo por la historia de las comunicaciones. Los efectos especiales son magníficos y lo mismo ocurre con algunas escenas, como la de Miguel Ángel pintando el techo de la Capilla Sixtina.

### Innoventions

Los dos pabellones de Innoventions están repletos de avanzados artilugios elaborados por los grandes de la tecnología mundial, como Sega o Lego. Cada zona está patrocinada por un fabricante diferente. Algunos de los objetos expuestos ya están en el mercado, pero muchos aún no se comercializan.

Visite la casa del futuro y pruebe los videoteléfonos. Los auriculares de la realidad virtual le introducirán físicamente en los dibujos animados, mientras que el *software* informático le transportará en un viaje interactivo a lejanos lugares.

### Universe of Energy

Este pabellón ofrece el espectáculo **Ellen's Energy Crisis,** bautizado en honor de la actriz cómica Ellen De Generes, que narra la historia junto con Bill Nye, otro famoso de la televisión estadounidense.

Se proyectan películas educativas sobre las fuentes de energía, y el patio de butacas se divide en varios segmentos que son transportados a un viaje por el mundo prehistórico. A los niños les encanta el paseo, aunque los dinosaurios pueden asustar a los más pequeños.

---

### Las 10 Mejores Atracciones

1. **Honey, I Shrunk the Audience**
2. **The Living Seas**
3. **Spaceship Earth**
4. **Body Wars**
5. **Cranium Command**
6. **Test Track**
7. **México**
8. **Maelstrom**
9. **Wonders of China**
10. **IllumiNations**

---

### Signos Convencionales

| | |
|---|---|
| | World Showcase |
| | Future World |
| | Zona perimetral |
| – – | Ruta del transbordador |
| — | Monorraíl |
| | Parada de autobús |
| | Oficina de información |
| | WorldKey Information Satellite |
| | Banco/cajero automático |
| | Alquiler de sillitas infantiles |

---

Map labels:
- Marruecos
- Francia
- Puerta internacional
- Reino Unido
- Canadá
- (1) Journey into Imagination
- The Land
- Innoventions
- (2) The Living Seas
- (3) Spaceship Earth
- Entrada
- Punto de embarque del monorraíl

## Future World cont...

### Wonders of Life
Este animado pabellón, especialmente sugestivo para los niños, aborda el cuerpo humano. En él se pueden probar las últimas máquinas de ejercicio físico, aprender a mejorar un golpe de béisbol o a llevar una vida más sana. La película ***The Making of Me*** describe la realidad de la vida de forma bastante clara.

La atracción **Body Wars** es un viaje microscópico por la sangre humana, una experiencia de lo más realista, pues el espectador vibra al compás de las imágenes. Existen limitaciones de edad, estatura y peso, y con frecuencia hay largas colas. Algunos visitantes se marean con el movimiento.

En **Cranium Command,** el espectáculo más divertido de Epcot, el público se sienta en el cerebro de un adolescente, Bobby, y observa cómo la figura animada de un piloto manda órdenes a las distintas partes del cuerpo durante una jornada escolar o ante sensaciones como el amor y el hambre.

### Horizons
El tema de este pabellón es el siglo XXI. El visitante embarca en una góndola que le enseña el futuro tal como lo veía Julio Verne o como lo representan los filmes de ciencia-ficción. A continuación se proyecta una película en tres dimensiones donde se contemplan los posibles paisajes del futuro, entre ellos, las colonias espaciales habitadas por figuras animadas.

### Test Track
Este edificio de General Motors alberga la atracción más emocionante de Epcot: una demostración en directo de cómo se prueban los camiones y automóviles de esta casa.

Hay expuestos vehículos y maquinaria de prueba, pero el plato fuerte es el **Test Track: the Automotive Adventure,** donde los visitantes experimentan en un vehículo de seis pasajeros todos los aspectos de las pruebas de carretera, desde las fuertes rampas donde se comprueban los frenos hasta el frío ártico y el calor desértico de la cámara medioambiental. En la prueba de velocidad se corre por un tramo de pista que serpentea alrededor del pabellón.

Una vez recobrado el aliento, se puede jugar con las pantallas interactivas o ver una película multimedia que muestra los últimos modelos de General Motors y sus automóviles del futuro.

### Journey into Imagination
La estrella de este pabellón es la película en tres dimensiones ***Honey, I Shrunk the Audience.*** El loco profesor de los largometrajes *Cariño, he encogido a los niños* y *Cariño, he agrandado al niño,* encoge al público accidentalmente. Los efectos especiales de la sala crean la sensación de que un perro gigante olfatea a los espectadores o de que cientos de ratones corretean entre sus pies.

---

## DE WALT DISNEY A WALT DISNEY WORLD

Walt Disney quería que Epcot fuera mucho más que un parque temático: una "ciudad del mañana, una población urbanizada y controlada, y un escaparate de la industria y la investigación norteamericanas", pero el proyecto fue abandonado cuando él falleció en 1966. Tras la muerte de su hermano, Roy Disney cambió el nombre de Disney World por el de Walt Disney World. Aunque jamás se cumplieron sus sueños sobre Epcot, Walt logró revolucionar la industria del ocio.

Walt Disney se jactaba de ser un hombre de ideas, no un artista ni un dibujante. Su mayor creación fue Mickey Mouse (que apareció por vez primera en la publicación *Steamboat Willie* en 1928) pero, con el Disneylandia de California, inaugurado en 1955, también inventó el concepto de parque temático. Su ambición era construir un lugar donde las familias pudieran divertirse, un mundo de nostalgia por la infancia que obtuvo un gran éxito en un país que se recuperaba de la depresión y de la II Guerra Mundial.

En California, Disneylandia ha tenido, y sigue teniendo, limitaciones económicas, puesto que se encuentra rodeada de urbanizaciones ajenas a Disney. Pero Walt Disney evitó cometer el mismo error en Florida y, tras elegir un lugar en el centro del Estado, dispuso que, hasta 1965, unas sociedades instrumentales compraran con gran secreto 11.100 hectáreas de terreno por tan sólo cinco millones de dólares. El resultado es un mundo vacacional autosuficiente donde Disney disfruta de un poder casi estatal sobre el territorio comprendido dentro de las fronteras de Walt Disney World.

---

## CELEBRATION FLORIDA

Sobre una antigua ciénaga colindante con Walt Disney World se alza Celebration, una ciudad nueva con valores del pasado.

Inspirándose en las románticas calles de Charleston, en Carolina del Sur, Disney ha tratado de recrear el sano ambiente de las localidades pequeñas que tantos estadounidenses de mediana edad recuerdan y añoran.

Las calles peatonales, la arquitectura nostálgica (obra de arquitectos famosos) y el hospital parecen hechos a la medida de quienes huyen del miedo y de la esclavitud laboral de las ciudades modernas.

Los primeros moradores, de los 20.000 previstos, se trasladaron a Celebration en el año 1996. Los habitantes de esta localidad son, en su mayoría, personas a quienes no intimidan las estrictas normas de Celebration que, por ejemplo, establecen que todas las cortinas que den al exterior tienen que ser obligatoriamente de color blanco o beige y que todos los arbustos que se vayan a plantar en la calle deben recibir antes el visto bueno de Disney.

La divertida atracción del **Viaje a la imaginación** es un periplo optimista y ligero en busca de ideas del arte y la ciencia. Sin embargo, resulta demasiado largo y complicado. Más éxito tiene **The Image Works,** cuyo conglomerado de juegos tecnológicos interactivos, como pintar en una pantalla de ordenador o activar una orquesta con un leve movimiento de la mano, exige una actitud creativa.

### El Audio-Animatronics® de Disney

El *audio-animatronics* es un revolucionario sistema que da vida a figuras tridimensionales, como seres humanos y flores, gracias a una tecnología avanzada que sincroniza los sonidos y el movimiento. La maquinaria electrónica y mecánica va oculta bajo una coraza de fibra de vidrio pintada, cubierta o vestida para la finalidad deseada, y el resultado es verdaderamente sorprendente. En el Hall of Presidents del Reino Mágico, Abraham Lincoln puede adoptar hasta 15 expresiones faciales, mientras que en el American Adventure de World Showcase, tres docenas de figuras se mueven y hablan con sorprendente realismo. Inventado en 1963, el *audio-animatronics* es constantemente mejorado en California por el departamento creativo responsable de los parques temáticos.

### The Land

Los alimentos y la agricultura son el tema de este pabellón, donde los científicos desarrollan toda clase de investigaciones. En el laboratorio de biotecnología se estudia la viabilidad de la vida en el espacio.

Los personajes de *El rey León* protagonizan el **Círculo de la vida,** una película de 20 minutos de duración que lanza un mensaje sobre el medio ambiente. En el ingenioso musical **Food Rocks,** frutas, verduras y utensilios de cocina cobran vida cuando estrellas del pop como Pita Gabriel y Neil Moussaka interpretan grandes éxitos con una letra de contenido nutritivo.

**Living with the Land** es un instructivo viaje de 15 minutos en barco que desvela el pasado, el presente y el futuro de la agricultura. La embarcación atraviesa diversos entornos (selvas, praderas y desiertos) y penetra en invernaderos donde se cultiva con técnicas especiales: una de ellas, la hidropónica, no requiere tierra.

Más información ofrece el magnífico recorrido con guía, que dura alrededor de una hora.

Éste es el mejor pabellón de World Showcase para comer *(ver p. 153),* por lo que suele estar atestado a la hora del almuerzo.

### The Living Seas

La atracción más ingeniosa de Future World es la Base Marina Alfa, un centro de investigación submarina cuyo elemento central es acuario gigante, de 60 m de ancho –según se dice, el mayor del mundo–, con un arrecife artificial y unos 6.000 habitantes, entre ellos, tortugas, tiburones y delfines.

Además, se puede observar de cerca a los manatíes, se proyectan vídeos sobre los ecosistemas marinos y se exhibe un tubo con plancton. A veces, los científicos y buceadores realizan experimentos bajo el agua.

### Atracciones y Espectáculos

Las atracciones y los espectáculos figuran por orden alfabético, en primer lugar los de Future World y, a continuación, los de World Showcase.

Ⓐ Atracción  Ⓔ Espectáculo

| | Cola de Más de 30 Minutos | Cola de Menos de 15 Minutos | Puede Producir Mareo | Puede Asustar | Figuras Animadas de Calidad | Bueno para Niños de Preescolar | Educativo |
|---|---|---|---|---|---|---|---|
| **Body Wars** Ⓐ | | ● | ■ | | | | |
| **Circle of Life** Ⓔ | | | | | | | ■ |
| **Cranium Command** Ⓔ | | | | | ■ | | ■ |
| **Ellen's Energy Crisis** Ⓔ | | | | | ■ | | ■ |
| **Food Rocks** Ⓔ | | ● | | | ■ | ● | |
| **Honey, I Shrunk the Audience** Ⓔ | ■ | | | | | | |
| **Horizons** Ⓡ | | ● | | | | | |
| **Living with the Land** Ⓐ | ■ | | | | ■ | | ■ |
| **Journey into Imagination** Ⓐ | | ● | | | | | |
| **Spaceship Earth** Ⓐ | ■ | ● | | | ■ | | ■ |
| **The Making of Me** Ⓔ | | ● | | | | | |
| **Test Track** Ⓐ | ■ | | ■ | | | | |
| **The American Adventure** Ⓔ | | | | | ■ | | |
| **El Rio del Tiempo** Ⓐ | | | | | ■ | | ■ |
| **Impressions de France** Ⓔ | | ● | | | | | ■ |
| **Maelstrom** Ⓐ | ■ | ● | | | ■ | | |
| **O Canada!** Ⓔ | | | | | | | ■ |
| **Wonders of China** Ⓔ | | | | | | | |

## World Showcase

Algunos de los templos, iglesias, ayuntamientos y castillos de estos 11 pabellones son réplicas de edificios auténticos; otros, en cambio, imitan sólo el estilo autóctono. Pero World Showcase es mucho más que un conjunto de muestras arquitectónicas. Cada pabellón es atendido por personas del país representado, que venden productos de calidad y ofrecen una excelente gastronomía de la zona.

A determinadas horas (recogidas en el plano del parque), en los antepatios de cada país se celebran alegres funciones a cargo de actores nativos. Las mejores son los acróbatas de China y las curiosas estatuas vivientes de Italia. Sólo dos pabellones contienen atracciones, pero muchos proyectan en pantallas gigantes una introducción a la historia, la cultura y el paisaje de su nación. Otros, además, tienen galerías de arte, que con frecuencia pasan desapercibidas.

Hay autobuses de dos pisos que recorren los 2 km de perímetro del lago de World Showcase, además de transbordadores que lo cruzan, enlazando Canadá con Marruecos y México con Alemania.

### México

Una pirámide maya oculta uno de los interiores más interesantes de World Showcase.

Los puestos de sombreros, ponchos y piñatas, un excelente restaurante y un grupo de mariachis animan la plaza colonial. El fondo de este escenario es nada menos que un volcán en erupción.

Además, el visitante tiene la posibilidad de pasear por el **río del Tiempo,** en cuyas orillas se observan figuras animadas y escenas proyectadas sobre el México pasado y actual.

### Noruega

En una atractiva plaza adoquinada, una réplica de una iglesia medieval y otra del castillo de Akershus (fortaleza del siglo XIV situada en el puerto de Oslo) representan a este país.

Se pueden comprar gnomos, camisetas, mecanos y otros objetos de fabricación noruega, aunque la estrella de este pabellón es el **Maelstrom,** un divertido recorrido en lancha por los fiordos, que se adentra en territorio de gnomos y atraviesa el mar del Norte, salpicado de plataformas petroleras, para atracar en un puerto pesquero. A continuación se proyecta un cortometraje sobre Noruega.

### China

En este pabellón, lo más interesante es la reproducción del famoso templo del Cielo de Pekín. Este apacible escenario contrasta con el ruidoso ambiente de otros edificios próximos.

El entretenimiento corre a cargo de la película **Wonders of China,** proyectada en nueve pantallas abovedadas que envuelven al público, sacando el máximo partido de los fabulosos y desconocidos lugares y parajes de este país. Los espectadores deben permanecer de pie durante toda la proyección. En el dilatado emporio comercial de este pabellón se vende de todo, desde faroles chinos y pantallas pintadas hasta bolsitas de té. Lamentablemente, los restaurantes no son muy buenos.

### Alemania

El pabellón más alegre de World Showcase es un conglomerado de edificios de agujas y aguilones que rodean una plaza central, St. Georgsplatz, erigidos a imagen y semejanza de monumentos auténticos de Alemania, entre ellos un mercado de Friburgo y un castillo del Rin. Si tiene niños, haga coincidir su visita con el repicar del impresionante carillón de la plaza, que suena cada hora.

A veces toca un acordeonista, y las tiendas siempre están repletas de obsequios curiosos y delicados, como las bellas muñecas de madera tallada. Sin embargo, para empaparse del sabor de este país hay que quedarse a cenar en él.

### Italia

El grueso del pabellón de Italia representa a la ciudad de Venecia: desde las góndolas amarradas a los postes rojigualdos del lago hasta las impresionantes versiones del campanil de ladrillo rojo y el palacio del Dux de la plaza de San Marcos; incluso el falso mármol parece auténtico. Los edificios del patio son de estilo veronés y florentino, y la estatua de Neptuno es una copia de la de Bernini.

La arquitectura es el mayor atractivo de este país, pero también puede quedarse a cenar en uno de sus excelentes restaurantes o deambular por las tiendas, donde podrá adquirir desde pasta, hasta licores y vinos.

### The American Adventure

El pabellón norteamericano es el eje de World Showcase, aunque carece del detalle y el encanto del resto de los países. Sin embargo, los estadounidenses encuentran muy emotivo el espectáculo **The American Adventure,** que tiene lugar en el interior de un vasto edificio de estilo georgiano, y los extranjeros pueden obtener una

---

### World Showcase: Entre Bastidores

Si quiere llevarse algo más que una idea superficial de Walt Disney World, quizás le interese visitar su lado desconocido. En World Showcase, el recorrido Hidden Treasures (tesoros ocultos), de dos horas de duración, ofrece una visión más cercana de la arquitectura y las tradiciones de los países representados, mientras que Gardens of the World explica la creación de los jardines de World Showcase; estas visitas cuestan unos 25 dólares por persona. Si dispone de 160 dólares y de siete horas, quizás le interese el recorrido Backstage Magic (los bastidores de la magia), que atraviesa los tres parques temáticos; uno de sus platos fuertes es la visita a la famosa red de túneles subterráneos del Reino Mágico. Si desea más información, llame al (407) WDW-TOUR/(407) 939-8687.

interesante visión de la psicología de este pueblo.

Es un retrato patriótico pero profundo de la historia de Estados Unidos, en el que se utilizan desde decorados teatrales hasta excelentes figuras animadas, como las de los narradores: el novelista Mark Twain y el gran hombre de estado Benjamin Franklin.

 **Japón**

En un ambiente formal y comedido se muestra un jardín japonés tradicional, la casa de un samuray y una pagoda inspirada en un templo de Nara del siglo VII, cuyos cinco pisos representan la tierra, el agua, el fuego, el viento y el cielo.

Los grandes almacenes Mitsukoshi, copia del salón de ceremonias del palacio Imperial de Kioto, ofrecen quimonos, carillones que suenan al moverse, bonsáis y la posibilidad de sacar una perla de una ostra. Sin embargo, Japón sólo cobra vida en sus restaurantes.

**Marruecos**

El atractivo de Marruecos reside en sus puertas ojivales, los robustos muros de su fortaleza y los serpenteantes callejones de su *medina*, a la que se accede por la reproducción de una puerta de la ciudad de Fez. La presencia de artistas marroquíes confiere al espectáculo una mayor autenticidad.

Los callejones de la ciudad antigua desembocan en un bullicioso mercado de pequeños puestos de alfombras, artículos de cobre y cuero, y chilabas, mientras que en el restaurante Marrakesh se puede degustar un cuscús.

**Francia**

La arquitectura de este pabellón incluye una réplica de la torre Eiffel, mansiones de la *belle époque* parisina y la calle principal de una población rural. Si le apetece degustar la famosa y exquisita gastronomía de esta nación, visite alguno de sus tres restaurantes o acuda a la panadería, que vende cruasanes y pasteles.

El principal espectáculo es la película **Impressions de France**, que se proyecta en cinco pantallas contiguas y que muestra un interesantísimo recorrido por las regiones más bellas de este país al son de la música clásica francesa.

 **Reino Unido**

En el Rose and Crown Pub, núcleo de este pabellón, el visitante podrá degustar platos tradicionales británicos como las empanadas de Cornualles, los *fish and chips* (pescado y patatas fritas) y la cerveza amarga de barril. El *pub* está rodeado de agradables jardines y de un conjunto de edificios de diversos estilos arquitectónicos. Entre ellos, un castillo de Hampton Court, una construcción de estilo Regencia y una casa rural con tejado de paja.

En el Reino Unido no hay mucho más que hacer salvo curiosear por las tiendas, que venden desde té y porcelana de calidad hasta camisetas, corbatas escocesas, peluches y soldados de plomo.

 **Canadá**

Tótems de nueve metros de altura, una cabaña de madera, una réplica victoriana del Château Laurier Hotel de Otawa, una sima rocosa y unos jardines ornamentales configuran el pabellón canadiense.

La gran diversidad del país y, especialmente, su magnífico paisaje, se aprecia mucho mejor en la película **O Canada!**, que se proyecta en una pantalla abovedada. El público se sitúa en el centro de la sala y se va girando para seguir el film.

Las tiendas de Canadá venden artesanía india y esquimal, así como diversas especialidades gastronómicas, entre ellas, vino.

---

### RESTAURANTES Y BARES

 Algunos de los pabellones de World Showcase albergan locales de comida rápida, pero en los mejores restaurantes (incluidos los citados más abajo, salvo que se indique lo contrario) hace falta reservar. Para más información, llame al (407) 939-3463. Reserve mesa mediante los monitores de televisión del WorldKey Information Satellite *(ver p. 148)*. La mayoría de restaurantes tienen menú infantil y sirven tanto comidas como cenas. El almuerzo suele ser más barato.

Los mejores establecimientos de World Showcase son:

**México:** San Angel Inn sirve una interesante cocina mexicana, aunque resulta algo cara. Es el lugar más romántico de Epcot para cenar.

**Noruega:** a buen precio, Akershus ofrece un *koldtbord* (bufé) de platos noruegos con un castillo como decorado.

**Alemania:** el Biergarten, copia de una cervecería alemana, sirve un bufé abundante y barato, acompañado de música popular.

**Italia:** L'Originale Alfredo di Roma es un restaurante de gran éxito que elabora los platos típicos del país.

**Japón:** aquí se puede elegir entre el Teppanyaki Dining Rooms, donde se ve cómo el cocinero prepara los alimentos en la parrilla, y la barra de *sushi* y *tempura* del Tempura Kiku (no admiten reservas).

**Francia:** cuenta con tres restaurantes de primera calidad: el distinguido Bistro de Paris (sólo cenas); el Chefs de France, el más caro y elegante de Epcot, que sirve alta cocina de la mano de famosos *chefs* franceses; y la terraza del Au Petit Café (no admiten reservas), donde ofrecen carnes, caracoles y *crêpes*.

Los mejores establecimientos de Future World son:

**The Land:** desde el restaurante giratorio Garden Grill se contempla la recreación de una selva, una pradera y un desierto, mientras los personajes de Disney animan a los comensales.

**The Living Seas:** en el caro Coral Reef se puede comer pescado y observar a los peces en el acuario del pabellón.

# Estudios Disney-MGM

INAUGURADOS EN 1989, no sólo constituyen el tercer parque temático de Walt Disney, sino que también se emplean para la producción de programas de cine y televisión. Los Estudios Disney-MGM aúnan espectáculos y atracciones de categoría, basados en las películas de Disney y la Metro-Goldwyn-Mayer (cuyos derechos adquirió Disney), con recorridos didácticos y recreativos que permiten a los visitantes ver y vivir "el interior de la magia", es decir, el rodaje de películas y programas televisivos. Muchas de las atracciones cambian todos los años, a medida que se adapta la última producción cinematográfica de Disney a un espectáculo o desfile. Los recorridos organizados son la única manera de ver las zonas donde se trabaja, que abarcan aproximadamente la mitad del parque. Al igual que los Estudios Universal, los de Disney-MGM están concebidos primordialmente para adultos y adolescentes.

Mann's Chinese Theatre

## CÓMO ORGANIZAR LA VISITA

LOS ESTUDIOS Disney-MGM se pueden visitar en un día, sobre todo cuando el parque cierra tarde. El recinto es relativamente pequeño y no tiene muchas atracciones, aunque puede estar abarrotado. El Guest Information Board (tablón informativo), situado en el cruce de Hollywood Boulevard con Sunset Boulevard, detalla los tiempos de espera. Es aconsejable acudir a las atracciones más populares lo más temprano posible (ver en la página 157 las cinco más visitadas).

El mejor momento para hacer los recorridos didácticos –Disney-MGM Studios Backlot Tour y The Magic of Disney Animation– es durante el horario laboral, cuando más se trabaja. A última hora de la tarde, disfrute de los espectáculos al aire libre y del resto del parque: los rayos láser y las luces de neón le confieren un gran encanto.

El trazado de los Estudios Disney-MGM puede resultar algo confuso. El parque temático, de acceso libre, ocupa la mitad inferior del plano, y abarca Hollywood, Sunset Boulevard, Echo Lake y New York Street. Las zonas de trabajo de los estudios se encuentran en la mitad superior del mapa, en el área marcada como Sound Stages (platós).

Cabe la posibilidad, sobre todo en invierno, de que se estén grabando programas de televisión.

En la ventanilla de información (Production Information Window), situada en el exterior del parque, se facilitan las entradas.

Muchos niños encuentran los recorridos didácticos de los Estudios Disney-MGM demasiado largos y aburridos. Lo que más les suele gustar es el Voyage of the Little Mermaid (Viaje de La Sirenita) y los dos musicales al aire libre, basados en las últimas películas de Disney, que se representan en New York Street y en Sunset Boulevard.

### DESFILES Y FUEGOS ARTIFICIALES

Un espectáculo que no debe perderse es el alegre desfile los Estudios Disney-MGM, que se centra en cualquiera de las grandes películas de Disney, como *Toy Story* o *101 dálmatas*. Se celebra dos veces al día en temporada alta y una en temporada baja; las horas exactas figuran en el folleto del parque. Los fuegos artificiales Sorcery in the Sky, indiscutiblemente los mejores de todo Walt Disney World, tienen lugar 10 minutos antes del cierre del parque. Con ellos, el cielo se ilumina al son de la música de *Fantasía*, una de las primeras y más adorables películas animadas de Disney.

◁ Hollywood Boulevard, la calle principal de los Estudios Disney-MGM

## Hollywood Boulevard

La calle principal de los Estudios Disney-MGM es una imagen utópica de la época dorada de Hollywood en los años 30 y 40, con llamativos edificios iluminados, unos de estilo *art déco* y otros a imitación de las construcciones orientales o españolas.

Los denominados Streetsmosphere Characters, o personajes de animación callejera (un divertido grupo de actrices secundarias, policías, taxistas y periodistas) asaltan a los visitantes para pedirles autógrafos o conseguir una exclusiva. Las gaitas y los músicos ambulantes animan el ambiente.

Conviene dejar las tiendas *(ver p. 158)* para más tarde; diríjase primero a The Great Movie Ride.

### The Great Movie Ride

La plaza central está dominada por una reproducción a tamaño real del Mann's Chinese Theatre; ante él, en la acera, las huellas de las manos y los pies de las celebridades remedan el verdadero Hollywood Boulevard. En el interior, los visitantes toman asiento en los vehículos que les llevarán de paseo por las grandes películas. Durante el recorrido se contemplan escenas de largometrajes tan diversos como *Casablanca, Cantando bajo la lluvia, En busca del arca perdida, El mago de Oz* y *Alien,* interpretadas por figuras animadas *(audio-animatronics)* de increíble realismo, diseñadas a imagen de James Cagney, Clint Eastwood o John Wayne.

## Sunset Boulevard

Sunset Boulevard es una ingenua evocación de la famosa calle de Hollywood durante los años 40. Bajo una avenida de palmeras, los teatros y las tiendas –algunos reales, otros sólo fachada– han sido recreados con el cuidado por el detalle que caracteriza a Disney; en un extremo se alza el Hollywood Tower Hotel.

Mickey suele firmar autógrafos en el Beverly Sunset Theater, y en el Theater of the Stars, las tazas y las velas bailan en el espectáculo **Beauty and the Beast Live on Stage** *(La Bella y la Bestia en vivo).*

### The Twilight Zone Tower of Terror™

El decrépito Hollywood Tower Hotel, azotado por los relámpagos, acoge la atracción más terrorífica de Orlando, en la que el visitante es atado en el interior de un ascensor para recorrer un trayecto inspirado en la serie televisiva de los años 50 *The Twilight Zone.*

Las puertas del ascensor se abren para mostrar imágenes de fantasmagóricos pasillos, aunque resulta difícil concentrarse en otra cosa que no sea la caída de 13 pisos que todos saben inminente. Si no le asustan las emociones fuertes, los efectos especiales son magníficos, al igual que la efímera vista de todo el parque que se contempla antes de iniciar el descenso.

### Las 5 Mejores

④ **Jim Henson's Muppet™ Vision 3d**

② **Star Tours**

③ **The Great Movie Ride**

④ **Voyage of The Little Mermaid**

⑤ **Twilight Zone Tower of Terror™**

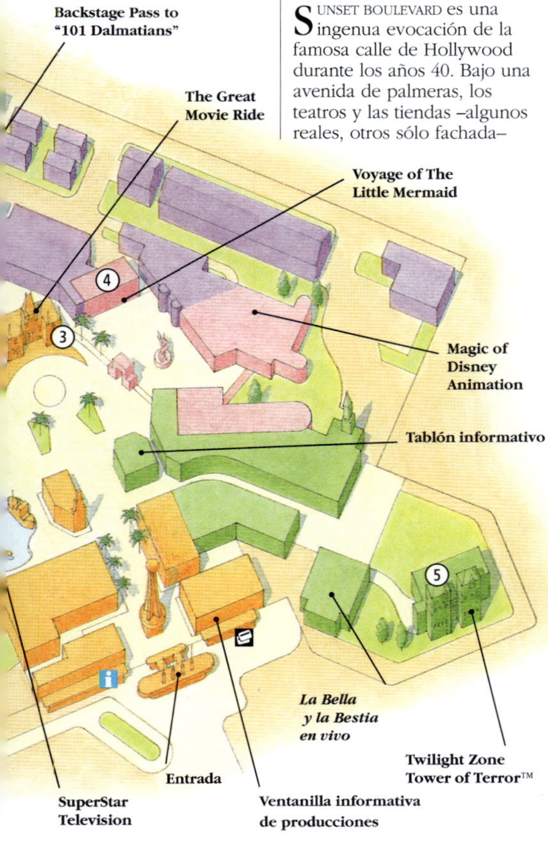
Backstage Pass to "101 Dalmatians"
The Great Movie Ride
Voyage of The Little Mermaid
4
3
Magic of Disney Animation
Tablón informativo
5
La Bella y la Bestia en vivo
Twilight Zone Tower of Terror™
Entrada
SuperStar Television
Ventanilla informativa de producciones

### Signos Convencionales

- Hollywood Boulevard
- Sunset Boulevard
- Zonas de animación
- Sound Stages (platós)
- New York Street
- Echo Lake
- Zona perimétrica
- Oficina de información
- Banco/cajero automático

## Animation Courtyard

El gran atractivo de Animation Courtyard es la oportunidad de presenciar la creación de los *audio-animatronics* de Disney.

**Magic of Disney Animation**
La visita más fascinante de los Estudios Disney-MGM comienza con una exposición de los numerosos *oscars* de Walt Disney y los fotogramas originales de sus películas. Tras una proyección en la que el actor Robin Williams explica la confección de los dibujos animados, se entra en los estudios, donde los visitantes observan a los dibujantes de Disney tras unas mamparas de cristal, mientras unos monitores de vídeo explican lo que se va viendo, desde la creación del guión hasta el retoque de los dibujos en los departamentos de tinta y pintura.

**Voyage of The Little Mermaid**
Este espectáculo de música y baile, interpretado por *audio-animatronics* y personajes de carne y hueso, está inspirado en el largometraje *La sirenita*. Para crear la impresión de una gruta submarina se utilizan rayos láser y efectos especiales. Esta atracción, una de las más visitadas del parque, se entiende mejor si se ha visto la película. Está pensada para todos los públicos, aunque los más pequeños a veces se asustan con la tormenta.

## Sound Stages

Esta sección ofrece al visitante la oportunidad de conocer el trabajo en los estudios. Además, proyecta unas películas tituladas *Cómo se hizo...*, que explican la creación de las últimas producciones de Disney. Si no dispone de mucho tiempo, concéntrese en el Studios Backlot Tour.

**Backstage Pass to 101 Dalmatians**
Este recorrido de 25 minutos por el largometraje *101 dálmatas* comienza con la visión de varios cachorros de esta raza con su criador. Posteriormente, le mostrarán la fabricación y el manejo de las marionetas. También están expuestos algunos de los decorados de la película.

**Disney-MGM Studios Backlot Tour**
Un tranvía transporta al visitante hasta los departamentos de guardarropía, cámaras, decorados e iluminación, así como a las casas cuyas fachadas aparecen en las series de televisión. El momento que todo el mundo recuerda es el del divertido "desfiladero de las catástrofes", donde el tren finaliza su trayecto en medio de una inundación y diversas explosiones.

El tramo a pie del recorrido es más informativo. Con la participación del público, se hace una demostración de algunos de los efectos especiales de las películas; las batallas navales se recrean con maquetas en un depósito de agua. También se visitan tres platós donde, si hay suerte, se puede presenciar el rodaje de un programa de televisión, un anuncio o una película.

## New York Street

En esta recreación de Nueva York, los ladrillos y la piedra están pintados en planchas de plástico y fibra de vidrio, y las fachadas de los edificios se apoyan sobre puntales. Un edificio de viviendas, una lavandería china y el Empire State (pintado en perspectiva forzada para que parezca alto) confieren autenticidad a la Gran Manzana. Antes, las calles estaban cerradas a los visitantes, pero ahora se puede deambular por ellas, aunque aún se rueda en este decorado.

**The Hunchback of Notre Dame: A Musical Adventure**
Este musical se basa en la película de dibujos animados *El jorobado de Notre Dame*, estrenada por Disney en 1996.

**Honey, I Shrunk the Kids Movie Set Adventure**
Si tiene niños pequeños, no se pierda este parque infantil donde la hierba mide 9 m, el tobogán es un fragmento de película fotográfica y la hormiga tiene el tamaño de un póney. Los túneles, toboganes y demás estructuras divierten a los niños durante horas. El parque suele estar atestado, por lo que conviene ir pronto.

**Jim Henson's Muppet Vision 3-D**
En esta ingeniosa proyección tridimensional (protagonizada por los *teleñecos*), parece que los trombones, coches y cohe-

---

### Restaurantes y Bares

Sin lugar a dudas, merece la pena comer en alguno de los restaurantes de los Estudios Disney-MGM, si bien más por el ambiente que por la comida. Se puede reservar mesa llamando al (407) 939-3463/WDW-DINE, acudiendo a la taquilla de reservas (cruce de Hollywood Boulevard y Sunset Boulevard) o en el propio restaurante.

Hollywood Brown Derby es una réplica del Original Brown Derby de Hollywood, donde los artistas se reunían en los años 30. Las caricaturas de famosos tapizan las paredes y las especialidades de la casa son la ensalada Cobb y la tarta de pomelo. Los niños prefieren el Sci-Fi Dine-In Theater Restaurant, un restaurante de los años 50 donde los clientes se sientan en *cadillacs* en miniatura bajo un cielo estrellado a contemplar películas antiguas de ciencia-ficción mientras comen palomitas y hamburguesas. En el '50's Prime Time Café le atenderá una maternal camarera en una cocina de los años 50, donde la televisión emite una serie de enredo de la época; la comida, casera, tiene platos como carne asada.

El mejor lugar para comer sin reservar es el autoservicio *art déco* Hollywood & Vine, donde se puede elegir de una variada carta que contiene pasta, ensaladas, marisco, costillas y carne a la plancha.

tes se lanzan al público desde la pantalla; el efecto es tan real que algunos niños agarran el aire esperando tocar algo.

La cuarta dimensión la ofrecen las figuras de *audio-animatronics* y efectos especiales, como un cañón que *perfora* las paredes del teatro.

## ECHO LAKE

El interés se centra en tres espectáculos y una emocionante atracción, aunque a los niños también les divierte la estampa de un gran dinosaurio verde. En ellos, se revelan algunos trucos empleados en las películas y los programas de televisión. Su principal objetivo es entretener.

**Monster Sound Show**
Algunos miembros del público actúan como trabajadores del Foley (nombre del sistema de efectos especiales empleado en Hollywood), introduciendo truenos, relámpagos y otros sonidos en un corto cómico de misterio que a continuación se proyecta para el resto de los asistentes. El grado de diversión depende de la habilidad de los aficionados.

**SoundWorks**
En esta zona lúdica se pueden escuchar sonidos increíblemente realistas en una cabina de sensaciones acústicas.

## COMPRAS

Las tiendas de los Estudios Disney-MGM se especializan en artículos cinematográficos y en los habituales obsequios y recuerdos de Disney. Las mejores están en Hollywood Boulevard, que permanece abierto media hora más que el resto del parque. Mickey's of Hollywood es el gran emporio de productos Disney. Celebrity 5 & 10 contiene un sinfín de recuerdos cinematográficos, como claquetas y estatuillas de los *oscars*, además de libros y pósters. Mucho más cara es Sid Cahuenga's One-Of-A-Kind, donde se pueden adquirir objetos curiosos sobre el cine y la televisión, como fotos firmadas auténticas (de Boris Karloff y Greta Garbo, por ejemplo), o prendas de vestir de actores famosos. Los fotogramas de edición limitada de Animation Gallery le pesarán más al bolsillo; esta misma tienda vende también pósters y libros de Disney.

**SuperStar Television**
Unos cuantos afortunados son elegidos para participar en un popular programa televisivo y en famosas series de enredo como *I love Lucy* y *Cheers*. El resto del público se acomoda en sus asientos para reírse ante los esfuerzos de los aprendices de actores. Gracias a los efectos especiales, en las imágenes de las pantallas de televisión parece que los novatos realmente están actuando junto a los verdaderos intérpretes.

**Star Tours**
El guión de esta sensacional atracción se basa en las películas de *La guerra de las galaxias*. Su nave espacial, un simulador de vuelo semejante al empleado para entrenar a los astronautas, debe esquivar meteoritos y participar en una batalla intergaláctica. Lo que se ve en pantalla resulta increíblemente real, pues la nave se mueve en sincronía con la acción.

**Indiana Jones™ Epic Stunt Spectacular!**
Este grandioso espectáculo recrea famosas escenas de las películas de Indiana Jones para ofrecer al público cientos de explosiones y osadas proezas.

Desafiando a la muerte, los especialistas saltan entre edificios para evitar el fuego de los francotiradores y las repentinas explosiones. Como elemento instructivo, el director y los propios extras hacen una demostración de cómo se realizaron algunas secuencias de acción.

## LISTA DE ATRACCIONES, ESPECTÁCULOS Y VISITAS

Las atracciones, espectáculos y visitas figuran ordenados alfabéticamente y por zonas.

**A** Atracción   **E** Espectáculo   **V** Visita

| | Cola de más de 30 minutos | Cola de menos de 15 minutos | Puede producir mareo | Puede asustar | Figuras animadas de calidad | Indicado para niños de preescolar | Educativo |
|---|---|---|---|---|---|---|---|
| **Great Movie Ride** (A) | ● | | | | ● | | ● |
| **"Beauty and the Beast" Live on Stage** (E) | | | | | | ■ | |
| **Twilight Zone Tower of Terror™** (A) | ● | | ● | ■ | | | |
| **Magic of Disney Animation** (V) | | | | | | | ● |
| **Voyage of The Little Mermaid** (E) | ● | | | | ● | ■ | |
| **Backstage Pass to "101 Dalmatians"** (V) | ● | | | | | ■ | ● |
| **Disney-MGM Studios Backlot Tour** (V) | ● | | | | | | |
| **The Hunchback of Notre Dame** (E) | | | | | | ■ | |
| **Jim Henson's Muppet™ Vision 3-D** (E) | ● | | | | | ■ | |
| **Indiana Jones™ Epic Stunt Spectacular!** (E) | | | | | | | ● |
| **Monster Sound Show** (E) | | | | | | | ● |
| **Star Tours** (A) | | ● | ■ | ● | | | |
| **SuperStar Television** (E) | | ■ | | | | | |

## El resto de la instalaciones de Walt Disney World®

**W**ALT DISNEY WORLD tiene mucho más que sus parques temáticos. En su recinto también engloba 18 gigantescos complejos hoteleros, un cámping, tres parques acuáticos, cerca de 200 locales de restauración, un pueblo comercial y media docena de campos de golf. La zona también permite la práctica de deportes náuticos y la pesca deportiva en su conjunto de lagos. Como en el resto de Walt Disney World, los horarios varían en función de la época del año, y las atracciones al aire libre pueden verse afectadas por el tiempo.

### EL REINO ANIMAL DE DISNEY

INAUGURADO en la primavera de 1998, el Reino Animal es el mayor de los parques temáticos de Disney: ocupa cinco veces la superficie del Reino Mágico. Las emocionantes atracciones alternan con una gran riqueza de paisajes exóticos, plantas y animales, unos auténticos y otros ficticios.

El parque consta de tres secciones: la real, la mítica y la extinguida. La primera es una recreación de la sabana africana, donde los visitantes realizan un safari para ver de cerca las manadas de jirafas, elefantes y cebras. Con ayuda de la magia, los cuentos y la más avanzada tecnología de *audio-animatronics* (figuras animadas), dragones, unicornios y otras criaturas fantásticas cobran vida en la zona mítica.

Gracias a técnicas similares, en la sección extinguida el visitante puede contemplar cómo el feroz *Tyrannosaurus rex* y otros dinosaurios viven y mueren ante sus propios ojos.

### LOS PARQUES ACUÁTICOS

LOS TRES BONITOS y cuidados parques acuáticos poseen playas y piscinas, además de toboganes para los más activos. Normalmente abren a las 9.00 o las 10.00 y, en verano, cierran alrededor de las 19.00. En invierno pueden estar cerrados por reformas, así que llame antes de ir para evitarse decepciones. Una vez adquirida la entrada, todas las atracciones son gratuitas. Los pases múltiples de un día permiten acceder a los tres parques y a Discovery Island.

En verano se abarrotan de gente y pueden cerrar los aparcamientos antes de las 12.00; vaya temprano para reducir el tiempo de espera ante las atracciones.

#### Blizzard Beach
*(407) 560-3400.*
El tema del parque acuático más moderno, grande e imaginativo de Disney es una estación de esquí alpino, donde los témpanos cuelgan de los tejados y las tiendas ruegan que se dejen los esquíes fuera. Un teleférico le sube hasta el monte Gushmore, coronado por un trampolín de saltos de esquí desde donde se puede descender por endemoniadas pendientes, como la del Summit Plummet o el Slush Gusher. Se dice que el Summit Plummet, de 37 m de altura, es el tobogán más alto del mundo. En Melt Away Bay hay arena y una gran piscina de olas, además de dos excelentes zonas infantiles.

#### Typhoon Lagoon
*(407) 560-4141.*
Hasta un barco pesquero naufragado en la cima de una montaña tiene Typhoon Lagoon, recreación de una localidad turística tropical tras una fuerte tormenta.

Además de sus emocionantes atracciones posee jardines, un río circular por el que se desciende flotando en neumáticos de coche, una selva ficticia y un gran lago con olas. En un arrecife artificial se puede practicar el *rafting* y el buceo junto a auténticos peces exóticos y pequeños e inofensivos tiburones.

**El emocionante tobogán de Summit Plummet, en Blizzard Beach**

## Romanticismo al Estilo Disney

Walt Disney World, el destino turístico más visitado por los recién casados de EE UU, está apostando fuerte por convertirse en el principal lugar del país para contraer matrimonio. Si se decidiera por una boda Disney, podría llegar con su futuro cónyuge al pabellón nupcial en el carruaje de cristal de Cenicienta y ser saludado por Alicia y Mad Hatter; después, una vez finalizados los esponsales, se marcharía en una limusina conducida por Mickey Mouse a pasar su luna de miel en uno de los cercanos hoteles Disney. También se celebran ceremonias más tradicionales y elegantes.

Podrá casarse en cualquiera de los parques temáticos y en muchos de los hoteles que, en su mayoría, también ofrecen viajes de novios; el más romántico es el Polynesian Resort. Los coordinadores de bodas se ocupan de todo, desde el diseño del traje hasta las despedidas de soltero. El coste de la ceremonia oscila entre 950 y más de 1.200 dólares, según los servicios que solicite. Todo lo demás se paga aparte, incluido el hotel (y tiene que pasar al menos cuatro noches en Walt Disney World). Solicite información sobre las bodas Disney en el (407) 363-6333, y sobre las ofertas de viajes de novios en el (407) 934-7639.

Mágico y Epcot, lo que ofrece la posibilidad de tomarse un respiro durante la visita a los parques temáticos.

La mayoría de los complejos responden a un tema. En el **Polynesian Resort,** los cocoteros y plantas tropicales contribuyen a recrear una isla del sur del Pacífico, mientras que el **Grand Floridian Beach Resort,** de estilo victoriano, es una imitación del grandioso hotel del ferrocarril del siglo XIX.

Inaugurado en 1996, el **Disney's BoardWalk Resort** proporciona diversión para el público en general, no sólo para sus huéspedes. Construido a imagen de un pueblo costero de los años 20, cuenta con un paseo marítimo de madera, un parque, tiendas, restaurantes, antiguos salones de baile y discotecas, además de un hotel y chalets *(ver pp. 303-304).*

El **Disney Institute** *(ver p. 304)* promueve la idea de que unas vacaciones en un parque temático se pueden combinar con la oportunidad de aprender. Su hotel-campus está pensado para adultos y familias con hijos mayores, y sus cursos abarcan 60 materias diferentes, desde la producción cinematográfica hasta el alpinismo. Todos los residentes en Walt Disney World están invitados a pasar un día en Disney Institute, cuya entrada, que cuesta unos 50 dólares, también permite utilizar sus instalaciones deportivas.

En la sección *Alojamiento* *(pp. 303-304)* figuran descritos todos los *resorts* de Disney, y sus restaurantes aparecen en las páginas 322-323.

### River Country
**(** *(407) 824-2760.*

El parque acuático más antiguo de Walt Disney World es, con diferencia, el más pequeño y, como ocurre con cuanto rodea a Fort Wilderness, puede resultar complicado llegar a él. Diseñado como si se tratara de una charca situada en un recóndito bosque, tiene instalados columpios de soga y gargantas de agua.

El elemento central es una ensenada atravesada por puentes de madera y alimentada por saltos de agua que brotan como cascadas de los pinos y las rocas. Estudie la posibilidad de conjugar esta visita con Discovery Island, cuyo transbordador zarpa a escasos metros de aquí.

### Fort Wilderness y Discovery Island

LAS 285 HECTÁREAS de bosque de Fort Wilderness conforman un cámping en donde las instalaciones hípicas y el alquiler de bicicletas y canoas están abiertos al público en general. Para llegar debe aparcar el coche a la entrada del parque y tomar un autobús, o bien arribar en barco desde el Reino Mágico *(ver p. 143).*

Discovery Island, situada a un corto trayecto en transbordador desde el puerto de Fort Wilderness (o a una distancia mayor de navegación desde el Reino Mágico) es una formidable reserva natural de cuatro hectáreas que alberga a más de 100 especies. Un camino atraviesa la espesa vegetación tropical y ofrece la posibilidad de ver animales exóticos, como las tortugas galápagos. También aquí habitan numerosas aves de vivos colores.

### Fort Wilderness y Discovery Island
**(** *(407) 824-3784.*

### Instalaciones WDW

AUNQUE NO SE ALOJE en los complejos Disney, puede cenar y hacer compras en cualquiera de ellos. A los situados junto al monorraíl se llega fácilmente desde el Reino

### El Mundo Disney a Flote

En su continuo afán de expansión, Disney está tanteando ahora el lucrativo negocio de los cruceros. El *Disney Magic* y el *Disney Wonder* responden a un diseño vanguardista, y sus proporciones son un 25% superiores a las de los transatlánticos habituales. En ellos está presente la abundancia de instalaciones y distracciones acostumbrada en Disney, desde restaurantes y salas de fiestas para adultos hasta concursos y clases de gimnasia; cada embarcación tiene, además, toda una cubierta dedicada a los niños.

Los barcos navegan desde Puerto Cañaveral, en Florida, hasta Nassau, en las Bahamas, y de allí a la isla privada de Disney, bautizada como Castaway Cay. Los viajes de entre tres y siete días cuestan de 700 dólares a más de 3.500. Para información o reservas, llame al (407) 566-7000.

## RESTAURANTES Y BARES

Los mejores restaurantes de Disney son los de los hoteles, pero hay otros en algunas atracciones. Para los siguientes no se precisa reserva:

**Fort Wilderness:** *Trail's End Buffeteria* sirve bufés abundantes y a buen precio a la hora del desayuno, el almuerzo y la cena (asados, pastas, pizzas) en el rústico Pioneer Hall cercano a River Country; el contiguo *Crockett's Tavern* ofrece carnes, costillas y pollo frito para cenar.
**Disney Village Marketplace:** *Cap'n Jack's* es famoso por sus ostras al vapor o al ajillo y por sus gambas cocidas en salsa picante. *Fulton's Crabhouse,* situado en un barco de cuatro pisos, también sirve cocina local, incluido marisco. Pruebe las ostras fritas y el pastel de cangrejo.
**Pleasure Island:** *Planet Hollywood,* un gigantesco restaurante situado en un globo terráqueo junto a la entrada de Pleasure Island, es el más sorprendente de esta cadena internacional de establecimientos. Disfrute de la música estridente, las pantallas de vídeo, los objetos de películas y los barcos, coches y aviones suspendidos del techo. *Portobello Yatch Club* sirve una buena pasta fresca, un surtido de deliciosas pizzas y otros platos típicos del norte de Italia. *Fireworks Factory,* más caro, ofrece cócteles explosivos además de excelentes platos a la parrilla, ahumados, sabrosas carnes y marisco fresco.

## ACTIVIDADES DEPORTIVAS

En FORT WILDERNESS, en Disney Village Marketplace y en los *resorts* del lago se pueden alquilar motos de agua y toda clase de embarcaciones. En el Lago de los Siete Mares y en Bay Lake es posible practicar el esquí acuático. Todos los hoteles poseen instalaciones deportivas y gimnasios, pero sólo para sus clientes.

Walt Disney World cuenta con seis campos de golf, cinco de los cuales son oficiales.

Los aficionados al automovilismo y al motociclismo pueden presenciar las carreras del circuito Walt Disney World Spaceway.

**Reservas de golf**
( *(407) 824 2270.*

**Disney's Wide World of Sports**
( *(407) 824-4321.*
Este inmenso complejo deportivo, que abarca más de 80 hectáreas de Walt Disney World, fue inaugurado en 1977. Sus instalaciones permiten practicar más de 70 deportes, desde el baloncesto y el fútbol americano hasta el sumo. Cuenta con sus propios campos de fútbol y con un estadio de béisbol de 7.500 espectadores, en los que se celebran competiciones profesionales. El Harlem Globetrotters y el equipo de béisbol Atlanta Braves entrenan aquí. El complejo alberga también un estadio de atletismo, un *tee* de prácticas de golf y 12 pistas de tenis.

## LA NOCHE EN WDW

TRAS EL CIERRE de los parques temáticos, además de relajarse en su hotel puede decidirse a conocer la principal zona de ocio nocturno de Disney o asistir a una cena con espectáculo.

**Centro de Disney**
( *(407) 828-3058.*
El centro de Disney está dividido en tres zonas diferenciadas pero colindantes: Pleasure Island, Disney Village Marketplace y Disney's West Side.
**Pleasure Island** agradará especialmente a los más discotequeros, aunque todos los visitantes deberían conocer sus dimensiones y su ambiente. Los diferentes locales ofrecen música variada. Hay una discoteca que pone sólo canciones de los años 70 y posee un elegante club (para mayores de 21) con pista de baile giratoria. También tienen mucha fama el Comedy Warehouse y el excéntrico Adventurers Club. La celebración diaria del Año Nuevo con toda su pompa se desarrolla en forma de fuegos artificiales y de una animada función de música y baile al aire libre. Con una sola entrada se accede a todos los locales de Pleasure Island.

**Disney Village Marketplace** es un bonito centro comercial descubierto. Aunque no merece la pena dedicarle el valioso tiempo del día, sí resulta un lugar agradable donde pasear por las noches. Situado junto a un lago, el Marketplace se encuentra salpicado de jardines y fuentes (donde a los niños les encanta jugar) y alberga más de una docena de tiendas, entre ellas The World of Disney, el mayor emporio de artículos de Disney de todo Disney World.

La novedad más reciente es el **Disney's West Side,** que alberga locales como el House of Blues, donde se toca *blues* y jazz en directo, y el Bongo's Cuban Café, un restaurante-discoteca creado por Gloria Estefan. En esta zona también hay un cine de 24 pantallas y un circo donde actúa el famoso Cirque du Soleil.

**Cenas con espectáculo**
( *(407) 939-3463.*
Estos espectáculos, aunque divertidos, no deben tentarle a abandonar temprano los parques temáticos. Si desea asegurarse un sitio en el Hoop-Dee-Doo Musical Revue, el musical del oeste de Pioneer Hall (Fort Wilderness), tendrá que reservar con unos tres meses de antelación. Más fácil resulta conseguir entradas para el baile Polynesian Luau's South Seas del Polynesian Resort. Para ambos espectáculos se puede reservar hasta dos años antes.

**Desfile eléctrico acuático**
Todas las noches, un grupo de criaturas marinas aparece en una flotilla de barcazas ante los hoteles que rodean el Lago de los Siete Mares y Bay Lake, ofreciendo un espectáculo encantador. El desfile suele comenzar ante el Polynesian Resort a las 21.00 horas para concluir en el Contemporary Resort una hora después.

## Consejos sobre Walt Disney World

### Tipos de Pases

Aunque hay entradas de un día para un sólo parque, si su estancia va a ser superior a 3 días, le conviene uno de los pases siguientes:
**Four-Day Value Pass (pase económico de 4 días):** permite entrar un día en cada parque temático, además de un segundo día en cualquiera de ellos. Estas 4 visitas no deben ser necesariamente consecutivas.
**Four-Day Park-Hopper Pass (pase de 4 días para todo el complejo):** entrada ilimitada a los parques temáticos durante 4 días no necesariamente consecutivos.
**Five-Day World-Hopper Pass (pase de 5 días para todo el complejo):** entrada ilimitada a los parques temáticos durante 5 días no necesariamente consecutivos, y a Pleasure Island y los parques acuáticos en un plazo de 7 días desde la primera utilización del pase.
**Pase anual:** excelente para quienes repiten varias veces; los días no agotados no vencen jamás.

Por lo que respecta a los precios, se considera adultos a los mayores de 10 años. Los niños de entre 3 y 9 años tienen un 20% de descuento y los menores de 3 entran gratis.

### Días Punta

Disney asegura que los parques temáticos siempre están muy concurridos en determinadas fechas, pero la aglomeración depende también del día que cada parque permita entrar antes a los huéspedes de los hoteles Disney. Los días punta son:
**Reino Mágico:** lunes, jueves y sábados.
**Epcot:** martes, viernes y sábados.
**Estudios Disney-MGM:** miércoles y domingos.

### Horario

En los periodos de más afluencia, el horario se amplia de 9.00 a 22.00-23.00 o hasta medianoche. En las temporadas de menor aglomeración, las jornadas suelen ser más cortas, de 9.00 a 18.00/19.00/20.00.

Todos los días, uno de los parques temáticos suele abrir 30 minutos antes de la hora fijada. Las atracciones cierran a la hora oficial pero muchas tiendas permanecen abiertas hasta más tarde.

### El Programa Ideal

Para evitar las peores aglomeraciones:
• llegue lo antes posible y visite primero las atracciones más solicitadas.
• descanse a mediodía, cuando más calor hace y las atracciones están más concurridas.
• regrese a los parques a media tarde para ver los desfiles y fuegos artificiales.

### Las Colas

Las esperas suelen ser más cortas a primera y última hora del día, y disminuyen algo a mediodía y durante los desfiles.
• Las colas de las atracciones son lentas. Por contra, los espectáculos absorben hasta 1.000 espectadores de una vez; la mayoría de ellos son continuados, y la espera rara vez supera la duración de la función.
• Junto a la entrada suele haber carteles que indican el tiempo de espera.

### Cenar en WDW

Hay que reservar mesa para cualquiera de los restaurantes de Walt Disney World, especialmente los de los parques temáticos y, sobre todo, Epcot.

Se aloje o no en un hotel Disney, puede pedir mesa con 60 días de antelación, aunque también hacen reservas para el mismo día. Consulte los restaurantes recomendados *(pp. 322-323).*

### Dinero

Las tarjetas Mastercard, American Express y VISA se aceptan en todos los establecimientos salvo en los de comida rápida.

### WDW con Niños Pequeños

Si viaja con niños en edad preescolar:
• concéntrese en el Reino Mágico.
• sepa que, para los más pequeños, Walt Disney World puede resultar agotador tanto física como psíquicamente.
• alquile una sillita.
• para algunas de las principales atracciones hay que tener una estatura mínima, normalmente 1,25 m.
• gracias a un sistema denominado "desconexión", los padres pueden disfrutar por separado de las atracciones sin tener que guardar cola dos veces.

### Conocer a Mickey

Para muchos pequeños, lo más emocionante de Walt Disney World es conocer a Mickey, Minnie, Donald y demás personajes. Se les puede ver por todo el parque, y merece la pena comprar un libro de autógrafos para que se lo firmen.

En algunos restaurantes los personajes de Disney salen a animar a los comensales (normalmente durante el desayuno). Todos los parques temáticos y muchos de los hoteles también ofrecen una cena con ellos, aunque tendrá que reservar con antelación.

### Teléfonos Útiles

**Información general**
*(407) 824-4321 o escriba a Guest Letters Dept, P.O. Box 10040, Lake Buena Vista, FL 32830-0040.*
**Información y reservas de alojamiento**
*(407) 934-7639/(407) W-DISNEY.*
**Reservas de mesa y cenas con personajes**
*(407) 939-3463/(407) WDW-DINE.*

# Sea World

Por sus dimensiones y complejidad, se trata del acuario más famoso del mundo. Inaugurado en 1973, Sea World está a la altura del resto de los parques temáticos de Orlando. Aunque no cesa de promulgar su labor educativa, investigadora y conservacionista, también ofrece diversión al 100%. En Walt Disney World, Mickey Mouse es el personaje principal; en Sea World es *Shamu*, una adorable orca cuyo espectáculo es el número uno. Además, el parque alberga atracciones que permanecen abiertas todo el día, algunas de las cuales permiten acariciar o dar de comer a las especies marinas. Las pantallas interactivas y un personal versado y entusiasta ponen el toque didáctico.

**Encuentro con los pingüinos**
*Nadando, pavoneándose, o simplemente con su presencia, estos animales son la delicia de los visitantes.*

Sea World Theatre · Sea Lion and Otter Stadium · Pacific Point Preserve · Tropical Reef · Información · Entrada · Atención visitan[tes]

**Manatíes: ¿la última generación?**
*Aquí tendrá la oportunidad de contemplar a los singulares manatíes y conocer por qué están en peligro de extinción.*

**★ Delfinario de Key West**
*Los delfines realizan asombrosas piruetas gimnásticas y saltan por encima de una cuerda elevada en uno de los espectáculos más interesantes del parque.*

**Key West en Sea World**
*En esta atracción, que pretende recrear la atmósfera de Key West, los visitantes pueden acariciar a los delfines y a las pastinacas.*

### Recomendamos

- ★ Delfinario de Key West
- ★ Shamu: World Focus
- ★ Wild Arctic

# SEA WORLD

### ★ Shamu: World Focus
*El principal espectáculo de Sea World ofrece las acrobacias de la estrella del parque, la orca Shamu, y proyecta su actuación en una pantalla gigante.*

### INFORMACIÓN ESENCIAL

**Mapa de carreteras** E2. Orange Co. 7007 Sea World Drive, cruce de I-4 y Bee Line Expressway.
(407) 351-3600. 8 y 42 desde Orlando. 9.00-19.00 todos los días; hasta las 10.00 en verano y horario ampliado en vacaciones.

**Terrors of the Deep** · **Sky Tower** · **Nautilus Theatre** · **Shamu: Close Up!** · **Atlantis Bayside Stadium**

### ★ Wild Artic
*Un emocionante paseo en helicóptero simulado transporta al visitante a un hábitat ártico.*

0 metros  50

## El Lado Serio de Sea World

Las palabras clave del Instituto de Investigación de Sea World, de carácter no lucrativo, son investigación, rescate y rehabilitación. El Sea World de Florida ha ayudado a miles de ballenas, delfines, tortugas y manatíes en dificultades. Los animales son cuidados y, si es preciso, operados, en el centro de rehabilitación del parque. Los que se recuperan son liberados en su hábitat natural.

Sea World organiza tres visitas, económicas y muy aplaudidas, que ofrecen una visión de su labor. Pregunte en Atención al visitante, a la entrada al parque.

**La tortuga verde, uno de los animales rehabilitados en Sea World**

### Baywatch at Sea World
*Basado en la serie* Los vigilantes de la playa, *este espectáculo sustituye a los animales por motos de agua, barcos y esquiadores.*

# Explorando Sea World

**P**ARA ASISTIR a todas las atracciones de Sea World precisará de ocho horas. Durante los periodos vacacionales, en los que el parque cierra hacia las 23.00 horas, puede llegar a mediodía y, aún así, tener tiempo para verlo todo. Planifique su visita a partir de *Los vigilantes de Sea World* y otros pases específicos de los espectáculos con animales, que normalmente tienen lugar dos o tres veces al día, e intercale las atracciones permanentes. Deje para el final las funciones en las que no participan animales, pues suelen ser las menos impresionantes del parque.

Los lobos marinos toman el sol en Pacific Point Preserve

## Cómo Organizar la Visita

**S**EA WORLD suele estar menos concurrido que los demás parques temáticos de Orlando y rara vez presenta grandes colas. En los estadios normalmente no hay problema de asientos, aunque para encontrar un buen sitio conviene llegar 15 minutos antes de que comience el pase; tenga presente que, si se sienta delante, puede mojarse. En las épocas de mayor afluencia, vaya con tiempo al espectáculo Hotel Clyde y Seamore (que tiene lugar en el estadio más pequeño), y acuda a Naturaleza ártica y Los terrores de las profundidades a primera hora o durante los espectáculos de *Shamu* o de esquí acuático.

A los niños les divierte conocer a los actores que, enfundados en pieles, representan a la orca *Shamu* y su tripulación: un pingüino, un pelícano, un delfín y una nutria. Normalmente se les puede ver a la salida de Sea World a la hora de cierre.

Para obtener una visión general del parque y sus alrededores, suba a la Sky Tower, de 122 m de altura.

Si tiene algún problema o alguna duda, diríjase a Atención al visitante, junto a la puerta de salida.

## Atracciones

**K**ey West en Sea World consta de tres hábitats al aire libre meticulosamente diseñados, dos de los cuales permiten dar de comer y acariciar a las especies marinas. Dolphin Cove, una piscina de olas semejante a una playa caribeña, ofrece una visión submarina de los delfines, así como la oportunidad de tocarlos y darles de comer. En Stingray Lagoon se puede acariciar a las magníficas pastinacas, cuyo número asciende a cerca de 200. Por último, Turtle Point es la morada de las tortugas bobas, las tortugas carey y las tortugas verdes que, tras haber sido encontradas malheridas, no pueden sobrevivir por sí mismas.

*Shamu*, la mascota del parque

**Pacific Point Preserve** es una recreación de la escarpada costa norte del Pacífico, donde las focas comunes, los osos marinos y los lobos marinos toman el sol en las rocas y se deslizan con elegancia hasta el agua.

**Manatees: The Last Generation?** ofrece una espléndida visión submarina de algunos ejemplares de estos desgarbados y tristones herbívoros (*ver p. 236*). El espectáculo, muy didáctico, consta también de una proyección.

En **Penguin Encounter**, una pasarela móvil transporta al visitante por un paisaje helado donde una gran colonia de pájaros bobos exhiben su cómico anadeo y su elegante natación. También resulta una delicia contemplar a los torpes frailecillos.

**Terrors of the Deep** se anuncia como la mayor muestra del mundo de criaturas marinas peligrosas. Morenas, barracudas y peces globo son un aperitivo antes del plato fuerte: los tiburones, cuyas afiladas mandíbulas pasan rozando la cabeza de los visitantes que atraviesan el acuario por un túnel de plástico.

En la cueva de los delfines se puede acariciar a estos mamíferos

**Shamu: Close Up!**, situado junto al estadio de *Shamu,* es un centro de investigación y cría, donde hasta ahora han nacido 10 ejemplares de orca.

**Wild Arctic (Naturaleza ártica)** es la atracción más emocionante del parque. La primera parte consiste en un agitado vuelo en helicóptero simulado a través de ventiscas y avalanchas. A continuación se llega a la Base Wild Arctic, creada alrededor de un buque de expediciones que tiene 150 años de antigüedad y está equipado con los baúles de los científicos, alimentos de supervivencia y literas. Sin embargo, la mayor atención la acaparan los osos polares, las morsas y las ballenas, que se encuentran separados de los visitantes por un simple cristal.

Espectáculo de dos orcas adultas con bebé *Shamu*

## ESPECTÁCULOS

El asombro que causa ver cómo una orca emerge del agua llevando en la nariz a uno de sus cuidadores es indescriptible. En **Shamu: World Focus,** los números se pueden seguir desde una pantalla gigante que ofrece tanto primeros planos de la actuación como proyecciones de estos mamíferos en su entorno natural. Además, las orcas interpretan un sorprendente baile submarino. De hecho, hay cinco ejemplares que se alternan para actuar, así como un bebé *Shamu*.

**Key West Dolphin Fest** destaca por la velocidad y agilidad de sus delfines, que durante la actuación juegan con sus cuidadores y con el público, aunque el plato fuerte son sus saltos sincronizados.

El divertido espectáculo **Hotel Clyde and Seamore** lo protagonizan dos lobos marinos llamados Clyde y Seamore que representan el papel de directores de un hotel.

Acompañados de una nutria y una morsa, imitan los movimientos, sonidos y emociones humanos de forma desternillante: incluso logran parecer asustados u orgullosos.

Sin lugar a dudas, el mejor espectáculo sin animales es **Baywatch at Sea World.** Aunque resulta menos impresionante que la atracción acuática de Cypress Gardens *(ver p. 179),* en ésta participan desde fuerabordas hasta motos de agua y esquiadores que realizan asombrosos números. Todo ello, rodeado de una pléyade de socorristas que participan en simulacros de rescates que remedan el éxito televisivo de la conocida serie norteamericana *Los vigilantes de la playa*.

En **Mermaids, Myths and Monsters,** que pone todas las

Salto entre lanchas en *Los vigilantes de Sea World*

tardes el colofón a la diversión del parque, asombrosas e impresionantes imágenes de criaturas míticas son proyectadas en diversas pantallas de agua que emergen del lago, acompañadas por espectáculos de rayos láser y fuegos artificiales.

**Golden Dragons Acrobats** combina juegos malabares de bella coreografía con danzas orientales y funciones cómicas iluminadas con ingeniosos y espectaculares efectos de rayos láser.

Como colofón, el **Mickey Finn Show,** una atracción recién estrenada en Sea World, es una comedia a ritmo de jazz con pianos y banjos donde es imprescindible la participación del público.

---

### RESTAURANTES, BARES Y TIENDAS

Bimini Bay Café, junto al lago, es el único restaurante del parque y ofrece carne, pescado a la parilla y mariscos. El Smokehouse Chicken & Ribs y el Waterfront Sandwich Grill, ambos de comida rápida, también están situados cerca del lago. El mejor local de sándwiches es el Deli del Anheuser-Busch Hospitality Center, y en Key West at Sea World sirven especialidades típicas de Florida. Si desea una cena con espectáculo, pruebe la del Polynesian Luau (hace falta reservar). Los *souvenirs* son fundamentalmente peluches y recuerdos de *Shamu:* el mayor surtido es el de Shamu's Emporium. Coconut Traders, en Key West at Sea World, vende tanto artículos de Key West como alimentos típicos de Florida.

Peluches de las estrellas de Sea World

# Estudios Universal ❸

AL IGUAL QUE los Estudios Universal de Hollywood y los Estudios Disney-MGM *(ver pp. 156-159)*, este parque temático, inaugurado en 1990, es también un centro de producción cinematográfica y televisiva, aunque los platós están fuera del alcance de los curiosos. Aquí, unas minuciosas réplicas de calles de Hollywood, Nueva York y San Francisco sirven de decorados cinematográficos tanto como de escenario del parque. No obstante, los millones de visitantes buscan principalmente las atracciones emocionantes y los espectáculos instructivos que explican la elaboración de las películas, la mayoría de los cuales están más pensados para adultos y adolescentes que para niños. Los Estudios Universal son mejores que los de Disney-MGM: visite ambos si tiene tiempo.

**Globo terráqueo de los Estudios Universal**
*Es el distintivo de los mayores estudios cinematográficos de EE UU después de Hollywood.*

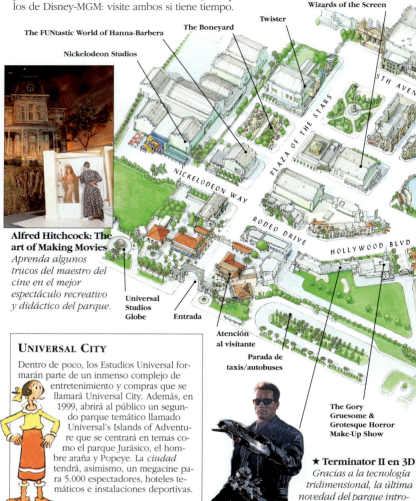

**Alfred Hitchcock: The art of Making Movies**
*Aprenda algunos trucos del maestro del cine en el mejor espectáculo recreativo y didáctico del parque.*

★ **Terminator II en 3D**
*Gracias a la tecnología tridimensional, la última novedad del parque introduce al espectador en una película con Schwarzenegger.*

## UNIVERSAL CITY

Dentro de poco, los Estudios Universal formarán parte de un inmenso complejo de entretenimiento y compras que se llamará Universal City. Además, en 1999, abrirá al público un segundo parque temático llamado Universal's Islands of Adventure que se centrará en temas como el parque Jurásico, el hombre araña y Popeye. La *ciudad* tendrá, asimismo, un megacine para 5.000 espectadores, hoteles temáticos e instalaciones deportivas.

**Olivia, la novia de Popeye**

# ESTUDIOS UNIVERSAL

### ★ Kongfrontation
*Suba a un tranvía elevado de Manhattan para huir de King Kong, una atracción divertidísima y menos aterradora que otras.*

#### INFORMACIÓN ESENCIAL

**Mapa de carreteras** E2. Orange Co. 1000 Universal Plaza, salidas 29 o 30B en la I-4. *(407) 363-8000.* 21, 37 y 40 desde Orlando. horario mínimo: 9.00-18.00 todos los días; horario de tarde ampliado en verano y festivos.

**Beetlejuice's Graveyard Revue** es una representación con excelentes efectos especiales.

### ★ Earthquake- The Big One
*Conozca la fotografía de efectos especiales y actúe de extra en la película* Terremoto.

THE EMBARCADERO

### Jaws
*Disfrute de esta atracción en la que un barco es perseguido por un gran tiburón blanco.*

SET BLVD

**The Wild, Wild, Wild West Stunt Show**

### ★ Back to the Future The Ride
*Cuatro minutos de simulado viaje por el tiempo suponen la experiencia más emocionante de los Estudios Universal.*

**Animal Actors Stage**

0 metros 25

**A Day in the Park with Barney**

**Fievel's Playland**

### ★ ET Adventure
*La mejor atracción para toda la familia: una viaje en bicicleta voladora donde se encontrará con decenas de* replicantes *de ET.*

#### RECOMENDAMOS

★ **Kongfrontation**

★ **Earthquake – The Big One**

★ **Back to the Future The Ride**

★ **ET Adventure**

★ **Terminator II en 3D**

# Explorando los Estudios Universal

Para ver los Estudios Universal al completo se necesitan unas 14 horas. Un día entero cuando el parque permanece abierto hasta tarde es suficiente, pero en temporada baja, cuando cierra temprano, empleará dos días en su visita. En principio, adquiera una entrada de un día. Luego, si decide regresar, se ahorrará bastante dinero cambiándola por un pase de dos días: basta con que se acerque a Guest Services (atención al visitante) antes de marcharse. En temporada baja, a menudo podrá canjear el pase al final de la visita por otro que le autorizará a entrar gratis un segundo día.

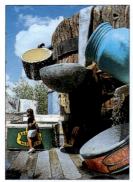

Fievel's Playland, el lugar preferido de los más pequeños

## Cómo Organizar la Visita

En los Estudios Universal, las épocas de mayor afluencia de visitantes son las mismas que en Walt Disney World (ver p. 138).

Las colas pueden ser largas y lentas: hasta dos horas de espera en las mejores atracciones. En temporada alta, llegue temprano (el parque abre sus puertas una hora antes de la indicada oficialmente) y diríjase directamente a cuantas atracciones pueda de entre las más solicitadas (ver p. 169). No conseguirá visitarlas todas antes de que el parque se llene, así que deje el resto para última hora. El tablón de anuncios situado frente a Mel's Drive-In, en Hollywood Boulevard, indica los tiempos de espera.

Para los espectáculos no tendrá que guardar tanta cola. Suelen tener lugar a determinadas horas (los horarios figuran en el mapa que le facilitarán a la entrada). En temporada alta, llegue 15 minutos antes para asegurarse un asiento. Algunos funcionan de forma continuada, y rara vez tendrá que aguardar más de lo que dura la función. Los tiempos de espera para disfrutar de las atracciones próximas a los grandes espectáculos aumentan considerablemente cuando finalizan éstos últimos.

La mayoría de las atracciones son demasiado fuertes para los más pequeños, y algunas exigen una estatura mínima; la excepción es Aventura con ET, A Day in the Park with Barney, Fievel's Playland y los Estudios de Nickelodeon.

En los días de máxima afluencia puede optar por la visita VIP (VIP Tour), de cuatro horas de duración, que le dará preferencia en seis atracciones, además de llevarle a recorrer los bastidores y algunos platós; haga su reserva con antelación.

## Entrada

La entrada al parque temático imita las fachadas de los estudios cinematográficos de Hollywood de los años 40. El tablón de rodajes situado junto a los tornos indica las películas que se están grabando en ese momento. Nada más llegar llaman la atención los dos grandes distintivos del parque: el grandioso arco de entrada y, justo a su izquierda, el formidable globo terráqueo de los Estudios Universal.

Ya en el interior, la plaza de las Estrellas, rodeada de palmeras, acoge varias tiendas (ver p. 173), pero a su llegada diríjase inmediatamente a las atracciones principales antes de que se formen demasiadas colas.

## Rodajes

Aunque no hay garantías de que se esté rodando una película el día que usted visite los Estudios Universal, sí cabe la posibilidad de que las cámaras estén trabajando entre bastidores (dentro del propio parque temático).

Más probable, sobre todo de septiembre a diciembre, es que pueda asistir como parte del público a la realización de un programa de televisión o que presencie la grabación de una de las series infantiles de Nickelodeon: infórmese del calendario de producción en el teléfono (407) 363-8500. En la taquilla situada junto a la oficina de atención al visitante, las entradas de los espectáculos se conceden por riguroso orden de llegada el día de la grabación.

**Tablón que anuncia los días de rodaje**

Imponente arco de entrada a los Estudios Universal

La Quinta Avenida neoyorquina y las réplicas de sus edificios

## Central de Producción

A EXCEPCIÓN de The Boneyard, un panteón de interesantes reliquias de películas antiguas como un cochecito infantil de *Los Picapiedra* y unos falsos arbustos recortados del largometraje *Eduardo Manostijeras*, se trata de la zona menos estética del parque. En los mapas figuran los principales platós de los estudios, aunque están vedados para quienes no se hayan inscrito en una visita VIP.

La única atracción de la central de producción, **The FUNtastic World of Hanna-Barbera,** resulta divertidísima. Hanna y Barbera son los creadores de personajes de dibujos animados tan famosos como los Picapiedra, el oso Yogui y Scooby Doo. Al espectador le parecerá estar persiguiendo a Dick Dastardly dentro de la pantalla, pues los asientos vibran al ritmo de la acción proyectada.

Hay dos espectáculos didácticos. **Alfred Hitchcock: The Art of Making Movies** comienza con una retrospectiva de las 53 películas de este director, que incluye secuencias tridimensionales de *Crimen perfecto* y *Los pájaros*. A continuación se muestran diversos trucos de rodaje, como la creación de la famosa escena de la ducha de *Psicosis,* filmada desde diversos ángulos.

En **Hercules and Xena: Wizards of the Screen** se muestra la realización de los populares programas televisivos *Xena: Warrior Princess* y *Hercules: The Legendary Journeys*. Las escenas con actores reales y los efectos especiales brindan al espectador la oportunidad de luchar contra los dioses y otras criaturas míticas como si se tratara del rodaje de un episodio real.

El **Nickelodeon Studios Tour** recorre el centro de producción de Nickelodeon, una conocida cadena de televisión norteamericana de programas infantiles. La visita, durante la cual se puede echar un vistazo a un par de platós, finaliza con diversos juegos infantiles.

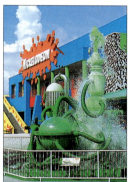

Géiser de cieno, en el exterior de los Estudios de Nickelodeon

## Nueva York

ESTA ZONA presenta más de 60 fachadas diferentes. Algunas de ellas son réplicas de edificios reales; en cambio, otras reproducen inmuebles puramente cinematográficos.

Las copias del Museo Guggenheim y la Biblioteca Pública de Nueva York crean ingeniosamente la ilusión de profundidad y distancia. En este mismo lugar se encuentran también los famosos almacenes Macy's y el restaurante italiano Louie's, donde se rodó una escena de la primera parte de *El Padrino.*

Las tiendas, los almacenes y los edificios de viviendas han sido pintados para que parezcan antiguos.

Tras la fachada principal de Pennsylvania Station –que aparece en la película *Extraños en un tren*– se encuentra la gran atracción de Nueva York: **Kongfrontation.** En ella, se entra en una estación de metro para tomar un tranvía elevado que cruza el East River. Abajo, las calles son una fiel reproducción del Manhattan de los años 70. Súbitamente, la mayor figura animada por ordenador que jamás se haya creado, King Kong (con los brazos extendidos tiene una anchura de 15 metros), comienza a sacudir el tranvía, aplastar helicópteros y expeler su aliento a plátano sobre los viajeros.

A decir verdad, la mayoría de los pasajeros encuentran la atracción más divertida que terrorífica.

## Encuentro con las Estrellas

Actores magníficamente disfrazados recorren las calles imitando a los *cazafantasmas,* así como a Jake y Elwood de *The Blues Brothers,* Frankenstein, los *Picapiedra* y otras leyendas de la pantalla como Marilyn Monroe y los hermanos Marx.

A diario en la temporada alta, y dos veces a la semana en la baja, se puede desayunar con las estrellas en el parque una hora antes de la apertura oficial del recinto. Hace falta reservar llamando al (407) 354-6339.

Doble de la actriz Marilyn Monroe

## Hollywood

Hollywood Boulevard y Rodeo Drive son las calles más atractivas de los Estudios Universal. Aunque no son una reproducción exacta de la realidad, estos decorados rinden tributo a la época dorada de Hollywood, entre los años 20 y los 50, con los famosos clubes Ciro's y Mocambo, el lujoso Beverly Wilshire Hotel, el gran salón de belleza Max Factor y la sala cinematográfica por excelencia, Pantages Theater.

Brown Derby era un restaurante con forma de sombrero donde antaño se congregaban los astros de la pantalla; la versión de los Estudios Universal es una divertida tienda de sombreros. Schwab's Pharmacy, donde las jóvenes promesas aguardaban a ser descubiertas, cobra vida en forma de una heladería antigua. Fíjese también en el Walk of Fame y en los nombres de las estrellas grabados en la acera, exacta-

Hollywood Boulevard, uno de los excelentes decorados del parque

El sangriento, espantoso y grotesco *show* del maquillaje de terror

mente igual que en el verdadero Hollywood Boulevard.

El principal espectáculo es **Terminator II en 3D**, donde lo último en tecnología tridimensional y robótica, y las triquiñuelas explosivas en directo, logran introducir al público dentro de la acción junto al protagonista de *Terminator*, Arnold Schwarzenegger. En una secuencia típica, que combina la acción rodada y el directo, una Harley Davidson sale despedida de la pantalla para caer en el escenario.

**El sangriento, espantoso y grotesco *show* del maquillaje de terror** es la más graciosa de las atracciones semididácticas de los Estudios Universal. En ella, el público presencia escenas de largometrajes como *El exorcista*, *La mosca* y *Un hombre lobo americano en Londres*.

## Expo Center

La arquitectura de Expo Center se inspira en los Juegos Olímpicos de Los Ángeles de 1984 y en la Expo'86 de Vancouver.

**Back to the Future: The Ride** es la atracción más solicitada de los Estudios Universal y la más visitada de Orlando. Para disfrutar de este viaje por el tiempo no hace falta conocer las películas *Regreso al futuro*. Los movimientos del coche están sincronizados con las imágenes proyectadas en una macropantalla envolvente, que hace creer al espectador que realmente se desliza sobre un río de lava o una gran placa de hielo, o que entra volando en la boca de un dinosaurio.

Por contra, todos deberían embarcarse en la encantadora **ET Adventure**, basada en la película de Steven Spielberg, de 1982. El espectador parte hacia el planeta de ET en una bicicleta voladora, elevándose por encima del paisaje urbano antes de aterrizar en un mundo habitado por otros extraterrestres.

En el espectáculo **Animal Actors Stage,** dobles de superestrellas caninas como *Lassie* o *Beethoven* demuestran cómo les entrenan para el cine. La exhibición corre a cargo de una mofeta, un gato, un caballo, un chimpancé y diversas aves.

**A Day in the Park with Barney** está pensado únicamente para los niños. Se trata de un musical protagonizado por un adorable dinosaurio llamado Barney (héroe de *Barney & Friends,* un conocido programa infantil norteamericano).

**Fievel's Playland** está inspirado en las famosas películas de dibujos animados del ratón Fievel, como *Fievel se va al Oeste*. Los objetos del parque infantil (un sombrero de vaquero, unas botas, unas gafas o una taza de té) son gigantescos, tal como los vería el protagonista de las películas.

**Back to the Future The Ride, máxima emoción en los Estudios Universal**

## SAN FRANCISCO/AMITY

LA MITAD DE ESTA ZONA es una copia de San Francisco, sobre todo del barrio de Fisherman's Wharf. Chez Alcatraz, por ejemplo, es un bar diseñado a imitación de las taquillas donde se expenden las entradas para las excursiones a la isla de Alcatraz.

El punto central de San Francisco es **Earthquake: The Big One,** una atracción con un toque didáctico donde el público presencia en primer lugar la simulación de un terremoto con detalladas maquetas. A continuación, mientras los visitantes viajan en metro por la película *Terremoto,* se desata un seísmo de 8,3 grados en la escala Richter, se produce un maremoto, explota un petrolero y colisionan dos trenes. Concluido el espectáculo, los visitantes ven cómo el decorado recupera su forma original.

Menor atractivo ofrece **Beetlejuice's Graveyard Revue,** sugerida por la comedia de terror de 1988 *Beetlejuice.* Se trata de una función cantada y bailada a ritmo de *rock* por los dobles de Drácula y Frankenstein.

Amity debe su nombre al pueblo ficticio de Nueva Inglaterra donde se desarrollaba la película *Tiburón,* en la que un escualo asesino aterrorizaba a una población turística. El decorado lo componen unas cabañas adornadas con boyas, además de una feria sacada de la película *Big*. Colgado de un cadalso hay un tiburón en cuyas fauces meten la cabeza los visitantes para fotografiarse. La atracción **Jaws** comienza con un tranquilo paseo en barco por el puerto de Amity, donde súbitamente aparece la aleta dorsal de un tiburón blanco gigante que arremete una y otra vez contra la embarcación surcando las aguas a una terrible velocidad. Llega un momento en que el barco queda rodeado por un muro de fuego. En total, el espectáculo dura seis minutos agotadores, hilarantes y algo mojados.

*Cartel de Beetlejuice*

## RESTAURANTES, BARES Y TIENDAS

En general, en los Estudios Universal la comida es buena. El Hard Rock Café es el mayor del mundo, pero hay muchas otras opciones. En Lombard's Landing, especializado en pescados es aconsejable reservar con antelación, al igual que en Studio Stars Restaurant, que ofrece cocina californiana e italiana y un bufé económico. Mel's Drive-In, de comida rápida y batidos, es un maravilloso restaurante de los años 50 sacado de la película *American Grafitti,* de 1973.

Las tiendas permanecen abiertas hasta después de la hora oficial de cierre del parque. Entre ellas destacan Universal Studios Store, que vende desde estatuillas de los premios Oscar hasta guantes de horno con el logotipo de los estudios, y On Location, donde una foto firmada por las grandes estrellas del cine cuesta cientos de dólares. La mayoría de las atracciones tienen su propia tienda.

*Relucientes cadillacs ante el Mel's Drive-In*

Uno de los dos espectáculos de especialistas, **The Wild, Wild, Wild West Stunt Show,** es una función más bien cómica con infinidad de puñetazos y caídas desde las alturas. En la traca final, el decorado salta por los aires.

El **Dynamite Nights Stuntacular** resulta mucho más colosal. Una vez al día, justo antes del cierre del parque, los ocupantes de varias fuerabordas realizan osadas hazañas a gran velocidad en el lago. El plato fuerte es el salto de una embarcación a través de un muro de fuego de 18 m de altura. Sin duda alguna, el espectáculo es magnífico, pero verlo bien puede resultar difícil: los mejores lugares.

*El magnífico Dynamite Nights Stuntacular ilumina todas las noches el lago antes del cierre del parque*

El centro de Orlando, coronado por el SunTrust Center

# Orlando ❹

**Mapa de carreteras** E2. Orange Co. 170.000. 75 S Ivanhoe Blvd, (407) 425-1234.

Hasta los años 50, Orlando era poco más que una ciudad provinciana cuya tranquilidad se vio alterada por su proximidad a Cabo Cañaveral y a los parques temáticos.

El centro de la localidad, donde los rascacielos acristalados caracterizan el floreciente distrito empresarial, muestra su cara más atractiva por la noche, cuando turistas y vecinos acuden en tropel a Church Street Station y, en menor medida, a los bares y restaurantes de Church Street y Orange Avenue, la arteria principal de la ciudad.

Durante el día, un paseo por el parque que rodea el lago Eola, tres manzanas al este de Orange Avenue, es una agradable forma de pasar el tiempo. Éste es uno de los pocos lugares donde se puede saborear la historia de Orlando. Al lago se asoman las casas de madera de los primeros colonos blancos de la ciudad, algunas de las cuales se han convertido en pensiones.

Quien necesite un verdadero antídoto contra los parques temáticos debería adentrarse en las tranquilas áreas residenciales del norte del casco urbano, donde las zonas verdes y los museos son numerosos. Aunque disponga de poco tiempo, no deje de visitar Winter Park.

### ♣ Loch Haven Park

N Mills Avenue esquina con Rollins St. **Orlando Museum of Art** (407) 896-4231. ma-do. festivos.
El parque Loch Haven, 3 km al norte del centro urbano, cuenta con tres pequeños museos. El mejor es el Orlando Museum of Art, que alberga tres colecciones permanentes: objetos precolombinos –como figuritas de animales de Nazca (Perú)–, arte africano y pintura norteamericana de los siglos XIX y XX. También suele celebrar grandes exposiciones internacionales.

### ♣ Harry P. Leu Gardens

1920 N Forest Ave. (407) 246-2620. todos los días. 25 dic.
Los apacibles y bellos jardines Harry P. Leu ofrecen 20 hectáreas para pasear. En ellos crece la rosaleda más grande de Florida, además de viejos bosques de espectaculares robles, arces y cipreses cubiertos de liquen. En invierno resulta impresionante el conjunto de camelias en flor. Menos interesante es la **Leu House,** de principios de siglo, que un empresario local llamado Harry P. Leu donó a la ciudad en 1961, quizás, como cuentan los rumores, para desgravar fiscalmente.

### 🏛 Maitland Art Center

231 W Packwood Ave, 9 km al N del centro. (407) 539-2181. todos los días. festivos.
Este centro artístico del barrio de Maitland ocupa los estudios y apartamentos diseñados en los años 30 por André Smith como retiro invernal de artistas. Rodeados de patios y jardines, los edificios están decorados con abundantes motivos mayas y aztecas.

Los estudios se siguen utilizando, y en una galería de arte se celebran exposiciones de arte norteamericano contemporáneo.

Ornamentación de inspiración azteca del Maitland Art Center

### 🎵 Church Street Station

129 W Church St. (407) 422-2434. todos los días. precio único para todos los espectáculos.
Creado en los años 70, este complejo de ocio atrae a grandes multitudes. Sus platos fuertes son tres musicales en directo que se desarrollan desde las 19.00 hasta pasada la medianoche; cada uno de ellos recrea una época diferente. En el **Rosie O'Grady's Good Time Emporium,** engalanado con espejos de cristal grabado procedentes de *pubs* británicos, actúa un conjunto de jazz y las coristas bailan el cancán encima de las barras. El **Cheyenne Saloon and Opera House** *(ver p. 330),* formado por tres pisos

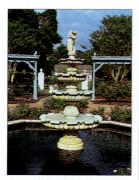

Fuente de la rosaleda de Harry P. Leu Gardens

decorados en madera de roble, recuerda al salvaje oeste por sus camareros con sombrero tejano y la orquesta de música *country*. El palacio victoriano de hierro forjado **Orchid Garden Ballroom** ofrece *rock and roll* en directo, con música de los años 50 a los 90. Con una única entrada se puede acceder a todos los espectáculos.

El resto del complejo, cuyas calles animan los acróbatas y prestidigitadores, es gratuito. **Phineas Phoogg's** es una atractiva sala de fiestas para mayores de 21 años decorada con globos, mientras que **Exchange Shopping Emporium** contiene 50 tiendas diferentes que venden desde sombreros hasta esculturas góticas. La cercana Buffalo Trading Co. ofrece un excelente surtido de artículos del oeste.

El mejor lugar para cenar es Lili Marlene's *(ver p. 321)*, que posee una mesa de comedor que antaño fue propiedad de Al Capone.

**Detalle de las *Cuatro Estaciones* de Tiffany**

## Winter Park ❺

**Mapa de carreteras** E2. Orange Co. 25.000. 🚆 🚌 🛩 150 N New York Ave, *(407) 644-8281*. **Paseo en barco** ☎ *(407) 644-4056*.

El barrio más refinado de Orlando nació a finales del siglo XIX, cuando los norteños adinerados comenzaron a construir allí sus moradas de invierno. El aroma a perfumes caros y café impregna las elegantes tiendas y bares que se asoman a su calle principal, Park Avenue, mientras que en el club de campo los socios disfrutan de una partida de críquet. En el extremo norte de Park Avenue, el **Charles Hosmer Morse Museum of American Art** alberga la mejor colección de obras de Louis Comfort Tiffany (1848-1933). Magníficamente expuestos se encuentran excelentes ejemplos de sus creaciones *art nouveau*: joyas, lámparas de mesa y un buen número de ventanas, incluida la *Cuatro estaciones* (1899) que, al igual que todas las de este artista, consta de una asombrosa mezcla de vidrio, pan de oro, esmalte, pintura, plomo y cobre. Las galerías también exhiben piezas de la misma época creadas por genios como Frank Lloyd Wright.

**Puerta principal de la Knowles Memorial Chapel**

En el extremo sur de Park Avenue se halla el prestigioso **Rollins College,** un campus universitario cuya arboleda está salpicada de edificios de estilo español construidos en los años 30. El más insigne es la Knowles Memorial Chapel, cuya puerta principal está decorada con un relieve del encuentro entre los semínolas y los conquistadores españoles. El **Cornell Fine Arts Museum,** perteneciente a la Universidad, cuenta con más de 6.000 obras de arte, entre ellas una impresionante colección de pintura renacentista italiana.

Si quiere ver dónde residen las familias adineradas de Winter Park, dése un **paseo turístico** comentado. Los barcos salen a las 10.00 y a las 16.00 del extremo oriental de Morse Boulevard y recorren los lagos próximos y los canales que los unen, bordeados por una frondosa vegetación de hibiscos, bambúes y papayas.

🏛 **Charles Hosmer Morse Museum of American Art**
445 Park Ave N. ☎ *(407) 645-5311*.
⚪ ma-do. ⚫ festivos. 📷 ♿
🏛 **Cornell Fine Arts Museum**
1000 Holt Ave. ☎ *(407) 646-2526*.
⚪ ma-do. ⚫ festivos. ♿

**Espectáculo callejero en Church Street Station**

Una de las atracciones de Wet'n Wild, en International Drive

## International Drive ❻

**Mapa de carreteras** E2. Orange Co. 🚆 *Orlando.* 🚌 *Orlando.* 🛈 *Gala Center, 8723 S International Drive, (407) 363-5872.*

A TIRO DE PIEDRA de Walt Disney World, y flanqueada por los Estudios Universal y Sea World, International Drive debe su existencia a los parques temáticos. I Drive, como todo el mundo la conoce, es una hilera (5 km) de restaurantes, hoteles, tiendas y cines, muchos de los cuales anuncian descuentos a bombo y platillo. Durante el día, cuando la gente está en los parques temáticos, I Drive aparece desierta; sin embargo, por la noche se convierte en una animada línea de neón donde todo cierra tarde.

El mayor atractivo de I Drive es **Wet'n Wild,** anunciado como el primer parque acuático del mundo cuando fue inaugurado en 1977. A diferencia de sus homónimos de Disney *(ver pp. 160-161),* a Wet'n Wild no le preocupa la estética. En lo que destaca es en sus ocho emocionantes atracciones como Bomb Bay o Der Stuka, unos vertiginosos descensos por toboganes casi verticales. Hacer esquí acuático de rodillas o mantener el equilibrio en la tabla de surf mecánica Robo Surfer requiere más destreza. También cuenta con una zona infantil y con un par de atracciones más suaves, pero los parques acuáticos de Disney son mejores para las familias con niños pequeños. En verano, Wet'n Wild permanece abierto hasta las 23.00 horas, y cobra la mitad de la entrada a quienes acuden a última hora de la tarde.

Repleto de objetos fantásticos, ilusiones y fotogramas cinematográficos de extrañas proezas, **Ripley's Believe It or Not!** es la otra atracción de calidad de I Drive. Pertenece a una cadena mundial de museos surgida a raíz del llamado Odditorium de la Feria Mundial de Chicago de 1933: se trataba de la creación de un famoso dibujante norteamericano, Robert Ripley, que viajó en globo en busca de lo extraño y maravilloso. El edificio que alberga esta exposición parece estar precipitándose al interior de una de las terribles dolinas de Florida *(ver p. 20).* Dentro, un sinfín de excentricidades aguardan al visitante: un Rolls Royce fabricado con 1.016.711 cerillas, una Mona Lisa confeccionada con tostadas, un hombre de tres piernas, un gatito bicéfalo y un señor que fuma por los ojos.

Sopa de caimán

**The Mercado** es un centro comercial de estilo español con unas 50 tiendas de regalos, varios restaurantes y espectáculos gratuitos por las noches. A dos manzanas se encuentra el Centro de Información al Visitante, que regala bonos-descuento para numerosas atracciones, hoteles y restaurantes de Orlando *(ver p. 346).*

🎢 **Wet 'n Wild**
6200 International Drive. 📞 *(407) 351-3200.* ⚪ *todos los días.* 📷 ♿

🏛 **Ripley's Believe It or Not!**
8201 International Drive. 📞 *(407) 363-4418.* ⚪ *todos los días.* 📷 ♿

🛍 **The Mercado**
8445 S International Drive. 📞 *(407) 345-9337.* ⚪ *todos los días.* ⬤ *25 dic.* ♿

## Gatorland ❼

**Mapa de carreteras** E3. Orange Co. 14501 S Orange Blossom Trail, Kissimmee. 📞 *(800) 777-9044.* 🚆 *Kissimmee.* 🚌 *Kissimmee.* ⚪ *todos los días.* 📷 ♿

E STA GRANJA DE LOS años 50 tiene permiso para criar caimanes con el fin de comercializar su piel y su carne. En los corrales, viveros y charcas de Gatorland habitan miles de ejemplares de todos los tamaños, desde crías que cabrían en la palma de la mano hasta gigantes de 4 m. El mejor lugar para observarlos mientras toman el sol en aguas poco profundas de una ciénaga de cipreses es desde la pasarela y la torre. Los demás atractivos de Gatorland son menos interesantes:

La inconfundible casa de Ripley's Believe It or Not!

**Las fauces de un caimán indican la entrada a Gatorland**

ejemplares enfermos en jaulas, una lucha de caimanes y el Gator Jumparoo, en el que los reptiles emergen del agua para atrapar trozos de pollo. También hay exhibiciones de serpientes venenosas de Florida.

En el restaurante puede probar las costillas de caimán y el caimán frito, o adquirir una lata de sopa de caimán.

**Una de las tiendas de la ciudad antigua de Kissimmee**

## Kissimmee ❽

**Mapa de carreteras** E3. Osceola Co. 🚶 35.000. 🚌 🛈 1925 E Irlo Bronson Memorial Hwy, (407) 847-5000.

A PRINCIPIOS DE SIGLO, las vacas deambulaban por las calles de esta ciudad ganadera. Ahora, las únicas reses vacunas que se pueden ver son las que aparecen en el rodeo bianual del Silver Spurs Arena *(ver p. 31)* o en los rodeos más modestos que se celebran todos los viernes en **Kissimmee Arena**.

Kissimmee significa "lugar celestial" en el idioma de los indios calusa *(ver pp. 38-39)* pero el motivo que atrae a la mayoría de los visitantes son los moteles baratos próximos a Walt Disney World, que se extienden a lo largo de la carretera US 192 entre restaurantes de conocidas cadenas y vallas publicitarias anunciando las últimas atracciones, centros comerciales y cenas con espectáculo, el principal atractivo nocturno de Kissimmee.

No obstante, después de todo un día en un parque temático, quizás prefiera visitar la ciudad antigua de Kissimmee, una recreación de una calle peatonal con edificios de principios de siglo y excéntricas tiendas que anuncian médiums, tatuajes, ropa de cama irlandesa y velas.

Al **Flying Tigers Warbird Restoration Museum**, junto al aeropuerto municipal de Kissimmee, suelen acudir los nostálgicos que recuerdan los tiempos en que pilotaban los aeroplanos de la II Guerra Mundial. Muy asequible resulta la visita con guía al hangar, donde se explican los aspectos principales de la reconstrucción de estos aviones. Bastante más caro es darse una vuelta en un biplano de 1934.

🔻 **Kissimmee Arena**
1010 Suhls Lane. 📞 *(407) 933-0020.* 🕐 *para los espectáculos.* 🎫 ♿
🏛 **Flying Tigers Warbird Restoration Museum**
231 Hoagland Blvd. 📞 *(407) 933-1942.* 🕐 *todos los días.* ⬤ *25 dic.* 🎫 ♿

### CENAS ESPECTÁCULO

Si desea pasar una velada en familia, puede acudir a una cena con espectáculo *(ver p. 337).* Orlando ofrece alrededor de una docena de establecimientos de este tipo –sin contar los dos de Disney *(ver p. 162)*– en I Drive o junto a la US 192, cerca de Kissimmee. Las entradas de adulto cuestan entre 30 y 35 dólares, y las de niño, unos 20 dólares, pero se puede obtener un descuento con los bonos del Centro de Visitantes de Orlando. Los mejores espectáculos son:

**American Gladiators:** los protagonistas participan en una competición deportiva en directo.
📞 *(800) 228-8534.*

**Arabian Nights:** fantasía ecuestre en un estadio gigante.
📞 *(407) 239-9223.*

**Colossal Studios Pirate's Dinner Adventure:** espectáculo alrededor de un barco pirata, con regatas, acrobacias y una visita previa a los estudios.
📞 *(407) 248-0590.*

**King Henry's Feast:** diversión y juegos en una recreación del salón de banquetes de Enrique VIII.
📞 *(407) 351-5151.*

**Medieval Times:** justa de caballeros en un espectáculo vivo y lleno de colorido.
📞 *(407) 396-1518.*

**Wild Bill's Wild West Dinner Extravaganza:** indias y cabareteras bailan en un fuerte.
📞 *(407) 351-5151.*

**Estrella del Wild Bill's Wild West Dinner Extravaganza**

## Cypress Island ❾

**Mapa de carreteras** E3. Osceola Co. 5 km al S de Kissimmee. ☎ *(407) 935-0087*. 🚌 *Kissimmee*. 🚉 *Kissimmee*. ⛴ *desde el centro de Kissimmee, en Lakeshore Drive*. ◯ *mi-do*. ● *Día de Acción de Gracias, 25 dic*. ♿ *limitada*.

Cada hora un transbordador lleva hasta esta maravillosa isla virgen del lago Tohopekaliga, que en otro tiempo albergó un asentamiento indio y posteriormente un rancho ganadero. Actualmente pertenece a una reserva natural de animales exóticos como emús, llamas y el cobayo de la Patagonia (un extraño híbrido de perro, ciervo y conejo). En la isla puede pasear por un sendero de 3 km que atraviesa huertos de naranjos y bosques de palmeras y cipreses, o bien hacer un recorrido turístico en carrito de golf. También hay excursiones en barco y paseos a caballo.

**Guerrero de terracota**

## Splendid China ❿

**Mapa de carreteras** E3. Osceola Co. 3000 Splendid China Blvd, Kissimmee. ☎ *(407) 396-7111*. 🚌 *Kissimmee*. 🚉 *Kissimmee*. ◯ *todos los días*. 🎦 ♿

El parque temático más cultural de Orlando, dirigido a los adultos, es un remanso de paz. Inaugurado en 1993 con un coste de 100 millones de dólares, sus 30 hectáreas son una réplica de un parque de Shenzhen (China). Aunque aquí no hay emociones ni atracciones, el recinto se puede recorrer a pie o en tranvía para contemplar las réplicas en miniatura de los lugares más famosos de China, todos ellos *habitados* por humanos y animales de juguete. La Gran Muralla, de un kilómetro de longitud, se construyó con 6,5 millones de ladrillos; la estatua de Buda, de 72 m de altura en China, también resulta magnífica en su versión de 11 m. Muchos de los 8.000 guerreros de terracota descubiertos en China en los años 70 han sido recreados a una tercera parte de su tamaño original, mientras que la enorme Ciudad Prohibida de Pekín se reproduce a una escala reducida de 1:15. Si se cansa de las maquetas, y 55 pueden resultar excesivas, tome asiento en uno de los teatros para contemplar tradiciones chinas como las artes marciales o la imitación de canto de las aves; el espectáculo más entretenido es el de los acróbatas de Chongqing.

Suzhou Gardens, a la entrada del parque, es una reconstrucción a tamaño natural de la ciudad china de Suzhou con el aspecto que se supone tuvo hace 700 años; los edificios de celosía y la pagoda fueron construidos con técnicas de la época, sin emplear tuercas ni tornillos. En esta zona encontrará elegantes tiendas de bonsáis y té chino, y el restaurante Suzhou Pearl que, como muchos otros del parque, sirve una buena comida china.

**Piloto aficionado en un combate simulado de Fantasy of Flight**

## Fantasy of Flight ⓫

**Mapa de carreteras** E3. Polk Co. 1400 Broadway Blvd SE, Polk City. ☎ *(941) 984-3500*. 🚌 *Winter Haven*. 🚉 *Winter Haven*. ◯ *todos los días*. 🎦 ♿

Fantasy of Flight supera a las otras atracciones aeronáuticas de Florida porque recrea de verdad la sensación de volar.

Una serie de exposiciones transportan al visitante al interior de un avión-fortaleza B-17 de la II Guerra Mundial durante un bombardeo, así como a las trincheras de la I Guerra Mundial en pleno ataque aéreo.

Por algunos dólares más se puede viajar en un simulador de un caza de la II Guerra Mundial y sobrevolar el Pacífico durante un combate aéreo. Ya en cabina recibirá instrucciones previas al vuelo, y la torre de control le aconsejará sobre el despegue, el aterrizaje y la presencia de aviones enemigos.

**La Ciudad Prohibida de Pekín en Splendid China**

Un hangar de aeroplanos antiguos alberga el primer avión comercial empleado en EE UU, el trimotor Ford de 1929, que intervino en la película *Indiana Jones y el templo maldito*, y el Roadair 1, un híbrido de avión y coche que sólo voló en una ocasión, en 1959.

## Cypress Gardens ⓬

**Mapa de carreteras** E3. Polk Co. 2641 South Lake Summit Drive, Winter Haven. *(941) 324-2111.* Winter Haven. Winter Haven. todos los días.

**Las bellezas sureñas ponen un toque de color en Cypress Gardens**

EL PRIMER PARQUE temático de Florida fue inaugurado en 1936 y se sirve de dos elementos tan dispares como las flores y el esquí náutico para atraer a los visitantes.

Junto a un gran lago rodeado de cipreses, 8.000 variedades de plantas convierten el parque en una maravilla natural que encandila especialmente a las personas más mayores.

**La pirámide de esquiadores, parte del espectáculo de Cypress Gardens**

Alrededor de un tercio del terreno lo ocupa un exquisito jardín botánico cuyos ejemplares, minuciosamente etiquetados, van desde un ciprés de 1.600 años de antigüedad hasta numerosas epifitas *(ver p. 276)*, una rarísima palmera bicéfala y una gigantesca higuera bengalí.

El parque se puede explorar a pie o desde una embarcación que recorre sus canales, deteniéndose a ratos para que los visitantes fotografíen sus zonas más famosas, como un estanque de nenúfares, un salto de agua o una empalagosa Capilla del Amor.

Otras áreas del parque están dedicadas a la exhibición de formidables macizos florales. Entre los meses de noviembre y diciembre florecen más de dos millones de capullos de crisantemo.

Durante gran parte del año se pueden ver arbustos espléndidamente podados, que en el Festival Floral de Primavera adoptan la forma de mariposas, peces y aves, y durante la Fiesta Victoriana de la Jardinería, en verano, tienen aspecto de carruajes, barcos de vapor y carruseles.

Cypress Gardens se autodenomina capital mundial del esquí náutico. Sus espectáculos, nacidos durante la II Guerra Mundial para solaz de los soldados destacados en la zona, se celebran como mínimo tres veces al día. En ellos, los esquiadores se deslizan descalzos sobre el agua o ascienden por una rampa para caer dando un salto mortal.

Si ha reservado un día completo para conocer este parque, seguramente también tendrá tiempo para visitar el invernadero de mariposas y ascender a la plataforma panorámica, que se eleva mediante un mecanismo hidráulico. Y, si aún le quedan fuerzas, también tendrá la posibilidad de contemplar los reptiles y las aves exóticas, además de asistir a los espectáculos de un circo ruso.

## Bok Tower Gardens ⓭

**Mapa de carreteras** E3. Polk Co. 1151 Tower Blvd, Lake Wales. *(941) 676-9412.* Winter Haven. Lake Wales. todos los días.

EN 1870, EDWARD W. BOK, a la edad de seis años, llegó a EE UU procedente de Holanda. Posteriormente se convirtió en propietario de una influyente editorial. Poco antes de fallecer, en 1930, obsequió al pueblo norteamericano con estas 52 hectáreas de preciosos jardines que crecen en el punto más alto de Florida (tan sólo a 91 m sobre el nivel del mar). En el centro, la Singing Tower alberga en su parte inferior la sepultura de Bok. No se puede subir a la torre, pero sí escuchar su carrillón, que todos los días a las tres de la tarde repica durante 45 minutos.

**La Singing Tower de marfil rosa en Bok Tower Gardens**

# Canaveral National Seashore y Merritt Island ⑭

**Mapa de carreteras** F2. Brevard Co.
*Titusville.*

## Las Aves de la Costa Espacial

La magnífica abundancia de aves de la Costa Espacial está en plena ebullición durante las primeras y las últimas horas del día. Entre noviembre y marzo, las marismas y lagos rebosan de aves migratorias y zancudas, que llegan del norte a cientos de miles.

*Grulla canadiense*
*Pelícano pardo*
*Golondrina de mar*
*Picotijera*

Estas reservas colindantes de la Costa Espacial comparten una asombrosa variedad animal y un amplio abanico de hábitats, como estuarios de agua salada, zonas pantanosas, llanuras de pinares y *hammocks*. Esta proliferación se debe a la confluencia de los climas templado y subtropical. Con frecuencia se pueden ver caimanes y especies en peligro de extinción como los manatíes, pero el mayor impacto visual lo producen las aves.

A muchos visitantes sólo les interesa la playa. El **Canaveral National Seashore** contiene el mayor cordón litoral no urbanizado de Florida (39 km), una magnífica franja de arena cercada por dunas plagadas de arbustos y plantas. A Apollo Beach, en el extremo norte, se llega por la Route A1A, mientras que a Playalinda Beach se accede desde el sur por la Route 402; no hay carretera de unión entre ellas. Las playas son buenas para tomar el sol, pero el baño puede resultar peligroso, y no hay socorristas.

Detrás de Apollo Beach se alza Turtle Mound, un túmulo de 12 m de altura formado por las conchas de ostras que vertieron los indios timucua *(ver pp. 38-39)* entre los años 800 y 1400 d.C. Desde la cima se contempla el lago Mosquito, salpicado de infinidad de islotes de manglares.

La Route 402, que conduce a Playalinda, también ofrece unas vistas extraordinarias de las plataformas de lanzamiento del Kennedy Space Center, y atraviesa el **Merritt Island National Wildlife Refuge**, que abarca una superficie de 570 km². La mayor parte pertenece al Kennedy Space Center, por lo que no se puede visitar, aunque en la zona situada justo al norte hay muchísimo que explorar.

*Caimán en libertad*

La mejor manera de conocer la fauna y la flora locales es recorrer los 10 km del Black Point Wildlife Drive. En el punto de partida de esta ruta, junto al cruce de las carreteras 402 y 406, facilitan un magnífico folleto donde se explica, por ejemplo, por qué los diques controlan la población de mosquitos. A mitad del trayecto puede estirar las piernas recorriendo a pie el sendero Cruickshank Trail, en el que se alza una torre de observación.

Yendo hacia el este por la carretera 402 en dirección a Playalinda, el Merritt Island Visitor Information Center contiene una excelente muestra de los hábitats y la fauna del refugio. Un kilómetro y medio más al este, en las rutas Oak Hammock y Palm Hammock, unas estrechas pasarelas de madera atraviesan las marismas.

### 🦅 Canaveral National Seashore
Route A1A, 32 km al N de Titusville, o Route 402, 16 km al E de Titusville.
📞 (407) 267-1110.
○ todos los días. ● durante lanzamientos espaciales.

### 🦅 Merritt Island National Wildlife Refuge
Route 406, 6,5 km al E de Titusville.
📞 (407) 861-0667. ○ todos los días.
● durante lanzamientos espaciales.

**Vista desde Black Point Drive, Merritt Island National Wildlife Refuge**

# Kennedy Space Center ⑮

Ver pp. 182-187.

## US Astronaut Hall of Fame ⓰

**Mapa de carreteras** E2. Brevard Co. Cruce de Route 405 y US 1. 📞 *(407) 269-6100.* 🚌 *Titusville.* 🕐 *todos los días.* ⬤ *25 dic.* 📷 ♿

Este lugar, dedicado a los astronautas más famosos de la historia de la navegación espacial, cumple tanto una misión educativa como de entretenimiento. En él se exponen pertenencias y objetos personales de muchos de los pioneros de los viajes por el espacio. Una reproducción a tamaño real de un satélite sirve de sala cinematográfica en donde se proyectan películas y documentales sobre la era espacial. También hay un simulador de vuelo con distintos niveles de dificultad.

***Tico Belle,*** *joya del Warbird Air Museum*

## Valiant Air Command Warbird Air Museum ⓱

**Mapa de carreteras** E2. Brevard Co. 6600 Tico Road, Titusville. 📞 *(407) 268-1941.* 🚌 *Titusville.* 🕐 *todos los días.* ⬤ *Día de Acción de Gracias, 25 dic, 1 ene.* 📷 ♿

En este museo, un enorme hangar alberga aeroplanos militares de la II Guerra Mundial y otros posteriores, todos magníficamente restaurados y

*Porcher House, en el barrio histórico de Cocoa*

en perfecto estado de conservación. El orgullo de esta colección es un Douglas C-47 denominado *Tico Belle,* que prestó servicio durante la II Guerra Mundial para después convertirse en el avión oficial de la familia real danesa.

## Cocoa ⓲

**Mapa de carreteras** E3. Brevard Co. 👥 *18.000.* 🚌 ℹ️ *Cocoa Beach, (407) 459-2200.*

Cocoa es la población más atractiva de todos los núcleos urbanos que se extienden por la Costa Espacial. Cerca del lugar donde la Route 520 cruza el río Indian en dirección a Cocoa Beach, el bello barrio histórico de Cocoa Village posee edificios de finales del siglo XIX (algunos de ellos albergan ahora modestas tiendas de moda), réplicas de faroles de gas y calzadas enladrilladas.

En Delannoy Avenue, en el extremo oriental del barrio, se encuentra la neoclásica Porcher House, construida en 1916 por un magnate de los cítricos. El interior no ofrece nada especial, pero fíjese en la pared del pórtico, donde están tallados los palos de la baraja francesa (la señora Porcher era una forofa del *bridge*).

## Cocoa Beach ⓳

**Mapa de carreteras** F3. Brevard Co. 👥 *13.000.* 🚌 *Cocoa.* ℹ️ *400 Fortenberry Rd, (407) 459-2200.*

Esta sencilla localidad turística se autodenomina capital del surf de la costa este. La pauta la marcan aquí los festivales de surf y los concursos de biquinis, además de las competiciones de "gane su peso en cerveza" que se celebran en el muelle. Moteles, restaurantes de comida rápida y algún que otro espectáculo de *strip-tease* constituyen su arteria principal. Pero el palacio de neón del **Ron Jon Surf Shop** los eclipsa a todos con su cúmulo de tablas de surf (en venta y alquiler) y su formidable colección de camisetas.

🏄 **Ron Jon Surf Shop**
4151 N Atlantic Ave. 📞 *(407) 799-8888.* 🕐 *todos los días.* ♿

*La Ron John Surf Shop de Cocoa Beach vende todo para los surfistas y los entusiastas de la playa*

# Kennedy Space Center ⓯

**Insignia de la NASA**

Situado en Merritt Island, a tan sólo una hora en coche al este de Orlando, el Kennedy Space Center es el único lugar del hemisferio occidental desde donde los seres humanos son lanzados al espacio. Aquí, con la puesta en órbita del *Apolo 11* en julio de 1969, se hizo realidad el deseo del presidente J.F. Kennedy de que el hombre aterrizara en la Luna, y aquí también tiene su sede la NASA, cuyo transbordador espacial tripulado *(ver pp. 186-187)* despega con regularidad de una de las plataformas de lanzamiento. El Space Center, un centro didáctico y recreativo recientemente renovado, es comparable en dimensiones y ambición a los parques temáticos de Orlando.

★ **Apollo/Saturn V Center**
*La estrella es un cohete Saturno V como los empleados en las misiones del Apolo. Desde la sala de control, los visitantes pueden asistir a un lanzamiento simulado* (ver p. 185).

**Astronautas**
*El personal del centro, vestido con trajes espaciales, puede aparecer en cualquier momento para delicia de los niños.*

**The Gallery of Spaceflight** es una exposición de vehículos y aparatos espaciales.

★ **Rocket Garden**
*Los cohetes representan diferentes periodos de la historia espacial, y el módulo lunar es similar al empleado en las misiones del* Apolo.

**Recinto de juegos infantiles**

El **Spaceport Theater** proyecta películas sobre Marte y el rescate del *Apolo 13*.

**Mission to Mars**

**Entrada**

---

**RECOMENDAMOS**

★ Apollo/Saturn V Center

★ Rocket Garden

★ Rutas en autobús

★ Películas IMAX

---

## VISITOR CENTER

En las instalaciones de atención a los numerosos visitantes del Space Center, el Visitor Center fue creado en 1996 para dirigir los recorridos en autobús por la zona. Ahora es un extenso museo con diversos restaurantes y una tienda de recuerdos. Se llega por la US 405 desde Titusville y por la Route 3 desde Cocoa.

# KENNEDY SPACE CENTER

**★ Rutas en autobús**
*Los autobuses trazan un circuito por las plataformas de lanzamiento, pasando junto al edificio de ensamblaje y por el pasillo que lleva el transbordador al punto de despegue.*

### INFORMACIÓN ESENCIAL

**Mapa de carreteras** F2. Brevard Co. Route 405, 8 km al E de Titusville. *(407) 452-2121.* Titusville. 9.00 hasta el anochecer todos los días. 25 dic. El centro cierra a veces por exigencias operativas. sólo para películas IMAX y recorridos. todas las exposiciones son accesibles; en la central de información tienen sillas de ruedas. recorridos en autobús y paseos con guía.

**★ Películas IMAX**
*Las salas del Galaxy Center proyectan películas de satélites y viajes espaciales. Las imágenes de las misiones del transbordador ofrecen espectaculares vistas de la Tierra desde el espacio* (ver p. 184).

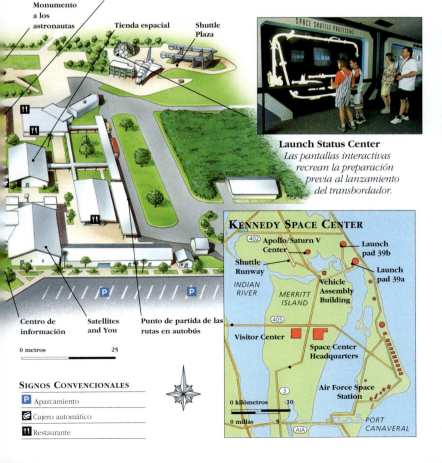

**Launch Status Center**
*Las pantallas interactivas recrean la preparación previa al lanzamiento del transbordador.*

Monumento a los astronautas · Tienda espacial · Shuttle Plaza

Centro de información · Satellites and You · Punto de partida de las rutas en autobús

0 metros    25

### KENNEDY SPACE CENTER

- (402) Apollo/Saturn V Center
- Shuttle Runway
- INDIAN RIVER
- MERRITT ISLAND
- Vehicle Assembly Building
- Launch pad 39b
- Launch pad 39a
- (405)
- Visitor Center
- Space Center Headquarters
- (3)
- Air Force Space Station
- (A1A)
- PORT CANAVERAL

0 kilómetros 10
0 millas 5

### SIGNOS CONVENCIONALES

**P** Aparcamiento
Cajero automático
Restaurante

# Explorando el Kennedy Space Center

REPARTA SU TIEMPO a partes iguales entre el Visitor Center y los otros 340 km² de instalaciones, que se pueden conocer en dos recorridos distintos realizados en autobús.

Además de las excelentes películas IMAX que proyecta el Visitor Center, no debe perderse el Apollo/Saturn V Center. Para verlo todo necesitará al menos de un día. Si dispone de menos tiempo, omita la Estación Aérea de Cabo Cañaveral, que se centra en las primeras misiones y no reviste tanto interés, especialmente para los niños.

En el Space Center todas las visitas son gratis excepto las películas IMAX y los recorridos en autobús.

**Fotografía espacial en el Lunar Surface Theater**

## VISITOR CENTER

EN EL **Galaxy Center (Centro galáctico)**, los cines IMAX proyectan tres asombrosas películas en pantallas de más de cinco pisos de altura. Para algunos, se trata de lo mejor de la visita.

*Destiny in Space,* un film narrado por Leonard Nimoy, el protagonista de *Star Trek,* muestra imágenes de nueve vuelos del transbordador espacial, entre ellos el lanzamiento del telescopio *Hubble* en 1990 y su posterior reparación en 1993. También puede disfrutar de magníficas vistas de la Tierra, Marte y Venus. La segunda película, *Dream is Alive,* ofrece imágenes recogidas durante las misiones espaciales; los sustos y los quehaceres diarios los narra Walter Cronkite. La tercera proyección, *L5: First City in Space,* combina grabaciones de imágenes reales con gráficos tridimensionales por ordenador que transportan al espectador a una ciudad imaginaria en el espacio exterior; los momentos estelares de esta película son un vuelo a Marte y el aterrizaje en un cometa.

Si desea conocer la última tecnología de la NASA, el Galaxy Center exhibe una maqueta de uno de los vehículos espaciales diseñados para la propuesta de Estación Espacial Internacional, aunque los niños seguramente preferirán los últimos robots de exploración planetaria aparecidos en **Misión a Marte.** En este centro también hay maquetas de las sondas Viking enviadas a Marte en los años 70, que abrieron el camino al *Mars Pathfinder,* lanzado en 1995, y a la propuesta para una primera expedición tripulada a ese planeta.

En Shuttle Plaza puede contemplar de cerca una réplica del *Explorer,* pero no resulta bastante frustrante no poder acceder al interior. El contiguo **Launch Status Center** contiene muestras de auténtico instrumental de vuelo y de cohetes aceleradores, además de ofrecer explicaciones sobre diversos temas espaciales. No muy lejos, un "espejo espacial" sigue el movimiento de sol, reflejando su luz en los nombres inscritos en el **Astronaut Memorial,** en honor de los 16 astronautas que, desde el *Apolo 1* hasta el transbordador *Challenger* perdieron la vida en la exploración del espacio.

Si no dispone de tiempo, omita la película **Satellites and You,** de 45 minutos de duración.

**El *Explorer,* una réplica del transbordador espacial**

## CRONOLOGÍA DE LA EXPLORACIÓN ESPACIAL

| 1958 Se lanza el *Explorer 1*, primer satélite norteamericano (31 ene) | 1962 John Glenn rodea la Tierra en la nave *Mercury* | 1966 El *Gemini 8* realiza el primer acoplamiento espacial (16 mar) | 1969 Neil Armstrong y Buzz Aldrin (*Apolo 11*) pisan la Luna (24 jul) *Buzz Aldrin*  | 1977 Se prueba el transbordador *Enterprise* en un Boeing 747 (18 fe) |
|---|---|---|---|---|
| 1955 | 1960 | 1965 | 1970 | 1975 |
| 1961 El 5 de mayo, Alan Shepherd se convierte en el primer norteamericano en el espacio. Kennedy promete al país un aterrizaje en la Luna  *John Glenn* | | 1965 Edward White es el primer estadounidense que camina por el espacio (3 jun) | 1968 El *Apolo 8* da la vuelta a la Luna (24 dic) 1975 El *Apolo* norteamericano y el *Soyuz* ruso se acoplan en órbita (17 jul) | |

## Rutas en Autobús

Los autobuses salen continuamente del Visitor Center para realizar dos recorridos distintos por las instalaciones del centro; ambos duran más de dos horas.

El primero, a la Estación Aérea de Cabo Cañaveral, sólo interesará realmente a quienes disfruten con la historia de los cohetes. La estación se creó en los años 40 como centro de prueba de misiles; posteriormente se lanzarían desde allí las primeras misiones espaciales. En los años 60, la NASA se trasladó a sus actuales instalaciones en Merritt Island, aunque desde Cabo Cañaveral se siguen lanzando satélites.

Más interesante es el recorrido por el Complejo de Lanzamiento 39, donde la NASA prepara y lanza el transbordador espacial. La primera parada se realiza en el enorme edificio de ensamblaje de vehículos, donde se construyen los transbordadores. Con más de 3,5 millones de metros cúbicos, se trata de una de las mayores estructuras del mundo. Igualmente asombrosos son los transportadores de oruga que trasladan el transbordador hasta la plataforma de lanzamiento; tienen el tamaño de medio campo de fútbol y se desplazan por los 5 km de la Crawlerway a una velocidad de 1,6 km/h. El autobús se detiene para contemplar las plataformas de lanzamiento y continúa hasta el Centro de Control donde se realizan las últimas pruebas antes de dar la orden de lanzamiento. La última parada es el Apollo/Saturn V Center.

**El edificio de ensamblaje de vehículos empequeñece al Space Center**

**Exhibición de cohetes en el Centro Espacial de Cabo Cañaveral**

## Apollo/Saturn V Center

Este complejo, inaugurado en 1996, rinde homenaje al proyecto *Apolo*, el programa espacial que permitió el aterrizaje del hombre en la Luna.

En primer lugar se explica la carrera espacial entre EE UU y la Unión Soviética, que originó la creación en los años 60 del *Saturn V*, el cohete más potente de su tiempo. A continuación se entra en el Firing Room Theater, que alberga una sala de control de lanzamientos idéntica a la existente cuando se lanzó el *Apolo 8*, la primera misión tripulada a la Luna, en 1968. Gran parte del instrumental es original e, incluso, quedan notas del diario de vuelo del supervisor.

Una película recrea el portentoso momento del lanzamiento del *Apolo 8*, durante el cual toda la sala tiembla con la violencia del despegue.

En el exterior está expuesto uno de los tres cohetes *Saturn V* que quedan, un monstruo de 110 m de altura que ahora está desmontado.

El Lunar Surface Theater se centra en el primer aterrizaje en la Luna y recrea el nerviosismo de las últimas etapas del descenso del *Apolo 11* en julio de 1969. El punto culminante son las imágenes históricas de Buzz Aldrin y Neil Armstrong dando sus primeros pasos por la Luna.

Para hacer justicia al Apollo/Saturno V Center debería dedicarle unas tres horas. Aquí encontrará todo lo que necesite, desde tiendas hasta cafeterías.

---

**1981** El *Columbia*, primer transbordador en el espacio (18 feb)

**1983** La primera mujer norteamericana viaja al espacio a bordo del transbordador *Challenger* (18 jun)

**1988** Se lanza el *Discovery*, primer transbordador desde el desastre del *Challenger* (18 jun)

*Insignia del Atlantis-Mir (jun 1995)*

| 1980 | 1985 | 1990 | 1995 |
|---|---|---|---|

*Transbordador Columbia*

**1986** Explota el *Challenger* y muere toda la tripulación (28 ene)

**1984** Kathryn Sullivan es la primera mujer norteamericana que camina por el espacio (11 oct)

**1990** Se lanza el telescopio *Hubble* (28 ene)

**1995** El *Atlantis* se acopla con la estación espacial rusa *Mir* (29 ene)

**1996** Se envía el *Mars Pathfinder* a recoger datos sobre la superficie de Marte (4 dic)

# El transbordador espacial

**Insignia de un transbordador**

A FINALES DE LOS AÑOS 70, enviar a los astronautas al espacio resultaba excesivamente caro para el presupuesto espacial norteamericano; se invertían cientos de millones de dólares en mandar las misiones *Apolo,* de las que regresaba a la tierra poco más que un chamuscado módulo de mando. Había llegado el momento de crear unas naves que pudieran utilizarse durante varios años, y cuyo coste posterior fuera únicamente el de mantenimiento. La respuesta fue el transbordador *Columbia,* lanzado al espacio el 12 de abril de 1981 *(ver pp. 50-51).* Su gran capacidad de carga le permite transportar toda clase de satélites y sondas, y se utilizará para llevar los materiales necesarios para la construcción de la Estación Espacial Internacional.

**El transbordador en el espacio**
*Las puertas del compartimento de carga se abren para poner en órbita el telescopio Hubble.*

**Cabina**
*El transbordador es similar a un avión, pero con una cabina aún más compleja. En el Launch Status Center le explicarán los aspectos de su manejo (ver p. 183).*

**Las vías** permiten separar la torre antes del despegue.

**Pasillo de oruga**
*Este doble pasillo de 30 m de ancho está diseñado para soportar el peso del transbordador durante su traslado a la plataforma de lanzamiento mediante gigantescas orugas. La superficie de roca descansa sobre una capa de asfalto y una base de 2 m de grava.*

**La oruga** retrocede una vez depositado el transbordador.

## FASES DE LANZAMIENTO

El transbordador consta de tres elementos principales: la nave orbital (con tres motores), un depósito externo de combustible a base de hidrógeno líquido y oxígeno, y dos cohetes aceleradores de combustible sólido pulverizado, que crean el empuje adicional necesario para el despegue.

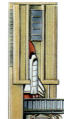

**1 Preparación**
En el edificio de ensamblaje de vehículos, el depósito externo y los cohetes aceleradores son instalados en el módulo orbital.

**2 Lanzamiento**
Tras la última comprobación, el transbordador despega gracias a los tres motores y los cohetes aceleradores.

# KENNEDY SPACE CENTER

**La torre de servicio** permite repostar y acceder a la bodega de carga.

**El brazo de acceso** es una pasillo por el que los astronautas embarcan en el transbordador.

**Módulo orbital**

**Cohete acelerador**

**El foso de ignición** aleja del vehículo los gases de combustión.

## LANZAMIENTOS DE TRANSBORDADORES

Desde que el transbordador realizara su primer viaje en 1981, el *Columbia, Challenger, Discovery, Atlantis* y *Endeavour* han emprendido numerosas misiones. Aunque el programa quedó paralizado cuando el *Challenger* explotó poco después de su despegue en 1986, ahora se efectúan hasta ocho lanzamientos anuales. Para poder observarlos desde el recinto del Space Center tendrá que solicitar a la NASA un pase gratuito con tres meses de antelación. Fuera del recinto, se ve a la perfección desde la US1, en Titusville, y la A1A, en Cocoa Beach y Cabo Cañaveral.

**Despegue de un transbordador**

**Aterrizaje del transbordador**
*Tras entrar en la atmósfera, el transbordador planea con los motores apagados de regreso al Space Center, y aterriza en la pista a 360 km/h.*

## PLATAFORMA DE LANZAMIENTO

**Depósito de hidrógeno**

**Depósito de oxígeno**

**Depósito de agua**

**Torre de servicio**

**Plataforma de lanzamiento**

**Pasillo de oruga**

**Salida de gases de combustión**  **Pilares de acero**

## PLATAFORMA DE LANZAMIENTO

Los dos millones de metros cúbicos de hormigón armado descansan sobre seis pilares de acero. Al arrancar los motores, el foso de ignición es anegado con agua de refrigeración, lo que produce una densa humareda.

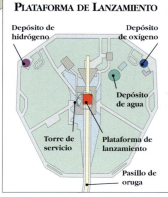

**3 Separación**
Dos minutos después, los cohetes se separan y regresan a la Tierra en paracaídas. A los ocho minutos se suelta el depósito externo.

**4 Operaciones orbitales**
Con sus dos motores, el transbordador entra en órbita y comienza sus operaciones. La misión puede durar de 7 a 18 días a una altitud de entre 185 y 1.110 km.

**5 Entrada en la atmósfera**
El transbordador entra marcha atrás frenando con los motores. Luego desciende a la estratosfera y utiliza los paracaídas para detenerse.

# El Noreste

LOS ENCANTOS DEL NORESTE *son más discretos que el brillo espectacular de Miami o las emociones de Orlando. A pocos kilómetros de las autopistas interestatales, los pueblos de pescadores, las plantaciones y las ciudades agrícolas recuerdan a la Florida de los viejos tiempos. Las playas atraen a quienes gustan del sol, y la ciudad de St Augustine es el asentamiento eoropeo más antiguo de EE UU.*

La historia conocida del Estado de Florida comienza en el noreste, en lo que lleva el adecuado nombre de First Coast (Primera Costa). Juan Ponce de León fue el primero que puso el pie aquí en 1513 (*ver p. 40*), y los colonizadores españoles fundaron la ciudad de St Augustine, guardada por la imponente fortaleza de San Marcos, una de las principales atracciones de la región.

El noreste fue también la zona que vio las primeras oleadas de pioneros y turistas durante la época de los barcos de vapor, en el siglo XIX (*ver p. 46*). Por aquel entonces, Jacksonville era la puerta de Florida, con vapores que iban y venían por el río St Johns y sus afluentes. En la década de 1880, el ferrocarril de Henry Flagler abrió la costa este, y los visitantes acaudalados llegaron en tropel a los hoteles de St Augustine y Ormond Beach. Quienes acudían en busca del sol del invierno se dirigieron también más al sur. Amplias playas de arena flanquean la popular población turística de Daytona, que ha sido sinónimo de carreras de automóviles desde que Henry Ford y Louis Chevrolet corrieron con sus coches por la playa. Daytona es asimismo el lugar favorito de los estudiantes para pasar sus vacaciones de primavera.

Si se adentra en el interior, al oeste del río St Johns hallará la extensión boscosa del Ocala National Forest. La espesura va cediendo paso a los ondulantes pastos de Marion County, con su multimillonaria explotación de caballos de raza.

**El Museo Lightner de St Augustine ocupa el antiguo hotel Alcázar**

◁ **El paseo de tablas de Blue Spring State Park, situado junto a la poderosa corriente del río St Johns**

# Explorando el noreste

La FIRST COAST es una ruta muy concurrida, que se prolonga 193 km a lo largo de la costa del Atlántico en un rosario de playas y balnearios, interrumpidos por dunas y marismas a las que acuden numerosos observadores de aves. La zona ofrece gran variedad de lugares turísticos, desde la tranquilidad de Fernandina Beach hasta el ajetreo de Daytona Beach. Entre estos dos extremos se encuentra la joya histórica: St Augustine. Diríjase al interior. El Ocala National Forest ofrece docenas de senderos, así como la posibilidad de navegar y pescar en los lagos alimentados por manantiales. El buceo y la inmersión con tubo de respiración son asimismo actividades que tienen numerosos adeptos. Muchas de las residencias victorianas de esta zona se han convertido en pensiones que ofrecen cama y desayuno, una agradable alternativa al hospedaje en hotel.

## Lugares de Interés

Blue Spring State Park ⓯
Bulow Plantation Ruins State Historic Site ❿
Daytona Beach ⓬
Daytona International Speedway ⓭
Fernandina Beach ❶
Fort Caroline National Memorial ❹
Gainesville ㉓
*Jacksonville pp. 194-195* ❺
Playas de Jacksonville ❻
Kingsley Plantation ❸
Little Talbot Island ❷
Marineland Ocean Resort ❽
Marjorie Kinnan Rawlings State Historic Site ㉑
Micanopy ㉒
Mount Dora ⓱
Ocala ⓴
Ocala National Forest ⓲
Ormond Beach ⓫
Ponce de Leon Inlet Lighthouse ⓮
*St Augustine pp. 196-201* ❼
Sanford ⓰
Silver Springs ⓳
Washington Oaks State Gardens ❾

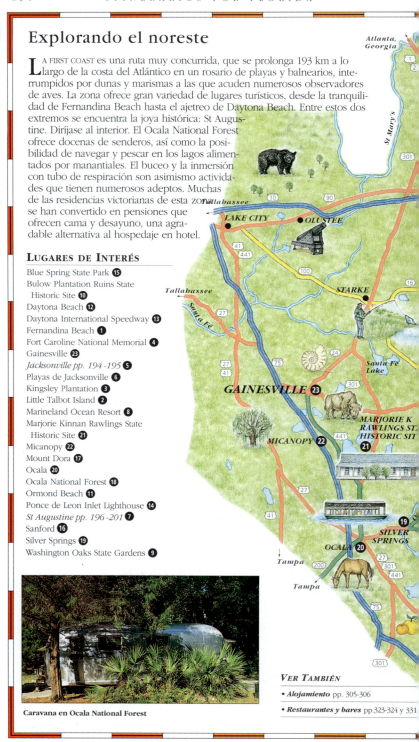

**Caravana en Ocala National Forest**

### Ver También

- *Alojamiento* pp. 305-306
- *Restaurantes y bares* pp. 323-324 y 331

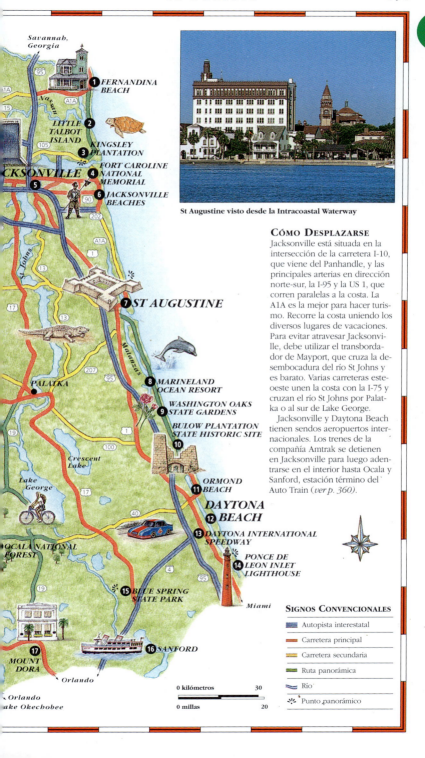

**St Augustine visto desde la Intracoastal Waterway**

## Cómo Desplazarse

Jacksonville está situada en la intersección de la carretera I-10, que viene del Panhandle, y las principales arterias en dirección norte-sur, la I-95 y la US 1, que corren paralelas a la costa. La A1A es la mejor para hacer turismo. Recorre la costa uniendo los diversos lugares de vacaciones. Para evitar atravesar Jacksonville, debe utilizar el transbordador de Mayport, que cruza la desembocadura del río St Johns y es barato. Varias carreteras este-oeste unen la costa con la I-75 y cruzan el río St Johns por Palatka o al sur de Lake George.

Jacksonville y Daytona Beach tienen sendos aeropuertos internacionales. Los trenes de la compañía Amtrak se detienen en Jacksonville para luego adentrarse en el interior hasta Ocala y Sanford, estación término del Auto Train *(ver p. 360)*.

### Signos Convencionales

- Autopista interestatal
- Carretera principal
- Carretera secundaria
- Ruta panorámica
- Río
- Punto panorámico

Beech Street Grill, en Fernandina, con motivos de estilo Chippendale

## Fernandina Beach ❶

**Mapa de carreteras** E1. Nassau Co.
🏠 47.000. ✈ Jacksonville
🚆 Jacksonville. 🛈 102 Centre St,
(904) 261-3248.

LA CIUDAD DE Fernandina Beach, en Amelia Island, fue guarida de piratas hasta principios del siglo XIX. Su puerto atrajo a una abigarrada multitud de ejércitos y aventureros extranjeros, cuyas diversas lealtades hicieron que la isla adquiriese el sobrenombre de Isla de las Ocho Banderas. Hoy, Fernandina es más conocida por ser un encantador lugar turístico y por poseer la principal fuente de camarones blancos de Florida: más de 900.000 kilos captura cada año la flota camaronera. El asentamiento original español se estableció en Old Fernandina, soñoliento brazo de mar al norte mismo de la urbe actual. En la década de 1850 toda la ciudad se mudó al sur, hacia la estación término del ferrocarril de Florida que construyó el senador David Yulee. Este desplazamiento, unido a los comienzos del turismo en la década de 1870 (*ver pp. 46-47*), disparó la actividad constructora que dio origen al corazón de la Fernandina de hoy: las 50 manzanas del **distrito histórico**.

El legado de la edad de oro de la localidad puede apreciarse mejor en Silk Stocking District. Los capitanes de barco y los industriales de la madera construyeron aquí sus hogares, que presentan gran variedad de influencias: las casas de estilo Reina Anna se codean con las elegantes residencias de estilo italiano y los hermosos ejemplos de estilo Chippendale, como el restaurante Grill de Beech Street (*ver p. 323*).

Observar a la caída del sol cómo entran en el puerto los barcos camaroneros es un ritual local. Un monumento en Center Street, en el lugar en el que una vez imponían su dominio las cererías y los almacenes navales, conmemora a la armada. Aquellos edificios de ladrillo alojan ahora tiendas de antigüedades y emporios del regalo. Sin embargo, el Palace Saloon, que data de 1878, todavía sirve un perverso *puñetazo de pirata* en su barra de caoba adornada con cariátides talladas a mano.

Florida House Inn, de 1857, bajando por 3rd Street (*ver p. 323*), es el hotel más antiguo, y dos manzanas al sur se

La costa atlántica de Amelia Island, cerca de Fernandina Beach

encuentra el **Amelia Island Museum of History,** que ocupa el edificio de la antigua prisión. Los guías turísticos dan vida a la historia local contando a los visitantes el turbulento pasado de la isla, desde los tiempos de sus primeros habitantes indios hasta comienzos del siglo XX. El recorrido de 90 minutos se ilustra con elementos de la época y con hallazgos arqueológicos.

🏛 **Amelia Island Museum of History**
233 S 3rd St. ☎ (904) 261-7378.
◯ lu.-sá. ◉ festivos. 🎫 ♿ 👥
*obligatorio; dos visitas diarias.*

**ALREDEDORES:** en el siglo II a.C., la tribu de los timucua fue la primera que se estableció en **Amelia Island,** de 21 km de longitud y sólo 3 km en su parte más ancha. La pesca y lo abundante de la caza indican que pudo soportar una población de 30.000 indios, aunque quedan pocos signos de su presencia. La isla ofrece cinco pistas de golf y una de las escasas posibilidades que se dan en Florida de montar a caballo recorriendo la playa, donde las dunas pueden alcanzar hasta 12 m de altura en algunas zonas.

Pata de Palo, Fernandina Beach

La punta norte de la isla la ocupa el **Fort Clinch State Park,** de 453 hectáreas, con senderos, playas, zonas de acampada y un fuerte del siglo XIX construido para proteger el estrecho de Cumberland, en la desembocadura del río St. Mary. La construcción del fuerte, un pentágono irregular de ladrillo, con terraplenes de grandes proporciones, muros de 1,5 m de grosor y una batería de cañones, duró desde 1847 hasta la década de 1860.

Actualmente, los vigilantes del parque visten uniformes de la guerra civil. Los fines de semana hacen representaciones que resucitan aquella época, acompañados por voluntarios que se les unen.

⚓ **Fort Clinch State Park**
2601 Atlantic Ave. ☎ (904) 277-7274.
◯ todos los días. 🎫 ♿ limitado. 🅿

## Little Talbot Island State Park ❷

**Mapa de carreteras** E1. Duval Co.
12157 Heckscher Drive, Jacksonville.
📞 (904) 251-2320. 🚉 *Jacksonville.*
🚌 *Jacksonville.* ⬜ *todos los días.*
🅿️ ♿ limitado. 🅰️

GRAN PARTE DE Amelia Island y de las islas vecinas, Big Talbot, Little Talbot y Fort George, constituyen un refugio natural para la vida silvestre.

El parque estatal de Little Talbot Island es un lugar excelente para la pesca. Es posible que se vean desde nutrias y conejos de los pantanos hasta barriletes, garzas y gaviotas. En los bosques se esconde el *bobcat*, pequeño lince norteamericano, y los manatíes frecuentan las aguas de la zona. Durante el verano, las tortugas ponen sus huevos en la playa (*ver p. 113*) y, en otoño, las ballenas se desplazan hasta aquí para parir frente a la costa.

**Las cabañas de esclavos de la plantación Kingsley**

**Sendero que atraviesa un pantano en Little Talbot Island**

## Kingsley Plantation ❸

**Mapa de carreteras** E1. Duval Co.
11676 Palmetto Ave, Fort George.
📞 (904) 251-3537. 🚉 *Jacksonville.*
🚌 *Jacksonville.* ⬜ *todos los días.*
● 25 dic. ♿

LA PLANTACIÓN KINGSLEY, situada en la reserva ecológica de Timucuan, es la más antigua de Florida. La residencia se construyó en 1798, en el extremo norte de la isla de Fort George. Su nombre proviene de Zephaniah Kingsley, que arribó a estas tierras en 1814. Llegó a tener 1.295.000 m² de terreno que se extendía desde Lake George, cerca del Ocala National Forest, hasta St. Mary's River. 100 esclavos trabajaban en los campos de la plantación, donde se cultivaba algodón, caña de azúcar y cereales.

Kingsley fue un pensador bastante liberal para su época. Apoyaba la esclavitud y, al mismo tiempo, defendía un sistema de trabajo menos arduo para sus siervos. Se casó con una esclava libre, Anna Jai, y ambos vivieron en la plantación (*ver p. 43*) hasta 1839. Lo que fue el hogar de Kingsley, relativamente sencillo, ha sido restaurado y actualmente acoge un centro para visitantes. El edificio culmina en una pequeña balaustrada a la que se denominaba "paseo de la viuda" y que se utilizaba para inspeccionar los campos circundantes. Cerca se encuentra el granero y la cocina, pero la plantación es más conocida por sus 23 cabañas de esclavos, situadas cerca de la puerta de entrada. Construidas con paredes de adobe (*ver p. 282*), estas viviendas elementales han resistido el paso de los años y sólo una de ellas ha sido restaurada.

## Fort Caroline National Memorial ❹

**Mapa de carreteras** E1. Duval Co.
12713 Fort Caroline Rd, Jacksonville.
📞 (904) 641-7155. 🚉 *Jacksonville.*
🚌 *Jacksonville.* ⬜ *todos los días.*
● 25 de dic. ♿

EL AUTÉNTICO emplazamiento de Fort Caroline desapareció arrastrado por las aguas cuando se dragó el río St Johns en la década de 1880. El monumento nacional de Fort Caroline, una reconstrucción de las defensas originales del siglo XVI, ilustra claramente el estilo de los primeros fuertes europeos que se levantaron en el Nuevo Mundo. Los paneles informativos explican la violenta historia de la ciudadela, que se inició poco después de la llegada de los colonos franceses en junio de 1564.

En el intento de proclamar su derecho sobre el suelo norteamericano, tres pequeños navíos franceses remontaron el río St Johns y establecieron un campamento a 8 km hacia el interior. René de Goulaine de Laudonnière condujo la expedición, y los indios timucua ayudaron a los recién llegados a construir un fuerte triangular de madera, al que denominaron La Caroline, en honor al rey Carlos IX de Francia (*ver p. 40*). Sin embargo, los españoles tomaron el fuerte, aplastando las pretensiones francesas.

**Fort Caroline en 1564, de Theodore de Bry**

Perfil de cristal y acero de Jacksonville

## Jacksonville ❺

**Mapa de carreteras** E1. Duval Co.
🚶 *1.000.000.* ✈ 🚌 🚉 ℹ️ *3 Independent Drive, (904) 798-9148.*

JACKSONVILLE, capital de First Coast, fue fundada en 1822. Tomó su nombre del general Jackson (*ver p. 43*), y creció como puerto a finales del siglo XIX. Hoy, los negocios financieros impulsan el impresionante distrito comercial, que puede contemplarse desde la ruta aérea o ASE (*ver p. 363*).

La mayor ciudad de Florida en extensión se eleva a ambas orillas del río St Johns y proporciona un excelente centro de acogida para los visitantes. La mayor parte de los turistas van a las zonas peatonales que flanquean el río, unidas por medio de servicios de taxis acuáticos (*ver p. 363*).

El complejo de comercios y restaurantes **Jacksonville Landing** está situado en la orilla norte del río St Johns, mientras que, en la parte sur, el **Riverwalk,** de 2 km de longitud, conecta el centro histórico de Jacksonville con el impresionante Museo de la Ciencia y la Historia.

En Riverside se encuentra el Cummer Museum of Art. El coche es la mejor forma de explorar este extenso distrito residencial, en el que puede verse una excelente serie de obras arquitectónicas de estilo mediterráneo, de gran aceptación hasta los años 20.

### 🏛 Museum of Science and History

1025 Museum Circle Drive. 📞 *(904) 396-7062.* ⏰ *todos los días.* 🎟 ♿

Este museo, en constante expansión, proporciona una guía de la historia local muy útil para el usuario. Los 12.000 años de cultura de los indios timucua y de sus predecesores (*ver p. 38-39*) se ilustra con herramientas, flechas, cerámica y otros hallazgos arqueológicos.

Cuenta con secciones que se ocupan de la ecología y de la historia del río St Johns y el *Maple Leaf*, buque de vapor de la guerra civil hundido en 1864.

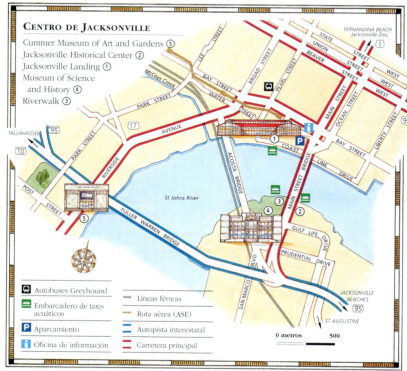

En la sala de exposiciones hay gran cantidad de aparatos que el visitante puede manejar, y el planetario Alexander Brest ofrece espectáculos con láser en tres dimensiones.

### 🏛 Jacksonville Historical Center

Southbank Riverwalk. *(904) 398-4301.* ☐ *todos los días.* ● *Día de Acción de Gracias, 25 dic, 1 ene.* ♿
Cerca del puente de Main Street, el Historical Center de Jacksonville es un modesto museo que ofrece una visión de la historia local. En una de sus secciones se rinde homenaje a la época del cine mudo, cuando la ciudad era la capital de invierno de la cinematografía mundial y donde, en 1913, Oliver Hardy, un operador de cine procedente del Estado de Georgia, tuvo su primera oportunidad como actor.

**Avestruces y rinocerontes blancos en el zoo de Jacksonville**

### 🐾 Zoo de Jacksonville

8605 Zoo Parkway. *(904) 757-4462.* ☐ *todos los días.* ● *Día de Acción de Gracias, 25 dic.* ♿
El zoo de Jacksonville, que abrió sus puertas en 1914, está situado al norte de la ciudad, junto a la I-95. Las anacrónicas jaulas han sido sustituidas por hábitats naturales en los que puede contemplarse a unas 600 especies animales, desde osos hormigueros hasta cebras. Leones, elefantes y antílopes vagan por los *veldt*, unas praderas de tipo africano. A lo largo de la senda Okavango pueden encontrarse diminutos ciervos *dik dik*, cocodrilos y puercoespines. Otras de las atracciones que ofrece el zoológico son una pajarera, un zoo de animales de compañía y un humedal.

### 🏛 Cummer Museum of Art and Gardens

829 Riverside Ave. *(904) 356-6857.* ☐ *ma-sá.* ● *Día de Acción de Gracias, 25 dic, 1 ene.* ♿
Este excelente museo está situado en medio de deliciosos jardines que descienden hasta el río St Johns. Sus 12 galerías muestran desde escultura y cerámica precolombinas clásicas, pasando por pintura renacentista, hasta la colección Wark de porcelana de la primera época de Meissen.

Otras piezas notables son el diminuto cuadro *El entierro de Cristo* (c. 1605), de Rubens, y una sorprendente colección de *netsuke* japonés. Hay también obras de impresionistas norteamericanos y de artistas de los siglos XIX y XX, como John James Audubon.

## Playas de Jacksonville ❻

**Mapa de carreteras** E1. Duval Co, St Johns Co. 🚆 *Jacksonville.* 🚌 *Jacksonville* 🚍 *BH1, BH2, BH3.* ℹ *Jacksonville Beach, (904) 249-3868.*

A unos 19 km al este de Jacksonville, unidas por la A1A, se extienden media docena de playas a lo largo de 45 km. Al sur, Ponte Vedra Beach es conocida por sus instalaciones deportivas y sus campos de golf. La propia playa de Jacksonville es el punto más concurrido. Allí se encuentra **Adventure Landing**, un centro de diversiones que se convierte en parque acuático durante el verano. Más al norte, Neptune Beach y

**Lagos de agua dulce de Kathryn Abbey Hanna Park**

Atlantic Beach son zonas más tranquilas, muy frecuentadas por familias.

En **Kathryn Abbey Hanna Park**, con sus 2,5 km de playa de arena blanca y fina, se puede practicar la pesca en lagos de agua dulce, y cuenta con instalaciones para nadar, hacer jiras o acampar. El parque está al sur de la pintoresca localidad de **Mayport**, uno de los pueblos de pescadores más antiguos de EE UU, que posee todavía su propia flota camaronera. El transbordador de St Johns (*ver p. 191*) une esta población con la orilla norte del río.

### ⚓ Adventure Landing

1944 Beach Blvd. *(904) 246-4386.* ☐ *todos los días.* ♿

### 🏕 Kathryn Abbey Hanna Park

500 Wonderwood Drive. *(904) 249-4700.* ☐ *todos los días.* ● *Acción de Gracias, 25 dic, 1 ene.* ♿

**Barcos camaroneros en los muelles de Mayport, en el río St Johns**

# St Augustine en 3 dimensiones ❼

El día de san Agustín de 1565, Pedro Menéndez de Avilés (*ver p. 40*) fundó el más antiguo asentamiento europeo de ocupación ininterrumpida en Norteamérica. La ciudad ardió en 1702, pero pronto fue reconstruida al abrigo del imponente castillo de San Marcos. Muchas de las callejuelas de la parte vieja, en las que se alinean atractivos edificios de piedra, datan de esta época.

Henry Flagler (*ver p. 121*) pasó en St Augustine su luna de miel en 1883, y el lugar le causó tal impresión que volvió al año siguiente y fundó el hotel Ponce de León, que actualmente es el Flagler College. Desde entonces, St Augustine nunca ha dejado de ser uno de los principales puntos de atracción turística.

### ★ Flagler College
*Los azulejos fueron los detalles de estilo español que se utilizaron en la construcción del antiguo hotel Flagler.*

**Zorayda Castle**
*El edificio alberga piezas como esta alfombra egipcia de 2.300 años de antigüedad.*

### ★ Lightner Museum
*Cleopatra (c. 1890), obra de Romanelli, es una de las piezas de la época dorada de Florida que se exponen aquí.*

**El hotel Córdoba,** levantado en 1888, fue el tercer hotel de Flagler en la ciudad.

**Oldest Store Museum**
*Objetos de uso doméstico y artículos de ferretería se amontonan en esta reproducción de un almacén del siglo XIX.*

▲ **Oldest House**

---

**RECOMENDAMOS**

★ Flagler College

★ Lightner Museum

★ Casa Ximénez-Fatio

---

### ★ Casa Ximénez-Fatio
*Fue construida en 1797. Posteriormente se le añadió un segundo piso y, a mediados del siglo XIX, se convirtió en casa de huéspedes.*

### Plaza de la Constitución
*El corazón del asentamiento español es esta plaza flanqueada por la Casa del Gobierno y la basílica.*

---

**INFORMACIÓN ESENCIAL**

**Mapa de carreteras** E1. St Johns Co. 16.000. 100 Malaga St, (904) 829-6401. 10 Castillo Drive, (904) 825-1000. Festival de Primavera de Artes y Oficios (finales de mar), teatro (jul-ago).

---

### City Gate
*Esta puerta de entrada del siglo XVIII lleva hasta la ciudad antigua a través de la histórica George Street.*

**La Peña-Peck House,** que data de la década de 1740, es la mansión más elegante del primer periodo español.

### Bridge of Lions
*Unos leones de mármol guardan el puente que atraviesa la bahía de Matanzas, construido en 1926.*

0 metros — 50

**SIGNOS CONVENCIONALES**

– – – Itinerario sugerido

### Spanish Military Hospital
*Esta sala reproduce las espartanas condiciones hospitalarias de las que disponían los españoles a finales del siglo XVIII.*

# Explorando St Augustine

El núcleo histórico de St Augustine es fácil de conocer a pie. Parte de su atractivo consiste en escapar de las concurridas avenidas principales y adentrarse por las calles laterales sombreadas, asomarse a los patios y descubrir rincones tranquilos donde los gatos toman el sol y el musgo recubre los viejos robles de Virginia. Los coches de caballos constituyen un modo muy apreciado de recorrer la avenida Menéndez, al norte del puente de los Leones. Trenes turísticos en miniatura siguen una ruta más amplia por los distintos puntos de interés, mientras los maquinistas narran anécdotas de la ciudad.

Herrero trabajando en el Spanish Quarter Museum

St George Street, principal vía pública del distrito histórico

### Recorrido por St Augustine

St George Street es el punto central del distrito histórico, con una serie de tiendas y algunas de las principales atracciones que ofrece la localidad, entre las que se cuenta el Spanish Quarter Museum. A dos manzanas de distancia de los muelles, la calle conduce desde la puerta de la ciudad hasta la plaza de la Constitución. Aviles Street, al sur, tiene también varios edificios coloniales muy interesantes.

Es muy distinta la sensación que produce King Street, al oeste de la plaza. Aquí, el Museo Lightner y Flagler College encuentran cobijo en sendos hoteles construidos por Henry Flagler *(ver pp. 46-47)* durante los años de esplendor de St Augustine, en el siglo XIX.

### Oldest Wooden Schoolhouse

14 St George St. *(904) 824-0192*
○ *todos los días.* ● *25 dic.*
Se levantó poco antes de 1788 y se considera la escuela norteamericana más antigua construida de madera. Las paredes están hechas de toscos tablones de ciprés y cedro rojo, ensamblados por medio de espigas de madera y puntas de hierro fundido. La casa está rodeada por una gruesa cadena que tiene la finalidad de anclarla al suelo para protegerla de los vientos fuertes.

### Spanish Quarter Museum

33 St George St. *(904) 825-6830.*
○ *todos los días.* ● *25 dic.*
Este museo, ameno e informativo, nos remonta al sencillo estilo de vida de mediados del siglo XVIII.

Personal con traje de la época explica la finalidad de una serie de utensilios domésticos esenciales en los hogares de entonces, y diversas demostraciones revelan la complejidad y la dureza del trabajo que se realizaba para producir cosas tan fundamentales como la ropa. No deje de visitar la herrería. Éste es uno de los mejores espectáculos que ofrece la ciudad. En la taberna, los vasos han sido soplados a mano, las jarras son de barro y hay barriles de ron cubano, así como juegos: dominó y dados.

### Peña-Peck House

143 St George St. *(904) 829-5064.*
○ *todos los días.*
En la década de 1740 se construyó esta casa para el tesorero real español Juan de Peña. En 1837 se convirtió en domicilio y consulta del doctor Seth Peck, y su familia siguió viviendo aquí durante casi 100 años. Está amueblada con el estilo que imperaba a mediados del siglo XIX.

### Government House Museum

48 King St. *(904) 825-5033.*
○ *todos los días.* ● *25 dic.*
La casa del Gobierno, que da a la plaza de la Constitución, está adornada con logias de estilo español, copiadas de una pintura del siglo XVIII en la que aparecía el edificio original. En su interior, un pequeño museo de historia local exhibe piezas arqueológicas y coloniales, entre las que se cuentan monedas salvadas de los galeones españoles naufragados en la costa.

La escuela de madera más antigua, construida en el siglo XVIII

## Spanish Military Hospital

3 Aviles St. *(904) 825-6808.*
 todos los días.  25 dic.

El Hospital Militar Español ofrece la oportunidad de hacerse una idea de los cuidados médicos que recibían los soldados a finales del siglo XVIII. Hay una farmacia y una habitación destinada a los enfermos. Se exhiben, asimismo, las normas del hospital e instrumental médico de la época.

## Oldest Store Museum

4 Artillery Lane. *(904) 829-9729.*
 todos los días.  25 dic.

Este nostálgico museo es una reproducción de una típica tienda-almacén. Entre las 100.000 piezas de todo tipo que componen la colección se encuentran máquinas fotográficas de caja, tabaco de mascar y pelamanzanas de formas excéntricas.

## Ximenez-Fatio House

20 Aviles St. *(904) 829-3575.*
 oct-ago: ju-lu.  Acción de Gracias, 25 dic.  limitado.

La casa Ximénez-Fatio fue construida en 1797 como hogar y almacén de un comerciante español. En la actualidad es un museo que reproduce la distinguida casa de huéspedes en que se convirtió durante la década de 1830, cuando los primeros turistas comenzaron a visitar Florida para escapar de los fríos inviernos del norte. Cada una de las habitaciones está decorada con muebles antiguos como si se destinara a un huésped determinado.

## Oldest House

14 St Francis St. *(904) 824-2872.*
 todos los días.  25 dic.

La historia de esta casa ha permitido seguir su desarrollo a lo largo de 300 años. Incluso hay pruebas de que el solar estuvo ya ocupado a principios del siglo XVII, aunque la estructura existente es posterior al ataque británico de 1702 *(ver p. 41)*.

Los muros de coquina *(ver p. 201)* formaban parte de la vivienda original del artillero español Tomás González, que vivió aquí con su familia. Durante la ocupación inglesa de

**El cuarto de González en la Oldest House**

1763-1783 se añadió una segunda planta, y posteriormente se introdujeron otros cambios. Cada una de las habitaciones ha sido restaurada y amueblada con el estilo propio de los distintos periodos de la larga historia de la casa.

## Lightner Museum

75 King St. *(904) 824-2874.*
 todos los días.  25 dic.

Fundado por Henry Flager, este edificio de estilo hispanomusulmán, anteriormente el hotel Alcázar, se convirtió en un museo dedicado a la época dorada del país. Lo eligió para tal fin Otto C. Lightner, el editor de Chicago que trasladó sus grandes colecciones de bellas artes y artes decorativas a St Augustine antes de inaugurar el museo en 1948. Distribuidos por tres plantas, se exponen brillantes, soberbias cristalerías (algunas de ellas realizadas por Louis Tiffany), muebles, esculturas y cuadros, además de instrumentos musicales y juguetes mecánicos. En el sótano, donde antes estaba la piscina cubierta del hotel, hay una colección de antigüedades.

**Vidriera realizada por Tiffany**

## Flagler College

King St esquina a Cordova St. *(904) 829-6481.*  todos los días.

Otra de las espléndidas iniciativas de Henry Flager, este edificio de 1888 comenzó siendo el hotel Ponce de León. Una estatua que representa a Flagler da la bienvenida a los visitantes, pero sólo están abiertos al público el comedor del *college* y el elegante vestíbulo de la rotonda, revestido de mármol. Aquí, la cúpula estucada y dorada está decorada con motivos simbólicos que representan a España y Florida. Son de destacar la máscara dorada del dios Sol de los indios timucua *(ver pp. 38-39)* y el cordero que simboliza a los caballeros españoles. Durante el verano puede visitarse también la habitación de Flagler, con sus extrañas pinturas de representaciones fantásticas realizadas hacia 1887.

## Zorayda Castle

83 King St. *(904) 824-3097.*
 todos los días.  25 dic.

Este edificio, que fue residencia privada, es una réplica a escala 1/10 de una parte del palacio de la Alhambra de Granada. Construido en 1883, con 40 ventanas de diferentes tamaños, formas y colores, actualmente alberga una colección de curiosidades orientales. Entre los objetos que en él se exponen se cuenta un vaso persa que se utilizaba para recoger las lágrimas en las bodas y los funerales.

**Tracería y motivos árabes decoran Zorayda Castle**

# Castillo de San Marcos

A PESAR DEL PAPEL que St Augustine desempeñó en la protección de las flotas españolas en su regreso a Europa, tan sólo una serie de fuertes de madera defendieron durante más de un siglo la ciudad, hasta que en 1672, tras haber sufrido repetidos ataques piratas y ser asaltada por Sir Francis Drake *(ver p. 41)*, los colonizadores españoles construyeron una fortificación de piedra, el castillo de San Marcos, que tardó 23 años en terminarse. Con murallas de hasta 6 m, este ejemplo de la arquitectura militar del siglo XVII es el fuerte español mayor y más completo de cuantos existen en EE UU.

En 1821, cuando Florida se convirtió en un Estado, el castillo pasó a llamarse Fort Marion, y se utilizó principalmente como prisión militar y depósito de almacenaje.

**Morteros**
*Estas piezas de artillería de cañón corto, decoradas con el escudo real, lanzaban bombas de gran tamaño, a las que imprimían una trayectoria curva, que caían sobre la cubierta de los buques.*

**La plaza de armas** está rodeada de habitaciones donde se guardaban tanto el armamento como las reservas de alimentos.

★ **Cuerpos de guardia**
*Durante las guardias, que se hacían por turnos de 24 horas, los soldados cocinaban, comían y dormían en el interior de estas bóvedas reforzadas.*

**El foso** solía mantenerse seco y durante los asedios se utilizaba para guardar el ganado.

★ **Glacis y Covered Way**
*Desde la zona amurallada conocida como "camino cubierto", los soldados disparaban contra el enemigo. Un parapeto inclinado (el "glacis") protegía el fuerte de los cañonazos.*

**El revellín** protegía la entrada de los ataques enemigos.

**El puente levadizo interior y la portilla,** de hierro y vigas de pino, eran las últimas defensas del fuerte.

## COQUINA

Esta piedra caliza compacta, formada por billones de conchas y corales sedimentados, tenía gran consistencia, era de fácil extracción y, además, podía absorber el impacto de una bala de cañón sin romperse. Durante el asedio de 1740, los ingleses dispararon proyectiles que quedaron atrapados en los muros de coquina del fuerte. Dice la leyenda que los españoles extraían las municiones y volvían a utilizarlas.

**Los gruesos muros de coquina del polvorín**

### INFORMACIÓN ESENCIAL

1 Castillo Drive, St Augustine. (904) 829-6506. 8.45-17.15 (última admisión a las 16.45) todos los días. 25 dic. limitado. llame con antelación.

**Atalaya**
*En esta torre, situada en el bastión noreste del fuerte, se hacía guardia de día y de noche para detectar los barcos enemigos.*

- Cámara británica
- Capilla
- Polvorín
- Batería de agua
- Muralla marina

★ **Cañones**
*Desde aquí los cañones podían alcanzar objetivos situados a 5 km de distancia.*

**El horno de la munición,** construido en 1844, calentaba las balas de los cañones. Los proyectiles lanzados al rojo vivo eran capaces de incendiar los barcos enemigos.

**La Necesaria**
*Bajo la rampa que lleva a la plataforma de los cañones se hallaba la Necesaria, unas letrinas que se limpiaba con las mareas.*

### RECOMENDAMOS

★ Cuerpos de guardia

★ Glacis y Covered Way

★ Cañones

## Marineland Ocean Resort ⑧

**Mapa de carreteras** E2. Flagler Co. 9507 Ocean Shore Blvd, Marineland. (904) 471-1111. St Augustine. todos los días.

Actualmente atracción popular y centro turístico, a finales de los años 30 Marineland comenzó siendo una instalación cinematográfica. Es el primer parque de atracciones marinas que se estableció en Florida. Los espectáculos permanentes –los leones marinos y delfines– se programan con regularidad, y en el Oceanarium es posible ver cómo los buceadores alimentan a los tiburones y a las morenas.

Wonders of the Spring es una recreación de la vida en los manantiales de aguas artesianas de Florida (ver p. 206), mientras que Secrets of the Spring muestra una gran variedad de peces tropicales.

El complejo de Marineland, de 1938, mezcla lo antiguo y lo nuevo

## Washington Oaks State Gardens ⑨

**Mapa de carreteras** E2. Flagler Co. 6400 N Ocean Shore Blvd, 3 km al S de Marineland. (904) 446-6780. St Augustine. todos los días.

Los 16.000 M² de antiguas plantaciones se han transfomado en encantadores jardines de hortensias, azaleas, helechos y rosas, y los senderos sinuosos recorren las fértiles riberas del río Matanzas. Al otro lado de la A1A, un paseo de tablas baja directamente hasta la playa, salpicada de cantos rodados de coquina (ver p. 201) y de charcas que las mareas han formado erosionando la blanda piedra.

**Ruinas de Bulow Plantation, del siglo XIX**

## Bulow Plantation Ruins State Historic Site ⑩

**Mapa de carreteras** E2. Flagler Co. Old Kings Rd, 5 km al S de SR 100. (904) 517-2084. Daytona Beach. todos los días.

Alejándose un poco de Flagler Beach se hallan las construcciones en ruinas de esta plantación del siglo XIX. El lugar forma parte de los 1,9 km² de terreno que el mayor Charles Bulow adquirió en 1821. Sus esclavos limpiaron la mitad de la extensión y cultivaron arroz y algodón, así como caña de azúcar. Tras sufrir diversos ataques indios durante las guerras semínolas (ver pp. 44-45), la plantación, conocida como Bulowville, fue abandonada. Hoy en día, en Bulow Creek se pueden alquilar canoas para explorar las aguas del río, en cuya orilla se encuentran los cimientos de la casa. Desde aquí, un paseo de 10 minutos a través del bosque conduce hasta un claro en el que todavía se alzan los restos de la antigua plantación.

## Ormond Beach ⑪

**Mapa de carreteras** E2. Volusia Co. 50.000. Daytona Beach. 126 E Orange Ave, Daytona Beach (904) 255-0415.

Ormond beach fue una de las antiguas estaciones turísticas invernales del ferrocarril de Henry Flagler (ver pp. 46-47). En el hotel Ormond, que ya no existe, se alojaron personalidades de relieve como Henry Ford y John D. Rockefeller, propietario de la Standard Oil.

En 1918, Rockefeller, al enterarse de que otro huésped estaba pagando menos que él, se compró una casa justo enfrente del hotel. Su residencia invernal, **The Casements**,

**Salón de Rockefeller en The Casements, Ormond Beach**

ha sido restaurada y en la actualidad alberga un museo y un centro cultural. En su interior se exponen algunos de las pertenencias del millonario, como su silla de playa de mimbre, además de objetos de artesanía húngara.

Cerca de aquí se encuentra el **Ormond Memorial Art Museum** en medio de un jardín tropical, con estanques de nenúfares rodeados de cabañas de bambú y de una exuberante vegetación. Las exposiciones cambian con frecuencia y principalmente exhiben obras de artistas contemporáneos de Florida.

 **The Casements**
25 Riverside Drive.  (904) 676-3216.  lu-sá.  festivos.
 **Ormond Memorial Art Museum**
78 E Granada Blvd.  (904) 676-3347.  todos los días.  festivos.

## Daytona Beach ⓬

**Mapa de carreteras** E2. Volusia Co.  64.000.    126 E Orange Ave, (904) 255-0415.

AL SUR DE ORMOND BEACH se extiende Daytona Beach, donde cada año pasan sus vacaciones de primavera (ver p. 32) más de 200.000 estudiantes, a pesar de que la ciudad ha tratado de disuadirles. Su famosa playa de 37 km es una de las pocas de Florida en las que está permitida la entrada de los coches a la arena, reminiscencia de los viejos tiempos en los que los entusiastas del automóvil hacían competiciones en las playas (ver p. 205).

Daytona sigue siendo una meca para los amantes de los deportes del motor (ver p. 204) y atrae a grandes multitudes, sobre todo durante las semanas en las que se celebran carreras automovilísticas (febrero) y de motos (marzo y octubre). El centro de Daytona, al que simplemente se conoce como "Mainland" está separado de la playa por el río Halifax. Pero la mayor parte de la actividad se desarrolla junto al mar, donde se encuentran los hoteles. El viejo paseo de tablas invita a la nostalgia con sus conciertos al aire libre en el quiosco de música, y sus go-karts, puestos donde venden algodón dulce y comida rápida. En la playa pueden alquilarse esquís acuáticos, tablas de surf, buggies y bicicletas.

Al otro lado del río Halifax, en la restaurada zona centro, el **Halifax Historical Society Museum** ocupa un gran edificio ribereño de 1910, decorado con pilastras y murales de fantasía. Entre las piezas que se exhiben figura una maqueta del paseo de tablas hacia 1938, con palmeras de plumas de pollo, una noria y docenas de personas en miniatura.

Al oeste del centro está el **Museum of Arts and Sciences,** que expone objetos relacionados con los más diversos temas: desde una sección dedicada a la prehistoria de Florida, hasta una sala destinada a las artes en Norteamérica con obras de 1640 a 1920. Hay, además, un planetario y notables colecciones cubanas y africanas. El museo administra

*Locomotora de Flagler, Ormond Beach*

*Miss Perkings (c.1840), de J. Whiting Stock, Museum of Arts and Sciences*

también Gamble Place, un pabellón de caza de estilo rústico, rodeado de porches abiertos y construido sobre una acantilado por encima de Spruce Creek, que perteneció a James N. Gamble, de Procter & Gamble. Las visitas tienen que reservarse en el museo e incluyen también la casa de Blancanieves, construida en 1938 por los biznietos de Gamble y que es una copia exacta de la que aparecía en la película clásica de Walt Disney de 1937.

 **Halifax Historical Society Museum**
252 S Beach St.  (904) 255-6976.  ma-sá.  festivos.
 **Museum of Arts and Sciences**
1040 Museum Blvd.  (904) 255-0285.  ma-sá.  festivos.
**Gamble Place**  mi-sá.  obligatoria.

**Coches aparcados en la playa de Daytona Beach**

## Daytona International Speedway ⓭

**Mapa de carreteras** E2. Volusia Co. 1801 W International Speedway Blvd. ( (904) 254-2700. Daytona. 9 desde la terminal de autobuses en 209 Bethune Blvd. todos los días. 25 dic.

La prueba Daytona 500 se celebra en el Circuito Internacional de Daytona

El circuito Internacional de Daytona atrae todos los años a miles de aficionados a las carreras, sobre todo durante los ocho fines de semana en los que se celebran las principales competiciones en la pista del circuito, con una capacidad de 110.000 espectadores, donde se realizan los encuentros de NASCAR (National Association for Stock Car Auto Racing) –el más famoso de los cuales es el Daytona 500– y las carreras de coches deportivos, motos y go-karting.

Corvette rojo de 1953, en el Klassix Auto Museum

Las entradas para contemplar la prueba Daytona 500 se venden con un año de anticipación, pero los visitantes puede revivir la experiencia en DAYTONA USA, lo último en atracciones relacionadas con los deportes del motor, donde se proyecta una película que muestra lo que ocurre entre bastidores junto con tomas hechas por cámaras colocadas en los propios coches durante la última edición de Daytona 500. Asimismo, se pueden probar los coches de serie utilizando las más recientes innovaciones en la tecnología informática, además de participar en una zona de *boxes*, y poner a prueba su capacidad como comentarista de pruebas.

**Alrededores:** el Klassix Auto Museum, junto al circuito, posee una impresionante colección de Corvettes, cuyo modelo más antiguo es de 1953. También se exponen coches de serie, motos antiguas y recuerdos de las carreras.

🏛 **Klassix Auto Museum**
2909 W International Speedway Blvd. ( (904) 252-3800. todos los días.

## Ponce de León Inlet Lighthouse ⓮

**Mapa de carreteras** E2. Volusia Co. 4931 S Peninsula Drive. ( (904) 761-1821. todos los días. 25 dic.

Este faro de ladrillo rojo data de 1887. Guarda la entrada a una peligrosa ensenada en la punta de la península de Daytona. Tiene 53 m de altura y su luz es visible a una distancia de 30 km. Desde la plataforma de observación, a la que se asciende por una escalera de caracol de 203 peldaños, se contempla un amplio panorama. Una de las antiguas casas del farero se ha restaurado devolviéndole el aspecto que tenía en 1890; otra alberga el pequeño Museum of the Sea, y en una tercera hay una magnífica lente Fresnel de 5 m de altura.

El impresionante faro de Ponce de León Inlet, al sur de Daytona Beach

# La cuna de la velocidad

La RELACIÓN amorosa de Daytona con el automóvil comenzó en 1903, cuando se celebró la primera carrera de coches en las arenas de Ormond Beach. Aquel año, Alexander Wintin alcanzó una velocidad récord de 109 km/h. Este tipo de pruebas se hizo enormemente popular y atrajo a multitudes de aficionados. Adinerados entusiastas del motor, entre los que se encontraban Harvey Firestone y Henry Ford, se congregaban en el Ormond Hotel de Henry Flagler *(ver p. 202)*. En 1935 Malcolm Campbell estableció el último récord mundial sobre la playa. Los coches comenzaron a correr en el circuito de Ormond Beach en 1936, y la primera carrera de motos Daytona 200 se celebró al año siguiente. Los proyectos urbanísticos obligaron a trasladar la pista en 1948, y en 1959 se inauguró el Circuito Internacional de Daytona (Daytona International Speedway).

**Harley Davidson de 1936**

### CARRERAS EN LA PLAYA
En 1902, un huésped del Ormond Hotel observó la facilidad con la que su coche corría sobre la arena endurecida de la playa, y así organizó las primeras pruebas de velocidad.

*El Pirate, de Ransom E. Olds, fue el primer automóvil que corrió en Ormond Beach en 1902. La primera carrera oficial se celebró en 1903. Olds desafió a Alexander Winton y Oscar Heldstrom. Ganó Winton conduciendo su coche Bullet Nº 1.*

*El Blubird Streamliner, de diseño aerodinámico, alcanzó un nuevo récord mundial en Ormond Beach en 1935, pilotado por Malcolm Campbell. Impulsado por un motor Rolls Royce, el vehículo alcanzó una velocidad de 444 km/h.*

### CENTRO MUNDIAL DE LAS CARRERAS
En 1953, Bill France se dio cuenta de que el crecimiento de Daytona Beach pronto pondría fin a las competiciones en la playa. Fue él quien propuso la construcción del Circuito Internacional de Daytona, que es hoy una de las principales pistas del mundo.

*Los **go-karts** que compiten en Daytona llegan a alcanzar velocidades superiores a los 130 km/h.*

*Lee Petty ganó la primera carrera Daytona 500 en el Circuito Internacional de Daytona en 1959, venciendo a Johnny Beauchamp, su competidor, por tan sólo 50 cm de diferencia. 41.000 espectadores presenciaron esta prueba de 800 km, en la que participaron 59 coches.*

## Blue Spring State Park ⑮

**Mapa de carreteras** E2. Volusia Co. 2100 W French Ave, Orange City. ⟨ (904) 775-3663. ☐ todos los días. 🏊 ⚓ **Carreras acuáticas** ⟨ (904) 734-2474.

**B**LUE SPRING, uno de los manantiales artesianos más grandes de EE UU, mana diariamente unos 450 millones de litros de agua. Dada su temperatura constante de 20°C, el parque es el refugio de invierno favorito de los manatíes (ver p. 236). Entre los meses de noviembre y marzo, cuando huyen de las aguas más frías del río St Johns, es posible verlos desde los caminos elevados del parque.

En las aguas de color turquesa del manantial se puede bucear o pasear en canoa por el río St Johns.

**Thursby House,** situada en lo alto de uno de los montículos de conchas más antiguos del parque, se construyó en el siglo XIX.

**ALREDEDORES:** a unos 3 km de distancia se encuentra el **Hontoon Island State Park.** La isla, a la que sólo se llega en un transbordador gratuito que parte del embarcadero de Hontoon, tiene una torre de observación de 24 m de altura, zonas de acampada y una senda natural. Además, pueden alquilarse canoas y esquifes de pesca.

En 1955 se encontró aquí un tótem hecho por los indios timucua (ver pp. 38-39).

🏕 **Hontoon Island State Park**
2309 River Ridge Rd, De Land. ⟨ (904) 736-5309. ☐ todos los días. 🏊

### LOS MANANTIALES DE FLORIDA

La mayor parte de los 320 manantiales que se conocen en Florida están situados en la mitad septentrional del Estado. En su mayoría son artesianos, y el agua de los acuíferos subterráneos sale por fisuras. Los que emanan 3 m³ por segundo se conocen como manantiales de primera magnitud.

El agua, filtrada por la roca, es pura y a veces tiene un alto contenido en sales y minerales. Sus propiedades, a las que se añade la propia belleza del entorno, han atraído desde hace mucho a los visitantes.

*Juniper Springs, en Ocala National Forest, un manantial adaptado para los bañistas*

## Sanford ⑯

**Mapa de carreteras** E2. Seminole Co. 👥 35.000. ✈ 400 E 1st St, (407) 322-2212. 🚂 Auto Train incl. 🚌 Autobuses Lynx desde Orlando (ver p. 363).

**F**ORT MELLON, construido durante las guerras con los seminolas (ver pp. 43-45), fue el primer asentamiento permanente del lago Monroe. Sanford se fundó en la década de 1870 y se convirtió en importante puerto insular gracias a los servicios de los barcos de vapor comerciales, que acabaron trayendo también a los primeros turistas que venían a Florida (ver p. 46).

El centro de Sanford data de la década de 1880. Varios de los edificios de ladrillo rojo (una rareza en Florida) son ahora tiendas de antigüedades. La zona puede

*Emblema de Sanford*

explorarse a pie fácilmente en un par de horas. Hoy en día es más probable que los visitantes lleguen en el Auto Train (ver p. 360), aunque siguen existiendo cruceros de placer.

## Mount Dora ⑰

**Mapa de carreteras** E2. Lake Co. 👥 8.000. 🚂 Sanford. ✈ 341 Alexander St, (352) 383-2165.

**E**STA LOCALIDAD, situada en medio de las plantaciones de cítricos de Lake County, es uno de los más bonitos asentamientos victorianos que quedan en el Estado. El nombre originario de la ciudad fue Royellou, compuesto por los nombres de los hijos del primer jefe de correos, que se llamaban Roy, Ella y Louis.

Las calles arboladas de Mount Dora están trazadas en un acantilado que se alza sobre la orilla del lago. La cámara de comercio facilita un mapa en el que se indica un recorrido histórico de 5 km, cuyo itinerario sigue una ruta panorámica en torno a los barrios de finales del siglo XIX y el distrito histórico del centro de la ciudad, con tiendas de antigüedades.

En Donelly Street, la casa Donnelly, que en la actualidad es una logia masónica, constituye un notable ejemplo de la arquitectura de la época. Cerca de allí, el pequeño Museo Ro-

*Niños jugando delante de Thursby House, en Blue Spring State Park*

EL NORESTE

La Donnelly House, de recargada decoración, en Mount Dora

yellou muestra la historia local en la vieja estación, que posteriormente fue calabozo municipal. Abajo, en el lago, es posible practicar la pesca y los deportes acuáticos.

🏛 **Royellou Museum**
450 Royellou Lane. 📞 *(352) 383-0006.* 🕐 *ma.-sá.* ● *Acción de Gracias, 25 dic, 1 ene.* ♿ *limitado.*

## Ocala National Forest ⑱

**Mapa de carreteras** E2. Lake Co/Marion Co. 🕐 *todos los días.* 🚫 *a las zonas de acampada y natación.* ♿ M. **Centro de Visitantes** *10863 E Hwy 40, (352) 625-7470.* **Alquiler de canoas de Juniper Springs** *(352) 625-2808.*

ENTRE OCALA y el río St Johns se extiende el mayor bosque de coníferas del mundo en suelo arenoso. Cubre una superficie de 148 km² y está surcado por una maraña de ríos procedentes de manantiales. Es uno de los últimos refugios del oso negro de Florida, en peligro de extinción. También habitan aquí el ciervo y la nutria, además de aves como el águila de cabeza blanca, el quebrantahuesos, el búho listado, el pavo salvaje –que no es nativo del país– y muchas especies de zancudas.

Hay docenas de senderos, cuya longitud varía desde los paseos y pequeñas sendas, de menos de 1,5 km, hasta los 106 km de la National Scenic Trail *(ver p. 343).* En los múltiples lagos del bosque se practica la pesca del *bass*, o perca americana. En las áreas recreativas, como Salt Springs, Alexander Springs y Fore Lake, hay pozas para nadar y zonas de acampada.

La bajada en canoa por Juniper Creek, desde Juniper Springs Recreation Area, es una de las mejores del Estado, pero es conveniente reservar la embarcación con tiempo. La observación de aves zancudas ofrece excelentes posibilidades a lo largo del sendero de Salt Springs, y en el lago Dorr se congregan los patos.

En el centro principal de visitantes, situado en la linde occidental del bosque, o en los centros menores de Salt Springs y Lake Dorr, ambos en la Ruta 19, se pueden conseguir guías.

## Silver Springs ⑲

**Mapa de carreteras** E2. Marion Co. *5656 E Silver Springs Blvd.* 📞 *(352) 236-2121.* 🕐 *todos los días.* ♿ *limitado.*

LOS RECORRIDOS que se vienen haciendo en Silver Springs desde 1878 muestran las maravillas naturales del mayor manantial artesiano del mundo.

Hoy, la más antigua empresa comercial de Florida dedicada a las atracciones turísticas ofrece toda una serie de actividades para la familia, como montar en embarcaciones con el fondo de cristal. Los safaris en *jeep* y los cruceros por la jungla recorren el interior de Florida, donde se rodaron las primeras películas de *Tarzán*.

**ALREDEDORES:** en **Silver River State Park,** 3 km al sureste, puede dar un paseo de 15 minutos a lo largo de un sendero que atraviesa un *hammock* y una zona pantanosa de cipreses, y que conduce hasta una poza apta para el baño en un recodo del río de aguas cristalinas.

🌿 **Silver River State Park**
*7165 NE 7th St, Ocala.* 📞 *(352) 236-1827.* 🕐 *todos los días.* 🚫 ♿

El barco *Jungle Cruise,* una de las atracciones de Silver Springs

*The Young Shepherdess* (1868), de Bourgereau, Appleton Museum

## Ocala ⓴

**Mapa de carreteras** D2. Marion Co. 65.000. *Chamber of Commerce, 110 E Silver Springs Blvd, (352) 629-8051.*

Rodeada de prados delimitados por vallas de madera, Ocala es la sede administrativa del condado de Marion y centro de la cría de caballos de raza. Los pastos están enriquecidos por los acuíferos subterráneos de caliza *(ver p. 206)* y la hierba, rica en calcio, contribuye a fortalecer los huesos de los magníficos ejemplares equinos. De aquí han salido más de 37 campeones, entre los que se cuentan cinco ganadores del *derby* de Kentucky.

En torno a Ocala existen más de 400 granjas dedicadas a la cría de caballos de raza. Muchas de estas instalaciones están abiertas al público y las visitas suelen ser gratuitas. Además, es posible ver caballos árabes, caballos paso fino y ponis enanos. Para conseguir información actualizada sobre las visitas, contacte con la cámara de comercio de Ocala.

El **Appleton Museum of Art**, al este de Ocala, fue construido en 1984 en mármol italiano por el criador de caballos Arthur I. Appleton, y alberga sorprendentes ejemplos de arte procedentes de todo el mundo. En su ecléctica colección se encuentran antigüedades precolombinas y europeas, piezas orientales y africanas, y porcelana de Meissen. Posee también numerosas obras de arte europeo del siglo XIX.

🏛 **Appleton Museum of Art**
4333 E Silver Springs Blvd. *(352) 236-7100.* ☐ *todos los días.* ● *festivos.*

## Marjorie Kinnan Rawlings State Historic Site ㉑

**Mapa de carreteras** D2. Alachua Co. S CR 325, Cross Creek. *(352) 466-3672.* ☐ Ocala. ☐ *los jardines, todos los días; la casa, ma-sá.* ● *ago-sep.*

En 1928, la escritora Marjorie Kinnan Rawlings instaló su residencia en la colonia de Cross Creek, a la que más tarde describiría con afecto como "un recodo en un camino rural". Su granja, de irregular distribución, se conserva casi sin cambios en medio de una plantación de cítricos bien cuidada, con gallinas y patos que suben desde las orillas del lago Orange.

La escritora vivió en este lugar durante toda una década y luego volvió intermitentemente a él hasta su muerte en 1953. Sus paisajes y personajes llenan la novela autobiográfica *Cross Creek*, mientras que el gran campo de matorrales que hay al sur inspiró la novela con la que ganó el premio Pulitzer: *The Yearling* (1938), una historia de adolescencia de un muchacho y su cervatillo.

Los recorridos guiados por el lugar exploran la granja de estilo rústico, construida en la década de 1880, que contiene los muebles de Rawlings: estanterías llenas de obras de autores contemporáneos como John Steinbeck y Ernest Hemingway, un armario de licores y una máquina de escribir.

## Micanopy ㉒

**Mapa de carreteras** D2. Alachua Co. 650. *30 East University Ave, Gainesville, (352) 374-5260.*

Una factoría comercial en tierras indias se convirtió en 1821 en el segundo asentamiento blanco permanente de Florida, originalmente conocido como Wanton. En Micanopy, nombre que recibió en 1826 en honor a un jefe indio, se detecta el paso del tiempo, y la localidad constituye un refugio tanto para los cineastas como para los amantes de las antigüedades. En la calle principal, Cholokka Boulevard, abundan las casas residenciales victorianas, las tiendas históricas con fachadas de ladrillo y las galerías de objetos artesanales. En esta calle también se encuentra el edificio más espléndido de Micanopy, la imponente **Herlong Mansion**, de ladrillo rojo, construida antes de la guerra civil y adornada con cuatro columnas corintias. Su arquitecto fue un industrial maderero del siglo XIX, y hoy es una pensión que ofrece cama y desayuno *(ver p. 306)*.

El pintoresco cementerio, que empezó a utilizarse en 1825, está situado en una calle que parte de Seminary Road, camino de la I-75.

Bastones en Herlong Inn

El espacioso porche de la escritora Marjorie Kinnan Rawlings

# Gainesville ❷

**Mapa de carreteras** D2. Alachua Co.
🚻 95.000. ✈ 🚌 🛈 *300 East University Avenue, (352) 334-7100.*

CIUDAD UNIVERSITARIA y capital cultural de la región centro-norte de Florida, así como sede del equipo de fútbol de los Gators, Gainesville es una bonita localidad.

En su distrito histórico hay edificios de ladrillo que datan de las décadas de 1880 y 1920, algunos de los cuales se han convertido en cafés y restaurantes.

El campus universitario está salpicado de clubes de estudiantes y cuenta con dos importantes museos. El **Florida Museum of Natural History** contiene más de 10 millones de especímenes fósiles, además de soberbias colecciones de mariposas y moluscos. Hay vitrinas dedicadas a los distintos ambientes de Florida, y se ofrece un ilustrativo viaje antropológico a través de la historia del Estado hasta el siglo XIX.

La colección permanente de bellas artes del **Samuel P Harn Museum of Art,** situado en el campus, incluye cerámica de Asia, objetos ceremoniales africanos, ejemplares de tallas de madera japonesas y pintura europea y norteamericana.

🏛 **Florida Museum of Natural History**
Museum Rd, esquina Newell Drive.
📞 (352) 392-1721. ◯ todos los días. ● 25 dic. ♿

🏛 **Samuel P Harn Museum of Art**
Hull Road (SW 34th St). 📞 (352) 392-9826. ◯ ma.-sá. ● festivos. ♿

**ALREDEDORES:** al suroeste de la ciudad, los encantadores **Kanapaha Botanical Gardens** alcanzan su máxima belleza entre junio y septiembre, aunque los visitantes que acudan en primavera podrán deleitarse la vista con las azaleas en flor. El naturalista William Bartram *(ver p. 43)* fue el primero en observar su belleza a finales del siglo XIX. Un sendero rodea los 2.500 m² de terreno, y los caminos, que serpentean bajo arcadas cubiertas de parras, atraviesan plantaciones de bambú. Otras zonas dignas de mención son el jardín de especies del desierto, el pantano junto al lago y el florido jardín de colibríes.

🌼 **Kanapaha Botanical Gardens**
4625 SW 63rd Blvd (junto a la ruta 24). 📞 (352) 372-4981. ◯ vi.-mi. ● 25 dic. ♿

Lápidas cubiertas de líquenes en el cementerio de Micanopy

**ALREDEDORES:** durante el siglo XVII, uno de los ranchos españoles de ganado más prósperos de Florida estuvo situado al norte de la actual Micanopy. Vacas, caballos y cerdos vivían en libertad en la **reserva estatal de Paynes Prairie,** donde hoy puede verse ocasionalmente un pequeño rebaño de bisontes salvajes y más de 200 especies de aves locales y migratorias.

La reserva la atraviesa el **sendero estatal de Gainesville-Hawthorne,** que sigue el trazado de una antigua línea férrea.

🌿 **Reserva estatal de Paynes Prairie**
US 441, 0,5 km al N de Micanopy.
📞 (352) 466-3397. ◯ todos los días. ♿

*Producto de Gainsville*

Nenúfares gigantes del Amazonas en el jardín pantanoso de Kanapaha Botanical Gardens

# El Panhandle

Hay un dicho en Florida *según el cual "cuanto más vas hacia el norte, más al sur llegas". Y es verdad. El Panhandle tiene una historia y una sensibilidad más cercanas al sur que la parte más meridional del Estado. Lo que distingue a esta fascinante región del resto de Florida no es sólo la geografía y la historia, sino también el clima e, incluso, la hora.*

El Panhandle no sólo fue el primer intento de los españoles por colonizar Florida, sino también el lugar donde posteriormente se desarrollaron gran parte de las luchas entre las potencias coloniales. En 1559, antes de que se fundara St Augustine, se estableció una comunidad cerca de la actual Pensacola, pero fue destruida por un huracán. Posteriormente se convirtió en el principal asentamiento de la región hasta la década de 1820, cuando se eligió Tallahassee como parte del nuevo territorio de Florida *(ver p. 44)*. La ubicación de esta nueva ciudad, equidistante de St Augustine y de Pensacola, fue el punto de encuentro de dos exploradores que salieron a caballo desde las dos localidades. Tallahassee es hoy una digna capital de Estado, con una elegante arquitectura pero con aire de ciudad provinciana. Gracias al comercio de la madera y del algodón, vivió en el siglo XIX rachas de prosperidad. El turismo es un fenómeno reciente en el Panhandle, a pesar de que sus playas no tienen parangón en el Estado. Este tramo de costa tiene cada vez mejor acogida entre los veraneantes de los estados del sur, pero los visitantes de ultramar siguen ignorándolo. En el extremo oriental del Panhandle, en la zona conocida como Big Bend, las estaciones turísticas de tipo familiar ceden el sitio a pintorescas ciudades históricas costeras, como Cedar Key, un apartado pueblecito de pescadores que recuerda al Key West de los viejos tiempos. En el interior, la mayor atracción la proporcionan unos bosques que encierran manantiales y ríos navegables.

Una de las muchas playas de deslumbrante arena de cuarzo, cerca de Pensacola

◁ Antiguo capitolio de Tallahassee, a la sombra del edificio moderno que lo ha sustituido

# Explorando el Panhandle

**Quietwater Beach, cerca de Pensacola, en la isla de Santa Rosa**

La mayoría de los visitantes del Panhandle acude a las famosas playas que se extienden desde Pensacola hasta Panama City Beach. Zonas de vacaciones como Fort Walton Beach y Destin ofrecen toda clase de alojamiento, así como la posibilidad de practicar desde deportes acuáticos y pesca en alta mar hasta el golf y el tenis. Aun cuando la mayor parte de la atención se centra en la costa, no hay que ignorar el resto del Panhandle. Las estaciones turísticas pueden servir de base para adentrarse en el interior, con sus colinas y bosques de pinos. Podrá disfrutar de excelentes excursiones en canoa por los ríos Blackwater y Suwannee, mientras que cerca de Tallahassee se encontrará con algunos de los paisajes más bellos de Florida, surcados por carreteras arboladas, que se conservan intactos.

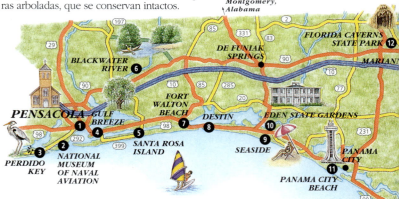

## Lugares de Interés

AB Maclay State Gardens ⑲
Apalachicola ⑮
Blackwater River ⑥
Cedar Key ㉔
Destin ⑧
Eden State Gardens ⑩
Florida Caverns State Park ⑫
Fort Walton Beach ⑦
Gulf Breeze ④
Islas de St Vincent, St George y Dog ⑯
Monticello ⑳
*National Museum of Naval Aviation pp. 218-219* ②
Panama City Beach ⑪
*Pensacola pp. 214 -217* ①
Perdido Key ③
St Joseph Peninsula State Park ⑭
Santa Rosa Island ⑤
Seaside ⑨
Steinhatchee ㉓
Suwannee River State Park ㉒
*Tallahassee pp. 228-229* ⑱
Torreya State Park ⑬
Wakulla Springs State Park ⑰

**Excursiones**
*Por la ruta del algodón pp. 230-231* ㉑

**Elegante mansión de estilo plantación en Eden State Gardens**

## Cómo Desplazarse

Aun cuando la línea Amtrak recorre la región, es esencial disponer de coche para explorar el Panhandle. Hay dos carreteras principales: la I-10, rápida pero monótona, que une Pensacola con Tallahassee y sigue luego hasta la costa del Atlántico, y la US 98, siempre paralela a la costa, que va desde Pensacola hasta el denominado Big Ben, donde se une a la carretera principal norte-sur de la costa del golfo, la US 19. Las carreteras comarcales del Panhandle suelen ser tranquilas, pero debe tener cuidado con los camiones cargados de troncos que salen de caminos ocultos en el bosque.

**Casas construidas sobre el agua en el puerto de Destin**

## Ver También

- **Alojamiento** pp. 306-308
- **Restaurantes y bares** pp. 325-326 y 331

## Signos Convencionales

- Autopista interestatal
- Carretera principal
- Carretera secundaria
- Ruta panorámica
- Río
- Punto panorámico

**Pelícanos disfrutando de la tranquilidad de Apalachicola**

# Pensacola en 3 dimensiones ❶

LOS PRIMEROS EN ESTABLECERSE en la zona fueron los colonizadores españoles dirigidos por Tristán de Luna *(ver p. 41)*, que arribaron a la bahía de Pensacola en 1559. Su asentamiento sobrevivió sólo dos años antes de ser destruido por un huracán. En poco más de 300 años ondearon aquí las banderas española, francesa, británica y la de la confederación norteamericana. El apogeo de Pensacola se produjo en la década de 1880, en la que se construyó la mayor parte de sus actuales distritos. La ciudad presenta una variada colección de estilos arquitectónicos, desde casas coloniales hasta mansiones clásicas construidas durante el auge maderero de finales del siglo XIX. La ruta que mostramos aquí se centra en la zona conocida como Historic Pensacola Village *(ver p. 216)*.

**Lavalle House**
*La sencillez de la construcción y la brillante combinación de colores de esta casa de principios del siglo XIX buscaban satisfacer el gusto de sus propietarios, criollos franceses.*

**Civil War Soldiers Museum**
*Centrado en la vida del soldado, este museo muestra desde armas antiguas hasta un equipo médico de la época, además de narraciones contemporáneas de la batalla de Gettysburg.*

**El Museum of Industry** recuerda los tiempos del comercio maderero y marítimo de Pensacola con la reconstrucción de un aserradero y una cerería para barcos.

**★ TT Wentworth Museum**
*El museo posee una amplia colección de recuerdos de Florida, como esta cama de la década de 1870.*

**Pensacola Museum of Art**
*La vieja prisión de la ciudad, que data de 1908, se convirtió en museo en la década de 1950. Este paisaje de William Nell es una de las obras que en él se exponen.*

**El recinto de oficiales británicos** salió a la luz cuando se excavó este aparcamiento. Los cimientos que han quedado visibles forman parte del recorrido arqueológico colonial de la ciudad *(ver p. 216)*.

**Steamboat House**
*Esta casa, que data de mediados del siglo XIX (ver p. 46), recuerda a un barco de vapor. Incluso las galerías tienen forma de cubierta.*

### INFORMACIÓN ESENCIAL

**Mapa de carreteras** A1. Escambia Co. 360.000. 8 km al N. 980 E Heinburg St, (904) 433-4966. 505 W Burgess St, (904) 476-4800. 1401 E Gregory St, (904) 434-1234. Fiesta de las Cinco Banderas (jun).

**★ Seville Square**
*A la sombra de los magnolios y los robles de Virginia, Seville Square está situada en el corazón del distrito de Sevilla, proyectado por los británicos en la década de 1770.*

**Fountain Square** se halla en torno a una fuente decorada con placas que muestran los lugares característicos de la ciudad.

0 metros — 200

**La Dorr House,** que imita el estilo clásico griego, es la única mansión de este tipo que se conserva al oeste de Florida.

### SIGNOS CONVENCIONALES

— — — Itinerario sugerido

**★ Museum of Commerce**
*Un taller de imprenta totalmente equipado es una de las curiosidades que se exponen en este museo de estilo victoriano.*

### RECOMENDAMOS

★ **TT Wentworth Museum**

★ **Seville Square**

★ **Museum of Commerce**

# Explorando Pensacola

Los DISTRITOS HISTÓRICOS son las zonas más visitadas e interesantes de Pensacola. El más destacado es Historic Pensacola Village, en torno a Zaragoza Street, en el corazón de la ciudad. Más al norte, en North Hill Preservation District, se pueden contemplar las casas que construyeron los ricos comerciantes locales durante el auge maderero del siglo XIX. Entre estos dos distritos, Palafox Street es una zona de gran actividad comercial, con edificios que datan de 1900-1920.

El centro de Pensacola está unido por dos puentes a Pensacola Beach, situada en una isla de la barrera coralina (ver p. 222). Los turistas suelen hospedarse en los hoteles situados junto a la playa, que ya se han recuperado de los destrozos causados en 1995 por el huracán *Opal*.

**La antigua prisión es actualmente el Pensacola Museum of Art**

**Guías con traje del siglo XIX en Historic Pensacola Village**

### 🏛 Historic Pensacola Village
Tivoli House, 205 E Zaragoza St. (904) 444-8905. lu-sá. festivos.

En Seville District, situado en el barrio más antiguo de Pensacola, las calles de Historic Pensacola Village ofrecen la posibilidad de disfrutar de un paseo sin prisas y contemplar cómo era la ciudad en el siglo XIX.

Para obtener una visión más profunda se puede participar en una de las visitas guiadas que dos veces al día parten de Tivoli House, en Zaragoza Street. En temporada alta, los guías se visten con trajes de época. El recorrido pasa por la Lavalle House, de estilo criollo francés (1805), y la agradable Dorr House (1871). Hay otras mansiones que están abiertas a los visitantes. Con un sólo billete, que puede adquirirse en Tivoli House, podrá entrar a las casas del *village* durante dos días y visitar el Museo de Industria y el Museo del Comercio. Aquel, alojado en un almacén de finales del siglo XIX, en Church Street, proporciona una introducción informativa al desarrollo temprano de Pensacola y expone objetos relacionados con la fabricación de ladrillos, la pesca, el transporte y el comercio de la madera.

Como telón de fondo del Museo del Comercio, en Zaragoza Street, hay una escena completa de una calle victoriana, con establecimientos reconstruidos entre los que se cuentan una imprenta con una prensa en funcionamiento, una farmacia, un taller de guarnicionero y una tienda de música de los viejos tiempos.

En Seville Square se levanta la Old Christ Churh, construida en 1832, el templo más antiguo de Florida que ocupa su solar original.

### 🏛 TT Wentworth Florida State Museum
330 Jefferson St. (904) 444-8586. lu-sá. festivos.

Este museo está instalado en el antiguo Ayuntamiento, que imita la arquitectura renacentista española. En él se exponen desde recuerdos de la Florida occidental hasta objetos extraños y maravillosos de todo el mundo, como puntas de flecha, cabezas reducidas de los tiempos precolombinos, una central telefónica de los años 30 y viejas botellas de Coca-Cola.

Los dioramas que posee el museo ilustran determinados puntos del recorrido arqueológico colonial de Pensacola y muestran restos de fortificaciones de 1752 a 1821.

En un folleto gratuito se explican los puntos más interesantes del paseo.

Los billetes para visitar el Historical Pensacola Village incluyen también la entrada al TT Wentworth.

### 🏛 Pensacola Museum of Art
407 S Jefferson St. (904) 432-6247. ma-sá. 4 jul, Acción de Gracias, 25 dic, 1 ene.

Las celdas de la vieja prisión de la ciudad se han convertido en las galerías del Pensacola Museum of Art. Las exposiciones que ofrece cambian con frecuencia y muestran la extensa colección del museo, como cerámica precolombina, cristal satinado y *pop art* de Roy Lichtenstein.

**Este edificio renacentista español acoge el TT Wentworth Museum**

## 🏛 Civil War Soldiers Museum

108 S Palafox Place. ( (904) 469-1900. ☐ lu-sá. ● Acción de Gracias, 25 dic, 1 ene. 📷 ♿

Este museo, cuya finalidad es atraer tanto a los expertos en la guerra civil norteamericana como a los aficionados entusiastas, está consagrado a las batallas y a los principales personajes que participaron en ellas *(ver pp. 44-45)*.

Con bandas sonoras de marchas militares, armas de la época, uniformes y equipos de campaña, ilustra aspectos de lo que en el Panhandle y en otros estados del sur todavía se sigue llamando la "guerra de agresión del norte". Entre los objetos expuestos hay una licorera para los oficiales, anteojos para tiradores emboscados e, incluso, una espantosa sección médica.

## 🏛 North Hill Preservation District

Las casas de este distrito histórico, que ocupa unas 10 manzanas de Wright Street, al norte de Historic Pensacola Village, se construyeron a finales del siglo XIX y principios del XX sobre los solares donde anteriormente habían estado los fuertes británicos y españoles, y todavía, de vez en cuando, se desentierran en los jardines algunas balas de cañón. Todas las casas son de propiedad privada. Una de las más llamativas es McCreary House *(ver p. 28)*, situada en Baylen Street, cerca de la confluencia con De Soto Street.

Playa de arena de Johnson Beach, en Perdido Key

McCreary House, en North Hill Preservation District

## National Museum of Naval Aviation ❷

*Ver pp. 218-219.*

## Perdido Key ❸

**Mapa de carreteras** A1. Escambia Co. Route 292, a 19 km al oeste de Pensacola. 🚍 Pensacola. 🚆 Pensacola. 🛈 1401 E Gregory St, Pensacola, (904) 434-1234.

A L SUROESTE de Pensacola se hallan las prístinas costas de Perdido Key, que aparecen regularmente en la lista de las 20 mejores playas de EE UU. Hay bares y restaurantes, así como instalaciones para la práctica de deportes acuáticos, pesca y buceo.

El extremo oriental de la isla sólo es accesible a pie. La carretera llega únicamente hasta la **Johnson Beach Day Use Area**, al este del puente que une la isla con tierra firme. Desde allí, un camino de tablas conduce hasta la playa principal, que se extiende a lo largo de 10 km por la orilla que da al golfo de México y a la bahía.

En la costa, frente a Perdido Key, se encuentra **Big Lagoon State Recreation Area,** donde los tramos de playa de arena se combinan con zonas pantanosas de agua salada que ofrecen excelentes condiciones para observar a las aves o para realizar excursiones.

### 🏖 Johnson Beach Day Use Area

Johnson Beach Rd, *saliendo de la carretera 292*. ( (904) 492-0912. ☐ todos los días. ● 25 dic. 📷 ♿
**✕ Big Lagoon SRA**
12301 Gulf Beach Highway. ( (904) 492-1595. ☐ todos los días. 📷 ♿

---

## EL AUGE MADERERO DE FLORIDA

En el siglo XIX, la demanda de madera y materiales de uso naval, incluidos el alquitrán y la trementina, desempeñaron un importante papel en el desarrollo del norte de Florida. Sus vastas reservas de roble de Virginia eran muy apreciadas por los armadores, dada la resistencia de esta madera a las enfermedades y a la putrefacción. Se establecieron ciudades florecientes, como Cedar Key *(ver p. 231)*, y las fortunas que se amasaron durante las décadas de 1870 y 1880 se transformaron en elegantes casas residenciales de Pensacola, entre ellas Eden Mansion *(ver p. 223)*. Pero en los años 30, la mayor parte de los bosques de árboles habían sido talados y la madera tuvo que sustituirse por otros materiales de construcción.

**Los leñadores del siglo XIX realizaban duras jornadas de trabajo físico**

# National Museum of Naval Aviation ❷

Insignia de Beechcraft GB-2

ESTE EXTENSO MUSEO se ha instalado entre las pistas de despegue y los hangares del aeródromo naval más antiguo del país, que se inauguró en 1914. Más de 150 aviones y naves espaciales, así como maquetas, artefactos, presentaciones tecnológicas y obras de arte relacionadas con la aviación, trazan la historia de la navegación aérea, desde los primeros biplanos de alas de madera y tela hasta lo más avanzado en cohetería. Incluso quienes no sean grandes aficionados a la aviación disfrutarán del vuelo con el equipo de presentación de los *Blue Angels* en el cine IMAX, o probando su habilidad en las cabinas de entrenamiento.

★ *Blue Angels*
Cuatro antiguos Ángeles Azules A-4 Skyhawks están colgados del techo del atrio acristalado, de siete pisos de altura.

**La cabina del USS Cabot** es una reconstrucción a tamaño natural de la cabina de vuelo de un avión de transporte, a la que acompañan toda una formación de famosos *cazas* de la II Guerra Mundial.

**En Tesoros Hundidos** se muestran dos aviones recuperados de las aguas del lago Michigan, donde cayeron cuando realizaban vuelos de entrenamiento durante la II Guerra Mundial.

*Tigres voladores*
*Las mandíbulas pintadas de estos cazas de la II Guerra Mundial eran el símbolo de los pilotos del grupo Volunteer Flying Tiger, que combatieron en China y Birmania.*

**Monumento al espíritu de la aviación naval**

**F14 Tomcat**

**Entrada**

**El cine IMAX** proyecta imágenes de vuelos siete veces al día.

## GUÍA DE LA GALERÍA
*El museo ocupa un par de plantas divididas en dos áreas que se unen a través de un atrio. El ala oeste está dedicada de manera exclusiva a la II Guerra Mundial, mientras que el ala sur ofrece un contenido histórico más amplio. En el exterior del museo hay más aviones expuestos.*

**Biplano**
*Entre los aparatos más antiguos se cuentan los monoplanos y biplanos de entrenamiento de la I Guerra Mundial.*

### RECOMENDAMOS
★ *Blue Angels*
★ *Simulador de vuelo*

### Nave aérea K47
*Estas naves realizaron misiones de patrullaje marítimo que fueron vitales durante la II Guerra Mundial.*

> **INFORMACIÓN ESENCIAL**
>
> **Mapa de carreteras** 1A. 1750 Radford Blvd, Pensacola. (904) 453-2389. Pensacola. Pensacola. 9.00-17.00, todos los días. Acción de Gracias, 25 dic, 1 ene.

**La cápsula espacial** posee un módulo de mando del Skylab como pieza central, además de varias toneladas de aparatos diversos y algunas rocas lunares.

### ★ Simulador de vuelo
*El simulador de vuelo móvil es una de las 100 exposiciones interactivas que tienen la finalidad de dar a conocer la complejidad y las maravillas de la aeronáutica.*

**Las cabinas de entrenamiento** enseñan a pilotar un avión de forma práctica.

### Helicóptero del servicio de guardacostas
*Un helicóptero de rescate rinde homenaje a la contribución de los servicios de guardacostas en la historia de la aviación náutica.*

### FORT BARRANCAS

El terreno que ocupa este estratégico aeródromo naval, rodeado de agua por tres de sus lados, fue fortificado por los colonizadores españoles en 1698. Las murallas defensivas, construidas en un barranco desde el que se dominaba la bahía de Pensacola, fueron sustituidas por un fuerte más sólido en 1781, y el ejército de EE UU realizó importantes ampliaciones durante la década de 1840. Los restos de los fuertes español y norteamericano están unidos por un túnel. Fort Barrancas se halla a pocos minutos a pie del museo.

**Vista de las murallas que rodean Fort Barrancas**

### DISTRIBUCIÓN POR SALAS

- Aviones de la guerra de Corea
- Aviones antiguos
- Aviones modernos
- Cine
- Exposiciones interactivas
- Exhibiciones
- Galería de arte
- Espacio sin exposiciones

## Gulf Breeze ❹

**Mapa de carreteras** A1. Santa Rosa Co. 🚗 6.300. 🚉 Pensacola. ✈ Pensacola. ℹ 1170 Gulf Breeze Parkway, (904) 932-7888.

La localidad de Gulf Breeze está situada en el extremo occidental del promontorio que se adentra en la bahía de Pensacola. Al este de la población se extiende una zona boscosa, cuya madera se destinó a la construcción naval durante la década de 1820 (ver p. 217).

La **Reserva Naval Live Oaks** fue originalmente una explotación maderera de propiedad pública federal, pero en la actualidad protege lo que queda del bosque. Los visitantes pueden recorrer senderos que atraviesan 50.000 m² de robledales crecidos sobre *hammocks*, dunas y humedales en los que las aves zancudas se alimentan gracias a la abundancia de vida marina. Hay un centro para visitantes que muestra exposiciones históricas y ofrece mapas e información sobre la flora y la fauna locales.

A 16 km de Gulf Breeze se encuentra **el zoo**, que alberga a más de 700 animales. Los visitantes pueden realizar un recorrido en el tren *Safari Line*, que atraviesa 12.000 m² de terreno en el que los animales viven en libertad, además de presenciar una exhibición de

El tren *Safari Line* recorre el zoo de Gulf Breeze

la elefanta *Ellie,* pasear por los jardines botánicos o mirar a los ojos a una jirafa desde la plataforma elevada prevista para ofrecerle alimento.

✴ **Reserva Naval Live Oaks**
1801 Gulf Breeze Parkway.
📞 (904) 934-2600. 🕐 todos los días. ⬤ 25 dic. ♿

✴ **Zoo**
5701 Gulf Breeze Parkway. 📞 (904) 932-2229. 🕐 todos los días. ⬤ Acción de Gracias, 25 dic. ♿

## Santa Rosa Island ❺

**Mapa de carreteras** A1. Escambia Co, Okaloosa Co, Santa Rosa Co. 🚉 Pensacola. ✈ Pensacola o Fort Walton Beach. ℹ 8543 Navarre Parkway, Navarre, (904) 939-2691.

Santa rosa es una estrecha franja de arena que se extiende junto a la costa a lo largo de los 70 km que separan la bahía de Pensacola de Fort Walton Beach. En su parte más occidental se encuentra **Fort Pickens,** construido en 1834, uno de los cuatro fuertes levantados por EE UU durante el primer tercio del siglo XIX para defender la bahía de Pensacola.

Entre 1886 y 1888, el jefe apache Gerónimo estuvo prisionero en este fuerte, que perteneció al ejército de EE UU hasta 1947. En la actualidad cuenta con un pequeño museo y pueden explorarse libremente sus lóbregos pasadizos de ladrillo.

Santa Rosa presume de sus playas de arena fina blanca como el azúcar, como Pensacola Beach y Navarre Beach, en donde es posible pescar y practicar deportes acuáticos. Entre las dos playas hay un trecho no urbanizado desde el que se puede contemplar de lejos a las multitudes. En el otro extremo de la isla, cerca de Fort Pickens, se halla una zona de acampada.

⚓ **Fort Pickens**
1400 Fort Pickens Rd (Route 399).
📞 (904) 934-2621. 🕐 todos los días. ♿

Acceso a la playa de Pensacola Beach, en la isla de Santa Rosa

## Blackwater River ❻

**Mapa de carreteras** A1. Santa Rosa Co. 🚉 Pensacola. ✈ Pensacola. ℹ 5247 Stewart St, Milton, (904) 623-2339.

El blackwater, uno de los ríos de fondo arenoso más puros del mundo, nace en Alabama y corre hacia el sur durante 95 km para desembocar en el golfo de México. Sus aguas oscuras, teñidas por taninos, trazan bellos meandros por el bosque, formando lagos en sus recodos, diques naturales y playas.

A lo largo de su curso se encuentra uno de los más hermosos trayectos de todo el Estado de Florida. Las excursiones en canoa y en *kayac,* que pueden contratarse a través de varios operadores turísticos de Milton, van desde paseos de medio día hasta recorridos de 50 km en tres jornadas, con opción de

Sendero de la Reserva Naval Live Oaks

# EL PANHANDLE

En el río Blackwater es posible realizar recorridos en canoa

abordar, más al norte, los riachuelos Sweetwater y Juniper.

El **Blackwater River State Park** ofrece zonas para practicar la natación y realizar comidas campestres, así como la posibilidad de conocer el Chain of Lakes Trail, un tramo fluvial natural, de 1,5 km de longitud, que corre a través de espesos bosques de robles, nogales americanos, magnolios meridionales y arces rojos.

### Blackwater River State Park

Desde la US 90, a 24 km al NE de Milton. (904) 983-5363. todos los días.

## Fort Walton Beach ❼

**Mapa de carreteras** A1. Okaloosa Co. 22.000. Crestview. 34 Miracle Strip Parkway SE, (904) 244-8191.

FORT WALTON BEACH está situado en la punta occidental de Emerald Coast, una franja de 40 km de relucientes playas que se extienden hasta Destin. Las tiendas de artículos para buceadores y los puertos deportivos se alinean a lo largo de la carretera US 98, que une Fort Walton con la isla de Santa Rosa, a la que localmente se le da el nombre de Okaloosa Island. Las aguas transparentes del mar ofrecen magníficas condiciones para la natación, la pesca y los deportes acuáticos.

También se puede practicar la vela y el *windsurf* en la protegida bahía de Choctawhatchee, en la costa norte de la isla, así como contratar toda clase de viajes en barco y jugar al golf en alguno de los 12 campos con los que cuenta Emerald Coast.

En el **Gulfarium**, los visitantes podrán presenciar los espectáculos diarios que ofrecen los delfines y los leones marinos. A través de las paredes de cristal del acuario Living Sea es posible contemplar a los tiburones, rayas y tortugas de mar de gran tamaño. Hay, además, recintos con focas y nutrias, así como caimanes y aves exóticas. En el centro de la ciudad, el **Indian Temple Mound Museum** se levanta a la sombra de un antiguo cementerio de los indios apalaches *(ver pp. 38-39)*, que data aproximadamente del año 1400. En el museo se muestran objetos procedentes del túmulo y de otros yacimientos arqueológicos indios cercanos. Las exhibiciones, bien ilustradas, se remontan a más de 10.000 años de ocupación humana de la zona de Choctawhatchee Bay.

5 km al norte de la ciudad, en Shalimar, se encuentra la base Eglin, la mayor base aérea del mundo. El **US Air Force Armament Museum** muestra aquí proyectiles y bombas tanto de la II Guerra Mundial como actuales, y los visitantes podrán conocer el avión espía *Blackbird* SR-71 además de examinar armas antiguas y equipos láser de alta tecnología. Las visitas a la base, que tiene una superficie de 1.865 km², pueden concertarse con anticipación.

Cerámica india, Temple Mound Museum

### ⚓ Gulfarium
1010 Miracle Strip Parkway. (904) 243-9046. todos los días.

### 🏛 Indian Temple Mound Museum
139 Miracle Strip Parkway. (904) 833-9595. todos los días. festivos.

### 🏛 US Air Force Armament Museum
100 Museum Drive (Route 85). (904) 882-4062. todos los días. Día de Acción de Gracias, 25 dic, 1 ene.

Paseo por las blancas y finas arenas del golfo de México, en Fort Walton Beach

## Destin ❽

**Mapa de carreteras** A1. Walton Co.
🚗 *13.000.* ✈ 🚌 *Fort Walton Beach.*
ℹ *1021 Highway 98 E, (904) 837-6241.*

ENTRE EL GOLFO de México y la bahía de Choctawhatchee, esta estrecha franja urbanizada se extiende paralela a la carretera de la costa US 98. Sus comienzos se remontan a 1845, año en que se estableció aquí un campamento de pescadores. Su gran atracción es la pesca en alta mar. Las aguas cercanas a Destin son especialmente ricas, debido a que, a sólo 16 km, se produce un descenso de 30 m en la plataforma continental. El calendario de torneos de pesca es muy conocido. La competición más famosa es el Rodeo de Pesca, que dura todo el mes de octubre. Durante la misma época, una gran afluencia de visitantes acude a Destin para disfrutar del Festival del Marisco, que se celebra todos los años.

Si quiere echar un vistazo de cerca a algunas de las especies de menor tamaño que pueblan las aguas del golfo de México, no deje de visitar el **Destin Fishing Museum.**

Con sus sorprendentes playas y las aguas claras típicas de Emerald Coast, Destin es también una concurrida zona turística que ofrece buenas oportunidades para practicar la inmersión o bucear con tubo de respiración.

🏛 **Destin Fishing Museum**
*20009 Emerald Coast Parkway.* 📞
*(904) 654-1011.* ⏰ *lu, mi.* ⬤ *Acción de Gracias, 25 dic, 1 ene.* 📷 ♿

Pescador limpiando sus capturas en el puerto de Destin

Torre de madera de una de las casas residenciales de Seaside

## Seaside ❾

**Mapa de carreteras** B1. Walton Co.
🚗 *200.* ℹ *(904) 231-4224.*

CUANDO ROBERT DAVIS decidió construir la localidad de Seaside, a mediados de los años 80, se inspiró en las estaciones turísticas que había conocido en su niñez. Su visión nostálgica se dirigía a una ciudad de vacaciones formada por casas de madera al estilo tradicional del noroeste de Florida, con galerías abiertas, tejados puntiagudos y vallas de estacas

## Las playas del Panhandle

ENTRE PERDIDO KEY y Panama City Beach se hallan algunas de las más bellas playas de Florida. La fina arena –compuesta en un 90% por cuarzo y arrastrada por el agua desde las montañas Apalaches– forma anchas playas y puede resultar casi cegadora a la luz del sol. La multitud de visitantes desciende en junio y julio, pero las aguas del golfo siguen siendo agradablemente cálidas incluso en noviembre. Se puede elegir entre zonas tranquilas no urbanizadas y estaciones turísticas más dinámicas. Existen también muchas oportunidades para practicar el submarinismo y otros deportes acuáticos.

**Pensacola Beach** ③ está en la costa interior de Santa Rosa Island. Aun cuando no sea la mejor playa del Panhandle, es la más accesible desde Pensacola *(ver p. 220).*

**Perdido Key** ①
Algunas de las playas más occidentales del Estado son inaccesibles en coche, por lo que suelen ser las más tranquilas *(ver p. 217).*

**Quietwater Beach** ② tiene una arena inmaculada, junto a la que se alza una hilera de tiendas, hoteles y bares. Los fines de semana se congrega aquí gran cantidad de gente.

**Navarre Beach** ④ es una de las playas más tranquilas de la isla. Posee buenas instalaciones, incluido un espigón para pescar *(ver p. 220).*

0 kilómetros  15
0 millas  10

pintadas de blanco. Sin embargo, al estilo original pronto se le añadieron detalles recargados, torres y torretas *(ver p. 29).*

Cuando se conduce por la US 98 no se puede resistir la tentación de detenerse para echar una rápida ojeada a esta ciudad.

**ALREDEDORES:** a tan sólo 1,5 km de Seaside, en la línea costera del Panhandle, se encuentra la **Grayton Beach State Recreation Area,** cuya playa de arena de cuarzo blanco se considera una de las mejores del país.

Además de ofrecer buenas oportunidades para la pesca, el *surf* y la navegación, el parque cuenta con un sendero natural y zonas de acampada. En verano, los campistas pueden participar en los programas organizados por los guardas, que resultan adecuados para toda la familia.

**Grayton Beach SRA**
County Rd 30-A, junto a la US 98, a 1,5 km al O de Seaside. (904) 231-4210. todos los días.

**Fuente rodeada de vegetación en Eden State Gardens**

## Eden State Gardens and Mansion ⑩

**Mapa de carreteras** B1. Walton Co. Point Washington. (904) 231-4214. Fort Walton Beach. **Jardines** todos los días. **Casa** ju-lu.

EN 1897, EL INDUSTRIAL maderero William H. Wesley construyó junto al río Choctawhatchee una hermosa mansión imitando la arquitectura griega clásica. El edificio de madera de dos plantas, decorado con muebles antiguos, posee habitaciones de techos altos y amplias balconadas. Igualmente atractivos son sus jardines de camelias y azaleas, a los que dan sombra los magnolios meridionales y los robles de Virginia.

Un corto paseo lleva hasta un merendero junto al río, cerca del lugar donde una vez estuvo el aserradero, al que, flotando por el río, llegaban los árboles que habían sido talados en los bosques del interior.

**Santa Rosa Beach ⑦**
Esta playa de arena poco urbanizada tiene dunas y pantanos en los que abundan las aves y otras formas de vida silvestre.

**Panama City Beach ⑨**
Bloques de apartamentos, hoteles y parques acuáticos se alinean en esta bulliciosa playa, ideal para practicar el submarinismo *(ver p. 224).*

**Destin ⑥** atrae a los bañistas así como a los pescadores que se atrevan a salir a alta mar.

**rt Walton Beach ⑤** es un gar de vacaciones orien- lo a la familia y una de mejores zonas ra practicar los portes acuáticos *er p. 221).*

**Grayton ⑧** dispone de caminos de tablas para atravesar las dunas y llegar hasta una de las mejores playas de EE UU.

**St Andrews ⑩** tiene una magnífica playa que, a diferencia de lo que ocurre con Panama City Beach, está protegida contra los promotores inmobiliarios *(ver pp. 224-225).*

Panama City Beach, la zona turística con mayor animación del Panhandle

## Panama City Beach ⑪

**Mapa de carreteras** B1. Bay Co. 6.000. *12015 Front Beach Rd, (904) 233-5070.* **Captain Anderson's** *(904) 234-3435.* **Treasure Island Marina** *(904) 234-8944.*

PANAMA CITY BEACH, con sus 43 km de hoteles, parques de atracciones y edificios rodeados de reluciente arena de cuarzo, es la mayor estación turística del Panhandle y recibe tanto a las multitudes de jóvenes que invaden el lugar durante las vacaciones de primavera *(ver p. 32)*, como a las familias, que acuden en verano. Las condiciones para la práctica de deportes son excelentes.

La "capital de los naufragios del sur", como normalmente se apoda a Panama City Beach, es conocida por la práctica del buceo. Además de sus arrecifes de coral, posee más de 50 zonas artificiales acondicionadas para la inmersión con tubo de respiración o con escafandra autónoma. Para los visitantes menos arriesgados, los puertos deportivos Captain Anderson's y Treasure Island ofrecen la posibilidad de alimentar a los delfines y realizar viajes en barcos con fondo de cristal.

### Gulf World

15412 Front Beach Rd. *(904) 234-5271.* feb-oct: todos los días; Acción de Gracias, 25 dic-1 ene.

Las exhibiciones de delfines y leones marinos es lo más destacado de la visita a este parque marítimo. Otras atracciones, incluidos los acuarios y el tanque de los tiburones, están situadas en jardines tropicales.

### Museum of Man in the Sea

17314 Panama City Beach Parkway. *(904) 235-4101.* todos los días. Acción de Gracias, 25 dic, 1 ene.

El Museo del Hombre en el Mar ofrece una mirada a la historia del submarinismo y del rescate marítimo. En él se exponen desde antiguas escafandras hasta tesoros recuperados del *Atocha*, galeón español del siglo XVII *(ver p. 26)*. El aparcamiento de coches está lleno de submarinos. Uno de los favoritos es el *Moby Dick*, un buque de salvamento que recuerda a la ballena asesina.

### ZooWorld

9008 Front Beach Rd. *(904) 230-1243.* todos los días. 25 dic.

ZooWorld da cobijo a más de 350 animales, como osos, grandes felinos, caimanes, camellos, jirafas y orangutanes, y tiene a su cargo ejemplares de más de 15 especies en peligro de extinción.

El Gentle Jungle Petting Zoo ofrece la oportunidad de contemplar de cerca a los animales.

El orangután, uno de los animales más divertidos de ZooWorld

### Shipwreck Island Water Park

12000 Front Beach Rd. *(904) 234-0368.* abr-sep: todos los días.

Una de las atracciones preferidas de este parque acuático es, sin duda, un recorrido de 490 m en salvavidas por el Lazy River. Pero hay también opciones más dinámicas para los que tienen un espíritu aventurero, como el Speed Slide, a 55 km/h, el Rapid River, o el White Water Tube, de 110 m.

Las diversiones más suaves están pensadas para los menores, así como una piscina con olas y zonas para tomar el sol. Los socorristas mantienen una atenta vigilancia.

Divertida atracción de Shipwreck Island Water Park

### Parque de Atracciones de Miracle Strip

12000 Front Beach Rd. *(904) 234-5810.* mar-jun: vi y sá; jun-ago: todos los días.

De noche, la abundancia de bares y discotecas convierten la playa en un lugar muy frecuentado. El parque de atracciones de Miracle Strip cuenta con una montaña rusa de 600 m, una noria y docenas de diversiones, juegos y espectáculos.

**ALREDEDORES:** a sólo 5 km al sureste de la franja principal, **St Andrews State Recreation Area** constituye un buen antídoto contra Panama City Beach, aun cuando puede estar muy concurrida en verano. Es una reserva con una fabulosa playa de arena blanca, con-

Réplica de una destilería de trementina en St Andrews State Recreation Area

siderada la mejor de EE UU en 1995. En ella puede practicarse la natación y la inmersión con escafandra en torno a las escolleras de roca. Por detrás de las dunas, las zonas pantanosas y las lagunas albergan caimanes y gran variedad de aves zancudas.

Dentro del parque se encuentra una reconstrucción moderna de una destilería de trementina de estilo rústico, semejante a las que se encontraban en todo el Estado a principios de siglo (ver p. 217). Allí mismo comienza un camino forestal.

**St Andrews SRA**
4415 Thomas Drive. (904) 233-5140. todos los días.

## Florida Caverns State Park ⑫

**Mapa de carreteras** B1. Jackson Co. 3345 Caverns Rd, junto a la carretera 166, 5 km al N de Marianna.
Marianna. (904) 482-9598.
todos los días.

La piedra caliza que sirve de sustentación al suelo de Florida queda al descubierto en esta serie de cuevas excavadas en la blanda roca y drenadas por el río Chipola. La filtración del agua de lluvia durante miles de años ha creado un paisaje rupestre de estalactitas, estalagmitas y relucientes arroyos. Abríguese si va a realizar una visita a las cavernas, ya que la temperatura se mantiene entre 16 y 19°C.

El parque cuenta con senderos para realizar excursiones y montar a caballo, y se puede nadar y pescar en el río Chipola. Un trayecto de 84 km en canoa recorre los altos acantilados calizos siguiendo el curso del río al sur de Dead Lake, al oeste de Apalachicola National Forest (ver p. 226).

## Torreya State Park ⑬

**Mapa de carreteras** C1. Liberty Co. Route CC 1641, 21 km al N de Bristol.
Blountstown. (904) 643-2674.
todos los días. limitado.

El parque estatal de Torreya linda con un bello recodo boscoso del Apalachicola River y debe su nombre a un árbol denominado *torreya*, rara variedad de tejo que una vez creció aquí en abundancia. Los acantilados de piedra caliza que flanquean el río, en los que los soldados confederados excavaron trincheras desde las que repeler a las cañoneras de la Unión durante la guerra civil, ofrecen uno de los pocos puntos elevados naturales de Florida desde los que contemplar unas estupendas panorámicas.

**Gregory House,** una mansión de estilo mediterráneo del siglo XIX, se levanta en lo alto de un acantilado de 45 m. En 1935, los conservacionistas la trasladaron hasta aquí desde su primitiva ubicación río abajo.

Desde Gregory House, un corto paseo lleva hasta la orilla del río. También se puede tomar el sendero conocido como Weeping Ridge Trail, de 11 km. Ambos caminos ofrecen la oportunidad de contemplar toda clase de aves, ciervos, castores y la poco frecuente tortuga *mapa de Barbour* (llamada así porque los dibujos de su caparazón recuerdan un mapa).

## St Joseph Peninsula State Park ⑭

**Mapa de carreteras** B1. Gulf Co. Route 30E. Blountstown. (904) 227-1327. todos los días. abierto todo el año.

Situado en la punta de la delgada lengua de arena que se extiende al norte del cabo San Blas y que encierra la bahía de St Joseph, este parque costero resulta ideal para quienes busquen paz y tranquilidad. Es un lugar excelente para practicar la natación y la pesca submarina. Los aficionados a la observación ornitológica no deben olvidar sus prismáticos, ya que las aves proliferan por toda la costa. Se ha registrado la presencia de más de 200 especies diferentes en la zona. Además, es posible hospedarse en cabañas con vistas a la bahía.

Si se aventura a explorar los bosques de palmitos y pinos, podrá ver ciervos, mapaches, pequeños linces americanos e, incluso, coyotes.

El río Apalachicola en su curso por Torreya State Park

**Casas residenciales al borde del agua en Walter Street, Apalachicola**

## Apalachicola ⓯

**Mapa de carreteras** B1. Franklin Co. 2.700. Tallahassee. 99 Market Street, (904) 653-9419.

APALACHICOLA, un puesto aduanero que se estableció junto al río en 1823, conoció días de esplendor durante sus primeros 100 años de existencia. El crecimiento económico se inició con el comercio del algodón y, posteriormente, amasaron aquí su fortuna los pescadores de esponjas y los industriales madereros. Hoy, una franja de coníferas y árboles frondosos forma Apalachicola National Forest, que se extiende a lo largo de 19 km al norte de la ciudad.

Tras el auge maderero de los años 20, orientó su actividad hacia la explotación ostrícola y la pesca en la desembocadura del río Apalachicola. Las embarcaciones amarran todavía en el muelle y en Water Street hay varias marisquerías donde pueden degustarse las ostras frescas.

La ciudad vieja posee magníficos edificios que datan de los tiempos del apogeo algodonero. La cámara de comercio proporciona un mapa de los itinerarios que pueden hacerse a pie, algunos de los cuales incluyen visitas a propiedades privadas como la Raney House, de 1838, que imita el estilo clásico griego.

El **John Gorrie State Museum**, dedicado a la memoria del más notable de los habitantes que ha tenido Apalachicola, posee una de las máquinas de fabricar hielo inventadas por el doctor Gorrie en 1851, cuya finalidad era refrescar las habitaciones de los enfermos de fiebre amarilla.

### 🏛 John Gorrie State Museum
6th Street (Gorrie Square). (904) 653-9347. ju-lu. Día de Acción de Gracias, 25 dic, 1 ene.

## Islas de St Vincent, St George y Dog ⓰

**Mapa de carreteras** B2, C2, C1. Franklin Co. Tallahassee. 99 Market St, Apalachicola, (904) 653-9419. Jeannie's Journeys (904) 927-3259.

ESTA FRANJA DE islas de la barrera coralina separa las aguas de la bahía de Apalachicola de las del golfo de México. St. George, unida por un puente a Apalachicola, está experimentando un rápido crecimiento urbanístico. Sin embargo, en su parte oriental se encuentra **St George Island State Park,** un trecho de 14 km de dunas que goza de protección oficial.

Al oeste, **St Vincent National Wildlife Refuge** sólo tiene acceso desde la isla de St George. La empresa Jeannie's Journeys, de East Gorey Drive, organiza visitas a esta reserva ecológica donde anidan los quebrantahuesos en primavera. En verano, las tortugas marinas ponen sus huevos en la playa, y en invierno es posible observar a las aves marinas migratorias.

A la pequeña Dog Island, al este, hay que llegar en barco desde Carrabelle, en el continente.

### St George Island State Park
(904) 927-2111. todos los días.

### St Vincent National Wildlife Refuge
(904) 653-8808. todos los días.

**Piscina natural de Wakulla Springs**

## Wakulla Springs State Park ⓱

**Mapa de carreteras** C1. Wakulla Co. 550. Wakulla Park Drive, Wakulla Springs. (904) 922-3633. Tallahassee. todos los días.

EL WAKULLA, uno de los mayores manantiales de agua dulce del mundo, bombea 2,6 millones de litros por minuto en la gran charca que constituye la principal atracción de este parque.

Se puede nadar o bucear en el agua clara, filtrada por la piedra caliza, hacer un recorrido en una embarcación con suelo de cristal o realizar excursiones por el río Wakulla y ver caimanes, quebrantahuesos y aves zancudas.

No se vaya de aquí sin visitar el hotel-restaurante Wakulla Sgrings Lodge, de estilo español.

**Pesca en los rompientes, una actividad popular en St George Island**

# La pesca de marisco en Apalachicola Bay

Cangrejo azul

La BAHÍA DE Apalachicola es uno de los estuarios más productivos del mundo. Gracias a los ricos nutrientes del río Apalachicola, que desemboca en ella, constituye una valiosa zona de reproducción, cría y alimentación para muchas especies marinas. Las cálidas aguas de las marismas, entre Apalachicola Bay y Cedar Key (ver p. 231), también son importantes áreas de alimentación, y la tradición pesquera se extiende por toda la costa. Las ostras, el cangrejo azul, las gambas (*shrimps*) y otros crustáceos, así como gran cantidad de pescados, favorecen la industria pesquera local, que tiene una producción de 15 millones de dólares anuales. Las ostras de Apalachicola Bay representan el 90% de la captura local. Estos moluscos crecen rápidamente gracias a las ideales condiciones que se dan en la bahía.

**Los tongs,** dos rastrillos en forma de tijera, se utilizan para sacar las ostras del mar.

**Una persona** separa las ostras por tamaños, devolviendo al mar las que son demasiado pequeñas.

### Pesca de Ostras
Los mariscadores de ostras, a los que se conoce localmente como **tongers** (rastrilleros) por las artes que emplean, utilizan pequeños botes de madera para pescar en las zonas públicas conocidas como barras ostreras, pero durante los meses de verano y otoño, centran su actividad en otras especies.

Pesca de ostras en Apalachicola Bay

Ostras frescas servidas en hielo

*El marisco fresco se vende todo el año en la localidad de Apalachicola, donde se celebra el Festival del Marisco de Florida el primer fin de semana de noviembre.*

**Las gambas blancas, marrones y rosas** se pescan desde pequeños botes en el interior de la bahía, pero en el golfo de México se utilizan embarcaciones mayores que pueden estar en el mar más de una semana. En las empresas mariscaqueras se clasifican las capturas.

**Los cangrejos azules,** tanto los de caparazón duro como los de caparazón blando (conocidos como "mondos"), se capturan con nasas de alambre que se sumergen en el mar. Aparecen a partir de febrero, cuando empieza el calor.

# Tallahassee ⓲

A 23 KM DE LA FRONTERA con el Estado de Georgia, rodeada de colinas y carreteras arboladas, Tallahassee es el epítome de "la otra Florida", amable, hospitalaria y sureña sin paliativos. Era casi imposible que este lugar remoto, que fue asentamiento indio y misión franciscana, se convirtiera en la nueva capital del territorio de Florida en 1824 *(ver p. 211)*. Sin embargo, a partir de sus humildes comienzos, Tallahassee creció espectacularmente durante la época de las plantaciones tras la incorporación de Florida a la condición de Estado en 1845. Todavía pueden contemplarse las elegantes casas construidas por políticos, dueños de plantaciones y hombres de negocios.

> **INFORMACIÓN ESENCIAL**
>
> **Mapa de carreteras** C1. Leon Co.
> 137.000. 13 km al S.
> 918 Railroad Avenue, (800) 872-7245. 112 W Tennessee Street, (904) 222-4240. Edificio del Nuevo Capitolio (1ª planta), Duval Street, (904) 413-9200, (800) 628-2866. Springtime Tallahassee (mar-abr).

### Explorando Tallahassee

El distrito histórico, en el que se encuentran las magníficas casas residenciales del siglo XIX, tiene su centro en torno a Park Avenue y Calhoun Street. Ambas son calles tranquilas y umbrosas, plantadas con robles de Virginia y magnolios meridionales centenarios. La Brokaw-McDougall House, en Meridian Street, es una espléndida construcción de estilo mediterráneo clásico. Parecidas influencias se ponen de manifiesto en The Columns, mansión de 1830 en Duval Street. En este edificio, el más antiguo de la ciudad, se aloja ahora la cámara de comercio, donde el visitante encontrará mapas gratuitos con sugerencias para recorrer la ciudad a pie. El complejo del Capitolio es el corazón del centro de Tallahassee. El Viejo Capitolio se ha restaurado magníficamente, dejándolo en el mismo estado que tenía en 1902. En su interior puede visitarse la sala del Tribunal Supremo del Estado, el viejo salón de reuniones del gabinete y también el Senado. El Nuevo Capitolio, de 22 plantas, se construyó detrás del antiguo, y en él se celebran las sesiones legislativas de marzo a mayo.

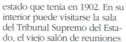

**Talla de madera en el Viejo Capitolio**

### 🏛 Knott House Museum

301 East Park Ave. ( (904) 922-2459. mi-sá. Día de Acción de Gracias, 25 dic, 1 ene.

Se dice que esta casa la construyó un negro liberado en 1843, 20 años antes de la emancipación de los esclavos en Florida. En la actualidad es una de las residencias victorianas más bellamente restauradas de Tallahassee, y es conocida por el nombre de los Knott, que la habitaron en 1928 y procedieron a su completa rehabilitación. Los poe-

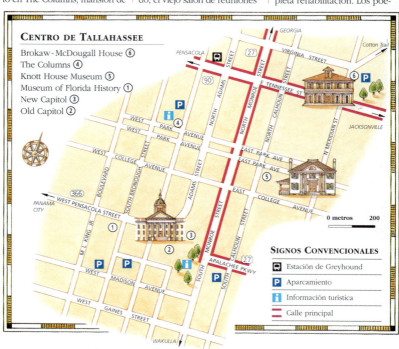

mas que compuso Luella Knott y que unió a sus muebles antiguos favoritos siguen hoy en el mismo lugar.

### 🏛 Museum of Florida History

500 S Bronough St. 📞 (904) 488-1484. 🕐 todos los días. ⊘ Día de Acción de Gracias, 25 dic. ♿
Este museo aborda 12.000 años de historia de la región. Diversos dioramas dan a conocer los elementos característicos de la cultura paleoindia. Armadillos de gran tamaño, un esqueleto de mastodonte reconstruido con huesos hallados en Wakulla Springs *(ver p. 226)* y numerosos objetos proporcionan una excelente aproximación a la historia, desde la época colonial hasta los años 20 *(ver p. 49)*.

Paseo de tablas del Museo de Historia y Ciencias Naturales

**ALREDEDORES:** Lake Bradford Road, 5 km al suroeste de la ciudad, conduce al **Tallahassee Museum of History and Natural Science**. La pieza central de este museo es una soberbia reconstrucción de una explotación agrícola del Big Bend, una reproducción de la vida rural del siglo XIX en la que el personal, con trajes de la época, cuida las cabras y los gansos junto a los edificios de 1880.

Bellevue, pequeña casa familiar de una plantación, construida en la década de 1830, es otra de las atracciones. Esta zona del bosque, a orillas del lago Bradford, constituye un hábitat natural para osos negros y linces, mientras los caimanes se esconden entre los lirios de agua y en las áreas pantanosas de cipreses.

A. B. Maclay State Gardens, cerca de Tallahassee, en primavera

**La plantación Goodwood**, en la zona nororiental de Tallahassee, produjo algodón y cereales durante el siglo XIX *(ver pp. 44-45)*. La casa principal conserva en su interior muchos elementos originales, como una escalera de caoba y una chimenea de mármol importada de Europa. Tras años de abandono, los edificios de la plantación están en proceso de restauración.

### 🏛 Tallahassee Museum of History and Natural Science

3945 Museum Drive. 📞 (904) 576-1636. 🕐 todos los días. ⊘ Acción de Gracias, 24-25 dic, 1 ene. ♿

### 🏛 Plantación Goodwood

1600 Miccosukee Rd. 📞 (904) 877-4202. 🕐 lu-vi (sólo jardines y edificios exteriores).

## A B Maclay State Gardens ⑲

**Mapa de carreteras** C1. 3540 Thomasville Rd, Leon Co. 📞 (904) 487-4556. 🚂 Tallahassee. 🚌 Tallahassee. 🕐 todos los días. ♿

Estos espléndidos jardines, 6 km al norte de Tallahassee, se crearon originalmente alrededor de Killearn, la residencia de invierno del financiero neoyorquino Alfred B. Maclay. Contiene más de 200 variedades de plantas que rodean el lago Hall. Son un regalo para la vista incluso en invierno (de enero a abril), cuando las camelias y las azaleas están en flor. Los visitantes pueden nadar, pescar, navegar o pasear por el bosque siguiendo el sendero natural Big Pine.

## Monticello ⑳

**Mapa de carreteras** C1. Jefferson Co. 👥 2.800. 🚂 Tallahassee. 🚌 Tallahassee. ℹ 420 W Washington St, (904) 997-5552.

Fundada en 1827, esta localidad recibió el nombre de la casa que el presidente Thomas Jefferson tenía en Virginia. Gracias al algodón, Monticello prosperó y pudo costearse la construcción de elegantes casas residenciales. En la actualidad, algunas de ellas se han convertido en pensiones en las que se ofrece cama y desayuno.

En la US 90, la ciudad se extiende de forma radial a partir del imponente palacio de justicia. El distrito histórico está situado al norte, con gran cantidad de edificios antiguos que van desde mansiones de la década de 1850 hasta casas de estilo Reina Ana, con tallas de madera decorativas y rasgos góticos. Todos los años, a finales de junio, la localidad celebra su Festival de la Sandía, dedicado a la fruta que constituye la base de su agricultura. Cabalgatas, bailes, rodeos, y la tradicional competición consistente en escupir las pipas de sandía, se cuentan entre las principales atracciones del festival.

Iglesia presbiteriana de Monticello

## Suwannee River State Park ㉒

**Mapa de carreteras** D2. Suwannee Co. 13 km al NO de Live Oak.
🚍 Live Oak. 📞 (904) 362-2746.
🕐 todos los días. 🅿️ ♿ 🅰️

EL RÍO SUWANNEE, al que hizo famoso la canción que escribió Stephen C. Foster en 1851, *Old Folks at Home,* nace en el Estado de Georgia, desde donde recorre 425 km hasta llegar al golfo de México.

Suwannee River State Park ofrece uno de los mejores recorridos en canoa por el interior de Florida. El río fluye aquí sin obstáculos, y en sus bajas orillas crece un bosque de nogales americanos, robles, magnolios meridionales y algunos cipreses. El visitante tendrá la oportunidad de encontrar una amplia variedad de vida silvestre, entre la que se cuentan garzas, fúlicas americanas, halcones y tortugas.

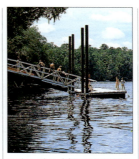

Embarcadero del River Suwannee State Park

## Steinhatchee ㉓

**Mapa de carreteras** D2. Taylor Co.
🚍 7.000. 🚌 *Chiefland.* ℹ️ *428 N Jefferson, (904) 584-5366.*

APARTADA DE LA desembocadura del río Steinhatchee, esta vieja ciudad de pescadores se ha extendido a lo largo de la ribera. Para captar el sabor del lugar hay que pasear entre la mezcolanza de campamentos de pesca, tiendas de cebo y botes amarrados a los muelles de madera de ciprés. Aquí se practica la pesca de la trucha, y la gente del lugar busca cangrejos en la orilla.

A unos 42 km al noroeste de Steinhatchee se halla **Keaton Beach,** rodeada de bosques y marismas.

## Cedar Key ㉔

**Mapa de carreteras** D2. Levy Co. 🚍 750. 🚌 *Chiefland.* ℹ️ *2nd Street, (352) 543-5600.*

AL PIE DE UNA CADENA de cayos que se adentra en el golfo de México, Cedar Key es un pintoresco pueblo de pescadores de estilo victoriano, deteriorado por la acción del tiempo. En el siglo XIX floreció al ser la estación término del primer ferrocarril que cruzaba el Estado de Florida, y gracias al próspero comercio de la madera. Sin

## Por la ruta del algodón ㉑

DURANTE LAS DÉCADAS DE 1820 Y 1830, la zona que rodea Tallahassee era la más importante región algodonera de Florida. Desde las plantaciones más alejadas llegaban los carros tirados por caballos hasta el mercado de la capital. Hoy, estos viejos caminos atraviesan los rincones de la Florida rural todavía intactos.

El itinerario sigue la vieja ruta del algodón a lo largo de carreteras arboladas, y pasa por pastos de ganado bovino y prados cercados en medio de bosques de frondosas. El recorrido lleva unas tres horas y media. También es posible hacer una ruta entre Tallahassee y Monticello *(ver p. 229).*

**Bradley's Country Store** ④
Este tradicional almacén rural, famoso por sus embutidos caseros, lo siguen llevando los Bradley, que establecieron su negocio en 1927.

**Old Pisgah United Methodist Church** ③
Esta iglesia imita el estilo clásico griego. Fue construida en 1858 y es la edificación metodista más antigua de Leon County.

**Miccosukee Road** ②
En la década de 1850, esta carretera arbolada, antiguo sendero indio, era utilizada por 30 plantaciones locales.

**Goodwood Plantation** ①
Esta antigua plantación de algodón *(ver p. 229)* conserva su encantadora mansión de la década de 1840.

**SIGNOS CONVENCIONALES**
━━━ Itinerario sugerido
═══ Otras carreteras

embargo, en pocas décadas, se talaron los bosques de cedros que le dan nombre, y el auge maderero tocó a su fin. Algunos de los viejos almacenes se han convertido en tiendas y restaurantes.

En el muelle se puede tomar un barco para ir a la playa de alguna de las islas costeras que forman parte del Cedar Keys National Wildlife Refuge, o dedicarse a la observación de aves en las marismas de la costa.

En el **Cedar Key Historical Society Museum** se expone una ecléctica colección de objetos que incluyen algunos dientes fosilizados de tapir, restos de cerámica india y trampas de cangrejos hechas por los indios. En el museo hay mapas que indican el recorrido por los edificios históricos del lugar.

### 🏛 Cedar Key Historical Society Museum

Esquina a D y 2nd Streets. ☏ *(352) 543-5549.* ○ *todos los días.* ● *Acción de Gracias, 25 dic, 1 ene.*

**ALREDEDORES:** a 50 km al norte de Cedar Key se encuentra **Manatee Springs State Park,** donde brota un manantial en una cueva sumergida a más de 9 m por debajo de la superficie. El agua, que alimenta al río Suwannee, es clara como el cristal y muy apreciada por submarinistas y buceadores.

No es fácil ver a los manatíes que a veces pasan aquí el invierno, pero sí podrá contemplar a docenas de tortugas, peces y garcetas que se alimentan en los bajíos. Se puede nadar, alquilar una canoa, hacer un recorrido en barco o pasear por alguno de los numerosos senderos. Quizá tenga la suerte de ver algún armadillo en el monte bajo.

### 🍴 Manatee Springs State Park

Route 320, 10 km al O de Chiefland. ☏ *(352) 493-6072.* ○ *todos los días.* 

Cabaña en ruinas en la costa de Cedar Key

# La Costa del Golfo

PARA MUCHOS VISITANTES, *la costa del golfo empieza y termina en sus fabulosas playas, bañadas por las tranquilas y cálidas aguas del golfo de México, y en sus contiguas localidades turísticas. Sin embargo, merece la pena visitar algunas de la ciudades más interesantes de Florida o explorar zonas naturales que permanecen prácticamente vírgenes.*

Desde la colonización española, la actividad de la costa del golfo se ha concentrado en la bahía de Tampa. Pánfilo de Narváez ancló aquí en 1528 y Hernando de Soto *(ver p. 41)* desembarcó en sus proximidades en 1539. La bahía era un puerto natural que atrajo a los primeros pobladores del siglo XIX. El clima beningno la convirtió en zona de cultivo de azúcar: Gamble Plantation, cercana a Bradenton, es la plantación más meridional de EE UU *(ver p. 252)*.

Tras la guerra de secesión, la costa del golfo se convirtió en una importante escala del comercio entre EE UU y el Caribe. El responsable de ello fue Henry Plant, cuya línea férrea de unión con Virginia, construida a finales del siglo XIX, contribuyó a alimentar el mayor periodo de prosperidad tanto de Tampa como de toda la región. Los inmigrantes acudieron en masa, desde grupos étnicos como los pescadores de esponjas griegos, que se asentaron en Tarpon Springs, hasta norteamericanos adinerados como el rey del circo John Ringling, cuya espléndida mansión de estilo italiano y su impresionante colección de arte europeo constituyen el principal atractivo de la ciudad de Sarasota.

Henry Plant, como hizo Flagler en el este de Florida *(ver pp. 46-47)*, se sirvió de la promesa de los soleados inviernos para atraer a los acaudalados viajeros del norte. El promedio anual de 361 días de sol atrae a multitudes de turistas a sus innumerables playas, pero no muy lejos, en el interior, aguardan singulares poblaciones ganaderas, ríos ideales para el descenso en canoa, y bosques y humedales donde los animales salvajes viven a sus anchas.

Perfil urbano de Tampa, la ciudad más importante de la costa del golfo

◁ Pasarela que conduce a la playa de Sand Key, cerca de Clearwater Beach

# Explorando la costa del golfo

LAS PLAYAS, QUE TRAZAN una línea casi continua a lo largo de la costa del golfo, sólo interrumpida por una serie de bahías y entradas de mar, resultan irresistibles. La abundancia de alojamientos, que van desde pintorescos chalets hasta magníficos complejos hoteleros, además de su cercanía a las principales ciudades y zonas turísticas del interior, convierten el litoral en el lugar más solicitado por los visitantes para hospedarse. En St. Petersburg, Tampa y Sarasota encontrará algunos de los mejores museos de Florida, así como destacadas atracciones como Busch Gardens y el Florida Aquarium. También hallará un sinfín de lugares peculiares, como la mayor concentración mundial de edificios de Frank Lloyd Wright, en el Florida Southern College, o las curiosas y maravillosas sirenas de Weeki Wachee Spring.

Las relucientes torres y la cúpula del antiguo Tampa Bay Hotel *(ver p. 244)*

### VER TAMBIÉN

- *Alojamiento* pp. 308-310
- *Restaurantes y bares* pp. 326-328 y 331

Explorando los parajes vírgenes de Myakka River State Park

## Cómo Desplazarse

Resulta fácil desplazarse en coche por esta región. La US 19 recorre la costa del norte de la bahía de Tampa, atravesando la entrada de mar por el magnífico puente Sunshine Skyway Bridge, mientras que la US 41 une las poblaciones costeras del sur de Tampa. Si tiene prisa, utilice la I-75, que discurre por el interior. Al igual que sucede en el resto de Florida, resulta difícil moverse sin automóvil. Los autobuses de la empresa Greyhound unen las principales ciudades, pero la oferta ferroviaria es más limitada. Los trenes de Amtrak sólo llegan hasta Tampa, si bien esta compañía ofrece unos autobuses, los *Thruway*, que conectan la ciudad con St. Petersburg y las poblaciones costeras del sur hasta Fort Myers.

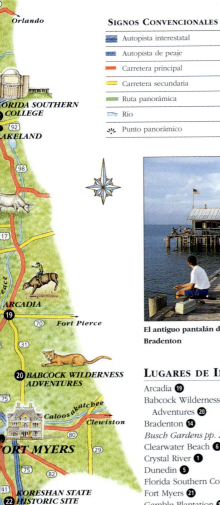

### Signos Convencionales

- Autopista interestatal
- Autopista de peaje
- Carretera principal
- Carretera secundaria
- Ruta panorámica
- Río
- Punto panorámico

**Clearwater Beach al atardecer**

**El antiguo pantalán de Anna Maria Island, situado al oeste de Bradenton**

## Lugares de Interés

- Arcadia ⑲
- Babcock Wilderness Adventures ⑳
- Bradenton ⑭
- *Busch Gardens pp. 250-251* ⑩
- Clearwater Beach ⑥
- Crystal River ①
- Dunedin ⑤
- Florida Southern College ⑫
- Fort Myers ㉑
- Gamble Plantation ⑬
- Gasparilla Island ⑱
- Hillsborough River ⑪
- Homosassa Springs State Wildlife Park ②
- Koreshan State Historic Site ㉒
- Lee Island Coast ㉓
- Myakka River State Park ⑯
- *St Petersburg pp. 240-243* ⑧
- Playas de St Petersburg ⑦
- *Sarasota pp. 254-259* ⑮
- *Tampa pp. 244-249* ⑨
- Tarpon Springs ④
- Venice ⑰
- Weeki Wachee Spring ③

## Crystal River ❶

**Mapa de carreteras** D2. Citrus Co.
🚶 5.000. 🚗 ℹ️ 28 NW US 19, (352) 795-3149.

CRYSTAL RIVER ofrece dos atractivos principales. Uno de ellos son los manatíes, que entre enero y marzo se reúnen en grupos de hasta 300 ejemplares para retozar en los cálidos manantiales de la zona. Puede hacer una excursión en barco por **Crystal River National Wildlife Refuge,** una reserva natural creada expresamente para proteger a esta especie animal, que alberga los manantiales y las entradas de mar de la cercana bahía de Kings.

El otro atractivo es el **Crystal River State Archaeological Site,** un yacimiento arqueológico, situado 3 km al oeste de la ciudad, que contiene seis túmulos indios. Se cree que estuvo habitado durante 1.600 años, desde el 200 a.C. hasta el 1.400 d.C., lo que lo convierte en uno de los asentamientos permanentes más prolongados de Florida. Se calcula que 7.500 aborígenes lo visitaban todos los años, con frecuencia tras recorrer largas distancias. Las excavaciones de 400 de las 1.000 tumbas halladas han revelado que las tribus locales mantenían relaciones comerciales con pueblos asentados al norte de Florida.

Desde la plataforma de observación se divisa todo el yacimiento. Justo debajo de ella se encuentra el principal túmulo de culto, construido alrededor del año 600 d.C. Más allá, dos piedras ceremoniales talladas, o estelas, erigidas alrededor del año 400 d.C., flanquean dos de los tres enterramientos del yacimiento. Estas piedras son características de las culturas precolombinas de Mesoamérica, pero no hay ningún indicio que demuestre su vinculación con Crystal River. En el extremo occidental del yacimiento se encuentra una gran zona de asentamiento, delimitada por dos túmulos de restos orgánicos *(ver p. 38).*

*Cerámica de Crystal River*

🐟 **Crystal River National Wildlife Refuge**
1502 SE Kings Bay Drive. ℹ️ (352) 563-2088. 🕐 *lu.-vi.*

🏛 **Crystal River State Archaeological Site**
3400 N Museum Point. ℹ️ (352) 795-3817. 🕐 *todos los días.* 🅿️ ♿

### EL MANATÍ DE FLORIDA

Mientras se encuentre en Florida oirá hablar con frecuencia del manatí, en grave peligro de extinción. Se cree que en EE UU sólo quedan unos 2.500 ejemplares, que se concentran en las templadas aguas de Florida. Estos animales, antaño numerosos, fueron cazados en masa hasta principios del siglo XX. Desde entonces, la destrucción de su hábitat y los atropellos de las embarcaciones han sido los grandes causantes de bajas en su población.

El manatí, que alcanza una longitud media de tres metros, es una criatura enorme que habita en aguas costeras poco profundas, ríos y manantiales, e invierte unas cinco horas diarias en alimentarse, fundamentalmente de algas.

*El manatí, morador de aguas dulces y saladas*

## Homosassa Springs State Wildlife Park ❷

**Mapa de carreteras** D2. Citrus Co. 9225 West Fishbowl Drive, Homosassa. 🚗 *Crystal River.* ℹ️ (352) 628-2311. 🕐 *todos los días.* 🅿️ ♿

UNO DE LOS MEJORES lugares para contemplar a los manatíes es esta reserva natural, donde un observatorio flotante permite al visitante acercarse a ellos.

Los ejemplares heridos, normalmente víctimas de las hélices de las embarcaciones, son curados aquí para devolverlos después a la naturaleza. En la charca de recuperación suele haber media docena de ellos y, en invierno, un numeroso grupo se congrega fuera de la valla del parque ya que los manatíes se sienten atraídos por las cálidas aguas del manantial.

## Weeki Wachee Spring ❸

**Mapa de carreteras** D2. Hernando Co. Cruce de la US 19 con la SR 50. ℹ️ (352) 596-2062. 🚗 *Brooksville.* 🕐 *todos los días.* 🅿️ ♿

ESTE PARQUE temático se encuentra sobre uno de los mayores manantiales de agua dulce de Florida. En los años 40, el antiguo buceador de la marina Newton Perry tuvo la idea de

*Una sirena actuando en Weeki Wachee Spring*

contratar a unas nadadoras para que interpretaran a las sirenas en un ballet bajo el agua.

Se construyó un teatro a 5 m de profundidad con unos conductos de aire estratégicamente situados.

Otras de las atracciones son el parque acuático Buccaneer Bay, un zoo infantil y una popular excursión en barco por el río.

## Tarpon Springs ❹

**Mapa de carreteras** D3. Pinellas Co. 🚶 20.000. 🚌 Clearwater. ℹ 11 E Orange St, (813) 937-6109.

Sendero en los bosques vírgenes de Caladesi Island

Esta animada población, situada a orillas del río Anclote, es un famoso enclave cultural griego, legado de los pescadores que, a principios del siglo XX, emigraron a ella atraídos por los prolíficos bancos de esponjas de la zona.

En el Dodecanese Boulevard se encuentra el puerto (Sponge Docks), que ha recobrado su ajetreo gracias a la recuperación de los cercanos bancos de esponjas que quedaron diezmados en los años 40 por una plaga bacteriana. Las excursiones en barco que organizan los pescadores incluyen una inmersión a cargo de un buceador ataviado con el atuendo tradicional.

El otro gran atractivo de Dodecanese Boulevard es **Spongeorama**, un pueblo comercial construido en los antiguos almacenes del puerto. También es popular el Sponge Exchange, un moderno complejo que alberga boutiques, galerías de arte y cafés.

Preparando las esponjas naturales para la venta, Tarpon Springs

3 km hacia el sur se alza la **catedral ortodoxa griega de San Nicolás**, el símbolo más sorprendente de la herencia griega de Tarpon Springs. Este templo neobizantino, réplica de la iglesia de Santa Sofía de Estambul, fue edificado en 1943 con mármol traído desde Grecia. De aquí arranca el Festival de la Epifanía, la fecha más importante del calendario local *(ver p. 35).*

🏛 **Spongeorama**
510 Dodecanese Blvd. 📞 (813) 943-9509. ☐ todos los días. ♿

🏛 **Catedral ortodoxa griega de San Nicolás**
36 N Pinellas Ave esq. Orange St. 📞 (813) 937-3540. ☐ todos los días. ♿

## Dunedin ❺

**Mapa de carreteras** D3. Pinellas Co. 🚶 36.000. 🚌 Clearwater. ℹ 301 Main St, (813) 733-3197.

La localidad de Dunedin fue fundada por el escocés John L. Branch, quien, en 1870, estableció un comercio para abastecer a los barcos que navegaban por la costa del golfo hasta Key West. Las cercanas rutas férreas y marítimas proporcionaron prosperidad al negocio, lo que pronto atrajo a numerosos compatriotas de Branch. La herencia escocesa de Dunedin tiene su máxima expresión en los Highland Games (fiestas típicas escocesas) que se celebran todos los años a finales de marzo o principios de abril.

El **Historical Museum,** que ocupa la antigua estación ferroviaria de Dunedin, alberga una buena colección de fotografías y objetos de la primera época de la ciudad. La cercana Railroad Avenue pertenece ahora a Pinellas Trail, un sendero pavimentado que recorre los 47 km que separan Tarpon Springs de St. Petersburg siguiendo la ruta de la antigua vía férrea.

🏛 **Historical Museum**
349 Main St. 📞 (813) 736-1176. ☐ ma-sá. ● festivos. ♿

**Alrededores:** 5 km al norte de Dunedin, una carretera elevada cruza hasta **Honeymoon Island State Recreational Area,** un cordón litoral donde se puede nadar y pescar, aunque apenas ha sido urbanizado con el fin de proteger a las numerosas avestruces que acuden a la zona para anidar. De aquí parte el transbordador de pasajeros que lleva a **Caladesi Island State Park,** un parque natural al que también se accede desde Clearwater Beach *(ver p. 238).*

La playa de Caladesi, de 5 km de longitud, bordeada de dunas, fue calificada en 1995 como la segunda mejor de EE UU. Tras ella se extienden amplios pinares, manglares y bosques de cipreses atravesados por un sendero natural de 5 km de longitud. El centro de atención al visitante dispone de mapas del recorrido.

✈ **Honeymoon Island SRA**
5 km al NO de Dunedin. 📞 (813) 469-5942. ☐ todos los días. ♿ limitado.

✈ **Caladesi Island State Park**
1 Causeway Blvd. 📞 (813) 469-5918. ☐ todos los días. ♿ limitado.

**Interior de McMullen Log House, en Pinellas County Heritage Village**

## Clearwater Beach ❻

**Mapa de carreteras** D3. Pinellas Co. 🏃 20.000. ✈ 🚌 *Clearwater*. 🚋 *tranvía turístico desde Cleveland St.* ℹ *1130 Cleveland St, Clearwater, (813) 461-0011.*

Esta localidad, próxima a la ciudad de Clearwater, marca el comienzo de una franja turística que se extiende hasta la bahía de Tampa. El paseo marítimo se caracteriza por sus hoteles y bares que a menudo abarrotan los turistas europeos, pero la población ha logrado conservar parte de su carácter. Si el presupuesto no le alcanza para alojarse en los hoteles que se asoman al golfo de México, hay otros más baratos junto a la Intracoastal Waterway.

Del puerto zarpan embarcaciones que realizan expediciones de buceo o pesca deportiva y paseos al atardecer por las aguas del golfo.

**Lechuzas del Suncoast Sanctuary**

**ALREDEDORES:** cruzando Clearwater Pass se llega a Sand Key, que se extiende hacia el sur a lo largo de 19 km. **Sand Key Park,** cerca del extremo septentrional, posee una concurrida playa de palmeras, calificada entre las 20 mejores del país, donde el ambiente es más relajado que en la abarrotada Clearwater Beach.

A unos 11 km al sur, más allá del elegante barrio residencial de Belleair, que cuenta con un hotel construido por Henry Plant *(ver pp. 46-47),* se alza **Suncoast Seabird Sanctuary.** En este santuario de aves de Indian Shores habitan hasta 500 ejemplares heridos de pelícanos, búhos, garzas, garcetas y otras especies.

Merece la pena desviarse hasta Largo, 12 km al sureste de Clearwater Beach, para visitar **Pinellas County Heritage Village,** un pueblo que consta de 16 edificios históricos transportados hasta aquí desde diversos lugares. Los principales son McMullen Log House *(ver p. 28)* y Seven Gables Home (1907), que permite conocer la vida de una familia victoriana adinerada. En el museo se celebran exhibiciones de hilado, tejidos y otras labores típicas de los primeros habitantes de Florida.

🏛 **Pinellas County Heritage Village**
11909 125th Street N. ☎ (813) 582-2123. ◻ ma-do. ⬤ festivos. ♿

🦅 **Suncoast Seabird Sanctuary**
18328 Gulf Blvd, Indian Shores. ☎ (813) 391-6211. ◻ todos los días. ♿

## Playas de St Petersburg ❼

**Mapa de carreteras** D3. Pinellas Co. ✈ 🚌 *Tampa.* 🚌 *St Petersburg.* 🚌 *numerosas líneas desde St. Petersburg.* ℹ *St Pete Beach Chamber of Commerce, 6990 Gulf Blvd, (813) 360-6957.*

Al sur de Clearwater comienzan las playas de St. Petersburg. Hasta Madeira Beach, los paisajes marítimos son algo decepcionantes. Sin embargo, **Madeira Beach** es un buen lugar donde hospedarse si quiere evitar el ajetreo de las grandes poblaciones turísticas. El cercano Johns Pass Village, recreación de un pueblo pesquero, ofrece además un surtido de restaurantes y tiendas que se salen de lo habitual. También acoge un puerto pesquero y otro deportivo, donde se congregan numerosas embarcaciones.

Más al sur, las monótonas hileras de hoteles caracterizan a Treasure Island. La siguiente población, St. Pete Beach, posee 7 km de arena blanca y un paseo marítimo muy concurrido. En su extremo meridional se levanta el hotel Don Cesar *(ver p. 309),* construido en los años 20. Sus dimensiones y la larga lista de huéspedes ilustres son típicas de los grandes hoteles de aquella época.

En el extremo meridional del cordón litoral, **Pass-a-Grille** es una bocanada de aire fresco tras la aglomeración de St. Pete Beach. Circunvalada por la principal carretera costera, esta población alberga algunas casas de principios de siglo y sus playas se conservan vírgenes. Una advertencia: haga acopio de monedas para los parquímetros.

**El hotel Don Cesar domina St. Pete Beach**

# Las playas de la costa del golfo

Con un promedio de 361 días de sol al año y a tan sólo dos horas en coche desde Orlando, el tramo de costa comprendido entre St. Petersburg y Clearwater es la zona turística más concurrida de la costa del golfo y, además, atrae a numerosos extranjeros.

Conocido como Holiday Isles, Pinellas Coast o Suncoast, este cordón litoral abarca 45 km de magníficas playas. Debido a la calidad de la arena y el agua, además de la relativa escasez de insectos, basuras y delitos, Suncoast figura en las listas de las mejores playas del país. Más al sur, las zonas de baño de Sarasota suelen ser más visitadas por gente de Florida que por turistas. Vaya donde vaya, se encontrará un ambiente mucho más tranquilo que en la costa oriental.

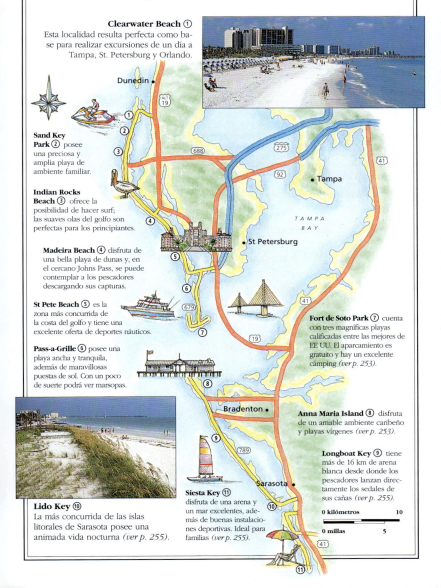

**Clearwater Beach** ① Esta localidad resulta perfecta como base para realizar excursiones de un día a Tampa, St. Petersburg y Orlando.

**Sand Key Park** ② posee una preciosa y amplia playa de ambiente familiar.

**Indian Rocks Beach** ③ ofrece la posibilidad de hacer surf; las suaves olas del golfo son perfectas para los principiantes.

**Madeira Beach** ④ disfruta de una bella playa de dunas y, en el cercano Johns Pass, se puede contemplar a los pescadores descargando sus capturas.

**St Pete Beach** ⑤ es la zona más concurrida de la costa del golfo y tiene una excelente oferta de deportes náuticos.

**Pass-a-Grille** ⑥ posee una playa ancha y tranquila, además de maravillosas puestas de sol. Con un poco de suerte podrá ver marsopas.

**Fort de Soto Park** ⑦ cuenta con tres magníficas playas calificadas entre las mejores de EE UU. El aparcamiento es gratuito y hay un excelente cámping (ver p. 253).

**Anna Maria Island** ⑧ disfruta de un amable ambiente caribeño y playas vírgenes (ver p. 253).

**Longboat Key** ⑨ tiene más de 16 km de arena blanca desde donde los pescadores lanzan directamente los sedales de sus cañas (ver p. 255).

**Lido Key** ⑩ La más concurrida de las islas litorales de Sarasota posee una animada vida nocturna (ver p. 255).

**Siesta Key** ⑪ disfruta de una arena y un mar excelentes, además de buenas instalaciones deportivas. Ideal para familias (ver p. 255).

# St Petersburg ❽

ESTA LOCALIDAD de amplias avenidas se desarrolló en el siglo XIX, durante la gran época de la especulación del suelo. En 1875, John Williams, un agricultor de Michigan, adquirió un terreno junto a la bahía de Tampa con el propósito de construir una gran ciudad, y un noble ruso exiliado, llamado Peter Demens, proporcionó a St. Petersburg tanto una vía férrea como su nombre –en honor a su lugar de nacimiento–.

St. Pete, como a menudo se la conoce, era antes famosa por su población de ancianos, pero su restauración generalizada ha llenado de vida la zona marítima del centro, y St. Petersburg se ha convertido en un animado centro cultural, en buena medida gracias a la presencia del prestigioso Salvador Dalí Museum (ver pp. 242-243).

**El muelle de St. Petersburg, sello distintivo de la ciudad**

### Explorando St Petersburg

El punto más destacado de la ciudad es **el muelle.** Su característica pirámide invertida, que alberga tiendas, restaurantes, una discoteca, un acuario y una plataforma de observación, es un imán para los visitantes que se dirigen al centro urbano. Una línea de tranvías traza un recorrido desde el muelle hasta Great Explorations, deteniéndose en los principales atractivos de la ruta.

Mirando hacia el norte desde el muelle, el bello hotel **Renaissance Vinoy Resort** (ver p. 309), edificado en los años 20 como hotel Vinoy, destaca en el perfil urbano de St. Petersburg. Apartado de la costa se encuentra el enorme **Tropicana Field**, el otro gran atractivo de St. Petersburg, sede de celebraciones multitudinarias como conciertos de rock o competiciones deportivas (ver p. 339).

### 🏛 St Petersburg Museum of History

335 2nd Avenue NE. ☎ (813) 894-1052. ◯ todos los días. ● Acción de Gracias. 25 dic, 1 ene. 🎫 ♿

Este museo narra la vida de la ciudad a través de objetos como huesos de mastodonte, fósiles y cerámica aborigen. Además, posee una galería de espejos que devuelve a los visitantes una imagen cómica del aspecto que tendrían vestidos con atuendos victorianos.

Un pabellón especial alberga una réplica del hidroavión *Benoist*, que señala la condición de St. Petersburg como cuna de la aviación comercial. En este aeroplano se realizó en 1914 el primer vuelo que cruzó la bahía de Tampa con un pasajero de pago.

**CENTRO DE ST PETERSBURG**

- Florida International Museum ②
- Great Explorations ⑦
- Museum of Fine Arts ③
- El muelle ⑤
- St Petersburg Museum of History ④
- Salvador Dalí Museum ⑥
- Tropicana Field ①

**SIGNOS CONVENCIONALES**

- 🚌 Estación de Greyhound
- 🅿 Aparcamiento
- ℹ Oficina de información
- Autopista interestatal
- Carretera principal

# ST PETERSBURG

*Amapola*, uno de los cuadros florales de Georgia O'Keeffe, en el Museum of Fine Arts

### 🏛 Museum of Fine Arts
255 Beach Drive NE. ( (813) 896-2667. ma-do. Acción de Gracias, 25 dic, 1 ene.

Instalado en un edificio moderno de estilo palladiano desde el que se contempla la bahía, este museo es famoso por su variada colección de obras europeas, norteamericanas, precolombinas y asiáticas. Entre los cuadros impresionistas franceses se distinguen *Rincón del bosque* (1877), de Cézanne, y el clásico de Monet *Parlamento, Efecto de la niebla, Londres* (1904). Otras obras destacadas son *Amapola* (1927), de Georgia O'Keeffe, *La Lecture* (1888), de Berthe Morisot, y la *Invocación* (1886) de Auguste Rodin.

Como colofón, la mayor colección de fotografías del sureste de EE UU, que data desde principios de siglo hasta nuestros días.

### 🏛 Florida International Museum
100 2nd Street N. (813) 821-1448. todos los días. 24 y 25 dic.

A dos manzanas del muelle de St. Petersburg se encuentra este museo, que ocupa el edificio de los años 50 donde antes estaban los antiguos almacenes Maas Brothers. Escondido detrás de una insulsa fachada, el espacioso interior resulta perfecto para el objeto de este museo que, aunque no posee una colección permanente, acoge todos los años dos grandes exposiciones de piezas procedentes de los principales museos del mundo. Fue inaugurado en 1995.

### 🏛 Great Explorations
1120 4th Street S. (813) 821-8885. todos los días. Acción de Gracias, 25 dic, 1 ene.

Este museo dirigido a los niños es igualmente fascinante para los adultos. Se compone de seis zonas que abordan las artes, las ciencias y la salud.

Sus grandes atractivos son el Body Shop (taller corporal), donde podrá medir su fuerza y flexibilidad mediante una serie de pruebas físicas, como escalar un muro, y el Think Tank (depósito pensante), que propone adivinanzas y problemas que el visitante debe resolver. En el Touch Tunnel (túnel táctil) puede ponerse a prueba gateando y deslizándose por un laberinto de 27 m en la más absoluta oscuridad.

### 🌿 Sunken Gardens
1825 4th Street N. (813) 896-3187. todos los días.

Miles de plantas y flores tropicales crecen en este gran jardín amurallado que se encuentra hundido 3 m por debajo del nivel de la calle. El terreno fue anteriormente una dolina *(ver p. 20)* llena de agua; hoy se drena mediante una red de tuberías ocultas.

Pasee entre las buganvillas, los hibiscos y el extenso jardín de orquídeas; visite los espectáculos de aves y caimanes, y atraviese la jaula de loros y aras.

> **INFORMACIÓN ESENCIAL**
>
> **Mapa de carreteras** D3. Pinellas Co. 265.000. St Petersburg/ Clearwater International Airport, 16 km al N del centro. 180 9th St North, (813) 898-1496; también bus Thruway de Amtrak a Pinellas Square Mall, Pinellas Park, (800) 872-7245. 100 2nd Ave N, (813) 821-4715. Festival de los Estados (mar/abr).

La vegetación tropical rodea un riachuelo en Sunken Gardens

**ALREDEDORES:** las cinco islas de Boca Ciega Bay, al sur de St. Petersburg, componen **Fort De Soto Park,** un parque que ofrece magníficas vistas del puente Sunshine Skyway y unas soberbias playas. Las islas, muy visitadas por campistas, están llenas de vegetación y en ellas habitan colonias de aves.

Los aficionados a la historia deben visitar Mullet Key, donde los puestos de tiro, ocultos tras grandes muros de hormigón, rememoran la presencia del fuerte De Soto, que comenzó a construirse durante la guerra de Cuba *(ver p. 47)* pero nunca fue terminado.

### ✈ Fort De Soto Park
Pinellas Bayway, off Route 682, 14 km al S de St Petersburg. (813) 866-2484. todos los días.

El puente Sunshine Skyway atraviesa la boca de la bahía de Tampa

## Salvador Dalí Museum

**E**STA PINACOTECA alberga la colección de obras de Salvador Dalí (1904-1989) más completa del mundo, con pinturas creadas entre 1914 y 1970. El museo se inauguró en 1982, 40 años después de que un empresario de Ohio llamado Reynolds Morse conociera al joven artista y comenzara a coleccionar su obra. Además de 95 óleos originales y más de 100 acuarelas y dibujos, el museo contiene 1.300 grabados y esculturas del pintor.

Entre su producción hay desde muestras de los primeros cuadros figurativos de Dalí, pasando por sus experimentos con el surrealismo, hasta los grandes lienzos de su madurez, calificados como sus obras maestras.

**Sala de obras maestras**
*La sala principal del museo contiene seis de las 18 obras maestras de Dalí, entre ellas su* Torero alucinógeno, *pintado en 1969-1970.*

***Nature morte vivante***
*Ésta obra de 1956 es un ejemplo del uso que hacía Dalí de una cuadrícula matemática y la espiral del ADN (en la coliflor) como base de su composición.*

Tienda del museo

★ ***Niño enfermo***
*Es la obra más temprana de Dalí expuesta en el museo. Data de 1914. El artista tenía sólo 10 años cuando pintó este cuadro.*

Entrada

**Vista de Cadaqués**
*La influencia impresionista resulta evidente en este paisaje de 1917 que muestra la sombra del Monte Pani extendiéndose sobre la casa familiar de Dalí y la bahía.*

### RECOMENDAMOS

★ *Niño enfermo*

★ *Descubrimiento de América por Colón*

★ *Segador de la noche-¡Esperanza!*

## ***Don Quijote y Sancho***
*Este grabado de 1968 es tan sólo uno de los más de 1.000 dibujos e ilustraciones que Dalí produjo durante su época clásica. Algunas de las muestras del museo viajan a exposiciones temporales.*

### Información Esencial
1000 3rd St S, St Petersburg. (813) 823-3767. 4, 32 o tranvía turístico desde el muelle. 9.30-15.30 lu-sá; 12.00-17.30 do. Acción de Gracias, 25 dic.

Sala Raymond James

★ ***Descubrimiento de América por Colón***
*Esta obra (1958-1959), inspirada en un "sueño cósmico", rinde homenaje al pintor Velázquez, al tiempo que presagia el aterrizaje del hombre en la Luna.*

★ ***Segador de la noche-¡Esperanza!***
*Esta extraña imagen fue la primera pieza de la colección. Pintada en 1940, muestra a un segador caminando sobre el rostro distorsionado de un violinista.*

### Distribución por Salas
- Sala introductoria
- Obras de juventud 1914-1928
- Surrealismo 1929-1940
- Época clásica 1943-1989
- Obras maestras 1948-1970
- Exposiciones temporales
- Espacio sin exposición

### Guía del Museo
*La colección está dividida en una sala introductoria y otras cinco principales, ordenadas cronológicamente. Las exposiciones temporales de las obras de Dalí suelen ocupar la sala Raymond James.*

### Cómo Llegó el Arte de Dalí a St Petersburg

Reynolds Morse y su prometida Eleanor sintieron fascinación por Salvador Dalí desde el momento en que asistieron a una exposición suya en 1941. Dos años después compraron el primer cuadro del artista, *Segador de la noche-¡Esperanza!* Así comenzó una larga amistad de los Morse con Dalí y su esposa Gala. Durante los 40 años siguientes, Reynolds y Eleanor recopilaron la mayor colección privada de obras de Dalí. Tras buscar un lugar donde exponer sus cuadros, eligieron como sede su actual emplazamiento junto a la costa por su semejanza con Cadaqués, patria chica del artista. La colección, que los Morse adquirieron por unos 5 millones de dólares, está valorada ahora en más de 350 millones.

## Tampa ❾

**Vasija griega, Museum of Art**

LOS MODERNOS rascacielos de Tampa han sustituido a muchos de los edificios originales, pero aún se conservan vestigios históricos en el centro y en el antiguo barrio cubano, Ybor City *(ver pp. 246-247),* donde a finales del siglo XIX nació la famosa industria tabaquera de Tampa. Los españoles llegaron en 1539, pero la población no se convirtió en una gran ciudad hasta finales del siglo XIX, cuando Henry Plant *(ver pp. 46-47)* trajo hasta aquí la línea férrea. Hoy en día, el mayor atractivo de Tampa son los cercanos Busch Gardens *(ver pp. 250-251)* y el Florida Aquarium, del nuevo Garrison Seaport Center.

**Vista de Tampa con la Universidad en primer plano**

### Explorando el centro

El centro de Tampa se puede visitar a pie. Su principal arteria, parcialmente peatonal, es Franklin Street, donde se encuentra el histórico Tampa Theater y diversos ejemplos de arte público.

Su situación en la desembocadura del río Hillsborough permite disfrutar de la ciudad también desde el agua. El antiguo barco de vapor *Starlite Princess (ver p. 339)* realiza paseos diurnos y vespertinos, mientras que el *Tampa Town Ferry,* anclado junto al Florida Aquarium, ofrece recorridos prefijados de una hora de duración por unos 10 dólares. La compañía de taxis acuáticos sigue una ruta parecida por los lugares más interesantes de la ciudad, incluido el antiguo Tampa Bay Hotel y el Museum of Art.

Otra opción es tomar el monorraíl gratuito Peoplemover en Franklin Street, cerca del Hyatt Regency Hotel, que lleva al viajero hasta Harbour Island.

### 🚂 Henry B Plant Museum
401 W Kennedy Blvd. 📞 *(813) 254-1891.* 🕐 ma-do. ⬤ *Acción de Gracias, 25 dic, 1 ene.* ♿

El lujoso Tampa Bay Hotel, que alberga el Henry B. Plant Museum, es el lugar histórico más famoso de Tampa y sus minaretes árabes se divisan desde toda la ciudad.

Henry Plant encargó la construcción del edificio en 1891 para fundar un hotel donde hospedar a los acomodados pasajeros de su recién construida línea férrea.

La obra costó tres millones de dólares, sin contar los 500.000 dólares de mobiliario. Sin embargo, el hotel no obtuvo el éxito previsto y fue abandonado poco después de la muerte de Plant, en 1899. En 1905 lo adquirió el Ayuntamiento y en 1933 pasó a formar parte de la Universidad de Tampa, mientras que el ala sur de la planta baja se conservó como museo.

El 90% de los objetos expuestos pertenecieron originalmente al hotel. La porcelana Wedgwood, los espejos venecianos y el mobiliario dieciochesco francés evocan una época irrecuperable. A los visitantes les está permitido pasear por el campus universitario para que puedan apreciar las verdaderas dimensiones del edificio.

### 🏛 Tampa Museum of Art
600 N Ashley Drive. 📞 *(813) 274-8130.* 🕐 *todos los días.* ⬤ *Semana Santa, Día de Acción de Gracias, 25 dic, 1 ene.* 📷 ♿

Este museo contiene desde antigüedades griegas, romanas y etruscas hasta arte norteamericano del siglo XX.

La colección es excesivamente amplia para que pueda ser expuesta en su totalidad, por lo que se muestran las piezas de forma rotativa. Entre las antigüedades destaca la cerámica. La novedad más reciente del museo, que también alberga una sala dedicada a los artistas locales, es el gran jardín escultórico del exterior.

El segundo sábado de cada mes se organizan recorridos gratuitos a pie por las esculturas y obras de arte públicas de la ciudad.

**Una de las elegantes salas del Henry B. Plant Museum**

*Flower Vendor*, de Ellis Wilson, en el Museum of African-American Art

### 🏛 Museum of African-American Art

1305 N Florida Ave. 📞 *(813) 272-2466.* ⏰ *ma.-sá.* 🚫 *festivos.* 📷 ♿

Este pequeño museo alberga una de las mejores colecciones de arte afroamericano de EE UU. Las obras, que datan desde principios del siglo XIX hasta nuestros días, abarcan numerosas formas artísticas, como la pintura, la escultura o el dibujo. Entre las grandes producciones del museo cabe destacar el óleo sobre fibra prensada *Negro Boy* (1941), de Hale Woodruff; el lienzo *Flower Vendor* (1945), de Ellis Wilson; y la litografía *War* (1955), de Romare Bearden.

En la sección de arte africano tradicional, el grueso de la colección se compone de imaginería de África occidental.

### 🎭 Tampa Theatre

711 Franklin St. 📞 *(813) 274-8981.* ⏰ *todos los días.* 🚫 *25 dic.* 📷 ♿ *preguntar antes por teléfono.*

En su día, el Tampa Theater fue uno de los cines con la decoración más recargada de EE UU. En 1926, el arquitecto John Eberson diseñó el edificio en un estilo denominado Florida-mediterráneo. La profusión ornamental resultante fue descrita por el historiador Ben Hall como un "caramelo andaluz".

En un intento por producir la sensación de encontrarse al aire libre, Eberson instaló en los techos unas luces que parpadeaban como las estrellas; además, creó nubes artificiales producidas por una máquina de humo y una iluminación diseñada para simular el amanecer. La sala también alberga numerosas esculturas griegas y romanas.

La manera más sencilla de visitar este cine es ir a ver una película *(ver p. 339)*. Además, se celebran con regularidad festivales cinematográficos y acontecimientos deportivos.

Las visitas con guía, que se organizan tan sólo dos veces al mes, incluyen una proyección de 20 minutos y un miniconcierto a cargo de un órgano de teatro de 1.000 tubos.

---

**INFORMACIÓN ESENCIAL**

**Mapa de carreteras** D3. Hillsborough Co. 🚗 *285.000.* ✈ *8 km al NO.* 🚉 *601 Nebraska Ave, (800) 872-7245.* 🚌 *610 Polk St, (800) 231-2222.* ⛴ *Channelside Drive, (813) 272-0555.* 🚌 *Autobuses HARTline, (813) 254-4278.* ⛴ *Tampa Town Ferry y taxis acuáticos, (813) 223-1522.* ℹ️ *400 N Tampa St, (813) 223-1522.* 🎉 *Gasparilla Festival (principios feb).*

---

**CENTRO DE TAMPA**

- Florida Aquarium ⑤
- Harbour Island ⑥
- Henry B Plant Museum ①
- Museum of African-American Art ④
- Tampa Museum of Art ②
- Tampa Theatre ③

🚆 Estación de Amtrak
🚌 Estación de Greyhound
⛴ Embarcadero
🚤 Taxis acuáticos
🅿 Aparcamiento
ℹ Oficina de información

— Líneas férreas
— Autopista
— Carretera principal

0 metros — 500

# Ybor City en 3 dimensiones

EN 1886, UN CUBANO llamado don Vicente Martínez Ybor trasladó su empresa de puros de Key West a Tampa. Le acompañaron unos 20.000 trabajadores, en su mayoría emigrantes cubanos y españoles.

En Ybor City aún quedan vestigios de aquella época floreciente de la industria tabaquera. Su calle principal, 7th Avenue, presenta un aspecto muy parecido al que tenía entonces, con azulejos españoles y rejas de hierro forjado. Lo que antaño fueron las fábricas de puros y las casas de los trabajadores alberga ahora tiendas, restaurantes y salas de fiestas.

**★ Ybor Square**
*Los tres enormes edificios de ladrillo de la fábrica de puros de V.M. Ybor, en otros tiempos la mayor del mundo, alberga ahora un centro comercial con tiendas de antigüedades, artesanía y regalos.*

**Café Creole and Oyster Bar**
*Disfrute de la excelente cocina criolla. Los fines de semana actúan grupos de jazz para entretener a los comensales.*

**El Pleasuredome** consta de un bar de tapas y tres salas de baile con una oferta musical muy variada.

**Masquerade at the Ritz,** el sorprendente cine de 1917, alberga ahora una de las grandes salas de fiestas de Ybor.

**José Martí Park**
*Una estatua conmemora a este luchador por la libertad, que visitó varias veces Ybor City para recabar apoyo a favor de la campaña independentista cubana (ver p. 47).*

**RECOMENDAMOS**

★ Ybor Square

★ Casa de trabajador

0 metros — 100

**SIGNOS CONVENCIONALES**

– – – Itinerario sugerido

**★ Casa de trabajador**
Esta vivienda imita la decoración de los hogares de los trabajadores de la fábrica de puros. Es un buen ejemplo de las casas *shotgun* (ver p. 287) construidas para la oleada de inmigrantes que llegaron a Ybor City a finales del siglo XIX.

| **INFORMACIÓN ESENCIAL** |
|---|
| 5 km al E del centro. Tranvía Tampa-Ybor desde Fort Brook Station. 1800 E 9th Avenue, (813) 248-3712. **Ybor Square** (813) 247-4497. todos los días (do sólo tardes). **Ybor City State Museum** (813) 247-6323. ma-sá. |

**Little Sicily,** un restaurante italiano de platos preparados, resulta perfecto para picar algo a mediodía.

**Ybor City State Museum,** instalado en una antigua panadería, explora la historia de la ciudad y organiza recorridos a pie por el barrio. Tiene anexo un pequeño jardín ornamental.

**Columbia Restaurant**
*El restaurante más antiguo de Florida ocupa una manzana entera de 7th Avenue. La cocina hispana y las actuaciones de flamenco atraen a los turistas* (ver p. 327).

**La Tropicana** sirve platos tradicionales cubanos a sus numerosos asiduos.

### La Industria Tabaquera de Tampa

El puerto de Tampa, que permitía a los buques descargar con regularidad el suministro de tabaco procedente de Cuba, convirtió la ciudad en el lugar perfecto para la elaboración de puros. Cuando V.M. Ybor se trasladó hasta aquí, le siguieron varias de las grandes fábricas de puros y, en 1900, Ybor City producía más de 111 millones de cigarros anuales, que se enrollaban cuidadosamente a mano. La automatización y la creciente aceptación de los cigarros lo cambió todo. En Tampa aún se fabrican puros (la mayoría con tabaco de Honduras), pero a máquina. La Tampa Rico Company de Ybor Square es una de las pocas empresas que continúa liándolos a mano.

**El Sol Cigars**
*Aunque el estanco más antiguo de Ybor, inaugurado en 1929, ya no fabrica los puros a mano, es un buen lugar para comprarlos.*

**Una fábrica de puros de Ybor City en 1929**

**Un buceador entre los arrecifes y peces exóticos del Florida Aquarium**

### ✈ Florida Aquarium
701 Channelside Drive. ☎ (813) 273-4000. ◯ todos los días. ⬛ Acción de Gracias, 25 dic. 🎟 ♿

Cuando se construyó este enorme acuario, inaugurado en 1995 con un coste de 84 millones de dólares, no se reparó en gastos. Situado en el paseo marítimo, su cúpula azul con forma de concha resulta inconfundible. En el interior no sólo se encontrará grandes peceras, sino que también se verá cara a cara con crías de caimán, aves y otros animales que viven en sus hábitats de origen.

El Florida Aquarium tiene por objeto que los visitantes puedan acompañar a una gota de agua desde su aparición en un manantial subterráneo hasta su llegada al mar.

Las condiciones de cada ecosistema se recrean en habitaciones separadas. Por ejemplo, la sala de arrecifes de coral de Florida le sumergirá bajo el agua para que contemple una colonia de corales y los bancos de peces tropicales que habitan en ella. En diversos puntos del recorrido podrá escuchar grabaciones con comentarios de expertos. El acuario alberga también unos laboratorios donde se desarrollan proyectos y actividades especiales.

### ⛲ Hyde Park
Al otro lado del río, al suroeste del centro y junto a Bayshore Boulevard, se encuentra esta singular zona histórica de Tampa. Sus casas decimonónicas responden a una sorprendente mezcolanza de usos arquitectónicos que van desde el estilo colonial hasta el neogótico.

Lo mejor es recorrer las tranquilas calles residenciales de Hyde Park en coche. En Old Hyde Park Village, junto a Snow Avenue, encontrará varios comercios y restaurantes de categoría, y algunos días hay músicos que tocan al aire libre para deleite del público asistente.

**Concierto al aire libre en Old Hyde Park Village**

### 🏛 Museum of Science and Industry
4801 E Fowler Ave. ☎ (813) 987-6100. ◯ todos los días. 🎟 ♿

Este museo, que normalmente recibe el nombre de MOSI, es uno de los elementos diferenciadores del perfil urbano de Tampa; su cúpula *art nouveau* alberga un cine IMAX de pantalla gigante. Amazing You es una exploración del cuerpo humano y su funcionamiento, mientras que en la sala de huracanes el visitante puede crear su propia tormenta tropical. Con simuladores de una estación espacial y una sala de control de misiones, el GTE Challenger Learning Center es un recuerdo vivo de la tripulación del transbordador espacial *Challenger (ver p. 185).* Otro gran atractivo es la Focus Gallery, que acoge exposiciones itinerantes.

MOSI alberga también el Saunders Planetarium, que proyecta imágenes estelares. Todos los viernes y sábados por la tarde se celebran unas sesiones especiales en las que, si el tiempo lo permite, se sacan los telescopios al aparcamiento para observar las estrellas.

### 🦁 Lowry Park Zoo
7530 N Blvd. ☎ (813) 932-0245. ◯ todos los días. ⬛ Día de Acción de Gracias, 25 dic. 🎟 ♿

Situado a 10 km al norte de Tampa, este zoo es uno de los mejores de Norteamérica. Su principal atractivo es el centro de manatíes, que acoge hasta 20 animales al mismo tiempo y posee una zona de recuperación. Si desea conocer más a fondo a esta especie en peligro de extinción, el programa Manatee Sleepover ofrece la oportunidad de explorar el zoológico tras su cierre y pasar la noche en el centro.

El Florida Wildlife Center es un santuario de los animales originarios de este Estado, como los caimanes y la pantera de Florida.

Otras zonas de interés son el Primate World (mundo de los primates); el Asian Domain (terreno asiático), hogar de tigres de Sumatra y

**La singular cúpula del Museum of Science and Industry**

## La Leyenda de Gaspar

José Gaspar fue un pirata legendario que durante el siglo XIX asaltó cuantos buques y poblaciones encontraba entre Tampa y Fort Myers. Tenía su refugio en las islas de Lee Island Coast *(ver pp. 264-265)*, muchos de cuyos nombres actuales recuerdan su presencia, como Gasparilla y Captiva, donde se dice que Gaspar retenía a sus prisioneras. La leyenda cuenta que el pirata acabó siendo acorralado por un buque de guerra norteamericano y prefirió ahogarse con una cadena de ancla antes que ser apresado.

Tampa, que sufrió diversas incursiones de Gaspar, celebra en febrero el Gasparilla Festival *(ver p. 35)*, cuyo plato fuerte es la invasión de la ciudad por cientos de pendencieros y villanos que llegan a bordo de un barco pirata.

Celebración del Gasparilla Festival de Tampa en los años 50

Un tigre de Sumatra descansa en el Asian Domain del Lowry Park Zoo

rinocerontes indios y una gran jaula abierta para aves. El zoo también contiene un museo infantil, un centro de ocio y una agradable zona de *picnic*.

## Busch Gardens ❿

Ver pp. 250-251.

## Hillsborough River ⓫

**Mapa de carreteras** D3. Hillsborough Co. 🚗 *Tampa.* 🚌 *Tampa.*

Este río, que se extiende por la campiña del noreste de Tampa, ofrece un agradable respiro al bullicio y ajetreo de la ciudad. Sus orillas están pobladas por densos bosques de robles, cipreses, magnolios y manglares, que antaño tapizaban grandes franjas del suelo de Florida.

**Canoe Escape** organiza excursiones por un tramo del río situado a unos 15 minutos en coche del centro de Tampa. Pese a su proximidad con los límites municipales, la zona es sorprendentemente salvaje y ofrece la posibilidad de contemplar numerosas especies, como garzas, garcetas, caimanes, tortugas y nutrias. El descenso en canoa resulta perfecto para los principiantes. Se puede elegir entre tres itinerarios distintos, todos ellos de unos 8 km que, durante sus dos horas de recorrido, permiten empaparse de la belleza de los parajes circundantes. También hay excursiones de un día.

Una parte del río está protegida y alberga el **Hillsborough River State Park**. Esta zona se suele visitar en canoa, aunque también cuenta con senderos peatonales. El parque, donde es posible practicar la natación y la pesca, posee un gran cámping que permanece abierto todo el año.

Creado en 1936, el Hillsborough River State Park fue uno de los primeros parques naturales de Florida, en parte debido a la relevancia histórica del Fort Forster, una defensa construida durante la segunda guerra seminola *(ver p. 44)* para proteger un puente en la confluencia del río Hillsborough y el arroyo Blackwater. Tanto el fuerte como el puente han sido reconstruidos y todos los años en marzo se recrea en ellos una batalla.

Los días festivos y fines de semana hay visitas organizadas al fuerte, y un autobús gratuito conduce hasta él desde la entrada del parque.

### Canoe Escape
9335 E Fowler Ave, Thonotosassa, 19 km al NE de Tampa. 📞 *(813) 986-2067.* ⊙ *todos los días.* ● *Día de Acción de Gracias, 24 y 25 dic.*

###  Hillsborough River State Park
15402 US 301, 19 km al NE de Tampa. 📞 *(813) 987-6771.* ⊙ *todos los días.*

Recreación de Fort Foster, en el Hillsborough River State Park

# Busch Gardens ❿

BUSCH GARDENS es un parque temático que contiene uno de los mejores zoológicos de EE UU. Alberga a más de 3.000 animales procedentes de África, entre ellos jirafas, búfalos y cebras, que deambulan por la planicie del Serengueti. El resto de los animales, como elefantes, gorilas y tigres de bengala, residen en unos hábitats construidos especialmente para ellos. Entre los lugares abiertos del parque, el delfinario Timbuktu ofrece un espectáculo de delfines, mientras que el World of Birds exhibe aras, cacatúas y aves de presa. Aunque los animales constituyen el principal atractivo, las montañas rusas y otras atracciones también cautivan a los visitantes. La última novedad de Busch Gardens es un parque de 3 hectáreas denominado Egipto.

**Rápidos del río Congo**
*Géiseres, cascadas y una cueva oscura aguardan a quienes descienden por los rápidos del río.*

**★ Kumba**
*La mayor y más rápida montaña rusa de Florida es la atracción más emocionante de Busch Gardens. Los visitantes se precipitan durante 43 m a una velocidad superior a 100 km/h.*

**Delfinario**

**Timbuktu**

**El país de los dragones**
*Esta zona infantil ofrece atracciones para los más pequeños, como una casa de tres pisos en un árbol, que tiene hasta puentes y una escalera de caracol.*

**Mystic Sheiks de Marruecos**
*Esta banda de música ofrece durante todo el día conciertos improvisados en diversos lugares.*

**Mundo de las aves**

0 metros     100

## RECOMENDAMOS

★ Kumba

★ Linde de África

★ Egipto

### SIGNOS CONVENCIONALES

Estación ferroviaria

Cajero automático

LA COSTA DEL GOLFO

★ **Linde de África**
*Un safari por el límite meridional de la planicie del Serengueti ofrece a los visitantes la oportunidad de ver de cerca a los leones, hipopótamos, hienas y demás animales africanos.*

**INFORMACIÓN ESENCIAL**

**Mapa de carreteras** 3D. Busch Boulevard, Tampa. ☎ *(813) 987 5082.* 🚉 *Tampa.* 🚌 *Tampa.* 🚍 *5, 14 y 18 desde Marion St, centro de Tampa.* ⏰ *9.30-16.00 todos los días, horario ampliado en verano y festivos.*

Planicie del Serengueti

★ **Egipto**
*La última novedad de Busch Gardens contiene una réplica de la tumba de Tutankamon, un museo, una montaña rusa y un bazar.*

**Un tren** recorre las principales zonas del parque.

**Un monorraíl** circunvala la planicie del Serengueti.

Entrada

Atención al visitante

**Reserva Myombe**
*Esta selva simulada es el hábitat de siete chimpancés y seis gorilas de las tierras bajas. Ambas especies están en peligro de extinción.*

**Hollywood sobre hielo**
*Un espectáculo de patinaje sobre hielo rinde tributo a décadas de cinematografía. Patinadores y cantantes esbozan la historia de Hollywood desde las primeras películas mudas hasta los grandes éxitos actuales.*

## Florida Southern College ⑫

**Mapa de carreteras** E3. Polk Co. 111 Lake Hollingsworth Drive, Lakeland. 📞 *(941) 680-4110*. 🚂 *Lakeland*. 🚌 *Lakeland*. ⬜ *lu-vi.* ⬛ *4 jul, Acción de Gracias, 25 dic, 1 ene.* **Visitor Center** ⬜ *ma-sá, do sólo tardes.* ♿

Esta universidad posee la mayor colección del mundo de edificios de Frank Lloyd Wright. Sorprendentemente, el rector logró persuadir a Wright (probablemente el arquitecto más eminente de su tiempo) para que diseñara el campus de Lakeland a cambio de poco más que la oportunidad de expresar sus ideas y cobrar cuando se consiguiera el dinero necesario.

Las obras de lo que Wright, ya famoso como fundador de la arquitectura orgánica, denominó su "hijo del sol" comenzaron en 1938. El objetivo de fundir los edificios con su entorno natural le llevó a emplear el cristal para dejar pasar la luz del exterior. El proyecto original comprendía 18 edificios, pero sólo se habían terminado siete cuando Wright murió en 1959; más tarde se concluirían o añadirían otros cinco.

La Annie Pfeiffer Chapel constituye una excelente expresión de las ideas del arquitecto. Las vidrieras rompen la monotonía de los ladrillos, y el edificio está coronado por una espectacular torre, a la que Wright denominaba "joyero", que sustituye al tradicional campanario.

En conjunto, el campus presenta el aspecto ligero que el arquitecto pretendía conferirle. Los edificios están unidos entre sí mediante las Esplanades, unas pasarelas cubiertas, de 2 km de longitud, donde la luz, las sombras y las variaciones de altura atraen la atención sobre el siguiente edificio.

Se puede pasear por el campus en cualquier momento, pero sólo es posible visitar los interiores entre semana. El Thad Buckner Building alberga ahora el *visitor center*, que tiene expuestos planos y muebles de Wright, así como fotografías de sus obras.

**El iluminado y amplio interior de Annie Pfeiffer Chapel**

**La Gamble Mansion**

## Gamble Plantation ⑬

**Mapa de carreteras** D3. Manatee Co. 3708 Patten Ave, Ellenton. 📞 *(941) 723-4536*. 🚌 *Tampa*. 🚌 *Bradenton*. ⬜ *ju-lu.* ⬛ *Acción de Gracias, 25 dic, 1 ene.* ♿ *limitado.*

La única casa anterior a la guerra de secesión que queda en el sur de Florida es esta mansión encalada que se alza en la carretera principal de entrada a Bradenton.

Fue construida entre 1845 y 1850 por el mayor Robert Gamble, uno de los grandes cultivadores de azúcar que se instaló en las fértiles márgenes del río Manatee tras la segunda guerra seminola *(ver p. 44)*. La finca original abarcaba 1.416 hectáreas, de las que sólo queda una pequeña fracción. La casa se

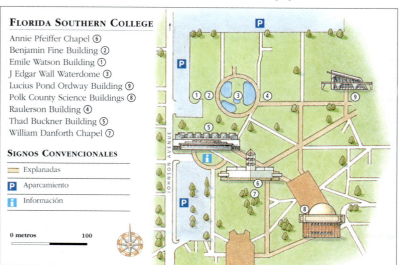

### Florida Southern College

Annie Pfeiffer Chapel ⑥
Benjamin Fine Building ②
Emile Watson Building ①
J Edgar Wall Waterdome ③
Lucius Pond Ordway Building ⑨
Polk County Science Buildings ⑧
Raulerson Building ④
Thad Buckner Building ⑤
William Danforth Chapel ⑦

### Signos Convencionales

▬ Explanadas
🅿 Aparcamiento
ℹ Información

0 metros 100

conserva con los mismos muebles que tenía en sus días gloriosos, y el jardín, repleto de robles cubiertos de liquen, es característico del profundo sur.

Sin embargo, las románticas nociones sobre la vida de Gamble las alberga el pequeño museo del centro de atención al visitante. Gamble atravesó por dificultades económicas y se vio obligado a vender la mansión para saldar sus deudas; entre los objetos expuestos en el museo se encuentra un documento que indica que la plantación, junto con los terrenos y 191 esclavos, fueron vendidos en 1856 por 190.000 dólares.

## Bradenton ⓮

**Mapa de carreteras** D3. Manatee Co. 48.000. ✈ 🚌 incluido autobús Thruway de Amtrak. 🛈 5030 Highway 301 N, (941) 729-7040.

LA CAPITAL DE Manatee County es famosa por la escuela de tenis de Nick Bollettieri *(ver p. 343)*, en la que se forman promesas que se convertirán después en grandes estrellas de la talla de André Agassi y Pete Sampras.

Las playas son el principal atractivo de esta ciudad, pero antes de dirigirse a ellas merece la pena visitar dos lugares. El **Manatee Village Historical Park** narra la historia de la frontera de Florida a través de una fascinante colección de edificios restaurados y amueblados con el aspecto que tendrían hace un siglo. Entre ellos se encuentran un cobertizo, un comercio y la casa de uno de los primeros colonos.

El **South Florida Museum** aborda el tema *Florida: de la edad de piedra a la era espacial* a través de objetos que van desde reproducciones de dinosaurios y réplicas de edificios de estilo español del siglo XVI hasta los primeros automóviles. Un espectáculo de rayos láser anima el programa del Bishop Planetarium, mientras que el Parker Aquarium ofrece una visión general de la fauna marina de la zona.

La cocina de una casa de colonos, en Manatee Village Historical Park

### 🏠 Manatee Village Historical Park
604 15th St E. ☎ (941) 749-7165. 🕐 lu-vi (sep-jun también do tardes). ● festivos. ♿

### 🏛 South Florida Museum
201 10th St W. ☎ (941) 746-4131. 🕐 todos los días. ● Acción de Gracias, 25 dic, 1 ene. 📷 ♿

**ALREDEDORES:** 8 km al oeste del centro de Bradenton, **De Soto National Memorial** marca el punto donde en 1539 desembarcó Hernando de Soto *(ver pp. 40-41)*, quien, con 600 hombres, realizó durante cuatro años una expedición de 6.500 km por el sureste de EE UU en busca de oro. Descubrieron el Misisipí, pero la expedición resultó desastrosa y De Soto y la mitad de su ejército murieron. Un monumento en recuerdo de los desafortunados exploradores marca el punto de partida del sendero De Soto Trail, que forma parte de la ruta que

**Monumento al explorador De Soto**

tomaron. El parque también contiene una réplica del campamento base de Soto, atendida en temporada alta por voluntarios disfrazados que ofrecen una excelente visión de la vida cotidiana de los conquistadores españoles. El centro de atención al visitante alberga ejemplos de armas y armaduras del siglo XVI, y por los espesos manglares discurre un sendero de 1 km.

Dos puentes enlazan Bradenton con **Anna Maria Island,** cuyo litoral de arena y dunas, apenas urbanizado, está bañado por unos rompientes lo suficientemente grandes como para atraer a un puñado de surfistas. Las tres poblaciones principales, Anna Maria en el norte, Holmes Beach en el centro y Bradenton Beach en el sur, están rodeadas de pequeñas localidades turísticas dispersas.

### 🌴 De Soto National Memorial
75th Street NW. ☎ (941) 792-0458. 🕐 todos los días. ● Acción de Gracias, 25 dic, 1 ene. ♿

Atardecer en la playa virgen de Anna Maria Island

# Sarasota 🟠

Hibisco de Selby Gardens

ESTA CIUDAD TIENE FAMA de ser el centro cultural de Florida gracias a la aportación de John Ringling *(ver p. 255)*, uno de los muchos personajes influyentes que se sintieron atraídos por esta floreciente localidad a principios de siglo. Ringling se dejó mucho dinero en la zona, y su legado se observa por doquier, especialmente en su casa y en su excelente colección de arte, el principal atractivo de Sarasota *(ver pp. 256-259)*.

Anunciada como "la cara amable de Florida", es una población atractiva y limpia situada junto al mar. Siga el ejemplo de sus acomodados y conservadores habitantes, deambulando por sus elegantes comercios o descansando en las fabulosas playas que se encuentran a una corta distancia del centro de la ciudad.

Grupo de flamencos en un lago de Sarasota Jungle Gardens

### Explorando Sarasota

La zona más agradable del centro de Sarasota es la de Palm Avenue y Main Street, cuyas tiendas de principios de siglo albergan ahora anticuarios, bares y restaurantes. Las compras y la hostelería son las principales actividades del cercano Sarasota Quay, en cuyo puerto deportivo se pueden contratar paseos en barco con cena incluida, así como otras excursiones marítimas.

Al norte, dominando la línea costera, se encuentra el formidable Van Wezel Performing Arts Hall *(ver p. 29)*, inaugurado en 1970. Merece la pena visitar este inconfundible edificio rosa y malva para admirar sus líneas redondeadas, inspiradas en las conchas marinas, y asistir a uno de los múltiples actos que en él se celebran *(ver p. 339)*.

### 🏛 Bellm's Cars and Music of Yesterday

5500 N Tamiami Trail. 📞 *(941) 355-6228.* ⏰ *todos los días.* 🅿 ♿ 🛍

Este ecléctico museo alberga 120 coches antiguos y más de 1.000 cajas de música, órganos y otros instrumentos musicales. En la colección de automóviles, descrita por guías expertos, destacan un singular Packard 120 descapotable de 1954, un Rolls Royce Silver Wraith de 1955 y un De Lorean 1981, todos ellos en perfecto estado. Para conocer el Great Music Hall, que contiene pianos, fonógrafos y una silla musical que suena cuando alguien se sienta, hay que inscribirse en una visita organizada.

Organillo del siglo XIX, en Bellm's

El lugar preferido de los jóvenes es la sala de antigüedades recreativas y sus decenas de máquinas tragaperras que aún funcionan.

### 🌺 Sarasota Jungle Gardens

3701 Bayshore Rd. 📞 *(941) 355-5305.* ⏰ *todos los días.* ⛔ *25 dic.* 🅿 ♿

Este antiguo platanar convertido en jardín botánico constituye un oasis de plantas, árboles y flores tropicales de todo el mundo, y alberga bosques de palmeras y jardines de hibiscos, helechos, rosas, gardenias y buganvillas. La laguna de los flamencos es su principal atractivo.

El resto de las zonas, entre ellas un zoo infantil y un museo de mariposas, son de carácter educativo y conservacional. Sin embargo, el objeto de los espectáculos de pájaros exóticos, en los que las aras y cacatúas montan en bicicleta o patinan, es simplemente entretener al visitante.

### 🌺 Marie Selby Botanical Gardens

811 S Palm Ave. 📞 *(941) 366-5730.* ⏰ *todos los días.* ⛔ *25 dic.* 🅿 ♿

No es preciso ser jardinero para apreciar el antiguo hogar de William y Mary Selby. Rodeada de laureles e higueras bengalíes y asomada a la bahía de Sarasota, la propiedad fue diseñada por Marie a principios de los años 20 como refugio para huir del mundo moderno: aún se conserva la pared de bambú que ordenó levantar para ocultar el perfil urbano de la ciudad.

Los jardines, donde crecen más de 20.000 plantas tropicales, son famosos por su colección de orquídeas y epifitas *(ver p. 276)*. Además, la Tropical Display House reúne una impresionante variedad de vegetación selvática.

Christy Payne House, en Marie Selby Botanical Gardens

La casa de los Selby, de estilo español, convertida ahora en una tienda de regalos, reviste menos interés que la Christy Payne House, de los años 30, una deliciosa mansión al estilo de las plantaciones que antaño perteneció a una finca colindante y que hoy alberga el Museo de Botánica y Arte.

### St Armands Circle

Este elegante complejo comercial de St. Armands Key es una de las creaciones de John Ringling, que adquirió la isla en 1917 y elaboró un arriesgado proyecto de construcción de viviendas alrededor de un centro comercial circular con jardines y estatuas clásicas. La zona vivió un breve apogeo antes de hundirse durante la depresión económica, pero fue resucitada en los años 50. Hoy en día conserva el aspecto proyectado por Ringling, con sombreadas avenidas radiales que parten de un punto central.

St. Armands Circle, bien situada entre el centro urbano y las playas, tiene vida tanto de día como de noche, pero el comercio es, en general, caro.

### Mote Marine Aquarium

1600 Ken Thompson Parkway. (941) 388-2451. *todos los días.* Pascua, Día de Acción de Gracias, 25 dic.

Este acuario se encuentra en City Island, entre los cayos Lido y Longboat. Su paseo marítimo ofrece una magnífica vista de Sarasota, pero sus verdaderos atractivos residen en el interior. Los más aplaudidos son el enorme depósito de

**Observando a los peces tropicales en el Mote Marine Aquarium**

tiburones, provisto de ventanas de observación, y el "acuario táctil" que permite tocar toda clase de criaturas marinas, como los curiosos cangrejos herradura, los buccinos y las pastinacas.

En más de 30 peceras habitan peces y plantas locales, y también hay una ilustrativa exhibición sobre los ríos, bahías y estuarios de la zona.

Los folletos resultan muy útiles para conocer el acuario, mientras los guías explican la relación de éste con el laboratorio contiguo, que se dedica al estudio de los tiburones y la contaminación del agua.

### Pelican Man's Bird Sanctuary

1708 Ken Thompson Parkway. (941) 388-4444. *todos los días.* *festivos.*

También en City Island, este santuario de las aves trata anualmente en su hospital a más de 5.000 pájaros heridos.

La mayoría de ellos son

> **INFORMACIÓN ESENCIAL**
>
> **Mapa de carreteras** D3. Sarasota Co. 58.000. 3 km al N. 575 N Washington Blvd, (941) 955-5735; también bus Thruway de Amtrak, (800) 872-7245. 655 N Tamiami Trail, (941) 957-1877. *Festival circense (ene).*

puestos en libertad una vez sanados, pero aquéllos que no pueden valerse por sí mismos se unen a los residentes permanentes.

El "hombre pelícano" del que tomó su nombre este lugar es Dale Shields, un ornitólogo autodidacta que comparte de buen grado sus conocimientos con los visitantes curiosos.

**Dale Shields, conocido como "el hombre pelícano", en su santuario**

### Playas de Sarasota

El cercano cordón litoral del que forman parte Longboat Key, Lido Key y Siesta Key exhibe unas magníficas playas de arena bañadas por el golfo de México *(ver p. 239)*. La urbanización ha sido intensa y los edificios de apartamentos se extienden por toda la costa, aunque también hay zonas más tranquilas. La playa de South Lido Park, en Lido Key, se muestra poco concurrida entre semana y, además, posee un agradable sendero por el bosque.

En Siesta Key, la principal zona residencial se centra en el norte, alrededor de una serie de canales. Más tranquilidad encontrará en Turtle Beach, que alberga el único cámping de los cayos. Longboat Key es famoso por sus campos de golf, y los deportes náuticos son excelentes en todo el litoral.

**Playa de South Lido Park; al fondo, el cercano Siesta Key**

# Ringling Museum of Art

JOHN RINGLING fue un director de circo natural de Ohio que se hizo multimillonario debido al formidable éxito que tuvo su espectáculo *(ver p. 258)*. Su capacidad adquisitiva y sus habituales viajes al extranjero le brindaron numerosas oportunidades de comprar arte europeo. Cuando en 1910 trasladó su vivienda de invierno a Sarasota, construyó un museo para exhibir su vasta colección. Él y su mujer Mable sentían un especial afecto por Italia, y la pintura barroca italiana conforma la piedra angular de la exposición. Sus inmuebles, entre ellos el palaciego Ca' d'Zan *(ver pp. 258-259)*, fueron legados al Estado tras la muerte de John Ringling en 1936.

**Vasija de mayólica**

**Escultura**
*El patio está salpicado de copias de estatuas clásicas como este carro de bronce.*

**Réplica de *El David* de Miguel Ángel**

**West Galleries**
*Construidas en los años 60, estas salas, cuya entrada está presidida por la obra Car Parts, de John Chamberlain, albergan exposiciones temporales de fotografía, pintura y escultura contemporáneas.*

## GUÍA DEL MUSEO

Las salas están dispuestas alrededor de un jardín escultórico cuyo extremo lo ocupan las West Galleries y el Asolo Theater. Las obras siguen un orden cronológico que comienza con la pintura medieval europea y concluye con el arte norteamericano del siglo XVIII. Cada sala aborda un período determinado; la pintura italiana de los siglo XVI y XVII es la mejor representada. Las West Galleries albergan exposiciones singulares y de arte moderno.

★ **Salas Astor**
*Estos ostentosos interiores del siglo XIX proceden de una mansión de Nueva York. Entre sus objetos destaca una colección de vasijas de mayólica de principios del siglo XVI.*

## PLANO DEL RINGLING MUSEUM

### RECOMENDAMOS

★ Salas Astor

★ Patio

★ Sala de Rubens

**El Asolo Theater** es un teatro dieciochesco traído en 1947 de un castillo cercano a Venecia.

### INFORMACIÓN ESENCIAL

5401 Bay Shore Road, Sarasota. (941) 359-5700. 2, desde 1st St esquina a Lemon St, en el centro. **Casa, salas y museo circense** 10.00-17.30 todos los días. Acción de Gracias, 25 dic, 1 ene. Ca' d'Zan sólo planta baja.

★ **Patio**
El patio está rodeado por un claustro de 91 columnas antiguas de diversos estilos, algunas de las cuales datan del siglo XI.

Fuente de los Océanos

***La edificación de un palacio***
*Este cuadro de Piero di Cosimo, de principios del barroco italiano, es una de las posesiones más soberbias del museo. Fue pintado en óleo sobre madera alrededor del 1515.*

★ **Sala de Rubens**
*Esta estancia alberga los mayores tesoros del museo, como este* Abraham y Melquisedec *de 1625.*

Entrada

Estatua de Apolo

Fuente de las Tortugas

### DISTRIBUCIÓN POR SALAS

- Arte holandés y flamenco
- Sala de Rubens
- Arte medieval y renacentista
- Arte italiano
- Arte francés y español
- Arte europeo y norteamericano
- Estancias Astor
- Exposiciones provisionales
- Espacio sin exposición

# Ringling Museum: Ca' d'Zan

La RESIDENCIA DE INVIERNO DE LOS RINGLING, Ca' d'Zan, fue el primer edificio que se levantó en sus propiedades. El amor que sentían por Italia, alimentado durante sus frecuentes visitas a Europa, quedó plasmado para la posteridad tanto en el diseño de la vivienda como en su nombre, Ca' d'Zan, que significa "Casa de Juan" en dialecto veneciano. El edificio es una copia de los palacios de Venecia, aunque también presenta elementos arquitectónicos del Renacimiento francés e italiano, así como del barroco y otros estilos más modernos.

Adornada por una terraza de mármol de 60 m y coronada por una inconfundible torre, Ca' d'Zan tardó dos años en construirse; las obras concluyeron en 1926. El salón de baile, la cocina, los dormitorios y el gimnasio describen la vida de los millonarios de la época.

★ **Decoración de terracota**
*La fachada de Ca' d'Zan muestra los mejores detalles ornamentales del país.*

★ **Salón de baile**
*Su elemento más destacado es el extraordinario fresco del techo, Bailes de las naciones, que representa los típicos atuendos de danza de diversos países. Es obra de Willy Pogany, diseñador de decorados de Hollywood en los años 30.*

**Solárium**

**El patio,** con suelos de mármol y columnas de ónix, fue la sala de estar de los Ringling, además del centro de atención de la casa.

## El Circo Ringling

Lo que comenzó siendo un espectáculo ambulante fundado en 1884 por los cinco hermanos Ringling pronto se convertiría en uno de los entretenimientos más aplaudidos de su tiempo. Sus variados números resultaron más duraderos que la oferta de sus rivales, y los hermanos fueron absorbiendo gradualmente a sus competidores. En 1907 se asociaron con Phineas T. Barnum, cuyo gusto por los gemelos siameses y los animales exóticos llevó al circo por nuevos derroteros.

El Museo Circense, inaugurado en 1948, posee maquetas, carromatos esculpidos y demás objetos singulares que ofrecen una visión colorista de la vida del circo.

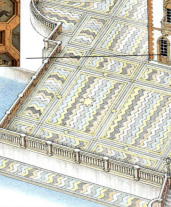

**Carromato de las *Cinco Gracias* (1878).**

---

**RECOMENDAMOS**

★ Salón de baile

★ Decoración de terracota

### Sala de la cerveza

*Esta estancia de techo abovedado y vidrieras muestra la pasión de Ringling por los objetos de lugares lejanos; la barra la hizo traer del restaurante Cicardi's de St. Louis (Misuri).*

**Gimnasio**

**La torre** se iluminaba cuando los Ringling estaban en casa.

**Estancias del servicio**

**El dormitorio de Mable Ringling** es una elegante *suite* de estilo Luis XV cuyas fundas de almohada confeccionó ella personalmente.

**Cocina**

### Dormitorio de John Ringling

*El mobiliario de caoba de estilo imperio, fabricado en 1880, confiere un aire austero al aposento.* El alba expulsa a la oscuridad (1735) de Jacob de Wit, adorna el techo.

**Oficina de John Ringling**

### Aseo

*El centro de esta estancia de paredes de mármol de Siena lo ocupa una silla de barbero. La bañera fue tallada de un único bloque de piedra.*

### Salón de desayunos

*Esta habitación de decoración sencilla se empleaba generalmente para los desayunos familiares. Las persianas venecianas son originales.*

La frondosa vegetación de Myakka River State Park

## Myakka River State Park ⓰

**Mapa de carreteras** D3. Sarasota Co. 13207 SR 72, 14 km al E de Sarasota. 🚗 *Sarasota.* 📞 *(941) 361-6511.* 🕓 *todos los días.* 

Pese a su proximidad con la ciudad de Sarasota, Myakka River State Park ofrece una idea del aspecto que debía tener esta región cuando la conocieron sus primeros habitantes. Aquí, las praderas y los espesos bosques de robles, palmeras y pinos se intercalan con marjales, ciénagas y lagos.

Las 11.300 hectáreas del parque, situado a orillas del río Myakka y del lago Upper Myakka, es un magnífico refugio natural donde habitan más de 200 ejemplares de aves como garcetas, garzas azules, buitres e ibis, todas ellas abundantes, y otras especies más raras, como el quebrantahuesos, el águila de cabeza blanca y el pavo silvestre. Con frecuencia se divisan caimanes y ciervos, aunque otros moradores, como los zorros, no se ven tan fácilmente. Todo el parque se encuentra salpicado de torres de observación.

Los exploradores más ambiciosos pueden atreverse con los 63 km de senderos señalizados o con los 24 de rutas a caballo que ofrece el parque; otra opción es realizar el recorrido guiado en tranvía, entre diciembre y mayo (la mejor época), o los paseos fluviales comentados en balsa inflable.

## Venice ⓱

**Mapa de carreteras** D4. Sarasota Co. 👥 *19.000.* 🚉 🚌 *257 Tamiami Trail N, (941) 488-2236.*

Venice es una sosegada población costera repleta de flores y palmeras, como las que tapizan el bulevar de su arteria comercial, Venice Avenue. La localidad posee una buena colección de edificios históricos cuidadosamente restaurados, como el Venice Little Theater de Tampa Avenue, que data de 1927.

En el extremo meridional de Harbor Drive se encuentra la playa **Caspersen Beach,** flanqueada por arbustos y palmitos, donde la gente, además de recoger conchas *(ver pp. 264-265)* acude a bañarse o a pescar. La zona es famosa por las mandíbulas de tiburón fosilizadas que, arrastradas por la marea fuera del agua, a veces aparecen en la playa.

*Buscando fósiles en Caspersen Beach*

## Gasparilla Island ⓲

**Mapa de carreteras** D4. Lee Co, Charlotte Co. 🚗 *Venice.* 🏠 *5800 Gasparilla Rd, Boca Grande, (941) 964-0568.*

Esta isla, habitada por pescadores y posteriormente descubierta por la gente de dinero procedente del norte del país, es un escondite perfecto situado a medio camino entre Sarasota y Fort Myers.

La vida gira alrededor de la localidad de Boca Grande, unida al continente por una carretera elevada. La antigua estación ferroviaria, San Marco Theater y Gasparilla Inn constituyen elocuentes vestigios de su pasado. Se conservan numerosos edificios de madera, hoy pintados de vivos colores, que crean un agradable ambiente tropical. La pesca deportiva es una de las principales fuentes de ingresos de Gasparilla, y en muchos puertos se pueden contratar excursiones marítimas, algunas de ellas al cercano cordón litoral *(ver pp. 264-265).* Otra posibilidad es recorrer el sendero que atraviesa la isla siguiendo la ruta de una antigua vía férrea.

El faro Range Light guía a los barcos que costean Gasparilla Island

En la punta meridional, la zona recreativa **Gasparilla Island State Recreation Area** posee tranquilas playas donde es posible practicar la pesca y la natación, además de recoger conchas. Un achaparrado faro de finales del siglo XIX domina el estrecho de Boca Grande, aunque de su función se ocupa hoy en día el más moderno Range Light.

**Gasparilla Island SRA**
880 Belcher Rd. (941) 964-0375. todos los días.

El edificio de los años 20 Schlossberg-Camp, en Arcadia

## Arcadia ⓳

Mapa de carreteras E3. De Soto Co. 6.500. 16 S Volusia Ave, (941) 494-4033.

PASEAR POR la antigua población ganadera de Arcadia es un auténtico placer. Aunque ahora es más probable ver a los vaqueros en camioneta, los caballos continúan siendo una parte importante de la cultura local. La fiebre *cowboy* alcanza su cénit dos veces al año, en marzo y julio, cuando competidores y seguidores de todo el país confluyen en Arcadia durante el All-Florida Championship Rodeo, el rodeo más antiguo del Estado.

La arquitectura de Arcadia recuerda la prosperidad de los años 20. Los mejores exponentes son el Koch Arcade Building de la calle West Oak, de estilo mediterráneo, y el Schlossberg-Camp Building de la calle West Magnolia.

Muchos edificios fueron destruidos por un incendio en 1905, entre ellos la asombrosa J.J. Heard Opera House de Oak Street, que fue levantada al año siguiente. De finales del siglo XIX sólo perviven algunas construcciones que se pueden visitar previa cita con la cámara de comercio.

## Babcock Wilderness Adventures ⓴

Mapa de carreteras E4. Charlotte Co. SR 31, 10 km al S de Babcock. (800) 500-5583. Punta Gorda. todos los días. Acción de Gracias, 25 dic, 1 ene. obligatorio.

EN SUS ORÍGENES, el Crescent B. Ranch perteneció al magnate de la madera E.V. Babcock, quien arrasó una ciénaga de cipreses en los años 30 para alimentar su negocio. El rancho, que aún explota la familia Babcock, hoy poseedora de una gran fortuna, dedica parte de sus 36.420 hectáreas a lo que se denomina *Aventura Babcock en la Naturaleza*.

Durante una excursión de 90 minutos, los visitantes, en unos vehículos todoterreno, atraviesan los espesos bosques y una amplia ciénaga de cipreses donde resulta fácil ver a los animales. Las panteras se mantienen al acecho desde un recinto especialmente pensado para ellas, mientras que los caimanes pasean a pocos metros del vehículo. Conviene reservar con antelación.

Vehículo todoterreno de Babcock Wilderness Adventures

### LOS RODEOS EN FLORIDA

Gran parte de la región de monte bajo, situada en el interior de Florida, es una zona ganadera que gira alrededor de localidades como Arcadia, Kissimmee *(ver pp. 177)* y Davie *(ver p. 133)*, donde los rodeos forman parte de lo cotidiano. La clave de estos concursos es la velocidad. En pruebas como la captura con lazo y el derribo de reses, vence quien obtiene un mejor tiempo, que normalmente es inferior a 10 segundos. En la monta de potros salvajes, ya sea con silla o a pelo, los vaqueros deben aguantar encima de la res ocho segundos como mínimo, pero también se juzga su destreza y su técnica. Durante la prueba, un locutor informa al público sobre el participante y ofrece datos de los galardones que ha obtenido.

Derribo de reses en el All-Florida Rodeo de Arcadia

# Fort Myers ㉑

LA MARAVILLOSA entrada a Fort Myers, cruzando el río Caloosahatchee, constituye una buena introducción a esta localidad que aún conserva el aire de la Florida de antaño. El curso del río lo sigue el McGregor Boulevard, una arteria bordeada de palmas reales, la primera de las cuales fue plantada por el inventor Thomas Edison, quien introdujo Fort Myers en el mapa a finales del siglo XIX cuando tan sólo era un pueblecito pesquero.

Además de la casa de Edison y otros lugares de interés, merece la pena conocer la ciudad antigua, situada alrededor de First Street; unos tranvías recorren constantemente la zona visitando sus lugares más destacados. Las playas están muy cerca de la ciudad.

> **INFORMACIÓN ESENCIAL**
>
> **Mapa de carreteras** E4. Lee Co.
> 46.000. 11 km al SE.
> 2275 Cleveland Avenue, (800) 231-2222; también bus Thruway de Amtrak, (800) 872-7245.
> 2310 Edwards Drive, (941) 332-3624. Festival Edison de las luces (feb).

**Aparatos originales del laboratorio de Thomas Edison**

### 🏛 Edison Winter Home
2350 McGregor Blvd. (941) 334-3614. ◯ todos los días. ● Acción de Gracias, 25 dic.

La casa de invierno de uno de los más famosos inventores norteamericanos es el mayor atractivo de Fort Myers. Thomas Edison (1847-1931) construyó el inmueble en 1886, y tanto la vivienda como el laboratorio y el jardín botánico se conservan prácticamente como él los dejó.

La residencia de dos pisos y la contigua casa de huéspedes, unos de los primeros edificios prefabricados de EE UU, fueron construidas en Maine y enviadas por piezas a Fort Myers en una goleta. Por ello, el diseño no podía ser muy lujoso, aunque la vivienda es amplia y cómoda, y los espaciosos porches que rodean la planta baja sirven para refrescar la casa, que aún conserva el mobiliario original.

Edison fue propietario de más de 1.000 patentes sobre objetos que abarcaban desde la bombilla hasta el fonógrafo, una fase previa del gramófono. Al otro lado de McGregor Boulevard se encuentra el laboratorio, que alberga los aparatos que Edison empleó en sus últimos experimentos para la producción de caucho sintético, y que continúa iluminado con las bombillas de filamento de carbono que no han dejado de usarse desde la época de su inventor. El museo contiguo explica el contexto de Edison a través de sus objetos personales, decenas de fonógrafos y un Ford T de 1916, obsequio de Henry Ford.

Thomas Edison fue también un entusiasta de la horticultura, y los jardines que rodean la residencia y el laboratorio contienen una gran diversidad de plantas exóticas. La higuera gigante que el magnate de los neumáticos Harvey Firestone le regaló en 1925 tiene un perímetro superior a los 120 m.

Edison era muy querido en Fort Myers, y en las visitas sorprenden los amplios conocimientos y el entusiasmo que demuestran los guías.

### 🏛 Ford Winter Home
2350 McGregor Blvd. (941) 334-3614. ◯ todos los días. ● Acción de Gracias, 25 dic.

Junto a la casa de Edison se encuentra Mangoes, la pequeña vivienda adquirida en 1916 por el fabricante de automóviles Henry Ford. Los Ford eran grandes amigos de los Edison y, tras la muerte del inventor en 1931, jamás regresaron aquí.

Las estancias, fielmente recreadas con muebles de la época, aún conservan el ambiente hogareño que tanto gustaba a Clara Ford. En el garaje se pueden contemplar algunos de los primeros automóviles de esta marca.

### 🏛 Burroughs Home
2505 First St. (941) 332-6125. ◯ ma-vi. ● festivos.

Esta mansión neogeorgiana fue la primera vivienda lujosa de Fort Myers. Edificada por 15.000 dólares en 1901, fue donada a la ciudad en 1983, y rinde memoria al matrimonio Burroughs, sus primeros propietarios. Nelson Burroughs, un tratante de ganado que luchó a las órdenes del general Custer en la guerra de secesión, amasó su fortuna a finales del siglo XIX, cuando Fort Myers cobró importancia co-

**La elegante casa Burroughs evoca la época dorada de Fort Myers**

**Sendero de madera de Calusa Nature Center**

mo puerto ganadero durante la guerra de Cuba *(ver p. 47)*.

La vivienda se conserva amueblada como a principios de siglo y en los dormitorios hay trajes de la época. Unas guías disfrazadas de Mona y Jeddie, las hijas de Burrough, dirigen la amena visita de 45 minutos de duración.

Los jardines, situados a orillas del río Caloosahatchee, rebosan de hibiscos y palmeras; allí se encuentran también las pistas de tenis.

### 🏛 Fort Myers Historical Museum

2300 Peck St. *(941) 332-5955.* ma-sá.

Este museo, instalado en la antigua estación de tren, recuerda los años de apogeo de Fort Myers como localidad ganadera y ahonda en su historia pasada, en la época de los indios calusa y los exploradores españoles. En él destacan una maqueta de la ciudad del año 1900, un vagón de tren de 1930 como los que utilizaban los norteños adinerados que viajaban a Florida a pasar el invierno, y un bombardero P-39 que se estrelló en Estero Bay en los años 40.

### 🌿 Calusa Nature Center and Planetarium

3450 Ortiz Ave. *(941) 275-3435.* todos los días (el planetario sólo mi-do). Día de Acción de Gracias, 25 dic, 1 ene.

Estas 42 hectáreas de naturaleza constituyen una excelente introducción a la flora y la fauna del suroeste de Florida. Contiene un gran recinto de aves, y sus senderos de madera discurren junto a helechos y manglares desde donde se pueden divisar garzas, garcetas y algunos ibis. El museo ofrece charlas ilustradas sobre las serpientes y los caimanes, así como visitas guiadas por los alrededores y el recinto de aves. Además, alberga una recreación de un poblado semínola y el planetario proyecta espectáculos de estrellas y rayos láser.

**ALREDEDORES:** **The Shell Factory**, una macrotienda de recuerdos, se encuentra 6 km al norte de Fort Myers. Puede que los objetos decorativos y joyas a base de conchas no atraigan a todo el mundo, pero la colección de corales (según afirman, la mayor del mundo) resulta impresionante. También venden esponjas, cuadros, carteles, libros y otros artículos de regalo.

**Conchas de la Shell Factory**

### 🐚 The Shell Factory

2787 N Tamiami Trail. *(941) 995-2141.* todos los días.

## Koreshan State Historic Site ㉒

**Mapa de carreteras** E4. Lee Co. Estero, 23 km al S de Fort Myers. *(941) 992-0311.* Fort Myers. todos los días.

EN KORESHAN State Historic Site, antiguo hogar de la secta Koreshan Unity, fundada por Cyrus Teed, se mezclan quienes sienten interés por las religiones con los amantes de la naturaleza.

En 1894, Cyrus Teed tuvo una visión en la que se le pedía que cambiara su nombre por el de Koresh (Cyrus en hebreo) y se trasladara al suroeste de Florida, donde debía crear una gran ciudad utópica con calles de 122 m de ancho. Para ello eligió este bello lugar a orillas del río Estero, donde los miembros de esta religión vivían en una comuna y compartían la propiedad de sus bienes.

La secta llegó a contar con 250 adeptos, cuyo número fue decayendo tras la muerte de su maestro en 1908. Los últimos cuatro miembros donaron el lugar al Estado en 1961. Aún se conservan los jardines y 12 de los 60 edificios; entre ellos, la casa de Cyrus Teed, que ha sido restaurada para devolverle su aspecto original.

El parque ofrece descensos en canoa, senderismo, acampada, pesca fluvial y marítima, y visitas organizadas.

**Casa restaurada de Cyrus Teed, en Koreshan State Historic Site**

# Lee Island Coast ㉓

LEE ISLAND COAST ofrece una combinación irresistible de playas famosas por sus conchas, animales exóticos, exuberante vegetación y magníficas puestas de sol. La mayoría de los visitantes acuden a los elegantes complejos hoteleros, puertos deportivos y campos de golf de las islas Sanibel y Captiva. Sin embargo, a poca distancia en barco hay otras islas menos urbanizadas cuyas únicas distracciones son las playas y la naturaleza. Las excursiones marítimas y los barcos de alquiler parten de numerosos lugares, y también hay algunas líneas marítimas cuyas rutas figuran en el mapa.

> **INFORMACIÓN ESENCIAL**
>
> **Mapa de carreteras** D4, E4. Lee Co. SW Florida International Airport, 24 km al E. 2275 Cleveland Ave, Fort Myers, (800) 231-2222. 1159 Causeway Rd, Sanibel, (941) 472-1080. **Servicios marítimos:** Tropic Star (941) 283-0015; Captiva Cruises (941) 472-7549; North Captiva Island Club Resort (941) 395-1001.

**Cabañas en una sosegada playa de Sanibel Island.**

## Islas Sanibel y Captiva

Pese a estar más cerca que el resto de las islas, Sanibel y Captiva disfrutan de un relajado ambiente caribeño. Son famosas por la cultura de la recogida de conchas y por ser el paraíso de los amantes de la buena vida.

Puede que los cuidados jardines y las hileras de comercios y restaurantes de Periwinkle Way, el eje de Sanibel, no se ajusten a la idea de retiro insular que tiene la mayoría de la gente, pero tampoco hay antiestéticos edificios de apartamentos y sí dos reservas naturales.

Las playas con acceso público están en Gulf Drive; las mejores son Turner y Bowman.

Captiva, donde se alza el South Seas Plantation Resort (ver p. 308), está menos urbanizada que Sanibel y constituye un buen punto de partida para las excursiones marítimas a Cayo Costa.

## Sanibel Captiva Conservation Foundation

Mile Marker 1, Sanibel-Captiva Rd. (941) 472-2329. may-nov: lu-vi; dic-abr: lu-sá.

Esta fundación privada supervisa la protección de buena parte de los humedales del interior de Sanibel. La torre de observación resulta perfecta para contemplar las aves, y sus 6 km de pasarelas de madera están mucho menos concurridas que las del cercano y más conocido parque natural "Ding" Darling.

## Bailey-Matthews Shell Museum

3075 Sanibel-Captiva Rd. (941) 395-2233. ma-do.

Merece la pena visitar este museo de Sanibel, que aborda la mayoría de los aspectos de los moluscos bivalvos. En el gran vestíbulo de las conchas, donde éstas están agrupadas en función de su hábitat de procedencia –desde el cordón litoral hasta los Everglades–, se exhibe una tercera parte de las 10.000 variedades de conchas del mundo.

## ⚘ JN "Ding" Darling National Wildlife Refuge

1 Wildlife Drive. ☏ (941) 472-1100. ○ sá-ju. ● festivos. 🖼 ♿

Esta reserva, que ocupa dos terceras partes de Sanibel, es el principal atractivo de la isla. Sorprende la facilidad con que se divisa a los mapaches, caimanes y aves como las espátulas rosadas, las águilas de cabeza blanca y los quebrantahuesos. La ruta panorámica Wildlife Drive, de 8 km, se pueden recorrer en coche, bicicleta o tranvía. Los senderos y los itinerarios en canoa están flanqueados por uvas marinas, mangles rojos y palmas reales. En el parque alquilan embarcaciones y bicicletas.

Barcos atracados en el tranquilo puerto de Cabbage Key

Espátulas rosadas en J.N. "Ding" Darling National Wildlife Refuge

## ⚘ Cayo Costa Island State Park

Cayo Costa Island. ☏ (941) 964-0375. ○ todos los días. 🖼 ♿ 🅰

Cayo Costa Island es una de las islas más intactas de los cordones litorales de Florida. En gran parte de ella hay plantados pinos australianos y pimenteros brasileños, importados en los años 50 por su sombra y la calidad su madera, pero ahora están siendo talados gradualmente para dejar paso a las especies autóctonas.

Cayo Costa posee 14 km de playas de dunas y varios manglares en la zona oriental. En el interior se intercalan las llanuras de pinares con las praderas y los *hammocks*. La isla es un paraíso de la ornitología y las conchas.

Durante todo el año hay líneas marítimas hasta Cayo Costa; el servicio más frecuente es el de Tropic Star, que parte de Bokeelia, en Pine Island. Un tranvía une el muelle de la bahía con la zona del golfo y, además, hay un cámping con 12 cabañas.

### Cabbage Key

En 1938, la novelista Mary Roberts Rhinehart se trasladó a vivir a esta isla. Su casa, construida a la sombra de dos laureles cubanos de 300 años, es hoy la Cabbage Key Inn, famosa por su restaurante decorado con 30.000 billetes firmados de un dólar. El primero lo dejó un pescador ansioso de asegurarse el pago de las copas en su siguiente visita. Cuando regresó, disponía de suficiente dinero y dejó el billete donde estaba. Más tarde otros visitantes le fueron imitando.

No muy lejos, un depósito de agua de 12 m de altura ofrece una bonita vista de la isla, que también alberga un pequeño sendero por los alrededores. Los barcos de Tropic Star, con base en Pine Island, y Captiva Cruises, de Captiva Island, son los que viajan a Cabbage Key con más frecuencia.

### Pine Island

Bordeada por manglares en lugar de playas, Pine Island resulta útil para conocer otras islas próximas. En el puerto de Bokeelia puede organizar toda clase de viajes por mar y disfrutar de sus bellos pantalanes pesqueros.

---

### RECOGIDA DE CONCHAS

*Scaphella junonia*

Las playas de Sanibel y Captiva figuran entre las mejores de EE UU para recoger conchas. El golfo de México carece de un arrecife costero que las triture, y las aguas, relativamente poco profundas, cálidas y con un fondo plano, fomentan su proliferación. La extensa planicie existente ante el cabo meridional de Sanibel actúa como una rampa por la que las conchas se deslizan hasta la costa. La recogida de moluscos vivos es delito en Sanibel y en el resto de las islas está sujeta a restricciones.

Las aves marinas que se alimentan en el litoral son un buen indicio de la presencia de conchas. El mejor momento para recogerlas es en invierno o justo después de una tormenta. Las más codiciadas son la *Scaphella junonia* y la venera.

Concha común     Venera (*Lyropecten nodosus*)     Janthina     Caracola de Florida

# Los Everglades y los Cayos

El suroeste de Florida *lo ocupan los Everglades, unos humedales de incalculable valor ecológico. Complejos hoteleros y pequeñas ciudades salpican los cayos* (keys), *adonde acuden los visitantes a disfrutar del maravilloso arrecife de coral.*

Hasta la llegada de los europeos, el sur de Florida estaba habitado por tribus como los calusa y los matecumbe *(ver pp. 38-39)*. A partir del siglo XVI, los cayos fueron visitados por colonizadores, piratas y buscadores de tesoros *(ver p. 289)*, pero el suroeste de la península, infestado de mosquitos, no fue poblado hasta mediados del siglo XIX con el asentamiento de la floreciente localidad turística de Naples.

En 1928 se construyó la primera carretera en esta región, la Tamiami Trail, que unía la costa atlántica con la del golfo de México. Los primeros asentamientos creados en sus márgenes, como Everglades City o Chokoloskee, apenas han cambiado desde finales del siglo XIX y, hoy en día, parecen anclados en el pasado. Estas poblaciones delimitan la entrada occidental del Everglades National Park, un amplio río de juncia salpicado de islas arboladas, que posee una especial belleza y constituye un paraíso natural. Al suroeste de la península se extienden los cayos, una cadena de islitas protegidas por el único arrecife de coral de Norteamérica. Antaño, un ferrocarril marítimo cruzaba los cayos, pero hoy en día ha sido sustituido por la Overseas Highway (autopista marítima), ruta de uno de los viajes clásicos de EE UU. Cuanto más al sur se vaya, más se corrobora el dicho de que los cayos son más un estado de ánimo que un lugar geográfico. Al final de la carretera se halla el legendario Key West, máximo exponente del estilo de vida de la región.

Este mural de Bahama Village, en Key West, refleja el origen caribeño de sus habitantes

◁ Manglares y *hammocks* de los Everglades, donde los sinuosos canales confluyen con el mar

# Explorando los Everglades y los cayos

NAPLES Y MARCO ISLAND, en el noroeste, son los mejores puntos de partida para recorrer las playas del golfo de México. Además, poseen formidables campos de golf y se encuentran próximos a los extensos parajes silvestres de Big Cypress Swamp y Everglades National Park, que abarcan una buena parte de esta región. Los cayos de Florida son famosos por las actividades que brinda su arrecife de coral: pesca, buceo y submarinismo. Islamorada y Key Largo, en los cayos altos, ofrecen alojamiento de muy diversa índole, mientras que la bulliciosa Marathon y el colorista Key West, con sus pintorescas posadas en régimen de *bed and breakfast* (cama y desayuno), resultan perfectos para explorar los sosegados cayos bajos.

Overseas Highway, la arteria central de los cayos de Florida

## LUGARES DE INTERÉS

Ah-Tha-Thi-Ki Museum ❸
Big Cypress Swamp ❷
Biscayne National Park ❻
Dolphin Research Center ⓭
Dry Tortugas National Park ⓲
*Everglades National Park pp. 272-277* ❺
Indian Key y Lignumvitae Key ⓬
Islamorada ⓫
John Pennekamp Coral Reef State Park ❽
Key Largo ❼
*Key West pp. 284-289* ⓱
Lower Keys ⓰
Marathon ⓮
Miccosukee Indian Village ❹
Naples ❶
Pigeon Key ⓯
Tavernier ❾
Theater of the Sea ❿

**VER TAMBIÉN**

• *Alojamiento* pp. 310-311
• *Restaurantes y bares* pp. 328-329 y 331

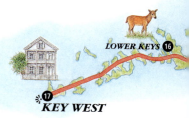

Naturaleza virgen de Big Cypress Swamp

### Cómo Desplazarse

Esta región carece de servicio ferroviario, pero en Key West, Marathon y Naples hay aeropuerto, y las líneas de autobuses enlazan Miami con Naples y Key West. La Tamiami Trail (US 41) y la I-75 unen Miami y Fort Lauderdale con Naples. La Overseas Highway (US 1) arranca de Florida City, pero la Card Sound Road (Route 997), con menos tráfico y mejores vistas, constituye una entrada alternativa a los cayos. La Overseas Highway ofrece un espectáculo más cautivador una vez pasado el puente de las 7 Millas, pues las islas están menos urbanizadas y las vistas resultan más atractivas. En los cayos, las direcciones e instrucciones suelen figurar en los mojones verdiblancos indicadores de millas que, situados en los márgenes de las carreteras, indican la distancia hasta Key West.

### Signos Convencionales

- Autopista interestatal
- Carretera principal
- Carretera secundaria
- Ruta panorámica
- Cerrada a coches particulares
- Punto panorámico

## Naples ❶

**Mapa de carreteras** E4. Collier Co.
🏠 21.000. ✈ 🚌 🚂 895 5th Ave S, (941) 262-6141.

Ciudad costera conservadora y acomodada, Naples se enorgullece de su cuidado aspecto y de sus 55 campos de golf, que crean la mayor concentración de todo el Estado.

En el centro urbano, la mayoría de los edificios de color pastel data de principios de siglo. Muchas de las viviendas decimonónicas fueron destruidas en 1960 por el huracán *Donna*, que también arrebató el malecón original de 1887. Reconstruido en 1961, es ahora un lugar muy frecuentado por los pescadores y los pelícanos, a los que resulta fácil ver posados en las barandillas.

El **Collier County Museum** se centra en la historia de la localidad y alberga una recreación de un poblado seminola. Exhibe desde objetos antiguos de los indígenas hasta artículos relativos a la colonización de la región y la construcción de la Tamiami Trail (US 41), junto a la cual se alza el museo.

La bella playa de arena blanca, de 16 km de longitud, se encuentra flanqueada por edificios de apartamentos, pero ofrece buenos accesos y es una zona segura para bañarse en las aguas del golfo.

La popular playa que se extiende junto al malecón de Naples

### 🏛 Collier County Museum
3301 Tamiami Trail E. ☎ (941) 774-8476. ◯ lu-vi. ● festivos. ♿

**Alrededores:** urbanizada con fines turísticos desde los años 60, Marco Island es la más septentrional de las Ten Thousand Islands, además de un buen punto de partida para explorar la franja occidental de los Everglades *(ver p. 272)*. En ella se descubrieron extraordinarios restos arqueológicos de unos 3.500 años de antigüedad, que ahora se conservan en museos foráneos, aunque toda la isla aparece salpicada de túmulos de restos orgánicos que aportan importantes datos sobre la vida y la dieta de los antiguos indios calusa *(ver pp. 38-39)*.

## Big Cypress Swamp ❷

**Mapa de carreteras** E4. Collier Co, Monroe Co.

Este vasto y poco profundo humedal, donde habitan cientos de especies, como la casi extinta pantera de Florida *(ver p. 123)*, no es en realidad una verdadera ciénaga *(swamp)*, sino que alberga diversos hábitats, sólo determinados por las leves diferencias de nivel del terreno, como son las islas de arena y pinos, las praderas húmedas y secas, y los *hammocks* de madera dura o frondosas *(ver p. 273)*. Una tercera parte de este humedal está cubierto de cipreses, que crecen formando estrechos y largos bosques cuyas dimensiones son las que confieren su nombre a esta zona.

La ciénaga funciona como almacén de agua del conjunto de los Everglades y como área de transición del Everglades National Park *(ver pp. 272-277)*. La carretera Tamiami Trail (o US 41), inaugurada en 1928, atraviesa el humedal, bordea los Everglades y se extiende desde Tampa hasta Miami. Hoy en día, estas proezas de la ingeniería son cuestionables desde el punto de vista medioambiental, pues bloquean el movimiento natural del agua y los animales.

La **Big Cypress National Preserve** es la mayor zona protegida perteneciente a este humedal, aunque resulta difícil de explorar por su tamaño.

Un sendero de madera recorre Fakahatchee Strand, en Big Cypress Swamp

## Los Semínolas de Florida

El término semínola (que significa "nómada" o "prófugo") fue utilizado por primera vez en el siglo XVIII para referirse a los miembros de diversas tribus de indios creek que, empujados al sur de Florida por los europeos, se refugiaron en los Everglades *(ver p. 45)*. Hoy en día, la tribu semínola es oficialmente distinta de otra gran agrupación, la tribu miccosukee, aunque a ambas se las denomina semínolas.

En 1911, las disputas por los terrenos históricos obligaron al gobierno norteamericano a adjudicar una reserva a los indios de Florida. En ella conservan sus tradiciones, aunque combinadas con elementos de la vida moderna. Últimamente han construido salas de bingo con la esperanza de aumentar su patrimonio *(ver p. 133)*.

**Atuendos semínolas de finales del siglo XIX**

## Ah-Tha-Thi-Ki Museum ❸

**Mapa de carreteras** F4. Broward Co. Snake Rd, 27 km al N de la salida 14 de I-75. ( *(954) 792-0745.* ❍ *ma-do.* ● *festivos.*

El Ah-Tha-Thi-Ki Museum ocupa 26 hectáreas de la reserva semínola de Big Cypress. El edificio principal y el sendero de madera se construyeron en 1997 y actualmente se están proyectando otros espacios para albergar exposiciones.

El museo está dedicado a la cultura y la historia de los semínolas; su nombre, Ah-Tha-Thi-Ki, significa "lugar para aprender" y, además, proyecta una película en cinco pantallas que rodean al espectador.

**Los tántalos anidan en los árboles de Corkscrew Swamp Sanctuary**

En el extremo occidental se encuentra el **Fakahatchee Strand State Preserve,** uno de los espacios más vírgenes de Florida. Se trata de una enorme zanja natural de drenaje, o *slough,* de 32 km de longitud y entre 5 y 8 km de ancho.

La tala de árboles fue abandonada en los años 50 tras haber destruido el 99% de los antiguos cipreses adultos; los únicos ejemplares que conserva esta reserva, algunos de ellos de 600 años de edad, se encuentran en Big Cypress Bend, donde un corto sendero atraviesa un mosaico de agrupaciones vegetales como magníficas orquídeas o epifitas *(ver p. 276).* También en Cypress Bend se encuentra la mayor representación de palmas reales autóctonas de EE UU.

La Route 846, que asciende hacia el noreste desde Naples, lleva hasta el popular **Corkscrew Swamp Sanctuary,** donde un sendero de madera de 3 km atraviesa diversos hábitats, entre ellos la mayor franja de cipreses ancestrales de Florida. El parque, célebre por sus numerosas aves, es una importante zona de cría de los casi extintos tántalos, que todos los años pasan aquí los meses de invierno.

**❊ Big Cypress National Preserve**
Oasis Visitor Center, US 41.
( *(941) 695-4111.* ❍ *todos los días.* ● *25 dic.*

**❊ Corkscrew Swamp Sanctuary**
375 Sanctuary Rd, junto a Route 846.
( *(941) 657-3771.* ❍ *todos los días.*

**❊ Fakahatchee Strand State Preserve**
Big Cypress Bend, US 41. ( *(941) 695-4593.* ❍ *todos los días.*

## Miccosukee Indian Village ❹

**Mapa de carreteras** F5. Dade Co. US 41, 6,5 km al E de Forty Mile Bend. ( *(305) 223-8380.* ❍ *todos los días.*

La mayoría de los indios miccosukee viven en pequeños asentamientos a lo largo de la US 41. Para conocerlos bien, lo mejor es visitar el poblado indio Miccosukee, junto a Shark Valley *(ver p. 273),* el único lugar abierto al público.

En él, los visitantes tienen la posibilidad de contemplar los tradicionales *chickees* (ver p. 28) y la confección artesanal de cestas, muñecas de palma y collares. Cuenta también con un pequeño centro cultural y un restaurante donde se pueden degustar platos como ancas de rana y cola de caimán.

**Puesto de muñecas y collares en el poblado indio de Miccosukee**

# Everglades National Park ❺

Guardabosques

ESTE INMENSO PARQUE de 566.580 hectáreas sólo cubre una quinta parte de la totalidad de los Everglades. La entrada principal se encuentra en su linde oriental, a 16 km al oeste de Florida City. En su mayoría, los senderos de madera son elevados, miden aproximadamente 0,8 km y están claramente señalizados. El personal del parque le puede ayudar a organizar su visita y aconsejarle sobre los paseos y programas que a diario dirigen los guardabosques. Además, alquilan barcos y canoas y ofrecen numerosos paseos donde elegir. El viajero puede alojarse en un hotel, en diversos cámpings, o en lugares más primitivos como los *chickees (ver p. 28)*, a los que normalmente se llega en canoa. Por la acampada libre se cobra una pequeña tarifa; sólo se puede reservar con 24 horas de antelación.

**Chokoloskee**
*Al archipiélago Ten Thousand Islands y a la costa occidental del parque sólo se accede desde los muelles de esta isla.*

**Whitewater Bay**
*En la confluencia de los ríos de los Everglades con el golfo de México y Florida Bay el agua se manifiesta en forma de riachuelos y lagos poco profundos como el Whitewater Bay.*

## NORMAS DE SEGURIDAD

La protección contra las picaduras de insectos es fundamental. Observe los consejos de los guardabosques y los tablones informativos, y respete la naturaleza. Los caimanes pueden moverse deprisa en tierra; varios árboles y arbustos como el pimentero brasileño son venenosos, al igual que algunas orugas y serpientes. Si proyecta abandonar el sendero balizado, comunique a alguien su itinerario. Conduzca despacio: hay muchos animales que quizás se aventuren a cruzar la carretera.

**Serpiente de coral**

**Paseos en canoa por los Everglades**
*Junto a la costa occidental y alrededor de Florida Bay, las oportunidades de explorar las vías fluviales del parque son infinitas, desde sus pequeñas rutas hasta la aventura de una semana por la lejana Wilderness Waterway.*

## Shark Valley
*Recorra los 25 km de esta sinuosa carretera en bicicleta o en tranvía. Desde la torre de 18 m de altura las vistas son magníficas.*

## Anhinga Trail
*Este sendero, uno de los más populares del parque, arranca del Royal Palm Visitor Center. El ave del que toma su nombre suele mostrarse secando su inconfundible plumaje al sol.*

### INFORMACIÓN ESENCIAL

**Mapa de carreteras** E4, E5, F5. Monroe Co, Dade Co. ☐ todos los días. 🛈 dic-may: 8.00-17.00 todos los días.
**Principal Centro de Visitantes** ☎ (305) 242-7700. ☐ todo el año.
**Gulf Coast Center** (en Everglades City) ☎ (941) 695-3311; información de paseos en barco y alquiler de canoas en el (941) 695-2591.
**Shark Valley Center** ☎ (305) 221-8776; reservas para el paseo en tranvía y alquiler de bicicletas en el (305) 221-8455.
**Royal Palm Visitor Center** ☎ (305) 242-7700.
**Flamingo Visitor Center** ☎ (941) 695-3092; alquiler de canoas, barcos o bicicletas, llame al (941) 695-3101. ♿ La mayoría de los senderos son accesibles. Llame al (305) 242-7700.
⚠ Reservas: (800) 365-2267.

### SIGNOS CONVENCIONALES

|   |   |
|---|---|
| ▢ | Manglar |
| ▢ | Pradera de agua salada |
| ▢ | Cipreses |
| ▢ | Pradera de agua dulce |
| ▢ | *Slough* de agua dulce |
| ▢ | Pinares |
| ▢ | *Hammock* |
| - - | Wilderness Waterway |
| - - | Lindes del parque |
| ━━ | Carretera asfaltada |
| ══ | Cerrada a coches particulares |
| 🛈 | Centro de información al visitante |
| 🚗 | Entrada |
| ⛺ | Cámping |
| ⛽ | Gasolinera |

**Flamingo** posee el único hotel del parque y su mayor cámping. De las proximidades parten diversos senderos y rutas en canoa.

## Mahogany Hammock Boardwalk
*Este sendero atraviesa un gran hammock de frondosas tropicales que se caracteriza por el colorido de sus caracoles (ver p. 275) y epífitas (ver p. 276), así como por albergar el mayor caobo del país.*

# Fauna y flora de los Everglades

LOS EVERGLADES conforman un vasto sistema de ríos, rebosaderos del lago Okeechobee *(ver p. 124)*, que avanzan lentamente sobre un suelo plano de piedra caliza cubierto de turba. Con una longitud de 322 km y una anchura de 80 km, su profundidad rara vez supera los 9 m.

El aire tropical y las corrientes marinas actúan en esta zona templada creando unas combinaciones de flora únicas en Norteamérica. Macizos vegetales como las bóvedas de cipreses *(ver p. 23)*, *hammocks* de frondosas tropicales y agrupaciones de laureles rompen la monotonía de la pradera de juncia. También son singulares los cientos de especies animales (entre ellas, 400 de aves) que confieren su fama a los Everglades. Este ecosistema único se sostiene gracias al ciclo de estaciones secas (invierno) y húmedas (verano) que constituye la savia de los Everglades.

**Quebrantahuesos**
*Esta ave pescadora frecuenta la costa, las bahías y las charcas del parque. Sus grandes nidos resultan inconfundibles.*

**Ranita de San Antón**
*El canto de este anfibio en peligro de extinción resuena por todos los Everglades.*

**Garceta nívea**
*Su bello plumaje de cortejo, sus garras amarillas y su pico negro identifican a esta ave.*

**La higuera estranguladora** comienza su vida en forma de semilla transportada por los excrementos de las aves hasta una grieta de otro árbol.

**Bromeliácea** *(ver p. 276)*

Laurel

**Las agrupaciones de laureles** son *hammocks* que crecen en el rico suelo orgánico.

Árbol de la cera

Juncia

Anea

## ISLAS DE ÁRBOLES
Los *hammocks* son terrenos elevados dentro de una pradera de agua dulce sobre la que crece una formidable variedad de especies animales y vegetales.

Utricularia

Nenúfar

**Caimán americano**
*Este animal de piel rugosa y gran dentadura es uno de los habitantes más conocidos y temidos del parque.*

**Los hoyos** son cavados por los caimanes, que buscan aguas subterráneas en la estación seca. Durante los meses de invierno habitan numerosas especies en estas oquedades inundadas de agua.

**Garza azul**
*Esta zancuda, extendida por todo Florida, tiene una envergadura de 2 m. Los ejemplares del sur del Estado pueden tener el plumaje blanco.*

Palma real

**Espátula rosada**
*Estas aves se sirven de sus picos en forma de espátula para pescar en aguas poco profundas.*

**El caobo** es una de las especies antillanas que predominan en los *hammocks* de frondosas.

El **almácigo** tiene la corteza roja y levantada, de ahí su apodo de "árbol del turista".

Palmito

Turba

**Los mangles comunes** presentan unas raíces inconfundibles. Desempeñan una función crucial en la protección del litoral y sirven de refugio a los animales marinos.

**Caracol de árbol**
*Hay 58 variedades de caracoles de árbol, que habitan en los hammocks y sólo se mueven durante la estación húmeda.*

**Nutria**
*Este delicioso pariente de la comadreja retoza con frecuencia en las charcas de agua dulce.*

## Visita al Everglades National Park

LA MAYORÍA DE LOS visitantes sólo dedican al Everglades National Park un día, que se va fácilmente en recorrer uno o dos de los senderos. Sin embargo, se puede hacer una excursión estupenda con paradas en los diversos caminos de madera que parten de la carretera principal del parque (Route 9336); se trata de un fácil trayecto de ida y vuelta a Flamingo, en Florida Bay. Trate de incluir al menos uno de los senderos y charcas situados junto al tramo meridional de la carretera, entre Mahogany Hammock y Flamingo. Los numerosos tablones informativos le ayudarán a identificar los animales y plantas.

Long Pine Key alberga un cámping y varios senderos

Guardas y visitantes observan las especies naturales

### Alrededor del Royal Palm Visitor Center

Este centro de información al visitante y sus dos senderos de madera cercanos se encuentran en el lugar que ocupó el primer parque de Florida, creado en 1916. El popular **Anhinga Trail,** que cruza el Taylor Slough, se alza sobre aguas más profundas que las del terreno circundante y, en la estación seca, los animales se acercan hasta aquí para beber. Al ser más abierto, permite hacer mejores fotos y hay menos insectos, pero la exposición al sol puede resultar peligrosa. Los caimanes se congregan junto al hoyo *(ver p. 274)* que hay al principio de este sendero, desde el cual podrá divisar ciervos, mapaches y a la espléndida ave *anhinga*.

El umbrío **Gumbo Limbo** es, por el contrario, un paraíso de los mosquitos incluso en invierno. No obstante, se trata de una senda fácil de recorrer y, si sólo va a visitar la mitad oriental del parque, es la que mejor permite explorar los *hammocks* de frondosas tropicales. Busque las bromeliáceas, unas epífitas de la familia de la piña. Se trata de una planta no parásita que crece sobre otras pero que obtiene su alimento del aire. También hay muchas variedades de orquídeas y del árbol que da nombre al sendero, el *gumbo-limbo* o almácigo *(ver p. 275)*.

Bromeliáceas en un caobo

### Long Pine Key

Esta zona toma su nombre de una gran franja de pinos, exclusivos del sur de Florida, cuya resistencia a la podredumbre y a los insectos los convierte en un excelente material de construcción. Los pinares necesitan el fuego para sobrevivir: sin él, se convierten en bosques de frondosas. El personal del parque provoca incendios controlados para fomentar la regeneración de los pinares y las especies asociadas a ellos, como el palmito.

La magnífica ubicación del cámping de Long Pine Key es una de las razones por las que la gente se detiene en esta zona. De aquí parten diversos senderos y, a 3 km al oeste, pasa un tramo del Pinelands Trail. No abandone el camino: el suelo de caliza está erosionado por la lluvia filtrada en la roca y crea unos hoyos que pueden ser profundos y difíciles de ver.

### SENDEROS EN TORNO A FLAMINGO

Por regla general, las excursiones en canoa por aguas abiertas son una buena forma de escapar de los insectos en verano, mientras que los senderos resultan más agradables en invierno.

#### SIGNOS CONVENCIONALES

- - - Sendero
- - - Recorrido en canoa
— Carretera asfaltada
= Carretera sin asfaltar

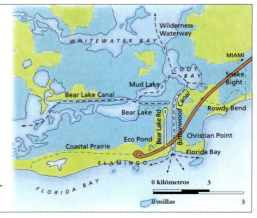

## De Pa-hay-okee a Flamingo

La vasta pradera de juncia que se vislumbra desde **Pa-hay-okee Overlook** es el máximo exponente de los Everglades. La torre de observación resulta perfecta para contemplar el movimiento casi acuoso de este mar de hierba, especialmente al atardecer. Las islas de árboles, o *hammocks*, quiebran el horizonte, surcado por una multitud de zancudas, halcones y milanos de los Everglades, cuyo único alimento, el caracol vermiforme, habita en la juncia. En esta pradera crecen también las aneas y otras plantas de humedal.

El **Mahogany Hammock Trail** (ver p. 273) discurre por uno de los mayores *hammocks* del parque, donde la fauna y la flora son variadísimas; las bromeliáceas resultan impresionantes y la vegetación tropical se muestra especialmente exuberante durante los húmedos meses estivales.

Los senderos y charcas situados entre Mahogany Hammock y Flamingo suelen recibir pocos visitantes, aunque resultan muy gratificantes, especialmente por sus aves. Recorra el West Lake Trail o el Snake Bight Trail, que muere en Florida Bay.

La población de **Flamingo** está a 60 km de la entrada principal del parque. A finales del siglo XIX era un asentamiento aislado de cazadores y pescadores; hoy en día, sus únicos habitantes fijos son algunos guardabosques. Su situación junto a Florida Bay brinda a los visitantes numerosas actividades como el senderismo, la pesca, la navegación y la ornitología. Recomendamos pasar una noche en el cámping o en el refugio, especialmente para poder contemplar las aves en el mejor momento: al amanecer y al anochecer.

Además de las innumerables especies de pájaros y animales, la bahía y los riachuelos próximos a Flamingo acogen a numerosos manatíes (ver p. 236) y al casi extinto cocodrilo americano, que se distingue fácilmente del caimán por su color verde grisáceo y porque los dientes de ambas mandíbulas le quedan a la vista aun con las fauces cerradas. No obstante, no es un animal fácil de ver.

En el centro de atención al visitante de Flamingo hay guías especializados e información sobre las actividades que organizan los guardabosques.

Desde el Pa-hay-okee Overlook se divisa una magnífica pradera de juncia

## Biscayne National Park ❻

**Mapa de carreteras** F5. Dade Co. 9700 SW 328th St, Convoy Point. Miami. Homestead. (305) 230-7275. todos los días. 25 dic. **Centro para visitantes** 8.30-16.30. Paseos en barco (305) 230-1100.

Un manglar protege el litoral de Biscayne National Park, al que pertenecen las islas más septentrionales de los cayos de Florida. Sus aguas poco profundas albergan un arrecife de coral con infinidad de formas y unos 200 tipos de peces tropicales. El cordón litoral se conserva intacto, por lo que el coral está más cuidado y el agua es aún más transparente que en los parques submarinos de la zona de Key Largo.

Las excursiones en barco con fondo de cristal y la práctica del buceo se contratan en el centro de visitantes; conviene reservar con antelación.

Corales y peces tropicales del Biscayne National Park

---

### Los Everglades Amenazados

El parque nacional de los Everglades disfruta de una buena protección dentro de sus lindes, pero no es fácil controlar las amenazas procedentes del exterior. Desde su creación en 1947, su mayor problema ha sido el agua. El ecosistema de los Everglades y la población humana de Florida compiten por este valioso bien: los canales de regadío y las carreteras rompen el fluir natural del agua desde el lago Okeechobee (ver p. 124), y el drenaje del suelo para edificar también actúa en detrimento de la naturaleza. La agricultura del centro de Florida consume cantidades ingentes de agua y el abuso de fertilizantes químicos fomenta el crecimiento antinatural de la vegetación de las ciénagas. Además, se ha observado que los peces de la zona sufren envenenamiento por mercurio.

La agricultura cercana a los Everglades consume mucha agua

## Key Largo ❼

**Mapa de carreteras** F5. Monroe Co. 🏠 16.000. 📧 ℹ️ MM 106, (305) 451-1414, (800) 822-1088. **African Queen** 📞 (305) 451-4655.

La mayor isla de la cadena, bautizada como Cayo Largo por los exploradores españoles, es la primera zona habitada con que se encuentra el visitante. Por su proximidad a Miami, también es la más animada de los cayos, especialmente los fines de semana.

Los principales atractivos de esta isla son el buceo en el arrecife coralino próximo a la costa, el John Pennekamp Coral Reef State Park y el National Marine Sanctuary.

Otra atracción es el *African Queen*, el barco empleado en 1951 para rodar la película *La reina de África*, que ofrece paseos de placer. Se encuentra atracado a la altura del punto MM 100 de la carretera, que también sirve de base a un barco-casino cuya oferta es algo diferente: un periplo marítimo donde está permitido el juego *(ver p. 338)*.

El **Maritime Museum of the Florida Keys** familiariza al visitante con la riqueza marina de los arrecifes de coral y muestra los tesoros de los buques españoles naufragados. El museo narra las hazañas de diversos piratas y alberga monedas de oro y plata, piedras preciosas y lingotes recuperados a lo largo de los años. También tiene expuestos objetos del galeón *Concepción*, que se hundió durante un huracán en 1715.

**Joya preciosa del Maritime Museum**

🏛️ **Maritime Museum of the Florida Keys**
MM 102. 📞 (305) 451-6444.
⭕ todos los días. ⚫ 25 dic. 🎫 ♿

## John Pennekamp Coral Reef State Park ❽

**Mapa de carreteras** F5. Monroe Co. MM 102.5. 📧 Key Largo. 📞 (305) 451-1202. ⭕ todos los días. 🎫 ♿

Tan sólo el 5% de este parque se asienta sobre tierra firme. Entre sus instalaciones se cuentan un centro de atención al visitante, un pequeño museo sobre la ecología del arrecife, tres zonas de baño y varios senderos entre bosques. Sus fabulosas posesiones submarinas se extienden a lo largo de 5 km hacia el este y ofrecen una imagen inolvidable de los vivos colores y las extraordinarias formas de vida del arrecife coralino.

El parque cuenta con canoas, balsas neumáticas y lanchas motoras de alquiler, además de equipos de buceo. También es posible contratar salidas o aprender submarinismo en la escuela de buceo autorizada. Quienes prefieran no mojarse

---

### El arrecife coralino de Florida

El único arrecife de coral de Norteamérica recorre 320 km a lo largo de los cayos desde Miami hasta Dry Tortugas. Se trata de un delicadísimo y complejo ecosistema que protege estas islas poco elevadas de las tormentas y el oleaje del Atlántico. Los arrecifes coralinos los crean, durante miles de años, millones de diminutos organismos marinos denominados pólipos. Sumergido entre 3 y 18 metros, un arrecife es un intrincado laberinto de innumerables grietas y oquedades donde habitan multitud de plantas y animales, entre ellos más de 500 especies de peces.

**La morena verde normalmente es inofensiva para las personas**

**Los abanicos de mar son corales blandos, sin esquelet...**

**El *Holocentridae* se mueve por la oscuridad**

#### Tipos de Corales

① Coral estrellado
② Abanico de mar
③ Coral floriforme
④ Coral estrellado elíptico
⑤ Bastoncillo marino
⑥ Coral columniforme
⑦ Coral tubiforme naranja
⑧ Asta de alce
⑨ Coral cerebriforme
⑩ Asta de ciervo
⑪ Gran coral floriforme
⑫ Penacho marino

**Un buceador y una langosta en el John Pennekamp Coral Reef State Park**

## Tavernier ⓘ

**Mapa de carreteras** F5. Monroe Co.
👥 2.500. ℹ️ MM 106, (305) 451-1414.

El ferrocarril de Henry Flagler *(ver pp. 46-47)* llegó hasta esta parte de los cayos hacia 1910. Hoy en día, son numerosos los edificios construidos en los años 20 y 30 que se alzan alrededor del punto MM 92 de la carretera; de ellos, sólo el Tavernier Hotel está abierto al público.

El atractivo más notable de esta localidad es el **Florida Keys Wild Bird Rehabilitation Center,** donde se recoge y cura a las aves heridas por los coches y los anzuelos de los pescadores, que se recuperan en espaciosas jaulas situadas en un sosegado entorno que contrasta con el bullicio del resto de la isla.

pueden dar un paseo en un barco con fondo de cristal. La mayoría de las excursiones tienen como destino la zona colindante del Florida Keys National Marine Sanctuary, más conocido como Key Largo National Marine Sanctuary, que se extiende 5 km mar adentro.

Algunas zonas del arrecife resultan perfectas para bucear con tubo de respiración, como las aguas poco profundas de White Bank Dry Rocks, habitadas por un impresionante surtido de corales y peces de colores. No muy lejos, Molasses Reef ofrece áreas en las que los visitantes se encontrarán con un sinfín de peces. Más al norte, French Reef alberga diversos pasos entre rocas. En Key Largo Dry Rocks, la estatua del *Cristo de las Profundidades,* situada a unos 6 m bajo el agua, es muy fotografiada por los buceadores.

🦅 **Florida Keys Wild Bird Rehabilitation Center**
MM 93.6. 📞 *(305) 852-4486.*
🕐 todos los días. ♿

---

*El pólipo de coral secreta un esqueleto de caliza para proteger su cuerpo carnoso. Los ciclos de crecimiento de una colonia de pólipos crean las bases y ramas de coral, cuyo color lo determinan unas plantas microscópicas que habitan en los tejidos de los pólipos.*

Boca — Tentáculos carnosos — Base pétrea — Estómago

**El pez papagayo se alimenta de pólipos de coral gracias a sus dientes en forma de pico**

Esponja tubular gigante

Anémona de mar

**El pez reina presenta uno de los coloridos más vivos del arrecife**

Esponja de cañón

Esponja vasiforme

## Theater of the Sea ❿

**Mapa de carreteras** F5. Monroe Co. MM 84.5. ☎ *(305) 664-2431.* ◻ *todos los días.* ♿

EN WINDLEY KEY se encuentra el segundo parque marino más antiguo de Florida, el Theater of the Sea, inaugurado en 1946. Situado en una antigua cantera creada durante la construcción del ferrocarril de Flagler *(ver pp. 46-47),* es famoso por sus tradicionales números de leones marinos y delfines. También ofrece actividades como el programa "Adiestrador por un día" y excursiones marítimas para explorar la fauna de las lagunas locales.

Dolphin Adventure incluye un baño con delfines y dos horas de espectáculo continuado, pero hay que reservar con bastante antelación.

**Pescadores de Whale Harbor Marina, en Islamorada**

## Islamorada ⓫

**Mapa de carreteras** F5. Monroe Co. 🚶 *8.500.* 🚌 ℹ *MM 82.5, (800) 322-5397.*

LA CAPITAL MUNDIAL de la pesca deportiva consta de varias islas que destacan por la captura de especies de gran tamaño.

El Whale Harbor Marina de la ciudad de Islamorada, en Upper Matecumbe Key, cuenta con impresionantes barcos que se alquilan para salir a pescar en alta mar. Las embarcaciones compartidas admiten a gente de todos los niveles de experiencia, así que no es preciso ser un gran aficionado para disfrutar de una jornada en el mar. En el punto MM 82 de la carretera, el Art Deco Hurricane Monument marca la tumba de 500 personas que fallecieron a causa de la ola ciclónica del huracán de 1935 *(ver p. 24).*

## Indian Key y Lignumvitae Key ⓬

**Mapa de carreteras** F5. Monroe Co. 🚤 *Islamorada.* 🚌 *Lower Matecumbe Key.* ℹ *Islamorada, (800) 322-5397.*

HASTA ESTAS ISLAS deshabitadas, en extremos opuestos de la Ocean Highway, sólo se puede llegar por mar.

El diminuto Indian Key tiene una historia sorprendente. Antiguo asentamiento indio, fue colonizado en 1831 por el capitán J. Houseman, un oportunista buscador de tesoros *(ver p. 289)* bajo cuyo mando autocrático floreció una pequeña población que, en 1840, fue objeto de un ataque seminola en el que murieron todos sus habitantes. El cayo fue abandonado y hoy sólo se conservan restos del pueblo y sus aljibes, invadidos por una variada y exuberante vegetación. Una torre de observación ofrece espléndidas vistas de la isla.

El Lignumvitae Key, que únicamente se puede recorrer en compañía de un guardabosques, ofrece un interés botánico aún mayor. Alberga 133 especies nativas de árboles, entre ellos el que ha dado nombre a la isla, un árbol de flores azules que puede vivir 1.000 años. Los científicos creen que el resto de la vegetación puede tener hasta 10.000 años de antigüedad.

**Delfines jugando en aguas protegidas del Dolphin Research Center**

En su fauna destacan los caracoles de árbol *(ver p. 275)* y unas arañas impresionantes.

## Dolphin Research Center ⓭

**Mapa de carreteras** E5. Monroe Co. MM 59. ☎ *(305) 289-1121.* ◻ *todos los días.* ● *Día de Acción de Gracias, 25 dic, 1 ene.* ♿

ESTA ORGANIZACIÓN no lucrativa de Grassy Key se dedica a estudiar el comportamiento de los delfines. También hace las veces de sanatorio de ejemplares enfermos o heridos y acoge a los que han agotado su época de actores en los parques temáticos.

Además, este centro de investigación ofrece exposiciones, paseos a orillas del lago y otras actividades como el "Encuentro con los delfines", que permite al visitante bañarse con ellos. Es fundamental reservar con un mes de antelación a la fecha prevista para la visita.

**Torre de observación y aljibes originales de Indian Key**

# La pesca en los cayos de Florida

EN EL SUR DE FLORIDA hay tres zonas de pesca, cada una con sus propias características y recompensas. Junto a la cálida corriente del golfo abundan las grandes especies. Las aguas costeras del Atlántico, hasta el mismo arrecife de coral, acogen peces tropicales como el mero. Por último, al norte de los cayos, en las zonas poco profundas del golfo, habita el tarpón. Islamorada, Marathon y Key West son los principales núcleos pesqueros de la zona, y en los pequeños puertos deportivos de toda la región se alquilan embarcaciones. Hay opciones para todos los gustos, presupuestos y destrezas, pero las posibilidades de triunfar serán mayores si reserva plaza en un barco de pesca compartido o contrata a un guía experimentado. Aunque las condiciones meteorológicas y las variaciones estacionales determinan las especies existentes, en las aguas de los cayos se puede pescar durante todo el año.

**Señuelo de pesca**

### ¿Pesca en Alta Mar o en la Costa?

La pesca en alta mar, una de las opciones más estimulantes que existen, seduce al aficionado que ansía grandes capturas; sin embargo, el alquiler del barco resulta caro. En las aguas costeras, donde la astucia y la cautela contribuyen a amarrar las capturas, se pesca en esquifes.

**Los esquifes** son impulsados con perchas, pues las algas se enredan en los motores.

**Desde las embarcaciones** los pescadores batallan con los grandes ejemplares de alta mar.

**Las tiendas de aparejos y cebos** abundan en la Overseas Highway y en los puertos. No sólo alquilan y venden equipos de pesca (ver p. 341), sino que suelen ser el lugar perfecto para realizar excursiones por la zona.

**Las grandes especies** de alta mar son el trofeo más codiciado. Los restaurantes se ofrecen para prepararle la captura, pero si lo prefiere, un taxidermista puede disecársela (ver p. 341).

**Los barcos compartidos** ofrecen una forma divertida y asequible de pescar en el arrecife. El precio por persona suele incluir el permiso de pesca, los aparejos y los cebos.

Puerto de Marathon, con el puente de las 7 Millas al fondo

## Marathon ⓮

**Mapa de carreteras** E5. Monroe Co. 🚶 *13.000.* ✈ ℹ *MM 53.5, (305) 743-6555.*

Los colonizadores españoles dieron a esta isla el nombre de Cayo Vaca, probablemente por los numerosos manatíes, o vacas marinas *(ver p. 236)*, que antaño poblaban la costa. A principios de este siglo, la isla fue rebautizada por los trabajadores del ferrocarril marítimo *(ver p. 267)*.

Centro neurálgico de los cayos centrales, Marathon está muy urbanizada y, a simple vista, no parece sino una franja de centros comerciales y gasolineras. Su principal atractivo reside en los bancos de pesca circundantes, siendo especialmente fértiles los situados bajo los puentes donde confluyen el Atlántico y el golfo de México.

Los aficionados pueden elegir entre diversas técnicas *(ver p. 281)*, como la pesca con arpón (prohibida en los Upper Keys pero permitida aquí) o la pesca con caña en lo que en la zona denominan el muelle más largo del mundo, un tramo de 3 km que forma parte del antiguo puente de las 7 Millas. Quienes no practican este deporte encontrarán numerosos complejos hoteleros con pequeñas playas, a menudo creadas artificialmente con arena traída de otros lugares.

*Detalle de una puerta, Crane Point Hammock*

El **Crane Point Hammock** es una visita obligada. Abarca 26 hectáreas de bosque de frondosas tropicales y humedales de mangles con diversos senderos por la naturaleza y una tradicional casa de conchas *(ver p. 287)* construida de *tabby*, una especie de cemento de fabricación casera a base de conchas quemadas y roca coralina. Al *hammock* se accede por el **Museum of Natural History of the Florida Keys**, inaugurado en 1991. Su interesante colección, que explica la historia, la geología y la ecología de las islas, está pensada especialmente para los más jóvenes.

🏛 **Museum of Natural History of the Florida Keys**
MM 50.5. 📞 *(305) 743-9100.* 🕐 *todos los días.* ● *25 dic.* ♿

## Pigeon Key ⓯

**Mapa de carreteras** E5. Monroe Co. MM 47.5, por el puente de las 7 Millas. 📞 *(305) 289-0025.* 🕐 *todos los días.* ♿

Este diminuto cayo fue la base de operaciones del puente de las 7 Millas de Henry Flagler, calificado por algunos como la octava maravilla del mundo cuando fue concluido en 1912. Las siete estructuras de madera empleadas originalmente por las cuadrillas de construcción y mantenimiento, constituyen uno de los últimos pueblos ferroviarios de la época de Flagler que se conservan intactos.

Bridge Tender's House alberga un museo histórico. El antiguo puente, que discurre en paralelo al nuevo puente de las 7 Millas, de 1982, atraviesa el cayo sobre pilares de hormigón y ofrece una formidable vista panorámica. También es la única entrada a la isla, donde están prohibidos los coches, por lo que le recomendamos que vaya andando, en bicicleta o bien en el autobús gratuito que parte de la sede de la fundación, en el punto MM 48 de la carretera.

## Lower Keys ⓰

**Mapa de carreteras** E5. Monroe Co. 🚌 *Key West.* ℹ *MM 31, (305) 872-2411.*

Una vez salvado el puente de las 7 millas, parece como si los cayos se transformaran. El terreno es abrupto y menos ur-

Un ejemplo de las viviendas originales de Pigeon Key

Bahía Honda, una de las pocas playas naturales de los cayos de Florida

banizado que en los Upper Keys y el paisaje, más boscoso, alberga una flora y una fauna diferentes. Pero el cambio más sorprendente es el relajado ritmo de vida, que confirma la alegación local de que los Lower Keys son más un estado de ánimo que un punto geográfico.

A tan sólo 60 km de Key West se encuentra **Bahia Honda State Park**, una zona protegida de 212 hectáreas por donde se extiende la mejor playa de los cayos. Hasta la misma arena blanca llega un frondoso bosque tropical atravesado por numerosos senderos, en los que el visitante encontrará varias especies arbóreas poco habituales, como la palmera argéntea o el satín amarillo, así como infinidad de aves. Aunque en la playa alquilan los materiales necesarios para practicar los deportes náuticos habituales, la corriente puede ser muy fuerte, por lo que conviene adoptar precauciones.

Desde el parque parten también excursiones al **Looe Key National Marine Sanctuary**, un tramo de arrecife de 8 km que resulta espectacular para bucear gracias a sus formaciones coralinas únicas y a su abundante vida marina.

Desde Bahia Honda, la autopista se vuelve hacia el norte para llegar al siguiente lugar de interés, **Big Pine Key**, la segunda isla de la cadena por sus dimensiones, y la que alberga el mayor núcleo residencial de los Lower Keys. Éste es el mejor sitio para contemplar al diminuto ciervo de los cayos, que se deja ver con mayor frecuencia al amanecer o al anochecer. Gire por Key Deer Boulevard, junto al punto MM 30 de la carretera, para llegar a **Blue Hole**, una cantera anegada rodeada de bosques, cuya plataforma de observación resulta perfecta para ver a los animales que se acercan a beber. No muy lejos, el sendero de 1,6 km llamado Jack Watson Nature Trail cuenta con carteles identificativos de los árboles y plantas. Siguiendo por la Overseas Highway, al cruzar

*Torre de los murciélagos de Perky*

Cudjoe Key busque en el cielo el **Fat Albert**, un gran dirigible blanco de vigilancia que, a una altura de 427 m, controla desde los huracanes y los narcotraficantes hasta la actividad política de Cuba.

El vecino Sugarloaf Key, antaño sede de una empresa de esponjas, es hoy famoso por su **Bat Tower**, a la que se llega girando hacia el norte desde la Overseas Highway, justo después del punto MM 17. Fue construida en 1929 por el promotor inmobiliario Richter C. Perky para atraer a los murciélagos que él creía que librarían a la isla de sus feroces mosquitos y le permitirían urbanizarla. Por desgracia, no se acercó ni un sólo murciélago.

**Bahia Honda State Park**
MM 37. *(305) 872-2353.*
*todos los días.*

### EL CIERVO DE LOS CAYOS

Este pariente del ciervo de Virginia, hoy en peligro de extinción, únicamente está presente en Big Pine Key y las islas circundantes. Aunque cruzan nadando de un cayo a otro, resulta más fácil verlos vagar por los pinares. A pesar de las estrictas limitaciones de velocidad y de la creación de una reserva en Big Pine Key, todos los años mueren atropellados unos 50 ciervos, cuyo número se ha estabilizado en torno a 300 ejemplares. Está terminantemente prohibido darles de comer.

El ciervo de los cayos no sobrepasa a un perro grande

# Key West en 3 dimensiones ⑰

La población más meridional del continente de EE UU es una ciudad sin parangón que atrae a quienes desean dejar atrás el resto de Florida. Aquí, el relajado ritmo de vida típicamente tropical se desarrolla en la calle.

Documentado desde 1513, Cayo Hueso se convirtió rápidamente en paraíso de piratas y, más tarde, de buscadores de tesoros *(ver p. 289)*, dos colectivos que vivían de los buques que navegaban por la zona y de sus preciados tesoros. Key West fue la ciudad más próspera de Florida, y la forma de vida que ofrecía sedujo a una riada constante de colonos procedentes de ambas Américas, el Caribe y Europa, que han dejado su legado en la arquitectura, la cocina y el espíritu inherentes a la isla. Últimamente, a la curiosa mezcla cultural de Key West se han sumado grupos de homosexuales, escritores y modernos.

**Curry Mansion**
*El interior de esta vivienda refleja las fortunas de los buscadores de tesoros* (ver p. 288).

**Sloppy Joe's** era el lugar predilecto de Ernest Hemingway. El bar se trasladó a su ubicación actual en 1935.

**Pier House Resort**
*Este complejo hotelero posee una solicitada terraza desde donde la gente contempla los atardeceres de Key West.*

★ **Mel Fisher Maritime Museum**
*En este museo se exhiben tesoros procedentes de los naufragios, además de los aparatos empleados para buscarlos* (ver p. 288).

**La Audubon House**, construida a mediados del siglo XIX, contiene piezas originales de la época e ilustraciones ornitológicas de John James Audubon (ver p. 44).

**Wreckers' Museum** *(ver p. 288)*

### Signos Convencionales
– – – Itinerario sugerido

### Recomendamos
★ **Mel Fisher Maritime Museum**

★ **Bahama Village**

**Duval Street**
*La arteria principal de Key West está repleta de tiendas de recuerdos. En ella se encuentran también algunos de los lugares más interesantes de la ciudad antigua.*

### Fleming Street
*Esta calle acoge numerosas y bellas viviendas de madera, típicas de las tranquilas y sombreadas vías residenciales de la ciudad antigua, que constituyen un buen ejemplo de la arquitectura tradicional de Cayo Hueso (ver p. 287).*

### INFORMACIÓN ESENCIAL

**Mapa de carreteras** E5. Monroe Co. 27.000. 3 km al E de Duval St. 615 Duval St, (305) 296-9072. Mallory Sq, (305) 292-8158. 402 Wall Street, (305) 294-2587. Paseos turísticos (305) 293-9291. **Audubon House** (305) 294-2116. todos los días. Celebración de la República de la Concha (abr), Festival Días de Hemingway (jul), Fiesta de la Fantasía (mediados oct).

### St. Paul's Episcopal Church
*Esta iglesia de 1912 está dedicada al patrón de los náufragos. Algunas de sus 49 vidrieras representan imágenes marinas.*

### Margaritaville
*El cantante de Florida Jimmy Buffet es el propietario de este café y de su contiguo establecimiento de venta de camisetas y recuerdos.*

**San Carlos Institute** fue fundado por los cubanos en 1871. Hoy en día ocupa un bello edificio neobarroco de 1924 que alberga el centro cultural cubano.

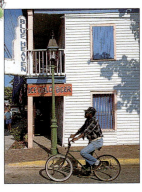

0 metros 50

Bahama Village

### ★ Bahama Village
*Este antiguo barrio de Key West, hasta ahora poco urbanizado, está lleno de edificios de madera de vivos colores.*

# Explorando Key West

La mayoría de los lugares de interés se encuentran en Duval Street, que enlaza el golfo de México con el Atlántico y constituye el eje central de Key West. El área comprendida entre las calles Whitehead y White alberga la mayor concentración de Florida de edificios decimonónicos de madera. Las viviendas levantadas para los trabajadores cubanos de las empresas tabaqueras, denominadas *shotgun*, contrastan con el caprichoso estilo romántico de las casas de sus vecinos más acaudalados. Para conocer la zona, puede tomar el *Conch Train*, el *Old Town Trolley* o alquilar una bicicleta. Al sur de la isla encontrará formidables playas.

**Guante de boxeo de Hemingway**

A la sombra de las palmeras en una playa del sur de Key West

### Recorrido por Key West

Desde **Mallory Square**, en el extremo norte de la ciudad antigua, se contemplan unos espectaculares atardeceres. Durante el día, para respirar el ambiente de la ciudad, recorra Duval Street y sus bellas perpendiculares, donde las casas profusamente ornamentadas, típicas de Key West, conviven con frondosos árboles tropicales y buganvillas.

Aún más reconfortante es **Bahama Village**, bautizado así en honor de los primeros habitantes de Key West. Este vecindario histórico, situado en el linde occidental de la ciudad antigua, está delimitado por las calles Fort, Virginia, Petronia y Whitehead. Aquí se vive en la calle, donde las animadas partidas de dominó se juegan en las esquinas y las gallinas deambulan con total libertad. Las típicas casas de los trabajadores del tabaco, denominadas *shotgun*, han escapado de las reformas que se observan en el resto de las viviendas.

### 🏛 East Martello Museum and Gallery

3501 S Roosevelt Blvd. ( *(305) 296-3913*. ☐ *todos los días*. ● *25 dic*.

La torre East Martello, situada al este de la isla, se empezó a construir en 1861 para proteger el fuerte Zachary *(ver p. 288)*, aunque nunca fue terminada y su diseño rápidamente quedó anticuado.

Hoy en día es un museo que ofrece al visitante una excelente información sobre Cayo Hueso y su irregular pasado, tocando todos los aspectos, desde las numerosas conexiones literarias de Key West hasta la cambiante historia comercial de la isla. También muestra una de las endebles balsas empleadas por los cubanos para huir del régimen castrista *(ver pp. 50-51)*.

La torre ofrece bonitas vistas y alberga obras de numerosos artistas locales, entre ellas algunas pinturas de Mario Sánchez.

### 🏠 Casa de Hemingway

907 Whitehead St. ( *(305) 294-1575*. ☐ *todos los días*.

En esta vivienda de estilo colonial, construida de roca coralina, vivió Ernest Hemingway de 1931 a 1940. Encima de la cochera se encuentra la habitación donde el novelista redactó diversas obras, de las que *Tener y no tener* es la única ambientada en Key West. En esta casa-museo se pueden contemplar su biblioteca y diversos recuerdos de sus viajes, además de otros objetos como la silla en la que se sentaba a escribir. Los guías narran las pasiones no literarias de este escritor: la pesca y los altercados en Sloppy Joe's *(ver p. 284)*.

Según algunos, por la casa y el frondoso jardín aún corretean los descendientes de sus gatos de seis uñas.

### 🏛 Lighthouse Museum

938 Whitehead St. ( *(305) 294-0012*. ☐ *todos los días*. ● *25 dic*.

Frente a la vivienda de Hemingway se alza el faro de la ciudad, construido en 1848. La casita de madera del farero, levantada junto a su base, alberga un modesto museo de artículos del fanal y otros objetos históricos. Para muchos, lo más atractivo es la propia torre de 88 peldaños, desde la que se disfruta de una magnífica panorámica. En su interior se puede mirar a través de la antigua lente que antaño logró orientar a las embarcaciones situadas a unos 40 km mar adentro.

**Banderín original del faro**

*Boza's Comparsa* (1975), de M. Sánchez, en East Martello Museum

# El estilo de Key West

DE LA ARQUITECTURA de Cayo Hueso sorprende sobre todo su sencillez, una respuesta al cálido clima y a los limitados materiales de los que se disponía, principalmente madera, que procedía de los naufragios o se importaba. Las primitivas casas de *concha* de principios del siglo XIX eran construidas a menudo por los carpinteros de los barcos, que introducían elementos que habían visto en sus viajes. De las Bahamas se importaron diversos conceptos destinados a acrecentar la sombra y la ventilación. Más tarde se filtraría el neoclasicismo del norte, mientras que el estilo victoriano de finales del siglo XIX influyó enormemente en la ornamentación. Los habitantes más prósperos de Key West favorecieron los detalles extravagantes y, con frecuencia, recargados, pero estas características adornan también moradas más humildes. Desde los años 70 se han reformado muchas casas, pero aún conservan su sabor original.

**Ménsulas de madera esculpida**

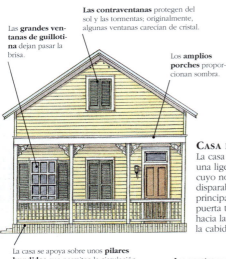

Las **grandes ventanas de guillotina** dejan pasar la brisa.

Las **contraventanas** protegen del sol y las tormentas; originalmente, algunas ventanas carecían de cristal.

Los **amplios porches** proporcionan sombra.

Los **calados** decoran las balaustradas; rara vez se encuentran dos casas con el mismo motivo.

### CASA DE TRES VANOS
La casa más habitual de Key West supone una ligera evolución del estilo *shotgun,* cuyo nombre alude al hecho de que si se disparaba una bala a través de la puerta principal, saldría limpiamente por la puerta trasera. Al orientar el aguilón hacia la calle se aprovechaba al máximo la cabida de cada manzana.

La casa se apoya sobre unos **pilares hundidos** que permiten la circulación del aire bajo la vivienda.

Las **escotillas del tejado,** inspiradas en los barcos, aportan ventilación a la última planta del edificio.

La **pintura de colores** está hoy muy en boga, aunque sigue predominando el encalado tradicional.

Las **puertas** con frecuencia muestran influencias neoclásicas.

**La ceja** prácticamente ciega las ventanas del primer piso.

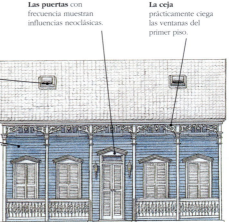

### CASA DE CINCO VANOS CON CEJA
La simetría típica de Key West se pone de manifiesto en esta vivienda de cinco vanos. La ceja, o saliente del tejado que protege las habitaciones superiores del sol, es un rasgo exclusivo de la isla.

**Las impresionantes bóvedas de ladrillo de Fort Zachary Taylor**

### ♣ Fort Zachary Taylor State Historic Site

Al final de Southard St. (305) 292-6713. todos los días. limitado.

Este fuerte de ladrillo fue terminado en 1866. Durante la guerra de secesión, las tropas de la Unión estuvieron destacadas en él para que la isla se mantuviera leal al norte. La construcción original, que tenía tres pisos y donde los retretes se limpiaban con la marea, fue remozada a finales del siglo XIX.

Hoy en día alberga un museo militar que contiene una buena colección de artefactos de la guerra de secesión. Los visitantes también pueden pasear por el exterior y disfrutar de las vistas desde un observatorio. No muy lejos se encuentra la mejor playa pública de Key West, que resulta perfecta para darse un baño.

### 🏛 The Mel Fisher Maritime Museum

200 Greene St. (305) 294-2633. todos los días.

La fachada de piedra contrasta con la opulencia de los tesoros que guarda este museo. El señor Fisher saltó a la fama en 1985 cuando descubrió los restos de los galeones españoles *Nuestra Señora de Atocha* (ver p. 26) y *Santa Margarita* a unos 64 km al oeste de Key West; en su interior había 47 toneladas de lingotes de oro y plata y 32 kg de esmeraldas en bruto que se hundieron con los buques en 1622.

De esas riquezas sólo se exhibe una pequeña muestra de joyas, monedas y crucifijos, pues gran parte del hallazgo fue vendido. También se relata el rescate de los tesoros.

### 🏛 The Wreckers' Museum

322 Duval St. (305) 294-9502. todos los días. limitado.

La antigua morada del buscador de tesoros Francis B. Watlington es la más antigua de Key West. Construida en 1829, su diseño revela algunas influencias típicamente marineras, como la escotilla de ventilación del tejado. La casa está atestada de artilugios náuticos, maquetas de barcos y cuadros, así como numerosos documentos sobre la búsqueda de tesoros, el negocio que hizo rico a Key West (y al capitán Watlington). Los visitantes son recibidos por una cuadrilla de voluntarios cuyas anécdotas dan vida a la historia de la vivienda.

No se pierda la cocina, que es la más antigua de las pocas que se conservan en Key West. Se encuentra en un edificio independiente del patio trasero, siguiendo la antigua usanza de alejar las cocinas del edificio principal para reducir el riesgo de incendios y la temperatura de la vivienda.

**Escotilla de estilo naval en el ático del Wreckers' Museum**

### 🏠 The Curry Mansion

511 Caroline St. (305) 294-5349. todos los días.

La construcción de esta mansión fue iniciada en 1855 por William Curry, un buscador de tesoros de las Bahamas que se convirtió en el primer millonario de Key West. La obra fue terminada 44 años después por su hijo Milton.

La casa alberga muchos elementos originales, como el revestimiento de las paredes y los aparatos eléctricos. Las estancias han sido decoradas con objetos victorianos y otros más tardíos, que van desde vidrieras hasta un rifle que perteneció a Ernest Hemingway. Se dice que la tarta de lima de los cayos (ver p. 315) fue elaborada aquí por primera vez por tía Sally, la cocinera, que utilizó para ello leche condensada enlatada (no existía hasta 1895). La Curry Mansion es también una casa de huéspedes (ver p. 311).

**La casita de Robert Frost, en el jardín de Heritage House**

### 🏛 Heritage House Museum

410 Caroline St. (305) 296-3573. todos los días. Acción de Gracias, 25 dic, 1 ene.

Esta casa, construida en 1834 para un capitán británico, es una de las más antiguas de Cayo Hueso. Se conserva casi en su estado original, y contiene muebles de la época y recuerdos de viajes que pertenecían a los Porter, una adinerada familia de Key West. El jardín alberga la cocina independiente de la casa y, bajo una bella higuera, la casita de Robert Frost, que recibe el nombre del poeta norteamericano que se alojaba allí durante sus visitas a Key West. Se dice que el pozo de agua dulce fue utilizado por los primeros marineros y por los indios.

## Cementerio de Key West

701 Passover Lane. (305) 292-8177. ☐ todos los días. ♿

Debido a la proximidad del subsuelo de caliza y la capa freática, la mayoría de las tumbas de este cementerio están elevadas; en ellas descansan los restos de los primeros pobladores de Key West. El recinto está dividido en zonas para judíos y católicos, mientras que las criptas cubanas aparecen coronadas por la estatua de una gallina, probablemente relacionada con la santería *(ver p. 75).* Existe incluso una zona de enterramiento de animales de compañía.

*El marinero solitario*

La escultura de un marinero conmemora la pérdida de 252 tripulantes del acorazado *USS Maine,* que se hundió en el puerto de La Habana al estallar la guerra de Cuba en 1898 *(ver p. 47).* Dése un paseo para leer las inscripciones y epitafios, a veces graciosos, de las lápidas, como "Te dije que estaba enfermo". Muchos de los primeros pobladores de Key West eran conocidos simplemente por su nombre de pila, familiaridad que les acompañó hasta la tumba. Se dice que Ernest Hemingway, desdeñoso de esa tradición, llegó a decir "Es preferible comer heces de mono a morir en Key West".

## Los Buscadores de Tesoros

Desde finales del siglo XVIII, en aguas de los cayos pescaban oriundos de las Bahamas y también los que patrullaban el arrecife para recuperar restos de naufragios. Los vigías gritaban "¡Naufragio a la vista!" para que los buques de rescate emprendieran una desenfrenada carrera hacia el arrecife con el fin de ser los primeros en reclamar el barco naufragado. De este modo, en los cayos acababan bienes que iban desde materiales básicos hasta artículos de lujo, como encajes, vino y plata. Este saqueo, que recibió el nombre de *wrecking* (*wreck* significa naufragio), se hizo tan generalizado que, en 1825, el Congreso aprobó una ley en virtud de la cual sólo los residentes en EE UU podían disfrutar de los derechos de recuperación de restos. Durante los años siguientes, Key West acabó por convertirse en la ciudad más rica de Florida.

**Permiso de buscador de tesoros**

## Dry Tortugas National Park ⑱

**Mapa de carreteras** D5. Monroe Co. 🚗 Key West. 🛈 402 Wall St, (305) 294-2587.

Este parque natural consta de siete islas situadas a 109 km al oeste de Key West. De ellas, la más visitada es Garden Key, donde se alza **Fort Jefferson,** la mayor fortificación de ladrillo de EE UU. Su diseño hexagonal contiene un foso de 21 m de ancho y unos muros de hasta 2,5 m de grosor y 15 m de altura. Inicialmente, el fuerte debía controlar los estrechos de Florida con un destacamento de 1.500 hombres y 450 cañones. Las obras, que comenzaron en 1845, se prolongaron durante 30 años, pero el fuerte nunca fue terminado ni participó en ninguna batalla. Durante la guerra de secesión, tras su ocupación por las fuerzas unionistas, se empleó como prisión de desertores.

A él sólo se puede llegar por mar o por aire. La mayoría de la gente acude en viajes organizados desde Key West, con la posibilidad adicional de bucear en un mar cristalino. La observación de pájaros alcanza su apogeo entre marzo y octubre, cuando miles de aves migratorias, como las golondrinas de mar y las magníficas fragatas, anidan en estas islas.

El imponente fuerte Jefferson, del siglo XIX, en Dry Tortugas National Park

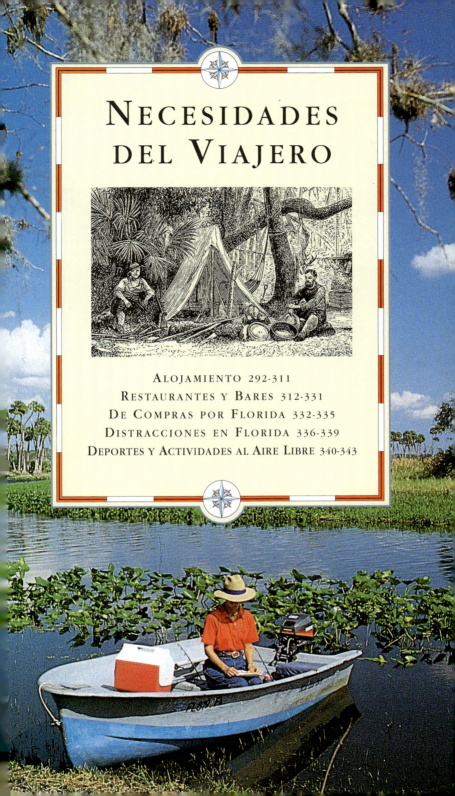

# Necesidades del Viajero

Alojamiento 292-311
Restaurantes y Bares 312-331
De Compras por Florida 332-335
Distracciones en Florida 336-339
Deportes y Actividades al Aire Libre 340-343

# Alojamiento

Florida ofrece alojamientos para todos los gustos y presupuestos, desde rústicas cabañas de madera con las mínimas comodidades hasta lujosos complejos hoteleros que atienden todas las necesidades de sus huéspedes. Además, se puede elegir entre cómodos hoteles, casas particulares en régimen de alojamiento y desayuno *(bed & breakfast)* o apartamentos totalmente equipados. También abundan los cámpings donde levantar una tienda o instalar una autocaravana. En Florida la relación calidad-precio es buena, aunque las tarifas fluctúan mucho en función de la temporada y el lugar. En las páginas 296-311 recomendamos más de 200 lugares repartidos por todo el Estado, que son los mejores de su categoría y cubren todo el abanico de precios. En la guía *Florida Accommodation Directory*, publicada por la oficina de información y turismo, aparecen los hoteles, moteles y demás alojamientos del Estado.

Cartel del Coombs House Inn *(ver p. 306)*

Vestíbulo del distinguido Eden Roc Hotel de Miami *(ver p. 297)*

## Hoteles y Complejos Hoteleros

Salvo que se aloje en uno de los establecimientos *art déco* de Miami Beach, descubrirá que la mayoría de los hoteles de Florida son grandes, modernos, con excelentes instalaciones y piscina, pero con escaso encanto y, a menudo, un servicio más bien impersonal.

En los hoteles de las grandes cadenas, muy generalizados y utilizados en EE UU, los precios varían en función de su ubicación. Dichas cadenas van desde las elegantes Marriott o Inter-Continental, pasando por otras de categoría intermedia como Holiday Inn o Howard Johnsons (HoJo's), hasta la económica Days Inn.

Los complejos hoteleros suelen situarse junto al mar y, a menudo, estan rodeados de jardines. Aunque caros, ofrecen toda suerte de instalaciones, desde piscinas hasta tiendas y, normalmente, varios restaurantes. Muchos albergan excelentes instalaciones deportivas como campos de golf y pistas de tenis, y facilitan profesores particulares. Los programas de salud, cada vez más solicitados, constan de clases diarias de gimnasia y, con frecuencia, de regímenes alimenticios especiales.

Por sus completas salas de juegos, sus actividades infantiles y otras instalaciones, los complejos hoteleros pueden ser una buena opción para las familias.

Jardines y piscina del Marquesa Hotel de Key West *(ver p. 311)*

## 'Bed and Breakfasts'

Quien busque hospitalidad en su sentido tradicional debe alojarse en un *bed and breakfast*, una casa particular atendida por su propietario, que suele ofrecer unos magníficos desayunos a sus huéspedes, a menudo con bollería casera. El encanto y el toque personal compensan la ausencia de los servicios tradicionales de los hoteles, aunque algunos son bastante lujosos.

Los establecimientos denominados *inn* son más grandes y caros que los *bed and breakfast*, e incluso pueden tener restaurante, pero siguen siendo más familiares que los hoteles.

Las zonas rurales y las ciudades históricas acaparan la mejor oferta. En Key West y St. Augustine, por ejemplo, el viajero se puede alojar en bellas casonas antiguas con mobiliario de época.

Los principales inconvenientes son sus restricciones a los niños y la exigencia de una estancia mínima en temporada alta. Puesto que la mayoría disponen de pocas habitaciones, conviene reservar con bastante antelación.

Hay diversas agencias especializadas en organizar estancias en esta clase de alojamiento: **B & B Scenic Florida,** que abarca principalmente Orlando y la costa del

# ALOJAMIENTO

El *bed and breakfast* Cedar Key
*(ver p. 306),* en el Panhandle

golfo; **A & A Bed and Breakfast of Florida,** que se centra en Orlando; y **Bed and Breakfast Co-Tropical Florida,** que gestiona viviendas en todo el Estado. La edición del sureste de la guía *Bed and Breakfast USA,* una relación de los establecimientos afiliados a la **Tourist House Association of America,** también resulta útil.

## RESERVAS

EN TEMPORADA ALTA, para asegurarse habitación en el hotel elegido, sobre todo en Miami y Orlando, conviene reservar con varios meses de antelación; en temporada baja no tendrá problemas. Lo normal es encontrar alojamiento en cualquier época del año, aunque el hotel no sea el elegido.

Puede reservar por teléfono con una tarjeta de crédito (suelen exigir una señal) y, si piensa llegar después de las 17.00, conviene avisar para no perder la reserva.

## INSTALACIONES

LA COMPETENCIA hotelera es tan fuerte en Florida que las instalaciones suelen ser buenas. Rara es la habitación que carezca de televisor, cuarto de baño y aire acondicionado, incluso en los *bed and breakfast,* y la mayoría cuenta con minibar y escritorio; algunos hoteles también ofrecen cocina *(ver p. 294).* Normalmente los dormitorios suelen tener dos camas grandes.

La mejor atención para los discapacitados la prestan los establecimientos convencionales. Además de ascensores y rampas, algunos ofrecen habitaciones habilitadas para las sillas de ruedas. Si tiene alguna necesidad especial, informe de ello al formalizar su reserva.

## PRECIOS

LAS TARIFAS HOTELERAS varían en función de la época del año: en temporada alta son entre un 30% y un 50% más elevadas. En el sur de Florida, la temporada alta va de mediados de noviembre a Semana Santa, mientras que en el Panhandle y el noreste, donde los inviernos son más frescos, aplican sus precios más altos en verano. No obstante, esté donde esté, cuente con pagar la tarifa máxima en Navidad, Semana Santa y el Día de Acción de Gracias (último jueves de noviembre). En cualquier época del año pueden cobrarle hasta un 25% más si su dormitorio tiene vistas al mar.

Las habitaciones con un coste inferior a 70 dólares suelen ofrecer las mismas instalaciones, y sólo por encima de esa cantidad (salvo en las zonas rurales) se observa una diferencia palpable. Los precios se pagan por habitación, nunca por persona.

Pregunte siempre por las ofertas. Quizás obtenga una tarifa mejor si realiza sus comidas en el hotel o si su estancia es superior a una semana. Muchos establecimientos también ofrecen descuentos a jubilados y familias.

El elegante Delano Hotel de South Beach, en Miami *(ver p. 297)*

## EXTRAS

LAS TARIFAS HOTELERAS no suelen incluir el impuesto de venta *(ver p. 332)* ni el denominado impuesto hotelero, por lo que estas cargas pueden suponer hasta un 11% adicional sobre la cuenta.

El coste de las llamadas telefónicas desde las habitaciones es exorbitante. En algunos establecimientos, las llamadas locales son gratuitas pero, por regla general, suele resultar mucho más económico utilizar los teléfonos públicos.

Muchos hoteles cobran el servicio de aparcamiento, que puede costar desde 2 dólares diarios hasta la intemerata de 17 dólares (en el Delano Hotel).

A la vista del desmesurado precio del desayuno en la mayoría de los alojamientos, no está de más desayunar en una cafetería próxima. Por último, no olvide que algunas películas de televisión son de pago: lea la pantalla antes de pulsar el botón del mando a distancia.

Habitación del Brigham Gardens Guest House, en Miami *(ver p. 296)*

Casas de alquiler junto al mar en Bahia Honda *(ver p. 283)*

## MOTELES

Aunque es probable que a pocos turistas les interese hospedarse en esta clase de alojamientos, se trata de una buena solución de última hora, en particular en temporada alta. Los moteles suelen estar en las afueras de las poblaciones, pero en Florida también los hay en las localidades costeras, donde ofrecen una buena alternativa a los hoteles convencionales, sobre todo en las épocas de máxima ocupación.

Estos establecimientos son baratos y también cómodos. Puede aparcar el coche (gratis) cerca de su habitación, descargar el equipaje y, en unos minutos, marcharse a la playa. Las habitaciones suelen ser sencillas pero correctas. Con todo, intente inspeccionar la suya antes de registrarse.

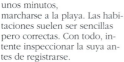

Cartel de neón de un motel de Orlando

## ALOJAMIENTO EN ORLANDO

Si tiene pensado visitar Walt Disney World, la proximidad del alojamiento a los parques temáticos es una baza importante: llegar temprano es la mejor forma de evitar las grandes colas *(ver p. 163)* y es una pena perder el tiempo en el atasco de entrada al parque. Los hoteles de Walt Disney World son caros, pues la habitación cuesta normalmente más de 150 dólares por noche, aunque hay dos establecimientos más baratos, el All-Star Sports Resort y el All-Star Music Resort *(ver p. 303)*, cuyos precios no superan los 100 dólares diarios, impuestos incluidos. Disney también alberga unos cámpings excelentes, cuyo coste ronda los 40 dólares por noche.

Las plazas hoteleras de Disney están muy solicitadas, por lo que hay que reservar con mucha antelación: lo ideal son seis meses, o un año si desea acudir en Semana Santa o Navidad. No obstante, en Orlando hay tantos hoteles que no debe preocuparse por encontrar habitación. Al elegir alojamiento merece la pena preguntar cuánto se tarda en llegar a Walt Disney World y los demás parques temáticos, y si el hotel dispone de autobuses gratuitos.

**Villas y Vacaciones** ofrece villas de categoría superior durante 9 noches en Kissimmee, cerca de Orlando, e incluye el alquiler del coche. En el catálogo de Florida que distribuye **Interhome** se arriendan casas individuales de alta categoría, o en complejos con piscina cerca de la playa. Quienes deseen alquilar apartamentos, villas y coches en Orlando sólo tienen que pedir en su agencia de viajes el folleto *América* de **Juliá Tours.** Los centros de apartamentos seleccionados son: The Enclave Suites At Orlando (turista superior), Residence Inn by Marriott (primera superior) y Quality Suites Maingate East. Las estancias no pueden ser inferiores a una semana.

## APARTAMENTOS

Algunos hoteles y moteles ofrecen habitaciones con cocina, denominadas *efficiencies*, que ahorran las comidas de los restaurantes. En las zonas rurales encontrará cabañas adscritas a los cámpings.

Los edificios de apartamentos (*condos*) son típicos de la costa. Aunque parezcan caros (1.200 dólares a la semana), pueden resultar económicos si se viaja en grupo. **Overseas Connection** y **Vacation Home Rentals Worldwide** son dos de las organizaciones de alquiler de apartamentos que además ofrecen pisos o chalés particulares. Fuera de EE UU, algunas agencias de viajes especializadas en Florida también prestan el mismo servicio.

Por último, puede alojarse gratis en una casa particular realizando un intercambio. Para ello, debe asociarse a alguna

Un campista en Torreya State Park *(ver p. 225)*

organización de estas características como, por ejemplo, **HomeLink,** que tiene socios repartidos por todo el mundo. En España goza de amplia difusión la agencia **Intervac.**

## CÁMPINGS

FLORIDA POSEE numerosos cámpings, desde los más sencillos, en los que quizás no haya ni agua corriente, hasta los más lujosos, dotados de piscinas, restaurantes, tiendas e, incluso, alquiler de embarcaciones. Normalmente disponen de un espacio para tiendas, y algunos alquilan caravanas y cabañas. Consulte en España los folletos publicados por los mayoristas **Expomundo** y **Dimensiones.**

**Autocaravana en un parque del Panhandle**

**Los jardines y la piscina del albergue juvenil de Kissimmee**

Los cámpings estatales cobran entre 10 y 25 dólares por parcela, precio que en los particulares se eleva hasta unos 40 dólares por noche. La mayoría de ellos admiten reservas anticipadas, pero los estatales conservan algunas zonas para quienes lleguen ese mismo día.

La **Florida Association of RV Parks and Campgrounds** (ARVC) elabora la guía anual *Florida Camping Directory.* Puede solicitar un ejemplar a la ARVC o conseguirlo de forma gratuita en la oficina de información y turismo. Para obtener una relación de los cámpings instalados en parques estatales, póngase en contacto con el **Department of Environmental Protection, Parks and Recreation** o con **KOA Kampgrounds of America,** que dirige unos 30 cámpings de categoría en Florida.

## VIAJAR CON NIÑOS

LA MAYORÍA de los alojamientos facilitan cunas y ofrecen servicios de canguro. Además, en algunos lugares, sobre todo en Orlando y las localidades turísticas de la costa, los niños ocupan el primer puesto en la lista de prioridades. Los hoteles cuentan con piscinas y parques infantiles, y organizan actividades y excursiones de un día (que quizás tenga que abonar por separado).

En muchos establecimientos, los menores de 12 años se alojan gratis si comparten habitación con sus padres. En algunos casos (en Walt Disney World, por ejemplo), esta deferencia se extiende a los menores de 18 años. Las habitaciones suelen tener un sofá-cama, aunque se puede solicitar una cama supletoria por un reducido coste adicional.

---

### INFORMACIÓN GENERAL

#### 'BED AND BREAKFASTS'

**A & A Bed and Breakfast of Florida**
PO Box 1316,
Winter Park, FL 32790.
☎ (407) 628-0322.

**Bed & Breakfast Co – Tropical Florida**
PO Box 262,
South Miami, FL 33243.
☎ (305) 661-3270.

**B & B Scenic Florida**
Box 3385,
Tallahassee, FL 32315.
☎ (904) 386-8196.

**Tourist House Association of America**
PO Box 12A, Greentown, PA 18426.
☎ (717) 676-3222.

#### APARTAMENTOS

**Villas y Vacaciones**
Enrique Larreta, 12, 1º,
28036 Madrid,
☎ 91 314 29 12.

**Overseas Connection**
PO Box 1800,
Sag Harbour,
NY 11963.
☎ (516) 725-9308.

**HomeLink**
PO Box 650,
Key West, FL 33041.
☎ (800) 638-3841.

**Vacation Home Rentals Worldwide**
235 Kensington Ave,
Norwood, NJ 07648.
☎ (201) 767-9393.

**Interhome**
Diputació 300,
08009 Barcelona,
☎ 93 302 25 87.

#### CÁMPINGS

**Department of Environmental Protection, Parks and Recreation**
3900 Commonwealth Blvd,
Tallahassee, FL 32399.
☎ (904) 488-9872.

**Florida Association of RV Parks and Campgrounds**
1340 Vickers Drive,
Tallahassee, FL 32303.
☎ (904) 562-7151.

**KOA Kampgrounds of America**
PO Box 30558,
Billings, MT 59114.
☎ (406) 248-7444.

#### ALBERGUES JUVENILES

**Hostelling International**
PO Box 37613,
Washington DC 20013-7613.
☎ (202) 783-6161.

# Elegir hotel

Estos HOTELES han sido seleccionados entre una amplia gama de precios por sus excelentes instalaciones y ubicación. Se agrupan por regiones, comenzando por Miami. Consulte el callejero de Miami, en las páginas 96-101, y el mapa de carreteras de las páginas 12-13 para conocer el emplazamiento de los alojamientos.

| | TARJETAS DE CRÉDITO | SERVICIOS PARA NIÑOS | PISCINA | RESTAURANTE | COCINA INDIVIDUAL |
|---|---|---|---|---|---|
| **MIAMI** | | | | | |
| **MIAMI BEACH:** *Clay Hotel and International Youth Hostel* $ <br> 1438 Washington Ave, FL 33139. **Plano** 2 E3. (305) 534-2988. FAX (305) 673-0346. En este albergue juvenil, situado en un edificio de estilo español, es fundamental reservar. Precio inigualable para su excepcional ubicación. **Camas:** 220 | MC V | | | | ■ |
| **MIAMI BEACH:** *Brigham Gardens Guest House* $$ <br> 1411 Collins Ave, FL 33139. **Plano** 2 F3. (305) 531-1331. FAX (305) 538-9898. Dos edificios de los años 30 y un magnífico jardín ofrecen un oasis de paz en el corazón de South Beach. Las habitaciones, de estilo *art déco,* han sido decoradas de forma individualizada. **Habitaciones:** 20 | AE MC V | | | | ■ |
| **MIAMI BEACH:** *The Governor* $$ <br> 435 21st St, FL 33139. **Plano** 2 F1. (305) 532-2100. FAX (305) 532-9139. Esta desconocida joya del *art déco* ocupa un entorno tranquilo, pero céntrico, en una calle lateral. **Habitaciones:** 125 | AE DC MC V | ■ | | | |
| **MIAMI BEACH:** *Kenmore* $$ <br> 1050 Washington Ave, FL 33139. **Plano** 2 E3. (305) 674-1930. FAX (305) 534-6591. Con una numerosa clientela homosexual, el Kenmore es inconfundiblemente *art déco.* **Habitaciones:** 60 | AE MC V | ■ | | | |
| **MIAMI BEACH:** *Lido Spa* $$ <br> 40 Island Ave, FL 33139. **Plano** 1 C1. (305) 538-4621. FAX (305) 534-3680. Este balneario, frecuentado por lugareños, se encuentra en Belle Isle, cerca de South Beach. may-oct. **Habitaciones:** 120 | AE MC V | ■ | | | ■ |
| **MIAMI BEACH:** *Park Washington* $$ <br> 1020 Washington Ave, FL 33139. **Plano** 2 E3. (305) 532-1930. FAX (305) 672-6706. Las habitaciones de este hotel, de color amarillo limón, albergan muebles originales de los años 30. **Habitaciones:** 50 | AE MC V | ■ | | | |
| **MIAMI BEACH:** *Avalon* $$$ <br> 700 Ocean Drive, FL 33139. **Plano** 2 F3. (305) 538-0133. FAX (305) 534-0258. Este hotel de los años 30 posee habitaciones *art déco* y un animado restaurante *(ver p. 316).* **Habitaciones:** 106 | AE DC MC V | ■ | | ● | |
| **MIAMI BEACH:** *Betsy Ross* $$$ <br> 1440 Ocean Drive, FL 33139. **Plano** 2 F3. (305) 531-3934. FAX (305) 531-5282. Esta mezcla de *art déco* y estilo colonial ofrece comodísimas habitaciones con magníficas vistas al mar y la playa. **Habitaciones:** 78 | AE DC MC V | ■ | | ● | ■ |
| **MIAMI BEACH:** *Dorchester* $$$ <br> 1850 Collins Ave, FL 33139. **Plano** 2 F2. (305) 531-5745. FAX (305) 673-1006. Una gran piscina, un jardín tropical y un servicio superior a la media son los atractivos del Dorchester. **Habitaciones:** 100 | AE DC MC V | ■ | | | |
| **MIAMI BEACH:** *Indian Creek* $$$ <br> 2727 Indian Creek Drive, FL 33139. (305) 531-2727. FAX (305) 531-5651. Este acogedor hotel conserva el aspecto que tenía en 1936, con fotos antiguas, mobiliario de época y elementos originales. Delicioso jardín tropical y restaurante asiático-caribeño. **Habitaciones:** 61 | AE DC MC V | ■ | | | |
| **MIAMI BEACH:** *Marseilles* $$$ <br> 1741 Collins Ave, FL 33139. **Plano** 2 F2. (305) 538-5711. FAX (305) 673-1006. Establecimiento familiar bien situado en South Beach. Las habitaciones están decoradas con gusto. **Habitaciones:** 111 | AE DC MC V | ■ | | | |
| **MIAMI BEACH:** *Mermaid Guest House* $$$ <br> 909 Collins Ave, FL 33139. **Plano** 2 E4. (305) 538-5324. FAX (305) 538-2822. Los plataneros en flor de South Beach ocultan este refugio de actores. Cada habitación presenta una decoración exclusiva. **Habitaciones:** 10 | AE MC V | | | | ■ |

# ALOJAMIENTO

**Precio por noche** en habitación doble y temporada alta, impuestos y servicio incluidos:
- $ menos de 60 dólares
- $$ 60-100 dólares
- $$$ 100-150 dólares
- $$$$ 150-200 dólares
- $$$$$ más de 200 dólares

**SERVICIOS PARA NIÑOS**
Cunas y sillas altas. Algunos hoteles proporcionan servicio de canguros y actividades infantiles.

**PISCINA**
El hotel dispone de piscina para uso exclusivo de sus clientes.

**RESTAURANTE**
Dispone de restaurante para los clientes, abierto también al público.

**COCINA INDIVIDUAL**
El hotel posee habitaciones con cocina, denominadas *efficiencies*.

---

**MIAMI BEACH:** *Ramada Resort Deauville* — $$$
6701 Collins Ave, FL 33141. (305) 865-8511. FAX (305) 865-0154.
Entre SoBe y Bal Harbour, este hotel frente al mar cuenta con una gran piscina, pistas de tenis y un solárium. **Habitaciones:** 554
Tarjetas: AE DC MC V · Piscina

**MIAMI BEACH:** *Shore Club* — $$$
1901 Collins Ave, FL 33139. **Plano** 2 F1. (305) 672-0303. FAX (305) 672-6287.
Hotel representativo del barrio *art déco*. Amplio vestíbulo con suelo de terrazo e iluminación tenue. **Habitaciones:** 205
Tarjetas: AE DC MC V · Servicios para niños · Piscina

**MIAMI BEACH:** *Astor* — $$$$
956 Washington Ave, FL 33139. **Plano** 2 E3. (305) 531-4056. FAX (305) 531-3193.
Esta obra de arte del *art déco* posee cuartos de baño de mármol, vídeo en las habitaciones y una exclusiva clientela. **Habitaciones:** 41
Tarjetas: AE MC V · Restaurante

**MIAMI BEACH:** *Breakwater* — $$$$
940 Ocean Drive, FL 33139. **Plano** 2 F3. (305) 532-1220. FAX (305) 532-4451.
Hotel frente al mar. El colorido de las habitaciones refleja el encanto del *art déco* original. **Habitaciones:** 59
Tarjetas: AE DC MC V · Piscina · Cocina Individual

**MIAMI BEACH:** *Pelican* — $$$$
826 Ocean Drive, FL 33139. **Plano** 2 F4. (305) 673-3373. FAX (305) 673-3255.
Establecimiento *kitsch*, cuyas habitaciones temáticas van desde una estancia de satén rosa de aspecto similar a un burdel hasta otra decorada con obras de arte y mobiliario religioso. **Habitaciones:** 26
Tarjetas: AE DC MC V

**MIAMI BEACH:** *Shelborne Beach Resort* — $$$$
1801 Collins Ave, FL 33139. **Plano** 2 F2. (305) 531-1271. FAX (305) 531-2206.
En South Beach se encuentra el Shelborne, con su impresionante vestíbulo de mármol y un gimnasio en la azotea. **Habitaciones:** 225
Tarjetas: AE DC MC V · Piscina · Cocina Individual

**MIAMI BEACH:** *Casa Grande* — $$$$$
834 Ocean Drive, FL 33139. **Plano** 2 F4. (305) 672-7003. FAX (305) 673-3669.
Es uno de los mejores hoteles de South Beach. Todas las habitaciones cuentan con vídeo y lector de discos compactos. **Habitaciones:** 33
Tarjetas: AE DC MC V · Cocina Individual

**MIAMI BEACH:** *Delano* — $$$$$
1685 Collins Ave, FL 33139. **Plano** 2 F2. (305) 672-2000. FAX (305) 532-0099.
En el hotel más elegante de South Beach el personal viste de blanco a juego con las habitaciones. **Habitaciones:** 238
Tarjetas: AE DC MC V · Servicios para niños · Piscina · Restaurante

**MIAMI BEACH:** *Eden Roc Resort and Spa* — $$$$$
4525 Collins Ave, FL 33140. (305) 531-0000. FAX (305) 531-6955.
Construido a imagen de un crucero varado, este epítome de la extravagancia de los años 50 ofrece un sinfín de instalaciones, incluido un balneario. **Habitaciones:** 350
Tarjetas: AE DC MC V · Servicios para niños · Piscina

**MIAMI BEACH:** *Fontainebleau Hilton Resort and Towers* — $$$$$
4441 Collins Ave, FL 33140. (305) 538-2000. FAX (305) 673-5351.
El complejo hotelero de mayor prestigio de Miami Beach (ver p. 67) ofrece desde actividades infantiles hasta el famoso espectáculo Tropigala (ver p. 95). **Habitaciones:** 1.206
Tarjetas: AE DC MC V · Servicios para niños · Piscina · Restaurante

**MIAMI BEACH:** *Impala* — $$$$$
1228 Collins Ave, FL 33139. **Plano** 2 F3. (305) 673-2021. FAX (305) 673-5984.
Este hotel *art déco* posee habitaciones de color arena que albergan bellos muebles de madera y hierro, majestuosas camas y obras de arte originales. **Habitaciones:** 17
Tarjetas: AE DC MC V

**MIAMI BEACH:** *Raleigh* — $$$$$
El Raleigh ofrece unas habitaciones minimalistas y con clase, algunas con vistas al mar, una elegante piscina y un restaurante de moda. **Habitaciones:** 107
Tarjetas: AE DC MC V · Servicios para niños · Piscina

Para el significado de los símbolos ver solapa posterior

**Precio por noche** en habitación doble y temporada alta, impuestos y servicio incluidos:

$ menos de 60 dólares
$$ 60-100 dólares
$$$ 100-150 dólares
$$$$ 150-200 dólares
$$$$$ más de 200 dólares

**SERVICIOS PARA NIÑOS**
Cunas y sillas altas. Algunos hoteles proporcionan servicio de canguros y actividades infantiles.
**PISCINA**
El hotel dispone de piscina para uso exclusivo de sus clientes.
**RESTAURANTE**
Dispone de restaurante para los clientes, abierto también al público.
**COCINA INDIVIDUAL**
El hotel posee habitaciones con cocina, denominadas *efficiencies*.

---

**MIAMI BEACH:** *Westin Resort* $$$$$
4833 Collins Ave, FL 33140. (305) 532-3600. FAX (305) 534-7409.
Hotel grande, pero relativamente tranquilo, en las proximidades del exclusivo comercio de Bal Harbour. Innumerables deportes acuáticos y actividades infantiles. **Habitaciones:** 420
AE DC MC V — Servicio para niños, Piscina, Restaurante

**EL CENTRO:** *Hampton* $$
2500 Brickell Ave, FL 33129. Plano 4 D4. (305) 854-2070. FAX (305) 856-5055.
El Hampton se encuentra cerca del centro, Coconut Grove y Coral Gables. Habitaciones luminosas y desayuno incluido. **Habitaciones:** 69
AE DC MC V — Piscina

**EL CENTRO:** *Miami River Inn* $$$
118 SW South River Drive, FL 33130. Plano 4 D1. (305) 325-0045.
FAX (305) 325-9227. Edificio de 1906, con decoración de la época y amplias habitaciones. **Habitaciones:** 40
AE DC MC V — Piscina, Cocina Individual

**EL CENTRO:** *Crowne Plaza Miami* $$$
1601 Biscayne Blvd, FL 33132. (305) 374-0000. FAX (305) 374-0020.
Céntrico hotel cercano a Bayside. Sobresale por encima del centro comercial Omni, con 125 establecimientos. **Habitaciones:** 528
AE DC MC V — Servicio para niños, Piscina, Restaurante

**EL CENTRO:** *Doubletree Grand* $$$
1717 N Bayshore Drive, FL 33132. (305) 372-0313. FAX (305) 372-9455.
Magníficas vistas de la bahía de Biscayne y numerosas instalaciones, como un puerto deportivo y un gimnasio. **Habitaciones:** 178
AE DC MC V — Piscina, Cocina Individual

**EL CENTRO:** *Doral Golf Resort and Spa* $$$$$
4400 NW 87th Ave, FL 33178. (305) 592-2000. FAX (305) 594-4682.
Este hotel, situado en un campo de golf, posee unos bellos jardines y un magnífico balneario. **Habitaciones:** 694
AE DC MC V — Servicio para niños, Piscina, Restaurante

**EL CENTRO:** *Inter-Continental Miami* $$$$$
100 Chopin Plaza, FL 33131. Plano 4 F1. (305) 577-1000.
FAX (305) 577-0384. Lujoso hotel, cerca de Bayside Marketplace, con un restaurante para gastrónomos (ver p. 317). **Habitaciones:** 644
AE DC MC V — Servicio para niños, Piscina, Restaurante

**CORAL GABLES:** *Riviera Court Motel* $$
5100 Riviera Drive, FL 33146. Plano 6 F3. (305) 665-3528.
Este animado hotel de los años 50 se encuentra en Dixie Highway, próximo a las atracciones de la zona. Habitaciones acogedoras. **Habitaciones:** 31
AE DC MC V — Piscina, Cocina Individual

**CORAL GABLES:** *Omni Colonnade* $$$$
180 Aragon Ave, FL 33134. Plano 6 D1. (305) 441-2600. FAX (305) 445-3929.
Este hotel contiguo a Miracle Mile alberga una rotonda de los años 20, obra de George Merrick (ver p. 80). El aire de la época reverbera en el mobiliario de caoba y los suelos de mármol. **Habitaciones:** 157
AE DC MC V — Servicio para niños, Piscina

**CORAL GABLES:** *Place St Michel* $$$$
162 Alcazar Ave, FL 33134. Plano 5 C1. (305) 444-1666.
FAX (305) 529-0074. Este romántico hotel de 1926, situado a un paso de Miracle Mile, evoca a París con sus revestimientos de madera, su mobiliario francés de los años 30 y sus objetos *art déco*. **Habitaciones:** 27
AE DC MC V — Restaurante

**CORAL GABLES:** *The Biltmore* $$$$$
1200 Anastasia Ave, FL 33134. Plano 5 A2. (305) 445-1926.
FAX (305) 913-3159. El más histórico de los hoteles de Miami (Al Capone apostó aquí en los años 20) ofrece todos los servicios modernos en unas *suites* repletas de antigüedades. **Habitaciones:** 279
AE DC MC V — Servicio para niños, Piscina, Restaurante

**COCONUT GROVE:** *Hampton Inn* $$$
2800 SW 28th Terrace, FL 33133. Plano 6 F3. (305) 448-2800.
FAX (305) 442-8655. Situado a menos de 2 km de los cafés y la vida nocturna de Coconut Grove. Incluye desayuno europeo. **Habitaciones:** 137
AE DC MC V — Piscina

**COCONUT GROVE:** *Doubletree* $$$
2649 S Bayshore Drive, FL 33133. **Plano** 6 F4. (305) 858-2500.
FAX (305) 858-5776. A un paso de los cafés y las tiendas del *village*, este impecable hotel ofrece bellas vistas del puerto de la bahía de Biscayne. Mármol y arte moderno por doquier. **Habitaciones:** 192

AE DC MC V

**COCONUT GROVE:** *Grand Bay* $$$$$
2669 S Bayshore Drive, FL 33133. **Plano** 6 F4. (305) 858-9600.
FAX (305) 858-1532. Uno de los mejores hoteles del mundo. Arañas de cristal, muebles de diseño y obras de arte originales. La *suite* de Luciano Pavarotti se puede arrendar cuando él no está. **Habitaciones:** 178

AE DC MC V

**COCONUT GROVE:** *Mayfair House* $$$$$
3000 Florida Ave, FL 33133. **Plano** 6 E4. (305) 441-0000.
FAX (305) 447-9173. En la cúspide de un exclusivo centro comercial, el Mayfair House ofrece amplias habitaciones con mobiliario de caoba y terrazas privadas. **Habitaciones:** 183

AE DC MC V

**LAS AFUERAS:** *Paradise Inn Motel* $$
8520 Harding Ave, Surfside, FL 33141. (305) 865-6216. FAX (305) 865-9028.
Este económico y modesto motel está muy limpio y se encuentra a una manzana de la playa y del inmenso North Shore Park. **Habitaciones:** 92

AE MC V

**LAS AFUERAS:** *Suez Oceanfront Resort* $$
18215 Collins Ave, Sunny Isles, FL 33160. (305) 932-0661. FAX (305) 937-0058.
Situado en la playa y con buenas instalaciones, el Suez es perfecto para los niños por su piscina y su parque infantil. **Habitaciones:** 196

AE DC MC V

**LAS AFUERAS:** *Riu Pan American Ocean Resort* $$$$
17875 Collins Ave, Sunny Isles, FL 33160. (305) 932-1100. FAX (305) 935-2769.
El servicio es afable y a los huéspedes se les brinda el té de la tarde por cuenta de la casa. Buenas instalaciones deportivas, como un *green* de golf y pistas de tenis y voleibol. **Habitaciones:** 146

AE DC MC V

**LAS AFUERAS:** *Newport Beachside Crowne Plaza Resort* $$$$
16701 Collins Ave, Sunny Isles, FL 33160. (305) 949-1300. FAX (305) 947-5873.
Célebre por los espectáculos que organiza, el Newport ofrece enormes habitaciones, muchas con terraza. Cuenta con su propio muelle de pesca. **Habitaciones:** 355

AE DC MC V

**LAS AFUERAS:** *Sheraton Bal Harbour Resort* $$$$$
9701 Collins Ave, Bal Harbour, FL 33154. (305) 865-7511.
FAX (305) 864-2610. Si quiere estar cerca de las tiendas de Bal Harbour y alojarse en habitaciones de lujo con vistas al océano, éste es el sitio indicado. **Habitaciones:** 668

AE DC MC V

**LAS AFUERAS:** *Sonesta Beach* $$$$$
350 Ocean Drive, Key Biscayne, FL 33149. (305) 361-2021.
FAX (305) 361-3096. Elegante pero informal, este complejo hotelero ofrece actividades infantiles, pistas de tenis y un gimnasio. Las habitaciones se caracterizan por sus tonos suaves. **Habitaciones:** 292

AE DC MC V

## GOLD COAST Y TREASURE COAST

**BOCA RATON:** *Ocean Lodge* $$
531 N Ocean Blvd, FL 33432. **Mapa de carreteras** F4. (561) 395-7772.
FAX (561) 395-0554. Muy cerca de la playa, este motel se encuentra próximo a tiendas y restaurantes. Zona sombreada para barbacoas. **Habitaciones:** 18

AE MC V

**BOCA RATON:** *Shore Edge Motel* $$
425 N Ocean Blvd, FL 33432. **Mapa de carreteras** F4. (561) 395-4491.
En este motel frente al mar, las habitaciones son pequeñas pero pulcras, y sus propietarios, muy amables. **Habitaciones:** 16

MC V

**BOCA RATON:** *Boca Raton Resort and Club* $$$$$
501 E Camino Real, FL 33431. **Mapa de carreteras** F4. (561) 395-3000.
FAX (561) 391-3183. El lugar más elegante y pretencioso de la ciudad *(ver p. 126)*. Las habitaciones de estilo español están decoradas con maderas nobles, alfombras orientales y mármol. **Habitaciones:** 963

AE DC MC V

**CLEWISTON:** *Clewiston Inn* $$
108 Royal Palm Ave, FL 33440. **Mapa de carreteras** E4. (941) 983-8151.
FAX (941) 983-4602. Este tradicional establecimiento ofrece unos aposentos cómodos y una buena cocina sureña. **Habitaciones:** 53

AE DC MC V

Para el significado de los símbolos ver solapa posterior

## NECESIDADES DEL VIAJERO

**Precio por noche** en habitación doble y temporada alta, impuestos y servicio incluidos:
- $ menos de 60 dólares
- $$ 60-100 dólares
- $$$ 100-150 dólares
- $$$$ 150-200 dólares
- $$$$$ más de 200 dólares

**SERVICIOS PARA NIÑOS**
Cunas y sillas altas. Algunos hoteles proporcionan servicio de cangurros y actividades infantiles.

**PISCINA**
El hotel dispone de piscina para uso exclusivo de sus clientes.

**RESTAURANTE**
Dispone de restaurante para los clientes, abierto también al público.

**COCINA INDIVIDUAL**
El hotel posee habitaciones con cocina, denominadas *efficiencies*.

| | TARJETAS DE CRÉDITO | SERVICIO PARA NIÑOS | PISCINA | RESTAURANTE | COCINA INDIVIDUAL |
|---|---|---|---|---|---|
| **DELRAY BEACH:** *Seagate Hotel and Beach Club* $$$$ <br>400 S Ocean Blvd, FL 33483. **Mapa de carreteras** F4. (561) 276-2421. FAX (561) 243-4714. Hotel con playa privada, habitaciones bien amuebladas en tonos ocres y piscinas de agua dulce y salada. **Habitaciones:** 70 | AE DC MC V | ● | ■ | | ■ |
| **FORT LAUDERDALE:** *Venetian Court* $$ <br>71 Isle of Venice, FL 33301. **Mapa de carreteras** F4. (954) 525-2223. FAX (954) 524-2520. Desde este agradable hotel se contemplan lujosos yates y mansiones. Habitaciones bien equipadas. **Habitaciones:** 16 | DC MC V | | ■ | | ■ |
| **FORT LAUDERDALE:** *A Little Inn by the Sea* $$$ <br>4546 El Mar Drive, FL 33308. **Mapa de carreteras** F4. (954) 772-2450. FAX (954) 938-9354. Muy visitado por europeos, este establecimiento en la playa desprende un relajado ambiente familiar. Telas, muebles de mimbre y camas con dosel adornan sus habitaciones. **Habitaciones:** 29 | AE DC MC V | | ■ | | ■ |
| **FORT LAUDERDALE:** *Holiday Inn Lauderdale-By-The-Sea* $$$ <br>4116 N Ocean Drive, FL 33308. **Mapa de carreteras** F4. (954) 776-1212. FAX (954) 776-1212 ext 600. En un tranquilo entorno frente a la playa, este hotel resulta perfecto para familias. **Habitaciones:** 187 | AE DC MC V | ● | ■ | | ■ |
| **FORT LAUDERDALE:** *Riverside* $$$$ <br>620 E Las Olas Blvd, FL 33301. **Mapa de carreteras** F4. (954) 467-0671. FAX (954) 462-2148. Construido en 1936 en una zona ahora llena de restaurantes y tiendas, este hotel tiene ventiladores de techo, suelos de terracota y una lograda mezcla de mimbre y roble. **Habitaciones:** 109 | AE DC MC V | | ■ | | |
| **FORT LAUDERDALE:** *Hyatt Regency Pier 66 Marina* $$$$$ <br>2301 SE 17th St Causeway, FL 33316. **Mapa de carreteras** F4. (954) 525-6666. FAX (954) 728-3541. Rascacielos de magníficas vistas que alberga un gimnasio y un balneario. **Habitaciones:** 388 | AE DC MC V | | ■ | ● | ■ |
| **FORT PIERCE:** *Harbor Light Inn* $$ <br>1160 Seaway Drive, FL 34949. **Mapa de carreteras** F3. (561) 468-3555. En la Intracoastal Waterway, este establecimiento posee dos pantalanes privados. Ideal para pescar y navegar. **Habitaciones:** 21 | AE DC MC V | | ■ | | ■ |
| **HOLLYWOOD:** *Holiday Inn Sunspree Resort* $$$$ <br>2711 S Ocean Drive, FL 33019. **Mapa de carreteras** F4. (954) 923-8700. FAX (954) 923-7059. Este complejo hotelero resulta idóneo para las familias. Los niños comen gratis. **Habitaciones:** 201 | AE DC MC V | ● | ■ | | ■ |
| **HUTCHINSON ISLAND:** *Indian River Plantation Beach Resort* $$$$$ <br>555 NE Ocean Blvd, FL 34996. **Mapa de carreteras** F3. (561) 225-3700. FAX (561) 225-0003. Establecimiento hotelero familiar con actividades infantiles, clases de tenis y golf y paseos por la naturaleza. **Habitaciones:** 298 | AE DC MC V | ● | ■ | ● | ■ |
| **JUPITER:** *Innisfail* $$ <br>134 Timber Lane, FL 33458. **Mapa de carreteras** F4. (561) 744-5905. FAX (561) 744-5902. Propiedad de dos escultores cuya obra está expuesta en este pequeño rancho *bed & breakfast*. **Habitaciones:** 2 | | | ■ | | |
| **JUPITER:** *Jupiter Beach Resort* $$$$$ <br>5 North A1A, FL 33477. **Mapa de carreteras** F4. (561) 746-2511. FAX (561) 747-3304. Este complejo alberga habitaciones sencillas con cuartos de baño de mármol y muebles llenos de colorido. Desde las terrazas privadas se contemplan el mar y los atardeceres. **Habitaciones:** 186 | AE DC MC V | ● | ■ | | ■ |
| **PALM BEACH:** *Beachcomber Apartment Motel* $$$ <br>3024 S Ocean Blvd, FL 33480. **Mapa de carreteras** F4. (561) 585-4646. FAX (561) 547-9438. Motel humilde pero cómodo que posee su propia playa privada. **Habitaciones:** 46 | AE MC V | | ■ | | ■ |

## ALOJAMIENTO

**PALM BEACH:** *Palm Beach Hawaiian Ocean Inn* $$$
3550 S Ocean Blvd, FL 33480. **Mapa de carreteras** F4. (561) 582-5631.
FAX *(561) 582-5631 ext 165.* A unos 11 km al sur del centro urbano, posee habitaciones amplias y luminosas. **Habitaciones:** 58
AE DC MC V

**PALM BEACH:** *Heart of Palm Beach* $$$$
160 Royal Palm Way, FL 33480. **Mapa de carreteras** F4. (561) 655-5600.
FAX *(561) 832-1201.* Situado a pocas manzanas de Worth Avenue. *Suites* amplias pero habitaciones reducidas. **Habitaciones:** 84
AE DC MC V

**PALM BEACH:** *Plaza Inn* $$$$
215 Brazilian Ave, FL 33480. **Mapa de carreteras** F4. (561) 832-8666.
FAX *(561) 835-8776.* Esta joya del *art déco* ofrece camas con dosel, colchas de ganchillo y desayunos recién hechos. **Habitaciones:** 50
AE MC V

**PALM BEACH:** *The Breakers* $$$$$
1 South County Rd, FL 33480. **Mapa de carreteras** F4. (561) 655-6611.
FAX *(561) 659-8403.* Suntuoso y con clase, este palacio italiano es el mejor hotel de Palm Beach *(ver p. 117)*. Magníficas instalaciones infantiles. **Habitaciones:** 572
AE DC MC V

**PALM BEACH:** *Four Seasons Palm Beach* $$$$$
2800 S Ocean Blvd, FL 33480. **Mapa de carreteras** F4. (561) 582-2800.
FAX *(561) 547-1557.* El vestíbulo repleto de antigüedades y tapices da paso a unas inmensas habitaciones con todas las comodidades modernas. Terrazas con vistas al mar. **Habitaciones:** 210
AE DC MC V

**PALM BEACH GARDENS:** *Heron Cay* $$$
15106 Palmwood Rd, FL 33410. **Mapa de carreteras** F4. (561) 744-6315.
FAX *(561) 744-0943.* En este *bed & breakfast* los huéspedes disfrutan del barco de pesca de sus propietarios. **Habitaciones:** 9
MC V

**PALM BEACH GARDENS:** *PGA National Resort and Spa* $$$$$
400 Avenue of the Champions, FL 33418. **Mapa de carreteras** F4. (561) 627-2000.
FAX *(561) 622-0261.* El balneario alberga unas piscinas ricas en minerales. Clases de tenis y golf. **Habitaciones:** 339
AE DC MC V

**POMPANO BEACH:** *Ronny Dee Motel* $$
717 S Ocean Blvd, FL 33062. **Mapa de carreteras** F4. (954) 943-3020.
FAX *(954) 783-5112.* Establecimiento limpio y cómodo cercano a la playa. Desayuno a base de café y *donuts*. **Habitaciones:** 35
AE DC MC V

**STUART:** *Harborfront Inn Bed & Breakfast* $$$
310 Atlanta Ave, FL 34994. **Mapa de carreteras** F3. (561) 288-7289.
FAX *(561) 221-0474.* Desde estas casitas azules a orillas del río se puede ir a pie al centro. Disfrute de su desayuno casero. **Habitaciones:** 6
AE MC V

**VERO BEACH:** *Islander Motel* $$
3101 Ocean Drive, FL 32963. **Mapa de carreteras** F3. (561) 231-4431.
FAX *(561) 589-5100.* A tan sólo 100 m de la playa, cerca de restaurantes y tiendas, y con la posibilidad de hacerse su propia barbacoa junto a la piscina. **Habitaciones:** 16
AE MC V

**VERO BEACH:** *Disney's Vero Beach Resort* $$$$$
9250 Island Grove Terrace, FL 32963. **Mapa de carreteras** F3. (561) 234-2000.
FAX *(561) 234-2030.* Lujosas habitaciones y chalés en régimen de multipropiedad. En el centro de la piscina se alza un galeón español. **Habitaciones:** 204
AE MC V

**WEST PALM BEACH:** *Comfort Inn* $$
5981 Okeechobee Blvd, FL 33417. **Mapa de carreteras** F4. (561) 697-3388.
FAX *(561) 697-2834.* Este establecimiento limpio y cómodo se encuentra cerca del aeropuerto. Desayuno incluido. **Habitaciones:** 113
AE DC MC V

**WEST PALM BEACH:** *Hibiscus House* $$$
501 30th St, FL 33407. **Mapa de carreteras** F4. (561) 863-5633.
FAX *igual que el teléfono.* Esta casona construida en 1922 ha sido primorosamente restaurada. Decoración victoriana y desayunos servidos en vajillas de porcelana y cristal. Autobús gratuito a la ciudad. **Habitaciones:** 8
AE DC MC V

**WEST PALM BEACH:** *Palm Beach Polo and Country Club* $$$$$
11809 Polo Club Rd, FL 33414. **Mapa de carreteras** F4. (561) 798-7000.
FAX *(561) 798-7340.* Complejo de apartamentos, chalés y estudios cuyo principal atractivo es el tenis, el golf y el polo. **Habitaciones:** 60
AE MC V

Para el significado de los símbolos ver solapa posterior

# NECESIDADES DEL VIAJERO

**Precio por noche** en habitación doble y temporada alta, impuestos y servicio incluidos:
- $ menos de 60 dólares
- $$ 60-100 dólares
- $$$ 100-150 dólares
- $$$$ 150-200 dólares
- $$$$$ más de 200 dólares

**SERVICIOS PARA NIÑOS**
Cunas y sillas altas. Algunos hoteles proporcionan servicio de canguros y actividades infantiles.
**PISCINA**
El hotel dispone de piscina para uso exclusivo de sus clientes.
**RESTAURANTE**
Dispone de restaurante para los clientes, abierto también al público.
**COCINA INDIVIDUAL**
El hotel posee habitaciones con cocina, denominadas *efficiencies*.

## ORLANDO Y LA COSTA ESPACIAL

| | Precio | Tarjetas de Crédito | Servicio para Niños | Piscina | Restaurante | Cocina Individual |
|---|---|---|---|---|---|---|
| **CABO CAÑAVERAL:** *Radisson Resort*<br>8701 Astronaut Blvd, FL 32920. **Mapa de carreteras** F2. ☎ *(407) 784-0000.* FAX *(407) 784-3737.* Los ventiladores de techo y el mimbre dan un aire caribeño a este complejo. **Habitaciones:** 199 | $$$ | AE DC MC V | ● | ■ | | |
| **COCOA:** *Econo Lodge*<br>3220 N Cocoa Blvd, FL 32926. **Mapa de carreteras** E3. ☎ *(407) 632-4561.* FAX *(407) 631-3756.* Nada espectacular, pero sí correcto, limpio y bien situado a tan sólo 13 km del Kennedy Space Center. **Habitaciones:** 142 | $$ | AE DC MC V | | ■ | | |
| **COCOA BEACH:** *Comfort Inn*<br>3901 N Atlantic Ave, FL 32931. **Mapa de carreteras** E3. ☎ *(407) 783-2221.* FAX *(407) 783-0461.* A un paso de la playa, este hotel se asoma a una piscina rodeada de palmeras y dotada de barbacoas. **Habitaciones:** 144 | $$ | AE DC MC V | | ■ | | ■ |
| **COCOA BEACH:** *Inn at Cocoa Beach*<br>4300 Ocean Beach Blvd, FL 32931. **Mapa de carreteras** E3. ☎ *(407) 799-3460.* FAX *(407) 784-8632.* Patios y balcones con vistas al mar. Las habitaciones están decoradas con diferentes estilos. **Habitaciones:** 50 | $$$$ | AE MC V | | ■ | | |
| **CYPRESS GARDENS:** *Best Western Inn*<br>5665 Cypress Gardens Blvd, FL 33884. **Mapa de carreteras** E3. ☎ *(941) 324-5950.* FAX *(941) 324-2376.* Cerca de Cypress Gardens, ofrece cómodas habitaciones (aunque sin lujos). **Habitaciones:** 156 | $$ | AE DC MC V | | ■ | | ■ |
| **CENTRO DE ORLANDO:** *Harley*<br>151 E Washington St, FL 32801. **Mapa de carreteras** E2. ☎ *(407) 841-3220.* FAX *(407) 849-1839.* El Harley brinda a sus clientes un pantagruélico desayuno. **Habitaciones:** 281 | $$ | AE DC MC V | | ■ | | ■ |
| **CENTRO DE ORLANDO:** *Courtyard at Lake Lucerne*<br>211 N Lucerne Circle E, FL 32801. **Mapa de carreteras** E2. ☎ *(407) 648-5188.* FAX *(407) 246-1368.* Este *bed and breakfast*, rodeado por un jardín junto al lago Lucerne, consta de tres casonas, una de las cuales es la más antigua de la ciudad. **Habitaciones:** 24 | $$$ | AE DC MC V | | | | ■ |
| **CENTRO DE ORLANDO:** *The Veranda Bed & Breakfast*<br>115 N Summerlin Ave, FL 32801. **Mapa de carreteras** E2. ☎ *(407) 849-0321.* FAX *(407) 872-7512.* Son dos casas de madera de los años 20 situadas en el barrio antiguo. Los porches, suelos y ventiladores de techo recuerdan el estilo de Key West. **Habitaciones:** 10 | $$$ | MC V | | ■ | | ■ |
| **INTERNATIONAL DRIVE:** *La Quinta Inn*<br>8300 Jamaican Ct, FL 32819. **Mapa de carreteras** E2. ☎ *(407) 351-1660.* FAX *(407) 351-9264.* Situado a 14 km de Walt Disney World, ofrece habitaciones cuidadas y desayuno europeo gratuito. **Habitaciones:** 200 | $$ | AE DC MC V | | ■ | | ■ |
| **INTERNATIONAL DRIVE:** *Best Western Plaza International*<br>8738 International Drive, FL 32819. **Mapa de carreteras** E2. ☎ *(407) 345-8195.* FAX *(407) 352-8196.* A 10 minutos de Walt Disney World. Las *suites* familiares resultan perfectas para los niños. **Habitaciones:** 672 | $$ | AE DC MC V | ● | ■ | | ■ |
| **INTERNATIONAL DRIVE:** *Ramada Inn*<br>4855 S Orange Blossom Trail, FL 32839. **Mapa de carreteras** E2. ☎ *(407) 851-3000.* FAX *(407) 859-8972.* Próximo al centro de Orlando, este hotel alberga grandes *suites* y una piscina tropical. **Habitaciones:** 132 | $$ | AE DC MC V | | ■ | | ■ |
| **INTERNATIONAL DRIVE:** *Clarion Plaza Hotel*<br>9700 International Drive, FL 32819. **Mapa de carreteras** E2. ☎ *(407) 352-9700.* FAX *(407) 352-9710.* Un gran vestíbulo de mármol da la bienvenida a los huéspedes. Habitaciones amplias. **Habitaciones:** 810 | $$$ | AE DC MC V | ● | ■ | ■ | ■ |

# ALOJAMIENTO

**INTERNATIONAL DRIVE:** *Country Hearth Inn* $$$
9861 International Drive, FL 32819. **Mapa de carreteras** E2. (407) 352-0008.
FAX (407) 352-5449. Hotel señorial con un delicioso porche y habitaciones tranquilas con balcón. Desayuno incluido. **Habitaciones:** 150

AE, DC, MC, V

**INTERNATIONAL DRIVE:** *Holiday Inn Express* $$$
6323 International Drive, FL 32819. **Mapa de carreteras** E2. (407) 351-4430.
FAX (407) 345-0742. Próximo a Walt Disney World, los niños se alojan y comen gratis, y disfrutan de una zona especial para ellos. **Habitaciones:** 217

AE, DC, MC, V

**INTERNATIONAL DRIVE:** *Renaissance Orlando Resort* $$$$$
6677 Sea Harbor Drive, FL 32821. **Mapa de carreteras** E2. (407) 351-5555.
FAX (407) 351-9991. Frente al Sea World, este complejo hotelero ofrece un magnífico programa de actividades infantiles. Para los adultos, cuartos de baño de mármol y campo de golf. **Habitaciones:** 780

**LAKE WALES:** *Chalet Suzanne* $$$$
3800 Chalet Suzanne Drive, FL 33853. **Mapa de carreteras** E3. (941) 676-6011.
FAX (941) 676-1814. Agradable hotel, rodeado de naranjos, con habitaciones decoradas con eclécticos recuerdos. Magnífico restaurante.
**Habitaciones:** 30

AE, DC, MC, V

**WALT DISNEY WORLD:** *Comfort Inn Maingate* $
7571 W Irlo Bronson Hwy, FL 34747. **Mapa de carreteras** E3. (407) 396-7500.
FAX (407) 396-7497. Hotel limpio y cómodo a 1,5 km al oeste de Walt Disney World. **Habitaciones:** 281

AE, DC, MC, V

**WALT DISNEY WORLD:** *Disney's All-Star Music Resort* $$
1801 W Buena Vista Drive, FL 32830. **Mapa de carreteras** E3. (407) 939-6000.
FAX (407) 939-7222. Decoración inspirada en la música. Agradables habitaciones. **Habitaciones:** 1.920

AE, MC, V

**WALT DISNEY WORLD:** *Disney's All-Star Sports Resort* $$
1701 W Buena Vista Drive, FL 32830. **Mapa de carreteras** E3. (407) 939-5000.
FAX (407) 939-7333. A los aficionados al deporte les encantará la decoración. Instalaciones compartidas con el vecino Music Resort. **Habitaciones:** 1.920

AE, MC, V

**WALT DISNEY WORLD:** *Perri House* $$
10417 State Rd 535, FL 32836. **Mapa de carreteras** E3. (407) 876-4830.
FAX (407) 876-0241. Tranquilo alojamiento rural perfecto para familias, perdido en 8 hectáreas de reserva natural junto a Walt Disney World. Cómodas habitaciones con muebles de cerezo y roble. **Habitaciones:** 8

AE, MC, V

**WALT DISNEY WORLD:** *Days Inn, Days Suites* $$$
5820 W Irlo Bronson Hwy, FL 34746. **Mapa de carreteras** E3. (407) 396-7900.
FAX (407) 396-1789. Cuatro piscinas, un parque infantil y un merendero. A tan sólo 3 km de Walt Disney World. **Habitaciones:** 604

AE, DC, MC, V

**WALT DISNEY WORLD:** *Disney's Caribbean Beach Resort* $$$
900 Cayman Way, FL 32830. **Mapa de carreteras** E3. (407) 934-3400.
FAX (407) 934-3288. Cinco "pueblos" rodean un lago donde se congregan aves acuáticas. Las piscinas y playas artificiales de arena salpican los jardines vistiéndolos de un ambiente tropical. **Habitaciones:** 2.112

AE, MC, V

**WALT DISNEY WORLD:** *Grosvenor Resort* $$$
1850 Hotel Plaza Blvd, FL 32830. **Mapa de carreteras** E3. (407) 828-4444.
FAX (407) 828-8192. Elegante hotel de decoración colonial con agradables habitaciones y numerosas instalaciones. **Habitaciones:** 626

AE, DC, MC, V

**WALT DISNEY WORLD:** *Holiday Inn Hotel and Suites* $$$
5678 W Irlo Bronson Hwy, FL 34746. **Mapa de carreteras** E3. (407) 396-4488.
FAX (407) 396-8915. Los niños son los reyes; incluso hay un mostrador de recepción para ellos. Los payasos limpian las habitaciones y se organizan actividades en un campamento infantil. **Habitaciones:** 614

AE, DC, MC, V

**WALT DISNEY WORLD:** *Buena Vista Palace* $$$$
1900 Buena Vista Drive, FL 32830. **Mapa de carreteras** E3. (407) 827-2727.
FAX (407) 827-6034. *Resort* con un sinfín de restaurantes e instalaciones. Habitaciones decoradas en tonos ocres. **Habitaciones:** 1.014

AE, DC, MC, V

**WALT DISNEY WORLD:** *Disney's BoardWalk Villas* $$$$$
2101 N Epcot Resorts Blvd, FL 32830. **Mapa de carreteras** E3. (407) 939-5100.
FAX (407) 939-5150. Estos chalés de estilo Nueva Inglaterra fueron inaugurados en 1996. **Habitaciones:** 532

AE, MC, V

Para el significado de los símbolos ver solapa posterior

**Precio por noche** en habitación doble y temporada alta, impuestos y servicio incluidos:
- $ menos de 60 dólares
- $$ 60-100 dólares
- $$$ 100-150 dólares
- $$$$ 150-200 dólares
- $$$$$ más de 200 dólares

**SERVICIOS PARA NIÑOS**
Cunas y sillas altas. Algunos hoteles proporcionan servicio de canguros y actividades infantiles.

**PISCINA**
El hotel dispone de piscina para uso exclusivo de sus clientes.

**RESTAURANTE**
Dispone de restaurante para los clientes, abierto también al público.

**COCINA INDIVIDUAL**
El hotel posee habitaciones con cocina, denominadas *efficiencies*.

| | Precio | Tarjetas de Crédito | Servicio para Niños | Piscina | Restaurante | Cocina Individual |
|---|---|---|---|---|---|---|
| **WALT DISNEY WORLD:** *Disney's Vacation Club Resort*<br>1510 N Cove Rd, FL 32830. **Mapa de carreteras** E3. (407) 827-7700.<br>FAX (407) 827-7710. Ventiladores de techo, vallas bajas y palmeras recrean el ambiente del Key West antiguo. **Habitaciones:** 709 | $$$$ | AE MC V | ● | ■ | ● | ■ |
| **WALT DISNEY WORLD:** *Disney's Wilderness Lodge*<br>901 W Timberline Drive, FL 32830. **Mapa de carreteras** E3. (407) 824-3200.<br>FAX (407) 824-3232. Aislado y romántico refugio en la montaña, con suelos de madera y chispeantes chimeneas. **P Habitaciones:** 728 | $$$$ | AE MC V | ● | ■ | ● | |
| **WALT DISNEY WORLD:** *Disney's Beach Club Resort*<br>1800 Epcot Resorts Blvd, FL 32830. **Mapa de carreteras** E3. (407) 934-8000.<br>FAX (407) 934-3850. Este complejo imita el estilo de los grandes establecimientos decimonónicos de Nueva Inglaterra. Posee uno de los mejores restaurantes de Walt Disney World. 24 **P Habitaciones:** 538 | $$$$$ | AE MC V | ● | ■ | ● | |
| **WALT DISNEY WORLD:** *Disney's BoardWalk Inn*<br>2101 N Epcot Resorts Blvd, FL 32830. **Mapa de carreteras** E3. (407) 939-5100.<br>FAX (407) 939-5150. Este elegante hotel con suelos de madera recuerda un *bed & breakfast* europeo. 24 **P Habitaciones:** 378 | $$$$$ | AE MC V | ● | ■ | | |
| **WALT DISNEY WORLD:** *Disney's Contemporary Resort*<br>4600 N World Drive, FL 32830. **Mapa de carreteras** E3. (407) 824-1000.<br>FAX (407) 824-3539. Animado complejo turístico con habitaciones *art déco*, comunicado por monorraíl con Epcot y el Reino Mágico. 24 **P Habitaciones:** 1.041 | $$$$$ | AE MC V | ● | ■ | ● | |
| **WALT DISNEY WORLD:** *Disney's Grand Floridian Resort*<br>4401 Grand Floridian Way, FL 32830. **Mapa de carreteras** E3. (407) 824-3000.<br>FAX (407) 824-3186. Las galerías, camas de roble y opulencia victoriana recuerdan a la antigua Florida. Junto al Reino Mágico. Disfrute del sinfín de instalaciones que ofrece. 24 **P Habitaciones:** 900 | $$$$$ | AE MC V | ● | ■ | ● | |
| **WALT DISNEY WORLD:** *Disney's Yacht Club Resort*<br>1700 Epcot Resorts Blvd, FL 32830. **Mapa de carreteras** E3. (407) 934-7000.<br>FAX (407) 934-3450. Este elegante complejo hotelero está decorado como un club náutico de Cape Cod (junto a Boston), con detalles de bronce y cartas marinas en las paredes. 24 **P Habitaciones:** 631 | $$$$$ | AE MC V | ● | ■ | | |
| **WALT DISNEY WORLD:** *Walt Disney World Dolphin*<br>1500 Epcot Resorts Blvd, FL 32830. **Mapa de carreteras** E3. (407) 934-4000.<br>FAX (407) 934-4099. Próximo a Epcot, el Dolphin está pensado para los grupos de empresa. 24 **P Habitaciones:** 1.510 | $$$$$ | AE DC MC V | ● | ■ | ● | |
| **WALT DISNEY WORLD:** *Walt Disney World Swan*<br>1200 Epcot Resorts Blvd, FL 32830. **Mapa de carreteras** E3. (407) 934-3000.<br>FAX (407) 934-4499. Este hotel de cinco pisos coronado por dos cisnes, que se repiten incesantemente en la decoración, ofrece uno de los mejores restaurantes del parque. 24 **P Habitaciones:** 758 | $$$$$ | AE DC MC V | ● | ■ | ● | |
| **WALT DISNEY WORLD:** *The Villas at the Disney Institute*<br>1901 N Magnolia Way, FL 32830. **Mapa de carreteras** E3. (407) 827-1100.<br>FAX (407) 827-4100. Ideal para familias, este hotel-campus *(ver p. 161)* posee excelentes instalaciones. **P Habitaciones:** 585 | $$$$$ | AE MC V | ● | ■ | ● | ■ |
| **WINTER PARK:** *The Fortnightly Inn*<br>377 E Fairbanks Ave, FL 32789. **Mapa de carreteras** E2. (407) 645-4440.<br>*Bed & breakfast* de 1922 amueblado con antigüedades. Desayuno a base de fruta fresca y repostería. **Habitaciones:** 5 | $$ | MC V | | | | |
| **WINTER PARK:** *Park Plaza*<br>307 Park Ave S, FL 32789. **Mapa de carreteras** E2. (407) 647-1072.<br>FAX (407) 647-4081. Suelos de madera y alfombras orientales decoran este delicioso hotel. **P Habitaciones:** 27 | $$$ | AE DC MC V | | | ● | |

# EL NORESTE

**DAYTONA BEACH:** *Coquina Inn Bed & Breakfast* $$
544 S Palmetto Ave, FL 32114. **Mapa de carreteras** E2. (904) 254-4969.
FAX *igual que el teléfono*. Casa de 1912 situada en una tranquila calle del barrio antiguo. Habitaciones decoradas con suelos de roble y ventiladores en el techo. El desayuno es una delicia. **Habitaciones:** 4
AE MC V

**DAYTONA BEACH:** *Quality Inn* $$
1615 S Atlantic Ave, FL 32118. **Mapa de carreteras** E2. (904) 255-0921.
FAX (904) 255-3849. Económico hotel junto al mar con amplios *efficiencies*, solárium y piscinas infantil y de adultos. **Habitaciones:** 195
AE DC MC V

**DAYTONA BEACH:** *Bahama House* $$$
2001 S Atlantic Ave, FL 32118. **Mapa de carreteras** E2. (904) 248-2001.
FAX (904) 248-0991. Este acogedor establecimiento de estilo Bahamas ofrece *efficiencies* con muebles de madera. Actividades infantiles a diario y algunos apartamentos con *jacuzzi*. **Habitaciones:** 95
AE DC MC V

**DAYTONA BEACH:** *Adam's Mark* $$$$
100 N Atlantic Ave, FL 32118. **Mapa de carreteras** E2. (904) 254-8200.
FAX (904) 253-0275. El complejo hotelero más refinado de Daytona domina el paseo marítimo. Varios restaurantes, gimnasio, discoteca y parque infantil. **Habitaciones:** 437
AE DC MC V

**FERNANDINA BEACH:** *The Bailey House* $$$
28 S 7th St, FL 32034. **Mapa de carreteras** E1. (904) 261-5390.
FAX (904) 321-0103. Cristales teñidos, camas antiguas y chimeneas crean un ambiente victoriano en esta casona de 1895. Una galería con balancín y mecedoras rodea la casa. Facilitan bicicletas para excursiones. **Habitaciones:** 5
AE MC V

**FERNANDINA BEACH:** *Amelia Island Plantation* $$$
3000 First Coast Hwy, FL 32034. **Mapa de carreteras** E1. (904) 261-6161.
FAX (904) 277-5159. En el extremo sur de Amelia Island, rodeada de robledales y dunas, se encuentra esta urbanización de golf que ofrece espaciosas habitaciones, apartamentos y chalés. **Habitaciones:** 550
AE DC MC V

**FERNANDINA BEACH:** *The Amelia Island Williams House* $$$
103 S 9th St, FL 32034. **Mapa de carreteras** E1. (904) 277-2328.
FAX (904) 321-1325. Mansión de 1856 con exquisitas habitaciones y bañeras de patas. Valiosas antigüedades, desde grabados japoneses del siglo XVI hasta una alfombra que perteneció a Napoleón. **Habitaciones:** 8
MC V

**GAINESVILLE:** *Magnolia Plantation* $$
309 SE 7th St, FL 32601. **Mapa de carreteras** D2. (352) 375-6653.
FAX (352) 338-0303. Mansión decimonónica con una fachada engalanada de galerías y un sinfín de ventanas. Los imaginativos desayunos se sirven en el interior o al aire libre bajo las magnolias. **Habitaciones:** 6
AE MC V

**GAINESVILLE:** *Residence Inn by Marriott* $$
4001 SW 13th St, FL 32608. **Mapa de carreteras** D2. (352) 371-2101.
FAX (352) 371-2101. Céntrico hotel que ofrece amplias *suites* con cocina y zona de estar. Algunas tienen hidromasaje. **Habitaciones:** 80
AE DC MC V

**JACKSONVILLE:** *House on Cherry Street* $$
1844 Cherry St, FL 32205. **Mapa de carreteras** E1. (904) 384-1999.
FAX (904) 384-5013. Esta casa de madera de principios de siglo ofrece una atractiva y relajada alternativa al centro urbano (a 15 minutos en coche). **Habitaciones:** 4
AE MC V

**JACKSONVILLE:** *Radisson Riverwalk Hotel* $$
1515 Prudential Drive, FL 32207. **Mapa de carreteras** E1. (904) 396-5100.
FAX (904) 396-7154. Disfrute de la espléndida vista del río St. Johns y el perfil urbano desde las alegres habitaciones. **Habitaciones:** 321
AE DC MC V

**JACKSONVILLE:** *Omni Jacksonville Hotel* $$$
245 Water St, FL 32202. **Mapa de carreteras** E1. (904) 355-6664.
FAX (904) 791-4812. En el corazón de la ciudad, este distinguido hotel cuenta con un excelente restaurante. **Habitaciones:** 354
AE DC MC V

**JACKSONVILLE BEACH:** *Sea Turtle Inn* $$
1 Ocean Blvd, FL 32233. **Mapa de carreteras** E1. (904) 249-7402.
FAX (904) 247-1517. Desde las terrazas se ve el mar. Por la mañana llevan el café y los periódicos a la habitación. **Habitaciones:** 194
AE MC V

Para el significado de los símbolos ver solapa posterior

**Precio por noche** en habitación doble y temporada alta, impuestos y servicio incluidos:

$ menos de 60 dólares
$$ 60-100 dólares
$$$ 100-150 dólares
$$$$ 150-200 dólares
$$$$$ más de 200 dólares

**SERVICIOS PARA NIÑOS**
Cunas y sillas altas. Algunos hoteles proporcionan servicio de canguros y actividades infantiles.
**PISCINA**
El hotel dispone de piscina para uso exclusivo de sus clientes.
**RESTAURANTE**
Dispone de restaurante para los clientes, abierto también al público.
**COCINA INDIVIDUAL**
El hotel posee habitaciones con cocina, denominadas *efficiencies*.

| | TARJETAS DE CRÉDITO | SERVICIO PARA NIÑOS | PISCINA | RESTAURANTE | COCINA INDIVIDUAL |
|---|---|---|---|---|---|
| **MICANOPY:** *The Herlong Mansion* $$ <br> 402 NE Cholokka Blvd, FL 32667. **Mapa de carreteras** D2. *(352) 466-3322.* FAX *igual que el teléfono.* Imponentes columnas en la fachada de esta espléndida casona de 1845. **Habitaciones:** 12 | MC V | | | | |
| **MOUNT DORA:** *Lakeside Inn* $$$ <br> 100 N Alexande St, FL 32757. **Mapa de carreteras** E2. *(352) 383-4101.* FAX *(352) 735-2642.* Construido en 1883, el sosegado Lakeside es frecuentado por aficionados a la pesca y la ornitología. **Habitaciones:** 88 | AE DC MC V | | ■ | ● | |
| **OCALA:** *Holiday Inn* $$ <br> 3621 W Silver Springs Blvd, FL 34478. **Mapa de carreteras** D2. *(352) 629-0381.* FAX *(352) 629-0381.* Limpio y cómodo hotel de precio asequible, con piscina climatizada, pistas de tenis y gimnasio. **Habitaciones:** 273 | AE DC MC V | | ■ | | |
| **ORMOND BEACH:** *Comfort Inn on the Beach* $$ <br> 507 S Atlantic Ave, FL 32176. **Mapa de carreteras** E2. *(904) 677-8550.* FAX *(904) 673-6260.* En este establecimiento, próximo a restaurantes y comercios, las habitaciones tienen vistas al mar. **Habitaciones:** 50 | AE MC V | | ■ | | ■ |
| **ST AUGUSTINE:** *Howard Johnson Lodge* $$ <br> 137 San Marco Ave, Fl 32084. **Mapa de carreteras** E1. *(904) 824-6181.* FAX *(904) 825-2774.* Las habitaciones cuentan con cocina americana. Tranvía gratuito a los lugares interesantes de la zona. **Habitaciones:** 77 | AE DC MC V | | ■ | | ■ |
| **ST AUGUSTINE:** *Alexander Homestead* $$$ <br> 14 Sevilla St, FL 32084. **Mapa de carreteras** E1. *(904) 826-4147.* FAX *(904) 823-9503.* Cortinas de encaje y suelos de madera visten esta casona decimonónica convertida en *bed & breakfast*. **Habitaciones:** 4 | AE DC MC V | | | | |
| **ST AUGUSTINE:** *Casablanca Inn Bed & Breakfast* $$$ <br> 24 Avenida Menendez, FL 32084. **Mapa de carreteras** E1. *(904) 829-0928.* FAX *(904) 824-2240.* Elegante mobiliario en este *bed & breakfast* desde cuyas terrazas, dos de ellas con hamacas, se disfruta de una gran vista de la bahía. Inolvidable desayuno. **Habitaciones:** 12 | AE MC V | | | | ■ |
| **ST AUGUSTINE:** *Kenwood Inn Bed & Breakfast* $$$ <br> 38 Marine St, FL 32084. **Mapa de carreteras** E1. *(904) 824-2116.* FAX *(904) 824-1689.* Este elegante hotel del siglo XIX, situado en el barrio antiguo, alberga un patio y unas habitaciones decoradas con muebles de época. Delicioso desayuno de estilo europeo. **Habitaciones:** 12 | MC V | | ■ | | |
| **ST AUGUSTINE:** *Southern Wind East* $$$ <br> 18 Cordova St, FL 32084. **Mapa de carreteras** E1. *(904) 825-3623.* FAX *(904) 825-0360.* Casona amueblada con antigüedades de la época de Flagler. El desayuno se sirve en porcelana antigua. **Habitaciones:** 10 | AE MC V | | | | |

## EL PANHANDLE

| | TARJETAS DE CRÉDITO | SERVICIO PARA NIÑOS | PISCINA | RESTAURANTE | COCINA INDIVIDUAL |
|---|---|---|---|---|---|
| **APALACHICOLA:** *Coombs House Inn* $$ <br> 80 6th St, FL 32320. **Mapa de carreteras** B1. *(904) 653-9199.* FAX *(352) 653-2785.* *Bed & breakfast* situado en una casa de madera de 1905. Algunas habitaciones tienen camas con dosel. **Habitaciones:** 17 | AE MC V | | | | |
| **CEDAR KEY:** *Cedar Key Bed & Breakfast* $$ <br> 3rd and F St, FL 32625. **Mapa de carreteras** D2. *(352) 543-9000.* FAX *(352) 543-8070.* Casa de finales del siglo XIX construida junto al mar. Antigüedades para recrear la vista y abundantes desayunos para saciar el estómago. **Habitaciones:** 7 | MC V | | | | |
| **CEDAR KEY:** *Island* $$ <br> Main St, FL 32625. **Mapa de carreteras** D2. *(352) 543-5111.* FAX *(352) 543-6949.* Hotel de 1857 con gruesos muros de *tabby (ver p. 282)*, suelos originales de madera y murales náuticos. **Habitaciones:** 13 | MC V | | | ● | |

# ALOJAMIENTO

**DESTIN:** *Village Inn* $$
215 Hwy 98 E, FL 32541. **Mapa de carreteras** A1. (904) 837-7413.
FAX *(904) 654-3394.* Situado frente al puerto de Destin, las habitaciones de este motel familiar son espaciosas. Playas, restaurantes y tiendas a 10 minutos en coche. **Habitaciones:** 100

| | AE | | | |
|---|---|---|---|---|
| | DC | | | |
| | MC | | | |
| | V | | | |

**DESTIN:** *Holiday Inn* $$$
1020 Hwy 98 E, FL 32541. **Mapa de carreteras** A1. (904) 837-6181.
FAX *(904) 837-1523.* Algunas de las habitaciones disfrutan de una magnífica vista del golfo de México. **Habitaciones:** 233

AE ● ▓
DC
MC
V

**DESTIN:** *Henderson Park Inn Bed & Breakfast* $$$$
2700 Hwy 98 E, FL 32541. **Mapa de carreteras** A1. (904) 654-0400.
FAX *(904) 654-0405.* Bellos dormitorios y delicioso desayuno en este *bed & breakfast* de estilo Nueva Inglaterra. Terrazas privadas con vistas la golfo de México. **Habitaciones:** 35

AE ▓ ▓
MC
V

**FORT WALTON BEACH:** *Howard Johnson Lodge* $$
314 Miracle Strip Parkway, FL 32548. **Mapa de carreteras** A1. (904) 243-6162.
FAX *(904) 664-2735.* Unos majestuosos robles abarrotan el patio de este hotel situado a 3 km del centro urbano. **Habitaciones:** 140

AE ▓
MC
V

**FORT WALTON BEACH:** *Sheraton Inn* $$$
1325 Miracle Strip Parkway, FL 32548. **Mapa de carreteras** A1. (904) 243-8116.
FAX *(904) 244-3064.* Habitaciones amplias de decoración alegre, muchas con vistas al mar. **Habitaciones:** 138

AE
DC
MC
V

**GULF BREEZE:** *Holiday Inn Bay Beach* $$
51 Gulf Breeze Parkway, FL 32561. **Mapa de carreteras** A1. (904) 932-2214.
FAX *(904) 932-0932.* Este hotel alberga espaciosas habitaciones y un comedor frente al mar. **Habitaciones:** 168

AE ▓ ●
DC
MC
V

**NAVARRE:** *Comfort Inn* $$
8680 Navarre Parkway, FL 32566. **Mapa de carreteras** A1. (904) 939-1761.
FAX *(904) 939-2084.* Pequeño y acogedor *bed & breakfast* separado por un puente de las solitarias playas de arena blanca. **Habitaciones:** 63

AE ▓ ▓
DC
MC
V

**PANAMA CITY BEACH:** *Best Western Del Coronado* $$
11815 Front Beach Rd, FL 32407. **Mapa de carreteras** B1. (904) 234-1600.
FAX *(904) 235-1645.* Delicioso complejo hotelero en pleno golfo de México, con personal amable y estancias bien amuebladas. **Habitaciones:** 100

AE ▓ ▓
DC
MC
V

**PANAMA CITY BEACH:** *Marriott's Bay Point Resort* $$$
4200 Marriott Drive, FL 32408. **Mapa de carreteras** B1. (904) 234-3307.
FAX *(904) 233-1308.* Recluido en una tranquila reserva natural alejada de la playa, se considera una de las mejores urbanizaciones de golf y tenis del país. **Habitaciones:** 355

AE ● ▓ ● ▓
DC
MC
V

**PANAMA CITY BEACH:** *Edgewater Beach Resort* $$$$
11212 Front Beach Rd, FL 32407. **Mapa de carreteras** B1. (904) 235-4044.
FAX *(904) 233-7529.* Decoración tropical en un refinado complejo hotelero junto al mar que ofrece apartamentos de uno, dos o tres dormitorios. Amplias instalaciones deportivas y de ocio. **Habitaciones:** 520

AE ● ▓ ▓
MC
V

**PENSACOLA:** *Bay Breeze Bed and Breakfast* $$
1326 E Jackson St, FL 32501. **Mapa de carreteras** A1. (904) 470-0316.
FAX *(904)* Las habitaciones de este inmaculado *bed & breakfast*, repletas de muebles de época y toques caseros, desprenden el encanto de principios de siglo. **Habitaciones:** 4

MC
V

**PENSACOLA:** *Residence Inn by Marriott* $$$
7320 Plantation Rd, FL 32504. **Mapa de carreteras** A1. (904) 479-1000.
FAX *(904) 477-3399.* Agradable hotel situado en una zona tranquila a 11 km del centro urbano. Desayuno incluido. **Habitaciones:** 64

AE ▓ ▓
DC
MC
V

**PENSACOLA BEACH:** *Five Flags Inn* $$
299 Fort Pickens Rd, FL 32561. **Mapa de carreteras** A1. (904) 932-3586.
FAX *(904) 934-0257.* Todas las habitaciones de este hotel, acogedor y bien amueblado, tienen vistas al golfo de México. **Habitaciones:** 50

AE ▓
MC
V

**PENSACOLA BEACH:** *Best Western Pensacola Beach* $$$
16 Via de Luna, FL 32561. **Mapa de carreteras** A1. (904) 934-3300.
FAX *(904) 934-9780.* Este establecimiento ofrece habitaciones amplias y luminosas. Incluye desayuno. **Habitaciones:** 122

AE ● ▓ ▓
DC
MC
V

Para el significado de los símbolos ver solapa posterior

**Precio por noche** en habitación doble y temporada alta, impuestos y servicio incluidos:

- $ menos de 60 dólares
- $$ 60-100 dólares
- $$$ 100-150 dólares
- $$$$ 150-200 dólares
- $$$$$ más de 200 dólares

**SERVICIOS PARA NIÑOS**
Cunas y sillas altas. Algunos hoteles proporcionan servicio de canguros y actividades infantiles.

**PISCINA**
El hotel dispone de piscina para uso exclusivo de sus clientes.

**RESTAURANTE**
Dispone de restaurante para los clientes, abierto también al público.

**COCINA INDIVIDUAL**
El hotel posee habitaciones con cocina, denominadas *efficiencies*.

| | Tarjetas de Crédito | Servicio para Niños | Piscina | Restaurante | Cocina Individual |
|---|---|---|---|---|---|
| **SEASIDE:** *Josephine's French Country Inn* $$$$<br>101 Seaside Ave, FL 32459. **Mapa de carreteras** B1. (904) 231-1940.<br>FAX (904) 231-2446. Visite esta ciudad única y hospédese en esta mansión de época. Las antigüedades y el encaje se funden con las comodidades modernas. El restaurante tiene fama en la zona. **Habitaciones:** 11 | AE MC V | | | ● | ■ |
| **TALLAHASSEE:** *Ramada Inn* $$<br>2900 N Monroe St, FL 32302. **Mapa de carreteras** C1. (904) 386-1027.<br>FAX (904) 422-1025. A poca distancia del centro urbano, se trata de un hotel eficiente con amplias habitaciones. **Habitaciones:** 200 | AE DC MC V | | ■ | | |
| **TALLAHASSEE:** *The Riedel House* $$<br>1412 Fairway Drive, FL 32301. **Mapa de carreteras** C1. (904) 222-8569.<br>Casona de 1937, de estilo federal, cuya escalera de caracol conduce a una galería de arte y a las refinadas habitaciones. **Habitaciones:** 3 | | | | | |
| **TALLAHASSEE:** *Governors Inn* $$$<br>209 S Adams St, FL 32301. **Mapa de carreteras** C1. (904) 681-6855.<br>FAX (904) 222-3105. Las vigas del establo que ocupó este terreno han sido incorporadas al hotel. **Habitaciones:** 40 | AE DC MC V | | | | |
| **LA COSTA DEL GOLFO** | | | | | |
| **ANNA MARIA ISLAND:** *Haley's Motel and Resort Complex* $$<br>8102 Gulf Drive, FL 34217. **Mapa de carreteras** D3. (941) 778-5405.<br>FAX (941) 778-1991. A escasa distancia de la playa, Haley's ofrece sencillos y cómodos *efficiencies* de un dormitorio. **Habitaciones:** 16 | AE DC MC V | | ■ | | ■ |
| **CAPTIVA ISLAND:** *South Seas Plantation Resort* $$$$$<br>5400 Plantation Rd, FL 33924. **Mapa de carreteras** D4. (941) 472-5111.<br>FAX (941) 481-4947. Otrora una plantación de cocos, las 130 hectáreas de esta urbanización albergan chalés, bungalós, apartamentos y hoteles. Innumerables instalaciones deportivas. **Habitaciones:** 600 | AE DC MC V | ● | ■ | ● | ■ |
| **CLEARWATER BEACH:** *Howard Johnson Express Inn* $$<br>656 Bayway Blvd, FL 34630. **Mapa de carreteras** D3. (813) 442-6606. FAX (813) 461-0809. Pequeño hotel retirado de la playa pero con vistas a la bahía. Pantalán de pesca y comercio cerca. **Habitaciones:** 40 | AE DC MC V | | ■ | | |
| **CLEARWATER BEACH:** *Clearwater Beach* $$$<br>500 Mandalay Ave, FL 34630. **Mapa de carreteras** D3. (813) 441-2425.<br>FAX (813) 449-2083. Propiedad de la misma familia durante 40 años, este hotel presenta un acogedor ambiente. **Habitaciones:** 210 | AE DC MC V | ● | ■ | | |
| **CLEARWATER BEACH:** *Holiday Inn SunSpree Resort* $$$$<br>715 S Gulfview Blvd, FL 34630. **Mapa de carreteras** D3. (813) 447-9566.<br>FAX (813) 443-7908. En este moderno complejo hotelero de carácter familiar los menores de 12 años comen gratis. **Habitaciones:** 205 | AE DC MC V | ● | ■ | | |
| **DUNEDIN:** *Inn on the Bay* $$<br>1420 Bayshore Blvd, FL 34698. **Mapa de carreteras** D3. (813) 734-7689.<br>FAX (813) 734-0972. Establecimiento limpio y acogedor con increíbles vistas de la bahía. Desayuno incluido. **Habitaciones:** 43 | AE MC V | | ■ | | ■ |
| **FORT MYERS:** *Sheraton Harbor Place* $$$<br>2500 Edwards Drive, FL 33901. **Mapa de carreteras** E4. (941) 337-0300.<br>FAX (941) 337-7528. Elegante rascacielos con bonitas vistas del puerto deportivo y el río. **Habitaciones:** 419 | AE DC MC V | | ■ | | |
| **LONGBOAT KEY:** *The Resort at Longboat Key Club* $$$$$<br>301 Gulf of Mexico Drive, FL 34228. **Mapa de carreteras** D3. (941) 383-8821.<br>FAX (941) 383-0359. Lujoso complejo hotelero de grandes *suites* con terraza. Ideal para la práctica del golf y el tenis. **Habitaciones:** 232 | AE DC MC V | ● | ■ | | |

## ST PETERSBURG: *Beach Park Motel* $$
300 Beach Drive, FL 33701. **Mapa de carreteras** D3. (813) 898-6325. FAX (813) 894-4226. En el centro, con vistas al muelle, resulta perfecto para hacer turismo. Habitaciones con terraza. **Habitaciones:** 26

*AE, MC, V*

## ST PETERSBURG: *Bayboro House* $$$
1719 Beach Drive SE, FL 33701. **Mapa de carreteras** D3. (813) 823-4955. FAX (813) 823-4955. Esta casona de 1907, repleta de encajes y antigüedades, se encuentra a tan sólo 3 km del centro urbano. Vista panorámica de la bahía de Tampa desde la galería exterior. **Habitaciones:** 4

*MC, V*

## ST PETERSBURG: *Renaissance Vinoy Resort* $$$$$
501 5th Ave NE, FL 33701. **Mapa de carreteras** D3. (813) 894-1000. FAX (813) 822-2785. Este hotel de 1925 ofrece preciosas vistas de la bahía y unas originales habitaciones. Se puede ir a pie hasta los principales lugares de la ciudad. **Habitaciones:** 360

*AE, DC, MC, V*

## ST PETE BEACH: *Colonial Gateway Inn* $$$
6300 Gulf Blvd, FL 33706. **Mapa de carreteras** D3. (813) 367-2711. FAX (813) 367-7068. Hotel situado en la playa. Habitaciones y *efficiencies* decoradas con cuadros florales. **Habitaciones:** 200

*AE, DC, MC, V*

## ST PETE BEACH: *Dolphin Beach Resort* $$$
4900 Gulf Blvd, FL 33706. **Mapa de carreteras** D3. (813) 360-7011. FAX (813) 367-5909. Ofrece barcos de vela en alquiler, excursiones en autobús, espectáculos nocturnos y aparcamiento gratuito. **Habitaciones:** 173

*AE, DC, MC, V*

## ST PETE BEACH: *Don CeSar Resort and Spa* $$$$$
3400 Gulf Blvd, FL 33706. **Mapa de carreteras** D3. (813) 360-1881. FAX (813) 367-7597. Palacio rosa de estilo mediterráneo que data de 1928. Todas las habitaciones son diferentes y de los muros cuelgan obras de arte originales. **Habitaciones:** 277

*AE, DC, MC, V*

## SANIBEL ISLAND: *Island Inn* $$$$
3111 W Gulf Drive, FL 33957. **Mapa de carreteras** E4. (941) 472-1561. FAX (941) 472-0051. Construido hace un siglo, posee un distinguido aire europeo. Ofrece cómodos chaletitos y habitaciones con muebles de mimbre. Reserve con antelación. **Habitaciones:** 57

*AE, MC, V*

## SANIBEL ISLAND: *Sanibel Inn* $$$$$
937 E Gulf Drive, FL 33957. **Mapa de carreteras** E4. (941) 472-3181. FAX (941) 472-5234. Dispone de habitaciones o apartamentos para todos los gustos e infinidad de instalaciones deportivas. **Habitaciones:** 96

*AE, DC, MC, V*

## SANIBEL ISLAND: *Sanibel's Seaside Inn* $$$$$
541 E Gulf Drive, FL 33957. **Mapa de carreteras** E4. (941) 472-1400. FAX (941) 481-4947. En el sosegado entorno de una playa de conchas, ofrece habitaciones y chalés de alegre decoración, además de bicicletas para recorrer la isla. **Habitaciones:** 32

*AE, DC, MC, V*

## SARASOTA: *Best Western Golden Host Resort* $$
4675 N Tamiami Trail, FL 34234. **Mapa de carreteras** D3. (941) 355-5141. FAX (941) 355-9286. En unos bellos jardines tropicales, este hotel se encuentra próximo a los lugares de interés. Desayuno incluido. **Habitaciones:** 80

*AE, DC, MC, V*

## SARASOTA: *Wellesley Inn* $$
1803 N Tamiami Trail, FL 34234. **Mapa de carreteras** D3. (941) 366-5128. FAX (941) 953-4322. Situado al norte del centro urbano, sus habitaciones son amplias y están llenas de colorido. **Habitaciones:** 106

*AE, DC, MC, V*

## SARASOTA: *Hyatt Sarasota* $$$$
1000 Blvd of the Arts, FL 34236. **Mapa de carreteras** D3. (941) 953-1234. FAX (813) 952-1987. Hotel junto al mar y próximo al centro de Sarasota. La mayoría de las habitaciones tienen terraza. **Habitaciones:** 297

*AE, DC, MC, V*

## TAMPA: *Days Inn* $$
2522 N Dale Mabry Hwy, FL 33607. **Mapa de carreteras** D3. (813) 877-6181. FAX (813) 875-6171. Este motel está situado entre el centro urbano y el aeropuerto. Desayuno incluido. **Habitaciones:** 285

*AE, DC, MC, V*

## TAMPA: *Gram's Place* $$
3109 N Ola Ave, FL 33603. **Mapa de carreteras** D3. (813) 221-0596. FAX *igual que el teléfono*. Más parecido a un *pub* con habitaciones que a un *bed & breakfast*, atrae a una clientela bohemia. **Habitaciones:** 6

*AE, MC, V*

Para el significado de los símbolos ver solapa posterior

**Precio por noche** en habitación doble y temporada alta, impuestos y servicio incluidos:

- $ menos de 60 dólares
- $$ 60-100 dólares
- $$$ 100-150 dólares
- $$$$ 150-200 dólares
- $$$$$ más de 200 dólares

**SERVICIOS PARA NIÑOS**
Cunas y sillas altas. Algunos hoteles proporcionan servicio de cangurros y actividades infantiles.

**PISCINA**
El hotel dispone de piscina para uso exclusivo de sus clientes.

**RESTAURANTE**
Dispone de restaurante para los clientes, abierto también al público.

**COCINA INDIVIDUAL**
El hotel posee habitaciones con cocina, denominadas *efficiencies*.

| | Tarjetas de Crédito | Servicio para Niños | Piscina | Restaurante | Cocina Individual |
|---|---|---|---|---|---|
| **TAMPA:** *Holiday Inn Select Downtown* $$$<br>111 W Fortune St, FL 33602. **Mapa de carreteras** D3. (813) 223-1351.<br>FAX (813) 221-2000. En el centro, y muy cerca de los lugares de interés, este hotel cuenta con grandes habitaciones. **Habitaciones:** 311 | AE DC MC V | | ■ | | |
| **TAMPA:** *Hyatt Regency Westshore* $$$$<br>6200 Courtney Campbell Causeway, FL 33607. **Mapa de carreteras** D3. (813) 874-1234. FAX (813) 281-9168. Recluido en una reserva natural, ofrece amplias habitaciones con vistas al mar. **Habitaciones:** 445 | AE DC MC V | ● | ■ | ■ | ● |
| **TAMPA:** *Wyndham Harbour Island Hotel* $$$$$<br>725 S Harbour Island Blvd, FL 33602. **Mapa de carreteras** D3. (813) 229-5000. FAX (813) 229-5322. Situado en una isla con vistas a la desembocadura del río, se trata de un exclusivo hotel comunicado con Tampa mediante el Peoplemover (*ver p. 244*). **Habitaciones:** 300 | AE DC MC V | ● | ■ | | |
| **TARPON SPRINGS:** *Spring Bayou Inn* $$<br>34 W Tarpon Ave, FL 34689. **Mapa de carreteras** D3. (813) 938-9333. Acogedor *bed & breakfast* de 1905 con suelos de madera y mobiliario ecléctico. **Habitaciones:** 5 | | | | | |
| **VENICE:** *The Banyan House* $$<br>519 S Harbor Drive, FL 34285. **Mapa de carreteras** D4. (941) 484-1385. FAX (941) 484-8032. Este *bed & breakfast* alberga un espléndido mobiliario victoriano y altos techos con vigas. **Habitaciones:** 9 | | | ■ | | ■ |
| **VENICE:** *Best Western Venice Resort* $$$<br>455 US 41 Bypass N, FL 34292. **Mapa de carreteras** D4. (941) 485-5411. FAX (941) 484-6193. Destaca por su cena-bufé, su musical de estilo Broadway y su relajado ambiente. **Habitaciones:** 160 | AE DC MC V | | ■ | | ■ |
| **LOS EVERGLADES Y LOS CAYOS** | | | | | |
| **BIG PINE KEY:** *Barnacle Bed and Breakfast* $$$<br>1557 Long Beach Drive, FL 33043. **Mapa de carreteras** E5. (305) 872-3298. FAX (305) 872-3863. Delicia arquitectónica ahogada por la exuberante vegetación y provista de un solárium en el tejado. **Habitaciones:** 4 | MC V | | | | |
| **ISLAMORADA:** *Breezy Palms Resort* $$<br>MM 80, Overseas Hwy, FL 33036. **Mapa de carreteras** F5. (305) 664-2361. FAX (305) 664-2572. Los apartamentos soleados salpican los jardines de este hotel dotado de amarres propios. **Habitaciones:** 40 | AE MC V | | ■ | | |
| **ISLAMORADA:** *Cheeca Lodge* $$$$$<br>MM 82, Overseas Hwy, FL 33036. **Mapa de carreteras** F5. (305) 664-4651. FAX (305) 664-2893. Tranquilo complejo hotelero que organiza infinidad de actividades marítimas para niños y adultos. Las habitaciones están decoradas con mobiliario de mimbre. **Habitaciones:** 203 | AE DC MC V | ● | ■ | | |
| **KEY LARGO:** *Holiday Inn* $$$<br>MM 100, Overseas Hwy, FL 33037. **Mapa de carreteras** F5. (305) 451-2121. FAX (305) 451-5592. Próximo a las atracciones marítimas, este hotel presenta unas habitaciones luminosas. **Habitaciones:** 132 | AE DC MC V | ● | ■ | | |
| **KEY LARGO:** *Sheraton Key Largo Resort* $$$$<br>MM 97, Overseas Hwy, FL 33037. **Mapa de carreteras** F5. (305) 852-5553. FAX (305) 852-8669. Oculto en una arboleda surcada por senderos, este hotel ofrece habitaciones con terraza. **Habitaciones:** 200 | AE DC MC V | ● | ■ | | |
| **KEY WEST:** *Key West International Youth Hostel* $<br>718 South St, FL 33040. **Mapa de carreteras** E5. (305) 296-5719. FAX (305) 296-0672. En este alojamiento, la cosmopolita clientela de mochileros puede hacer uso de los billares y las bicicletas de alquiler. **Camas:** 80 | MC V | | | | ■ |

**Key West:** *Wicker Guesthouse* $$$
913 Duval St, FL 33040. **Mapa de carreteras** E5. *(305) 296-4275.*
FAX *(305) 294-7240.* Acogedor complejo de casas nuevas y restauradas en el barrio antiguo. *Suites* espaciosas. **Habitaciones:** 19
AE / DC / MC / V

**Key West:** *La Pensione* $$$
809 Truman Ave, FL 33040. **Mapa de carreteras** E5. *(305) 292-9923.*
FAX *(305) 296-6509.* Construida en 1891 por una familia de tabaqueros, las habitaciones de esta casa no tienen teléfono ni televisión. **Habitaciones:** 9
AE / DC / MC / V

**Key West:** *La Te Da (La Terraza)* $$$
1125 Duval St, FL 33040. **Mapa de carreteras** E5. *(305) 296-6706.*
FAX *(305) 296-0438.* Célebre por sus espectáculos de *drag queens*, ofrece lujosas estancias a su clientela homosexual. **Habitaciones:** 16
AE / MC / V

**Key West:** *Nancy's William Street Guesthouse* $$$$
329 William St, FL 33040. **Mapa de carreteras** E5. *(305) 292-3334.*
FAX *(305) 296-1740.* Esta casona de Key West está amueblada con mimbre y antigüedades. Las dos habitaciones y los cuatro apartamentos poseen entrada propia. **Habitaciones:** 6
AE / DC / MC / V

**Key West:** *Southernmost Motel* $$$$
1319 Duval St, FL 33040. **Mapa de carreteras** E5. *(305) 296-6577.*
FAX *(305) 294-8272.* Desde este concurrido motel se puede ir a pie al casco antiguo. Bellas habitaciones tropicales con terraza. **Habitaciones:** 127
AE / MC / V

**Key West:** *Curry Mansion Inn* $$$$$
511 Caroline St, FL 33040. **Mapa de carreteras** E5. *(305) 294-5349.*
FAX *(305) 294-4093.* Casona y museo adyacente a Duval Street *(ver p. 284).* Las habitaciones se encuentran en un anexo. **Habitaciones:** 28
AE / DC / MC / V

**Key West:** *Holiday Inn La Concha* $$$$$
430 Duval St, FL 33040. **Mapa de carreteras** E5. *(305) 296-2991.*
FAX *(305) 294-3283.* Mencionado por Hemingway y antaño el hogar de Tennessee Williams, este hotel de 1925 es toda una institución. **Habitaciones:** 160
AE / DC / MC / V

**Key West:** *Marriott's Casa Marina Resort* $$$$$
1500 Reynolds St, FL 33040. **Mapa de carreteras** E5. *(305) 296-3535.*
FAX *(305) 296-4633.* En este hotel, construido en los años 20 por Henry Flagler, las opulentas zonas comunes contrastan con unas habitaciones relativamente sencillas. **Habitaciones:** 311
AE / DC / MC / V

**Marathon:** *Faro Blanco Marine Resort* $$$
MM 48.5, Overseas Hwy, FL 33050. **Mapa de carreteras** E5. *(305) 743-9018.*
FAX *(305) 743-2918.* Complejo turístico que ofrece casitas de los años 50, barcos-vivienda y apartamentos en un faro. **Habitaciones:** 144
AE / MC / V

**Marco Island:** *Boat House Motel* $$$
1180 Edington Place, FL 34145. **Mapa de carreteras** E4. *(941) 642-2400.*
FAX *(941) 642-2435.* Acogedor motel situado en la ciudad antigua, junto al río, con diversidad de habitaciones y una casita de dos dormitorios. **Habitaciones:** 20
AE / MC / V

**Naples:** *Beachcomber Club* $$
290 5th Ave S, FL 34102. **Mapa de carreteras** E4. *(941) 262-8112.*
FAX *(941) 263-2299.* Tranquilo motel a tiro de piedra del centro histórico y la playa. Apartamentos de uno y dos dormitorios. **Habitaciones:** 69
AE / MC / V

**Naples:** *Inn By The Sea* $$$
287 11th Ave S, FL 34102. **Mapa de carreteras** E4. *(941) 649-4124.*
Los edredones de *patchwork*, los suelos de madera de pino y el mimbre caracterizan a esta casa de madera de 1937. **Habitaciones:** 5
AE / MC / V

**Naples:** *Vanderbilt Beach Motel* $$$
9225 Gulfshore Drive N, FL 34108. **Mapa de carreteras** E4. *(941) 597-3144.*
FAX *(941) 597-2199.* Pequeño motel en la playa que ofrece habitaciones y *suites*. El desayuno corre por cuenta de la casa. **Habitaciones:** 66
AE / MC / V

**Naples:** *The Registry Resort* $$$$$
475 Seagate Drive, FL 34103. **Mapa de carreteras** E4. *(941) 597-3232.*
FAX *(941) 597-3147.* Lujoso hotel con excelentes actividades infantiles y el mejor *brunch* (desayuno-almuerzo) dominical de la ciudad. **Habitaciones:** 474
AE / DC / MC / V

Para el significado de los símbolos ver solapa posterior

# Restaurantes y Bares

La comida rápida predomina aquí tanto como en el resto de Estados Unidos, pero la mejor oferta de Florida es la abundancia de productos frescos, desde frutas tropicales hasta mariscos, de los que los restaurantes sacan un gran partido. La fuerte competencia también contribuye a que la cocina sea por lo general excelente tanto en calidad como en precio. Hay restaurantes para todos los paladares y presupuestos, desde los establecimientos de moda de Miami, que marcan o siguen las últimas tendencias culinarias, hasta los sencillos locales del interior, donde la cocina suele ser más casera y tradicional.

Cartel de Green Turtle Inn *(ver p. 328)*

Los restaurantes mencionados en las páginas 316-329 han sido elegidos tanto por su servicio como por su relación calidad-precio. Los cafés y bares figuran por separado en las páginas 330-331.

Restaurante del hotel Cardozo de South Beach *(ver p. 61)*

## Tipos de Restaurantes

Los restaurantes más elegantes de Florida, situados en su mayoría en las ciudades o en los complejos hoteleros, suelen servir comida europea (a menudo francesa) o regional. La nueva generación de jefes de cocina ha combinado las soberbias materias primas del Estado con los deliciosos sabores caribeños para crear lo que se ha dado en llamar la nueva cocina de Florida o *floribbean*. Este tipo de platos también los sirven restaurantes más pequeños e informales, que con frecuencia cambian su carta a diario.

Walt Disney World, Miami y las ciudades de la Gold Coast y la costa del golfo tienen fama de poseer buenos establecimientos.

En Miami, que acoge la mayor concentración de restaurantes y cafés étnicos de todo el Estado, se puede recorrer culinariamente el mundo, desde Asia hasta Europa y el Caribe. Florida ofrece la mejor comida hispana de EE UU, y en los *raw bars*, toda una institución en el Estado, se pueden degustar deliciosas ostras o almejas frescas y gambas al vapor.

## Horarios

El desayuno se ha convertido en una tradición especialmente popular los domingos, día en que el placentero *brunch* (desayuno-almuerzo) se puede tomar, con frecuencia en forma de bufé, desde las 10.00 hasta las 14.00 horas.

Entre semana se almuerza entre las 12.00 y las 14.30 horas, y se suele cenar temprano, a partir de las 18.00 horas y hasta las 21.00, a excepción de los complejos hoteleros y los barrios bulliciosos como South Beach, en Miami, donde mucha gente cena alrededor de las 23.00 horas.

## Reservas

Para evitar decepciones, conviene reservar mesa, especialmente los fines de semana o en los restaurantes más de moda. En algunos sitios, como Joe's Stone Crab, en South Beach *(ver p. 316)*, no admiten reservas.

## Propinas

Salir a cenar en Florida es, por lo general, una actividad informal. Muy pocos restaurantes exigen chaqueta y corbata, y los que lo hacen suelen disponer de prendas para prestar.

Todos los establecimientos tienen zona de fumadores y no fumadores. Si reserva mesa, lo normal es que le pregunten cuál prefiere; si no, no olvide especificarlo.

Las propinas oscilan entre el 15% y el 20%. En los restaurantes de postín, los clientes suelen aplicar un porcentaje mayor si el servicio ha sido bueno. El impuesto de venta del 6% lo

Ambiente informal del Blue Desert Café, en Cedar Key *(ver p. 325)*

suman a la cuenta de forma automática.

La mayoría de los establecimientos admiten cheques de viaje en dólares y tarjetas de crédito, pero las casas de comidas, los pequeños restaurantes y los locales de comida preparada *(deli)* sólo aceptan dinero en efectivo.

## COCINA VEGETARIANA

LOS VEGETARIANOS que comen pescado y marisco no tendrán ningún problema en Florida. Sin embargo, las cartas normalmente carecen de platos que no contengan carne ni pescado. Salvo que encuentre uno de los pocos restaurantes puramente vegetarianos, prepárese para una dieta a base de ensaladas, pastas y pizzas.

El McGuire's Irish Pub de Pensacola sirve comida y cerveza *(ver p. 326)*

**Merendero de un parque natural de Florida**

## COMIDAS ECONÓMICAS

EN EE UU LAS raciones suelen ser generosas; con frecuencia, un entrante *(appetizer)* constituye una comida ligera. Los comensales también pueden compartir los platos, aunque el restaurante suele cobrar una pequeña cantidad.

Los bufés libres resultan económicos y algunos establecimientos ofrecen menús asequibles. Además, existe la modalidad *early bird specials*, una oferta especial a precio reducido para quienes cenan temprano, normalmente entre las 17.00 y las 18.00 horas, y que resulta ideal para las familias. Consulte en la relación de restaurantes cuáles ofrecen esta modalidad, con la que la cuenta se puede reducir hasta un 35%, y llame para informarse de los pormenores porque los horarios y las condiciones suelen variar.

Si desea acudir a un restaurante elegante, resulta más barato almorzar que cenar. Sin embargo, en los hoteles todas las comidas son caras. Por ello, para desayunar hará bien en imitar a los lugareños y acudir a un *deli* (local de comidas preparadas) o un *diner* (casa de comidas), donde disfrutará del fruto de un día de pesca o cualquier otro alimento que usted mismo lleve. Los *deli* y los supermercados resultan perfectos para abastecerse para una comida campestre.

## LA CARTA

EN FLORIDA, LAS CARTAS de los restaurantes se componen de *appetizers* (entrantes), *entrées* (platos principales) y *desserts* (postres). Quizás algunas de las preparaciones le resulten desconocidas. Por ejemplo, *aged beef* es una carne tierna de primera con un claro sabor a nuez, mientras que el *surf'n turf* es un plato combinado de marisco y carne, normalmente filete y langosta. El *dolphin* es *mahi-mahi*, un pescado blanco, que no delfín. En EE UU las gambas se denominan *shrimps*. Los alimentos definidos como *blackened* han sido cubiertos con especias picantes y cocinados en una sartén humeante. Los *broiled*, normalmente carne, están hechos a la plancha.

Si no está seguro de algo, no dude en consultar al personal.

## NIÑOS

LA MAYORÍA DE los restaurantes se adaptan de buen grado a las necesidades de los jóvenes comensales. Algunos ofrecen raciones pequeñas a la mitad de precio, mientras que otros disponen de cartas especiales con platos menos abundantes de las comidas típicamente infantiles, como perritos calientes o patatas fritas. Algunos facilitan tronas o sillas de altura ajustable.

Está prohibido que los niños entren en los bares pero, si éstos sirven comida, pueden ir acompañados de adultos.

**Puesto de perritos calientes de Keaton Beach, en el Panhandle**

# Qué comer en Florida

Hot sauce

LA COMIDA DE FLORIDA presenta una mayor diversidad cultural que el resto de Estados Unidos, sobre todo en el sur, donde la influencia hispana y caribeña es más fuerte. En el norte abundan los vínculos con los estados sureños y las comidas, más caseras, constan de alimentos como el pan de maíz y las judías *black-eyed*. Por su condición de Estado costero, en Florida se puede disfrutar de excelentes pescados y mariscos frescos, y el clima benigno permite consumir frutas y verduras durante todo el año. Consulte en la página 313 los consejos para interpretar las cartas de los restaurantes.

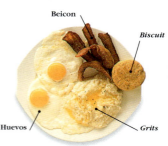

**Desayuno sureño**
*Un desayuno típico suele contener grits, gachas de maíz servidas con mucha mantequilla y pimienta negra.*

**Fritos**
*Desde las gambas hasta la carne de caimán, todo se puede freír rebozado para después mojarlo en una salsa picante.*

**Conch chowder**
*Sopa cremosa elaborada con caracol de mar gigante, o conch, un ingrediente típico de Florida. También se pueden emplear otros mariscos.*

**Stone crab claws**
*Las pinzas son las únicas partes de este crustáceo que se comen, normalmente frías y como entrante. Se cogen de octubre a abril.*

**U-peel shrimp**
*Este sencillo plato consta de gambas cocidas en un caldo picante. Se pelan y se comen con las manos, a ser posible acompañadas de cerveza fría.*

**Ribs**
*Costillas picantes a la barbacoa, servidas normalmente con patatas fritas, para comer con los dedos.*

**Hush puppies**
*Estos buñuelos de harina de trigo se consumen sobre todo en el Panhandle, normalmente acompañados de siluro frito.*

**Seared Tuna**
*Atún al estilo de la nueva cocina de Florida, con salsa de mango y chayote a la parrilla.*

**Pollo tropicana**
*Plato de pollo salteado, servido con salsa de fruta tropical, coco y anacardos.*

**Jerk pork**
*Cerdo adobado acompañado de una mazorca asada. Plato típicamente caribeño.*

**Key lime pie**
*Rellena de crema de key lime, la lima típica de Florida, este pastel es el postre más famoso del Estado.*

## Las Frutas de Florida
Las frutas tropicales y los cítricos, cultivados por doquier en Florida, se emplean en platos tanto dulces como salados, pero puede que lo mejor sea consumirlas sin adornos en macedonias o batidos.

Carambola · Kiwi · Naranja china · Lima · Naranja · Papaya · Batido de fruta

**Pudín de arroz**
*Postre casero dulce, cremoso y enriquecido con nuez moscada y limón, muy habitual en los pequeños restaurantes y las casas de comidas.*

## Cocina Hispana
Las cartas de la mayoría de los establecimientos, desde los restaurantes más distinguidos hasta los *diners* (casas de comidas) reflejan la generalización de los platos hispanos, sobre todo cubanos, en la cocina de Florida: el bocadillo cubano, con queso, jamón y cerdo en abundancia, y los *moros y cristianos,* a base de arroz y judías pintas, son omnipresentes. Menos habituales son otros platos como el postre de guayaba y queso, que sólo se encuentra en los restaurantes más auténticos.

**Bocadillo cubano**

**Café cubano, dulce y fuerte**

**Moros y cristianos (arroz y judías)** · **Vaca frita** · **Plátano frito** · **Tomate sazonado**

Un plato combinado típicamente cubano: *moros y cristianos,* vaca frita y plátano frito

**Flan al estilo hispano**

Pasta de guayaba con queso, una delicia importada

# Elegir restaurante

LOS RESTAURANTES de esta guía han sido seleccionados por su precio y su calidad culinaria. También se indican otros factores que pueden influir en su elección, como el tipo de cocina y si se puede o no comer al aire libre. Los locales pertenecientes a una misma categoría de precios están ordenados alfabéticamente. La información sobre los bares y cafés figura en las páginas 330-331.

## MIAMI

**MIAMI BEACH:** *Charlotte's Chinese Kitchen* $
1403 Washington Ave. **Plano** 2 E3. ( *(305) 672-8338.*
Este pequeño restaurante ofrece la mejor comida china de la zona a precios económicos. Pruebe el pollo al sésamo. ● *do almuerzo.*
MC V

**MIAMI BEACH:** *11th Street Diner* $
1065 Washington Ave. **Plano** 2 E3. ( *(305) 534-6373.*
Esta casa de comidas, abierta las 24 horas, tiene como marco un vagón de ferrocarril de 1948. Sirve cocina tradicional. Pruebe la tarta de lima.
AE MC V

**MIAMI BEACH:** *MoJazz Café* $
928 71st St. ( *(305) 867-0950.*
La parrilla del MoJazz Club *(ver p. 94)* ofrece sabrosos platos del suroeste de EE UU y excelentes entrantes para compartir. V ♪ ● *lu, ma; festivos.*
MC V

**MIAMI BEACH:** *Puerta Sagua* $
700 Collins Ave. **Plano** 2 E4. ( *(305) 673-1115.*
Esta casa de comidas sirve una sabrosa cocina cubana, como judías pintas con arroz y plátano, en un ambiente informal.
AE DC MC V

**MIAMI BEACH:** *Woolfies* $
2038 Collins Ave. **Plano** 2 E4. ( *(305) 538-6626.*
Famoso *deli* inaugurado en 1947, donde sirven abundantes raciones de comida judía neoyorquina las 24 horas del día.
DC MC V

**MIAMI BEACH:** *Stephan's Gourmet Market and Café* $$
1430 Washington Ave. **Plano** 2 E3. ( *(305) 674-1760.*
Abajo, un glorioso *deli* italiano ofrece deliciosa comida para llevar; arriba se halla un diminuto restaurante muy frecuentado por lugareños.
AE DC MC V

**MIAMI BEACH:** *Tap Tap* $$
819 5th St. **Plano** 2 E4. ( *(305) 672-2898.*
Este restaurante sirve auténticos platos haitianos como el caracol de mar a la parrilla con yuca y las gambas en salsa de coco. Clientela animada y multirracial. ♪ ● *ago-sep.*
AE DC MC V

**MIAMI BEACH:** *Astor Place Bar and Grill* $$$
956 Washington Ave. **Plano** 2 E3. ( *(305) 672-7217.*
Es uno de los locales de moda de South Beach. Platos modernos como *snapper* (pescado de la zona) con costra de maíz. P ♪ ● *do.*
AE DC MC V

**MIAMI BEACH:** *Bang* $$$
1516 Washington Ave. **Plano** 2 E2. ( *(305) 531-2361.*
Pequeño restaurante donde se cena a la luz de las velas. Platos contemporáneos con toques étnicos. V
AE DC MC V

**MIAMI BEACH:** *A Fish Called Avalon* $$$
Avalon Hotel, 700 Ocean Drive. **Plano** 2 E3. ( *(305) 532-1727.*
En el corazón del barrio *art déco* este establecimiento es famoso por su deliciosa comida *floribbean* y su animado ambiente. P ♪ ● *almuerzo.*
AE DC MC V

**MIAMI BEACH:** *The Forge* $$$
432 Arthur Godfrey Rd. ( *(305) 538-8533.*
En este clásico de Miami abundan los famosos. Los postres son sublimes y la carta de vinos es la más extensa de la ciudad. P V ♪ ● *lu-sá almuerzo.*
AE MC V

**MIAMI BEACH:** *Joe's Stone Crab* $$$
227 Biscayne St. **Plano** 2 E5. ( *(305) 673-0365.*
No deje de visitar esta institución de Miami. Pida langosta, gambas y pescados. P V ● *do y lu almuerzo; may-ago almuerzo; sep-mediados oct.*
AE DC MC V

# RESTAURANTES

**Precios** de una comida de tres platos, con una copa de vino de la casa, impuestos y servicio.

$ menos de 20 dólares
$$ 20-30 dólares
$$$ 30-45 dólares
$$$$ 45-60 dólares
$$$$$ más de 60 dólares

**Tarjetas de Crédito**
Indica qué tarjetas se aceptan: AE American Express, DC Diners Club, MC Mastercard; V VISA.
**Servicios para Niños**
Carta especial para niños y sillas altas.
**Oferta Especial**
Reducción de precio por cenar temprano, normalmente antes de las 19.00 horas.
**Buena Cocina Regional**
Especialidades de Florida, como marisco o platos de influencia hispana o caribeña.

| | Tarjetas de Crédito | Servicios para Niños | Oferta Especial | Buena Cocina Regional | Bar |
|---|---|---|---|---|---|
| **Miami Beach:** *Osteria del Teatro* $$$ <br> 1443 Washington Ave. **Plano** 2 F3. ( (305) 538-7850. <br> Restaurante italiano con platos tradicionales y modernos como los *ravioli* de cangrejo con salsa de langosta. Conviene reservar. 🅿 Ⓥ 🍴 ● *almuerzo.* | AE DC MC V | | | ● | |
| **Miami Beach:** *The Raleigh Restaurant* $$$ <br> Raleigh Hotel, 1775 Collins Ave. **Plano** 2 F2. ( (305) 534-1775. <br> Variada carta que ofrece desde comida de régimen hasta cocina *floribbean*, pasando por una oferta más sencilla de tradicionales platos caseros. 🅿 🍴 🏠 ● *lu y ma tarde.* | AE DC MC V | | | ● | ■ |
| **Miami Beach:** *YUCA* $$$ <br> 501 Lincoln Rd. **Plano** 2 E2. ( (305) 532-9822. <br> Su cocina neocubana ha recibido magníficas críticas. Ofrece platos tradicionales con toques modernos como plátano dulce relleno de carne de vaca curada. 🍴 🏠 🎵 | AE MC V | | | ● | |
| **Miami Beach:** *Blue Door* $$$$ <br> Delano Hotel, 1685 Collins Ave. **Plano** 2 F2. ( (305) 674-6400. <br> Caro restaurante copropiedad de Madonna, donde los camareros de uniforme sirven una atrevida cocina moderna. 🅿 🏠 | AE DC MC V | ● | | ● | ■ |
| **Miami Beach:** *China Grill* $$$$ <br> 404 Washington Ave. **Plano** 2 E4. ( (305) 534-2211. <br> Este establecimiento sirve cocina mundial en un marco futurista. Bar de sake y vodka. 🅿 🍴 ● *sa y do almuerzo.* | AE DC MC V | | | ● | ■ |
| **Miami Beach:** *Pacific Time* $$$$ <br> 915 Lincoln Rd. **Plano** 2 E2. ( (305) 534-5979. <br> En este agradable local la carta cambia a diario. Sus recetas combinan los sabores caribeños con los del Pacífico para crear una cocina única. Buena oferta vegetariana. Ⓥ 🍴 🏠 ● *almuerzo, 25 dic.* | AE DC MC V | | ■ | ● | ■ |
| **Miami Beach:** *Steak House at the Fontainebleau Hilton* $$$$ <br> 4441 Collins Ave. ( (305) 538-2000. <br> Ideal para una cena romántica. Sirve carne, excelente marisco y pasta. Velas, música ligera y magnífico servicio. 🅿 🍴 | AE DC MC V | | | ● | ■ |
| **El Centro:** *S & S Restaurant* $ <br> 1757 NE 2nd Ave. **Plano** 4 E1. ( (305) 373-4291. <br> Modesta casa de comidas con abundantes platos norteamericanos servidos en una barra. Destacan la carne asada y el pastel de carne. ● *do.* | | | | | |
| **El Centro:** *East Coast Fisheries* $$ <br> 360 W Flagler St. **Plano** 4 D1. ( (305) 372-1300. <br> Ofrece un formidable surtido de pescados y mariscos frescos cocinados a gusto del cliente. Conviene reservar. 🅿 🏠 | AE MC V | ● | | | |
| **El Centro:** *Las Tapas* $$ <br> Bayside Marketplace, 401 Biscayne Blvd. **Plano** 4 F1. ( (305) 372-2737. <br> Restaurante español de tapas (algunas con un toque de Florida). Sirve, además, paella y cerdo asado con judías pintas. Decoración atractiva y ambiente relajado. 🍴 🏠 🎵 | AE DC MC V | ● | | | ■ |
| **El Centro:** *The Fish Market* $$$ <br> Crowne Plaza Hotel, 1601 Biscayne Blvd. ( (305) 374-0000. <br> Uno de los secretos mejor guardados de Miami. Restaurante decorado con espejos y mármol que sirve un excelente marisco. 🅿 🍴 ● *sá almuerzo, do.* | AE DC MC V | | | ● | ■ |
| **El Centro:** *The Royal Palm Court* $$$ <br> Inter-Continental Hotel, 100 Chopin Plaza. **Plano** 4 F2. ( (305) 577-1000. <br> Pruebe sus económicos bufés y sus generosos platos de pasta. Muy frecuentado por lugareños. 🅿 🍴 | AE DC MC V | ● | | ● | ■ |

Para el significado de los símbolos ver solapa posterior

# NECESIDADES DEL VIAJERO

**Precios** de una comida de tres platos, con una copa de vino de la casa, impuestos y servicio.

- ⓢ menos de s0 dólares
- ⓢⓢ 20-30 dólares
- ⓢⓢⓢ 30-45 dólares
- ⓢⓢⓢⓢ 45-60 dólares
- ⓢⓢⓢⓢⓢ más de 60 dólares

**TARJETAS DE CRÉDITO**
Indica qué tarjetas se aceptan: AE American Express, DC Diners Club, MC Mastercard; V VISA.

**SERVICIOS PARA NIÑOS**
Carta especial para niños y sillas altas.

**OFERTA ESPECIAL**
Reducción de precio por cenar temprano, normalmente antes de las 19.00 horas.

**BUENA COCINA REGIONAL**
Especialidades de Florida, como marisco o platos de influencia hispana o caribeña.

| | Precio | TARJETAS DE CRÉDITO | SERVICIOS PARA NIÑOS | OFERTA ESPECIAL | BUENA COCINA REGIONAL | BAR |
|---|---|---|---|---|---|---|
| **LITTLE HAVANA:** *La Carreta I* <br> 3632 SW 8th St. ☎ (305) 444-7501. <br> Este restaurante familiar es puramente cubano por su buena comida y su animación. Los fines de semana por la noche atrae a un público numeroso. Abierto las 24 horas. | ⓢ | AE DC MC V | ● | | ● | ▪ |
| **LITTLE HAVANA:** *Versailles* <br> 3555 SW 8th St. ☎ (305) 445-7614. <br> El restaurante más famoso de Little Havana es tan grande como su carta y sus raciones. Ofrece todas las especialidades cubanas imaginables, aunque algunos platos resultan algo pesados. 🍷 | ⓢ | AE DC MC V | ● | | | |
| **LITTLE HAVANA:** *Casa Juancho* <br> 2436 SW 8th St. ☎ (305) 642-2452. <br> Merecidamente famoso por su excelente cocina española, es muy frecuentado por los hispanos de Miami. La decoración recuerda a la España rural. Por las noches actúan trovadores. 🅿 🍷 📺 🎵 | ⓢⓢ | AE MC V | ● | | | ▪ |
| **CORAL GABLES:** *John Martin's* <br> 253 Miracle Mile. **Plano** 6 C1. ☎ (305) 445-3777. <br> Su amable hospitalidad y buena cocina (que incluye algunos platos irlandeses) atraen a numerosos lugareños. 🍷 🎵 *ma, sá y do.* ● *25 dic.* | ⓢ | AE DC MC V | ● | | | ▪ |
| **CORAL GABLES:** *La Bussola Ristorante* <br> 264 Giralda Ave. **Plano** 6 C1. ☎ (305) 445-8783. <br> Agradable restaurante italiano que ofrece platos como *gnocchi* y pasta. Recomendamos sus fabulosos postres. 🅿 🍷 🎵 *ma-sá.* ● *sá y do almuerzo, 25 dic.* | ⓢⓢⓢ | AE DC MC V | | | | ▪ |
| **CORAL GABLES:** *Caffé Abbracci* <br> 318 Aragon Ave. **Plano** 6 C1. ☎ (305) 441-0700. <br> Sirve platos del norte de Italia. Sus especialidades son las pastas, el hígado de oca a la parrilla y los calamares fritos. 🍷 🅿 ● *sá y do almuerzo.* | ⓢⓢⓢ | AE DC MC V | ● | | | ▪ |
| **CORAL GABLES:** *Christy's* <br> 3101 Ponce de Leon Blvd. **Plano** 6 C2. ☎ (305) 446-1400. <br> Ofrece suculentas carnes y mariscos. Todos los platos principales van acompañados de ensalada César. 🍷 ● *sá-do almuerzo.* | ⓢⓢⓢ | AE DC MC V | | | | ▪ |
| **CORAL GABLES:** *Restaurant St Michel* <br> Hotel St Michel, 162 Alcazar Ave. **Plano** 6 C1. ☎ (305) 446-6572. <br> Nueva cocina norteamericana con un toque caribeño en un delicioso marco francés. Especialidad en atún cubierto de sésamo. 🆅 🍷 📺 🎵 | ⓢⓢⓢ | AE DC MC V | | ▪ | ● | ▪ |
| **CORAL GABLES:** *Il Ristorante* <br> 1200 Anastasia Ave. **Plano** 6 A2. ☎ (305) 445-1926. <br> Restaurante del Biltmore Hotel con un tentador surtido de platos. Ideal para tomar el *brunch* dominical. 🆅 🍷 🅿 🎵 ● *almuerzo.* | ⓢⓢⓢⓢ | AE DC MC V | | | ● | ▪ |
| **COCONUT GROVE:** *Café Tu Tu Tango* <br> CocoWalk, 3015 Grand Ave. **Plano** 6 E4. ☎ (305) 529-2222. <br> Pequeño restaurante, animado e informal, que dispone de carta de tapas. Pida algunos aperitivos ligeros o un plato más fuerte. 🆅 🍷 📺 🎵 | ⓢⓢ | AE DC MC V | ● | | ● | ▪ |
| **COCONUT GROVE:** *Cheesecake Factory* <br> CocoWalk, 3015 Grand Ave. **Plano** 6 E4. ☎ (305) 447-9898. <br> Ofrece hamburguesas, pastas y más de 30 tipos de tarta de queso. Carta especial para el *brunch* dominical. 🆅 🍷 ● *25 dic.* | ⓢⓢ | AE DC MC V | ● | | | |
| **COCONUT GROVE:** *Señor Frog's* <br> 3008 Grand Ave. **Plano** 6 E4. ☎ (305) 448-0999. <br> Establecimiento mexicano de cocina tradicional. Sólo utilizan productos frescos y preparan las salsas a diario. Pruebe las fajitas, las enchiladas rellenas o uno de los platos de *mole* de chocolate. 🆅 🍷 📺 🎵 *vi y sá.* | ⓢⓢ | AE DC MC V | | | | ▪ |

**COCONUT GROVE:** *The Grand Café* $$$
Grand Bay Hotel, 2669 S Bayshore Drive. **Plano** 6 F4. (305) 858-9600.
Restaurante refinado que marca pautas en la cocina *floribbean*. Impecable servicio y elegante decoración.

**LAS AFUERAS:** *Here Comes the Sun* $
2188 NE 123rd St, North Miami Beach. (305) 893-5711.
Establecimiento vegetariano, aunque también ofrece diversos pescados. Las verduras son orgánicas y hay platos del día. do.

**LAS AFUERAS:** *Rusty Pelican* $$$
3201 Rickenbacker Causeway, Key Biscayne. (305) 361-3818.
Desde este pequeño restaurante junto al mar se obtienen las mejores vistas de Miami. Recomendamos los platos a base de mariscos. mi-sá.

**LAS AFUERAS:** *Sunday's On The Bay* $$$
5420 Crandon Blvd, Key Biscayne. (305) 361-6777.
Buen restaurante familiar que ofrece mariscos y vistas marítimas. Abundantísimo y variado *brunch* dominical. do.

**LAS AFUERAS:** *Chef Allen's* $$$$
19088 NE 29th Ave, North Miami Beach. (305) 935-2900.
Este clásico de Miami es famoso por la calidad de su atrevida cocina de Florida. almuerzo.

## GOLD COAST Y TREASURE COAST

**BOCA RATON:** *TooJay's* $
5030 Champion Blvd. **Mapa de carreteras** F4. (561) 241-5903.
Generosísimos sándwiches de *pastrami* (carne de buey adobada) y carne en conserva, *bagels* (una especie de medianoche) de salmón y gigantescas porciones de tarta de queso. 25 dic.

**BOCA RATON:** *Max's Grille* $$
404 Plaza Real, Mizner Park. **Mapa de carreteras** F4. (561) 368-0080.
Local para ver y ser visto en Mizner Park, donde se puede disfrutar de una excelente cocina regional.

**BOCA RATON:** *La Vieille Maison* $$$$
770 E Palmetto Park Rd. **Mapa de carreteras** F4. (561) 391-6701.
Esta casa, obra de Addison Mizner (ver p. 116), es ahora un íntimo restaurante francés ideal para cenas románticas. almuerzo, 4 jul.

**DANIA:** *Martha's Supper Club* $$
6024 N Ocean Drive. **Mapa de carreteras** F4. (954) 923-5444.
Famoso por su marisco (las gambas fritas en aceite de coco son fantásticas), Martha's disfruta también de magníficas vistas de la Intracoastal Waterway.

**DAVIE:** *Armadillo Café* $$
4630 SW 64th Ave. **Mapa de carreteras** F4. (954) 791-4866.
Deliciosa cocina del suroeste de EE UU en su máxima expresión: desde pato ahumado hasta *tacos*. almuerzo, festivos.

**DEERFIELD:** *Pal's Charley's Crab* $$
1755 SE 3rd St. **Mapa de carreteras** F4. (954) 427-4000.
En la Intracoastal Waterway. Cartas diferentes a mediodía y por la noche. Su especialidad es el marisco. De 16.00 a 18.00 hay una oferta especial.

**DEERFIELD BEACH:** *Brooks* $$$
500 S Federal Hwy. **Mapa de carreteras** F4. (954) 427-9302.
Platos elaborados con ingredientes maravillosamente frescos. Precio fijo o a la carta. Frecuentado por lugareños. almuerzo, 25 dic.

**DELRAY BEACH:** *Erny's* $$
1010 E Atlantic Ave. **Mapa de carreteras** F4. (561) 276-9191.
El local más concurrido de Delray ofrece la mejor comida de la ciudad. Marisco fresco, carne y postres caseros. do almuerzo, festivos.

**FORT LAUDERDALE:** *Café Europa* $
726 E Las Olas Blvd. **Mapa de carreteras** F4. (954) 763-6600.
Bullicioso autoservicio con excelentes pizzas, ensaladas y sándwiches, además de 52 tipos de café.

Para el significado de los símbolos ver solapa posterior

**Precios** de una comida de tres platos, con una copa de vino de la casa, impuestos y servicio.
- ⑤ menos de s0 dólares
- ⑤⑤ 20-30 dólares
- ⑤⑤⑤ 30-45 dólares
- ⑤⑤⑤⑤ 45-60 dólares
- ⑤⑤⑤⑤⑤ más de 60 dólares

**Tarjetas de Crédito**
Indica qué tarjetas se aceptan: AE American Express, DC Diners Club, MC Mastercard; V VISA.

**Servicios para Niños**
Carta especial para niños y sillas altas.

**Oferta Especial**
Reducción de precio por cenar temprano, normalmente antes de las 19.00 horas.

**Buena Cocina Regional**
Especialidades de Florida, como marisco o platos de influencia hispana o caribeña.

---

**Fort Lauderdale:** *The Floridian Restaurant* ⑤
1410 E Las Olas Blvd. **Mapa de carreteras** F4. (954) 463-4041.
Las mañanas del domingo, este punto de reunión del vecindario suele rebosar de comensales que disfrutan de las tortillas de tres huevos, las tortitas y los filetes.

**Fort Lauderdale:** *Bobby Rubino's* ⑤⑤
4100 N Federal Hwy. **Mapa de carreteras** F4. (954) 561-5305.
El pastel de cebolla y la salsa de barbacoa son inmejorables. Fabulosas costillas y carnes a la parrilla. sá-do almuerzo.
AE DC MC V

**Fort Lauderdale:** *California Café* ⑤⑤
2301 SE 17th St Causeway. **Mapa de carreteras** F4. (954) 728-3500.
El salmón con costra de boniato es una de las especialidades de este restaurante de cocina californiana y de Florida. Su carta de temporada también contiene pizzas y pastas. ju-sá.
AE DC MC V

**Fort Lauderdale:** *Mango's* ⑤⑤
904 E Las Olas Blvd. **Mapa de carreteras** F4. (954) 523-5001.
Amplio surtido de platos, desde sabrosos entrantes hasta pastas y especialidades como el estofado picante de gambas. Acción de Gracias, 25 dic.
AE MC V

**Fort Lauderdale:** *Burt & Jacks* ⑤⑤⑤
Berth 23, Port Everglades. **Mapa de carreteras** F4. (954) 522-5225.
Alejado de Port Eveglades, este restaurante ofrece impresionantes raciones de carne y marisco. La lista de vinos y el servicio son excelentes. almuerzo, 25 dic.
AE DC MC V

**Fort Pierce:** *Mangrove Mattie's* ⑤⑤
1640 Seaway Drive. **Mapa de carreteras** F3. (561) 466-1044.
Se caracteriza por su delicioso marisco, que también forma parte de las salsas de las pastas. Jugosas carnes y costillas. 25 dic.
AE DC MC V

**Hollywood:** *Bavarian Village* ⑤⑤
1401 N Federal Hwy. **Mapa de carreteras** F4. (954) 922-7321.
Acogedor restaurante perfecto para quienes desean disfrutar de la cocina alemana. La carta también contiene platos tradicionales norteamericanos (carnes y pescados). lu-sá almuerzo.
AE DC MC V

**Hutchinson Island:** *Scalawags* ⑤⑤
555 NE Ocean Blvd. **Mapa de carreteras** F3. (561) 225-3700.
Los ventiladores de techo y el mobiliario de mimbre confieren a Scalawags un aire tropical. Bufé de mariscos los miércoles.
AE DC MC V

**Jupiter:** *Charley's Crab* ⑤⑤
1000 N US 1. **Mapa de carreteras** F4. (561) 744-4710.
Este local de la cadena Charley's Crabs se vanagloria de preparar con pericia el marisco al estilo de Florida.
AE DC MC V

**Palm Beach:** *Chuck & Harold's* ⑤⑤
207 Royal Poinciana Way. **Mapa de carreteras** F4. (561) 659-1440.
Las mesas del porche son ideales para ver famosos mientras se disfruta de la crema de caracol de mar o de uno de los platos del día.
AE DC MC V

**Palm Beach:** *Bice Ristorante* ⑤⑤⑤⑤
313½ Worth Ave. **Mapa de carreteras** F4. (561) 835-1600.
Buena cocina italiana. La etiqueta en el vestir está a tono con la elegante decoración. 25 dic, 1 ene.
AE DC MC V

**Palm Beach:** *Florentine Dining Room* ⑤⑤⑤⑤
Breakers Hotel, 1 South County Rd. **Mapa de carreteras** F4. (561) 655-6611.
No deje de conocer el refinado entorno de este restaurante y su excelente cocina de Florida.
AE DC MC V

# RESTAURANTES

**PALM BEACH:** *Renato's* — $$$$
87 Via Mizner. **Mapa de carreteras** F4. (561) 655-9752.
Oculto en uno de los callejones de Palm Beach, Renato's ofrece platos europeos impecablemente preparados. *do almuerzo.*
AE DC MC V

**POMPANO BEACH:** *Flaming Pit* — $
1150 N Federal Hwy. **Mapa de carreteras** F4. (954) 943-3484.
Los lugareños acuden a degustar sus excelentes costillas y carnes, su magnífico pollo y el bufé de ensaladas. Precios económicos y servicio afable.
AE MC V

**STUART:** *The Ashley* — $$
61 SW Osceola St. **Mapa de carreteras** F3. (561) 221-9476.
Variada carta de desayunos y platos como gambas con coco y mango, ensalada, pescado fresco y pasta. *mi-sá. sá-lu almuerzo.*
AE MC V

**VERO BEACH:** *Ocean Grill* — $$
1050 Sexton Plaza. **Mapa de carreteras** F3. (561) 231-5409.
Restaurante de los años 40 situado junto al mar. Sabrosos platos de marisco y carne, como los fritos de cangrejo del río Indian y el pato asado.
*sá y do almuerzo, do de Super Bowl, dos 1ª semanas sep, Acción de Gracias.*
AE DC MC V

**WEST PALM BEACH:** *Randy's Bageland* — $
911 Village Blvd, Village Commons. **Mapa de carreteras** F4. (561) 640-0203.
La cocina judía de Randy's elabora exquisitos *knishes* (empanadillas hervidas), *pierogies* (empanadas) y *bagels* (especie de medianoches redondas).
MC V

**WEST PALM BEACH:** *Aleyda's Tex Mex* — $$
1890 S Military Trail. **Mapa de carreteras** F4. (561) 642-2500.
Hinque el diente a los platos *tex-mex* de este concurrido local donde encontrará *tacos, fajitas, tamales* y muchísimo más. *almuerzo.*
AE DC MC V

## ORLANDO Y LA COSTA ESPACIAL

**COCOA BEACH:** *Herbie K's* — $
2080 N Atlantic Ave. **Mapa de carreteras** F3. (407) 783-6740.
Animado *diner* (casa de comidas) de estilo años 50, con máquina de discos y todo, donde las camareras sirven jugosas hamburguesas y sorbetes. Detrás hay una sala de baile. *25 dic.*
AE DC MC V

**EL CENTRO DE ORLANDO:** *Crackers Seafood Restaurant* — $$
Church Street Station, 129 W Church St. **Mapa de carreteras** E2. (407) 422-2434.
Establecimiento victoriano que sirve cocina criolla. Pruebe el *gumbo* (sopa de verduras con carne o mariscos), las ostras o la cola de caimán picante.
AE DC MC V

**EL CENTRO DE ORLANDO:** *Le Coq au Vin* — $$
4800 S Orange Ave. **Mapa de carreteras** E2. (407) 851-6980.
Su acogedor entorno y su buena cocina francesa son las principales bazas de este frecuentado restaurante. *lu, sá y do almuerzo, mayoría de festivos.*
AE DC MC V

**EL CENTRO DE ORLANDO:** *Lili Marlene's* — $$$
Church Street Station, 129 W Church St. **Mapa de carreteras** E2. (407) 422-2434.
El bronce, el cristal teñido y las antigüedades crean el ambiente de esta *brasserie* que sirve carnes, pescados y pasta.
AE DC MC V

**INTERNATIONAL DRIVE:** *The Crabhouse* — $$
8291 International Drive. **Mapa de carreteras** E2. (407) 352-6140.
Restaurante informal que prepara nueve platos de cangrejo. El bufé de mariscos ofrece ostras, gambas, mejillones marinados y cangrejos de río.
AE DC MC V

**INTERNATIONAL DRIVE:** *Damon's The Place For Ribs* — $$
Mercado, 8445 International Drive. **Mapa de carreteras** E2. (407) 352-5984.
Deguste las mejores costillas de la ciudad en este establecimiento que también ofrece pescados, mariscos y enormes sándwiches. *25 dic.*
AE DC MC V

**INTERNATIONAL DRIVE:** *Bergamo's Italian Restaurant* — $$$
Mercado, 8445 International Drive. **Mapa de carreteras** E2. (407) 352-3805.
La cocina de esta *trattoria* italiana es muy buena. Pruebe el *osso bucco* con arroz o uno de los exquisitos platos de pasta. *almuerzo, 25 dic.*
AE DC MC V

**INTERNATIONAL DRIVE:** *The Butcher Shop Steakhouse* — $$$
Mercado, 8445 International Drive. **Mapa de carreteras** E2. (407) 363-9727.
Los mejores y mayores filetes de todo I Drive; si le apetece, puede cocinarse su propia carne en la parrilla. *almuerzo, 25 dic.*
AE DC MC V

Para el significado de los símbolos ver solapa posterior

**Precios** de una comida de tres platos, con una copa de vino de la casa, impuestos y servicio.

- $ menos de s0 dólares
- $$ 20-30 dólares
- $$$ 30-45 dólares
- $$$$ 45-60 dólares
- $$$$$ más de 60 dólares

**Tarjetas de Crédito**
Indica qué tarjetas se aceptan: AE American Express, DC Diners Club, MC Mastercard; V VISA.
**Servicios para Niños**
Carta especial para niños y sillas altas.
**Oferta Especial**
Reducción de precio por cenar temprano, normalmente antes de las 19.00 horas.
**Buena Cocina Regional**
Especialidades de Florida, como marisco o platos de influencia hispana o caribeña.

| | Precio | Tarjetas de Crédito | Servicios para Niños | Oferta Especial | Buena Cocina Regional | Bar |
|---|---|---|---|---|---|---|
| **International Drive:** *Hard Rock Café*<br>5800 Kirkman Rd, Universal Studios. **Mapa de carreteras** E2. *(407) 351-7625.*<br>Este edificio con forma de guitarra está decorado con objetos de cantantes *pop* y pinturas de tema musical. Las hamburguesas, los sándwiches y los helados son un placer. | $$ | AE<br>MC<br>V | ● | | | ▨ |
| **International Drive:** *Dux*<br>Peabody Hotel, 9801 International Drive. **Mapa de carreteras** E2. *(407) 345-4550.*<br>Elabora creativos platos de *gourmet* inspirados en la cocina internacional pero con un claro toque norteamericano. almuerzo. | $$$ | AE<br>DC<br>MC<br>V | | | | ▨ |
| **Kissimmee:** *Pacino's Italian Restorant*<br>5795 W Highway 192. **Mapa de carreteras** E3. *(407) 396-8022.*<br>Restaurante especializado en la cocina al carbón de leña. Existe un servicio gratuito de entrega en cualquier hotel próximo. almuerzo. | $$ | AE<br>DC<br>MC<br>V | | | | ▨ |
| **Walt Disney World:** *California Grill*<br>Disney's Contemporary Resort. **Mapa de carreteras** E3. *(407) 939-3463.*<br>Aquí se elaboran platos creativos de la costa oeste de EE UU, como la pizza de salmón ahumado o el cerdo con polenta. | $$ | AE<br>MC<br>V | ● | | | ▨ |
| **Walt Disney World:** *Cape May Café*<br>Disney's Beach Club Resort. **Mapa de carreteras** E3. *(407) 939-3463.*<br>En el desayuno hace los honores Goofy. A la hora de la cena, una campana anuncia la apertura del variado bufé. almuerzo. | $$ | | ● | | ● | |
| **Walt Disney World:** *Chef Mickey's*<br>Disney's Contemporary Resort. **Mapa de carreteras** E3. *(407) 939-3463.*<br>Ofrece bufés para desayunar y cenar. Disfrute de las payasadas de los personajes Disney mientras come. almuerzo. | $$ | AE<br>MC<br>V | ● | | | |
| **Walt Disney World:** *Coral Café*<br>Walt Disney World Dolphin Hotel. **Mapa de carreteras** E3. *(407) 934-4000.*<br>Ideal para toda la familia. En la carta se indican las calorías y el contenido en grasa de cada plato. Bufés temáticos por la noche. | $$ | AE<br>MC<br>V | ● | | ● | |
| **Walt Disney World:** *Narcoossee's*<br>Disney's Grand Floridian Resort. **Mapa de carreteras** E3. *(407) 939-3463.*<br>Restaurante divertido y desenfadado junto al lago de los Siete Mares. Especializado en mariscos y platos combinados de pescado y carne. | $$ | AE<br>MC<br>V | ● | | | |
| **Walt Disney World:** *Ohana*<br>Disney's Polynesian Resort. **Mapa de carreteras** E3. *(407) 939-3463.*<br>Cocina de estilo polinesio. Las cenas de precio fijo incluyen carnes y mariscos asados al fuego y servidos en espetones. almuerzo. | $$ | AE<br>MC<br>V | ● | | | |
| **Walt Disney World:** *Planet Hollywood*<br>1506 E Buena Vista Drive. **Mapa de carreteras** E3. *(407) 827-7827.*<br>En el interior de un globo terráqueo de neón violeta encontrará pantallas de vídeo e infinidad de recuerdos del cine. Jugosas hamburguesas y sabrosas pizzas. | $$ | AE<br>MC<br>V | ● | | | ▨ |
| **Walt Disney World:** *Olivia's Café*<br>Disney Old Key West. **Mapa de carreteras** E3. *(407) 939-3463.*<br>En este restaurante de cocina al estilo de los cayos se sentirá como en el antiguo Key West. Pruebe la paella de Florida, la crema de caracol de mar y el *pollo mojo*. | $$ | AE<br>MC<br>V | ● | | ● | |
| **Walt Disney World:** *Whispering Canyon Café*<br>Disney Wilderness Lodge. **Mapa de carreteras** E3. *(407) 939-3463.*<br>Bufé libre cocinado en un fuego de campamento en el marco del salvaje oeste. Abierto también para servir desayunos vaqueros. | $$ | AE<br>MC<br>V | ● | | | ▨ |

# RESTAURANTES

**WALT DISNEY WORLD:** *Yacht Club Galley* $$
Disney Yacht Club Resort. **Mapa de carreteras** E3. ( *(407) 939-3463.*
Ofrece platos caseros de pescado, carne y pasta en un entorno náutico.
El bufé nocturno contiene unos postres exquisitos. P

AE
MC
V

**WALT DISNEY WORLD:** *Gulliver's Grill* $$$
Walt Disney World Swan Hotel. **Mapa de carreteras** E3. ( *(407) 934-3000.*
Pruebe las delicias de *Brobdingnag*, la legendaria tierra de los gigantes,
en este restaurante repleto de plantas. Cocina norteamericana.
Platos vegetarianos previa petición. P V ♻ ♫

AE
DC
MC
V

**WALT DISNEY WORLD:** *The Outback* $$$
Buena Vista Palace, 1900 Buena Vista Drive. **Mapa de carreteras** E3. ( *(407) 827-3430.*
Una cascada interior crea una atmósfera relajante en este pequeño restauran-
te. Disfrute de los langostinos rellenos y las carnes. P V ♻ ● *almuerzo.*

AE
DC
MC
V

**WALT DISNEY WORLD:** *Season's Dining Room* $$$
The Disney Institute. **Mapa de carreteras** E3. ( *939-3463.*
Su decorado a imitación de un parque lo hace perfecto para una comida
tranquila. El menú cambia todos los días. P V ♻ ♫ ● *almuerzo.*

AE
MC
V

**WALT DISNEY WORLD:** *Arthur's 27* $$$$
Buena Vista Palace, 1900 Buena Vista Drive. **Mapa de carreteras** E3. ( *(407) 827-3450.*
La elaboración culinaria de este restaurante situado en un piso 27º no
desmerece sus magníficas vistas. P ♻ ♫ ● *almuerzo.*

AE
DC
MC
V

**WALT DISNEY WORLD:** *Victoria & Albert's* $$$$$
Disney's Grand Floridian Beach Resort. **Mapa de carreteras** E3. ( *(407) 939-3463.*
El menú de precio fijo, compuesto de seis platos, es servido por un
mayordomo y una doncella. Pida la mesa del *chef*, la más exclusiva de la
casa. Es imprescindible reservar. P T V ♻ ♫ ● *almuerzo.*

AE
MC
V

**WINTER PARK:** *Café de France* $$$
526 Park Ave S. **Mapa de carreteras** E2. ( *(407) 647-1869.*
*Bistrot* francés que a mediodía sirve comidas ligeras como *crêpes*; por la no-
che, pruebe el costillar de cordero o el plato del día. ♻ 🅿 ● *do-lu, festivos.*

AE
DC
MC
V

**WINTER PARK:** *Park Plaza Gardens* $$$
319 Park Ave S. **Mapa de carreteras** E2. ( *(407) 645-2475.*
Un espacioso patio situado en un atrio conforma el comedor de este
restaurante. La deliciosa y galardonada cocina norteamericana se sirve
con lustre. ♻ ♫ *vi y sá.* ● *25 dic, 1 ene.*

AE
DC
MC
V

## EL NORESTE

**DAYTONA BEACH:** *Hog Heaven* $
37 N Atlantic Ave. **Mapa de carreteras** E2. ( *(904) 257-1212.*
El seductor aroma de la carne cocinada en una barbacoa de carbón
impregna este local acogedor e informal. ● *25 dic.*

MC
V

**DAYTONA BEACH:** *Aunt Catfish's* $$
4009 Halifax Drive. **Mapa de carreteras** E2. ( *(904) 767-4768.*
Establecimiento famoso por su siluro frito y otros platos sureños, como los
fritos de cangrejo y las cintas de almeja. También sirve el *brunch*
dominical. 🅿 ● *25 dic.*

AE
MC
V

**DAYTONA BEACH:** *Down the Hatch* $$
4894 Front St, Ponce Inlet. **Mapa de carreteras** E2. ( *(904) 761-4831.*
Restaurante casero que ofrece un magnífico pescado fresco y algunos platos
de carne. Su situación junto al mar permite ver cómo los barcos descargan
sus capturas al final de la jornada. 🅿 ♫ *mi-do.* ● *Acción de Gracias, 25 dic.*

AE
MC
V

**FERNANDINA BEACH:** *Florida House Inn* $
20–22 S 3rd St. **Mapa de carreteras** E1. ( *(904) 261-3300.*
En esta casa (el hotel más antiguo de Florida), los comensales se sientan
ante unas largas mesas de caballetes para disfrutar de generosas raciones
de cocina casera norteamericana. ● *do-lu cena, 24 dic cena.*

MC
V

**FERNANDINA BEACH:** *Beech Street Grill* $$$
801 Beech St. **Mapa de carreteras** E1. ( *(904) 277-3662.*
En un edificio de 1889, el Grill ofrece cocina contemporánea de Florida y una
excelente carta de vinos. Los platos del día suelen ser innovadoras prepara-
ciones a base de mariscos. ♻ ♫ *ju-sá.* ● *almuerzo, 25 dic, do de Super Bowl.*

AE
DC
MC
V

*Para el significado de los símbolos ver solapa posterior*

**Precios** de una comida de tres platos, con una copa de vino de la casa, impuestos y servicio.
$ menos de s0 dólares
$$ 20-30 dólares
$$$ 30-45 dólares
$$$$ 45-60 dólares
$$$$$ más de 60 dólares

**Tarjetas de Crédito**
Indica qué tarjetas se aceptan: AE American Express, DC Diners Club, MC Mastercard; V VISA.
**Servicios para Niños**
Carta especial para niños y sillas altas.
**Oferta Especial**
Reducción de precio por cenar temprano, normalmente antes de las 19.00 horas.
**Buena Cocina Regional**
Especialidades de Florida, como marisco o platos de influencia hispana o caribeña.

| | Tarjetas de Crédito | Servicios para Niños | Oferta Especial | Buena Cocina Regional | Bar |
|---|---|---|---|---|---|
| **Fernandina Beach:** *The Grill* $$$$<br>4750 Amelia Island Parkway. **Mapa de carreteras** E1. (904) 277-1100.<br>Este restaurante ofrece un menú mínimo de tres platos, entre ellos carne y marisco, que cambia a diario. P Y 🍷 🏠 🎵 ● almuerzo, do cena. | AE DC MC V | | | ● | ■ |
| **Gainesville:** *The Chuck Wagon* $<br>3483 Williston Rd. **Mapa de carreteras** D2. (352) 336-5677.<br>Establecimiento de estilo rural que ofrece platos como jamón glaseado a la miel y filetes de siluro. No sirve alcohol. V ● Acción de Gracias, 25 dic. | AE MC V | ● | | | |
| **Jacksonville:** *Café Carmon* $$<br>1986 San Marco Blvd. **Mapa de carreteras** E1. (904) 399-4488.<br>Este restaurante tienta a sus clientes con especialidades como pasta con tomate y albahaca o pescado fresco a la parrilla. V 🍷 🏠 | AE DC MC V | ● | | ● | ■ |
| **Jacksonville:** *Juliette's, A Florida Bistro* $$<br>Omni Jacksonville Hotel, 245 Water St. **Mapa de carreteras** E1. (904) 355-6664.<br>Fabulosa carta con componentes como pez espada a la parrilla con mantequilla de plátano. Disfrute del excelente servicio, los exquisitos postres y el concurrido y generoso *brunch* dominical. P 🍷 🎵 | AE DC MC V | ● | | ● | ■ |
| **Jacksonville:** *The Wine Cellar* $$$<br>1314 Prudential Drive. **Mapa de carreteras** E1. (904) 398-8989.<br>Uno de los mejores restaurantes de Jacksonville. Ofrece 200 vinos y platos como salmón a la parrilla con salsa de eneldo. 🍷 🏠 ● sá almuerzo, do, festivos. | AE DC MC V | ● | | ● | |
| **Jacksonville Beach:** *Dolphin Depot* $$<br>704 N 1st St. **Mapa de carreteras** E1. (904) 270-1424.<br>Este antiguo almacén ferroviario de estilo *art déco* alberga uno de los mejores restaurantes del noreste. Los platos de la pizarra cambian a diario. Conviene reservar. 🍷 ● almuerzo, Día de Acción de Gracias, 25 dic. | AE DC MC V | ● | | | ■ |
| **Ocala:** *Arthur's* $$<br>Ocala/Silver Springs Hilton, 3600 SW 36th Ave. **Mapa de carreteras** E2. (352) 854-1400.<br>Arthur's es famoso por sus bufés de fin de semana: mariscos los viernes por la noche, costillas los sábados y *brunch* los domingos. P 🍷 🏠 🎵 vi y sá. | AE DC MC V | ● | ■ | | ■ |
| **Ormond Beach:** *Barnacle's Restaurant & Lounge* $$<br>869 S Atlantic Ave. **Mapa de carreteras** E2. (904) 673-1070.<br>Este local de la playa es conocido por su ambiente desenfadado, sus mariscos, sus suculentas costillas y sus espléndidas vistas. ● almuerzo. | AE MC V | ● | ■ | | ■ |
| **Ormond Beach:** *La Crepe en Haut Restaurant* $$$$<br>142 E Granada Blvd. **Mapa de carreteras** E2. (904) 673-1999.<br>Elegante restaurante francés con manteles blancos almidonados, cristal tallado y una buena cocina. 🍷 ● sá y do almuerzo, lu, mayoría de festivos. | AE MC V | ● | | ● | ■ |
| **St Augustine:** *Salt Water Cowboy's* $<br>299 Dondanville Rd. **Mapa de carreteras** E1. (904) 471-2332.<br>Este establecimiento informal sirve platos típicos como cola de caimán, ostras y *jambalaya*. ● almuerzo, do de Super Bowl, 24 y 25 dic. | AE MC V | ● | | ● | ■ |
| **St Augustine:** *Santa Maria* $$<br>135 Avenida Menedez. (904) 829-6578. **Mapa de carreteras** E1.<br>Especializado en mariscos, ofrece también sopa de judías pintas, carnes y costillas. 🍷 | AE DC MC V | ● | | | |
| **St Augustine:** *Raintree* $$<br>102 San Marco Ave. **Mapa de carreteras** E1. (904) 824-7211.<br>Establecimiento famoso por su galardonada cocina. Remate una cena a base de mariscos o tradicionales platos de carne con una *crêpe* del bufé de postres. 🍷 ● almuerzo, 25 dic. | AE DC MC V | ● | ■ | ● | ■ |

# EL PANHANDLE

**APALACHICOLA:** *Seafood Grill & Steakhouse* $$
100 Market St. **Mapa de carreteras** B1. (904) 653-9510.
Este *grill* situado en el centro de la ciudad tiene una carta variada. Atrévase con el sándwich de pescado frito "más grande del mundo", las ostras o uno de los originales platos del *chef*. do, Día de Acción de Gracias, 25 dic.
AE MC V

**CEDAR KEY:** *Blue Desert Café* $
12518 Hwy 24. **Mapa de carreteras** D2. (352) 543-9111.
En una casa *shotgun*, los camareros sirven una ecléctica mezcla de cocina tex-mex, criolla y asiática. Decoración profusa y ambiente divertido y acogedor. V almuerzo, do y lu.

**DESTIN:** *The Donut Hole* $
635 Hwy 98. **Mapa de carreteras** A1. (904) 837-8824.
Platos correctos y abundantes a precios módicos. Hay un menú diferente para cada día de la semana. V nov-dic.

**DESTIN:** *The Back Porch* $$
1740 Old Hwy 98. **Mapa de carreteras** A1. (904) 837-2022.
Elabora suculentos pescados y mariscos fritos y asados a la parrilla o en carbón de leña. Sensacionales vistas. Día de Acción de Gracias, 25 dic.
AE DC MC V

**DESTIN:** *Marina Café* $$$
404 E Highway 98. **Mapa de carreteras** A1. (904) 837-7960.
Aúna un excelente servicio, un marco espectacular y una cocina creativa internacional. Los tempraneros disfrutan de dos cenas al precio de una. almuerzo, 25 dic, ene.
AE DC MC V

**FORT WALTON BEACH:** *Harpoon Hanna's* $$
1450 Miracle Strip Parkway. **Mapa de carreteras** A1. (904) 243-5500.
Restaurante familiar de hamburguesas, cestas de marisco y platos de pescado. El menú del día resulta económico.
AE DC MC V

**FORT WALTON BEACH:** *Staff's Seafood Restaurant* $$
24 Miracle Strip Parkway. **Mapa de carreteras** A1. (904) 243-3526.
Inaugurado en 1931, siempre ha sido célebre por sus correctas recetas locales. almuerzo, Día de Acción de Gracias, 25 dic.
AE MC V

**GRAYTON BEACH:** *Criolla's* $$$
170 E County Rd. 30 A. **Mapa de carreteras** A2. (904) 267-1267.
Atrevida carta de elaborados platos. El menú criollo fijo resulta curioso y muy razonable. almuerzo, do, dic y ene.
MC V

**GULF BREEZE:** *Bon Appetit Waterfront Café* $$
Holiday Inn, 51 Gulf Breeze Parkway. **Mapa de carreteras** A1. (904) 932-2214.
Restaurante frente al mar que ofrece apetitosa cocina *floribbean*. Pida uno de los exquisitos postres.
AE DC MC V

**NAVARRE:** *Cap'n Bubbas Seafood Restaurant* $$
8487 Navarre Parkway. **Mapa de carreteras** A1. (904) 939-2800.
*Brasserie* marítima apropiada para niños en su bufé de mariscos del fin de semana. Día de Acción de Gracias, 25 dic.
AE MC V

**PANAMA CITY BEACH:** *Capt. Anderson's* $$$
5551 N Lagoon Drive. **Mapa de carreteras** B1. (904) 234-2225.
Enorme restaurante en el muelle. Magnífico por su marisco, carnes y especialidades griegas. almuerzo, nov-ene.
AE DC MC V

**PANAMA CITY BEACH:** *The Treasure Ship* $$$
3605 S Thomas Drive. **Mapa de carreteras** B1. (904) 234-8881.
En una réplica de un galeón del siglo XVI se encuentra este restaurante de tres niveles con terrazas descubiertas y vistas al mar. nov-ene.
AE DC MC V

**PANAMA CITY BEACH:** *Fiddler's Green* $$$$
Marriott's Bay Point Resort, 4200 Marriott Drive. **Mapa de carreteras** B1. (904) 234-3307. El restaurante más elegante de la ciudad tienta a sus clientes con una magnífica cocina contemporánea.
AE DC MC V

**PENSACOLA:** *Cock of the Walk* $
550 Scenic Hwy. **Mapa de carreteras** A1. (904) 432-6766.
Establecimiento de cocina típica y platos sureños. Pruebe el siluro, el pan de maíz y los encurtidos al eneldo. V sá-lu almuerzo, mayoría de festivos.
AE MC V

Para el significado de los símbolos ver solapa posterior

**Precios** de una comida de tres platos, con una copa de vino de la casa, impuestos y servicio.

$ menos de 20 dólares
$$ 20-30 dólares
$$$ 30-45 dólares
$$$$ 45-60 dólares
$$$$$ más de 60 dólares

**Tarjetas de Crédito**
Indica qué tarjetas se aceptan: AE American Express, DC Diners Club, MC Mastercard; V VISA.
**Servicios para Niños**
Carta especial para niños y sillas altas.
**Oferta Especial**
Reducción de precio por cenar temprano, normalmente antes de las 19.00 horas.
**Buena Cocina Regional**
Especialidades de Florida, como marisco o platos de influencia hispana o caribeña.

| | Tarjetas de Crédito | Servicios para Niños | Oferta Especial | Buena Cocina Regional | Bar |
|---|---|---|---|---|---|
| **Pensacola:** *Landry's Seafood House* $$ <br> 905 E Gregory St. **Mapa de carreteras** A1. ☎ *(904) 434-3600*. <br> Sabrosas elaboraciones criollas, como *gumbos* (sopa de verduras con carne o mariscos) y marisco recién cocinado. 🍴 🪑 🎵 ⚫ *25 dic.* | AE DC MC V | ● | | ● | ▪ |
| **Pensacola:** *McGuire's Irish Pub & Brewery* $$ <br> 600 E Gregory St. **Mapa de carreteras** A1. ☎ *(904) 433-6789*. <br> Pruebe sus formidables raciones de carne, pasta, pizza y platos típicos de los *pubs* y riéguelo con una de sus cervezas caseras. V 🍴 🎵 ⚫ *Día de Acción de Gracias, 25 dic.* | AE DC MC V | | | ● | ▪ |
| **Pensacola:** *Skopelos on the Bay* $$$ <br> 670 Scenic Hwy. **Mapa de carreteras** A1. ☎ *(904) 432-6565*. <br> Galardonado restaurante de mariscos y platos de carne con un toque europeo. Los entrantes griegos, como los *dolmades*, son deliciosos. 🍴 🪑 <br> ⚫ *lu-ju, sá almuerzo, do, 25 dic, 1 ene.* | AE MC V | ● | | ● | ▪ |
| **Pensacola Beach:** *Chan's Florida Cuisine* $$$ <br> 2½ Via De Luna. **Mapa de carreteras** A1. ☎ *(904) 932-3525*. <br> Sus platos *floribbeans*, como el pez ballesta salteado a las hierbas con *pesto* de tomate, son servidos arriba, en un restaurante serio, o abajo, en un ambiente más informal. 🍴 🪑 🎵 ⚫ *24 dic.* | AE DC MC V | ● | ▪ | ● | ▪ |
| **Seaside:** *Bud & Alley's* $$$ <br> County Rd 30 A. **Mapa de carreteras** B1. ☎ *(904) 231-5900*. <br> Ofrece una carta innovadora de cocina regional que cambia según la estación. Desde el bar del piso superior se disfruta de una excelente vista del golfo. 🍴 🪑 🎵 ⚫ *ma, 1-20 nov.* | MC V | ● | | ● | ▪ |
| **Tallahassee:** *Chez Pierre* $$ <br> 1215 Thomasville Rd. **Mapa de carreteras** C1. ☎ *(904) 222-0936*. <br> La hospitalidad sureña y la buena cocina francesa atraen a los lugareños a este pequeño establecimiento. Deliciosa repostería. 🍴 🎵 ⚫ *do, 25 dic, 1 ene.* | AE DC MC V | | ▪ | | ▪ |
| **Tallahassee:** *Andrew's 2nd Act* $$$ <br> 228 South Adams St. **Mapa de carreteras** C1. ☎ *(904) 222-3444*. <br> Restaurante para gastrónomos con excelente menú fijo y una carta de eternos platos estrella y elaboraciones contemporáneas de temporada. P T <br> 🍴 🪑 🎵 ⚫ *sá y do almuerzo.* | AE DC MC V | | ▪ | | ▪ |

## La Costa del Golfo

| | Tarjetas de Crédito | Servicios para Niños | Oferta Especial | Buena Cocina Regional | Bar |
|---|---|---|---|---|---|
| **Anna Maria Island:** *Sign of the Mermaid* $$ <br> 9707 Gulf Drive. **Mapa de carreteras** D3. ☎ *(941) 778-9911*. <br> Perfecto para el *brunch* dominical. Pruebe el *gumbo* (sopa) de marisco. Es necesario reservar. No sirven bebidas alcohólicas. 🍴 ⚫ *lu-sá almuerzo.* | | | ▪ | ● | |
| **Captiva Island:** *The Bubble Room* $$ <br> 15001 Captiva Rd. **Mapa de carreteras** D4. ☎ *(941) 472-5558*. <br> Los camareros sirven gigantescas raciones de marisco y carne, así como magníficos postres. La divertida actividad y la estridente decoración encantan a los niños. ⚫ *25 dic.* | AE DC MC V | ● | | ● | ▪ |
| **Captiva Island:** *Chadwick's at South Seas Plantation* $$$ <br> 5400 South Seas Plantation Rd. **Mapa de carreteras** D4. ☎ *(941) 472-5111*. <br> Abierto todo el día, posee zonas especiales para familias. Excelente *brunch* dominical y, de jueves a domingo, menús fijos de tipo bufé. 🍴 🎵 | AE DC MC V | ● | | ● | |
| **Captiva Island:** *The Old Captiva House at 'Tween Waters Inn* $$$ <br> 15951 Captiva Rd. **Mapa de carreteras** D4. ☎ *(941) 472-5161*. <br> Cocina regional al antiguo estilo de Florida servida en un ambiente informal. Hay cinco tipos distintos de precios. 🍴 🪑 🎵 ⚫ *almuerzo.* | AE MC V | ● | | ● | ▪ |

| | | |
|---|---|---|
| **CLEARWATER BEACH:** *Alley Cat's Café* | $$ | AE MC V |
| 2475 McMullen Booth Rd. **Mapa de carreteras** D3. ( (813) 797-5555. Aquí cocinan el pescado siguiendo una receta especial de la casa como, por ejemplo, emperador con salsa de *anchochile* y aguacate. 🍴 🍽 🎵 *mi, vi y sá.* ● *Semana Santa, Día de Acción de Gracias, 25 dic.* | | |
| **CLEARWATER BEACH:** *Seafood & Sunsets at Julie's Café* | $$ | AE MC V |
| 351 S Gulfview Blvd. **Mapa de carreteras** D3. ( (813) 441-2548. Informal restaurante frente a la playa, magnífico para disfrutar de la puesta de sol y de la cocina local a buen precio. 🍽 ● *Día de Acción de Gracias.* | | |
| **DUNEDIN:** *Bon Appetit* | $$ | AE DC MC V |
| 148 Marina Plaza. **Mapa de carreteras** D3. ( (813) 733-2151. La buena comida de aromas norteamericanos va acompañada aquí de formidables vistas de St. Joseph's Sound. 🅿 🍴 🍽 | | |
| **FORT MYERS:** *The Veranda* | $$$ | AE DC MC V |
| 2122 2nd St. **Mapa de carreteras** E4. ( (941) 332-2065. Delicioso restaurante situado en un edificio de 1902. Originalidades culinarias como alcachofas rebozadas rellenas de cangrejo azul. 🅿 🍴 🍽 🎵 ● *sá almuerzo; do, 4 jul, 25 dic y 1 ene.* | | |
| **ST PETERSBURG:** *Columbia Restaurant* | $$ | AE DC MC V |
| 800 2nd Ave NE. **Mapa de carreteras** D3. ( (813) 822-8000. Pertenece a una cadena de restaurantes de Florida que ofrecen buena comida española. Espectacular vista de la bahía de Tampa. 🅿 🍴 | | |
| **ST PETERSBURG:** *Keystone Club* | $$ | AE DC MC V |
| 320 4th St N. **Mapa de carreteras** D3. ( (813) 822-6600. Establecimiento de ambiente distendido, frecuentado por lugareños, que sirve excelentes chuletones. 🍴 ● *sá y do almuerzo; algunos festivos.* | | |
| **ST PETERSBURG:** *Merchand's Bar & Grill and Terrace Room* | $$$ | AE DC MC V |
| Renaissance Vinoy Resort, 501 5th Ave. **Mapa de carreteras** D3. ( (813) 894-1000. Situado en un bello hotel de los años 20, este restaurante está especializado en cocina de tipo mediterráneo. Pruebe la bullabesa. 🅿 🍴 🎵 | | |
| **ST PETE BEACH:** *Hurricane Seafood Restaurant* | $ | MC V |
| 807 Gulf Way. **Mapa de carreteras** D3. ( (813) 360-9558. Restaurante en la playa que se vanagloria de sus fritos de cangrejo y su mero fresco de Florida, que preparan picante, a la plancha o en sándwich. 🍴 🍽 | | |
| **ST PETE BEACH:** *Maritana Grille* | $$$$ | AE DC MC V |
| Don CeSar Beach Resort, 3400 Gulf Blvd. **Mapa de carreteras** D3. ( (813) 360-1882. Poseedor de diversos galardones culinarios, el Maritana ofrece platos elaborados de productos locales orgánicos. Ambiente relajado y decoración tropical. 🅿 🍴 ● *almuerzo.* | | |
| **SANIBEL ISLAND:** *Windows On The Water* | $$$ | AE DC MC V |
| Sundial Beach Resort, 1451 Middle Gulf Drive. **Mapa de carreteras** D4. ( (941) 395-6014. En un bello paraje sobre el golfo de México se encuentra este elegante restaurante de deliciosa cocina *floribbean*. 🍴 | | |
| **SARASOTA:** *Nick's On The Water* | $$ | AE MC V |
| 230 Sarasota Quay. **Mapa de carreteras** D3. ( (941) 954-3839. Cocina italiana tradicional y deliciosos mariscos como la langosta rellena. Cene dentro o en una terraza sobre la bahía. 🅿 🍴 🍽 🎵 *vi y sá.* | | |
| **SARASOTA:** *Chez Sylvie* | $$$ | MC V |
| 1526 Main St. **Mapa de carreteras** D3. ( (941) 953-3232. Pequeño restaurante de cocina francesa. Abierto fines de semana a la hora del desayuno. 🍽 ● *do almuerzo, lu, Día de Acción de Gracias, 25 dic, 1 ene.* | | |
| **SARASOTA:** *Michael's On East* | $$$ | AE DC MC V |
| 1212 E Avenue S. **Mapa de carreteras** D3. ( (941) 366-0007. Uno de los mejores restaurantes de Sarasota. Innovadora cocina regional y una amplia selección de cervezas de elaboración propia. 🍴 🅿 🎵 *vi y sá.* ● *sá y do almuerzo.* | | |
| **TAMPA:** *Columbia Restaurant* | $$ | AE DC MC V |
| 2117 E 7th Ave, Ybor City. **Mapa de carreteras** D3. ( (813) 248-4961 El primer restaurante de esta cadena lleva sirviendo comida española y cubana desde 1905. Comedores con bellos suelos de azulejo y espectáculo flamenco por las noches. 🍴 🅿 🎵 | | |

Para el significado de los símbolos ver solapa posterior

**Precios** de una comida de tres platos, con una copa de vino de la casa, impuestos y servicio.

$ menos de s0 dólares
$$ 20-30 dólares
$$$ 30-45 dólares
$$$$ 45-60 dólares
$$$$$ más de 60 dólares

**Tarjetas de Crédito**
Indica qué tarjetas se aceptan: AE American Express, DC Diners Club, MC Mastercard; V VISA.
**Servicios para Niños**
Carta especial para niños y sillas altas.
**Oferta Especial**
Reducción de precio por cenar temprano, normalmente antes de las 19.00 horas.
**Buena Cocina Regional**
Especialidades de Florida, como marisco o platos de influencia hispana o caribeña.

| | Tarjetas de Crédito | Servicios para Niños | Oferta Especial | Buena Cocina Regional | Bar |
|---|---|---|---|---|---|
| **Tampa:** *Lauro Ristorante Italiano* $$<br>3915 Henderson Blvd. **Mapa de carreteras** D3. (813) 281-2100.<br>Deliciosa comida italiana en un entorno agradable. Precios moderados. 🍴 🌙 sá almuerzo, do. | AE<br>DC<br>MC<br>V | | | | ■ |
| **Tampa:** *Mis en Place* $$<br>442 W Kennedy Blvd. **Mapa de carreteras** D3. (813) 254-5373.<br>La carta de este concurrido restaurante cambia a diario pero siempre agrada. Reserve con antelación. 🍴 🌙 sá almuerzo, lu cena; do. | AE<br>DC<br>MC<br>V | | | ● | ■ |
| **Tampa:** *Bern's Steak House* $$$<br>1208 S Howard Ave. **Mapa de carreteras** D3. (813) 251-2421.<br>Bernie's ha convertido la elaboración de las carnes en un arte. Cada plato se prepara al gusto del cliente y va acompañado de verduras. Es fundamental reservar. 🅿️ 🍴 🎵 🌙 almuerzo, 25 dic. | AE<br>DC<br>MC<br>V | | | | ■ |
| **Tampa:** *Oystercatchers* $$$<br>6200 Courtney Campbell Causeway. **Mapa de carreteras** D3. (813) 281-9116.<br>Junto al hotel Hyatt Regency Westshore, su especialidad es el marisco. 🅿️ 🎵 🌙 sá almuerzo; 25 dic. | AE<br>DC<br>MC<br>V | ● | | ● | ■ |
| **Venice:** *Sharky's on the Pier* $$<br>1600 S. Harbor Drive. **Mapa de carreteras** D4. (941) 488-1456.<br>La especialidad de la casa es el pescado; puede pedirlo a la plancha, picante, al carbón de leña o frito. 🍴 🪑 🎵 🌙 Día de Acción de Gracias, 25 dic. | AE<br>MC<br>V | ● | | ● | ■ |

## Los Everglades y los Cayos

| | Tarjetas de Crédito | Servicios para Niños | Oferta Especial | Buena Cocina Regional | Bar |
|---|---|---|---|---|---|
| **Islamorada:** *Manny and Isa's Kitchen* $<br>MM 81.6, Overseas Hwy. **Mapa de carreteras** F5. (305) 664-5019.<br>Sirve auténticos platos cubanos y sabrosa langosta frita a precios asequibles. 🌙 ma; oct; Día de Acción de Gracias, 25 dic, 1 ene. | AE<br>DC<br>MC<br>V | ● | | ● | |
| **Islamorada:** *Marker 88* $$<br>MM 88, Overseas Hwy. **Mapa de carreteras** F5. (305) 852-9315.<br>Exquisito restaurante sobre Florida Bay que ofrece marisco de los cayos y cocina clásica europea. 🍴 🌙 almuerzo; lu; Día de Acción de Gracias, 25 dic. | AE<br>DC<br>MC<br>V | ● | | ● | |
| **Islamorada:** *Green Turtle Inn* $$$<br>MM 81.5, Overseas Hwy. **Mapa de carreteras** F5. (305) 664-9031.<br>Una tradición de los cayos desde 1947. Pruebe la famosa sopa de tortuga y el filete de caimán. Actuación nocturna de un pianista. 🍴 🎵 🌙 lu. | AE<br>DC<br>MC<br>V | ● | | ● | ■ |
| **Key Largo:** *The Italian Fisherman* $$<br>MM 104, Overseas Hwy. **Mapa de carreteras** F5. (305) 451-4471.<br>Sabrosas pastas, platos italianos y mariscos frescos. Puede llevar su propio pescado para que se lo cocinen allí. 🍴 🪑 🌙 25 dic. | AE<br>MC<br>V | ● | ■ | ● | ■ |
| **Key Largo:** *Mrs Mac's Kitchen* $$<br>MM 99.4, Overseas Hwy. **Mapa de carreteras** F5. (305) 451-3722.<br>Una institución en la zona, esta casa de comidas sirve pantagruélicos sándwiches, cuencos de chile y platos del día. 🌙 do; mayoría de festivos. | | ● | | | |
| **Key West:** *Blue Heaven* $$<br>729 Thomas St. **Mapa de carreteras** E5. (305) 296-8666.<br>Restaurante situado en un maravilloso edificio del antiguo Key West. Ofrece deliciosos platos de caracol de mar en un ambiente relajado. 🅅 🍴 🪑 🎵 🌙 Día de Acción de Gracias, 25 dic. | MC<br>V | ● | | ● | ■ |
| **Key West:** *Mangia Mangia Pasta Café* $$<br>900 Southard St. **Mapa de carreteras** E5. (305) 294-2469.<br>Excelente la pasta fresca y sus sabrosas salsas que le han dado a este restaurante una reputación envidiable. 🍴 🌙 almuerzo; mayoría de festivos. | AE<br>MC<br>V | | | | ■ |

# RESTAURANTES

| | | | | | | |
|---|---|---|---|---|---|---|

**KEY WEST:** *Godfrey's Restaurant at the La-Te-Da Hotel* $$$
1125 Duval St. **Mapa de carreteras** E5. ( *(305) 296-6706*.
La mezcla de sabores californianos, caribeños, mediterráneos y asiáticos convierten la comida de este local en un verdadero placer. 🍴 🪑 🎵 ● *do cena*.
AE DC MC V

**KEY WEST:** *Louie's Back Yard* $$$
700 Waddell Ave. **Mapa de carreteras** E5. ( *(305) 294-1061*.
La interesante carta de este restaurante contiene platos de sabores cubanos, caribeños y tailandeses. Seductora ubicación, rodeado de vegetación tropical. 🪑 ● *25 dic*.
AE DC MC V

**KEY WEST:** *Mangoes* $$$
700 Duval St. **Mapa de carreteras** E5. ( *(305) 292-4606*.
Elija entre las fabulosas ensaladas y los innovadores platos de este establecimiento de la calle Duval con mesas en la acera. 🪑 V
MC V

**KEY WEST:** *Pier House Restaurant* $$$$
Pier House Resort, 1 Duval St. **Mapa de carreteras** E5. ( *(305) 296-4600*.
Este exclusivo restaurante del puerto sirve imaginativa cocina de Florida, como langosta con plátano marinado. Reserve mesa fuera para disfrutar de la puesta de sol *(ver p. 284)*. 🍴 🪑 🎵 ● *lu-sá almuerzo*.
AE MC V

**MARATHON:** *Brian's in Paradise* $
MM 52, Overseas Hwy. **Mapa de carreteras** E5. ( *(305) 743-3183*.
Este establecimiento ofrece una carta amplia y muchos platos del día por menos de 10 dólares. Hamburguesas, pescado y cocina casera. ● *Día de Acción de Gracias, 25 dic*.
AE DC MC V

**MARATHON:** *Kelsey's Fine Dining* $$$
MM 48.5, Overseas Hwy. **Mapa de carreteras** E5. ( *(305) 743-9018*.
En los muelles de Faro Blanco Resort, sirve mariscos y carnes. También le preparan el pescado que usted haya capturado. 🍴 🪑 🎵 ● *almuerzo; lu*.
AE MC V

**MARCO ISLAND:** *Konrad's* $$
Mission San Marco. **Mapa de carreteras** E4. ( *(941) 642-3332*.
Uno de los mejores bufés de ensaladas de la isla. Las ofertas para tempraneros y las gambas rebozadas *(scampi)* son muy solicitadas. 🅿 🪑 🎵 ● *25 dic*.
AE DC MC V

**MARCO ISLAND:** *Snook Inn* $$
1215 Bald Eagle Drive. **Mapa de carreteras** E4. ( *(941) 394-3313*.
Local especializado en mariscos. También preparan el pescado traído por el cliente. Magnífica puesta de sol desde el bar anexo. 🪑 🎵 ● *25 dic*.
AE DC MC V

**MARCO ISLAND:** *Olde Marco Inn* $$$
100 Palm St. **Mapa de carreteras** E4. ( *(941) 394-3131*.
Restaurante construido como posada en 1896. Ecléctica carta internacional cuyos platos alemanes son muy solicitados. 🍴 🎵 ● *almuerzo*.
AE DC MC V

**NAPLES:** *First Watch* $
1400 Gulf Shore Blvd N. **Mapa de carreteras** E4. ( *(941) 434-0005*.
Cocina rural. Siempre concurrido, ofrece los mejores desayunos de la ciudad. 🪑 ● *cena; Día de Acción de Gracias, 25 dic*.
AE MC V

**NAPLES:** *Chart House* $$
1193 8th St S. **Mapa de carreteras** E4. ( *(941) 649-0033*.
Acogedor restaurante sobre la bahía. Excelentes mariscos y algunos platos vegetarianos. 🅿 V 🍴 🪑 ● *almuerzo*.
AE DC MC V

**NAPLES:** *The Dock at Crayton Cove* $$
12th Ave S, on Naples Bay. **Mapa de carreteras** E4. ( *(941) 263-9940*.
Los pescados y mariscos predominan en este restaurante. Pruebe los generosos sándwiches o decídase por el bufé de mariscos crudos. 🪑 ● *25 dic*.
AE MC V

**NAPLES:** *Bistro 821* $$$
821 5th Ave. **Mapa de carreteras** E4. ( *(941) 261-5821*.
Elegante restaurante de cocina creativa. Cene a la carta o elija uno de los platos del día, como el lenguado al limón relleno de vieira o la *mousse* de langosta. 🍴 🪑 ● *almuerzo; Día de Acción de Gracias, 25 dic, 1 ene*.
AE DC MC V

**NAPLES:** *Savannah* $$$
5200 Tamiami Trail N, Suite 103. **Mapa de carreteras** E4. ( *(941) 261-2555*.
Influencias del profundo sur norteamericano tanto en la decoración como en la cocina de este restaurante tradicional, que ofrece platos sureños como el siluro rebozado picante. 🅿 🍴 ● *jun-oct almuerzo*.
AE DC MC V

Para el significado de los símbolos ver solapa posterior

# Bares y cafés

El PAUSADO TIPO DE VIDA de Florida contribuye a garantizar la abundancia de bares y cafés. El término café con frecuencia denota un restaurante informal de estilo *bistrot,* pero también puede referirse a una cafetería o, incluso, a un bar. Los bares deportivos, muy frecuentes, suelen tener varias pantallas de televisión sintonizadas en diferentes cadenas, aunque a menudo se desconecta el volumen para sustituirlo por una estruendosa música de fondo. Muchos bares y cafés tienen una *happy hour,* normalmente de 16.00 a 19.00, en la que las copas son más baratas y con frecuencia se sirven aperitivos gratis.

## MIAMI

**Miami Beach:** *Abbey Brewing Company*
1115 16th St. **Plano** 2 D2.
**(** (305) 538-8110.
Las paredes revestidas de madera y los bancos corridos asemejan este bar a un *pub* británico. Frecuentado por lugareños, sirve cervezas de elaboración propia, así como otras de barril y embotelladas. Abierto de 13.00 a 17.00. Se puede tomar una comida ligera en cualquier momento.

**Miami Beach:** *News Café*
800 Ocean Drive. **Plano** 2 F4.
**(** (305) 538-6397.
Abierto las 24 horas, es el centro de reunión por excelencia de South Beach. La carta ofrece buenos desayunos y enormes platos de pasta, además de comidas más ligeras y sanas. Numerosos tipos de cafés y una repostería igualmente variada.
AE DC MC V

**Miami Beach:** *Van Dyke Café*
846 Lincoln Rd. **Plano** 2 E2.
**(** (305) 534-3600.
Este concurrido establecimiento de South Beach ocupa un edificio de estilo mediterráneo magníficamente restaurado. Las especialidades de la casa son el budín de pan y el *zabaglione* con frutas del bosque. Buen surtido de cafés e infusiones. Amenizado por un trío de jazz por las noches.
AE DC MC V

**Downtown:** *Hard Rock Café*
401 Biscayne Blvd.
**Plano** 4 F1.
**(** (305) 377-3110.
Turistas y lugareños abarrotan este café que se caracteriza por su decoración a base de objetos de estrellas del rock. Puede beber algo y empaparse del ambiente en la barra, pero si desea comer, reserve antes. Comida norteamericana, desde jugosas hamburguesas hasta tarta de manzana caliente.
AE DC MC V

**Coral Gables:** *Doc Dammers Saloon*
180 Aragon Ave.
**Plano** 5 C1.
**(** (305) 441-2600.
En el Omni Colonnade Hotel, este bar *art déco* de caoba es frecuentado por una clientela de edad superior a los 30 años. Deliciosa comida cuyas especialidades son los platos latinoamericanos y caribeños.
AE DC MC V

**Coconut Grove:** *Dan Marino's American Sports Bar and Grill*
CocoWalk, 3015 Grand Ave.
**Plano** 6 E4.
**(** (305) 567-0013.
Este animado bar deportivo, con 51 televisiones y 3 billares, es propiedad de Dan Marino, la estrella del Miami Dolphins, y está repleto de recuerdos personales suyos. Cervezas y vinos nacionales y de importación, una carta de platos ligeros y raciones como alitas de pollo, pizza de verduras, *fajita burger* y tarta *Mississippi mud.*
AE DC MC V

## GOLD COAST Y TREASURE COAST

**Boca Raton:** *Pete Rose's Ballpark Café*
8144 W Glades Rd.
**Mapa de carreteras** F4.
**(** (561) 488-7383.
El Ballpark Café exhibe infinidad de recuerdos del Cincinnati Reds y los habituales vídeos y juegos de bar. También puede jugar al billar o ver la televisión desde su mesa. De 18.00 a 20.00 se emite en directo un programa de radio.
AE DC MC V

**Fort Lauderdale:** *Pier Top Lounge*
Pier 66, 2301 SE 17th St.
**Mapa de carreteras** F4.
**(** (954) 525-6666.
El salón giratorio situado en el último piso del Hyatt Regency Pier 66 tarda una hora en dar una vuelta completa. Los clientes disfrutan de las magníficas vistas de Fort Lauderdale y de sus canales, especialmente espectaculares al atardecer. Música en directo y baile.
AE DC MC V

**Fort Lauderdale:** *Shooters*
3033 NE 32nd Ave.
**Mapa de carreteras** F4.
**(** (954) 566-2855.
Este bar-restaurante ofrece una carta bastante amplia y a buenos precios. Puede picar raciones como los fritos de gambas o cangrejo, o bien disfrutar de una comida más sustanciosa como la ensalada de atún soasado o el sándwich de mero de Florida.
AE DC MC V

**Palm Beach:** *The Leopard Lounge*
363 Cocoanut Row.
**Mapa de carreteras** F4.
**(** (561) 659-5800.
Situado en el Chesterfield Hotel. Estridente decoración a base de cortinajes granates y negros, y de moquetas y manteles de leopardo. Los fines de semana está abarrotado de gente de Palm Beach que baila las melodías de la época de las grandes orquestas interpretadas en vivo. Carta completa.
AE DC MC V

## ORLANDO Y LA COSTA ESPACIAL

**Orlando:** *Blazing Pianos*
8445 International Drive.
**Mapa de carreteras** E2.
**(** (407) 363-5104.
Es uno de los locales nocturnos más de moda en Orlando. Los espectáculos musicales de este gran piano-bar atraen todas las noches a un numeroso público. En el escenario, los músicos tocan peticiones e invitan a los espectadores a cantar al unísono. Sirven comida y cervezas nacionales e importadas.
AE DC MC V

**Orlando:** *Cheyenne Saloon and Opera House*
Church Street Station, 129 W Church St.
**Mapa de carreteras** E2.
**(** (407) 422-2434
El mejor local de música *country* y *western* de Orlando. En este salón al estilo del oeste, el público se sienta en bancos de iglesia restaurados. Funciones musicales y de baile *country.* Puede picar los excelentes aperitivos o bien darse un festín de costillas a la barbacoa o pollo a la parrilla.
AE DC MC V

## EL NORESTE

**Jacksonville:** *River City Brewing Company*
835 Museum Circle.
**Mapa de carreteras** E1.
**(** (904) 398-2299.

Su cerveza de elaboración casera y su amplia oferta culinaria a precios asequibles atraen a la gente de la zona. Los viernes y sábados por la noche, una orquesta interpreta los últimos éxitos musicales.
AE MC V

**St Augustine:** *A1A Ale Works*
1 King St.
**Mapa de carreteras** E1.
(904) 829-2977.
Este acogedor *pub*-restaurante alberga una fábrica de cerveza propia. Los aficionados al *ale* (cerveza inglesa) acuden a disfrutar de sus siete variedades de elaboración casera. Los fines de semana actúa una orquesta.
AE DC MC V

**St Augustine:** *OC White's Seafood and Spirits*
118 Avenida Menendez.
**Mapa de carreteras** E1.
(904) 824-0808.
En un edificio del siglo XVIII frente al puerto de St. Augustine, OC White's ofrece espectáculos en directo todas las noches. Interior decorado con figuras de cera de piratas. Amplia carta de mariscos, carnes y hamburguesas.
AE MC V

**Daytona Beach:** *Oyster Pub*
555 Seabreeze Blvd.
**Mapa de carreteras** E2.
(904) 255-6348.
A una manzana de la playa, este *pub* ofrece un bufé con ostras, gambas y otros mariscos frescos. Durante la *happy hour* se rebajan los precios de las consumiciones. Retransmisiones deportivas en sus 27 televisiones. Sala de billar y un *disc jockey* los fines de semana.
AE MC V

**Gainesville:** *Purple Porpoise Oyster Pub*
1728 W University Ave.
**Mapa de carreteras** D2.
(352) 376-1667.
Bar universitario frecuentado por los alumnos de la University of Florida en Gainesville. Personal muy amable. Los jueves por la noche toca una orquesta.
AE DC MC V

## EL PANHANDLE

**Panama City Beach:** *Shuckum's Oyster Pub*
15614 Front Beach Rd.
**Mapa de carreteras** B1.
(904) 235-3214.
La barra de este local está tapizada con billetes de un dólar firmados y dejados por los clientes satisfechos. Shuckum's es famoso por sus ostras, que se sirven al natural, al horno, al vapor o fritas en sándwich.
MC V

**Pensacola Beach:** *Sidelines Sports Bar and Restaurant*
2 Via de Luna Drive.
**Mapa de carreteras** A1.
(904) 934-3660.
Establecimiento informal con una oferta diferente todas las noches de la semana. Mesas pegadas a la pared y paredes adornadas con pantallas gigantes y los omnipresentes recuerdos deportivos.
AE MC V

**Tallahassee:** *The Mill Brewery, Eatery and Bakery*
2329 Apalachee Pkwy.
**Mapa de carreteras** C1.
(904) 656-2867.
The Mill elabora unas de las mejores reposterías y cervezas de la ciudad. Las cervezas se fabrican en pequeñas remesas sin productos químicos ni conservantes. Deliciosas sopas y pizzas caseras. Espectáculos en directo los lunes por la noche.
AE DC MC V

## LA COSTA DEL GOLFO

**Lee Island Coast:** *The Mucky Duck*
11546 Andy Rosse Lane, Captiva Island.
**Mapa de carreteras** D4.
(941) 472-3434.
*Pub* inglés en un edificio de los años 30. Su creador, un expolicía británico, le puso el nombre del *pub* preferido de su tierra natal. Se puede jugar a los dardos, disfrutar de una cerveza y contemplar la puesta de sol. Carta ecléctica con platos como *fish and chips* y preparaciones vegetarianas.
AE DC MC V

**Tampa:** *Elmer's Sports Café*
2003 E 7th Ave, Ybor City.
**Mapa de carreteras** D3.
(813) 248-5855.
El primer bar deportivo de Ybor City es célebre por sus pizzas y sus magníficas cervezas. Pantallas gigantes de televisión repartidas por todo el local y una mesa de billar. La comida casera es sabrosa y el ambiente, agradable.
AE MC V

**Tampa:** *Ovo Café*
1901 E 7th Ave, Ybor City.
**Mapa de carreteras** D3.
(813) 248-6979.
Este restaurante informal, cuyas mesas exhiben flores naturales, sus paredes, buenos cuadros, y sus vitrinas, joyas, ofrece una cocina para comer con los ojos y el estómago. Una de sus especialidades es la pasta rellena de patata, pero también son recomendables sus ensaladas y pasteles.
AE MC V

## LOS EVERGLADES Y LOS CAYOS

**Naples:** *HB's On The Gulf*
851 Gulf Shore Blvd N.
**Mapa de carreteras** E4.
(941) 261-9100.
Este establecimiento de 1946 se encuentra en el Naples Beach Hotel, en Naples Pier. Se trata de un buen lugar para contemplar la puesta de sol, aunque hay que llegar pronto para encontrar sitio. Por la noche, una orquesta entretiene a la clientela. Aunque la carta es amplia, la cocina no es el punto fuerte de este local.
AE DC MC V

**Key West:** *Hog's Breath Saloon*
400 Front St.
**Mapa de carreteras** E5.
(305) 292-2032.
El primitivo Hog's Breath Saloon fue fundado en Fort Walton Beach en 1976 por un oriundo de Alabama que se trasladó a Key West en 1988. Hoy tiene gran éxito entre los lugareños, que disfrutan de su bufé de mariscos al natural, sus platos de la zona y sus sabrosos postres. Música en directo todos los días de 1.00 a 2.00.
AE MC V

**Key West:** *Jimmy Buffet's Margaritaville Café*
500 Duval St.
**Mapa de carreteras** E5.
(305) 292-1435.
El cantautor Jimmy Buffet es el propietario de este local, aunque no se deja ver con frecuencia. Hay objetos suyos expuestos y algunos están a la venta *(ver p. 285)*. La especialidad de la casa son las *margaritas* frías. También sirven platos ligeros, sándwiches, hamburguesas y mariscos de la zona.
AE MC V

**Key West:** *Sloppy Joe's*
201 Duval St.
**Mapa de carreteras** E5.
(305) 294-5717.
El establecimiento preferido de Ernest Hemingway *(ver p. 284)* es hoy más comercial que en la época del novelista, pues su principal clientela son los turistas. Conserva su aire de Key West y, cuando hay actuación, puede ser difícil encontrar sitio. La carta contiene platos como fritos de jalapeño y caracol de mar, barritas de pollo con patatas fritas y la célebre hamburguesa original de Sloppy Joe.
MC V

Para el significado de los símbolos ver solapa posterior

# DE COMPRAS POR FLORIDA

IR DE COMPRAS es el pasatiempo más habitual de Florida y, en particular, de Miami, que atrae a muchos consumidores extranjeros. Este Estado es famoso por sus tiendas-descuento pero también acoge establecimientos de categoría, que normalmente se encuentran agrupados en reducidas zonas o centros comerciales.

A quienes visitan por primera vez Estados Unidos les puede costar un poco acostumbrarse a la cultura de compra.

Rótulo de una tienda de Cedar Key

En Florida, en lugar de dirigirse al centro de las ciudades, la gente gravita por lo general hacia los descomunales centros comerciales de las afueras, donde grandes almacenes y comercios de diversa índole venden todo lo imaginable, desde ropa hasta ordenadores. Si busca recuerdos y regalos, acertará acudiendo a los pequeños negocios especializados en esos artículos. Las tiendas de Miami figuran en las páginas 92 y 93 de este libro.

Mizner Park, en Boca Ratón, es elegante por sus tiendas y su arquitectura

## CUÁNDO COMPRAR

LA MAYORÍA de las tiendas abren de 10.00 a 18.00 horas de lunes a sábado, y a menudo cierran más tarde un día a la semana. Algunas abren también los domingos, normalmente de 12.00 a 18.00 horas, mientras que otras no cierran nunca.

## IMPUESTO DE VENTA

EN FLORIDA se aplica un impuesto, que suele rondar alrededor del 6%, a todos los artículos menos la ropa infantil y los medicamentos. Los precios indicados no los incluyen, pero son sumados automáticamente en la cuenta.

## CENTROS COMERCIALES

LOS CENTROS comerciales (*malls*) constituyen un elemento fundamental del panorama de las compras en EE UU. Además de tiendas, albergan toda clase de locales, desde cines hasta restaurantes, así que, en teoría, se puede pasar todo un día en un *mall* sin que falte de nada. Aparcar en los centros comerciales es fácil y normalmente llega a ellos una línea de autobús.

Además, a menudo cuentan con una sorprendente variedad de pequeñas tiendas y de establecimientos pertenecientes a conocidas cadenas como Barnes & Noble y The Gap.

Miami es famosa por sus *malls*, como el elegante Bal Harbour Shops (*ver p. 92*), y las ciudades adineradas de la Gold Coast, como Boca Ratón y Palm Beach, también cuentan con un buen número de ellos.

## BARRIOS COMERCIALES

SI LE HORRORIZAN los *malls*, puede optar por las zonas comerciales de Florida. Algunas de ellas han resucitado antiguos barrios como St. Armands Circle, en Sarasota (*ver p. 255*) o Hyde Park Village, en Tampa (*ver p. 248*). La avenida Worth de Palm Beach (*ver pp. 114-115*), una de las vías comerciales más exclusivas del mundo, lleva en boga desde los años 20. Por contra, la distinguida Mizner Park de Boca Ratón (*ver p. 126*) es nueva, pero está construida al estilo antiguo.

Las tiendas de estas zonas son exclusivas, pero también hay establecimientos más asequibles, en particular los orientados a los turistas, como el pintoresco Johns Pass Village, próximo a Madeira Beach, en la costa del golfo (*ver p. 238*).

## GRANDES ALMACENES

LA MAYORÍA de los centros comerciales contienen al menos unos grandes almacenes que, por lo general, suelen ofrecer un extraordinario surti-

Exclusiva boutique de Bay Harbour Shops, en Miami

do de artículos y servicios, desde el envoltorio gratuito de los regalos hasta dependientas que le ayudarán con sus compras.

Todos ellos disfrutan de una reputación especial por la calidad de sus productos. Por ejemplo, Bloomingdale's son famosos por sus prendas de vestir y su tienda de alimentación. Algunos almacenes sólo trabajan la moda, como los elegantes Saks Fifth Avenue, conocidos por su marca de ropa Neiman Marcus, y por las más conservadoras Lord y Taylor. La cadena Burdines, originaria de Florida, donde lleva muchos años funcionando, posee delegaciones por todo el Estado, aunque ha perdido terreno ante otras cadenas nacionales.

Los artículos de primera necesidad puede encontrarlos en supermercados como Target, K-Mart y Wal-Mart, que tienen de todo. Sears y JC Penney también trabajan un amplio surtido de productos.

## TIENDAS-DESCUENTO

PARA ALGUNOS, el principal atractivo de Florida son las tiendas-descuento, que ofrecen toda clase de artículos. Su principal reclamo es la electrónica, los electrodomésticos y la ropa barata. Algunas están especializadas en prendas de marca a buen precio, como Loehman's, TJ Maxx y Marshalls, que tienen delegaciones en las principales ciudades.

Especialmente visitados por los buscadores de gangas son los centros comerciales de tiendas de fábrica *(factory outlets)*, que venden artículos con leves defectos o de temporadas anteriores entre un 50% y un 70%

Uno de los singulares anticuarios de Micanopy

por debajo de su precio normal. En la mayoría de ellos encontrará tiendas de marca que venden toda clase de prendas de vestir, como vaqueros Levi's o jerseys Benetton.

La International Drive de Orlando *(ver p. 176)* cuenta con una surtida representación de tiendas-descuento. Podrá incluso encontrar *souvenirs* de Disney, pero tenga presente que la calidad puede no ser igual que la de los parques temáticos.

Los animados mercadillos del fin de semana también son muy visitados. Quizás no le interesen los artículos de segunda mano, pero también encontrará artesanía y antigüedades, así como numerosos puestos de comida. Algunos constituyen, además, un lugar de divertimento, como ocurre con el Swap Shop *(ver p. 130)* de Fort Lauderdale, el mayor mercadillo del Estado y, según se dice, su atracción más popular después de Walt Disney World.

Puesto de esponjas en Key West

## REGALOS Y RECUERDOS

LAS NARANJAS FRESCAS son un producto muy comprado por los visitantes norteamericanos. Las de mejor calidad se cultivan junto al río Indian, en la costa este *(ver p. 111)*, donde las tiendas y puestos las venden por sacos. Si vive en EE UU, normalmente le podrán enviar la fruta a casa.

Las conchas marinas tienen un público más amplio, pero compruebe siempre sus orígenes. La Lee Island Coast *(ver pp. 264-265)* es famosa por sus conchas y, en la Shell Factory cercana a Fort Myers *(ver pp. 264-265)* se pueden comprar especímenes recogidos legalmente. Las conchas y el coral que ofrecen los puestos de la US 1, en los cayos, son en su mayoría importados. Suelen vender también esponjas naturales, aunque el sitio típico para comprarlas es Tarpon Springs *(ver p. 237)*.

Los indios venden artesanía confeccionada en las reservas de Miccosukee Indian Village *(ver p. 271)* y Hollywood *(ver p. 132)*. Más abundantes son las antigüedades. Hay diversas poblaciones famosas por sus anticuarios, como Micanopy *(ver p. 208)* y Dania *(ver p. 132)*.

Disney ha convertido en arte la venta de artículos con sus personajes, y las compras constituyen una de las principales actividades de Walt Disney World.

Una tienda de Florida anuncia sus ofertas

# Qué comprar en Florida

Conchas de chocolate

PROBABLEMENTE LE DIGAN que en Florida puede adquirir prácticamente de todo, desde un biquini de marca hasta un reproductor de CD último modelo o, incluso, una casa. De hecho, algunos visitantes extranjeros acuden a este Estado exclusivamente para comprar. Aunque sólo busque los tradicionales regalos, no le faltará dónde elegir en los parques temáticos y los centros turísticos costeros. Quizás tenga que buscar si quiere evitar los típicos recuerdos, aunque puede que sea lo que mejor hace Florida y lo que más representa el sabor del Estado del sol.

Gorra de béisbol del Miami Dolphins

Llavero

### Indiscutiblemente Florida
*En todo el Estado encontrará infinidad de divertidos souvenirs, a menudo a un precio razonable. Con frecuencia llevan el nombre de Florida, una palmera, un lagarto u otra imagen típica.*

Alimento liofilizado del Kennedy Space Center

Oscar de Universal Studios

Azulejo decorado con flamencos

Hucha-caimán

### Artículos temáticos
*Todos los parques temáticos, desde Universal Studios hasta Busch Gardens, fabrican sus propios recuerdos.*

### Artesanía seminola
*La artesanía de los indios seminolas sólo se vende en algunos lugares (ver p. 333). Por unos cuantos dólares puede llevarse una muñeca o una joya, o bien una prenda de vestir, una bolsa o una colcha de vivos colores.*

### Puros artesanales
*La tradición cubana de enrollar los puros a mano aún subsiste en Ybor City, en Tampa (ver pp. 246-247), y en Little Havana, en Miami (ver p. 93), aunque muchos se fabrican a máquina.*

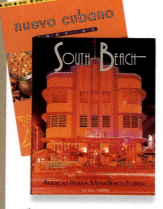

### Libros
*Los libros sobre el barrio art déco de Miami suelen exhibir magníficas fotos que se convierten en un recuerdo duradero de su estancia en la ciudad.*

### Música latina
*Si le gustan los ritmos latinos de la comunidad hispana de Miami, puede adquirir infinidad de discos grabados en la zona.*

## ARTÍCULOS BARATOS

Los extranjeros observarán que, debido a los bajos impuestos, muchos productos son más baratos en EE UU que en su país de origen; entre ellos, los vaqueros, las gafas de sol, las zapatillas de deporte, los CD, las cámaras fotográficas y los libros. Florida también tiene muchas tiendas-descuento *(ver p. 333)* cuyos precios son aún más reducidos; los pequeños electrodomésticos suelen ser una buena compra. El centro de Miami es famoso por sus establecimientos de gangas *(ver pp. 92-93)*, especializados en oro, joyas y electrónica. Si tiene temple para ello, no dude en regatear. No olvide que, si adquiere aparatos electrónicos, deberá conseguir un transformador para que funcionen fuera de EE UU.

### Camisetas
*Las camisetas pueden ser muy baratas, pero compruebe la calidad antes de pagarlas.*

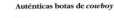
**Auténticas botas de *cowboy***

**Cinturón de cuero**

### Artículos del oeste
*Los artículos de cuero de tiendas como JW Cooper pueden no estar fabricados en Florida. Sin embargo, suelen tener un buen precio en comparación con el habitual en el mercado internacional.*

## LOS SABORES DE FLORIDA

Florida es famosa en todo el mundo por sus cítricos, que se pueden comprar frescos o en conserva, en forma de golosinas, mermeladas o gelatinas, o bien de aderezos y aceites de cocina. Los golosos pueden disfrutar de toda clase de delicias azucaradas, desde las pastas de coco hasta los caramelos *salt water taffy*. El chocolate de fabricación local no es de gran calidad, pero a menudo elaboran las chocolatinas de divertidas formas.

**Pastas de coco**

**Cesta de frutas cítricas confitadas**

**Naranjas de Florida en sacos**

***Salt water taffy*, muy comprados por los turistas**

**Mermelada de lima**

**Jalea de mandarina**

**Jalea de jalapeño picante**

**Aderezo de mango**

**Aceite de lima para cocinar**

# DISTRACCIONES EN FLORIDA

FLORIDA OFRECE diversión para todos los gustos, desde obras de Broadway hasta ostentosos espectáculos al estilo de Las Vegas, pasando por discotecas y garitos de juego. La oferta más amplia la encontrará en el sur del Estado, especialmente en la Gold Coast y en Miami *(ver pp. 94-95)*, aunque Sarasota y Tampa son también grandes centros culturales. Walt Disney World y Orlando poseen la mayor variedad de ocio para la familia; durante el día, los numerosos parques temáticos son la ilusión de los niños mientras que, por las noches, los adultos disfrutan de las cenas con espectáculo. En el noreste y el Panhandle, la oferta de ocio es más limitada y se centra fundamentalmente en localidades turísticas como Panama Beach City y en ciudades universitarias como Gainesville y Tallahassee. Esté donde esté, en ciudades con una zona de playa y otra urbana, como Fort Lauderdale, encontrará la vida nocturna más animada de la costa. En cuanto a las artes escénicas, la mayoría de los espectáculos de calidad tienen lugar entre octubre y abril.

Actriz del espectáculo Wild Bill's

Raymond F. Kravis Center for the Performing Arts, en West Palm Beach

## INFORMACIÓN

LA MAYORÍA de los periódicos regionales de Florida incluyen los fines de semana una sección de ocio que recoge todas las atracciones y espectáculos de la zona. Los Local Convention and Visitors' Bureaux y las cámaras de comercio también ofrecen folletos.

## RESERVAS

LA FORMA MÁS sencilla de comprar entradas para un concierto, obra de teatro o partido de fútbol es llamar a la correspondiente taquilla y pagar con tarjeta de crédito. No obstante, para algunos espectáculos es obligatorio hacer las reservas a través de **Ticketmaster**, una empresa de pago por teléfono que también tiene sucursales en establecimientos de música y tiendas-descuento. Ticketmaster cobra una comisión de entre dos y ocho dólares por entrada sobre el precio original.

## GRANDES SALAS Y ESTADIOS

EN LAS GRANDES salas de Florida se celebra todo un abanico de espectáculos, desde óperas hasta conciertos de rock, además de otros acontecimientos especiales como competiciones deportivas. En ellas es donde suelen actuar las principales compañías teatrales y artistas del país, aunque a veces también se pueden ver producciones locales.

Las principales salas de Florida son: el **Raymond F. Kravis Center for the Performing Arts** de Palm Beach, el **Broward Center for the Performing Arts** de West Palm Beach, el formidable **Tampa Bay Performing Arts Center** de Tampa y el **Van Wezel Performing Arts Hall** de Sarasota. Otros grandes escenarios de espectáculos son: en St. Petersburg, **Tropicana Field**, el único estadio cubierto de Florida, y, en Orlando, el **Florida Citrus Bowl**, un campo deportivo con capacidad para 70.000 espectadores, donde han actuado estrellas como Paul McCartney o George Michael. En el enorme **Gator Bowl** de Jacksonville también se celebran conciertos de rock.

## TEATRO

LAS PRODUCCIONES de mayor calidad que se pueden ver en Florida son las ofrecidas por las grandes compañías nacionales, a menudo procedentes de Broadway, en Nueva York, que hacen alarde de extravagantes decorados y un numeroso elenco. Pero Florida también posee algunas compañías teatrales, que interpretan sus funciones en salas más reducidas e íntimas como el **Saenger Theater** o el **Red Barn Theater** de Pensacola. El **Florida State University Center for the Performing Arts** es la sede de la compañía de teatro Asolo, de Sarasota. El edificio, otrora teatro de la ópera de Dunfermline (Escocia), fue traído a Sarasota en los años 80. En **Players of Sarasota** forjaron sus carreras famosos actores como Montgomery Clift. Su interpretación de musicales y obras teatrales suele recibir magníficas críticas.

Emblema del Saenger Theater de Pensacola

## MÚSICA CLÁSICA, ÓPERA Y DANZA

La mayoría de las grandes ciudades poseen su propia orquesta sinfónica. La **Florida Philharmonic Orchestra,** que actúa principalmente en Miami y las localidades de la Gold Coast, es la mejor del Estado, aunque la New World Symphony *(ver p. 94)* de Miami es más conocida en el ámbito internacional. Esté atento también a las funciones de la **Concert Association of Florida** (en Fort Lauderdale y Miami) y la Jacksonville Symphony Orchestra, que tiene su sede en el **Times-Union Center for the Performing Arts** de esa ciudad.

La mayor compañía operística del Estado es **Florida Grand Opera,** fruto de la fusión de las compañías de Miami y Fort Lauderdale en 1994, que pone en escena todos los años alrededor de cinco grandes producciones en los condados de Broward y Dade. La **Gold Coast Opera** ofrece ópera clásica en cuatro salas del sureste de Florida. Más íntima es la pequeña **Monticello Opera House,** donde se interpretan funciones entre septiembre y mayo.

La mejor compañía de ballet es Miami City Ballet *(ver p. 94),* cuyo coreógrafo, Edward Villela, fue un protegido del fallecido George Balanchine.

## CINE

Si es usted un cinéfilo, su sitio está en Nueva York o Los Ángeles, aunque Florida posee numerosos cines donde se proyectan los grandes éxitos de taquilla. El más famoso del Estado es el histórico **Tampa Theatre** *(ver p. 245),* sede de numerosos espectáculos que también proyecta películas, principalmente clásicas y extranjeras.

Esté atento también a los festivales de cine anuales: el de Sarasota se celebra en noviembre y el Miami International Film Festival, en febrero, en el Gusman Center for the Performing Arts *(ver p. 94).*

## CENAS CON ESPECTÁCULO

Las cenas con espectáculo son una forma de diversión familiar en Florida, sobre todo en Orlando *(ver p. 177).* Los comensales se sientan ante mesas compartidas para disfrutar de una copiosa cena, que normalmente va en sintonía con el espectáculo que se contempla. La participación del público es la tónica general.

Fuera de Orlando, las cenas con espectáculo son menos llamativas pero, aún así, ofrecen un amplio surtido de representaciones. El **Mystery Dinner Theater** de Clearwater Beach invita a los comensales a resolver un asesinato a medida que la obra se va desarrollando en el escenario, mientras que el **Mai Kai** de Fort Lauderdale, una sala polinesia de gran solera, entretiene al público con tragafuegos y bailarinas vestidas con faldas de cristal. El **Alhambra Dinner Theater** de Jacksonville pone en escena ambiciosos musicales de la escuela de Oklahoma y South Pacific.

Cantante del Carnaval Latino de Miami *(ver p. 32)*

## MÚSICA EN DIRECTO Y SALAS DE FIESTAS

Algunos de los locales más divertidos son salas de fiestas donde se baila al ritmo de la música en directo. En los *supper clubs* suelen actuar grupos musicales. El **Coliseum Ballroom,** una joya de estilo árabe de St. Petersburg, atrae a un numeroso público por sus bailes de salón y de tipo *country.* South Beach posee el mayor abanico de discotecas convencionales *(ver p. 95)* aunque en las grandes poblaciones turísticas también encontrará buenas salas de fiestas. El **Coliseum** de Daytona Beach ofrece magníficos espectáculos de láser, mientras que el **Baja Beach Club** de Fort Lauderdale y el **Club Carousel** de Jacksonville impresionan fundamentalmente por su tamaño. Observe que en las salas de fiestas deberá presentar un documento de identidad para demostrar que es mayor de 18 años o, en algunos casos, de 21.

Key West posee diversos locales de prolongada trayectoria, como el Hog's Breath Café *(ver p. 331),* e Ybor City también tiene una buena oferta, en la que **Jazz Cellar** destaca por su clientela de asiduos. La música *country* y *western,* por la que destaca el **Ocean Opry Theater** de Panama City Beach, también cuenta con una buena representación. Algunos de los bares mencionados en las páginas 330-331 ofrecen espectáculos en directo.

Cartel del Hog's Breath Café de Key West

Suntuoso interior del histórico cine Tampa Theater

Actuación callejera en Mallory Square al atardecer

## CRUCEROS

Florida es el principal punto de partida de los cruceros por el Caribe. Consulte en España los folletos de los mayoristas **Latitud 4, Central de Cruceros** y **Un Mundo de Cruceros**. También se pueden realizar viajes de un día o una tarde, cuyo precio mínimo ronda los 40 dólares.

Los cruceros vespertinos suelen constar de cena y baile, aunque algunos no son más que una excusa para el juego. **Europa SeaKruz,** que tiene barcos en Miami, Tampa y Fort Myers, y **Discovery Cruise Line,** que zarpa de Miami y Port Everglades, cuentan con casinos a bordo.

Si se contenta con una excursión más modesta, puede contratar embarcaciones de placer. El *Jungle Queen* de Fort Lauderdale (ver p. 131) y el *Star of Palm Beach* (ver p. 123) son barcos antiguos muy solicitados por los turistas. El *Rivership Romance* ofrece excursiones por el río St. Johns partiendo de Sanford (ver p. 206).

El *Rivership Romance* en el río St. Johns

## EL JUEGO

El juego es muy popular en los cruceros porque los casinos convencionales están prohibidos en Florida. Una vez que los barcos navegan por aguas internacionales, a unos 5 km de la costa, la legislación deja de ser aplicable. En tierra puede visitar uno de los **casinos de los indios seminolas,** de los cuales hay tres autorizados: uno en Hollywood (ver p. 133), otro en Immokalee, cerca de Naples, y un tercero en Tampa. En ellos se juega al póquer o a las máquinas tragaperras, aunque su principal actividad es el bingo.

## OCIO INFANTIL

La oferta de ocio infantil es magnífica en Florida. Los museos suelen tener exposiciones interactivas y en muchos zoos, así como en algunos parques, hay zonas donde los niños pueden disfrutar del contacto directo con los animales. Los más pequeños también se divierten en los parques acuáticos (ver p. 341) dispersos por todo el Estado.

Gracias a **Walt Disney World, Sea World** y los demás grandes atractivos de la zona, Orlando no carece de distracciones de carácter familiar. Averigüe qué espectáculo se celebra en el **Orlando Arena,** donde puede haber desde un circo hasta funciones de patinaje sobre hielo.

El ocio gratuito también es abundante. Los niños suelen disfrutar mucho con los actores callejeros de Mallory Square, en Key West, y con los festivales que se celebran durante todo el año (ver pp. 32-35).

## OCIO PARA HOMOSEXUALES

South Beach, en Miami, es célebre por su animado ambiente *gay* (ver p. 95), que cada vez atrae a más visitantes homosexuales tanto nacionales como extranjeros. Key West lleva muchos años siendo la meca de los *gays*, al igual que Fort Lauderdale, cuyo club **The Copa** es el punto de encuentro más concurrido. En Tampa, el ambiente homosexual está menos extendido, aunque en Ybor City abundan los locales *gays* como el merecidamente famoso **Mecca**.

Para más información, compre *The Out Pages,* una excelente guía que enumera los locales y negocios *gays* de Florida. También contienen información al respecto la edición sureña de las *Gay Yellow Pages* de EE UU y los libros publicados por **Damron Company**.

Celebración del Día del Orgullo *Gay* en Fort Lauderdale

## Información General

### Taquillas de Ticketmaster

**Centro de Florida**
📞 *(407) 839-3900.*

**Fort Lauderdale**
📞 *(954) 523-3309.*

**Fort Myers**
📞 *(941) 334-3309.*

**Miami**
📞 *(305) 358-5885.*

**Norte de Florida**
📞 *(904) 353-3309.*

**St Petersburg**
📞 *(813) 898-2100.*

**Tampa**
📞 *(813) 287-8844.*

**West Palm Beach**
📞 *(561) 966-3309.*

### Grandes Salas y Estadios

**Broward Center for the Performing Arts**
201 SW Fifth Ave,
Fort Lauderdale.
📞 *(954) 462-0222.*

**Florida Citrus Bowl**
1610 W Church St,
Downtown Orlando.
📞 *(407) 849-2020.*

**Gator Bowl**
1 Gator Bowl Blvd,
Jacksonville.
📞 *(904) 630-3900.*

**Raymond F Kravis Center for the Performing Arts**
701 Okeechobee Blvd,
West Palm Beach.
📞 *(561) 832-7469.*

**Tropicana Field**
1 Tropicana Drive,
St Petersburg.
📞 *(813) 825-3120.*

**Tampa Bay Performing Arts Center**
1010 N MacInnes Place,
Tampa.
📞 *(800) 955-1045.*

**Van Wezel Performing Arts Hall**
777 N Tamiami Trail,
Sarasota.
📞 *(941) 953-3366.*

## Teatro

**Florida State University Center for the Performing Arts**
5555 N Tamiami Trail,
Sarasota.
📞 *(941) 351-8000.*

**Players of Sarasota**
838 N Tamiami Trail,
Sarasota.
📞 *(941) 365-2494.*

**Red Barn Theater**
319 Duval St, Key West.
📞 *(305) 296-9911.*

**Saenger Theater**
118 S Palafox St,
Pensacola.
📞 *(904) 444-7686.*

## Música Clásica, Ópera y Danza

**Times-Union Center for the Performing Arts**
300 W Water St,
Jacksonville.
📞 *(904) 633-6110.*

**Concert Association of Florida**
555 17th St, Miami Beach.
📞 *(305) 532-3491.*

**Florida Grand Opera**
1200 Coral Way, Miami.
📞 *(305) 854-7890.*

**Florida Philharmonic Orchestra**
3401 NW 9th Ave,
Fort Lauderdale.
📞 *(954) 561-2997.*

**Gold Coast Opera**
1000 Coconut Creek Blvd,
Pompano Beach.
📞 *(954) 973-2323.*

**Monticello Opera House**
West Washington St,
Monticello.
📞 *(904) 997-4242.*

## Cine

**Tampa Theatre**
711 Franklin St,
Tampa.
📞 *(813) 274-8981.*

## Cenas con Espectáculo

**Alhambra Dinner Theater**
12000 Beach Blvd,
Jacksonville.
📞 *(904) 641-1212.*

**Mai Kai**
3599 N Federal Highway,
Fort Lauderdale.
📞 *(954) 563-3272 o (800) 262-4524.*

**Mystery Dinner Theater**
25 Belleview Blvd,
Clearwater Beach.
📞 *(813) 584-3490.*

## Música en Directo y Salas de Fiestas

**Baja Beach Club**
3200 N Federal Highway,
Fort Lauderdale.
📞 *(954) 561-2432.*

**Coliseum**
176 N Beach St,
Daytona Beach.
📞 *(904) 257-9982.*

**Coliseum Ballroom**
535 4th Ave North,
St Petersburg.
📞 *(813) 892-5202.*

**Club Carousel**
8550 Arlington Expressway,
Jacksonville.
📞 *(904) 725-2582.*

**Jazz Cellar**
1311 E 9th Ave,
Ybor City, Tampa.
📞 *(813) 248-1862.*

**Ocean Opry Theater**
8400 Front Beach Rd,
Panama City Beach.
📞 *(904) 234-5464.*

## Cruceros

**Discovery Cruise Line**
1850 Eller Drive,
Port Everglades,
Fort Lauderdale.
📞 *(954) 525-7800.*

**Europa SeaKruz**
Miami Beach Marina,
1280 5th Ave, Miami Beach.
📞 *(800) 688-7529 para información sobre los cruceros.*

**Rivership Romance**
433 N Palmetto Ave,
Sanford.
📞 *(407) 321-5091.*

**Starlite Princess Cruises**
Garrison Seaport Center,
651 Channelside Drive,
Tampa.
📞 *(813) 229-1200.*

**Star of Palm Beach**
900 E Blue Heron Blvd,
Singer Island.
📞 *(561) 848-7827.*

## El Juego

**Seminole Indian Casino**
5223 N Orient Rd,
I-4 salida 5, Tampa.
📞 *(800) 282-7016.*

**Seminole Indian Casino**
506 South 1st St,
Immokalee.
📞 *(800) 218-0007.*

## Ocio Infantil

**Orlando Arena**
600 W Amelia St,
Orlando.
📞 *(407) 849-2020.*

**Sea World**
7007 Sea World Drive,
Orlando.
📞 *(407) 363-2613.*

**Walt Disney World**
Guest Letters Dept,
PO Box 10040,
Lake Buesna Vista,
FL 32830-0040.
📞 *(407) 849-2020.*

## Ocio para Homosexuales

**The Copa**
624 SE 28th St,
Fort Lauderdale.
📞 *(954) 463-1507.*

**Damron Company**
PO Box 422458,
San Francisco, CA 94142.
📞 *(415) 255-0404.*

**Mecca**
2004 N 16th St,
Ybor City, Tampa.
📞 *(813) 248-3053.*

# Deportes y actividades al aire libre

**E**L CLIMA DE FLORIDA permite disfrutar del deporte y las actividades al aire libre durante todo el año, lo que convierte a este Estado en el destino perfecto para los entusiastas del golf, el tenis, el descenso en canoa y el submarinismo. Todos los deportes náuticos están bien representados en las maravillosas playas de las costas atlántica y del golfo de México. Florida también cuenta con unos cuatro millones de hectáreas de parques naturales que se pueden explorar a pie, a caballo, en bicicleta o en barco. Para quienes prefieran ver, la amplísima oferta de espectáculos deportivos de Florida aparece descrita en las páginas 30-31.

Campo de golf de Boca Ratón, en la Gold Coast

## INFORMACIÓN

**L**AS DOS MEJORES fuentes de información general son la **Florida Sports Foundation** y el **Department of Environmental Protection (DEP)**, que facilitan datos sobre la mayoría de las actividades realizadas al aire libre.

La *Florida Vacation Guide*, que se puede solicitar en las oficinas de turismo de Florida en el extranjero, también contiene direcciones útiles, y las oficinas de turismo de las diversas localidades facilitan información sobre sus respectivas zonas de influencia.

## GOLF

**S**US MÁS DE 1.100 campos públicos y privados convierten a Florida en el principal destino del país para la práctica de este deporte. Palm Beach posee tantos campos (150 en total) que hace gala de ser la "capital mundial del golf", aunque la mayor concentración se encuentra en Naples.

Los campos de Florida son, en general, llanos. Los más difíciles están en los complejos hoteleros de la costa, aunque en el interior, incluido Walt Disney World *(ver p. 162)*, también existen algunos recorridos.

En los folletos de **InterGolf** y **Viajes Hole in One** se recogen estancias para golfistas en muchos complejos turísticos –generalmente de alta categoría– de Florida.

El golf se practica durante todo el año, aunque la época de mayor actividad es el invierno. Si juega en verano, salga temprano para evitar las tormentas vespertinas. Los *green fees*, cuyo precio oscila entre 20 y más de 75 dólares por persona, son más caros durante la temporada alta invernal.

La guía *Fairways in the Sunshine*, publicada por la Florida Sports Foundation, cita todos los campos de golf públicos y privados del Estado.

## TENIS

**E**L TENIS, al igual que el golf, es muy popular en Florida. Muchos hoteles tienen pistas propias y algunos complejos hoteleros ofrecen paquetes turísticos en los que están incluidas las clases. La **United States Tennis Association (Florida Section)** puede facilitarle información sobre clubes y competiciones.

## BUCEO Y SUBMARINISMO

**F**LORIDA ES UN lugar formidable para la práctica del buceo y el submarinismo.

El único arrecife de coral del país bordea la costa suroriental del Estado, extendiéndose a lo largo de los cayos, donde la abundante variedad de corales y peces es magnífica *(ver pp. 178-189)*. El arrecife, que se encuentra a una distancia de 5-8 km de la costa, no reviste dificultades para los aficionados al buceo con tubo.

Los 4.000 puntos que existían en el Estado para practicar el buceo con botellas se han incrementado gracias al plan de arrecifes artificiales. Por todo Florida, desde Panama City Beach hasta Fort Lauderdale, se ha utilizado todo lo imaginable, desde tramos de puentes hasta cargueros, con el fin de crear un hábitat artificial para los corales y peces de colores. Los galeones españoles hundidos también son zonas fascinantes para el submarinismo, sobre todo en el sur de Florida.

Si no tiene el carné oficial de submarinista, tendrá que hacer un cursillo. La oferta de cursos oficiales NAUI y PADI está muy extendida, y los novatos pueden aprender

Un baño en las aguas dulces de Wakulla Springs, en el Panhandle

Alquiler de motos de agua y embarcaciones en el Panhandle

en tan sólo cuatro días por 300 o 400 dólares.

Para más información, consulte la *Florida Boating and Diving Guide* que publica la Florida Sports Foundation o llame a la **Florida Association of Dive Operators**.

## Natación y Deportes Náuticos

Muchos hoteles tienen piscina, pero lo formidable de Florida es la posibilidad de nadar en el mar o en los numerosos lagos, arroyos y ríos.

El Atlántico ofrece las mejores olas y las únicas zonas del Estado aptas para la práctica del surf, entre ellas Cocoa Beach *(ver p. 181)*. Para los niños es más apropiado el suave oleaje del golfo de México. La erosión costera hace que las playas surorientales sean en general algo estrechas, mientras que en los cayos hay pocas que sean de arena.

El acceso a las playas puede estar controlado: algunas forman parte de un parque natural, que normalmente cobra la entrada. A los hoteles les gusta dar la impresión de que su playa es privada, aunque no pueden impedir la afluencia de público. En temporada alta, las áreas más concurridas están vigiladas por socorristas.

Muchos parques del interior albergan zonas de baño de agua dulce, con pozas cristalinas originadas por manantiales, como es el caso del Blue Spring State Park *(ver p. 206)*. Otra posibilidad son los parques acuáticos dispersos por todo el Estado.

En los complejos hoteleros de Florida está representado todo el abanico de deportes náuticos, desde el windsurf hasta las motos acuáticas, mientras que del esquí náutico también se puede disfrutar en los lagos y canales del interior.

## Pesca

El litoral atlántico y el del golfo están salpicados de refugios de pescadores. En muchas localidades costeras es frecuente pescar en los muelles, aunque también alquilan barcos para salir a alta mar. Las mayores flotas se encuentran en el Panhandle, sobre todo en la zona de Fort Walton Beach y Destin, y en los cayos. Gracias a la corriente del golfo, las aguas de los cayos albergan la mayor variedad de especies del Estado *(ver p. 281)*. Las excursiones organizadas son una opción perfecta para los novatos. Si desea llevarse a casa su captura, puede pedir que se la disequen. Las tiendas de aparejos y cebos le proporcionarán los nombres de los taxidermistas que hay en la zona.

Florida alberga miles de lagos, ríos y canales aptos para la pesca de agua dulce. En los ríos más largos, como el St. Johns, y en áreas como el lago Okeechobee *(ver p. 124)*, se puede alquilar una embarcación y contratar un guía. La pesca también está permitida en muchos parques naturales. En las zonas rurales, los campamentos ofrecen un alojamiento sencillo y cubren las necesidades básicas, aunque algunos sólo abren durante la temporada estival.

Para practicar este deporte tanto en el mar como en las aguas del interior se requiere un permiso cuyo precio oscila entre los 12 y los 30 dólares. El *Fishing Handbook* (Manual de pesca) que publica la **Florida Game and Fresh Water Fish Commission** contiene información sobre los cotos y los permisos. Además detalla las fechas y costes de inscripción, así como las normas y los premios de los concursos de pesca de Florida; uno de los más famosos es el Fishing Rodeo de Destin *(ver p. 34)*.

Si desea más información, puede recurrir al Department of Environmental Protection, que publica un útil folleto, *Fishing Lines*, dirigido fundamentalmente a los pescadores de agua salada.

Cartel de pesca deportiva de Destin

Los pelícanos observan a los pescadores en un muelle de Cedar Key

La Intracoastal Waterway en Boca Ratón, en la Gold Coast

## NÁUTICA

Los canales de Florida atraen a embarcaciones de toda índole, desde yates hasta esquifes de madera. Los más de 12.000 km de litoral y los 11.600 km² de aguas interiores convierten a este Estado en un paraíso de los amantes de la navegación. En Florida es tan normal tener barco como poseer coche: el Estado tiene inscritas más de 700.000 embarcaciones, sin contar con las 300.000 que llegan todos los años de otros lugares.

La Intracoastal Waterway, que se extiende por la costa oriental a lo largo de 800 km hasta el extremo más meridional de los cayos *(ver pp. 20-21)*, es una frecuentada vía de navegación. Protegida del océano Atlántico por las islas del cordón litoral, la ruta discurre por ríos, riachuelos y canales dragados. En cuanto a la costa occidental, la zona más interesante para navegar es el punto en que la Intracoastal Waterway reaparece entre las islas de la Lee Island Coast *(ver pp. 264-265)*.

La Okeechobee Waterway, que cruza transversalmente la península de Florida a lo largo de 217 km, es otra concurrida vía de navegación, sobre todo en verano. Partiendo de Stuart, recorre el canal St. Lucie, atraviesa el lago Okeechobee y llega hasta Sanibel Island a través del río Caloosahatchee.

Estos canales interiores, al igual que ocurre con muchos de los 166 ríos del Estado, son aptos para pequeñas embarcaciones o casas flotantes, muchas de las cuales cuentan con todas las comodidades, como aire acondicionado, microondas e, incluso, televisión. Las casas flotantes se pueden alquilar en diversos puertos como el de Sanford, en el río St. Johns *(ver p. 206)*.

Florida cuenta con 1.250 puertos deportivos. Los de la costa suelen ofrecer unos servicios excelentes. Consulte el folleto *Florida Boating and Diving*, publicado por la **Florida Sports Foundation.**

## EXCURSIONES POR LA NATURALEZA

Las zonas protegidas de Florida van desde concurridas playas hasta lugares mucho más agrestes como los Everglades. Sus instalaciones y servicios también varían mucho, si bien la mayoría de los parques albergan un centro de atención al visitante donde se facilitan mapas e información. Algunos también organizan excursiones dirigidas por un guardabosques. La mejor época para explorar la naturaleza es el invierno, una vez desaparecidas las lluvias y los mosquitos estivales.

En el Estado existen más de 110 zonas protegidas, clasificadas como State Parks (parques estatales), State Recreation Areas (zonas estatales de esparcimiento) y State Preserves (reservas estatales). Todas ellas cobran entrada y suelen abrir desde las 8.00 de la mañana hasta que cae la noche. El Department of Environmental Protection (DEP) publica una guía gratuita, *Florida State Parks*, que enumera todos los parques y sus instalaciones.

La información sobre los parques nacionales puede solicitarse al **National Park Service** de Georgia. Otros son privados, incluidos los dirigidos por la **Florida Audubon Society.** La guía *Florida Trails*, publicada por la oficina de turismo nacional *(ver p. 347)*, recoge una relación completa de los parques privados, estatales y nacionales. Como resultado del plan Florida Rails-to-Trails, las antiguas vías férreas han sido convertidas en senderos que se pueden recorrer a pie, en bicicleta, patinando o a caballo. Los mejores son el Tallahassee-St. Marks Historic Railroad State Trail (26 km), situado al sur de Tallahassee, y el Gainesville-Hawthorne State Trail *(ver p. 209)*, en el noreste. La Office of Greenways and Trails del DEP dispone de información sobre éstos y otros senderos.

**Florida Outback Safaris** ofrece excursiones por todo el Estado, incluidos los Everglades y los cayos.

Parques estatales de Florida

**Sendero de madera del Everglades National Park**

## Ciclismo

En Florida hay muchísimo espacio donde pedalear, tanto en carretera como a campo traviesa. A ello contribuye que el terreno sea plano, lo que para los ciclistas más aguerridos puede resultar algo monótono. La ondulada campiña del Panhandle es la zona más agradecida de explorar en bicicleta, mientras que el noreste cuenta también con buenos senderos, como los de Paynes Prairie *(ver p. 209)*.

La **State Bicycle Office** o el Department of Environmental Protection le facilitarán cuanta información precise.

## Senderismo

Puede que Florida no parezca un lugar ideal para el senderismo, pero la variedad de hábitats rompe la monotonía de la llanura del paisaje. La mayoría de los parques estatales tienen sendas que recorrer y, en la actualidad, existe el proyecto de crear el National Scenic Trail, una ruta que partirá de la Big Cypress National Preserve *(ver p. 270)*, en el sur de Florida, para terminar junto a Pensacola. Hasta ahora están terminados 880 km de los 2.080 previstos.

Infórmese en la **Florida Trail Association.**

## Excursiones en Canoa

El Florida canoe Trail System está compuesto por 36 rutas que recorren arroyos y ríos durante 1.520 km. Muchos parques son famosos por sus itinerarios de canoas, entre los que destacan los 160 km de la Wilderness Waterway, en el Everglades National Park *(ver pp. 272-277)*. Algunos de los mejores ríos, como el Blackwater *(ver p. 220)*, se encuentran en el norte, aunque el Hillsborough, en la costa del golfo, también es muy visitado *(ver pp. 249)*. Antes de partir compruebe siempre el nivel del agua, puesto que tanto un exceso como un defecto de nivel pueden resultar peligrosos.

**Canoas en el Blackwater River State Park**

**Paseo a caballo por la campiña próxima a Ocala**

## Rutas a Caballo

El ocala national forest, situado en el noreste *(ver p. 207)*, cuenta con más de 160 km de sendas apropiadas para los caballos. En Florida hay además 15 parques con senderos hípicos, como Myakka River *(ver p. 260)*, Jonathan Dickinson *(ver p. 113)* y las Florida Caverns *(ver p. 225)*; alrededor de la mitad de ellos disponen de instalaciones para pernoctar. Infórmese con la ayuda del *Florida Horse Trail Directory*, publicado por el **Department of Agriculture and Consumer Services,** o en el Department of Environmental Protection.

---

## Información General

### Fuentes de Información

**Department of Environmental Protection (DEP)**
3900 Commonwealth Blvd, Tallahassee, FL 32399.
(904) 488-3701.

**Florida Sports Foundation**
1319 Thomaswood Drive, Tallahassee, FL 32312.
(904) 488-8347.

### Golf

**InterGolf**
Fernández de los Ríos, 95, 28015 Madrid,
91 549 78 50.

**Hole in One**
Cistóbal Bordiú, 35, 4ª, 28003 Madrid,
902 36 36 72.

### Tenis

**United States Tennis Association (Florida Section)**
1280 SW 36th Ave, Pompano Beach, FL 33069.
(954) 968-3434.

### Buceo y Submarinismo

**Florida Association of Dive Operators**
PO Box 12393, Tallahassee, FL 32317.
(904) 552-1063.

### Pesca

**Florida Game and Fresh Water Fish Commission**
620 S Meridian St, Tallahassee, FL 32399.
(904) 488-6411.

### Excursiones por la Naturaleza

**Florida Audubon Society**
1331 Palmetto, Suite 110, Winter Park, FL 32789.
(407) 539-5700.

**Florida Outback Safaris**
17490 SW 58th St, Fort Lauderdale, FL 33331.
(954) 680-4009.

**National Park Service (Sureste)**
100 Alabama St SW, Atlanta, GA 30303.
(404) 562-3123.

### Ciclismo

**State Bicycle Office**
Dept of Transportation, 605 Suwannee St, Tallahassee, FL 32399.
(904) 487-1200.

### Senderismo

**Florida Trail Association**
PO Box 13708, Gainesville, FL 32604.
(352) 378-8823 o (800) 343-1882.

### Rutas a Caballo

**Department of Agriculture and Consumer Services**
Room 416, Mayo Building, Tallahassee, FL 32399.
(904) 488-5100.

# Manual de Supervivencia

Información Práctica 346-353
Llegada y Desplazamientos 354-363

# Información Práctica

Florida está perfectamente preparada para atender las necesidades de sus más de 40 millones de visitantes anuales. Se cuida muchísimo el ocio infantil, y las magníficas instalaciones hacen que viajar con los más pequeños sea todo un placer. La única queja que puede tener un niño es que la cola para ver a Mickey Mouse sea excesivamente larga o que el sol queme demasiado. Lo templado del clima hace que la mayoría de los norteamericanos consideren Florida un destino vacacional de invierno. En la temporada alta, de diciembre a abril, se disparan las tarifas de vuelos y hoteles, y se abarrotan las playas y los principales centros turísticos. Todo aquel que visite Walt Disney World y los demás parques temáticos en temporada alta debe estar preparado para guardar largas colas.

Sello del Estado de Florida

**Oficina de turismo junto a la carretera, en Kissimmee**

## Documentación

Los españoles y argentinos no necesitan visado siempre y cuando dispongan de billete de avión de regreso y no vayan a permanecer en EE UU durante más de 90 días. Bastará con que cumplimenten el impreso *visa waiver* que le facilitarán las azafatas antes del vuelo o durante el mismo.

Para obtener un visado que posibilite una estancia mayor de 90 días se exige el pasaporte, una fotografía, rellenar la solicitud y pagar 3.000 pesetas. Se puede tramitar personalmente en la Embajada de EE UU en Madrid; por correo, adjuntando la fotocopia del resguardo del giro, o mediante su agencia de viajes.

## Franquicias Aduaneras

Para los viajeros mayores de 21 años que entran en EE UU, las franquicias aduaneras son: 1 litro de alcohol, obsequios por un valor máximo de 100 dólares y 200 cigarrillos, 100 puros (siempre que no sean cubanos) o 1,4 kg de tabaco. No se permite la entrada de queso, fruta fresca, productos cárnicos ni, por supuesto, drogas.

## Información Turística

La mayoría de las grandes ciudades de Florida cuentan con un Convention and Visitors Bureau (CVB), donde le facilitarán un sinfín de folletos gratuitos. En las localidades pequeñas, puede acudir a las cámaras de comercio, aunque están orientadas principalmente a las empresas.

Si desea informarse antes de emprender su viaje, telefonee o escriba a Florida Tourism Corporation en EE UU, organismo que le proporcionará una relación de todas las oficinas de turismo del Estado, con las cuales se podrá poner en contacto directo. En España no hay ninguna oficina de turismo estadounidense.

## Precios de las Entradas

Los museos, parques y demás lugares de interés cobran entrada. Su precio varía mucho, desde los dos dólares de un museo pequeño hasta los más de 40 dólares que cuestan los abonos de un día en Walt Disney World.

A los niños, los estudiantes y las personas mayores se les realiza un descuento, mientras que los cupones de los folletos que facilitan las oficinas de turismo pueden ser utilizados por cualquier persona y sirven para conseguir una reducción en el precio de las entradas. Con los que facilita el centro de información situado en International Drive, cerca de Orlando *(ver p. 176)*, se ahorrará muchísimo dinero.

## Horarios

Algunos lugares cierran una vez a la semana, normalmente los lunes, aunque la mayoría abre todos los días. Los parques estatales permanecen abiertos desde el amanecer hasta el anochecer y los temáticos amplían sus horarios en temporada alta. La mayor parte de los lugares de interés cierra los días festivos: Año Nuevo, Día de Acción de Gracias y Navidad *(ver p. 35)*.

## Viajar con Niños

Al ser un destino eminentemente familiar, Florida presta gran atención a las necesidades de los más pequeños. En los grandes parques temáticos alquilan sillitas

**Niño sentado en una sillita con forma de delfín, en Sea World**

*(strollers)*; las compañías de alquiler de coches están obligadas a facilitar un asiento infantil homologado, y muchos restaurantes ofrecen menús especiales *(ver p. 313)*. En los aviones, autobuses y trenes, los menores de 12 años pagan sólo la mitad de la tarifa ordinaria, e incluso menos si son muy pequeños.

Si viaja con niños, su principal preocupación debe ser el sol. A mediodía, tan sólo unos minutos pueden bastar para quemar la piel de los más jóvenes; apliqueles una crema protectora y obligueles a llevar sombrero.

Los parques temáticos de Florida son enormes, por lo que conviene fijar un lugar de encuentro en caso de que alguien se pierda.

La página 295 contiene información sobre los servicios hoteleros para niños y la 338, sobre el ocio infantil.

**Acceso para sillas de ruedas**

## TERCERA EDAD

Florida es la meca de la tercera edad, tanto para las personas que hacen turismo como para las que viven allí. Los mayores de 65 años (o menos en algunos casos) disfrutan de toda clase de descuentos en las atracciones turísticas, hoteles, restaurantes y transportes públicos.

## COSTUMBRES

En Florida se suele vestir informalmente, salvo en algunos restaurantes muy exclusivos *(ver p. 312)*. En los bares de la costa aceptan los pantalones cortos y las camisetas. En las playas está prohibido beber alcohol y hacer *top less*, excepto en algunas como South Beach, en Miami.

No se puede fumar en los autobuses, trenes, taxis ni en los edificios públicos; en los restaurantes y cafés hay zonas de fumadores y no fumadores.

Salvo que cobren el servicio, en los restaurantes se deja una propina de entre el 15% y el 20% del importe de la cuenta. Los taxistas esperan una gratificación similar. En cuanto a los botones de los hoteles, lo normal es darles un dólar por bulto.

## VIAJEROS DISCAPACITADOS

Estados Unidos va por delante de otros países en lo que respecta a la ayuda a los discapacitados. La legislación exige que todos los edificios públicos tengan accesos para sillas de ruedas. En esta guía se indica si los diversos lugares cuentan con las instalaciones adecuadas, pero conviene llamar para pedir más información. En los parques naturales, algunos senderos de madera admiten el paso de sillas de ruedas, aunque otras zonas resultan más inaccesibles.

Hay compañías de alquiler que disponen de automóviles especiales para minusválidos, y algunos autobuses tienen acceso para sillas de ruedas: busque la correspondiente pegatina en el parabrisas o junto a la puerta de entrada.

**Mobility International** ofrece consejos generales para viajeros discapacitados. La Florida Tourism Corporation publica una guía de servicios y Walt Disney World edita también su propio manual.

## APARATOS ELÉCTRICOS

Para utilizar la corriente eléctrica, de 110-120 voltios, necesitará un transformador, además de un adaptador. Con todo, muchos hoteles disponen de enchufes que admiten maquinillas eléctricas de 110 y 220 voltios y, a menudo, sus habitaciones están equipadas con secador de pelo.

---

## INFORMACIÓN GENERAL

### REPRESENTACIONES DIPLOMÁTICAS

**Embajada de EE UU**
Serrano, 75, 28006 Madrid.
℡ 91 577 40 00.
**Consultas sobre visados**
℡ 91 587 22 48
*(lu-vi, 15.00-17.00).*
**Asesoría Académica de la Comisión de Intercambio Cultural entre España y EE UU**
℡ 91 319 11 26
*(lu-ju, 10.30-14.00).*
**Consulado en Barcelona**
Paseo Reina Elisenda de Montcada, 23, 0834 Barcelona.
℡ 93 280 22 27.
**Consulado español en Florida**
2655, Le Jeune, Suite 203, Coral Gables, Miami-Fla. 33134.
℡ (305) 446-5511.
**Embajada de España**
2375 Pennsylvania Avenue, Washington, C.C. 20037.
℡ (202) 728-2330.

### OFICINAS DE TURISMO

**Florida**
PO Box 1100,
Tallahassee, FL 32302-1100.
℡ (904) 487-1462.

### VIAJEROS DISCAPACITADOS

**Mobility International**
PO Box 10767,
Eugene, OR 97440.
℡ (541) 343-1284.

**En el Columbia Restaurant de Tampa los clientes visten ropa informal**

# Seguridad personal y salud

La policía reaccionó con rapidez ante la publicidad dada a algunos asaltos a turistas acaecidos a principios de los años 90. Las autoridades aprobaron más medidas de protección y sacaron a la luz una serie de directrices y consejos de seguridad para los visitantes. Desde entonces, los delitos han disminuido, aunque Miami es una de las ciudades con mayor índice de delincuencia del país. En las zonas urbanas, y también en carretera, conviene adoptar ciertas precauciones para evitar percances.

Agentes de policía patrullan por St. Augustine al estilo de Florida

## Seguridad Ciudadana

Tres organismos se encargan de la seguridad: la policía municipal; los *sheriffs* (en las zonas rurales) y la Florida Highway Patrol, que se ocupa de los accidentes de tráfico y de los delitos cometidos fuera de las ciudades. La mayoría de las localidades turísticas posee un cuerpo de policía suficientemente numeroso, mientras que Miami y Orlando cuentan, además, con la Policía de Protección al Turista (TOP) recién creada.

## Seguridad Personal

La mayoría de las ciudades de Florida, al igual que ocurre en el resto del mundo, tienen zonas peligrosas que conviene evitar. Los empleados de las oficinas de turismo o de los hoteles pueden facilitarle información al respecto. Los centros urbanos no son como los habituales en otras ciudades: se trata fundamentalmente de zonas de oficinas que por la noche están desiertas y, con frecuencia, resultan poco seguras.

Guarde los objetos de valor en la caja fuerte de su habitación, o bien deposítelos en recepción: muy pocos alojamientos garantizan la seguridad de las pertenencias guardadas en las habitaciones. Si alguien llama a su puerta alegando ser un empleado del hotel, quizás sea conveniente preguntar en recepción antes de abrir.

Cuando salga, lleve la menor cantidad de dinero posible, guarde el pasaporte separado de los cheques de viaje y deje siempre la llave de la habitación en la recepción del hotel. Si tiene la desgracia de que le atraquen, no oponga resistencia.

## La Seguridad en Miami

Aunque los turistas rara vez son las víctimas, Miami posee uno de los índices delictivos más altos de EE UU. Hay que evitar algunos barrios a toda costa, como Liberty City y Overtown, ambos situados entre el aeropuerto y el centro urbano. Más al norte, en Little Haiti y Opa-Locka, aunque interesantes de visitar, conviene actuar con cautela *(ver pp. 87-89)*. Por las noches evite las zonas desiertas, incluidas las estaciones de trenes y autocares, y el centro urbano o *downtown*. Los lugares más seguros para salir por la noche son los de mayor animación, como Coconut Grove y South Beach, pero ni siquiera en ellos debe aventurarse por las calles secundarias (como el sur de la calle 5, en South Beach).

Además de las habituales patrullas policiales, la Policía de Protección al Turista de Miami cubre con atención la zona que rodea al aeropuerto, especialmente los alrededores de las compañías de alquiler de coches. Los empleados de éstas deben aconsejar a los conductores cuál es el mejor itinerario para llegar a la ciudad. En la página 358 figuran las precauciones que deben adoptar los conductores.

En caso de emergencia, llame al 911 y, si la ayuda que necesita no es inmediata, al **Metro-Dade Police Information**.

## Objetos Perdidos

Aun cuando las probabilidades de recuperar los objetos robados son mínimas, debe notificarlo a la policía. Guarde una copia de la denuncia para poder reclamar a su compañía de seguros.

La mayoría de las tarjetas de crédito disponen de un número de teléfono gratuito donde denunciar los extravíos, y lo mismo ocurre con los cheques de viaje de American Express y Thomas Cook. Si pierde el pasaporte, póngase en contacto con su embajada o consulado sin dilación *(ver p. 347)*.

## Seguros de Viaje

Es aconsejable contratar un seguro de viaje por un valor mínimo de un millón de dólares. Cerciórese de que la póliza cubra la muerte por accidente, la atención médica de urgencia, la cancelación del viaje y la pérdida del equipaje o la documentación. Aunque su compañía o agente de seguros habitual puede recomendarle una póliza adecuada, conviene preguntar en diversos lugares para contratar la oferta más ventajosa.

*Sheriff* rural, con el uniforme reglamentario, ante su coche-patrulla

# INFORMACIÓN PRÁCTICA

Ambulancia

Coche de bomberos de Orange County

## ATENCIÓN MÉDICA

LAS GRANDES ciudades de Florida y algunas localidades pequeñas disponen de ambulatorios médicos y dentales abiertos las 24 horas. Si la molestia no es muy grave, debería bastar con un *drugstore* (muchos de los cuales permanecen abiertos todo el día).

Los hospitales prestan asistencia de gran calidad. Las historias de médicos que hacen esperar a las víctimas de accidentes mientras regatean el coste de la consulta son, en su mayoría, falsas; con todo, proteja su póliza de seguro como si le fuera la vida en ello. Nada es gratis: una sencilla visita al doctor le puede costar cerca de 50 dólares. Los hospitales aceptan casi todas las tarjetas de crédito, pero los médicos y dentistas normalmente prefieren que se les pague en efectivo. Si no dispone de un seguro, puede que tenga que pagar por adelantado.

En caso de que le hayan recetado algún medicamento, pídale a su médico que le facilite una copia con el nombre genérico del producto por si necesitara comprar más.

## PELIGROS DE LA NATURALEZA

LOS HURACANES, aunque infrecuentes, son devastadores *(ver pp. 24-25)*. Siga siempre los procedimientos de urgencia que difunden las emisoras de radio y televisión. Si desea informarse sobre un huracán inminente, puede llamar al **National Hurricane Center**, o bien a la línea abierta Hurricane Hotline. El peligro meteorológico que afecta a la mayoría de los turistas es el sol. Utilice una crema protectora de factor alto y cúbrase con un sombrero. Recuerde que el calor es un enemigo tan peligroso como el sol: beba mucho líquido para evitar la deshidratación.

Puede que Florida sea famosa por sus atracciones de creación humana, pero hay lugares donde la naturaleza continúa siendo indómita. Aunque los Everglades encierran un mayor peligro potencial que otras zonas, debe mantenerse alerta en todos los lugares. Los caimanes constituyen una estampa increíble, pero pueden atacar, así que trátelos con respeto. Cuídese también de las diversas serpientes venenosas de Florida. Es mejor no tocar la vegetación desconocida y apartarse de los líquenes que cuelgan de muchos árboles en el norte del Estado: a veces albergan unos ácaros que producen una incómoda irritación en la piel.

Las picaduras de insectos, incluidos los mosquitos, son tremendamente molestas entre junio y noviembre, sobre todo en las zonas húmedas del interior.

Las visitas a parques y reservas naturales pueden resultar incómodas si no lleva repelente de insectos.

Las playas de Florida suelen estar vigiladas por socorristas; aun así, no pierda de vista a los niños pequeños. En algunos lugares la resaca resulta peligrosa.

Presencia de caimanes

Socorrista vigilando una playa del Panhandle

---

## INFORMACIÓN GENERAL

### PÉRDIDA DE TARJETAS DE CRÉDITO Y CHEQUES DE VIAJE

**American Express**
(800) 528-4800 *(tarjetas)*.
(800) 221-7282 *(cheques)*.

**Diners Club**
(800) 234-6377.

**MasterCard**
(800) 826-2181.

**Thomas Cook**
(800) 223-7373 *(cheques)*.

**VISA**
(800) 336-8472.

### OTROS NÚMEROS DE URGENCIA

**Todas la emergencias**
911 para llamar a la policía, los bomberos o una ambulancia.

**Metro-Dade Police Information**
(305) 595-6263.

**Moneygram**
(800) 926-9400.

**National Hurricane Center**
(305) 229-4483 mensaje grabado con detalles sobre huracanes.

## URGENCIAS

PARA EMERGENCIAS que requieran la presencia de la policía, una ambulancia o los bomberos, llame al 911. La llamada es gratuita desde las cabinas públicas, y en las autopistas hay un teléfono cada kilómetro aproximadamente. Si le roban en la calle, acuda a la comisaría más próxima o llame al 911.

En caso de que necesite dinero urgentemente, pida a alguien que le haga una transferencia desde su banco hasta una entidad de Florida, o bien utilice el servicio **Moneygram**, una opción más cómoda ofrecida por American Express.

# Bancos y moneda

DADA LA IMPORTANCIA del dólar en el mundo, no es de extrañar que en EE UU no se preocupen excesivamente por cubrir las necesidades de los turistas extranjeros. Apenas hay oficinas de cambio de divisas y los tipos de cambio suelen ser peores que en el extranjero. Lo mejor es llevar un buen número de cheques de viaje en dólares y, si es posible, una o dos tarjetas de crédito.

## BANCOS

LOS BANCOS suelen abrir de 9.00 a 15.00 o 16.00 de lunes a viernes, aunque algunos tienen un horario más amplio. **Barnett Bank,** una de las principales entidades de Florida, ofrece cambio de divisas en todos sus establecimientos. En Miami tienen sucursales **Argentaria, Banco Bilbao Vizcaya, Banco Central Hispanoamericano** y **Banco de Santander.**

## CHEQUES DE VIAJE

LOS CHEQUES DE viaje son la mejor manera de llevar dinero encima, tanto por comodidad de uso como por seguridad (los extraviados o sustraídos son reembolsados). En muchas ocasiones se pueden utilizar como si fueran dinero en efectivo; los más generalizados son los de American Express y Thomas Cook. El cambio se lo facilitarán en metálico: en caso de que el cheque sea por un importe elevado, no lo firme hasta haber preguntado al dependiente si dispone de cambio.

Si desea canjearlos por dinero, acuda a un banco o una oficina de cambio. Infórmese de las comisiones antes de realizar la operación. Todas las entidades bancarias hacen efectivos los cheques de viaje en dólares, pero los mejores tipos de cambio los fijan los grandes bancos urbanos o las oficinas de cambio privadas. Estas últimas no son habituales, aunque **American Express** y **Thomas Cook** tienen delegaciones en Miami, Orlando y muchas ciudades del Estado.

Los cheques de viaje en otras monedas no le servirán en las tiendas, y únicamente algunos bancos y hoteles se los canjearán. Los expedidos por bancos extranjeros, como los Eurocheques, no le servirán en Florida.

## CAJEROS AUTOMÁTICOS

LA MAYORÍA DE LOS bancos de Florida disponen de un cajero automático en el interior o en la fachada. De ellos podrá retirar billetes, normalmente de 20 dólares, con cargo a su cuenta bancaria.

Antes de salir de viaje, pregunte en su entidad qué red de cajeros aceptan su tarjeta de crédito, e infórmese del coste de cada operación. No olvide tampoco aprenderse su código secreto.

Las redes más extendidas

**Cajero automático**

son **Plus** y **Cirrus,** que aceptan VISA y MasterCard, además de diversas tarjetas de bancos estadounidenses.

Los cajeros le facilitarán dinero las 24 horas, pero tome precauciones si los utiliza en zonas poco concurridas, especialmente por la noche.

## TARJETAS DE CRÉDITO

LAS TARJETAS de crédito son tan habituales en la vida diaria de Florida como en el resto del país: todo aquél que no lleve una puede sentirse como un proscrito de la sociedad. Las más aceptadas son VISA, American Express, MasterCard, Diners Club y Japanese Credit Bureau.

Con las tarjetas, que le evitan tener que llevar encima grandes cantidades de dinero, se puede pagar todo, desde entradas para cualquier espectáculo hasta la cuenta del hotel. Las compañías de alquiler de coches también tienen la costumbre de pedirlas por motivos de seguridad; a veces, la única alternativa es pagar una elevada fianza en efectivo. Algunos hoteles adoptan esa misma práctica: por una noche de alojamiento pueden cargar una cantidad de hasta 200 o 300 dólares, que le será reintegrada automáticamente cuando liquide la cuenta, aunque no está de más recordárselo al recepcionista.

Las tarjetas de crédito resultan útiles en caso de urgencia: los hospitales aceptan casi todas. Con MasterCard y VISA puede retirar dinero en algunos bancos, además de hacerlo en los cajeros.

**Uno de los muchos bancos con acceso desde el automóvil**

## Monedas

*Las monedas de EE UU, que aquí se muestran a tamaño real, son de 1, 5, 10 y 25 centavos. Aunque también las hay de 50 centavos y un dólar, no son frecuentes. Cada una de ellas responde a un nombre popular: las de 1 centavo, de color cobre, se llaman* pennies; *las de 5,* nickels; *las de 10,* dimes, *y las de 25,* quarters. *Si alguien le dice* two bits *se refiere a un* quarter.

25 centavos
*(quarter)*

### INFORMACIÓN GENERAL

**Barnett Bank**
(800) 553-9026.
**American Express**
330 Biscayne Blvd, Miami.
(305) 358-7350.
SunTrust Center, 2 W Church St, Orlando.
(407) 843-0004.
**Thomas Cook**
80 N Biscayne Blvd, Miami.
(305) 381-9260.
55 W Church St, Orlando.
(407) 481-8238.
**Cirrus**
(800) 424-7787.
**Plus**
(800) 843-7587.

10 centavos
*(dime)*

5 centavos
*(nickel)*

un centavo
*(penny)*

## Billetes

*El dólar, o* buck *en la jerga popular, se compone de 100 centavos. Los billetes son de 1, 2, 5, 10, 20, 50 y 100 dólares. A simple vista, todos se parecen, así que asegúrese de la cantidad. Conviene llevar billetes pequeños para las propinas, y monedas para el teléfono o los parquímetros.*

El águila de cabeza blanca
en un billete de un dólar

1 dólar

5 dólares

20 dólares

50 dólares

100 dólares

# Comunicaciones

**Sello de EE UU**

Las comunicaciones dentro y fuera de Florida, ya sean por correo o por teléfono, no suelen causar problemas, lo que no quiere decir que el sistema postal de Estados Unidos sea el más rápido del mundo (al menos en lo que se refiere al correo nacional). En el campo de las telecomunicaciones, la competencia es mayor: Southern Bell es la compañía encargada de la mayoría de los teléfonos públicos aunque además existen otras empresas, por lo que merece la pena comparar los precios. Evite llamar desde la habitación del hotel, pues las tarifas suelen ser exorbitantes.

## Cómo Utilizar un Teléfono Público

**1** Levante el auricular y espere la señal de llamar.

**2** Introduzca las monedas necesarias.

**3** Marque el número.

**4** Si desiste de llamar o no se establece la conexión, puede recuperar su dinero tirando de la palanca de devolución de monedas.

**5** Una vez establecida la comunicación, si la llamada dura más del tiempo permitido, la operadora le interrumpirá para pedirle que deposite más monedas. Los teléfonos públicos no devuelven cambio.

**Monedas**
*Monedas aceptadas por los teléfonos públicos.*

5 centavos

10 centavos

25 centavos

### Prefijos Telefónicos

- Llamadas nacionales: marque el **1** seguido del prefijo del Estado y el número de 7 dígitos. Puesto que los prefijos de 3 dígitos abarcan grandes zonas, para algunas llamadas locales es preciso marcar también el **1**.
- Llamadas internacionales: marque el **011**, el prefijo del país (España, 34) y el número del abonado.
- Llamadas internacionales a través de operadora: **01**.
- Información telefónica internacional: marque el **00**.
- Llamadas nacionales a través de operadora: marque el **0**.
- Información sobre números locales: marque el **411**.
- Información de otros estados: marque el **1**, el prefijo correspondiente y el **555-1212**.
- Los prefijos **800** y **888** indican que la llamada es gratuita.
- **España Directo: ATT,** 180 02 47 72 46; **MCI,** 180 09 37 72 62; **SPRINT,** 180 06 76 40 03.

## Teléfonos Públicos

Los teléfonos públicos están presentes en todas las ciudades; en el resto de las zonas, los encontrará sobre todo en gasolineras y tiendas. Normalmente sólo admiten monedas. Para llamar al extranjero necesitará, como mínimo, disponer de 8 dólares en *quarters*. No obstante, cada vez hay más cabinas que aceptan tarjetas. Para conectar con el número deseado hay que llamar primero a uno gratuito.

Otra posibilidad es utilizar la tarjeta de crédito: basta con marcar (800) CALLATT, teclear el número de la tarjeta y esperar la señal.

Casi todas las cabinas públicas disponen de guías que indican las tarifas telefónicas.

**Tarjetas telefónicas aceptadas en teléfonos públicos**

## Tarifas Telefónicas

Merece la pena hacer uso de los números gratuitos (que llevan el prefijo 800 o 888), muy frecuentes en EE UU, aunque algunos hoteles cobran una tarifa de conexión.

En las llamadas locales realizadas desde un teléfono público, la tarifa mínima de 25 centavos le permitirá hablar durante unos tres minutos. En cuanto a las conferencias nacionales, el precio más barato (un 60% inferior al ordinario) rige de 23.00 a 8.00 los días laborables y los fines de semana (excepto de 17.00 a 23.00 los domingos). Estos descuentos también se aplican a las llamadas a Canadá, pero a partir de una hora más tarde.

La mayoría de las llamadas se pueden realizar sin la intervención de una operadora. Mediante el servicio **España Directo** es posible comunicar con España desde cualquier teléfono público o privado de EE UU a cobro revertido y sin ningún problema de idioma. La tarifa aplicable es independiente de la hora y es más barata que el sistema de cobro revertido a través de operadora extranjera.

## TELEGRAMAS Y FAXES

Hay diversas compañías de telégrafos. La mayor es Western Union, que también permite enviar telegramas marcando su número gratuito (800) 325-6000 y abonando la llamada con tarjeta de crédito.

En los principales aeropuertos y en algunas tiendas y edificios públicos hay aparatos de fax públicos. Muchos hoteles aceptan faxes dirigidos a sus clientes, pero suelen cobrar una elevada tarifa *(ver p. 293)*.

## SERVICIOS POSTALES

El horario de las oficinas de correos es de 9.00 a 17.00 de lunes a viernes, aunque algunas abren también los sábados por la mañana. Los *drugstores* y los hoteles suelen vender sellos y en algunos grandes almacenes, así como en las estaciones de trenes o autobuses, hay máquinas expendedoras de timbre; con todo, sepa que los sellos adquiridos fuera de las oficinas de correos tienen un recargo.

Las cartas enviadas desde EE UU al extranjero por correo ordinario tardan varias semanas en llegar a su destino, así que conviene enviarlas por correo aéreo.

**Buzón ordinario**

**Máquinas automáticas de prensa en una calle de Palm Beach**

Todo el correo nacional es urgente y tarda entre uno y cinco días. Opciones más rápidas son el **Priority Mail**, que tarda dos o tres días, o el **Express Mail**, que se entrega al día siguiente en EE UU y en un plazo de dos o tres días en el resto de los países. Los buzones normales son azules, mientras que los Express y Priority son plateados y azules.

Muchos estadounidenses hacen uso de empresas privadas de transporte, como DHL o UPS, que garantizan la entrega en 24 horas. Algunas tiendas le enviarán sus compras por correo.

## RADIO Y TELEVISIÓN

En florida, la televisión es igual que en el resto de EE UU: en ella predominan los concursos, las comedias de enredo, los *magazines* y los seriales. Los canales por cable ofrecen una mayor variedad: la cadena ESPN está especializada en deportes, y la CNN, en noticias. El canal internacional de **Televisión Española** se difunde en Norteamérica a través del satélite Hispasat A-1. Sintonice también los noticiarios en español de **Univisión**. A través del canal vía satélite **DirecTV** se pueden ver los partidos de la Liga Española de Fútbol.

En EE UU es posible sintonizar el servicio mundial de **Radio Exterior de España** (RNE) a través de onda corta: banda 49, frecuencias 6.055 y 6.160; banda 31, frecuencia 9.630. Muchas emisoras locales del sur de Florida emiten en español.

## PRENSA

Todas las grandes ciudades editan sus propios periódicos. En Florida *El Diario de las Américas* y *El Nuevo Herald* tienen grandes tiradas. *EL PAÍS Digital* está disponible gratuitamente a partir de las 5.00 (hora española) en Internet://www.elpais.es. Además, puede acceder al suplemento *Tentaciones* (www.tentaciones.elpais.es), al diario deportivo *As* (www.diario-as.es), a la revista *Claves de la Razón*

**Dos de los diarios más leídos en Florida**

*Práctica* y al *Anuario de El País* (estos dos últimos en www.progresa.es).

## LA HORA EN FLORIDA

La mayor parte de Florida pertenece al huso horario del este, Eastern Standard Time (EST). Sin embargo, la zona del Panhandle situada al oeste del río Apalachicola pertenece al Central Standard Time, una hora menos que en el resto del Estado. En la zona del EST hay una diferencia de seis horas de retraso con respecto a España.

# Llegada y Desplazamientos

United Airlines vuela a Florida desde todo el mundo

Florida está bien comunicada por vuelos procedentes de todo el mundo. Los principales aeropuertos del Estado se hallan en Miami, Orlando y Tampa, mientras que el creciente número de vuelos chárter está confiriendo cada vez más relevancia a otros aeropuertos. Si va a recorrer grandes distancias dentro de Florida, merece la pena el avión (el vuelo de Miami a Key West dura 40 minutos, mientras que en coche se invierten cuatro horas). Sin embargo, para moverse por el Estado se impone el automóvil, con el que se puede viajar por autopistas, autovías y carreteras secundarias. Los trenes y autocares son también una buena alternativa.

El interior del aeropuerto internacional de Orlando

## Llegada en Avión

Las grandes compañías aéreas norteamericanas, incluidas **American Airlines, Continental, Delta Air Lines** y **United Airlines,** disponen de numerosos vuelos nacionales a Orlando y Miami, así como a otros aeropuertos de Florida. La mayoría realiza conexiones directas desde el extranjero, pero normalmente hacen escala en un aeropuerto de EE UU.

Desde España, **Iberia** y **American Airlines** tienen sendos vuelos diarios y sin escalas de Madrid a Miami. **Air Europa** cuenta con al menos dos viajes semanales entre ambas ciudades. **Aerolíneas Argentinas** ofrece un vuelo a la semana desde Buenos Aires a Miami, y **Lan Chile,** dos conexiones semanales desde Santiago de Chile. Compañías europeas como **Air France, British Airways** y **KLM** también ofrecen un amplio abanico de viajes a Florida.

En cuanto a los vuelos a los aeropuertos secundarios de Florida, lo normal es tener que llegar a otro Estado y conectar con un vuelo nacional.

Cada vez hay más vuelos chárter con destino a pequeñas ciudades turísticas como Palm Beach o Fort Myers. La mayoría llegan del Caribe, Latinoamérica y Canadá, aunque cada vez son más los procedentes de Europa. El aumento de vuelos chárter a Orlando ha sido impulsado por la modernización del cercano aeropuerto de Sanford.

Desde Madrid hasta Miami se invierten 9 horas y 30 minutos. La fuerza y dirección de los vientos condicionan la duración del vuelo transatlántico. Por ello, al regreso, los vientos soplan a favor y acortan el viaje en una hora.

## Tarifas Aéreas

Los billetes de ida y vuelta más económicos suelen ser los de clase turista de los vuelos regulares (que hay que reservar con antelación). Debido a la competencia entre las

| Aeropuerto | Información | Distancia a la Ciudad | Tarifa en Taxi a la Ciudad | Tarifa de Autobús a la Ciudad |
|---|---|---|---|---|
| Miami | (305) 876-7000 | 16 km a Miami Beach | 20 $ a Miami Beach | 8-15 a Miami Beach |
| Orlando | (407) 825-2352 | 28 km a Walt Disney World | 40-45 $ a Walt Disney World | 15 $ a Walt Disney World, o 75 centavos en autobús Lynx |
| Sanford | (407) 322-7771 | 64 km a Walt Disney World | 45-50 $ a Walt Disney World | 50 dólares a Walt Disney World |
| Tampa | (813) 870-8700 | 9 km al centro | 12-15 $ al centro | 13 dólares al centro |
| Fort Lauderdale | (954) 359-1200 | 13 km a Fort Lauderdale, 48 km a Miami | 12-15 $ a Fort Lauderdale, 45 a Miami | 6 dólares a Fort Lauderdale, 12 dólares a Miami |

**Autobús al aeropuerto de Miami**

## AEROPUERTOS DE FLORIDA

Los aeropuertos internacionales de Florida disponen de mostradores de información, bancos, alquiler de coches y demás servicios. Para alquilar un automóvil quizás deba trasladarse en autobús (gratuito) hasta un punto de recogida próximo. Si se dirige al centro de una ciudad, pregunte por los *shuttle buses* o *limos,* que ofrecen un servicio de transporte "de puerta a puerta" desde el aeropuerto; funcionan como taxis compartidos, aunque resultan más baratos.

## EL AEROPUERTO DE MIAMI

El aeropuerto internacional de Miami es uno de los que más tráfico aéreo tienen de EE UU, por lo que pueden formarse grandes colas ante los mostradores de inmigración. También suele haber una gran distancia entre las terminales y las puertas de embarque. Los pasillos rodantes y el monorraíl automatizado facilitan el movimiento entre las dos terminales. Los centros multilingües de información al turista, situados junto a los controles de seguridad, abren de 7.00 a 23.00.

Muchos hoteles poseen sus propios autobuses gratuitos, y también hay otros de conexión con el aeropuerto; el **Mears Transportation Group** dispone de líneas hasta los principales destinos de la zona.

agencias de viajes y las numerosas compañías que vuelan a Florida, merece la pena solicitar varios precios. Busque también las tarifas promocionales y el chárter (viernes o sábado) que algunos mayoristas españoles fletan todos los veranos con destino a Nueva York.

Las tarifas pueden ser sorprendentemente baratas en temporada baja y, en general, obtendrá mejores precios si viaja entre semana. Por contra, la fuerte demanda de las épocas vacacionales dispara las tarifas a más del doble de lo habitual, sobre todo en Navidad. Un vuelo desde Madrid a Miami cuesta en temporada alta, y salvo descuentos de última hora, alrededor de 85.000 pesetas.

Tenga presente que, junto al billete transatlántico, las compañías aéreas (incluida Iberia) venden en España una serie de cupones para volar por EE UU a buen precio. Como norma general hay que comprar un mínimo de tres cupones y nunca se puede repetir una ruta o tocar dos veces el mismo aeropuerto.

## OFERTAS

La oferta más barata es la que incluye el coche de alquiler y/o el alojamiento en el precio del vuelo. Las propuestas de avión más coche ofrecen un automóvil de alquiler gratis o con grandes descuentos, pero cuidado: cobran fuertes recargos *(ver p. 357).*

Las que incluyen vuelo más alojamiento suelen resultar rentables. Lo que se pierde en flexibilidad se puede ganar en tranquilidad. Las ofertas combinadas que alternan, por ejemplo, una semana en Orlando con otra en alguna población turística de la costa del golfo, son muy habituales. Las que ofrece Walt Disney World merecen la pena si va a quedarse allí todo el tiempo; consulte directamente con Disney o con su agencia de viajes.

## INFORMACIÓN GENERAL

### COMPAÑÍAS AÉREAS

**Iberia**
℡ *902 400 500 (España).*
℡ *(800) 772-4642 (EE UU).*
**American Airlines**
℡ *91 597 20 68 (España).*
℡ *(800) 433-7300 (EE UU).*
**Air Europa**
℡ *902 300 600.*
℡ *(305) 372 8190 (España).*
**Aerolíneas Argentinas**
℡ *(1) 320 20 00 (Argentina).*
℡ *(800) 333-0276 (Miami).*
**Lan Chile**
℡ *(2) 687 23 23 (Santiago de Chile).*
℡ *(800) 735-5526 (Miami).*
**British Airways**
℡ *(800) 247-9297 (EE UU).*
℡ *902 111 333 (España).*

### AUTOBUSES DEL AEROPUERTO

**SuperShuttle**
℡ *(305) 871-2000.*
**Mears Transportation Group**
℡ *(407) 423-5566.*

Una forma mucho más económica de viajar hasta International Drive o el centro de Orlando es el autobús Lynx *(ver p. 363),* que sale de la terminal "A Side" cada media hora. Ambos trayectos tienen una duración aproximada de 50 minutos.

El aeropuerto de Sanford es mucho más tranquilo que el de Orlando. Sus instalaciones aún están en obras, pero a la salida del edificio de la terminal hay taxis y diversas compañías de alquiler de coches.

**Monorraíl People Mover en el aeropuerto internacional de Orlando**

# Conducir en Florida

Conducir en Florida es una delicia. La mayoría de las autopistas tienen poco tráfico y los conductores suelen ser educados y prudentes. La gasolina es barata y las tarifas de alquiler de coches son las más bajas de EE UU.

En Orlando *(ver p. 363)* se puede prescindir del automóvil, pero en el resto de las localidades facilita mucho la vida. Las medidas de seguridad para prevenir los asaltos a viajeros en las carreteras se han incrementado considerablemente. Muchas áreas de descanso de las autopistas están ahora vigiladas día y noche, y en Miami *(ver p. 358)* han mejorado las señales indicadoras.

**Autopista interestatal**     **Autopista nacional 1, dirección sur**

**Señales elevadas en el cruce de dos carreteras**

### Llegada en Coche

Son numerosas las carreteras de entrada a Florida desde los estados colindantes de Georgia y Alabama. La ventaja de utilizar las autopistas es que, al llegar, el conductor se encuentra con unos centros de bienvenida, situados en las carreteras I-95, I-75, I-10 y US 231, donde le agasajarán con zumo de naranja natural e información.

### Las Carreteras de Florida

Florida cuenta con una excelente red de carreteras. Las más rápidas son las autopistas interestatales *(interstate highways)*, identificadas con números como I-10, I-75, etcétera, que suelen tener, como mínimo, seis carriles y áreas de descanso cada 100 km aproximadamente.

Las interestatales forman parte del sistema viario rápido al que sólo se puede acceder por determinados puntos. Otras vías rápidas *(expressways)* son las de peaje, como la Bee Line Expressway (entre Orlando y la Costa Espacial) y la Florida's Turnpike, que parte de la I-75 al noroeste de Orlando y llega hasta Florida City, al sur de Miami. El importe del peaje depende de la distancia recorrida; si realiza los 530 km de la Turnpike, por ejemplo, el viaje le costará unos 17 dólares. El peaje lo puede pagar en una de las cabinas atendidas por personal de la autopista o, si dispone del importe exacto y no necesita recibo, depositando las monedas en un cajetín que cuenta el dinero automáticamente.

Tenga presente que los conductores de Florida se cambian de carril con frecuencia. Para evitar problemas, circule por la derecha y conduzca con precaución al aproximarse a las salidas, que pueden estar situadas en ambos extremos de la calzada; la mayoría de los accidentes se producen en los giros a la izquierda.

Las autopistas nacionales *(US highways)* suelen constar de múltiples carriles, pero son más lentas y, a menudo, disfrutan de un paisaje menos bonito que las *expressways*, pues en sus márgenes abundan los moteles y las gasolineras. Las carreteras estatales y las rurales son más pequeñas y apropiadas para hacer turismo.

**Limitación de aparcamiento**     **Indicador de millas en los cayos**

**Límite de velocidad**     **Área de descanso de una interestatal**

### Señales Viarias

La mayoría de las señales son claras y explícitas (si no las cumple, le pueden multar), y por regla general indican los números o nombres de las carreteras en vez de los lugares de destino. La categoría de las autopistas se sabe por la forma y el color de las señales que figuran en ellas.

### Cómo Orientarse

Para conocer Florida en coche es fundamental tener un buen mapa de carreteras. El *Florida Transportation Map*, facilitado por la mayoría de los Convention and Visitors' Bureau y las oficinas de

**Peaje de la Florida's Turnpike en Boca Ratón**

turismo de Florida en el extranjero, tiene una utilidad general: indica la situación de las áreas de descanso de las autopistas y contiene un plano de las principales ciudades. Sin embargo, si tiene previsto pasar bastante tiempo en una localidad, le interesa conseguir un callejero detallado. Los que proporcionan las oficinas de turismo no suelen servir para desplazarse en coche.

Orientarse en Florida resulta bastante fácil. Las carreteras que discurren entre este y oeste son las de los números pares, y las que circulan entre norte y sur, las de los impares. Las señales viarias, incluidos los indicadores de millas de los cayos *(ver p. 269)*, muestran cuál es la carretera por la que se circula, mientras que el nombre que figura en los cruces no es el de nuestra carretera, sino el de la vía que la atraviesa.

**Cruce de carreteras de Florida, en Tallahassee**

## Límites de Velocidad

En EE UU, los límites de velocidad los fija cada Estado. Los de Florida son los siguientes:
• 55-70 millas (90-105 km/h) en las autopistas.
• 20-30 millas (32-48 km/h) en las zonas residenciales.
• 15 millas por hora (24 km/h) en zonas escolares.

Los límites de velocidad pueden variar cada pocos kilómetros. En las interestatales le pueden multar si circula a menos de 40 millas por hora (64 km/h). La Florida Highway Patrol vigila el cumplimiento de los límites de velocidad y sus agentes imponen multas de hasta 150 dólares a los infractores.

## Alquiler de Coches

El precio de los coches de alquiler en Florida es reducido, y aún se puede rebajar más reservándolo y pagándolo antes de iniciar el viaje. Las ofertas de avión y automóvil pueden suponer un descuento superior al 50%, pero no se deje engañar por las que anuncian un coche de alquiler gratis, pues nunca incluyen los impuestos ni el seguro.

Si prefiere esperar a llegar a Florida, suele ser más económico alquilarlo en el aeropuerto que en las ciudades. Para ello le bastará con un permiso

**Patrulla de carreteras**

de conducir, su pasaporte y una tarjeta de crédito. Si no dispone de tarjetas, tendrá que abonar una fianza en efectivo. La edad mínima exigida es de 21 años, pero los menores de 25 generalmente tienen que pagar un recargo.

Cerciórese de que el contrato de alquiler incluye un seguro denominado Collision Damage Waiver (CDW), conocido también como Loss Damage Waiver (LDW); de lo contrario, será usted responsable de los desperfectos que sufra el coche, aunque no haya tenido la culpa. Los contratos de alquiler incluyen un seguro a terceros, que no suele ser suficiente: le aconsejamos que contrate el más amplio (denominado seguro de responsabilidad adicional o complementario), que ofrece una cobertura de hasta un millón de dólares. Estos extras, más los impuestos, pueden añadir entre 35 y 40 dólares más a cada día de alquiler.

Algunas compañías imponen un recargo si el cliente entrega el vehículo en otra ciudad, y todas cobran la gasolina muy cara: si lo devuelve con el depósito vacío, la diferencia puede costarle hasta tres dólares por galón (3,8 litros).

La mayoría de las compañías de alquiler internacionales *(ver p. 359)* ofrecen un buen surtido de vehículos, desde turismos hasta descapotables.

**Agencia de alquiler de coches**

## Consejos para Conductores

• Circule por la derecha de la carretera.
• El uso del cinturón de seguridad es obligatorio para el conductor y los ocupantes, y los niños menores de tres años deben viajar en una silla infantil.
• Está permitido girar a la derecha con el semáforo en rojo salvo que haya una señal que indique lo contrario.
• La luz ámbar parpadeante en los cruces indica que se debe aminorar la marcha.
• En las carreteras de múltiples carriles, incluidas las autopistas interestatales, está permitido adelantar por los dos lados.
• Está prohibido cambiar de carril atravesando una doble línea amarilla o blanca.
• Si un autobús escolar se detiene en una carretera de dos sentidos, los coches que circulan en ambas direcciones deben pararse. Si se trata de una autopista con mediana, sólo deben detenerse quienes circulen en el mismo sentido que el autobús.
• Conducir bajo la influencia de bebidas alcohólicas es sancionado duramente con elevadas multas.

Gasolinera en el rancho de Burt Reynolds, en la Treasure Coast

## Gasolina

La mayoría de los coches modernos de EE UU utilizan gasolina sin plomo *(unleaded)*. Hay tres categorías (regular, súper y *premium),* además de gasóleo.

El combustible es muy barato, pero el precio varía mucho en función del lugar y el servicio. Sírvase usted mismo si no desea pagar un extra para que un empleado llene el depósito, compruebe el aceite y limpie el parabrisas de su coche.

Los precios incluyen los impuestos por galón (3,8 litros). En la mayoría de las gasolineras se puede pagar en efectivo, con tarjeta de crédito o con cheques de viaje, aunque algunas (sobre todo en las zonas rurales) sólo aceptan dinero en efectivo. A veces pueden exigirle que pague por adelantado.

Si tiene pensado viajar por carreteras secundarias, llene los depósitos de aceite, gasolina y agua, pues no encontrará muchas gasolineras.

## Seguridad en la Conducción

Miami posee una pésima reputación por sus delitos contra los conductores, así que conviene adoptar precauciones. Para proteger a los extranjeros han introducido diversas medidas. Por ejemplo, la matrícula que identificaba los vehículos de alquiler ha sido retirada y, en Miami, han mejorado las señales de tráfico: el símbolo de un sol naranja guía a los conductores por las principales carreteras que unen la ciudad con el aeropuerto.
Los siguientes consejos le valdrán para proteger su seguridad:
• Si llega a Florida al anochecer, recoja el coche de alquiler a la mañana siguiente para evitar conducir de noche por carreteras desconocidas.
• Ignore a cualquier peatón o conductor que trate de detenerle, por ejemplo, señalando un supuesto defecto en su coche o, con menos sutileza, embistiéndole por detrás.
• Lleve las puertas cerradas con pestillo, sobre todo en las ciudades.
• Si necesita consultar un mapa, no pare hasta llegar a una zona bien iluminada y, preferiblemente, concurrida.
• No tome atajos en las zonas urbanas. Si es posible, circule por las vías principales.
• No deje bolsas de mano ni otros objetos de valor a la vista; ocúltelos en el maletero.
• Evite dormir en el coche junto a las autopistas, aunque algunas áreas de descanso están vigiladas.

Carteles para los visitantes de Miami

## Averías

Si tiene una avería, apártese de la carretera, conecte los indicadores de emergencia y espere a la policía. En las *expressways* puede utilizar los teléfonos de urgencias *(ver p. 349).* Si viaja solo, puede contratar un teléfono móvil; la mayoría de las compañías de alquiler de coches los ofrecen a precios asequibles.

En su contrato de alquiler debe figurar un número para urgencias. En caso de que la avería sea grave, la compañía le facilitará otro automóvil. La **American Automobile Association** (AAA) dispone de vehículos de reparación para auxiliar a sus socios. También puede llamar a la policía o al número de emergencia de su tarjeta de crédito.

Tiempo transcurrido

Ranura para monedas

Gire la manivela para que caigan las monedas

Parquímetro

## Aparcamiento

Aparcar no suele plantear problemas en los parques temáticos y demás lugares de interés turístico, ni tampoco en los centros comerciales o los diversos barrios de las ciudades.

Donde sí puede tener dificultades es en las proximidades de las playas urbanas como, por ejemplo, en Fort Lauderdale o South Beach *(ver p. 362).*

En las ciudades encontrará aparcamientos pequeños y de múltiples plantas, pero lo normal es hacer uso de los parquímetros. La tarifa por hora oscila entre 25 centavos y un dólar. Si se pasa del tiempo, se arriesga a que le impongan una multa considerable, encontrarse con un cepo o que el coche se lo haya llevado la grúa. Lea con atención las señales de aparcamiento, que suelen estar en los postes tele-

**Tándems y bicicletas de alquiler en Palm Beach**

fónicos, los semáforos o los bordillos. Está prohibido estacionar a menos de tres metros de una boca de incendios: es la forma más segura de que actúe la grúa.

Muchos hoteles y restaurantes disponen de aparcacoches, aunque generalmente cobran por este servicio.

## BICICLETAS

La bicicleta es cada vez más popular *(ver p. 343)* pero, en general, no resulta práctica como medio de transporte. Circular por la mayoría de las ciudades puede resultar peligroso porque los conductores no están acostumbrados a compartir la calzada con los ciclistas.

Los lugares más apropiados para pedalear son las pequeñas ciudades o las localidades costeras como South Beach, Key West, Palm Beach o St. Augustine, donde no hay tanto tráfico. Se puede alquilar una bicicleta por 10 o 15 dólares diarios. Patinar también es una actividad muy practicada en las zonas vacacionales.

## ALQUILER DE MOTOCICLETAS

Si desea circular por Florida en una Harley-Davidson, visite **Iron Horse Rentals**, que tiene tiendas en Fort Lauderdale, Orlando, Miami y Tampa o **Rolling Thunder**, en Coral Gables (Miami). El precio del alquiler puede rondar los 135 dólares por día, más una fianza de 500 dólares; la edad mínima exigida es de 21 años.

## ALQUILER DE CARAVANAS

Las caravanas resultan magníficas para grupos o familias. Se pueden arrendar durante una semana desde 300 dólares. Los establecimientos de alquiler son sorprendentemente escasos. El mayor de Estados Unidos es **Cruise America**, que cuenta con agencias en el extranjero. **Sundance Motorhomes** y **Go! Motorhome Vacations Inc** también ofrecen estos vehículos. Pregunte en España por las ofertas de los mayoristas **Expomundo** y **Dimensiones**.

---

### INFORMACIÓN GENERAL

#### ALQUILER DE COCHES

**Alamo**
(800) 327-9633 (EE UU).

**Avis**
(800) 831-2847 (EE UU).
901 13 57 90 (España).

**Budget**
(800) 527-0700 (EE UU).
901 23 24 25 (España).

**Dollar**
(800) 800-4000 (EE UU).
91 571 66 60 (España).

**Europcar Interrent**
91 721 12 22 (Madrid).
901 10 20 20 (resto de España).

**Florida Auto Rental**
(800) 339-1884 (EE UU).

**Hertz**
(800) 654-3131 (EE UU).
901 10 10 01 (España).

**Holiday Autos**
(800) 422-7737 (EE UU).
(0990) 300400 (EE UU).

**Thrifty**
(800) 367-2277 (EE UU).

**Value**
(800) 468-2583 (EE UU).

#### AVERÍAS

**American Automobile Association (AAA)**
1000 AAA Drive,
Heathrow, FL 32746.
(407) 444-7000.

**AAA General Breakdown Assistance**
(800) 222-4357.

#### ALQUILER DE MOTOS

**Iron Horse Rentals**
(954) 524-4222.

**Rolling Thunder**
(305) 668-4600
o (800) 851-7420.

#### ALQUILER DE CARAVANAS

**Cruise America**
(800) 327-7799 (EE UU).

**Sundance Motorhomes**
(407) 299-1917.

**Go! Motorhome Vacations Inc**
(800) 749-3263.

**El transbordador de Mayport** *(ver p. 195)* cruza el río St. Johns

# Viajar por Florida

QUIENES VISITEN FLORIDA dependiendo del transporte público verán bastante restringidos sus horizontes. La red ferroviaria es especialmente limitada, lo que deja a los autobuses Greyhound, que enlazan las poblaciones de mayor tamaño, como principal forma de transporte terrestre de larga distancia. Los lugares alejados de las principales zonas urbanas con frecuencia escaparán a quienes no dispongan de coche. Algunas líneas de autobuses locales son buenas, pero para hacer uso de ellas hace falta tiempo y flexibilidad. Dentro de las ciudades, el transporte público resulta bastante útil.

**Estación de Tri-Rail, de estilo español, en West Palm Beach**

## LLEGADA EN TREN

LA UTILIZACIÓN DEL TREN en EE UU es cada vez menor, aunque continúa habiendo enlaces entre las principales ciudades. La compañía nacional de ferrocarriles de pasajeros, **Amtrak**, realiza trayectos en Florida desde sus costas oriental y occidental. Desde Nueva York hay tres trenes diarios. Los *Silver Meteor* y *Silver Palm*, que pasan por Washington DC, Jacksonville y Miami, tardan más de 25 horas. El *Silver Star* cubre ese mismo recorrido hasta Orlando, donde se desvía al oeste, hacia Tampa.

El *Sunset Limited* recorre los 4.933 km que separan Los Ángeles de Sanford, próxima a Orlando, con paradas en Phoenix (Arizona) y Nueva Orleans (Luisiana).

Si desea viajar en tren y, además, llevarse su propio coche, el servicio Auto Train de Amtrak enlaza a diario Lorton, en Virginia, con Sanford en unas 18 horas.

Un vuelo barato puede resultar más económico que su correspondiente billete de ferrocarril.

## CÓMO MOVERSE EN TREN

LOS TRENES DE Amtrak sólo llegan a unas cuantas poblaciones de Florida (ver el mapa de las páginas 12-13). Exceptuando Tampa, la costa del golfo sólo está comunicada mediante los autocares de Amtrak, que enlazan Winter Haven, cerca de Orlando, con Fort Myers pasando por St. Petersburg y Sarasota, y que garantizan las conexiones con las líneas de Amtrak.

Los billetes de tren no pueden competir con los de los autobuses Greyhound, aunque el itinerario en ferrocarril resulta más relajado que en autocar. Si viaja de noche, puede elegir entre los asientos normales (pero reclinables) de la clase *coach* y un compartimento. Si tiene previsto realizar más de dos trayectos en tren quizás le convenga adquirir un abono, que permite realizar un número ilimitado de desplazamientos durante 15 o 30 días por todo EE UU. Los abonos se puede comprar en cualquier agencia española que disponga del manual de ventas de **Expomundo;** hay que adquirirlos antes de emprender viaje a Estados Unidos.

Florida sólo cuenta con otra compañía ferroviaria, **Tri-Rail**, que enlaza 15 estaciones entre el aeropuerto de Miami y West Palm Beach, incluidas Fort Lauderdale y Boca Ratón. Su frecuencia aproximada es de una hora, y mayor los fines de semana. Los billetes de ida oscilan entre dos y seis dólares, y la conexión con las líneas de Metromover *(ver p. 362)* es gratuita.

Tri-Rail también ofrece trayectos turísticos con guía entre South Beach y Worth Avenue, así como viajes especiales a los grandes partidos del Orange Bowl Stadium, en Miami.

## AUTOCARES DE LARGO RECORRIDO

LOS AUTOCARES **Greyhound** constituyen la forma más económica de viajar tanto desde otros estados como dentro de Florida. Hay líneas con pocas paradas intermedias, mientras que otras se detienen en numerosos puntos.

Algunos trayectos tienen *flag stops,* paradas de autobús para dejar o recoger pasajeros; pague directamente al conductor o, si prefiere reservar de antemano, acuda a la agencia de Greyhound más cercana, situada normalmente en una tienda u oficina de correos de la localidad.

**Autocar Greyhound con destino a los cayos de Florida**

Los abonos International Ameripass permiten viajar ilimitadamente durante determinados periodos de tiempo (5, 7, 15, 30 y 60 días), pero sólo le resultarán útiles si su itinerario va a ser muy movido. Los turistas extranjeros también deben saber que los bonos resultan más baratos si se adquieren en una agencia de viajes española. Consulte el manual de ventas de **Expomundo**.

El coche de caballos es una agradable manera de conocer St. Augustine

## AUTOBUSES URBANOS

Las líneas de autobús gestionadas por las autoridades municipales pueden resultar útiles para los desplazamientos cortos dentro de un mismo condado, pero no tienen la suficiente frecuencia para realizar viajes turísticos. Entre muchas de las ciudades del sureste de Florida se puede viajar enlazando varios autobuses municipales, pero eso le llevará mucho tiempo.

Más útiles resultan los autocares urbanos, y los denominados *shuttle buses* que comunican Orlando y Miami con sus respectivos aeropuertos *(ver p. 355)*. En EE UU, los autobuses no llevan cobrador, así que lleve siempre el dinero exacto, un billete o un *token* (ficha) para entregar al conductor.

## TAXIS

Los taxis, también denominados *cabs*, abundan en los aeropuertos, las estaciones de trenes y autobuses y los principales hoteles. En el resto de los lugares no hay apenas paradas de taxis y éstos no suelen circular en busca de pasajeros, así que lo mejor es solicitarlos por teléfono: los números figuran en las páginas amarillas. También puede pedir en el hotel que le consigan uno, aunque quizás esperen recibir propina por ello.

Si se dirige a un lugar poco conocido, le servirá de gran ayuda pedir que se lo marquen en un plano: no todos los taxistas conocen bien la ciudad. Las tarifas dependen de la carrera. En algunos taxis aceptan tarjetas de crédito, pero pregúntelo antes.

## TAXIS ACUÁTICOS

En varias ciudades (Miami, Jacksonville, Tampa y Fort Lauderdale) los taxis acuáticos añaden una nueva dimensión a los desplazamientos urbanos. Los trayectos están pensados en general para los turistas, por lo que son bastante limitados, por ejemplo, para desplazarse de los hoteles a los restaurantes o tiendas.

Algunos tienen líneas regulares, como los que cruzan el río St. Johns en Jacksonville, mientras que otros, como los de Tampa y Miami, hay que pedirlos por teléfono. Las tarifas suelen oscilar entre 5 y 10 dólares, que se abonan a bordo.

## TRANSPORTE PARA TURISTAS

Las principales localidades turísticas disponen de transportes especiales para los visitantes. Tallahassee, la capital de Florida, posee unos tranvías con asientos de madera y barandillas de latón. En Daytona Beach y Fort Lauderdale enlazan el centro de la ciudad con la playa.

Uno de los elementos característicos de Key West es el Conch Train, formado por vagones abiertos en sus laterales que son arrastrados por un vehículo todoterreno propulsado a butano.

St. Augustine cuenta con un tren parecido, así como coches de caballos, que también se pueden alquilar en el centro de Orlando.

Taxi de Key West pintado de rosa en lugar del habitual amarillo

## ENTENDER LAS CIUDADES

El centro de una ciudad es su zona de oficinas, no el lugar donde la gente disfruta del tiempo libre. Las localidades grandes están urbanizadas formando una cuadrícula donde las calles se numeran comenzando en la confluencia de los dos principales ejes del centro urbano, como en Miami *(ver p. 363)*.

Los estadounidenses no suelen ir a pie a ningún sitio. En los pasos de peatones, obedezca las indicaciones *Walk* (puede cruzar), *Don't Walk* o *Wait* (no cruce).

Indicaciones de los pasos de peatones

### INFORMACIÓN GENERAL

#### ABONOS DE TRANSPORTE
**Expomundo**
91 308 29 62 *(sólo información, no se admiten reservas).*

#### FERROCARRIL
**Amtrak**
*(800) USA-RAIL* o *(800) 872-7245 (EE UU).*
**Tri-Rail**
*(800) TRI-RAIL, (800) 874-7245* o *(954) 728-8445 (EE UU).*

#### AUTOCARES DE LARGO RECORRIDO
**Greyhound**
*(800) 231-2222, (402) 330-8552 o 8584 (EE UU).*

# Moverse por Miami

EL TRANSPORTE PÚBLICO de Miami lo gestiona la Metro-Dade Transit Agency, de la cual dependen los autobuses, la red de cercanías Metrorraíl y el tren elevado del centro, el Metromover. También existe un servicio limitado de taxis acuáticos. Sin embargo, no es fácil conocer todo Miami sin coche, salvo que le baste con South Beach. Utilice el medio de transporte que utilice, no olvide los consejos de seguridad de las páginas 348 y 358.

**El Metromover rodea el centro de Miami**

## Llegada a Miami

CONSULTE EN la página 355 la forma de salir del aeropuerto de Miami. Si llega a la estación de **Amtrak** o a alguna de las estaciones de **Greyhound,** no hallará mostradores de alquiler de coches, pero sí numerosos taxis y algunos autobuses con destino al centro y a Miami Beach.

La I-95 atraviesa el centro urbano antes de unirse con la US 1, que continúa hacia el sur circunvalando Coral Gables. La Route A1A es una vía más lenta procedente del norte, aunque conduce directamente a South Beach. Desde el oeste, la US 41 cruza Little Havana para desembocar en la costa, donde enlaza con las principales carreteras que van de norte a sur.

**Estación de Amtrak**
Aeropuerto, 4111 NW 27th St.
( (305) 835-1222.

**Estaciones de Greyhound**
Airport, 4111 NW 27th St.
( (305) 871-1810.
Bayside, 700 Biscayne Blvd.
( (305) 379-7403.
Norte de Miami, 16560 NE 6th Ave.
( (305) 945-0801.

## Metrorraíl y Metromover

EL METRORRAÍL, una línea férrea de 34 km que une el extrarradio septentrional y meridional de Miami, no es muy útil para los turistas. Sin embargo, sí sirve para ir desde Coral Gables o Coconut Grove hasta el centro. Los trenes circulan a diario cada 10 minutos aproximadamente desde las 6.00 hasta la medianoche.

En Hialeah se puede transbordar gratuitamente del Metrorraíl al Tri-Rail *(ver p. 360)*, y de la estación Government Center (donde pueden facilitarle planos de los transportes e información sobre los trayectos de trenes) al Metromover.

El Metromover conecta el corazón de la ciudad con las zonas de oficinas de Brickell y Omni a través de dos líneas circulares elevadas. Aunque este transporte es poco utilizado por la gente de Miami, el Inner Loop es una buena manera de ver el centro urbano *(ver pp. 70-71)*. Compruebe si tiene monedas para el torniquete de entrada a la estación.

**Información de Metro-Dade Transit**
( (305) 638-6700.

## Metrobús

LA RED METROBÚS de Miami llega a la mayoría de los lugares de interés, pero la frecuencia de sus trayectos varía enormemente, quedando muy reducida los fines de semana. Muchas de las líneas convergen en Flagler Street y Government Center, en el centro, un buen lugar para tomar autobuses.

**Parada del Metrobús**

Hay trayectos rápidos *(express)* que cuestan aproximadamente el doble del billete ordinario. Si desea efectuar un transbordo, solicite un ticket gratuito *(free transfer)* en el primer autobús. Se paga al subir, así que tenga el cambio preparado.

## Taxis

A MENUDO, LOS TAXIS son la mejor manera de moverse por la noche incluso disponiendo de coche: en algunos lugares aparcar puede ser una tarea difícil.

Los taxis cobran unos dos dólares por milla; la carrera entre South Beach y Coconut Grove, por ejemplo, costará unos 15 dólares. No trate de detenerlos desde la acera *(ver p. 361)*; lo mejor es pedirlos por teléfono. **Metro Taxi** y **Central Cab** son de confianza.

**Metro Taxi**
( (305) 888-8888.

**Central Cab**
( (305) 532-5555.

**Estación de Metromover, con un plano de la red en la entrada**

## Taxis Acuáticos

LOS TAXIS ACUÁTICOS de Miami cubren dos trayectos que parten de Bayside Marketplace: la línea discrecional (11.00-1.00), que discurre hacia el este hasta South Beach, con paradas en Lincoln Road y en el puerto de la calle 5, y una línea regular más barata que asciende por el río Miami hasta el Orange Bowl Stadium deteniéndose en diversos restaurantes y hoteles. Esta última pasa cada 30 minutos entre las 10.00 y la 1.00. Existen billetes de un día.

**Water Taxi**
(954) 467-6677.

## Moverse en Coche

CONDUCIR EN MIAMI no resulta tan complicado como parece. Utilice Biscayne Bay como punto de referencia y no se perderá si circula por las principales calles.

Aparcar es fácil, pero en South Beach puede convertirse en una pesadilla, especialmente los fines de semana. Lleve monedas para los parquímetros, que funcionan de 9.00 a 21.00, y esté atento a las señales de la grúa. Puede utilizar los aparcamientos **Miami Parking System** y **Miami Beach Parking Department**.

**Miami Beach Parking Department**
(305) 673-7505.

**Miami Parking System**
(305) 373-6789.

## Las Calles

MIAMI SE ENCUENTRA dividida en cuatro partes por la confluencia de Miami Avenue y Flagler Street, en el centro. Las avenidas, que van de norte a sur, y las calles, de este a oeste, empiezan a numerarse en ese cruce. Las coordenadas NE, SE, NW (noroeste) y SW (suroeste) que anteceden a los nombres de las calles indican en qué lado de los dos ejes principales se encuentran.

En Miami Beach, la calle más meridional es la 1 y, a medida que se avanza hacia el norte, la numeración es ascendente.

## Moverse por las ciudades de Florida

EN LAS LOCALIDADES TURÍSTICAS de más renombre, los tranvías y carruajes pensados para los turistas ofrecen una relajada forma de conocer la ciudad *(ver p. 361)*. En grandes poblaciones como Jacksonville y Tampa, y en la zona de Orlando, merece la pena familiarizarse con otros medios opcionales de transporte.

### Orlando

EN ORLANDO SE PUEDE sobrevivir sin coche mejor que en otras zonas gracias a los autobuses **Lynx**, que circulan hasta el aeropuerto, el centro de Orlando, International Drive y Walt Disney World. Si desea realizar un transbordo, solicítelo al subir al primer autobús.

Los microbuses I-Ride, también dependientes de Lynx, recorren International Drive entre Wet'n Wild y Sea World. Pasan cada 10 minutos de 7.00 a 24.00. Los abonos de transporte resultan económicos y evitan tener que llevar monedas. Se pueden solicitar en la estación de autobuses Lynx del centro de Orlando (cerca de la Church Street Station) y en los establecimientos Walgreens de International Drive. Los taxis abundan pero son caros. Los autobuses de línea particulares resultan mucho más asequibles, especialmente para el trayecto entre I Drive y Walt Disney World.

**Logotipo de los autobuses Lynx**

**Autobuses Lynx**
(407) 841-8240.

### Jacksonville

JACKSONVILLE está pensada sobre todo para el automovilista. La línea de monorraíl **Automated Skyway Express** (ASE) sólo recorre el centro; no obstante, está proyectado ampliarla.

Jacksonville también cuenta con **taxis acuáticos** que unen las riberas septentrional y meridional del río St. Johns. El servicio funciona de 10.00 a 11.00 y de 16.00 a 18.00. Para el resto de los destinos deberá utilizar los autobuses de **Jacksonville Transit Authority**, cuya estación se encuentra en Kings Road, unas ocho manzanas al norte de Jacksonville Landing.

**Los taxis acuáticos de Jacksonville cruzan el río St. Johns**

**Automated Skyway Express**
(904) 632-5531.

**Water Taxi**
(904) 733-7782.

**Jacksonville Transit Authority**
(904) 630-3100.

### Tampa

EL CENTRO DE la localidad es bastante compacto pero para desplazarse hasta lugares turísticos como Busch Gardens deberá utilizar los autobuses HARTline *(ver p. 245)*, que salen de la estación de Marion Street y pasan aproximadamente cada media hora entre las 17.00 y las 20.00. También hay un autobús turístico a Ybor City.

Los taxis acuáticos de Tampa ofrecen un servicio discrecional con paradas en numerosos puntos de interés *(ver pp. 244-245)*.

**Autobús turístico de Tampa**

# Índice general

## A

A & A Bed and Breakfast of Florida 293, 295
AAA General Breakdown Assistance 359
AB Maclay State Gardens 229
*Abraham y Melquisedec* (Rubens) 257
Acción de Gracias, Día de 34, 35
Actors' Playhouse (Miami) 94, 95
Acuarios y parques marinos
  Florida Aquarium (Tampa) 248
  Gulf World (Panama City Beach) 224
  Gulfarium (Fort Walton Beach) 221
  Living Seas (Epcot) 151
  Marineland Ocean Resort 202
  Miami Seaquarium 89
  Mote Marine Aquarium (Sarasota) 255
  Sea World 164-167
  Theater of the Sea (Keys) 280
Acuáticos, taxis 361
  Fort Lauderdale 131
  Jacksonville 363
  Miami 363
Adrian Hotel (Miami Beach) 61
Adventure Landing (playas de de Jacksonville) 195
Adventureland (El Reino Mágico) 143
Aeropuertos 354, 355
*African Queen* 278
Agassi, Andre 253
*Agonía en el jardín* (Gauguin) 122-123
Agricultura 19
Águila de cabeza blanca 22
Ah-Tha-Thi-Ki Museum
  (Gold Coast) 133
  (Los Everglades y los Cayos) 271
Alamo (alquiler de coches) 359
*Alba expulsa a la oscuridad, El* (de Wit) 259
Albergues juveniles 295
Alcohol
  franquicias aduaneras 346
  y conducción 357
Aldrin, Buzz 50, 184, 185
Alechinsky, Pierre 129
Alexander Brest Planetarium 195
Alfonso VII, rey de España 88
Alfred I DuPont Building (Miami)
  El centro de Miami en 3 dimensiones 71
Algodón 44, 47
Alhambra Dinner Theater (Jacksonville) 337, 339
Alhambra Water Tower (Miami)
  Ruta en coche por Coral Gables 78
Ali, Muhammad 126-127
Almácigo 275
Alojamiento 292, 294, 295
Alquiler
  caravanas 359
  coches 357, 359
  motocicletas 359
*Amapola* (O'Keeffe) 241
Amelia Island 43, 192, 193
Amelia Island Museum of History 192
America Birthday Bash 33
American Adventure (World Showcase) 152-153
American Airlines 354, 355
American Automobile Association (AAA) 358, 359
American Express 349, 350, 351
American Gladiators (Orlando) 177
American Police Hall of Fame (Miami) 89
Amity (Universal Studios) 173
Amnesia (Miami) 95
Amsterdam Palace (Miami Beach) 64
  South Beach en 3 dimensiones 63
Amtrak 360, 361, 362
Ancient Spanish Monastery (Miami) 86, 88
Anclote, río 237
Anhinga Trail (Everglades National Park) 273, 276
Animation Courtyard (Disney-MGM, Estudios) 158
Anis, Albert
  Clevelander Hotel (Miami Beach) 61
  Majestic Hotel (Miami Beach) 59
Anna Maria Island 235, 253
  hoteles 308
  playas 239
  restaurantes 326
Annual Wausau Possum Festival 33
Anticuarios 333
Antigüedades, tiendas de 333
Antique Boat Festival 32
Año Nuevo 35
Apalaches, indios 38
  Indian Temple Mound Museum (Fort Walton Beach) 221
  Tallahassee 228
Apalaches, montañas 222
Apalachicola 213, 226
  hoteles 306
  restaurantes 325
Apalachicola Bay
  La pesca de marisco en 227
Apalachicola Seafood Festival 34
Apalachicola, río 225, 226, 227
Aparcamiento 358-359
  en Miami 363
Apollo Beach 180
*Apollo*, misiones del 50, 182, 184, 185, 186
Apollo/Saturn V Center (Kennedy Space Center) 182, 184, 185
Appel, Karel 128, 129
Appleton Museum of Art (Ocala) 208
Appleton, Arthur I. 208
Arabian Nights (Orlando) 177
Arcadia 261
  rodeos 31
Armadillos 23
Armstrong, Neil 50, 184, 185
Arquitectonica 73
Arquitectura 28-29
  *art déco* 58-61, 65
  estilo de Key West 287
Arrecifes artificiales 340
Art Deco Weekend 35
Art Deco Welcome Center (Miami) 62, 93
*Art déco*, arquitectura 29
  avenidas Collins y Washington (Miami Beach) 65

colores 65
South Beach 55, 57, 58-61, 64
Artesanía
  de compras por Florida 334
  tiendas 333
Astronaut Hall of Fame 181
Athore 41
Atlanta Braves 30, 162
Atlantic Beach 195
Atlantis, edificio (Miami) 73
Atocha *véase* Nuestra Señora de Atocha
Audio-Animatronics (Walt Disney World) 151
Audubon House (Key West) 267
  Key West en 3 dimensiones 284
Audubon, John James 195
  *Pelícano* 44
Auge económico en Florida 48-49
Auge maderero 217
Autobuses
  autobuses del aeropuerto 355
  autobuses urbanos 361
  autocares de largo recorrido 360-361
Autobuses desde el aeropuerto 355
Autocares de largo recorrido 360-361
Automated Skyway Express (Jacksonville) 194, 363
Autopistas 356
  arquitectura en las autopistas 29
Avalon Hotel (Miami Beach) 58
Aventura Mall (Miami) 92, 93
Averías 358, 359
Aviles Street (St Augustine) 198
Avión, viajes en 354-355
  Fantasy of Flight 178-179
  Flying Tigers Warbird Restoration Museum (Kissimmee) 177
  National Museum of Naval Aviation (Pensacola) 218-219
  US Air Force Armament Museum (Shalimar) 221
  Valiant Air Command Warbird Air Museum 181
  Weeks Air Museum (Miami) 91
Avis (alquiler de coches) 359
Azúcar, caña de 21, 124

## B

B & B Scenic Florida 292-293, 295
Ba-Balú (Miami) 93
Babcock Wilderness Adventures 261
Babcock, E.V. 261
Bahama Village (Key West) 267, 286
  Key West en 3 dimensiones 285
Bahía de Cochinos, invasión de 74
Bahia Honda State Park 283
Baile
  ballet 337
  música en directo y salas de fiestas 337, 339
*Baile de las naciones* (Pogany) 258
  Dania 132
  restaurantes 319
Bailey-Matthews Shell Museum (Sanibel Island) 264
Baja Beach Club (Fort Lauderdale) 337, 339
Bal Harbour 88
Bal Harbour Shops (Miami) 92, 93

# ÍNDICE GENERAL

Balanchine, George 337
Ballet 337
  Miami 94
Baloncesto 31
Baltimore Orioles 30
Bancos 350
Baños de sol
  precauciones 347, 349
Barbanegra 27, 41
Barcos
  Biscayne Bay Boat Trips (Miami) 73
  cruceros y viajes en barco 338, 339
  excursiones en canoa 343
  La pesca en los cayos de Florida 281
  naútica 342, 343
  Silver Springs 207
  taxis acuáticos 361
  Walt Disney World 161
Barcos de vapor 45, 46
Bares 330-331
Barnacle, The (Miami) 82-83
Barnett Bank 350, 351
Barnum, Phineas T 258
Barrera de islas 20
Barrios comerciales 332
Bartlett, Frederic 130
Bartram, William 43
  Kanapaha Botanical Gardens (Gainesville) 209
Bash (Miami) 95
Bass Museum of Art (Miami Beach) 67
Bass, Johanna y John 67
Bat Tower (Keys) 283
Bathtub Beach 112
Bay Hill Invitational 31
Bayfront Park (Miami) 72
Bayside Marketplace (Miami) 69, 72, 92, 93
Beach Patrol Station (Miami Beach) 64
  South Beach en 3 dimensiones 62
Beacon Hotel (Miami Beach) 58
Bearden, Romare 245
Bed & Breakfast Co-Tropical Florida 293, 295
*Bed and breakfasts* 292-293, 295
Béisbol 30
Belleair (Clearwater Beach) 238
Bellm's Cars and Music of Yesterday (Sarasota) 254
Bermudas, Triángulo de las 49
Bethesda-by-the-Sea Church (Palm Beach)
Bibliotecas
  Society of the Four Arts (Palm Beach) 116
Bicicletas 343, 359
Big Bend 211
*Big Bird with Child* (Appel) 128
Big Cypress National Preserve 270-271
Big Cypress Swamp 269, 270-271
Big Lagoon State Recreation Area 217
Big Pine Key 283
  hoteles 310
Big Talbot Island 193
Big Thunder Mountain Railroad (El Reino Mágico) 144
Bill Baggs Cape Florida State Recreation Area 89

Billetes de banco 351
Billy Bowlegs, jefe 45
Biltmore Hotel (Miami) 54, 77, 81
  Ruta en coche por Coral Gables 78
Birch, Hugh Taylor 130
Biscayne Bay Boat Trips (Miami) 73
Biscayne National Park 277
Bison 209, 261
Blackwater River State Park 221
Blackwater, río 220-221
Blackwell, Christopher 65
Blizzard Beach (Walt Disney World) 160
Blowing Rocks Preserve 112
Blue Hole (Keys) 283
Blue Spring State Park 189, 206
Boca Ratón 109, 126-127
  bares y cafés 330
  Boca Festival Days 33
  hoteles 299
  plano 127
  restaurantes 319
Boca Raton Museum of Art 126
Bodas
  en Walt Disney World 161
Boggy Bayou Mullet Festival 34
Bok Tower Gardens 179
Bok, Edward W. 179
Bollettieri, Nick *véase* Nick Bollettieri Tennis Academy
Bond, James 67
Bonnet House (Fort Lauderdale) 130
Books & Books (Miami) 93
Bosques 21
  Apalachicola National Forest 226
  auge maderero de Florida 217
Bosques frondosos 23
  Naval Live Oaks Reservation (Gulf Breeze) 220
  Ocala National Forest 20
  pinares de la llanura 22
  Torreya State Park 225
Boston Red Sox 30
Bougereau, William Adolphe
  *The Young Shepherdess* 208
*Boza's Comparsa* (M. Sánchez) 286
Bradenton 253
Bradford, Lake 225
Bradley's Country Store
  Por la ruta del algodón 230
Branch, John L 237
Brancusi, Constantin 123
Braque, Georges 122
Brattan, Lindsay 115
Breakers, The (Palm Beach) 117
  Un paseo por Palm Beach 119
Breakwater Hotel (Miami Beach) 60
Brickell Avenue (Miami) 69, 73
Bridge of Lions (St Augustine)
  St Augustine en 3 dimensiones 197
British Airways 354, 355
*Brittany and Child* (Hibel) 117
Brokaw-McDougall House (Tallahassee) 228
Broward Center for the Performing Arts (Fort Lauderdale) 336, 339
Bry, Theodore de 37, 193
Buceo 340, 343
  Biscayne National Park 277

  John Pennekamp Coral Reef State Park 278-279
  Looe Key National Marine Sanctuary 283
  Panama City Beach 224
Buchanan, Edna 82
Budget (alquiler de coches) 359
Buffet, Jimmy 285
Bulow Plantation Ruins State Historic Site 202
Bulow, mayor Charles 202
Burdines 333
  Miami 92, 93
Burroughs Home (Fort Myers) 262-263
Burroughs, Nelson 262
Burt Reynolds' Ranch (Jupiter) 113
Buscadores de tesoros 77, 289
  Key West 284
  Wreckers' Museum (Key West) 288
Busch Gardens 104, 250-251
Butterfly World 125
Button, Frank 80

## C

Ca' d'Zan (Sarasota) 258-259
Caballos
  carreras 30-31
  equitación 343
  Ocala 208
  polo 30-31, 122
  rodeos 31, 33, 261
*Cabaña del tío Tom, La* (Stowe) 44
Cabbage Key 265
Cabo Cañaveral *véase* Cañaveral, Cabo
Cadenas hoteleras 292
Café Creole and Oyster Bar (Tampa)
  Ybor City en 3 dimensiones 246
Cafés 330-331
Cagney, James 157
Caimanes 277
  Everglades National Park 274
  Gatorland 176-177
  precauciones 272, 349
Caine, Michael 62
Cajeros automáticos 350
Caladesi Island State Park 237
Calle Ocho (Miami) 32, 74
Caloosahatchee, río 262, 263
Calusa Nature Center and Planetarium (Fort Myers) 263
Calusa, indios 38, 267
  Kissimmee 177
  Marco Island 270
Campbell, Malcolm 205
Cámping 294-295
Canadá
  World Showcase 153
Canales (Fort Lauderdale) 131, 342
Canaveral National Seashore and Merritt Island 180
Cangrejos 22, 227
Cangrejos xifosuros 22
Canoas 343
  Blackwater River 220-221
  Everglades National Park 272
  Hillsborough River 249
Caña de azúcar 21, 124
Cañaveral, Cabo 49, 135

hoteles 302
Kennedy Space Center 185
Capitman, Barbara 61
Capitol Complex (Tallahassee) 210, 228
Capone, Al 48, 73
Biltmore Hotel (Miami) 81
Captiva Island 264
hoteles 308
restaurantes 326
*Car Parts* (Chamberlain) 256
Caracol de árbol 275
Cardozo Hotel (Miami Beach) 61, 65
South Beach en 3 dimensiones 63
Caribe, islas del 29, 38
Carlos IX, rey de Francia 193
Carlyle Hotel (Miami Beach) 60
Carnaval de Miami 32
Caroline, La (fuerte) 40, 193
Carreras
cuna de la velocidad 205
Daytona International Speedway 204
de caballos 30-31
de motocicletas 31, 32
de motor 31, 204
Carreras de coches 31, 35
Carreteras 356
Carreteras de Florida 356
Carrie B (Fort Lauderdale) 131
Carrollwood Twilight Arts and Crafts Festival 33
Cartier (Palm Beach) 115
Casa de cinco vanos con ceja 287
Casa de Leoni (Palm Beach)
Un paseo por Palm Beach 118
Casa de tres vanos 287
Casas de *concha* 287
Casas, intercambio 294
Cascabel, serpiente de 22
Casements, The (Ormond Beach) 203
Casino Records (Miami) 93
Casinos 132-133, 338, 339
Cason Cottage (Delray Beach) 124
Caspersen Beach 260
Castillo de San Marcos (St Augustine) 105, 200-201
historia 41
Castro, Fidel 50, 74, 75
Cavalier Hotel (Miami Beach) 61
Cayo Costa Island State Park 265
Cayos *véase* Everglades y los cayos
Cedar Key 211, 217, 230-231
hoteles 306
restaurantes 325
Cedar Key Historical Society Museum 231
Celebration (Walt Disney World) 150
arquitectura 29
Cementerios
Key West Cemetery 289
Woodlawn Cemetery (Miami) 74
Cenas espectáculo 337, 339
Orlando 177
Walt Disney World 162
Center for the Arts (Vero Beach) 110, 111
Central Cab 362
Central Miami Beach 67
Centros comeciales de tiendas de fábrica 333

Cézanne, Paul 122, 241
Challenger, transbordador espacial 51, 185
Chamberlain, John
*Car Parts* 256
Charles Deering Estate (Miami) 90
Museum of Science and Space Transit Planetarium (Miami) 83
Weeks Air Museum (Miami) 91
Charles Hosmer Morse Museum of American Art (Winter Park) 175
Cheques de viaje 350
en restaurantes 313
objetos perdidos 348
Chevrolet, Louis 189
Chicago White Sox 30
*Chickees* 28
China
Splendid China 178
World Showcase 152
Chipola, río 225
Choctawatchee Bay 221
Choctawatchee, río 223
Chokoloskee 272
Church Street Station (Orlando) 174-175
Cicadinas 90
Ciclismo 343, 359
Ciénagas de agua dulce 23
Ciervo
de los cayos 283
de Virginia 22
Cigar Worker's House (Tampa)
Ybor City en 3 dimensiones 247
Cigarrillos
franquicias aduaneras 346
Cine 337, 339
Estudios Disney-MGM 154-159
Estudios Universal 168-173
Film Society of America 35
Kennedy Space Center 183, 184
Cipreses 23, 270, 271
Circo Ringling 46, 258
Cirque du Soleil (Walt Disney World) 162
Cirrus 350, 351
Cítricos 21, 49
Indian River 111
Citrus Bowl *véase* Florida Citrus Bowl
City Gate (St Augustine)
St Agustine en 3 dimensiones 197
Civil War Soldiers Museum (Pensacola) 217
Pensacola en 3 dimensiones 214
Clearwater Beach 235, 238, 239
hoteles 308
restaurantes 327
Cleopatra (Romanelli) 196
Clevelander Hotel (Miami Beach) 61
Clewiston 124
hoteles 299
Clift, Montgomery 336
Clima 32-35
Club Carousel (Jacksonville) 337, 339
Club Tropigala (Miami) 95
CoBrA (colección de arte) 129
Coches
alquiler 357, 359
aparcamiento 293, 358-359
averías 358, 359

Bellm's Cars and Music of Yesterday (Sarasota) 254
carreras 31
conducir en Florida 356-359
conducir en Miami 363
Daytona International Speedway 204
gasolina 358
Klassix Auto Museum (Daytona Beach) 204
seguridad 358
*véase también* Rutas en coche
cocina 315
Cocoa 181
hoteles 302
Cocoa Beach 181
hoteles 302
restaurantes 321
Coconut Grove Arts Festival 35
Coconut Grove Playhouse (Miami) 94, 95
Coconut Grove Village (Miami) 54, 77, 82
bares y cafés 330
compras 92
fiestas 33
hoteles 298-299
restaurantes 318-319
*véase también* Coral Gables y Coconut Grove
CocoWalk (Miami) 82, 92, 93
Colas
Walt Disney World 163
Coliseum (Daytona Beach) 337, 339
Coliseum Ballroom (St Petersburg) 337, 339
Collier County Museum (Naples) 270
Collins Avenue (Miami Beach) 65, 67
Colón, Día de 35
Colonnade Building (Coral Gables) 80
Colony Hotel (Miami Beach) 59
Colony Theatre (Miami) 66, 94, 95
Colossal Studios Pirate's Dinner Adventure (Orlando) 177
Columbia Restaurant (Tampa)
Ybor City en 3 dimensiones 247
Cómic
International Museum of Cartoon Art (Boca Raton) 126
Comida y bebida
bares y cafés 330-331
De compras por Florida 335
Qué comer en Florida 314-315
*véase también* Restaurantes
Complejos hoteleros 292
Walt Disney World 161
Compras 332-335
barrios comerciales 332
centros comerciales 332
cuándo comprar 332
De compras por Florida 334-335
Disney-MGM, Estudios 159
El Reino Mágico 144
grandes almacenes 332-333
impuesto de venta 293, 313, 332
Miami 92-93
regalos y recuerdos 333
Sea World 167
tiendas-descuento 333
Universal Studios 173
Worth Avenue (Palm Beach) 115

# ÍNDICE GENERAL

Comunicaciones 352-353
Concert Association of Florida 337, 339
Conch Republic Celebration 32
*Concha,* casas de 287
Condos (edificios de apartamentos) 294
Conducir en Florida 356-359
Conquistadores 40-41
Conservación de la naturaleza, movimiento de 50
Consulados 347
Continental (línea aérea) 354, 355
Copa, The (Fort Lauderdale) 338, 339
Coquina 201
Coral Castle (Miami) 91
Coral Gables City Hall (Miami) 80
  Ruta en coche por Coral Gables 78-79
Coral Gables Congregational Church (Miami)
Coral Gables Merrick House (Miami) 80
Coral Gables y Coconut Grove (Miami) 14, 77-85
  arquitectura 29
  bares y cafés 330
  hoteles 298
  plano 78-79
  restaurantes 318
Coral Way (Miami)
  Ruta en coche por Coral Gables 79
Coral, arrecifes de 278-279
Cordoba Hotel (St Augustine)
  St Augustine en 3 dimensiones 196
Corkscrew Swamp Sanctuary 271
Cornell Fine Arts Museum (Winter Park) 175
*Coronación de la Virgen* (Ghirlandaio) 67
Correo urgente 353
Correos 353
Corriente del golfo 40, 281
Corrientes de arquitectura moderna 58, 59
*Corrupción en Miami* 51, 73, 82
Costa del golfo 233-265
  bares y cafés 331
  hoteles 308-310
  mapa 234-235
  playas 239
  restaurantes 326-328
Costa Espacial *véase* Orlando y la Costa Espacial
Costumbres en el vestir 347
Country Club Prado Entrance (Miami)
Cracker
  casas 28, 111
  destilería de trementina 225
  granjas 18
Crandon Park (Miami) 89
Crane Point Hammock (Marathon) 282
Crédito Cigar Factory, El 74, 93
Cronkite, Walter 184
Cruceros 338, 339
  Fort Lauderdale 131
  Walt Disney World 161
Cruceros por el Caribe 19, 51, 338
  cruceros Disney 161
Cruise America (alquiler de caravanas) 359

Crystal River 236
Crystal River National Wildlife Refuge 236
Crystal River State Archaeological Site 236
Cuban Memorial Boulevard (Miami) 74
Cuban Museum of the Americas (Miami) 74
Cubana, comunidad 19, 50, 51, 69
Cuevas
  dolinas 20
  Florida Caverns State Park 225
Cummer Museum of Art and Gardens (Jacksonville) 195
Curry Mansion (Key West) 288
  Key West en 3 dimensiones 284
Curry, Milton 288
Curry, William 288
Curtiss, Glenn 89
Cypress Gardens 179
  hoteles 302
Cypress Island 178

## D

Dade County 14, 50
Dade County Auditorium (Miami) 94, 95
Dade County Courthouse (Miami)
  El centro de Miami en 3 dimensiones 70
Dalí, Gala 243
Dalí, Salvador 65, 243
  *Segador de la noche-¡Esperanza!* 243
  *Descubrimiento de América por Colón* 243
  *Don Quijote y Sancho* 243
  *Nature Morte Vivante* 242
  Salvador Dalí Museum (St Petersburg) 242-243
  *Niño enfermo* 242
  *Vista de Cadaqués* 242
Damron Company 338, 339
Davie 133
  rodeos 31
Davis, Robert 222
Daytona 500 (carrera de motos) 31, 204
Daytona Beach 203
  bares y cafés 331
  carreras de coches 31
  carreras de motos 32
  Cuna de la velocidad 205
  fiestas 33, 35
  hoteles 305
  restaurantes 323
Daytona International Speedway 31, 204, 205
De Generes, Ellen 149
De Soto National Memorial 253
Deco Dazzle 58, 65
*Déco tropical* 58
Deerfield
  restaurantes 319
Deerfield Beach 127
Deering, Charles
  Charles Deering Estate (Miami) 90
Deering, James 84
Degas, Edgar 123, 126

Delano Hotel (Miami Beach) 65
Delfines
  Sea World 164-167
Delito
  seguridad 87, 348
  seguridad en la conducción 358
Delray Beach 21, 124
  hoteles 300
  restaurantes 319
Delta Airlines 354
Demens, Peter 240
Demografía 10, 18, 48, 50
Dentistas 349
Department of Agriculture and Consumer Services 343
Department of Environmental Protection (DEP) 340, 343
Department of Natural Resources 295
Deportes 340-343
  baloncesto 31
  béisbol 30
  buceo y submarinismo 340, 343
  carreras de caballos 30
  carreras de motor 31
  ciclismo 343
  equitación 343
  excursiones en canoa 343
  excursiones por la naturaleza 342, 343
  fuentes de información 340, 343
  fútbol americano 30
  golf 31, 340, 343
  *jai alai* 31, 133
  Miami 94, 95
  natación y deportes naúticos 341, 343
  naútica 342, 343
  pesca 341, 343
  polo 31, 122
  rodeos 31, 261
  senderismo 343
  tenis 31, 340, 343
  Walt Disney World 162
Deportes acuáticos 341, 343
Depresión 49
Derechos humanos, movimiento pro 50
Desayuno 293, 313
*Descubrimiento de América por Colón* (Dalí) 243
Descuento
  compras 333
  Qué comprar en Florida 335
  precios de las entradas 346
Desfiles
  Disney-MGM, Estudios 156
  El Reino Mágico 142
Destin 213, 222
  Fishing Rodeo 34
  hoteles 307
  playa 223
  restaurantes 325
Destin Fishing Museum 222
Destin Mayfest 32
Día de Acción de Gracias 34, 35
Día de Colón 35
Día de la Epifanía Griega 35
Día de la Independencia 33, 35
Día de Martin Luther King 35
Día del Trabajo 35

ÍNDICE GENERAL

Días festivos 35
Dickinson, Jonathan 113
Dinero
　banco y cambio 350-351
　seguridad personal 348
　Walt Disney World 163
Diners Club 349
Dinner Key (Miami) 83
Direcciones en Miami 363
Discapacitados 347
　en hoteles 293
Discovery Cruise Line 338, 339
Discovery Island (Walt Disney World) 161
Disney Institute 161
Disney Magic (crucero) 161
Disney Store (Miami) 92, 93
Disney Village Marketplace 162
　fiestas 34
Disney Wonder (crucero) 161
Disney's BoardWalk Resort 161
Disney's West Side 162
Disney's Wide World of Sports 162
Disney, reino animal de 160
Disney, Walt 50, 150
Disney-MGM, estudios (Walt Disney World) 154-159
　Animation Courtyard 158
　compras 159
　desfiles y fuegos artificiales 156
　Echo Lake 159
　Hollywood Boulevard 156, 157
　las cinco mejores 157
　lista de atracciones, espectáculos y visitas 159
　New York Street 158-159
　plano 156-157
　restaurantes y bares 158
　Sound Stages 158
　Sunset Boulevard 157
Distancias geográficas 12
Distracciones 336-343
　cenas con espectáculo 337, 339
　cine 337, 339
　cruceros 338, 339
　deportes y actividades al aire libre 340-343
　fuentes de información 336
　grandes locales 336, 339
　homosexuales 338, 339
　juego 338, 339
　Miami 94-95
　música clásica, ópera y danza 337, 339
　música en directo y salas de fiestas 337, 339
　niños 338, 339
　reservas 336, 339
　teatro 336, 339
Dodge Island 73
Dog Island 226
Dolinas 20
Dollar (alquiler de coches) 359
Dolphin Research Center 280
*Don Quijote y Sancho* (Dalí) 243
Donnelly House (Mount Dora) 207
Dorado, El 40, 41
Dorr House (Pensacola) 216
　bares y cafés 330

Downtown y Little Havana (Miami) 69-75
　hoteles 298
　Pensacola en 3 dimensiones 215
　restaurantes 317
Downtown Disney (Walt Disney World) 162
Downtown Orlando 174-175
　hoteles 302
　restaurantes 321
Downtown Venice Street Craft Festival 33
Drake, sir Francis 41, 200
Dreher Park Zoo (West Palm Beach) 123
Driftwood Resort (Vero Beach) 111
Dry Tortugas National Park 289
Dunas 22
Dunedin 237
　historia 45
　hoteles 308
　restaurantes 327
Durero, Alberto 67
Duval Street (Key West) 286
　Key West en 3 dimensiones 284

# E

Earhart, Amelia 83
East Coast Railroad 107
East Florida
　historia 42-43
East Martello Museum and Gallery (Key West) 286
East Martello Tower 45
Eastwood, Clint 157
Easyriders (Miami) 93
Eberson, John 245
Echo Lake (Estudios Disney-MGM) 159
Economía y turismo 19
Eden State Gardens y mansión 212, 223
*Edificación de un palacio, La* (Piero di Cosimo) 257
Edison Hotel (Miami Beach) 60
Edison, Thomas
　Edison Winter Home (Fort Myers) 262
*Efficiencies* (tipo de alojamiento) 294
Elecciones 35
Electrical Water Pageant (Walt Disney World) 162
Electricidad 347
Elliott Museum (Hutchinson Island) 112
Elliott, Sterling 112
Embajada de EE UU en España 347
Embajada de España 347
Emerald Coast 221, 222
Entradas, precios de las 346
Eola, lago 174
Epcot (Walt Disney World) 146-153
　Audio-Animatronics 151
　Celebration 150
　Future World 149-151
　IllumiNations 148
　las 10 mejores atracciones 149
　lista de atracciones y espectáculos 151
　plano 148-149
　restaurantes y bares 153
　World Showcase 152-153

Epicure (Miami) 93
Epifitas 23, 276
Equitación 343
Ermita de la Caridad (Miami) 83
　Little Havana (Miami) 74
　Miami 69, 75
Esclavos
　*cabaña del tío Tom, La* (Stowe) 44
　huída de esclavos 40, 42
　Kingsley Plantation 193
　plantaciones 45
　venta de esclavos 43
Espacio
　Kennedy Space Center 135, 137, 182-187
　NASA 48, 49
　transbordador espacial 50-51, 184, 185, 186-187
　US Astronaut Hall of Fame 181
Española Way (Miami Beach) 66
Española, La 27
Espátula rosada 275
Espectáculos deportivos en Florida 30-31
Esquí acuático 341
　Cypress Gardens 179
Essex House Hotel (Miami Beach)
　South Beach en 3 dimensiones 62
Estefan, Gloria 73, 75
　Cardozo Hotel (Miami Beach) 63
　Downtown Disney 162
　Little Havana 74
　South Beach (Miami) 62
Estero, río 263
Estudios Universal 135, 168-173
　bares y restaurantes 173
　central de producción 171
　compras 173
　encuentro con las estrellas 171
　Expo Center 172
　Front Lot 170
　Hollywood 172
　información esencial 169
　Nueva York 171
　plano 168-169
　rodajes 170
　San Francisco/Amity 173
Europa SeaKruz 338, 339
Everglades Club (Palm Beach) 114
Everglades National Park 49, 105, 267, 272-277
　Everglades amenazados, Los 277
　flora y fauna en los Everglades 274-275
　información esencial 273
　mapa 272-273
　normas de seguridad 272
　senderos en torno a Flamingo 276
Everglades y los Cayos, Los 21, 267-289
　arrecifes de coral en Florida 278-279
　bares y cafés 331
　hoteles 310-311
　huracanes 48
　Lower Keys 282-283
　Loxahatchee National Wildlife Refuge 125
　mapa 268-269

# ÍNDICE GENERAL

naufragios y búsqueda de tesoros 26
pesca en los cayos de Florida, La 281
restaurantes 328-329
Excursiones por la naturaleza 342, 343
Explorer I, satélite 49
Expo Center (Universal Studios) 172
Express Mail 353
*Expressways* 356
ExtraTERRORestrial Alien Encounter (El Reino Mágico) 145

## F

*Factory outlets*, 333
Fairchild Tropical Garden (Miami) 90
Fakahatchee Strand State Preserve 271
Fantasy Fest 34
Fantasy of Flight 178-179
Fantasyland (El Reino Mágico) 144-145
Faros 26
   Lighthouse Museum (Key West) 286
   Ponce de Leon Inlet Lighthouse 204
*Fat Albert* 283
Fatio, Maurice 116
Faxes 353
Fernandina Beach 192
   arquitectura 28
   fiestas 32
   hoteles 305
   restaurantes 323-324
Ferrocarril 360, 361
   expansión 46-47
Festival of the Masters 34
Festival of the States 32
Festivales 32-35
Festividades públicas 35
Fiesta of Five Flags 33
Fiestas 32-35
Fiestas nacionales 35
Film Society of America 35
Fink, Denman
   Alhambra Water Tower (Miami) 78
   Coral Gables City Hall (Miami) 80
   US Federal Courthouse (Miami) 72
   Venetian Pool (Miami) 81
Firestone, Harvey 205, 262
First Union Financial Center (Miami) 69
Fisher Island 73
Fisher, Carl
Fisher, Mel 26, 27, 110
   *Atocha* 93
   Mel Fisher Maritime Heritage Museum (Key West) 284, 288
   Mel Fisher's Treasure Museum 110
Flagler College (St Augustine) 47, 198, 199
   St Augustine en 3 dimensiones 196
Flagler Museum (Palm Beach) 120-121
   Un paseo por Palm Beach 118
Flagler, Henry 37, 105
   Breakers, The (Palm Beach) 119
   East Coast Railroad 107
   ferrocarril 46, 47
   Flagler College (St Augustine) 199
   Flagler Museum (Palm Beach) 118, 120-121
   Lightner Museum (St Augustine) 199
   Ormond Beach 202, 205
   Overseas Railroad 48, 267

Palm Beach 114, 118, 121
Ponce de Leon Hotel (St Augustine) 47
puente de las 7 millas 282
St Augustine 28, 196
Tavernier 279
West Palm Beach 122
Yamato, colonia 125
Flamingo 277
   Senderos en torno a Flamingo 276
Flamingo Gardens 133
Fleming Street (Key West)
   Key West en 3 dimensiones 285
Flora, fauna y hábitats naturales 22-23
   arrecifes de coral de Florida 278-279
   aves de la costa espacial 180
   Big Cypress Swamp 270-271
   Busch Gardens 104
   Butterfly World 125
   Calusa Nature Center and Planetarium (Fort Myers) 263
   Canaveral National Seashore and Merritt Island 180
   Cedar Key 231
   Corkscrew Swamp Sanctuary 271
   Crystal River National Wildlife Refuge 236
   Cypress Island 178
   Discovery Island (Walt Disney World) 161
   Dolphin Research Center 280
   Dry Tortugas National Park 289
   Everglades National Park 274-277
   Fakahatchee Strand State Preserve 271
   Flamingo Gardens 133
   Florida Keys Wild Bird Rehabilitation Center (Tavernier) 279
   Gatorland 176-177
   Gumbo Limbo Nature Center (Boca Ratón) 127
   Hobe Sound National Wildlife Refuge 112
   Homosassa Springs State Wildlife Park 236
   JN "Ding" Darling National Wildlife Refuge (Sanibel Island) 265
   John Pennekamp Coral Reef State Park 278-279
   Lignumvitae Key 280
   Lion Country Safari 123
   Little Talbot Island State Park 193
   Lower Keys 283
   Loxahatchee National Wildlife Refuge 125
   Manatee Springs State Park 231
   Marineland Ocean Resort 202
   Marinelife Center (Juno Beach) 113
   Merritt Island National Wildlife Refuge 180
   Miami Seaquarium 89
   Myakka River State Park 260
   Naval Live Oaks Reservation (Gulf Breeze) 220
   Ocala National Forest 207
   Parrot Jungle (Miami) 90
   Payne's Prairie State Preserve 209
   Pelican Man's Bird Sanctuary (Sarasota) 255

   precauciones 272
   Sanibel Captiva Conservation Foundation 264
   Sea World 164-167
   St Joseph Peninsula State Park 225
   St Vincent National Wildlife Refuge 226
   Suncoast Seabird Sanctuary 238
   *véase también* Acuarios y parques acuáticos; Zoos; animales individualmente
*Floribbean cuisine* 312
Florida
   mapas 10-11, 104-105
   Florida antes de la guerra de secesión 44-45
   Florida Aquarium (Tampa) 248
   Florida Association of Dive Operators 340, 343
   Florida Association of RV Parks and Campgrounds 295
   Florida Audubon Society 342, 343
   Florida británica 42-43
   Florida Caverns State Park 225
   Florida Citrus Bowl (Orlando) 30, 336, 339
   Florida Citrus Festival 35
   Florida East Coast Railroad 46, 69
   Florida española 40-41
   barcos con tesoros 26-27, 40
   castillo de San Marcos (St Augustine) 200-201
   Panhandle 211
   Pensacola 214
   Florida Game and Fresh Water Fish Commission 341, 343
   Florida Grand Opera 337, 339
   Florida History Center and Museum (Jupiter) 113
   Florida International Festival 33
   Florida International Museum (St Petersburg) 241
   Florida Keys *véase* Everglades y los cayos
   Florida Keys Wild Bird Rehabilitation Center (Tavernier) 279
   Florida Museum of Natural History (Gainesville) 209
   Florida Outback Safaris 342, 343
   Florida Philharmonic Orchestra 337, 339
   Florida prehistórica 38-39
   Florida Southern College 252
   Florida Sports Foundation 340, 342, 343
   Florida State Fair 35
   Florida State Taxidermy Association 341, 343
   Florida State University Center for the Performing Arts (Sarasota) 336, 339
   Florida Strawberry Festival 32
   Florida Trail Association 343
*Flower Vendor* (Wilson) 245
Flying Tigers Warbird Restoration Museum (Kissimmee) 177
Fontainebleau Hotel (Miami Beach) 67
   Tropigala 95
Ford, Clara 262
Ford, Henry 202
   Daytona Beach 189, 205

Ford Winter Home (Fort Myers) 262
Fort Barrancas 219
Fort Caroline National Memorial 193
Fort Clinch State Park 192
Fort de Soto Park 241
   playa 239
Fort Foster 249
Fort George 42, 193
Fort Jefferson 289
Fort Lauderdale 107, 109, 128-131
   aeropuerto 354
   bares y cafés 330
   Boat Show 34
   fiestas 34, 35
   hoteles 300
   plano 128-129
   restaurantes 319-320
   Ticketmaster 339
Fort Lauderdale Historical Museum 128
Fort Mellon 206
Fort Mose 40
Fort Myers 262-263
   hoteles 308
   restaurantes 327
   Ticketmaster 339
Fort Myers Historical Museum 263
Fort Pickens 220
Fort Pierce 111
   hoteles 300
   restaurantes 320
Fort Walton Beach 221, 223
   fiestas 34
   hoteles 307
   restaurantes 325
Fort Wilderness (Walt Disney World) 161
Fort Zachary Taylor State Historic Site (Key West) 286, 288
Foster, Stephen C. 230
Fountain Square (Pensacola)
   Pensacola en 3 dimensiones 215
France, Bill 205
Francia (World Showcase) 153
Franklin, Benjamin 153
Franquicias aduaneras 346
Freedom Tower (Miami) 72
French City Village (Miami)
   Ruta en coche por Coral Gables 78
Front Lot (Universal Studios) 170
Frontierland (El Reino Mágico) 144
Frost, Robert 288
Fruta
   cítricos 21, 49
   Indian River 111
   Qué comer en Florida 315
Fuegos artificiales
   Estudios Disney-MGM 156
Fumar 347
   en restaurantes 312
Fútbol americano 30
Future World (Epcot) 148-151

## G

Gainesville 209
   bares y cafés 331
   carreras de motor 31
   hoteles 305
   restaurantes 324
Gainesville-Hawthorne State Trail 209

Galerías *véase* Museos y galerías
Gálvez, Bernardo de 42, 43
Gamble Place (Daytona Beach) 203
Gamble Plantation 252-253
Gamble, James N. 203
Gamble, mayor Robert 252-253
Gambling 338, 339
Ganado 21
Garbo, Greta 159
Garceta nívea 274
Garden Key 289
Gardens, The (West Palm Beach) 123
Garland, Judy 81
Garza azul 275
Gasolina 358
Gaspar, José 249
Gasparilla Festival 35
Gasparilla Island 260-261
Gasparilla Island State Recreation Area 261
Gator Bowl (Jacksonville) 30, 336, 339
Gatorland 176-177
Gatornationals, carrera 31
Gaudí, Antonio 65
Gauguin, Paul
   *Agonía en el jardín* 122-123
General Motors 150
Germany (World Showcase) 152
Gesu Church (Miami)
   El centro de Miami en 3 dimensiones 71
Ghirlandaio, Domenico
   *Coronación de la Virgen* 67
Giacometti, Alberto 126
Gilbert's Bar House of Refuge Museum (Hutchinson Island) 112
Glenn, John 184
Go! Motorhome Vacations Inc 359
Gold Coast Opera 337, 339
Gold Coast y Treasure Coast 105, 107-133
   bares y cafés 330
   hoteles 299-301
   huracanes 48
   mapa 108-109
   polo 31
   restaurantes 319-321
Golf 31, 340, 343
González, Tomás 199
Goodwood, plantación (Tallahassee) 44-45, 229
   Por la ruta del algodón 230
Goombay Festival 33
Gorrie, John 45
   John Gorrie State Museum (Apalachicola) 226
Government Cut 64, 73
Government House Museum (St Augustine) 198
Governor Hotel (Miami Beach) 65
Grahame, Kenneth 144
Granada, entrada de (Miami)
   ruta en coche por Coral Gables 79
Grand Floridian Beach Resort (Walt Disney World) 161
Grandes almacenes 332-333
Grapefruit League 30
Graves Museum of Archaeology and Natural History (Dania) 132

Grayton Beach (State Recreation Area) 223
   restaurantes 325
Great Explorations (St Petersburg) 241
Greater Fort Lauderdale 107, 128
Green's Pharmacy (Palm Beach)
   Un paseo por Palm Beach 119
Greenleaf and Crosby (Palm Beach) 115
Gregory House (Torreya State Park) 225
Greyhound Lines 360-361, 362
Greystone Hotel (Miami) 29
Guavaween 34
Guerra civil 44, 45, 288, 289
Guerra de Cuba 47, 289
Guerra de la independencia 42
Guerras seminolas
   primera 42, 43
   segunda 44
   tercera 44, 45
Gulf Breeze 220
   hoteles 307
   restaurantes 325
Gulf World (Panama City Beach) 224
Gulfarium (Fort Walton Beach) 221
Gulfstream Park 31
Gumbo Limbo Nature Center (Boca Ratón) 127
Gumbo Limbo Trail (Everglades National Park) 276
Gusman Center for the Performing Arts (Miami) 94, 95

## H

Haitianos, refugiados 89
Halifax Historical Society Museum (Daytona Beach) 203
Hall of Presidents (El Reino Mágico) 144
Hall, Ben 245
Halloween 34
*Hammocks* 23
   Everglades National Park 274-275
Hanna y Barbera 171
Hardy, Oliver 195
Harlem Globetrotters 162
Harry P. Leu Gardens (Orlando) 174
Haulover Park 88
Haunted Mansion (El Reino Mágico) 144
Havana 26
Hearst, William Randolph
   Ancient Spanish Monastery (Miami) 88
Heath, Ralph 238
Hedstrom, Oscar 205
Hemingway Days Festival 33
Hemingway, Ernest 48, 208
   Hemingway House (Key West) 286
   Key West 284
   Key West Cemetery 289
Henry B Plant Museum (Tampa) 244
Heritage House Museum (Key West) 288
Herlong Mansion (Micanopy) 208
Hertz (alquiler de coches)359
Hiaasen, Carl 82
Hialeah Park (Miami) 94, 95
   carreras de motor 31, 48

seguridad 87
Hibel, Edna
  *Brittany and Child* 117
  Hibel Museum of Art (Palm Beach) 117
Hibiscus Island 73
Higuera estranguladora 274
Hillsborough River State Park 249
Hillsborough, río 47, 249
Hispana, comunidad 50
Historia 37-51
Historic Pensacola Village 216
Hitchcock, Alfred 168, 171
Hobe Sound National Wildlife Refuge 112
Hobe, indios 113
Hohauser, Henry
  Cardozo Hotel (Miami Beach) 61
  Colony Hotel Miami Beach) 59
  Edison Hotel (Miami Beach) 60
  Essex House Hotel (Miami Beach) 62
  Governor Hotel (Miami Beach) 65
  Park Central Hotel (Miami Beach) 58
Holiday Autos (alquiler de coches) 359
Holiday Isles 239
Hollywood (Estudios Universal) 172
Hollywood 132-133
  hoteles 300
  restaurantes 320
Hollywood Boulevard (Estudios Disney-MGM) 154-155, 156, 157
Holocaust Memorial (Miami Beach) 66
Homer, Winslow 123
Homestead
  carreras de motor 31
Homosassa Springs State Wildlife Park 236
Homosexuales, ocio para 338, 339
Honeymoon Island State Recreation Area 237
Hontoon Island State Park 206
Hopper, Edward 123
Horarios de apertura 346
  bancos 350
  restaurantes 312
  tiendas 332
  Walt Disney World 163
Horas de sol 33
Horizons (Epcot) 150
Horowitz, Leonard 58, 65
Hospitales 349
Hostelling International 295
Hoteles 292-311
  complejos hoteleros 292
  Costa del golfo 308-310
  Everglades y los cayos, Los 310-311
  extras 293
  Gold Coast y Treasure Coast 299-301
  instalaciones 293
  Miami 296-299
  moteles 294
  niños 295
  noreste 305-306
  Orlando 294
  Orlando y la Costa Espacial 302-304
  Panhandle 306-308
  precios 293
  propinas 347
  reservas 293
  seguridad personal 348
  Walt Disney World 139, 161
Hoteles, cadenas de 292
Houseman, capitán J. 280
Houston Astros 30
Hoyos cavados por los caimanes 274
Hugh Taylor Birch State Recreation Area 130
Huracán *Andrew* 24, 51, 83, 87
Huracán *Donna* 270
Huracán *Opal* 216
Huracanes 24-25, 48
  seguridad 349
Hurston, Zora Neale 49
Husos horarios 353
Hutchinson Island 111, 112
  hoteles 300
  restaurantes 320
Huzienga, Wayne 131
Hyde Park (Tampa) 248

# I

Ibis blanca 23
Iglesias, Julio 73, 74
IllumiNations (Epcot) 148
Imperial Hotel (Miami Beach) 59
Impuestos
  de venta 293, 313, 332
  hoteleros 293
Inca Garcilaso de la Vega 40
Indian Key 280
Indian River 107, 135
  industria de los cítricos 111
Indian River Citrus Museum (Vero Beach) 110
Indian Rocks Beach 239
Indian Temple Mound Museum (Fort Walton Beach) 221
Indios
  casas 28
  conquistadores españoles 40-41
  Crystal River State Archaeological Site 236
  Florida prehistórica 38-39
  guerras semínolas 44-45
  Miccosukee Indian Village 271
  poblado indio (Hollywood) 132, 133
  Seminole Indian Hollywood Reservation 132-133
  *véase también* Tribus
Información turística 346, 347
Ingraham Building (Miami)
  El centro de Miami en 3 dimensiones 71
Inmigración 19, 346
Innoventions (Epcot) 149
Insectos
  mosquitos 180, 276, 349
  seguridad 272, 349
Intercambio de viviendas 294
International Drive (I Drive) 176
  hoteles 302-303
  restaurantes 321-322
  viaje 363
International Museum of Cartoon Art (Boca Raton) 126
International Swimming Hall of Fame (Fort Lauderdale) 130
Intracoastal Waterway 21, 191
  naútica 342
Invierno en Florida 35
Iron Horse Rentals 359
Islamorada 280, 281
  hoteles 310
  restaurantes 328
Islas 20
Islas de árboles *véase* Hammocks
Isle of Eight Flags Shrimp Festival 32
Isles, The (Fort Lauderdale) 131
It's a Small World (El Reino Mágico) 145
Italy (World Showcase) 152

# J

J. Bolado (Miami) 92, 93
Jack Island 111
Jackie Gleason Theater of the Performing Arts (Miami) 94, 95
Jackson, general 43
  Jacksonville 194
  llega a ser presidente 44
  Miccosukee 231
  primera guerra semínola 42
Jacksonville 194-195
  arquitectura 28
  bares y cafés 331
  hoteles 305
  Jazz Festival 34
  moverse en 363
  plano 194
  restaurantes 324
Jacksonville Historical Center 195
Jacksonville Jaguars 30
Jacksonville Transit Authority 363
Jacksonville, Zoo de 195
Jacobs, Julius 29
*Jai alai* 31, 133
Jai, Anna 193
Japanese Gardens 125
Japón (World Showcase) 153
Jardines *véase* Parques y jardines
Jazz Cellar (Ybor City) 337, 339
Jefferson, Thomas
  Monticello 229
Jerónimo 220
Jesuitas 40
JN "Ding" Darling National Wildlife Refuge (Sanibel Island) 265
John D MacArthur Beach State Park 123
John Gorrie State Museum (Apalachicola) 226
John Pennekamp Coral Reef State Park 278-279
  Looe Key National Marine Sanctuary 283
John U Lloyd Beach State Recreation Area 132
Johns Pass Village 238
  Seafood Festival 34
Johnson Beach Day Use Area 217
Johnson, Philip
  Metro-Dade Cultural Center (Miami) 72
Jonathan Dickinson State Park 113
Jorn, Asger 129
José Martí Park (Tampa)

Ybor en 3 dimensiones 246
Journey into Imagination (Epcot) 150-151
Joyerías
   Miami 92, 93
Jubilados *véase* Tercera edad
Judíos
   Holocaust Memorial (Miami Beach) 66
   Sanford L. Ziff Jewish Museum of Florida (Miami Beach) 65
Jungle Cruise (El Reino Mágico) 143
*Jungle Queen* 131
Juniper Springs 206
Juno Beach 113
Jupiter 113
   hoteles 300
   restaurantes 320
Jupiter Beach Park 113
Jupiter Inlet, faro de 113
Jupiter Island 112-113

## K

Kanapaha Botanical Gardens (Gainesville) 209
Karloff, Boris 159
Kathryn Abbey Hanna Park 195
Keaton Beach 230
Kenan, Mary Lily 120, 121
Kennedy Space Center 50, 135, 137, 182-187
   Apollo/Saturn V Center 182, 184, 185
   cronología de la exploración espacial 184-185
   distribución 182-183
   información esencial 183
   rutas en autobús 185
   transbordador espacial 186-187
   Visitor Center 184-186
Kennedy, John F. 72, 182
Key Biscayne (Miami) 89
   tenis 31
Key Largo 278
   hoteles 310
   restaurantes 328
Key West 17, 267, 281, 284-289
   arquitectura 28
   bares y cafés 331
   fiestas 32, 33, 34
   hoteles 311
   información esencial 285
   Key West en 3 dimensiones 284-285
   Key West, estilo de 287
   *República de la Concha* 51
   restaurantes 328-329
Key West Cemetery 289
King Henry's Feast (Orlando) 177
King Orange Jamboree Parade 35
King, Jr, Martin Luther 50
Kingsley, plantación de 43, 193
Kingsley, Zephaniah 193
Kissimmee 21, 135, 177
   restaurantes 322
   rodeos 31, 33
Klassix Auto Museum (Daytona) 204
Knott House Museum (Tallahassee) 228-229
Knott, Luella 229
KOA Kampgrounds of America 295
Koreshan State Historic Site 263

Koreshan Unity, secta 263
Ku Klux Klan 46, 47

## L

La Belle
   fiestas 35
LA Dodgers 30
Lagos
   dolinas 20
Lake Wales
   hoteles 303
Lake Worth 124
Land, The (Epcot) 151
Lapidus, Morris
   Fontainebleau Hotel (Miami Beach) 67
   Lincoln Road Mall (Miami Beach) 66
Lauder, Estée 117
Laudonnière, René de 40, 41, 193
Laureles 274
Lavalle House (Pensacola) 216
   Pensacola en 3 dimensiones 214
Lee Island Coast 264-265
   bares y cafés 331
   mapa 264
   piratas 249
Leedskalnin, Edward 91
Léger, Fernand 67, 126
Lennon, John 117
Lenox Avenue (Miami Beach) 64
Leslie Hotel (Miami Beach) 60
Leu, Harry P 174
Ley seca 47
Liberty City 87
Liberty Square (El Reino Mágico) 144
Libros
   De compras por Florida 334
   librerías en Miami 93
Lichtenstein, Roy 216
Lido Key 255
   playa 239
Lightner Museum (St Augustine) 189, 196, 199
   St Augustine en 3 dimensiones 196
Lightner, Otto C 199
*Ligia y el toro* (Moretti) 104
Lignumvitae Key 280
Límites de velocidad 357
Lince rojo 23
Lincoln Road Mall (Miami Beach) 66
Lincoln Theatre (Miami) 66, 94, 95
Lincoln, Abraham 44, 151
Lion Country Safari 123
Lipton International Players Championship 31
Liquen 23, 349
Liquid (Miami) 95
Little Haiti (Miami) 89
   seguridad 87
Little Havana (Miami) 54, 69, 74
   restaurantes 318
   *véase también* El centro y Little Havana
Little Talbot Island State Park 193
Living Seas (Epcot) 151
Lluvia en Florida 34
Lluvias 34
Loch Haven Park (Orlando) 174
Loehmann's Fashion Island (Miami) 92, 93

Long Pine Key (Everglades National Park) 276
Longboat Key 255
   playas 239
   hoteles 308
Looe Key National Marine Sanctuary 283
Lowe Art Museum (Miami) 81
   Ruta en coche por Coral Gables 78
Lower Keys 282-283
Lowry Park Zoo (Tampa) 248-249
Loxahatchee National Wildlife Refuge 125
Loxahatchee, río 113
Lummus Island 73
Lummus Park (Miami Beach) 64
   South Beach en 3 dimensiones 63
Luna, Tristan de 41, 214
Lynx Buses 137, 363

## M

MacArthur Causeway 73
Maceo, Antonio 74
Machado, Gerardo 74
Maclay, Alfred B. 229
Madeira Beach 238, 239
   fiestas 34
Madrid, tratado de (1670) 41
Magnolia 23
Magnolia Road
   Por la ruta del algodón 231
Mahogany 275
Mahogany Hammock Trail (Everglades National Park) 273, 277
Mai Kai (Fort Lauderdale) 337, 339
Main Street, USA (El Reino Mágico) 143
Maitland Art Center (Orlando) 174
Majestic Hotel (Miami Beach) 59
Major, Howard 116
Mallory Square 286, 338
Manatee Springs State Park 231
Manatee Village Historical Park 253
Manatíes 236
   Crystal River National Wildlife Refuge 236
   Homosassa Springs State Wildlife Park 236
Mangle 275
Mapa de carreteras de Florida 12-13
Mapas y planos
   Boca Ratón 127
   Centro de Miami en 3 dimensiones 70-71
   Centro y Little Havana (Miami) 69
   conducir en Florida 356-357
   Coral Gables y Coconut Grove 77
   costa del golfo 234-235
   Daytona, circuito intenacional de 204
   Disney-MGM, Estudios 156-157
   Epcot 148-149
   Estudios Universal 168-169
   Everglades National Park 272-273
   Everglades y los cayos 268-269
   expansión del ferrocarril 46
   Florida 10-11, 104-105
   Florida británica 42
   Fort Lauderdale 128-129
   Gold Coast y Treasure Coast 108-109

# ÍNDICE GENERAL

Jacksonville 194
Key West 284-285
Lee Island Coast 264
mapa de carreteras de Florida 12-13
Miami 14-15, 54-55
Miami Beach 57
Miami, afueras de 87
Miami, callejero de 96-101
naufragios y búsqueda de tesoros 26-27
noreste de Florida 190-191
Ocean Drive (Miami Beach) 58, 60
Orlando y la Costa Espacial 136-137
paisaje de Florida 20-21
Panhandle 212-213
Pensacola 214-215
playas de el Panhandle 222-223
playas de la costa del golfo 239
Por la ruta del algodón 230-231
Reino Mágico, El 142-143
Marathon 281, 282
 restaurantes 329
Marco Island 270
 hoteles 311
 objetos de los indios calusa 38
 restaurantes 329
Margaritaville (Key West)
 Key West en 3 dimensiones 285
Marie Selby Botanical Gardens (Sarasota) 254-255
Marielitos 75
Marinas 342
Marineland Ocean Resort 202
Marinelife Center (Juno Beach) 113
Marisco
 Pescando marisco en Apalachicola Bay 227
Maritime Museum of the Florida Keys (Key Largo) 278
Marjorie Kinnan Rawlings State Historic Site 208
Marlin Hotel (Miami Beach) 57, 65
Martí, José 46, 74
 José Martí Park (Tampa) 246
Marx, hermanos 171
MasterCard 349
Matecumbe, indios 267
Matisse, Henri 122, 126
Mattheson Hammock Park (Miami) 90
Matthews, Jean Flagler 120, 121
Máximo Gómez Park (Miami) 74
Mayport 195
 transbordador 191, 359
McCreary House (Pensacola) 28, 217
McLarty Treasure Museum (Sebastian Inlet) 110
McMullen Log House 28, 238
Mears Transportation Group 355
Mecca (Ybor City) 338, 339
Médico, tratamiento 349
Médicos 349
Medieval Fair (Sarasota) 32
Medieval Times (Orlando) 177
Mediterráneo, estilo arquitectónico 28, 29, 60
 Española Way (Miami Beach) 66
Meissen Shop (Palm Beach) 115
Mel Fisher Maritime Museum (Key West) 288
 Key West en 3 dimensiones 284

Mel Fisher's Treasure Museum 110
Memorial Day 35
Menéndez de Avilés, Pedro 40, 196
Menús 313
Mercadillos 333
Merrick, George 29, 80
 Colonnade Building (Miami) 80
 Coral Gables (Miami) 29, 77
 Coral Gables Congregational Church (Miami) 78
 ruta en coche por Coral Gables 78
 Coral Gables Merrick House (Miami) 79, 80
 Lowe Art Museum (Miami) 81
Merrick, reverendo Solomon 80
Merritt Island 135
 Kennedy Space Center 182, 185
Merritt Island National Wildlife Refuge 180
Metro Taxi 362
Metro-Dade Cultural Center (Miami) 72
 El centro de Miami en 3 dimensiones 70-71
Metro-Dade Police Information 348, 349
Metro-Dade Transit Authority 362
Metro-Goldwyn-Mayer *véase* Estudios Disney-MGM
Metrobus (Miami) 362
Metromover (Miami) 362
 El centro de Miami en 3 dimensiones 70-71
Metrorraíl (Miami) 362
México (World Showcase) 152
MGM Studios *véase* Estudios Disney-MGM
Miami 53-101
 aeropuerto 354, 355, 362
 afueras 87-91
 bares y cafés 330
 callejero 96-101
 carnaval 32
 carreras de motor 31
 centro y Little Havana 55, 69-75
 compras 92-93
 comunidad cubana 75
 Coral Gables y Coconut Grove 77-85
 cruceros 338
 deportes 30
 direcciones 363
 distracciones 94-95
 fiestas 33, 34, 35
 hoteles 296-299
 huracanes 48
 moverse por 362-363
 planos 14-15, 54-55
 restaurantes 316-319
 seguridad personal 348
 Ticketmaster 339
 Vizcaya 84-85
Miami Arena (Miami) 94, 95
Miami Art Museum of Dade County 72
Miami Beach 15, 55, 57-67
 arquitectura 49
 *art déco*, arquitectura 58-61
 bares y cafés 330
 fiestas 35
 historia 47

hoteles 296-298
 plano 57
 restaurantes 316-317
 salas de fiestas
 Miami Beach 57
Miami Beach Parking Department 363
Miami Book Fair International 34
Miami City Ballet (Miami) 94, 95
Miami Design Preservation League 61, 62
Miami Dolphins 30, 94
Miami Film Festival 35
Miami Heat 31
Miami Jai Alai Fronton (Miami) 94, 95
Miami Metrozoo (Miami) 91
Miami Parking System 363
Miami Seaquarium 89
Miami, río 69
Micanopy 208-209
 hoteles 306
Miccosukee
 Por la ruta del algodón 230-231
Miccosukee Indian Village 271
Miccosukee Road
 Por la ruta del algodón 230-231
Miccosukee, indios 271
Mickey Mouse
 Mickey's Toontown Fair (El Reino Mágico) 145
 Walt Disney World 163
Miguel Ángel 149
Milton 220
Minnesota Twins 30
Miracle Mile (Miami) 80
 Ruta en coche por Coral Gables 79
Miracle Strip Amusement Park (Panama City Beach) 224
Miss Perkins (Stock) 203
Mizner, Addison 29, 116
 Boca Ratón 126
 Casa de Leoni (Palm Beach) 118
 Old Town Hall (Boca Ratón) 108
 Palm Beach 107, 114, 117
 Society of the Four Arts (Palm Beach) 116
 Worth Avenue (Palm Beach) 66, 115
Mobility International 347
Modigliani, Amedeo 126
Moluscos y conchas 265
 Bailey-Matthews Shell Museum (Sanibel Island) 264
 tiendas 333
Monasterios
 Ancient Spanish Monastery (Miami) 86, 88
Monedas 351
Monet, Claude 241
Moneygram 349
Monkey Jungle (Miami) 91
Monroe, lago 206
Monroe, Marilyn 171
Monroe, Ralph 7
 Barnacle, el (Miami) 82-83
Monticello 229
 Watermelon Festival 33
Monticello Opera 337, 339
Monumento
 De Soto 253
 Fort Caroline 193

ÍNDICE GENERAL

Monumento al huracán (Keys) 24, 280
Moretti, Giuseppe
   *Ligia y el toro* 104
Morgan, Bert 114
Morikami Museum and Japanese Gardens 125
Morikami, George 125
Morisca, arquitectura 29
Morisot, Berthe 241
Morocco (World Showcase) 153
Morse, Eleanor 243
Morse, Reynolds 242, 243
Mosquito Lagoon 180
Mosquitos 180, 276
   seguridad 349
Mote Marine Aquarium (Sarasota) 255
Moteles 294
Motocicletas
   alquiler 359
   carreras 31, 32
Motor, carreras de 31, 204
Moultrie Creek, tratado (1823) 44
Mount Dora 206-207
   arquitectura 28
   fiestas 32
   hoteles 306
Moverse por las ciudades 361
Moyne, Le 40
Murales 75
Museos y galerías
   precios 346
   Ah-Tha-Thi-Ki Museum (Gold Coast y Treasure Coast) 133
   (Keys and Everglades) 271
   Amelia Island Museum of History 192
   Appleton Museum of Art (Ocala) 208
   Art (Boca Raton) 126
   Bailey-Matthews Shell Museum (Sanibel Island) 264
   Bass Museum of Art (Miami Beach) 67
   Bellm's Cars and Music of Yesterday (Sarasota) 254
   Boca Raton Museum of Art 126
   Bonnet House (Fort Lauderdale) 130
   Burroughs Home (Fort Myers) 262-263
   Burt Reynolds' Ranch (Jupiter) 113
   Casements, The (Ormond Beach) 202-203
   Cedar Key Historical Society Museum 231
   Center for the Arts (Vero Beach) 110, 111
   Charles Hosmer Morse Museum of American Art (Winter Park) 175
   Civil War Soldiers Museum (Pensacola) 214, 217
   Collier County Museum (Naples) 270
   Cornell Fine Arts Museum (Winter Park) 175
   Cuban Museum of the Americas (Miami) 74
   Cummer Museum of Art and Gardens (Jacksonville) 195
   Curry Mansion (Key West) 284, 288
   Destin Fishing Museum 222
   East Martello Museum and Gallery (Key West) 286
   Edison Winter Home (Fort Myers) 262
   Elliott Museum (Hutchinson Island) 112
   Flagler Museum (Palm Beach) 118, 120-121
   Florida History Center and Museum (Jupiter) 113
   Florida International Museum (St Petersburg) 241
   Florida Museum of Natural History (Gainesville) 209
   Flying Tigers Warbird Restoration
   Fort Lauderdale Historical Museum 128
   Fort Myers Historical Museum 263
   Gamble Place (Daytona Beach) 203
   Gilbert's Bar House of Refuge Museum (Hutchinson Island) 112
   Goodwood Plantation (Tallahassee) 229
   Government House Museum (St Augustine) 198
   Graves Museum of Archaeology and Natural History (Dania) 132
   Great Explorations (St Petersburg) 241
   Halifax Historical Society Museum (Daytona Beach) 203
   Hemingway House (Key West) 286
   Henry B Plant Museum (Tampa) 244
   Heritage House Museum (Key West) 288
   Hibel Museum of Art (Palm Beach) 117
   Historical Museum (Dunedin) 237
   Indian River Citrus Museum (Vero Beach) 110
   Indian Temple Mound Museum (Fort Walton Beach) 221
   International Museum of Cartoon
   International Swimming Hall of Fame (Fort Lauderdale) 130
   Jacksonville Historical Center 195
   John Gorrie State Museum (Apalachicola) 226
   Klassix Auto Museum (Daytona) 204
   Knott House Museum (Tallahassee) 228-229
   Lighthouse Museum (Key West) 286
   Lightner Museum (St Augustine) 189, 196, 199
   Lowe Art Museum (Miami) 78, 81
   Maitland Art Center (Orlando) 174
   Maritime Museum of the Florida Keys (Key Largo) 278
   McLarty Treasure Museum (Sebastian Inlet) 110
   Mel Fisher Maritime Museum (Key West) 284, 288
   Mel Fisher's Treasure Museum 110
   Metro-Dade Cultural Center (Miami) 72
   Morikami Museum and Japanese Gardens 125
   Museum (Kissimmee) 177
   Museum of African-American Art (Tampa) 245
   Museum of Art (Fort Lauderdale) 129
   Museum of Arts and Sciences (Daytona Beach) 203
   Museum of Commerce (Pensacola) 215, 216
   Museum of Discovery and Science (Fort Lauderdale) 129
   Museum of Fine Arts (St Petersburg) 241
   Museum of Florida History (Tallahassee) 229
   Museum of Industry (Pensacola) 214, 216
   Museum of Man in the Sea (Panama City Beach) 224
   Museum of Natural History of the Florida Keys (Marathon) 282
   Museum of Science and History (Jacksonville) 194-195
   Museum of Science and Industry (Tampa) 248
   Museum of Science and Space Transit Planetarium (Miami) 83
   Museum of the City of Lake Worth 124
   National Museum of Naval Aviation (Pensacola) 218-219
   Norton Museum of Art (West Palm Beach) 122-123
   Oldest Store Museum (St Augustine) 196, 199
   Orlando Museum of Art 174
   Ormond Memorial Art Museum (Ormond Beach) 203
   Pensacola Museum of Art (Pensacola) 214, 216
   Ponce de Leon Inlet Lighthouse 204
   Ringling Museum of Art (Sarasota) 104, 256-259
   Royellou Museum (Mount Dora) 207
   Salvador Dalí Museum (St Petersburg) 242-243
   Samuel P Harn Museum of Art (Gainesville) 209
   Sanford L Ziff Jewish Museum of Florida (Miami Beach) 65
   Society of the Four Arts (Palm Beach) 116
   South Florida Museum (Bradenton) 253
   South Florida Science Museum (West Palm Beach) 122
   Spanish Quarter Museum (St Augustine) 198
   Spongeorama (Tarpon Springs) 237
   Sports Immortals Museum (Boca Raton) 126-127
   St Lucie County Historical Museum 111
   St Petersburg Museum of History 240
   Tallahassee Museum of History and Natural Science 229
   Tampa Museum of Art 244
   TT Wentworth Florida State Museum (Pensacola) 214, 216
   UDT-SEAL Museum (Fort Pierce) 111
   US Air Force Armament Museum (Shalimar) 221
   Valiant Air Command Warbird Air Museum 181
   Weeks Air Museum (Miami) 91

Wolfsonian Foundation (Miami Beach) 62, 65
Wreckers' Museum (Key West) 288
Ximenez-Fatio House (St Augustine) 196, 199
Ybor City State Museum (Tampa) 247
Zorayda Castle (St Augustine) 196, 199
Música
  clásica, ópera y danza 337, 339
  De compras por Florida 334
  Miami 94-95
  música en directo y salas de fiestas 337, 339
  tiendas en Miami 93
Myakka River State Park 234, 260
Mystery Dinner Theater (Clearwater Beach) 337, 339

## N

*Nacimiento de una nación, El* 47
Naples 18, 270
  bares y cafés 331
  hoteles 311
  restaurantes 329
Naranjas 21, 111
  compras 333
Narváez, Pánfilo de 40, 233
NASA
  historia 48, 49
  Kennedy Space Center 182-187
  transbordador espacial 50-51
Natación 341, 343
  buceo y submarinismo 340, 343
  International Swimming Hall of Fame (Fort Lauderdale) 130
National Association of Stock Car Auto Racing (NASCAR) 31
National Basketball Association (NBA) 31
National Football League (NFL) 30
National Forest
  Apalachicola 226
  Ocala 207
National Hurricane Center (Miami) 25, 349
National Marine Sanctuary, Looe Key 283
National Museum of Naval Aviation (Pensacola) 218-219
National Park Service 342, 343
National Preserve, Big Cypress 270-271
National Register of Historic Places 61
National Scenic Trail 207
National Seashore, Canaveral 180
National Wildlife Refuges
  Crystal River 236
  Hobe Sound 112
  JN "Ding" Darling (Sanibel Island) 265
  Loxahatchee 125
  Merritt Island 180
  St Vincent 226
NationsBank Tower (Miami) 68
  El centro de Miami en 3 dimensiones 71
Nativos americanos *véase* Indios

Natural Bridge, batalla de (1865) 45
*Nature Morte Vivante* (Dalí) 242
Naufragios
  buscadores de tesoros 289
  Mel Fisher Maritime Museum (Key West) 284, 288
  Naufragios y búsqueda de tesoros 26-27
Nautical Moderne, estilo arquitectónico 59, 64
Naval Aviation, National Museum of (Pensacola) *véase* National Museum of Naval Aviation
Naval Live Oaks Reservation (Gulf Breeze) 220
Navarre
  hoteles 307
  restaurantes 325
Navarre Beach 220, 222
Navidad 35
Negros
  Ku Klux Klan 46, 47
  segregación 46
  *véase también:* Indios; Esclavos
Nell, William 214
Nenúfares 23
Neptune Beach 195
Netherlands Hotel (Miami Beach)
  South Beach en 3 dimensiones 63
*New Deal* 49
New River 128
New World Symphony 94
New York (Estudios Universal) 171
New York Street (Estudios Disney-MGM ) 158
New York Yankees 30
News Café (Miami Beach)
  South Beach en 3 dimensiones 62
Niceville
  fiestas 34
Nick Bollettieri Tennis Academy 223, 340, 343
Nicklaus, Jack 31
Nimoy, Leonard 184
*Niño enfermo* (Dalí) 242
Niños 346-347
  distracciones 338, 339
  en hoteles 295
  en restaurantes 313
  *véase también* Parques temáticos Walt Disney World 163
Noreste de Florida 190-209
  bares y cafés 331
  hoteles 305-306
  mapa 190-191
  restaurantes 323-324
Noriega, general Manuel 51, 72
Norte de Florida
  Ticketmaster 339
North Beaches (Miami) 88
North Hill Preservation District (Pensacola) 217
Norton Museum of Art (West Palm Beach) 122-123
Norton, Ralph 122
Noruega (World Showcase) 152
Novelas 82
*Nuestra Señora de Atocha* 26, 27, 40

Mel Fisher Maritime Heritage Museum (Key West) 288
Mel Fisher's Treasure Museum 110
  recuerdos 93
Nuestra Señora de la Leche (St Augustine) 41
Nueva cocina de Florida 312
Nye, Bill 149

## O

O'Keeffe, Georgia 123
  *Amapola* 241
O'Neal, Shaquille 31
Objetos perdidos 348, 349
Ocala 208
  hoteles 306
  restaurantes 324
Ocala National Forest 190, 207
Ocale, tribu 38
Ocean Drive (Miami Beach) 64
  Art déco, arquitectura 58-61
  South Beach en 3 dimensiones 63
Ocean Opry Theater (Panama City Beach) 337, 339
Ocio para homosexuales 338, 339
Oeste de Florida
  historia 42-43
Ofertas de vuelos de avión 355
Oficina de Correos de Miami Beach 65
Oficinas de turismo de España 347
Okaloosa Island 221
Okeechobee Waterway 342
Okeechobee, lago 21, 107, 124, 274, 277
Oklawaha, río 46
Olas Art Fair, Las 34
Olas Boulevard, Las (Fort Lauderdale) 129
Old Capitol Building (Tallahassee) 211
Old City Hall (South Beach)
  South Beach en 3 dimensiones 62
Old Hyde Park Village (Tampa) 248
Old Pisgah United Methodist Church
  Por la ruta del algodón 230
Old Royal Poinciana Hotel (Palm Beach)
  Un paseo por Palm Beach 119
Oldest House (St Augustine) 199
Oldest Store Museum (St Augustine) 199
  St Augustine en 3 dimensiones 196
Oldest Wooden Schoolhouse (St Augustine) 198
Olustee, batalla de (1864) 45
Omni International Mall (Miami) 92, 93
Opa-Locka (Miami) 89
  seguridad 87
Ópera 337, 339
Opossum 23
Orange Bowl Classic 30
Orange Bowl Festival 34
Orange Bowl Stadium (Miami) 35, 94, 95
Orcas
  Sea World 164-167
Orchid Island 110, 111
Orientarse para conducir
  en Florida 356-357
Orlando Arena 338, 339
Orlando Magic 31

Orlando Museum of Art 174
Orlando y la Costa Espacial 135-181
   aeropuerto 354, 355
   arquitectura 29
   aves de la Costa Espacial 180
   bares y cafés 330
   cenas espectáculo 177
   Disney, reino animal de 160
   Disney-MGM, Estudios 154-159
   El Reino Mágico 140-145
   Epcot 146-153
   Estudios Universal 168-173
   golf 31
   hoteles 294, 302-304
   mapa 136-137
   Orlando 174-175
   parques temáticos 105
   restaurantes 321-323
   Sea World 164-167
   viajar por 363
   Walt Disney World 138-163
Orlando, extrarradio de 135
Ormond Beach 202-203
   cuna de la velocidad 205
   hoteles 306
   restaurantes 324
Ormond Memorial Art Museum (Ormond Beach) 203
Osceola 44
Osprey 274
Ostras, pesca de 227
Otoño en Florida 34
Overseas Connection 294, 295
Overseas Highway 267, 268, 269
Overtown 87

# P

Pa-hay-okee Overlook (Everglades National Park) 277
Pahokee 124
Paisaje de Florida 20-21
Paist, Phineas 80
   Venetian Pool (Miami) 81
Pájaros 22-23
   aves de la Costa Espacial 180
   Dry Tortugas National Park 289
   Everglades National Park 274-275, 277
   Flamingo Gardens 133
   Florida Keys Wild Bird Rehabilitation Center (Tavernier) 279
   Loxahatchee National Wildlife Refuge 125
   Ocala National Forest 207
   Parrot Jungle (Miami) 90
   Pelican Man's Bird Sanctuary (Sarasota) 255
   St Joseph Peninsula State Park 255
   Suncoast Seabird Sanctuary 238
Palm Beach 107, 109, 114-123
   arquitectura 29
   bares y cafés 330
   compras en Worth Avenue 115
   hoteles 300-301
   polo 122
   restaurantes 320-321
Palm Beach Gardens
   hoteles 301
Palm Beach Shores 123
Palm Island 73
Palmito 22
Pan Am 48
   Dinner Key (Miami) 83
Panama City Beach 223, 224
   bares y cafés 331
   hoteles 307
   primavera 32
   restaurantes 325
Panhandle 211-231
   bares y cafés 331
   hoteles 306-308
   mapa 212-213
   paisaje 20
   playas 104, 222-223
   restaurantes 325-326
Pantera 123, 261
Panther, Florida 123, 261
Paris, primer tratado de (1763) 41
Paris, segundo tratado de (1783) 42
Park Central Hotel (Miami Beach) 58
Parques acuáticos 341
   Adventure Landing (Jacksonville Beaches) 195
   Bucaneer Bay (Weeki Wachee Spring) 237
   Shipwreck Island Water Park (Panama City Beach) 225
   Walt Disney World 160-161
   Wet 'n Wild 176
   Wild Waters (Silver Springs) 207
Parques estatales
   Bahia Honda 283
   Blackwater River 221
   Blue Spring 188, 206
   Caladesi Island 237
   Cayo Costa Island 265
   Florida Caverns 225
   Fort Clinch 192
   Hillsborough River 249
   Hontoon Island 206
   horario de apertura 346
   John D MacArthur Beach 123
   John Pennekamp Coral Reef 278-279
   Jonathan Dickinson 113
   Little Talbot Island 193
   Manatee Springs 231
   Myakka River 234, 260
   Silver River 207
   St George Island 226
   St Joseph Peninsula 225
   Suwannee River 230
   Torreya 225, 294
   Wakulla Springs 226
Parques marinos *véase* Acuarios y parques marinos
Parques nacionales
   Biscayne 277
   Dry Tortugas 289
   Everglades 49, 105, 267, 272-277
Parques temáticos
   Busch Gardens 104, 250-251
   Cypress Gardens 179
   De compras por Florida 334
   Disney's Animal Kingdom 160
   Disney-MGM, Estudios 154-159
   El Reino Mágico 135, 140-145
   entrada 346
   Epcot 146-53
   Estudios Universal 168-173
   Fantasy of Flight 178-179
   horarios de apertura 346
   Kennedy Space Center 182-187
   Miracle Strip Amusement Park (Panama City Beach) 224
   Sea World 164-167
   Splendid China 178
   *véase también* Parques acuáticos
   Walt Disney World 138-163
Parques y jardines
   AB Maclay State Gardens 229
   Bok Tower Gardens 179
   Charles Deering Estate (Miami) 90
   Cypress Gardens 179
   Eden State Gardens and Mansion 223
   Fairchild Tropical Garden (Miami) 90
   Flamingo Gardens 133
   Fort de Soto Park 241
   Harry P Leu Gardens (Orlando) 174
   Japanese Gardens 125
   Kanapaha Botanical Gardens (Gainesville) 209
   Kathryn Abbey Hanna Park 195
   Loch Haven Park (Orlando) 174
   Marie Selby Botanical Gardens (Sarasota) 254-255
   Matheson Hammock Park (Miami) 90
   Parrot Jungle (Miami) 90
   Sarasota Jungle Gardens 254
   Society of the Four Arts (Palm Beach) 116
   Sunken Gardens (St Petersburg) 241
   Vizcaya (Miami) 85
   Washington Oaks State Gardens 202
Parrot Jungle (Miami) 90
Pasaportes 346
   objetos perdidos 348
Pass-a-Grille 238
   playa 239
Patinaje 359
Pavos silvestres 23
Payne's Creek, tratado de (1832) 44
Payne's Prairie State Preserve 209
Peck, Dr Seth 198
Pelican (Audubon) 44
Pelican Man's Bird Sanctuary (Sarasota) 255
Películas *véase* Cine
Pelota 31
Pensacola 214-219
   arquitectura 28
   carreras de motor 31
   fiestas 33
   historia 41
   hoteles 307
   National Museum of Naval Aviation 218-219
   Pensacola en 3 dimensiones 214-215
   restaurantes 325-326
   toma de (1781) 42-43
Pensacola Beach 220, 222
   bares y cafés 331
   hoteles 307

restaurantes 326
Pensacola Museum of Art (Pensacola) 216
　Pensacola en 3 dimensiones 214
Peña, Juan de 198
Peña-Peck House (St Augustine) 198
　St Augustine en 3 dimensiones 197
Perdido Key 217
Performing Arts Network (Miami) 94, 95
Periódicos 353
Perky, Richter C 283
Perry, Lee 49
Perry, Newton 236
Pesca 341, 343
　arrecife coralino de Florida 278-279
　Destin 222
　Islamorada 280
　Lake Okeechobee 124
　Marathon 282
　pesca del marisco en Apalachicola Bay 227
　pescar en los cayos de Florida 281
Pesca en alta mar 281, 341
Petty, Lee 205
PGA Tournament Players Championship 31
Philadelphia Phillies 30
Phipps Plaza (Palm Beach) 116
　Un paseo por Palm Beach 119
Picasso, Pablo 122, 126
Pico cebrado 22
Piedras calizas
　coquina 201
　dolinas 20
Pier House Resort (Key West)
　Key West en 3 dimensiones 284
Piero di Cosimo
　*La edificación de un palacio* 257
Pigeon Key 282
Pinares de la llanura 22, 276
Pine Island 265
Pinellas Coast 239
Pinellas County Heritage Village 238
Piratas 41
　Leyenda de Gaspar 249
Pirates of the Caribbean (El Reino Mágico) 143
Planetarios
　Alexander Brest (Jacksonville) 195
　Calusa Nature Center and Planetarium (Fort Myers) 263
　Saunders Planetarium (Tampa) 248
　Space Transit Planetarium (Miami) 83
Plant, Henry
　ferrocarril 46, 233
　Henry B Plant Museum (Tampa) 244
　Tampa 244
　Tampa Bay Hotel 47
Plantaciones 42, 44-45
　Bulow Plantation Ruins State Historic Site 202
　Gamble Plantation 252-253
　Goodwood Plantation (Tallahassee) 44-45, 229, 230
　Kingsley Plantation 193
Plantas venenosas 272
Playalinda Beach 180

Playas 20
　Amelia Island 192
　Anna Maria Island 239, 253
　Bahia Honda State Park 283
　Boca Ratón 127
　Bradenton 253
　Caladesi Island 237
　Canaveral National Seashore 180
　Caspersen Beach 260
　Clearwater Beach 235, 238, 239
　Cocoa Beach 181
　Dania 132
　Daytona Beach 203
　Deerfield Beach 127
　Delray Beach 124
　Destin 223
　Fort de Soto Park 239
　Fort Lauderdale 130
　Fort Walton Beach 221, 223
　Gasparilla Island 260
　Grayton Beach State Recreation Area 223
　Costa del golfo 239
　Hollywood Beach 132
　Honeymoon Island 237
　Hutchinson Island 112
　Indian Rocks Beach 239
　John U. Lloyd Beach State Recreation Area 132
　Johnson Beach 217
　Juno Beach 113
　Jupiter Beach Park 113
　Keaton Beach 230
　Key Biscayne 89
　Key Largo 278
　Key West 286
　Lee Island Coast 264
　Lido Key 239
　Longboat Key 239
　Madeira Beach 238, 239
　Naples 270
　natación y deportes acuáticos 341
　Navarre Beach 222
　Ormond Beach 202
　Palm Beach 118
　Panama City Beach 223, 224-225
　Panhandle 104, 211, 222-223
　Pass-a-Grille 239
　Pensacola Beach 222
　Perdido Key 217
　playas de Jacksonville 195
　playas del norte (Miami) 88
　Quietwater Beach 222
　Sand Key Park 239
　Santa Rosa Beach 223
　Santa Rosa Island 220
　Sarasota Beaches 255
　Seaside 222
　Sebastian Inlet 110
　seguridad 349
　Siesta Key 239
　South Beach (Miami Beach) 63, 64
　St Andrews State Recreation Area 223, 224-225
　St George Island 226
　St Joseph Peninsula State Park 225
　St Pete Beach 238, 239
　St Petersburg Beaches 238
　Vero Beach 110

Playas de Jacksonville 195
　hoteles 305
　restaurantes 324
Players of Sarasota 336, 339
Plaza de la Constitution (St Augustine)
　St Augustine en 3 dimensiones 197
Plaza de la Cubanidad (Miami) 74
Pleasure Island (Walt Disney World) 162
Pleasuredome (Ybor City) 246
Plus (bancos) 350, 351
Pluviosidad 34
Pogany, Willy
　*Bailes de las naciones* 258
Policía 348, 349
　American Police Hall of Fame (Miami) 89
Pollock, Jackson 123
Polo 30-31
　Gold Coast 122
Polynesian Resort (Walt Disney World) 161
Pompano 127
Pompano Beach
　hoteles 301
　restaurantes 321
Ponce de Leon Inlet Lighthouse 204
Ponce de León, Juan 65
　descubridores de Florida 40, 189
Ponte Vedra Beach 195
　golf 31
Por la ruta del algodón 230-231
Porcher House (Cocoa) 181
Port Everglades 131, 338
Porter, familia 288
Precauciones
　baños de sol 347, 349
　conducir en Florida 358
　delitos 87
　Everglades National Park 272
　Miami 87, 348
　seguridad personal 348
Precios de hoteles 293
Precios de las entradas 346
Prefijos telefónicos 352
Prehistórica, Florida 38-39
Presidente, Día del 35
Primavera 206
　Silver Springs 207
　Wakulla Springs 226
　Weeki Wachee Spring 236-237
Primavera en Florida 32
Primavera, vacaciones de 32
　Daytona Beach 205
　Panama City Beach 224
Pro Player Stadium (Miami) 94, 95
Production Central (Estudios Universal) 171
Prohibición del alcohol 47
Propinas 347
　en restaurantes 312-313, 347
*Providencia* 121
*Pueblos internacionales* (Miami) 54
　Ruta en coche por Coral Gables 78
Puros
　De compras por Florida 334
　El Crédito Cigar Factory (Miami) 74, 93
　franquicias aduaneras 346

Tampa 247
vitolas 46

## Q
Quietwater Beach 212, 222

## R
Radio 353
Ranita de San Antón 274
Rawlings, Marjorie Kinnan 208
Raymond F Kravis Center for the Performing Arts (West Palm Beach) 336, 339
Recuerdos (regalos)
 De compras por Florida 334
 tiendas 333
 tiendas en Miami 92-93
Red Barn Theater (Key West) 336, 339
Red Reef Park (Boca Ratón) 127
Reeves, Orlando 135
Regalos, tiendas de 333
 Miami 92-93
Reino Mágico, El (Walt Disney World) 50, 135, 140-145
 Adventureland 143
 bares y restaurantes 144
 compras 144
 espectáculos y desfiles 142
 Fantasyland 144-145
 Frontierland 144
 Las 10 atracciones principales 143
 Liberty Square 144
 lista de atracciones y espectáculos 145
 Main Street, USA 143
 Mickey's Toontown Fair 145
 plano 142-143
 Tomorrowland 145
Reino Unido
 World Showcase 153
Reportajes de moda en Miami 67
República de la Concha 51
 celebración 32
Reservas
 distracciones 336
 restaurantes 312
Restaurantes 312-331
 bares y cafés 330-331
 cenas espectáculo 177, 337, 339
 comida vegetariana 313
 comidas económicas 313
 Costa del golfo 326-328
 Disney-MGM, Estudios 158
 *early bird* 313
 El Reino Mágico 144
 Epcot 153
 Estudios Universal 173
 Everglades y los cayos 328-329
 Gold Coast y Treasure Coast 319-321
 horario de comidas 312
 menús 313
 Miami 316-319
 niños 313
 noreste 323-324
 Orlando y la Costa Espacial 321-323
 Panhandle 325-326
 propinas 312-313, 347
 Qué comer en Florida 314-315

reservas 312
Sea World 167
tipos de restaurantes 312
Walt Disney World 162, 163
Retratos 18-19
Revolution Records (Miami) 93
Reynolds, Burt
 Burt Reynolds' Ranch (Jupiter) 113
Rezurrection Hall (Miami) 95
Rhinehart, Mary Roberts 265
Ribault, columna de 40, 41
Ribault, Jean 193
Ringling Museum of Art (Sarasota) 104, 256-259
 Ca' d'Zan 258-259
 información esencial 257
 planta 256-257
Ringling, circo 46, 258
Ringling, John 233
 St Armands Circle (Sarasota) 255
 Sarasota 254
Ringling, Mable 256
Ripley's Believe It or Not! (International Drive) 176
Ripley, Robert 176
River Country (Walt Disney World) 161
Rivership Romance 338, 339
Rockefeller, John D 202-203
Rodeos 31, 33, 261
 Arcadia 261
 Davie 133
 Kissimmee 177
Rodin, Auguste 123, 241
Rolex 24 (carrera) 31
Rolling Thunder 359
Rollins College (Winter Park) 175
Romanelli
 *Cleopatra* 196
Roosevelt, Franklin D. 49
Roosevelt, Theodore (Teddy) 47
Ropa
 costumbres 347
 De compras por Florida 335
 en restaurantes 312
 reportajes de moda en Miami 67
 tiendas en Miami 92, 93
*Rough Riders* 47
Royal Palm Visitor Center (Everglades National Park) 276
Royal Poinciana Chapel (Palm Beach)
 Un paseo por Palm Beach 118
Royellou Museum (Mount Dora) 207
Rubens, Pedro Pablo 67, 195
 *Abraham y Melquisedec* 257
Ruinas
 Bulow Plantation Ruins 202
 Fort Zachary Taylor (Key West) 288
 Koreshan 263
 Marjorie Kinnan Rawlings 208
 Ruta en coche por Coral Gables 78-79
 rutas de las flotas españolas 40
 Sea World 164-165
 senderos en torno a Flamingo 276
 South Beach (Miami Beach) 62-63
 St Augustine 196-197

St Petersburg 240
Tallahassee 228
Tampa 245
territorios indios 1823-1832, 44
tribus prehistóricas de Florida 38
Walt Disney World 138-139
Ybor City (Tampa) 246-247
Rutas en coche
 Coral Gables 78-79
 Por la ruta del algodón 230-231
 Un paseo por Palm Beach 118-119
Ruth, Babe 126

## S
Saenger Theater (Pensacola) 336, 339
Saffir-Simpson Hurricane Scale 24
Saks Fifth Avenue (Palm Beach) 115
Salas de fiestas 337, 339
 Miami 95
 Walt Disney World 162
Salud 349
Salvador Dalí Museum (St Petersburg) 242-243
Sampras, Pete 253
Samuel P Harn Museum of Art (Gainesville) 209
San Carlos Institute (Key West)
 Key West en 3 dimensiones 285
San Francisco (Estudios Universal) 173
Sánchez, Mario
 Boza's Comparsa 286
Sand Key Park 238
 playa 232, 239
Sanford 206
 aeropuerto 354, 355
Sanford L Ziff Jewish Museum of Florida (Miami Beach) 65
Sanibel Captiva Conservation Foundation 264
Sanibel Island 264-265
 hoteles 309
 restaurantes 327
Sanibel Shell Fair 32
Santa Margarita 40
Santa Rosa Beach 223
Santa Rosa Island 220
Santería (religión) 75, 289
Sarasota 254-259
 fiestas 32
 hoteles 309
 restaurantes 327
 Ringling Museum of Art 256-259
Sarasota Jungle Gardens 254
Saunders Planetarium (Tampa) 248
Sawgrass (Everglades) 274
Schwarzenegger, Arnold 168, 172
Sea Gull Cottage (Palm Beach)
 Un paseo por Palm Beach 118
Sea World 137, 164-167
 atracciones 166-167
 bares y restaurantes 167
 compras 167
 espectáculos 167
 información esencial 165
 plano 164-165
 visita cultural 165

# ÍNDICE GENERAL

SeaEscape (Fort Lauderdale) 131
Seaside 222-223
  arquitectura 29
  hoteles 308
  restaurantes 326
Sebastian Inlet 110
Sebring
  carreras de motor 31
*Segador de la noche-¡Esperanza!*
  (Dalí) 243
Segunda Guerra Mundial 49
Seguridad ciudadana 348
Seguridad personal 348-349
Seguros
  alquiler de coches 357
  viajes 348
Selby, Marie y William 254
Semana Santa 32
Semínolas, indios 18, 271
  Ah-Tha-Thi-Ki Museum 133
  artesanía 333, 334
  Cypress Island 178
  Stranahan House (Fort Lauderdale) 129
Seminole Indian Bingo and Poker Casino (Hollywood) 132-133
Seminole Indian Casinos 338, 339
Seminole Indian Hollywood Reservation 132-133
Senderismo 343
Senderos en torno a Flamingo 276
Señales de tráfico 356
Serpiente de cascabel 22
Serpientes 22
  precauciones 349
Servicio de aparcamiento 293
Servicios postales 353
Seven-Mile Bridge (Keys) 282
Seville Square (Pensacola)
  Pensacola en 3 dimensiones 215
Sexton, Waldo 111
Seybold Building (Miami) 92, 93
*Shamu* 164, 165, 167
Shark Valley (Everglades National Park) 273
Shell Factory (Fort Myers) 263
Shepherd, Alan 50, 184
Shields, Dale 255
Shipwreck Island Water Park (Panama City Beach) 224
*Shotgun* (casas) 247
  Key West 287
*Shuttle buses* 355
Siesta Key 255
  playa 239
Silla de ruedas *véase* Discapacitados
Silver River State Park 207
Silver Springs 207
Silver Spurs Rodeo 33
Sinagogas
  Sanford L Ziff Jewish Museum of Florida (Miami Beach) 65
Sinatra, Frank 73
Singer Island 123
Singer, Paris 114
Skislewicz, Anton 60
Sloppy Joe's (Key West)
  Key West en 3 dimensiones 284

Smith, André 174
Society of the Four Arts (Palm Beach) 116
Sol Cigars, El (Tampa)
  Ybor City en 3 dimensiones 247
Sol, horas de 33
Solomon, Tara 94
Son et lumière
  IllumiNations (Epcot) 148
Soto, Hernando de 233
  De Soto National Memorial 253
  firma 40
  y los indios 41
Sound Stages (Disney-MGM Studios) 158
South Beach (Miami Beach) 17, 19, 58-61
  arquitectura 55, 57, 58-61
  clubes nocturnos 95
  compras 92
  South Beach en 3 dimensiones 62-63
South Florida Art Center (SFAC) 66
South Florida Museum (Bradenton) 253
South Florida Science Museum (West Palm Beach) 122
South Pointe Park (South Beach) 64
Space Mountain (El Reino Mágico) 145
Space Transit Planetarium (Miami) 83
Spaceship Earth (Epcot) 146-147, 148-149
Spanish Military Hospital (St Augustine) 199
  St Augustine en 3 dimensiones 197
Spanish Quarter Museum (St Augustine) 198
Spanish River Park (Boca Ratón) 127
Spielberg, Steven 172
Splash Mountain (El Reino Mágico) 144
Splendid China 178
Spongeorama (Tarpon Springs) 237
Sports Immortals Museum (Boca Raton) 126-7
Springtime Tallahassee 32
St Andrews State Recreation Area 223, 224-225
St Augustine 17, 191, 196-199
  aniversario de la fundación 34
  arquitectura 28
  Arts and Crafts Festival 32
  bares y cafés 331
  historia 41
  hoteles 306
  restaurantes 324
  St Augustine en 3 dimensiones 196-197
St Edward's Church (Palm Beach)
  Un paseo por Palm Beach 119
St George Island 226
St George Island State Park 226
St John, John 80
St Johns, río 193
  barcos de vapor 46
  Florida prehistórica 38
  Jacksonville 194
  manatíes 206

St Joseph Peninsula State Park 225
St Louis Cardinals 30
St Lucie Canal 342
St Lucie County Historical Museum 111
St Mary, río 192
St Nicholas Greek Orthodox Cathedral (Tarpon Springs) 237
St Paul's Episcopal Church (Key West)
  Key West en 3 dimensiones 285
St Pete Beach 238, 239
St Petersburg 240-243
  fiestas 32
  hoteles 309
  plano 240
  restaurantes 327
  Salvador Dalí Museum 242-243
  Ticketmaster 339
St Petersburg Beaches 238
  hoteles 309
  restaurantes 327
St Petersburg Museum of History 240
St Vincent Island 226
St Vincent National Wildlife Refuge 226
Star Island 73
Star of Palm Beach 338, 339
Starlite Princess 338, 339
State Bicycle Office 343
Steamboat House (Pensacola)
  Pensacola en 3 dimensiones 215
Steinbeck, John 208
Steinhatchee 230
Sterling Building (Miami Beach) 66
Stock, J Whiting
  *Miss Perkins* 203
Stowe, Harriet Beecher 44, 45
Stranahan House (Fort Lauderdale) 129
Stranahan, Frank 129
Streets of Mayfair (Miami) 82, 92, 93
Stuart 112
  hoteles 301
  restaurantes 321
Submarinismo 340, 343
Sullivan, Kathryn 185
Summerlin, Jacob 46
Suncoast 239
Suncoast Seabird Sanctuary 238
Sundance Motorhomes 359
SunFest 32
Sunken Gardens (St Petersburg) 241
Sunset Boulevard (Disney-MGM Estudios) 157
Sunshine Skyway Bridge 49, 241
Super Bowl 30
SuperShuttle 355
Surfside 88
Suwannee River 231
Suwannee River State Park 230
Swamp Cabbage Festival 35
Swap Shop of Fort Lauderdale 130

# T

Tabaco
  restricciones aduaneras 346
Tabby 282
Tallahassee 211, 228-229
  bares y cafés 331
  fiestas 32
  historia 44, 45

hoteles 308
plano 228
restaurantes 326
Tallahassee Museum of History and Natural Science 229
Tamiami Trail 48, 267, 270
Tampa 233, 244-248
   aeropuerto 354
   bares y cafés 331
   fiestas 33, 34, 35
   historia 47
   hoteles 309-310
   industria tabaquera 46, 247
   moverse por 363
   plano 245
   restaurantes 327-328
   Ticketmaster 339
   Ybor City 246-247
Tampa Bay
   historia 40
Tampa Bay Buccaneers 30
Tampa Bay Devil Rays 30
Tampa Bay Hotel 47, 234
Tampa Bay Performing Arts Center 336, 339
Tampa Museum of Art 244
Tampa Theatre 245, 337, 339
Tarjetas de crédito 350
   en restaurantes 313
   objetos perdidos 348, 349
   Walt Disney World 163
Tarpon Springs 227
   fiestas 35
   hoteles 310
Task Force on Tourist Safety 51
Tavernier 279
Taxis 361
   en Miami 362
   propina 347
Teatro 336, 339
   Miami 94, 95
Teatros y conciertos
   Miami 94, 95
Teed, Dr Cyrus (Koresh) 263
Teléfonos 352-353
   en hoteles 293
Teléfonos públicos 352
Telegramas 353
Televisión 353
Temperatura 35
Tenis 31, 340, 343
Tequesta, tribu 38
Tercera edad 18, 347
Test Track (Epcot) 150
Theater of the Sea (Keys) 280
Thomas Cook 349, 350, 351
Thrifty (alquiler de coches) 359
Ticketmaster 336, 339
Tiempo 32-35
   huracanes 24-25
Tiendas de antigüedades 333
Tiendas de moda
   Miami 92
Tiffany & Co (Palm Beach) 115
Tiffany, Louis Comfort 199
   *cuatro estaciones, Las* (ventana) 175
Tilson Thomas, Michael 94

Timekeeper, The (El Reino Mágico) 145
Times-Union Center for the Performing Arts (Jacksonville) 337, 339
Timucua, indios 41
   Amelia Island 192
   Florida prehistórica 38, 39
   Fort Caroline 193
   Hontoon Island State Park 206
   Museum of Science and History (Jacksonville) 194
   Turtle Mound 180
Tobacco Road (Miami) 95
Tohopekaliga, lago 178
Tomorrowland (El Reino Mágico) 145
Tormentas
   huracanes 24-25
   ola ciclónica 25
Torreya 225
Torreya State Park 225, 294
Tortuga 27
Tortugas 113
Tortugas marinas 113
Toulouse-Lautrec, Henri de 67
Tourist House Association of America 293, 295
Town Hall (Palm Beach)
   Un paseo por Palm Beach 118
Tradicional, arquitectura 28
Transporte público 360-361
Treasure Coast 107-113
   mapa 108-109
Treister, Kenneth 66
Trenes *véase* Ferrocarril
Tri-Rail 360, 361
Triángulo de las Bermudas 49
Tribus
   apalache 38, 221, 228
   calusa 38, 177, 267, 270
   hobe 113
   miccosukee 271
   seminólas 18, 129, 178, 133, 271, 333, 334
   tequesta 38
   timucua 38, 39, 41, 192, 193, 194, 206
   *véase también* Indios; tribus individualmente
Tropical Serenade (El Reino Mágico) 143
Tropicana Field (St Petersburg) 336, 339
Trump, Donald 117
TT Wentworth Florida State Museum (Pensacola) 216
   Pensacola en 3 dimensiones 214
Túmulos funerarios 38, 39
Turistas *de lata de conservas* 48, 49
Turtle Mound 180
Tuttle, Julia 47
Twain, Mark 153
Twist (Miami) 95
Typhoon Lagoon (Walt Disney World) 160

# U

UDT-SEAL Museum (Fort Pierce) 111
   Un paseo por Palm Beach 119
Ungaro's (Palm Beach) 115
United Airlines 354, 355

United States Tennis Association (Florida Section) 340, 343
Universal City 168
Universe of Energy (Epcot) 149
Universidad de Florida 47, 209
Universidad de Miami
   Hurricanes (equipo de baloncesto) 94
   Lowe Art Museum 81
Urban, Joseph 117
Urgencias 349
US Air Force Armament Museum (Shalimar) 221
US Astronaut Hall of Fame 181
US Congress 42
US Federal Courthouse (Miami) 72
   El centro de Miami en 3 dimensiones 70
Uva del mar 22

# V

Vacas marinas *véase* Manatíes
Vacation Home Rentals Worldwide 294, 295
Valiant Air Command Warbird Air Museum 181
Valparaíso
   fiestas 34
Value (alquiler de coches) 359
Van Wezel Performing Arts Hall (Sarasota) 29, 254, 336, 339
Vaqueros *véase* Rodeos
Varadero (Cuba) 75
   *véase también* Comunidad cubana
Vegetariana, comida 313
Velocidad, límites de 357
Venenosas, plantas 272
Venetian Pool (Miami) 81
   Ruta en coche por Coral Gables 78
Venice 260
   fiestas 33
   hoteles 310
   restaurantes 328
Ventana de *Las cuatro estaciones* (Tiffany) 175
Verne, Julio 145, 150
Vero Beach 110-111
   hoteles 301
   restaurantes 321
Versace, Gianni 64
Vestimenta 347
Veteran's Day 35
Viajes 354-363
   autobuses de largo recorrido 360-361
   autobuses urbanos 361
   avión 354-355
   bicicleta 359
   conducir en Florida 356-359
   costa del golfo 235
   distancias geográficas 12
   en Miami 362-363
   Everglades y los cayos 269
   Gold Coast y Treasure Coast 109
   Jacksonville 363
   líneas férreas 360, 361
   mapa de carreteras de Florida 12-13
   noreste de Florida 191
   Orlando 363

Orlando y la Costa Espacial 137
Panhandle 213
seguros 348
Tampa 363
taxis 361, 362
taxis acuáticos 361, 363
transporte para turistas 361
Walt Disney World 139
Victoriana, arquitectura 28
Vientos
 huracanes 24-25
Villela, Edward 337
Violins, Les (Miami) 95
Virgen de la Caridad 83
VISA 349
Visados 346
*Vista de Cadaqués* (Dalí) 242
Vizcaya (Miami) 55, 84-85

## W

Wabasso Beach 111
Wakulla Springs State Park 226
Waldorf Towers Hotel (Miami Beach) 59
Wall Street Crash (1929) 48, 57
Walt Disney World 50, 135, 138-163
 actividades deportivas 162
 Animal Kingdom 160
 aparcamiento 139
 bares y restaurantes 162
 bodas 161
 Celebration 150
 cenas con espectáculo 162
 centro de Disney 162
 colas 163
 cómo desplazarse 139
 conocer a Mickey 163
 cruceros 161
 días punta 163
 dinero 163
 Disney-MGM, Estudios 156-159
 El Reino Mágico 140-143
 entradas y pases 139, 163
 Epcot 146-153
 Fort Wilderness and Discovery Island 161
 hoteles 303-304
 instalaciones 138, 161
 niños pequeños 163
 parques acuáticos 160-161
 plano 138-139
 por la noche 162
 programa ideal 163
 restaurantes 163, 322-323

ventajas de alojarse en los hoteles de Walt Disney World 139
Walt Disney's Carousel of Progress (El Reino Mágico) 145
Warhol, Andy 123
Warner Brothers Studios Store (Miami) 92, 93
Warsaw Ballroom (Miami) 95
Washington Avenue (Miami Beach) 65
Washington Oaks State Gardens 202
Watlington, Francis B 288
Wausau
 fiestas 33
Wayne, John 157
Weeki Wachee Spring 236-237
Weeks Air Museum (Miami) 91
Weismuller, Johnny 81, 130, 207
Wesley, William H. 223
West Palm Beach 122-123
 fiestas 32
 hoteles 301
 restaurantes 321
 Ticketmaster 339
Wet 'n Wild (International Drive) 176
Wetlands 20
White, Edward 184
Whitewater Bay 272
Wild Bill's Wild West Dinner Extravaganza (Orlando) 177
Williams, John 240
Williams, Robin 158
Wilson, Ellis
 *Flower Vendor* 245
Windley Key 280
Windsor, duques de 81
Windsurf 341
 Cocoa Beach 181
 Sebastian Inlet 110
Winter Park (Orlando) 20, 175
 hoteles 304
 restaurantes 323
Winterfest Boat Parade 35
Winton, Alexander 47, 205
Wolfsonian Foundation (Miami Beach) 65
 South Beach en 3 dimensiones 62
Wonders of Life (Epcot) 150
Woodlawn Cemetery (Miami) 74
Woodruff, Hale 245
World Showcase (Epcot) 152-153
Worth Avenue (Palm Beach) 114
 compras 115
Worth, lago 122, 123

Wray, familia 133
Wright, Frank Lloyd 252
Wyeth, Marion 116, 117

## X

Ximenez-Fatio House (St Augustine) 199
St Augustine en 3 dimensiones 196

## Y

Yamato, colonia 125
Ybor City (Tampa)
 Ybor City en 3 dimensiones 246-247
Ybor City State Museum (Tampa)
Ybor Square (Tampa)
Ybor, Don Vicente Martinez 46, 246
*Young Shepherdess, The* (Bougereau) 208
Yulee, David 192

## Z

Ziff (Sanford L) Jewish Museum of Florida (Miami Beach) *véase* Sanford L Ziff Jewish Museum of Florida
Zonas costeras
 flora y fauna 22
 *véase también* Playas
Zonas recreativas estatales
 Big Lagoon 217
 Bill Baggs Cape Florida 89
 Fort Pierce Inlet 111
 Gasparilla Island 261
 Grayton Beach 223
 Honeymoon Island 237
 Hugh Taylor Birch 130
 John U Lloyd Beach 132
 St Andrews 223, 224-225
 Sebastian Inlet 110
Zoológicos
 Busch Gardens 250-251
 Dreher Park Zoo (West Palm Beach) 123
 Jacksonville Zoo 195
 Lowry Park Zoo (Tampa) 248-249
 Miami Metrozoo (Miami) 91
 Monkey Jungle (Miami) 91
 The Zoo (Gulf Breeze) 220
 *véase también* Acuarios y Parques marinos; Flora y fauna
 ZooWorld (Panama City Beach) 224
Zorayda Castle (St Augustine) 199
 St Augustine en 3 dimensiones 196

# Agradecimientos

El País Aguilar y Dorling Kindersley quieren dar las gracias a las personas que, con su ayuda, han contribuido a la elaboración de este libro.

## Colaboradores Principales

Richard Cawthorne es un periodista de viajes independiente especializado en Estados Unidos.

David Dick, licenciado por el University College de Londres, está especializado en historia de Estados Unidos.

Guy Mansell escribe artículos sobre viajes para diversos periódicos y revistas británicos, entre ellos *The Sunday Telegraph*, así como guías de viaje.

Fred Mawer, periodista de viajes que colabora habitualmente en el *Daily Telegraph* y el *Mail on Sunday*, es asimismo autor de media docena de guías y ha colaborado en algunos títulos de las *Guías Visuales*.

Emma Stanford ha viajado ampliamente por Florida y ha escrito varios libros y artículos sobre este Estado. Ha redactado guías para Berlitz, AA Publishing y Fodor's.

Phyllis Steinberg vive en Florida. Escribe sobre temas de gastronomía, viajes y sociedad para diversos periódicos y revistas de Florida y Estados Unidos.

## Otros Colaboradores y Asesores

Frances y Fred Brown, Monique Damiano, Todd Jay Jonas, Marlena Spieler, David Stone.

## Fotografías

Dave King, Clive Streeter, James Stevenson.

## Ilustraciones

Julian Baker, Joanna Cameron, Stephen Conlin, Gary Cross, Chris Forsey, Paul Guest, Stephen Gyapay, Ruth Lindsay, Maltings Partnership, Paul Weston.

## Cartografía

Malcolm Porter, David Swain, Holly Syer y Neil Wilson en EMSLtd (Digital Cartography Dept), East Grinstead, Reino Unido.

## Ayudantes Editoriales

Cathy Day, Kim Kemp, Desiree Kirke.

## Ayudantes de Diseño

Louise Boulton, Leanne Hogbin, Harvey de Roemer, Ingrid Vienings.

## Ayudantes Especiales

El País Aguilar y Dorling Kindersley quieren dar las gracias a todas las oficinas regionales y locales de turismo de Florida por su inestimable ayuda. Nuestro especial agradecimiento asimismo a: Rachel Bell, Busch Gardens; Alison Sanders, Cámara de Comercio de Cedar Key Area; Marie Mayer, Collier County Historical Museum, Naples; Sr. y Sra. Charlie Shubert, Coombs House Inn, Apalachicola; Nick Robbins, Crystal River State Archaeological Site; Emily Hickey, Dali Museum, St Petersburg; Gary B van Voorhuis, Daytona International Speedway; James Laray, Everglades National Park; Sandra Barghini, Flagler Museum, Palm Beach; Ed Lane, Florida Geological Survey, Florida Department of Environmental Protection, Tallahassee; Dr. James Miller, Archaeological Research, Florida Department of State, Tallahassee; Florida Keys National Marine Sanctuary; Jody Norman, Florida State Archives; Damian O'Grady y Tanya Nigro, Florida Tourism Corporation, Londres; Larry Paarlberg, Goodwood Plantation, Tallahassee; Dawn Hugh, Historical Museum of Southern Florida; Ellen Donovan, Historical Society of Palm Beach County; Melissa Tomasso, Kennedy Space Center; Valerie Rivers, Marjorie Kinnan Rawlings State Historic Site, Cross Creek; Carmen Smythe, Micanopy County Historian; Bob McNeil y Philip Pollack, Museum of Florida History, Tallahassee; Frank Lepore y De Rappaport, National Hurricane Center, Miami; Coronel Denis JKiely, National Museum of Naval Aviation, Pensacola; Richard Brosnaham y Tom Muir, Historic Pensacola Preservation Board; Ringling Museum of Art, Sarasota; Ardythe Bromley-Rousseau, Salvors Inc, Sebastian; Arvin Steinberg; Wit Tuttell, Universal Studios; Holly Blount, Vizcaya, Miami; Melinda Crowther, Margaret Melia y Joyce Taylor, Walt Disney Attractions, Londres.

## Permisos Fotográficos

El País Aguilar y Dorling Kindersley quieren dar las gracias a las siguientes entidades por su amabilidad al conceder los permisos necesarios para fotografiar sus instituciones: The Barnacle Historic Site; © 1996 FL Cypress Gardens, Inc; todos los derechos reservados, reproducido con autorización; © Disney Enterprises, Inc; Dreher Park Zoo: The Zoo of the Palm Beaches; Fish and Wildlife Service, Department of the Interior; Florida Park Service; Harry P Leu Gardens, Orlando, FL; Key West Art and Historical Society: